南京大學人文基金項目、南京大學"985三期"項目

清初詩選五十六種引得

謝正光　陳謙平　姜良芹　合編

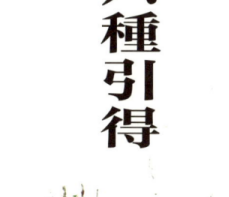

社會科學文獻出版社

目　録

序一……………………………………………………………………… 蔣　寅 /1

序二……………………………………………………………………… 嚴志雄 /1

序例 ……………………………………………………………………… 1

收録書目 ……………………………………………………………… 1

綜合索引 ……………………………………………………………… 6

人名索引 ……………………………………………………………… 513

序 一

一般說來，爲方便文獻使用而編纂的工具書主要有三類：目録、索引和提要。目録是進入學問的門徑，提要是研究學問的初階，而索引則是提高研究效率的手段。如果將治學比作遊園，那麼目録是導遊圖，提要是有關景點的說明，索引則是便捷直達的遊覽車。一門學問的發展水平，看有關文獻的目録、提要和索引的編制水平，即可知道大概。

當年聶崇岐先生撰《藝文志二十種綜合引得序》，引法儒朗格諾瓦的話說："今有用其一生歲月之大部分，以翻檢不具提要、引得之一切目録；或將無目録而雜亂無章之一切零星篇簡，一一披閱，凡此皆不能有所收穫。爲獲得一切例証報告之故（積極者或消極者），苟能一切收藏典籍皆具有目録，而一切目録皆有提要、引得，則其收穫之情形，必便宜而迅速。"① 近代以來，目録之學頗爲發達，而引得的編纂却不太爲人注意，他不禁感嘆"以研究學術之先決急務，而被人忽視至今，良可惋惜"。後來，哈佛燕京學社組織編纂的那套引得，在前計算機時代爲學者提供的便利，是難以估量的。尤其是汗牛充棟的佛、道二藏，沒有引得，一般學者查找一種經論不知要耗費多少時間。

我以前讀湯普森的《歷史著作史》，印象最深的就是，許多學者數十年如一日，在圖書館和檔案館整理、編纂各種文獻目録，以個人的無私奉獻，爲後來研究者節省了無數時間和精力。正是他們的電勉努力，奠定了許多歷史學門類的基礎，推動了近代以來史學的長足發展。東鄰的日本學者也風以編制索引爲治學的初階，許多大學者都親自從事索引的編纂，平岡武夫先生主編的唐代文獻系列索引，各國唐代文史研究者無不受益。羅聯添先生編的《隋唐五代文學研究論著集目正續編》，傅璇琮、許逸民、張忱石三先生合編的《隋唐五代人物傳記資料索引》，更給隋唐五代文學和作家研究提供了極大的便利。近三十年隋唐五代文史研究令人矚目的進步，顯然是與包括索引在內的各種工具書的完備分不開的，也是爲其他領域的研究者羨慕不已的。

自二十世紀九十年代以來，隨着四庫系列幾部大書的絡繹問世，清人著述被大量

① 《藝文志二十種綜合引得》，上海古籍出版社，1998年，第38～39頁。

影印，清代文學研究逐漸昇溫。清人別集的全目也編出了兩種，配合以前出版的清代戲曲、小說、説唱文學目録，清代文學研究開始走出盲人摸象的鄰隘，進入一個前所未有的視野寬廣、視綫清晰的境界。儘管如此，清代文獻的浩繁還是讓學者痛感搜索資料的煩難。我曾估算清代詩文評資料的數量，光是序跋一類，四萬種別集的序跋加文集中所收序跋類文章，恐怕要不下二十萬篇！而詩歌的數量呢，最簡單的估算方式就是將《全唐詩》的每一篇換成一部詩集，其中最大的一部甚至超過《全唐詩》的總和，這是多麼龐大的數量！面對如此巨量的文獻，各種檢索手段和工具書對於清代文史研究遠比其他朝代顯得更爲重要和迫切，值得我們投入力量去製作。

謝正光先生致力於明清之交的歷史研究，於南明史研究有很深的造詣。多年來他四處訪求文獻，多獲睹珍稀秘籍，每有考論都爲學界引重。尤其令人欽佩的是，他早就意識到目録、索引對於清代文獻的重要，在二十年前編纂、出版了《明遺民傳記索引》，治清初文史的學者多受沾溉。後又與余汝豐先生合撰《清初人選清初詩彙考》，對五十五種清初詩選的作者、內容和版本作了細緻的考述。若非他們敘録，學界恐怕不會注意到清初出現過這麼多當代詩選。這衆多的選本簇然呈現在眼前，不由得引發我們許多思考。文學研究者從中發現清初詩歌觀念變革的軌迹，歷史學者從中窺見明清易代之際士大夫由感傷、抵觸到逐漸認同新朝的心態變化，更多的精神史和文學史意義則有待我們去深入挖掘，而它們本身的文獻價值和藝術價值更有待於細緻檢討。

由於時間跨度大，這些清初詩選通常卷帙都較多，其中不少還是稀見本，讀者要瞭解其中的人物，檢索其中的作品，都不是很容易的事。爲此，謝先生又與陳謙平、姜良芹兩位學者合作，編纂了五十六種詩選的詩人詩目綜合索引，爲使用這些選本提供了便利。這雖然只是一部提供檢索功能的工具書，但是它却能告訴我們很多東西。首先讓我驚訝的是，我們由索引知道，五十六種詩選收録的明末清初詩人多達一萬餘人，僅此一點也足以引發我們對清代詩歌的普及和繁盛的諸多思考。而這一萬餘名詩人的籍貫和科第、在選本中的分佈及作品的收録情况，又可以讓我們嘗試某些量化分析，獲得對清初詩歌的一些總體印象。總之，只要善於使用這部索引，我相信它的價值是會遠遠超出其檢索功能的。

我從涉獵清代文學之初，就常使用謝先生編的《明遺民傳記索引》，上面提到的《清初人選清初詩彙考》和謝先生另一部大著《清初詩文與士人交遊考》也時常參考。仰交先生十多年，蒙先生不棄，每來京必接引論學，多受教益。先生近以索引授梓，囑爲引首，雖惶悚拙文不足爲索引重，還是願借此機會對謝先生的工作表示敬意，並希望有更多的學者從事這種基礎性的工作。文獻基礎打扎實了，清代文史研究的長足進步是不難預期的。

金陵後學　蔣寅謹序於臺中

二〇〇九年元月十五日

序 二

清康熙年間有一狂士倪匡世，其於讀詩時行爲之暴躁，直可以"恐怖分子"視之：

乙丑［1685］夏，余自都門出，桂長帆欲發，諸同人執手悲歌以送。舟次天津，載詩數十卷，臥而讀之，甚樂。迨過黃河，則深秋矣。時夜將半，水色瑩然。讀詩凡數章，易數種，罵數人，憤舉而投之水。座客大駭，以爲狂。余起立且痛哭。哭罷，復讀。讀罷，皆投水中，無剩本。

二載之後，此公卻有詩選編纂之役，成《振雅堂彙編詩最》十卷行世，上引數語，即在其自序中。讀此序，知此公在黃河上殲滅的詩卷，類皆康熙乙丑年以前的作品，他認定非"元音"，乃"叫號成習，慌急成風"之作，深痛惡絕，必委之波臣而後快。操持選政者，在去取、筆削、予奪之間，難免行使着"象徵暴力"（symbolic violence）。（倪氏黃河上毀詩滅跡之舉，卻是真暴行，非象徵性的。）此無他，苟無"凡例"宗旨，無從甄綜，體例既立，與之相忤者，即在摒棄之列。雖然，《詩最》持擇之旨，特爲謹嚴："是集必宗初盛，稍近蘇陸者，不得與選"、"聲調必取高朗"、"題目不可造作"、"特嚴章法"，等等。在此公步武初盛唐的"振雅"靈視（vision）中，真有點"原教主義"的色彩。集內所收之詩，他宣稱，"渾然如李白杜甫之屬，鼓吹乎休明也"。此選分別蹊徑，難免貽譏偏鋒。不過，從另一角度考量，如欲探論清初唐宋詩之爭、唐音之具體表見，《詩最》卻又是絕佳的文獻，在讀者各有取用耳。

倪匡世《振雅堂彙編詩最》，特謝正光、余汝豐二先生《清初人選清初詩彙考》叙録之其中一種而已。據二先生考論，清前期詩選集（乾隆二十六年［1761］以前），可知見者幾達八十種，而於《彙考》一書中叙録、考述其中五十五種，自馮舒《懷舊集》以迄沈德潛《國朝詩別裁集》。此中除七八種外，悉善本珍籍，今歸海內外圖書館善本特藏，讀者不輕易得見。此五十五種詩選集，洵爲清代文學遺產中一大寶庫，於文史研究具有多方面的重要價值，尚待有心人挖掘。清初選本林立，諸集采選之旨，各標心眼，或分人，或分地，或分體，或不用圈評，或註而不解，或評註多於詩，爲例不一。諸選或以人存詩，或以詩存人，有僅收同遊師友之什者，又有以徵啟採詢作品於全國者，是故卷帙繁簡不等。清初百餘年間，上自名公鉅卿，以逮學士大夫，與夫山林隱逸、縉流羽客閨秀（偶及域外）之作，無不入編，而其中表彰同時人之當代意識（the spirit of contemporaneity and synchronicity），最堪注意，蓋可從中覽見明清之交「集體意識」（社會中多數人所共有的信仰與情感）之轉變——歷史創傷逐漸癒合，轉向表彰文治、潤色鴻業（諸集多成於熙朝）。固然，作詩難，操選政者亦難，各集或濫或偏，精蕪互見，即便百寶錯陳，梁材畢致，仍難免珠目相混，參差不齊。此在當時已招惹非議，甚或有意在結納求名、藉以射利獵食致議誚於編者。然而，誠如謝正光、余汝豐二先生言：

若其品鑑之準則，詩人生平之詳略，亦非一致。然諸集之足資愛者，亦端在此。蓋此等選本，不但有助於考述清初詩風之遞嬗，他如師友唱酬之蹤迹，個人仕隱之抉擇，乃至私家刻書成例，書籍流通之網路，亦可資而考鏡焉。（《集考·凡例》）

這一部部集體「記憶」（collective memory）之書，蘊藏着多少珍貴難得的素材，可資重構清初文學、文化、社會、歷史、政治的圖景！然而，記憶終究屬可疑可怪之物事，會須重加董理、錯綜詮次，其意義與價值方顯。囊時讀王漁洋（1634～1711）《感舊集》，曾隨手記數事以備忘，今稍述如次，亦以見漁洋此選之文獻價值於一斑。

漁洋自言，《感舊集》之編，乃係出於「死生契闊之感」、「羊曇華屋之痛」：

因念二十年中，所得師友之益爲多。日月既逝，人事屢遷，邇此以往，未審視今日何如。而僕年事長大，蒲柳之質，漸以向衰，歲月如斯，距堪把玩？感子恆來者難誣之言，輒取篋衍所藏平生師友之作，爲之論次，都爲一集。自度山而下若千人，詩若千首……命曰《感舊集》。

此感時懷舊，平生故人詩之輯，宜成於晚年，而漁洋自序下署康熙十三年甲寅（1674），是年漁洋方四十歲耳，而親友交相凋零（前年母死，去年兄殁），其意緒愴惻可感可哀。而序又云：「僕自弱冠，薄遊京韋，浮湛江介，入官中朝。嘗與當代名流服襄駿騎，自虞山、婁江、合肥諸遺老，流風未沫，老成具存，咸相與上下其議論，頗窺爲文之訣。」實則漁洋與牧齋（1582～1664）終生未嘗謀面，僅有來往書信數通並贈詠贈答之詩，何得以言「服襄駿騎」，相與論文？此漁洋挾虞山以自重之又一例歟？看來漁洋此思舊「記憶」之書，真如記憶本身，往往不太牢靠，卻又最耐人把玩尋味。《感舊集》收作者三百三十三家，詩逾二千五百首，在清初詩選中，已臻巨觀。史家鄧之誠指出，集內所收三百餘人中，「多與漁洋不相識者，詩則大半亡國之音」，則在其

序 二

稱"輯取簏衍所藏平生師友之作，爲之論次"的宗旨而外，又可能寓有其他深意？漁洋序中又言："又取向所撰録《神韻集》一編，芟其什七附焉。"集中卷一收程嘉燧詩四十二首，莫名其妙。程氏於1644年下世，時漁洋十歲童子，鄉居讀書，與程氏無師友之誼，程詩亦斷非鄧氏所謂"亡國之音"。抑漁洋以程氏之作具己所唱"神韻"之妙，特爲選次而録存之？抑漁洋此集，復有詮次明清之際一代詩粹之更大意圖？待考。

《感舊集》除漁洋自序外，有朱彝尊（1629～1709）序，文後未書年月，落款爲"布衣秀水朱彝尊"。準此，此序當作於朱氏康熙十八年（1679）應博學鴻詞科以前。二文合觀，知漁洋當時確有刊行《感舊集》之意，然《感舊集》於漁洋生前未果刻，爲未成之書。今傳《感舊集》含詩二千五百餘首，與朱序云"五百餘首"相去甚遠，則1670年代以後，漁洋續衍之書，又四五倍於原輯矣。漁洋身故後，此書幾乎佚失。有謂漁洋歿即其家遍索原本不得，僅獲散稿一束，云云。此後四五十年，有心人多方覓求，此書始終未見蹤跡。迨乾隆十六年（1751），盧見曾（1690～1768）與漁洋書稿一鈔本不期而遇，感動之餘，慨然任剞劂之事。盧氏感嘆："是集所載，皆先生同時師友，故原本但列名字。先生之歿距今又繼四十年，已多湮沒不傳，傳之後世，不知其人，何以逆其志？"盧氏乃爲各補小傳，復爲全稿編次彙整，成今本《感舊集》。（乾隆間此書不在全燬之列，惟其中"錢謙益、屈大均等詩句，及所引《有學集》等各條"，有命抽燬。）又一百六十餘年後，民國五年（1916），逮清遺老詩家陳衍（1856～1937）又有《感舊集小傳拾遺》之製，爲補盧氏失考詩人小傳八十七則，另行。學者指出，漁洋《感舊集》所載，除名公鉅卿外，隱逸窮約憔悴專壹之士尚多，苟無盧見曾、陳衍二氏爲之補傳，則其生平行誼今不能知者定多。對清代文史研究而言，《感舊集》之一大價值，正在此等詩並傳處。

王漁洋《感舊集》，謝正光、余汝豐二先生《清初人選清初詩彙考》所敘録之另一種耳。《集考》一書，誠學者瞭解清初詩選之津樑，大益於後進。近者，謝正光先生又與陳謙平、姜良芹二先生爲上述五十五種，並新訪所得徐崧之《詩風初集》，共五十六種清詩選集，編纂成詩人詩目綜合引得，其中詩人且萬餘，數量之龐多，爲之瞠然！而諸先生爲本引得付出之心血與勞累，思之令人肅然。此引得將爲學者研究、使用上述清初詩選提供極大方便，嘉惠來學，厥功偉矣！《引得》工且告竣，正光先生命序於我。後學譾陋，安敢序，然辭之再三不獲，爰綴數語如上，藉此向正光諸先生致敬云爾。

二〇〇九年二月

後學 嚴志雄謹述於臺北中研院中國文哲研究所

序 例

一、謝正光及余汝豐合撰之《清初人選清初詩彙考》（南京大學出版社，1998年）著録結集者五十五種。今將《彙考》之著録，並徐崧《詩風初集》，共五十六種所收録之詩人姓名及其詩撰，編爲綜合索引。

二、索引以人爲綱，得作者一萬餘人。選本約略以成書之先後排列。惟同一作者而書有正續集者，如黃傳祖《扶輪集》、魏憲《詩持》，及鄧漢儀《詩觀》等，則一併著録。

三、凡詩人之身份殊異者，則援選家舊例，按"僧道尼"、"閨媛"、"外國"、"羽士"、"雜號"等分類。

四、索引初稿成於1990年代初期，時《四庫全書系列叢書》尚未問世。初稿所據，皆海內外各大圖書館珍藏之原刻或抄本，咸人善本之列。蒙各館主事者允予影印書中之目録攜歸，惟無法以目録所列與書中所載詩撰，細爲比對。故索引所録，難免粗略之譏。惟念清初詩選，多隨到隨刻；今所見選本，有目無詩，有詩無目，類皆有之。倘索引仍有參考之價值，則幸甚矣。求全求準，當有期於來者。碩學之士，幸垂鑒焉。

五、索引自草創以來，歲逾二紀。其間荷南京大學歷史系陳謙平、姜良芹二教授先後訪余於愛荷華之荒村，因得相與商榷砥礪。兩教授力承編撰之實務，先後又歷十載始得定稿。嗣後欣蒙蔣寅、嚴志雄兩博士分別賜序；兩先生皆以治清初詩有聲於時。是則此編之成，似有天助，而世緣情誼，亦足銘心也。

謝正光謹誌於美西蘭亭渡之停雲閣

二〇一三年初夏

收録書目

1. 馮　舒《懷舊集》二卷
   順治四年（1647）自刻本；清初抄本；光緒三年（1877）潘祖蔭刻《滂喜齋叢書》本。

2. 黃傳祖《扶輪續集》十五卷
   順治八年（1651）刻本。

3. 黃傳祖《扶輪廣集》十四卷補選一卷
   順治十二年（1655）黃氏儷麟草堂刻本。

4. 黃傳祖《扶輪新集》十四卷
   順治十六年（1659）刻本。

5. 魏喬介《觀始集》十二卷
   順治十三年（1656）刻本。

6. 錢謙益《吾炙集》
   光緒二十八年（1902）怡蘭堂刻本；清抄本；民國四年（1915）至八年（1919）丁祖蔭刻《虞山叢刻》本。

7. 陳祚明、韓　詩《國門集》六卷
   順治刻本。

8. 陳　瑚《離憂集》二卷
   民國元年（1912）趙詒琛刻《峭帆樓叢書》本。

9. 程　棟、施　諲《鼓吹新編》十四卷
   順治刻本。

10. 姚　佺《詩源》十七卷
    清初抱經樓刻本。

清初詩選五十六種引得

11. 陳 瑚《從遊集》二卷
    清初刻本；民國元年（1912）趙詒琛刻《峭帆樓叢書》本。

12. 魏 耕、錢价人《今詩粹》十五卷
    清初刻本。

13. 陳允衡《詩慰初集》二十六卷
    順治澄懷閣刻本；民國二十九年（1940）董康刻本。

14. 陳允衡《詩慰二集》十一卷
    順治澄懷閣刻本；民國二十九年（1940）董康刻本。

15. 陳允衡《詩慰續集》一卷
    順治澄懷閣刻本；民國二十九年（1940）董康刻本。

16. 陳允衡《國雅》不分卷
    康熙刻本。

17. 徐 崧、陳濟生《詩南》十二卷
    順治刻本。

18. 魏齋介《清詩溯洄集》十卷
    康熙刻本。

19. 顧有孝《驪珠集》十二卷
    康熙九年（1670）刻本。

20. 魏 憲《詩持一集》四卷
    康熙十年（1671）至十九年（1680）魏氏枕江堂刻本。

21. 魏 憲《詩持二集》十卷
    康熙十年（1671）至十九年（1680）魏氏枕江堂刻本。

22. 魏 憲《詩持三集》十卷
    康熙十年（1671）至十九年（1680）魏氏枕江堂刻本。

23. 魏 憲《詩持四集》一卷
    康熙十年（1671）至十九年（1680）魏氏枕江堂刻本。

24. 魏 憲《補石倉詩選》三十二卷
    康熙十年（1671）魏氏枕江堂刻本；康熙十年（1671）魏氏枕江堂刻乾隆孫氏度
    森堂印本。

25. 魏 憲《皇清百名家詩選》八十九卷
    康熙十年（1671）魏氏枕江堂刻本；康熙十年（1671）魏氏枕江堂刻二十一年

（1682）聚錦堂印本；康熙十年（1671）魏氏枕江堂刻二十四年（1685）聖益齋印本。

26. 趙　炎《尊閣詩藏》十七卷
康熙刻本。

27. 鄧漢儀《天下名家詩觀初集》十二卷
康熙慎墨堂刻本；康熙慎墨堂刻乾隆十五年（1750）至十七年（1752）仲之琛深柳讀書堂重修本。

28. 鄧漢儀《詩觀二集》十四卷　別卷一卷
康熙慎墨堂刻本；康熙慎墨堂刻乾隆十五年（1750）至十七年（1752）仲之琛深柳讀書堂重修本。

29. 鄧漢儀《詩觀三集》十三卷　別卷一卷
康熙慎墨堂刻本；康熙慎墨堂刻乾隆十五年（1750）至十七年（1752）仲之琛深柳讀書堂重修本。

30. 徐　崧《詩風初集》十八卷（原缺卷三至卷四）
康熙十二年刻本。

31. 王士禎《感舊集》十六卷
乾隆十七年（1752）刻本。

32. 席居中《昭代詩存》十四卷
康熙十八年（1679）帆影樓刻本。

33. 陸次雲《詩平初集》十二卷
康熙刻本。

34. 蔣　鑨、翁介眉《清詩初集》十二卷
康熙二十年（1681）刻本；康熙二十年（1681）刻四十二年（1703）馬道畊重修本。

35. 曾　燦《過日集》二十卷附一卷
康熙曾氏六松草堂刻本。

36. 孫　鋐《皇清詩選》三十卷卷首一卷
康熙二十九年（1690）鳳嘯軒刻本。

37. 倪匡世《振雅堂彙編詩最》十卷
康熙二十七年（1688）懷遠堂刻本。

38. 王爾綱《天下名家詩永》十六卷

康熙二十七年（1688）砺玉轩刻本；民國二十五年（1936）至德周氏影印康熙二十七年（1688）砺玉轩本。

39. 顧施槙（祯）《盛朝詩選初集》十二卷

康熙二十八年（1689）心耕堂刻本。

40. 韓純玉《近詩兼》不分卷

是書惟湖北省圖書館藏一清抄本，未見。今據沈變元《韓純玉〈近詩兼〉稿本的發現》一文，摘録其中所收詩人名録四十六人。

41. 陳維崧《篋衍集》十二卷

稿本；康熙三十六年（1697）蔣國祥刻本；乾隆二十六年（1761）華綺刻本。

42. 馬道眸《清詩二集》七卷

康熙刻本。

43. 卓爾堪《明遺民詩》十六卷

康熙刻本；宣統二年（1910）上海有正書局影印康熙本；1960年中華書局上海編輯部鉛印本。

44. 周佑予《清詩鼓吹》四卷

康熙刻本。

45. 吳　藹《名家詩選》四卷

康熙四十九年（1710）學古堂刻本。

46. 劉　然《國朝詩乘》十二卷

康熙玉穀堂刻拙真堂增刻本。

47. 汪　森《華及堂視昔編》六卷

康熙四十六年（1707）自刻本。

48. 朱　觀《國朝詩正》八卷

康熙五十四年（1715）鐵硯齋刻本。

49. 陶　煊、張　璨《國朝詩的》六十三卷

康熙六十一年（1722）刻本。

50. 陳以剛《國朝詩品》二十一卷附方外二卷、閨門二卷

雍正十二年（1734）棟華書屋刻本。

51. 汪　觀《清詩大雅》不分卷

雍正十一年（1733）至十二年（1734）靜遠堂刻本。

52. 汪　觀《清詩大雅二集》不分卷

雍正十一年（1733）至十二年（1734）静遠堂刻本。

53. 查 義、查岐昌《國朝詩因》不分卷

光緒《杭州府志》卷九十五《藝文志》著録是書，作一百卷。国家圖書館藏鈔本，疑爲殘本。鈔本作五册，鈴嘉蔭館藏書印一方，無序，不分卷。收作者凡一百十二人。據此收録。

54. 吳元桂《昭代詩針》十六卷

乾隆十三年（1748）刻本。

55. 彭廷梅《國朝詩選》十四卷

乾隆十四年（1749）據經樓刻本。

56. 沈德潛《國朝詩別裁集》三十六卷

乾隆二十四年（1759）刻三十六卷本；乾隆二十五年（1760）教忠堂刻三十二卷本；乾隆二十六年（1761）刻乾隆序三十二卷本。

綜合索引

二 畫

丁 介

顧有孝《驪珠集》／10

孫 鋐《皇清詩選》／浙江

丁 弘

陶 煊、張 璨《國朝詩的》／浙江8

丁 彥

程 棟、施 譔《鼓吹新編》／5

姚 佺《詩源》／越

彭廷梅《國朝詩選》／13

丁 昌

席居中《昭代詩存》／10

丁 泰

陸次雲《詩平初集》／12

丁 悼

鄧漢儀《詩觀二集》／10

席居中《昭代詩存》／12

孫 鋐《皇清詩選》／江南

陶 煊、張 璨《國朝詩的》／江南5

彭廷梅《國朝詩選》／4

丁 彪

程 棟、施 譔《鼓吹新編》／11

魏 耕、錢价人《今詩粹》

徐 崧、陳濟生《詩南》／9

顧有孝《驪珠集》／11

徐 崧《詩風初集》／16

孫 鋐《皇清詩選》／江南

丁 焯

曾 燦《過日集》／9

丁 煒

趙 炎《尊閣詩藏》／8五言律

鄧漢儀《詩觀三集》／10

席居中《昭代詩存》／10；12

陸次雲《詩平初集》／1；3；5；7；9；11；12

蔣 鑨、翁介眉《清詩初集》／1；2；5；7；9；10；11；12

曾 燦《過日集》／1；5；8

孫 鋐《皇清詩選》／福建

顧施禎（禛）《盛朝詩選初集》／3；4；5；7

陳維崧《篋衍集》／4；10

陶 煊、張 璨《國朝詩的》／福建2

彭廷梅《國朝詩選》／1；10；11；13

沈德潛《國朝詩別裁集》／238

丁 澎

黃傳祖《扶輪續集》／4；7；9

黃傳祖《扶輪新集》／3；6；9

综合索引（二画）

魏裔介《觀始集》／8；12
陳祚明、韓 詩《國門集》／1；3；5；6
姚 佺《詩源》／越
魏 耕、錢份人《今詩粹》
徐 崧、陳濟生《詩南》／6；9
魏裔介《清詩溯洄集》／3；5；6；8；9
顧有孝《驪珠集》／6
魏 憲《詩持二集》／6
趙 炎《尊閣詩藏》／1七言律；2五言律
鄧漢儀《詩觀二集》／3
徐 崧《詩風初集》／6；7；8；13
王士禎《感舊集》／14
席居中《昭代詩存》／4
陸次雲《詩平初集》／6；8；12
蔣 鑨、翁介眉《清詩初集》／1；5；6；9；10；11；12
曾 燦《過日集》／9
孫 鋐《皇清詩選》／浙江
王爾綱《天下名家詩永》／11
顧施楨（禎）《盛朝詩選初集》／9
陳維崧《篋衍集》／4
陶 煊、張 璨《國朝詩的》／浙江3
吴元桂《昭代詩針》／7
彭廷梅《國朝詩選》／7
沈德潛《國朝詩別裁集》／74

丁 璜
徐 崧《詩風初集》／18

丁 濬
徐 崧《詩風初集》／11
蔣 鑨、翁介眉《清詩初集》／6
孫 鋐《皇清詩選》／浙江
陶 煊、張 璨《國朝詩的》／浙江3

丁 溙
顧有孝《驪珠集》／7

丁 護
魏 耕、錢份人《今詩粹》

丁 瀚
徐 崧《詩風初集》／14

丁 爐
陸次雲《詩平初集》／11

丁 灝
曾 燦《過日集》／10
劉 然《國朝詩乘》／9

丁一燕
彭廷梅《國朝詩選》／2；12

丁文策
魏裔介《清詩溯洄集》／8
顧有孝《驪珠集》／6
陸次雲《詩平初集》／12
蔣 鑨、翁介眉《清詩初集》／9

丁文衡
陶 煊、張 璨《國朝詩的》／浙江6

丁元登
彭廷梅《國朝詩選》／12

丁元會
鄧漢儀《天下名家詩觀》／11
席居中《昭代詩存》／3

丁日乾
姚 佺《詩源》／吴
鄧漢儀《天下名家詩觀》／4
徐 崧《詩風初集》／2；6
席居中《昭代詩存》／4
蔣 鑨、翁介眉《清詩初集》／7；11
曾 燦《過日集》／4
孫 鋐《皇清詩選》／江南
陶 煊、張 璨《國朝詩的》／江南6
陳以剛《國朝詩品》／5

彭廷梅《國朝詩選》／12

丁永烈

陳以剛《國朝詩品》／18

丁世隆

吳元桂《昭代詩針》／15

丁弘詩

蔣　鑨、翁介眉《清詩初集》／3

曾　燦《過日集》／1；4；7；10

陶　煊、張　璨《國朝詩的》／江西2

丁有煜

彭廷梅《國朝詩選》／2；8；10

丁行乾

鄧漢儀《天下名家詩觀》／11

陶　煊、張　璨《國朝詩的》／江南7

丁舟巇

席居中《昭代詩存》／11

丁孚乾

徐　崧、陳濟生《詩南》／5

丁宏海

王士禎《感舊集》／12

丁克振

黃傳祖《扶輪續集》／4；7

黃傳祖《扶輪廣集》／4；9；11

程　棟、施　譚《鼓吹新編》／7

魏　耕、錢价人《今詩粹》

徐　崧、陳濟生《詩南》／6；10；12

顧有孝《驪珠集》／4

丁克懋

席居中《昭代詩存》／7

蔣　鑨、翁介眉《清詩初集》／9

曾　燦《過日集》／3；7；9

丁孚乾

黃傳祖《扶輪續集》／8

丁其錫

鄧漢儀《詩觀三集》／11

陶　煊、張　璨《國朝詩的》／江南8

吳元桂《昭代詩針》／7

丁思孔

曾　燦《過日集》／9

丁胤洤

顧有孝《驪珠集》／10

徐　崧《詩風初集》／8

丁胤焊

魏　憲《詩持三集》／8

趙　炎《尊聞詩藏》／2 五言律

徐　崧《詩風初集》／7；12

丁胤爐

魏　憲《詩持三集》／8

徐　崧《詩風初集》／14；16

丁胤繡

徐　崧《詩風初集》／8

丁浴初

魏喬介《清詩溯洄集》／1；4

丁啟相

顧有孝《驪珠集》／11

鄧漢儀《詩觀二集》／10

陶　煊、張　璨《國朝詩的》／河南1

丁裕初

孫　鋡《皇清詩選》／京師

丁棠發

魏　憲《詩持三集》／10

趙　炎《尊聞詩藏》／2 七言律；6 五言律

徐　崧《詩風初集》／5

陸次雲《詩平初集》／1

曾　燦《過日集》／8

孫　鋡《皇清詩選》／浙江

丁象煇

鄧漢儀《天下名家詩觀》／4

蔣　鑨、翁介眉《清詩初集》／9；11

綜合索引（三畫）

孫　鋡《皇清詩選》／河南

陶　煊、張　璨《國朝詩的》／河南1

丁景鴻

　姚　佺《詩源》／越

丁聖斌

　席居中《昭代詩存》／7

丁腹松

　彭廷梅《國朝詩選》／5

丁傳元

　徐　崧《詩風初集》／10

丁德明

　鄧漢儀《詩觀二集》／6

　鄧漢儀《詩觀三集》／4

　席居中《昭代詩存》／1

丁龍受

　鄧漢儀《天下名家詩觀》／11

　席居中《昭代詩存》／14

丁駿聲

　曾　燦《過日集》／3

丁曜元

　魏裔介《清詩溯洄集》／8

丁耀元

　黃傳祖《扶輪續集》／3；6；9；11；

　　12；14

　黃傳祖《扶輪廣集》／3；6；8

　魏裔介《觀始集》／4；5；8；10；11；

　　12

　陳祚明、韓　詩《國門集》／1；2；4；

　　5；6

　姚　佺《詩源》／齊魯

　魏　耕、錢份人《今詩粹》

　魏裔介《清詩溯洄集》／2

　徐　崧《詩風初集》／5

　王士禛《感舊集》／6

　席居中《昭代詩存》／11

蔣　鑨、翁介眉《清詩初集》／3；7；

　　8；12

曾　燦《過日集》／4

孫　鋡《皇清詩選》／山東

王爾綱《天下名家詩永》／8

陶　煊、張　璨《國朝詩的》／山東2

彭廷梅《國朝詩選》／6

沈德潛《國朝詩別裁集》／248

卜　煥

　沈德潛《國朝詩別裁集》／379

卜　謙

　姚　佺《詩源》／吳

卜陳彝

　蔣　鑨、翁介眉《清詩初集》／8

卜舜年

　黃傳祖《扶輪續集》／1；3；11

　徐　崧《詩風初集》／16

九　重

　沈德潛《國朝詩別裁集》／182

刁　琰

　陶　煊、張　璨《國朝詩的》／江南12

　彭廷梅《國朝詩選》／4

三　畫

于　卣

　黃傳祖《扶輪續集》／7；9

于　佶

　顧有孝《驪珠集》／9

　鄧漢儀《詩觀二集》／7

　徐　崧《詩風初集》／12

　孫　鋡《皇清詩選》／江南

　吳元桂《昭代詩針》／7

　彭廷梅《國朝詩選》／4

清初詩選五十六種引得

于 振

汪 觀《清詩大雅二集》／1

于 宋

陶 煊、張 璨《國朝詩的》／江南 12

于 嘉

黃傳祖《扶輪續集》／10

于 璜

卓爾堪《明遺民詩》／12

于 漪

鄧漢儀《天下名家詩觀》／6

徐 崧《詩風初集》／9

蔣 薰、翁介眉《清詩初集》／11

孫 鋐《皇清詩選》／江南

于 瑤

陶 煊、張 璨《國朝詩的》／江南續編 1

于 穎

魏 耕、錢价人《今詩粹》

徐 崧、陳濟生《詩南》／1；7

顧有孝《驪珠集》／3

徐 崧《詩風初集》／10；13；14；16

蔣 薰、翁介眉《清詩初集》／1

曾 燦《過日集》／1

孫 鋐《皇清詩選》／江南

卓爾堪《明遺民詩》／7

于 甬

黃傳祖《扶輪續集》／4

徐 崧、陳濟生《詩南》／1

于 齕

沈德潛《國朝詩別裁集》／519

于 變

程 棟、施 謐《鼓吹新編》／3

魏 耕、錢价人《今詩粹》

徐 崧、陳濟生《詩南》／10

徐 崧《詩風初集》／14

韓純玉《近詩兼》

于元凱

徐 崧、陳濟生《詩南》／7；10；11

于王臣

鄧漢儀《詩觀二集》／6

于王庭

鄧漢儀《詩觀二集》／3

席居中《昭代詩存》／12

孫 鋐《皇清詩選》／江南

于王棟

鄧漢儀《詩觀二集》／6

王爾綱《天下名家詩永》／1

陶 煊、張 璨《國朝詩的》／江南 7

于世華

魏 耕、錢价人《今詩粹》

曾 燦《過日集》／5

于司直

陳允衡《詩慰二集》

于成龍

席居中《昭代詩存》／5

王爾綱《天下名家詩永》／2

于宗堯

王爾綱《天下名家詩永》／12

于東昊

陳以剛《國朝詩品》／18

于朋來

顧有孝《驪珠集》／8

徐 崧《詩風初集》／14

孫 鋐《皇清詩選》／江南

于奕正

黃傳祖《扶輪續集》／2；5；8；10

鄧漢儀《詩觀二集》／1

孫 鋐《皇清詩選》／京師

陶 煊、張 璨《國朝詩的》／直隸 1

彭廷梅《國朝詩選》／5

综合索引（四画）

于重寅

黄傅祖《扶轮新集》／9

于棨如

顾有孝《驪珠集》／9

孙鋐《皇清詩選》／江南

于鼎元

汪觀《清詩大雅》／14

于養志

沈德潛《國朝詩別裁集》／352

于銘馨

姚佺《詩源》／吴

于鉴之

程棟、施譶《鼓吹新編》／4

于懋榮

曾燦《過日集》／8

于覺世

黄傅祖《扶轮新集》／7

鄧漢儀《詩觀三集》／7

徐崧《詩風初集》／10

席居中《昭代詩存》／9

曾燦《過日集》／4；9

孙鋐《皇清詩選》／山東

陶煊、張璨《國朝詩的》／山東1

四 畫

卞嵓

彭廷梅《國朝詩選》／2

卞之綸

陶煊、張璨《國朝詩的》／盛京1

卞三元

鄧漢儀《詩觀二集》／4

席居中《昭代詩存》／13

孙鋐《皇清詩選》／盛京

吴藎《名家詩選》／2

陶煊、張璨《國朝詩的》／盛京1

卞士弘

陶煊、張璨《國朝詩的》／江南12

卞元彪

鄧漢儀《詩觀三集》／11

陶煊、張璨《國朝詩的》／江南8

卞永吉

孙鋐《皇清詩選》／盛京

陶煊、張璨《國朝詩的》／盛京1

卞永式

席居中《昭代詩存》／10

卞永譽

陶煊、張璨《國朝詩的》／盛京1

卞占五

陶煊、張璨《國朝詩的》／江南續編1

卞汾陽

徐崧《詩風初集》／2

卞國柱

汪觀《清詩大雅二集》／6

卞善述

鄧漢儀《詩觀二集》／12

孙鋐《皇清詩選》／江南

卞懋中

汪觀《清詩大雅二集》／3

文伸

徐崧《詩風初集》／10

文果

程棟、施譶《鼓吹新編》／9；14

徐崧《詩風初集》／9

蔣繻、翁介眉《清詩初集》／7；12

文柚

卓爾堪《明遺民詩》／14

文昭

彭廷梅《國朝詩選》／5

文 拔

王爾綱《天下名家詩永》／12

沈德潛《國朝詩別裁集》／366

文 献

曾 燦《過日集》／10

文 熊

顧有孝《驪珠集》／10

文 點

沈德潛《國朝詩別裁集》／131

文在茲

曾 燦《過日集》／4

文行遠

席居中《昭代詩存》／14

文秉濂

蔣 鑨、翁介眉《清詩初集》／7

陶 煊、張 璨《國朝詩的》／廣西 1

文祖堯

陳 珮《離憂集》／上

文師僕（仄一作"汶"）

鄧漢儀《詩觀三集》／12

陶 煊、張 璨《國朝詩的》／湖廣 9

彭廷梅《國朝詩選》／2

文啟元

魏 憲《詩持三集》／9

文肇祉

徐 崧《詩風初集》／12

文震亨

黃傳祖《扶輪續集》／8；10

徐 崧《詩風初集》／13

文震孟

魏 憲《補石倉詩選》／1

文德翼

黃傳祖《扶輪續集》／3

徐 崧、陳濟生《詩南》／12

徐 崧《詩風初集》／8

蔣 鑨、翁介眉《清詩初集》／6；8

卓爾堪《明遺民詩》／12

元九畹

彭廷梅《國朝詩選》／10；12

方 山

鄧漢儀《詩觀三集》／12

陶 煊、張 璨《國朝詩的》／江南 9

方 文

黃傳祖《扶輪續集》／9

黃傳祖《扶輪廣集》／10

魏裔介《觀始集》／8

程 棟、施 誄《鼓吹新編》／7

姚 佺《詩源》／吳

魏 耕、錢价人《今詩粹》

徐 崧、陳濟生《詩南》／1；5；9

顧有孝《驪珠集》／3

魏 憲《詩持二集》／4

徐 崧《詩風初集》／8；11；16；18

王士禎《感舊集》／7

席居中《昭代詩存》／14

蔣 鑨、翁介眉《清詩初集》／6；8；11

曾 燦《過日集》／4；7；10

孫 鋐《皇清詩選》／江南

王爾綱《天下名家詩永》／3

陳維崧《篋衍集》／4；10

卓爾堪《明遺民詩》／7

劉 然《國朝詩乘》／5

陶 煊、張 璨《國朝詩的》／江南 2

陳以剛《國朝詩品》／4

吳元桂《昭代詩針》／1

彭廷梅《國朝詩選》／2；7；9

方 艾

魏裔介《觀始集》／6

综合索引（四画）

方　辰

　　曾　燦《過日集》／3；10

方　伸

　　倪匡世《振雅堂彙編詩最》／1

　　王爾綱《天下名家詩永》／12

　　顧施楨（禎）《盛朝詩選初集》／12

　　　（附）

方　芬

　　朱　觀《國朝詩正》／6

方　來

　　蔣　鑨、翁介眉《清詩初集》／1；3

方　炳

　　陸次雲《詩平初集》／12

　　曾　燦《過日集》／9

方　苞

　　黃傳祖《扶輪續集》／9

　　黃傳祖《扶輪新集》／1

方　思

　　卓爾堪《明遺民詩》／14

方　耕

　　徐　崧《詩風初集》／9；14

方　夏

　　程　棟、施　諲《鼓吹新編》／9

　　徐　崧、陳濟生《詩南》／1；6；12

　　顧有孝《驪珠集》／11

　　徐　崧《詩風初集》／6；15

　　王士禎《感舊集》／14

　　蔣　鑨、翁介眉《清詩初集》／10

　　彭廷梅《國朝詩選》／14

方　挺

　　鄧漢儀《詩觀二集》／7

　　鄧漢儀《詩觀三集》／7

　　席居中《昭代詩存》／14

　　倪匡世《振雅堂彙編詩最》／7

　　朱　觀《國朝詩正》／6

方　淳

　　鄧漢儀《詩觀二集》／13

　　鄧漢儀《詩觀三集》／4；13

　　倪匡世《振雅堂彙編詩最》／3

　　吳元桂《昭代詩針》／4

方　惟

　　陶　煊、張　璨《國朝詩的》／江南16

方　將

　　程　棟、施　諲《鼓吹新編》／10

方　授

　　卓爾堪《明遺民詩》／2

方　琮

　　陶　煊、張　璨《國朝詩的》／江南11

　　彭廷梅《國朝詩選》／2；10；12

方　朝

　　沈德潛《國朝詩別裁集》／501

方　鈞

　　王爾綱《天下名家詩永》／10

方　暄

　　朱　觀《國朝詩正》／8

方　盟

　　朱　觀《國朝詩正》／7

方　熊

　　顧有孝《驪珠集》／10

　　鄧漢儀《詩觀二集》／7

　　鄧漢儀《詩觀三集》／3

　　陸次雲《詩平初集》／6；10

　　陶　煊、張　璨《國朝詩的》／江南6

方　漢

　　姚　佺《詩源》／吳

方　廣

　　徐　崧《詩風初集》／10；14

　　席居中《昭代詩存》／13

　　曾　燦《過日集》／9

方　閎

彭廷梅《國朝詩選》／4；5；12

方　嶟

汪　觀《清詩大雅二集》／2

彭廷梅《國朝詩選》／11

方　憲

彭廷梅《國朝詩選》／4

方　煊

陶　煊、張　璨《國朝詩的》／江南14

方　綜

孫　鋐《皇清詩選》／福建

方　還

沈德潛《國朝詩別裁集》／500

方　觀

沈德潛《國朝詩別裁集》／394

方　熹

朱　觀《國朝詩正》／7

方　簡

彭廷梅《國朝詩選》／4；12

方　璟

汪　觀《清詩大雅二集》／3

方士琦

朱　觀《國朝詩正》／4

方士穎

查　義、查岐昌《國朝詩因》／5

方大猷

王爾綱《天下名家詩永》／2

方大興

孫　鋐《皇清詩選》／江南

方大謨

孫　鋐《皇清詩選》／江南

方大禮

孫　鋐《皇清詩選》／江南

方元成

顧有孝《驪珠集》／4

方元亮

周佑予《清詩鼓吹》／3

方元鹿

彭廷梅《國朝詩選》／5；12

方元禮

陶　煊、張　璨《國朝詩的》／江南12

方元薦

陳以剛《國朝詩品》／17

方中通

鄧漢儀《詩觀二集》／7

曾　燦《過日集》／10

王爾綱《天下名家詩永》／6

方中發

曾　燦《過日集》／3

孫　鋐《皇清詩選》／江南

陳以剛《國朝詩品》／10

吳元桂《昭代詩針》／9

方中德

鄧漢儀《詩觀二集》／6

徐　崧《詩風初集》／10

王士禎《感舊集》／8

蔣　鑨、翁介眉《清詩初集》／3

曾　燦《過日集》／4；6；10

王爾綱《天下名家詩永》／6

陳以剛《國朝詩品》／12

方中履

鄧漢儀《詩觀二集》／5

王士禎《感舊集》／8

曾　燦《過日集》／8

孫　鋐《皇清詩選》／江南

王爾綱《天下名家詩永》／6

陶　煊、張　璨《國朝詩的》／江南15

陳以剛《國朝詩品》／5

吳元桂《昭代詩針》／9

彭廷梅《國朝詩選》／2

综合索引（四画）

方以智

黄傅祖《扶轮续集》／9

魏裔介《观始集》／8

程 棁、施 譶《鼓吹新编》／3

徐 崧、陈济生《诗南》／1；8

徐 崧《诗风初集》／7

蒋 鑨、翁介眉《清诗初集》／4

曾 燦《过日集》／4；6

王尔纲《天下名家诗永》／3

陈维崧《箧衍集》／3

卓尔堪《明遗民诗》／6

彭廷梅《国朝诗选》／1

方孔炤

曾 燦《过日集》／4；6

卓尔堪《明遗民诗》／1

方玄成

黄傅祖《扶轮新集》／3；6；8；10

陈祚明、韩 诗《国门集》／6

方正玭

陈以刚《国朝诗品》／19

方正批

陈以刚《国朝诗品》／19

方正瑗

陈以刚《国朝诗品》／16

吴元桂《昭代诗针》／12

沈德潜《国朝诗别裁集》／425

方正瑶

顾施桢（祯）《盛朝诗选初集》／3；4；7

方正瑾

陈以刚《国朝诗品》／19

方正观

陈以刚《国朝诗品》／18

方世玉

邓汉仪《诗观二集》／8

方式济

沈德潜《国朝诗别裁集》／392

方兆及

沈德潜《国朝诗别裁集》／78

方兆尧

邓汉仪《诗观二集》／12

方兆曾

王尔纲《天下名家诗永》／12

卓尔堪《明遗民诗》／11

陶 煊、张 璨《国朝诗的》／江南5

吴元桂《昭代诗针》／6

方兆玮

邓汉仪《诗观二集》／7

陶 煊、张 璨《国朝诗的》／江南6

方亨咸

黄傅祖《扶轮广集》／9

黄傅祖《扶轮新集》／3；6；8；10

陈祚明、韩 诗《国门集》／2；3；4；5

邓汉仪《诗观二集》／13

徐 崧《诗风初集》／1

席居中《昭代诗存》／14

蒋 鑨、翁介眉《清诗初集》／3

曾 燦《过日集》／4

孙 鋐《皇清诗选》／江南

陈以刚《国朝诗品》／4

吴元桂《昭代诗针》／3

彭廷梅《国朝诗选》／12

方孝标

蒋 鑨、翁介眉《清诗初集》／7；9；12

曾 燦《过日集》／4

方廷侯

曾 燦《过日集》／8

方育盛

黄傳祖《扶輪新集》/4；7；9

徐 崧《詩風初集》/14

王爾綱《天下名家詩永》/11

方其義

曾 燦《過日集》/3

卓爾堪《明遺民詩》/15

方牧民

姚 佺《詩源》/吳

方念祖

顧施禎（禎）《盛朝詩選初集》/4；5；7

方奕箴

顧有孝《驪珠集》/11

方貞觀

吳元桂《昭代詩針》/11

彭廷梅《國朝詩選》/4；8；13

沈德潛《國朝詩別裁集》/509

方直之

陳允衡《詩慰二集》

方拱乾

黄傳祖《扶輪續集》/10

黄傳祖《扶輪廣集》/2；4；5；8；10；12；14

黄傳祖《扶輪新集》/2；5；8；10

魏裔介《觀始集》/3；8

陳祚明、韓 詩《國門集》/1；2；3；4；5

顧有孝《驪珠集》/2

鄧漢儀《詩觀二集》/13

徐 崧《詩風初集》/7

蔣 鑨、翁介眉《清詩初集》/1

曾 燦《過日集》/2；4

孫 鋐《皇清詩選》/江南

陳維崧《篋衍集》/9

朱 觀《國朝詩正》/2

陳以剛《國朝詩品》/4

查 義、查岐昌《國朝詩因》/1

沈德潛《國朝詩別裁集》/11

方淇蓋

鄧漢儀《詩觀三集》/3

倪匡世《振雅堂彙編詩最》/5

朱 觀《國朝詩正》/2

陶 煊、張 璨《國朝詩的》/江南 10

方都秦

王爾綱《天下名家詩永》/5

方都韓

王爾綱《天下名家詩永》/5

方從偉

孫 鋐《皇清詩選》/江南

方象瑛

鄧漢儀《詩觀三集》/8

席居中《昭代詩存》/8

陸次雲《詩平初集》/3；5；7；10；12

蔣 鑨、翁介眉《清詩初集》/1；3；4；6；8；10；12

曾 燦《過日集》/7

孫 鋐《皇清詩選》/浙江

王爾綱《天下名家詩永》/13

陶 煊、張 璨《國朝詩的》/江南 6

陳以剛《國朝詩品》/15

吳元桂《昭代詩針》/3

彭廷梅《國朝詩選》/6；8；9

沈德潛《國朝詩別裁集》/164

方象璜

鄧漢儀《詩觀三集》/11

蔣 鑨、翁介眉《清詩初集》/3；5；6；11

倪匡世《振雅堂彙編詩最》/9

綜合索引（四畫）

陶 煊、張 璨《國朝詩的》／浙江2

方登峄

沈德潛《國朝詩別裁集》／356

方殿元

鄧漢儀《詩觀二集》／7

席居中《昭代詩存》／12

孫 銓《皇清詩選》／兩廣

王爾綱《天下名家詩永》／10

顧施楨（禎）《盛朝詩選初集》／2

陳維崧《篋衍集》／4；5；7；10；11

吳 藎《名家詩選》／1

陶 煊、張 璨《國朝詩的》／廣東1

陳以剛《國朝詩品》／15

吳元桂《昭代詩針》／3

彭廷梅《國朝詩選》／1

沈德潛《國朝詩別裁集》／156

方膏茂

趙 炎《尊閣詩藏》／3五言律；5五言律

徐 崧《詩風初集》／8；17

蔣 鑨、翁介眉《清詩初集》／6；9

孫 銓《皇清詩選》／江南

沈德潛《國朝詩別裁集》／144

方筆變

沈德潛《國朝詩別裁集》／532

方鳴夏

陶 煊、張 璨《國朝詩的》／江南11

彭廷梅《國朝詩選》／12

方維岳

魏裔介《觀始集》／9

方維嶽

徐 崧、陳濟生《詩南》／10

方廣德

黃傳祖《扶輪續集》／8；10

方履咸

倪匡世《振雅堂彙編詩最》／8

方願瑛

陶 煊、張 璨《國朝詩的》／江南12

方麟時

姚 佺《詩源》／楚

王 心

孫 銓《皇清詩選》／江南

王 玄

卓爾堪《明遺民詩》／11

王 仍

程 棟、施 諶《鼓吹新編》／10

王 令

席居中《昭代詩存》／14

孫 銓《皇清詩選》／陝西

陶 煊、張 璨《國朝詩的》／陝西2

王 民

黃傳祖《扶輪廣集》／9

姚 佺《詩源》／吳

卓爾堪《明遺民詩》／10

王 召

徐 崧《詩風初集》／9

王 吉

王爾綱《天下名家詩永》／13

王 舟

蔣 鑨、翁介眉《清詩初集》／6

王 旭

陶 煊、張 璨《國朝詩的》／江南16

王 言

鄧漢儀《詩觀三集》／6

陶 煊、張 璨《國朝詩的》／湖廣8

吳元桂《昭代詩針》／3

王 汶

曾 燦《過日集》／9

清初詩選五十六種引得

王 辰

黃傳祖《扶輪續集》／5

黃傳祖《扶輪廣集》／3；6；9；13

魏裔介《觀始集》／4

徐 崧《詩風初集》／2；10

王 忭

魏裔介《觀始集》／6

王 扑

陳 珮《從遊集》／上

程 棟、施 諲《鼓吹新編》／10；14

徐 崧、陳濟生《詩南》／12

魏裔介《清詩溯洄集》／4；5；8

顧有孝《驪珠集》／9

趙 炎《尊閣詩藏》／6 五言律

徐 崧《詩風初集》／14；18

席居中《昭代詩存》／9

蔣 龢、翁介眉《清詩初集》／1；9

曾 燦《過日集》／8

孫 銑《皇清詩選》／江南

陶 煊、張 璨《國朝詩的》／江南 10

沈德潛《國朝詩別裁集》／242

王 吳

程 棟、施 諲《鼓吹新編》／10

王 多

席居中《昭代詩存》／14

王 系

彭廷梅《國朝詩選》／9；13

王 定

程 棟、施 諲《鼓吹新編》／10

徐 崧、陳濟生《詩南》／7

卓爾堪《明遺民詩》／13

王 泓

沈德潛《國朝詩別裁集》／517

王 治

魏裔介《觀始集》／9

彭廷梅《國朝詩選》／11

王 武

徐 崧《詩風初集》／10

曾 燦《過日集》／3；9

王 矸

徐 崧《詩風初集》／9

王 拔

姚 佺《詩源》／越

王 昊

黃傳祖《扶輪新集》／7

魏 耕、錢价人《今詩粹》

徐 崧、陳濟生《詩南》／10

魏裔介《清詩溯洄集》／4；8；9

顧有孝《驪珠集》／7

趙 炎《尊閣詩藏》／6 五言律

鄧漢儀《天下名家詩觀》／6

鄧漢儀《詩觀三集》／5

徐 崧《詩風初集》／12；18

席居中《昭代詩存》／8

陸次雲《詩平初集》／8；12

蔣 龢、翁介眉《清詩初集》／5

曾 燦《過日集》／8

孫 銑《皇清詩選》／江南

王爾綱《天下名家詩永》／11

吳 藎《名家詩選》／3

陶 煊、張 璨《國朝詩的》／江南 5；8

吳元桂《昭代詩針》／7

王 易

鄧漢儀《詩觀二集》／8

鄧漢儀《詩觀三集》／5

席居中《昭代詩存》／7

孫 銑《皇清詩選》／陝西

陶 煊、張 璨《國朝詩的》／陝西 2

綜合索引（四畫）

王 典
　陸次雲《詩平初集》／7；10；12
王 估
　王爾綱《天下名家詩永》／13
王 岱
　黃傳祖《扶輪新集》／4
　魏裔介《觀始集》／6
　陳祚明、韓　詩《國門集》／4；5
　魏裔介《清詩湖洞集》／2；8
　顧有孝《驪珠集》／6
　鄧漢儀《詩觀二集》／1
　鄧漢儀《詩觀三集》／5
　徐　崧《詩風初集》／13
　王士禎《感舊集》／14
　席居中《昭代詩存》／14
　陸次雲《詩平初集》／3；7；10
　蔣　薰、翁介眉《清詩初集》／3；7；
　　9；11；12
　曾　燦《過日集》／3
　孫　鋐《皇清詩選》／湖廣
　王爾綱《天下名家詩永》／2
　顧施禎（禎）《盛朝詩選初集》／3；5；
　　7
　陶　煊、張　璨《國朝詩的》／湖廣4
　彭廷梅《國朝詩選》／1；3；11
王 郊
　彭廷梅《國朝詩選》／10
王 度
　姚　佺《詩源》／晉
　顧有孝《驪珠集》／6；12
　魏　憲《詩持三集》／4
　魏　憲《補石倉詩選》／3
　趙　炎《尊閣詩藏》／2五言律
王 格
　席居中《昭代詩存》／1

陳以剛《國朝詩品》／15
沈德潛《國朝詩別裁集》／421
王 苧
　陶　煊、張　璨《國朝詩的》／山東1；
　　山東2
　查　義、查岐昌《國朝詩因》／5
　沈德潛《國朝詩別裁集》／381
王 封
　曾　燦《過日集》／10
王 勑
　顧有孝《驪珠集》／11
　孫　鋐《皇清詩選》／浙江
王 待
　鄧漢儀《詩觀三集》／12
　陶　煊、張　璨《國朝詩的》／江南8
王 屋
　徐　崧《詩風初集》／17
　卓爾堪《明遺民詩》／13
王 紀
　汪　觀《清詩大雅二集》／7
王 庭
　姚　佺《詩源》／越
　顧有孝《驪珠集》／3
　魏　憲《詩持二集》／4
　徐　崧《詩風初集》／2；5；7；8；
　　12；15；17
　王士禎《感舊集》／3
　席居中《昭代詩存》／11
　蔣　薰、翁介眉《清詩初集》／3
　曾　燦《過日集》／5；7
　孫　鋐《皇清詩選》／浙江
　王爾綱《天下名家詩永》／2
　顧施禎（禎）《盛朝詩選初集》／2；3；
　　12；12（附）
　陳維崧《篋衍集》／1；9

劉 然《國朝詩乘》／3
陶 煊、張 璨《國朝詩的》／浙江1
陳以剛《國朝詩品》／4
彭廷梅《國朝詩選》／1；3
沈德潛《國朝詩別裁集》／50

王 宸

王爾綱《天下名家詩永》／9

王 玶

鄧漢儀《詩觀三集》／11
陶 煊、張 璨《國朝詩的》／江南8
吳元桂《昭代詩針》／6
彭廷梅《國朝詩選》／12

王 咸

鄧漢儀《詩觀二集》／6

王 原

顧有孝《驪珠集》／10
徐 崧《詩風初集》／12
孫 鋐《皇清詩選》／江南
陶 煊、張 璨《國朝詩的》／江南13

王 烈

程 棟、施 諲《鼓吹新編》／5
魏 耕、錢价人《今詩粹》
徐 崧、陳濟生《詩南》／2；9
顧有孝《驪珠集》／7
鄧漢儀《詩觀二集》／4
徐 崧《詩風初集》／1；7；10；14；17
曾 燦《過日集》／1
孫 鋐《皇清詩選》／江南
王爾綱《天下名家詩永》／2
卓爾堪《明遺民詩》／2

王 翃

顧有孝《驪珠集》／4
徐 崧《詩風初集》／2；6；10；15；17

孫 鋐《皇清詩選》／江南
卓爾堪《明遺民詩》／15

王 挺

黃傳祖《扶輪廣集》／4
陳 瑚《離憂集》／2
程 棟、施 諲《鼓吹新編》／8
徐 崧、陳濟生《詩南》／1

王 哲

席居中《昭代詩存》／11

王 峻

沈德潛《國朝詩別裁集》／483

王 隼

趙 炎《專閱詩藏》／6五言律
席居中《昭代詩存》／14
孫 鋐《皇清詩選》／兩廣
陳維崧《篋衍集》／2
陶 煊、張 璨《國朝詩的》／廣東1

王 桌

王爾綱《天下名家詩永》／14

王 倪

黃傳祖《扶輪續集》／8

王 恕

沈德潛《國朝詩別裁集》／436

王 清

鄧漢儀《天下名家詩觀》／11
鄧漢儀《詩觀二集》／1
徐 崧《詩風初集》／13
蔣 鑨、翁介眉《清詩初集》／8
孫 鋐《皇清詩選》／山東
陶 煊、張 璨《國朝詩的》／山東1；2

王 訪

朱 觀《國朝詩正》／4
吳元桂《昭代詩針》／3

综合索引（四画）

王琏

陶煊、张璨《國朝詩的》／湖廣8

王梅

倪匡世《振雅堂彙编詩最》／6

王培

魏裔介《清詩溯洄集》／4

王敬

彭廷梅《國朝詩選》／2

王挺

鄧漢儀《詩觀二集》／6

曾燦《過日集》／4；6；9

孫鋐《皇清詩選》／江南

顧施楨（楨）《盛朝詩選初集》／5；7；9

吴藎《名家詩選》／4

陳以剛《國朝詩品》／10

沈德潛《國朝詩別裁集》／167

王晨

徐崧《詩風初集》／14

王崙

馬道昶《清詩二集》／1

王問

席居中《昭代詩存》／12

陸次雲《詩平初集》／12

陶煊、張璨《國朝詩的》／盛京1

王斌

魏憲《詩持三集》／3；10

孫鋐《皇清詩選》／江南

吴元桂《昭代詩針》／13

王焯

陶煊、張璨《國朝詩的》／江南11；江南15

王雲

趙炎《尊閣詩藏》／7五言律

朱觀《國朝詩正》／3

陶煊、張璨《國朝詩的》／江南2

吴元桂《昭代詩針》／6

王琛

黃傳祖《扶輪廣集》／13

吴元桂《昭代詩針》／11

沈德潛《國朝詩別裁集》／474

王萃

王爾綱《天下名家詩永》／12

王撰

黃傳祖《扶輪續集》／7；9

黃傳祖《扶輪新集》／9

魏裔介《觀始集》／9

姚佺《詩源》／吴

徐崧、陳濟生《詩南》／7；10；12

魏裔介《清詩溯洄集》／7；9

趙炎《尊閣詩藏》／4五言律

鄧漢儀《天下名家詩觀》／9

徐崧《詩風初集》／12；18

王士禎《感舊集》／7

席居中《昭代詩存》／4

陸次雲《詩平初集》／8

蔣鑨、翁介眉《清詩初集》／7；9；12

曾燦《過日集》／5

孫鋐《皇清詩選》／江南

王爾綱《天下名家詩永》／8

彭廷梅《國朝詩選》／11

沈德潛《國朝詩別裁集》／74

王開

姚佺《詩源》／滇

王雅

曾燦《過日集》／5；10

王搜

程棟、施謙《鼓吹新編》／9

清初詩選五十六種引得

王 崎

顧有孝《驪珠集》／11

王 晫

顧有孝《驪珠集》／9

趙 炎《尊閣詩藏》／8 五言律

鄧漢儀《詩觀二集》／10

徐 崧《詩風初集》／10；12；16；17

陸次雲《詩平初集》／7；10；11

蔣 瓏、翁介眉《清詩初集》／1；2；

5；7；9；10；11

孫 鋐《皇清詩選》／浙江

陶 煊、張 璨《國朝詩的》／浙江 5

彭廷梅《國朝詩選》／10；14

王 棠

吳 蒿《名家詩選》／1

朱 觀《國朝詩正》／5

陶 煊、張 璨《國朝詩的》／江南 13

王 鉅

彭廷梅《國朝詩選》／5

王 道

沈德潛《國朝詩別裁集》／514

王 獻

王爾綱《天下名家詩永》／6

王 源

曾 燦《過日集》／10

陶 煊、張 璨《國朝詩的》／直隸 2

王 準

陳以剛《國朝詩品》／15

王 試

王爾綱《天下名家詩永》／7

王 焜

沈德潛《國朝詩別裁集》／317

王 煒

曾 燦《過日集》／4；10

王 瑛

劉 然《國朝詩乘》／11

陶 煊、張 璨《國朝詩的》／直隸 1

王 瑞

陸次雲《詩平初集》／7；10；12

王爾綱《天下名家詩永》／14

王 瑀

徐 崧《詩風初集》／10

王 載

顧有孝《驪珠集》／9

徐 崧《詩風初集》／9

卓爾堪《明遺民詩》／13

王 敬

陶 煊、張 璨《國朝詩的》／江南 12

王 聖

陶 煊、張 璨《國朝詩的》／江南 9

王 楨

魏 憲《詩持三集》／7

趙 炎《尊閣詩藏》／4 五言律

徐 崧《詩風初集》／10

孫 鋐《皇清詩選》／江南

王 楣

鄧漢儀《天下名家詩觀》／9

王爾綱《天下名家詩永》／10

劉 然《國朝詩乘》／3

陶 煊、張 璨《國朝詩的》／江南 5

吳元桂《昭代詩針》／11

王 幹

曾 燦《過日集》／1；4；6

王 鉢

姚 佺《詩源》／豫

王 賓

顧有孝《驪珠集》／5

鄧漢儀《天下名家詩觀》／9

鄧漢儀《詩觀二集》／10

综合索引（四畫）

徐 崧《詩風初集》／8
席居中《昭代詩存》／5
曾 燦《過日集》／4
孫 鋐《皇清詩選》／江南
王爾綱《天下名家詩永》／7
陶 煊、張 璨《國朝詩的》／江南 5
彭廷梅《國朝詩選》／11

王 滿

黃傳祖《扶輪廣集》／11

王 諾

陶 煊、張 璨《國朝詩的》／江南 16

王 葆

陸次雲《詩平初集》／11

王 堅

鄧漢儀《天下名家詩觀》／9
孫 鋐《皇清詩選》／浙江
王爾綱《天下名家詩永》／13
陶 煊、張 璨《國朝詩的》／浙江 3
吳元桂《昭代詩針》／10
沈德潛《國朝詩別裁集》／130

王 肇

吳元桂《昭代詩針》／11
沈德潛《國朝詩別裁集》／474

王 遠

陶 煊、張 璨《國朝詩的》／湖廣 9

王 穀

彭廷梅《國朝詩選》／12

王 著

王爾綱《天下名家詩永》／13
劉 然《國朝詩乘》／11
陶 煊、張 璨《國朝詩的》／江南 5
吳元桂《昭代詩針》／10

王 熙

黃傳祖《扶輪廣集》／3；9；11
黃傳祖《扶輪新集》／8；10

魏裔介《觀始集》／6；8
陳祚明、韓 詩《國門集》／2；4；5；6

程 棟、施 諲《鼓吹新編》／10
徐 崧、陳濟生《詩南》／10
魏裔介《清詩溯洄集》／5
顧有孝《驪珠集》／2

魏 憲《詩持一集》／1
魏 憲《補石倉詩選》／2
魏 憲《皇清百名家詩選》／6
趙 炎《尊閣詩藏》／1 五言古；3 五言律

鄧漢儀《天下名家詩觀》／2
鄧漢儀《詩觀二集》／3
徐 崧《詩風初集》／8；11
席居中《昭代詩存》／8
陸次雲《詩平初集》／1；2；6；8；11；12

蔣 鑨、翁介眉《清詩初集》／1；3；6；8；11；12

曾 燦《過日集》／9
孫 鋐《皇清詩選》／京師
王爾綱《天下名家詩永》／2
顧施禎（禛）《盛朝詩選初集》／2；6；9；12；12（附）

吳 藎《名家詩選》／2
劉 然《國朝詩乘》／11
陶 煊、張 璨《國朝詩的》／直隸 1
陳以剛《國朝詩品》／5
彭廷梅《國朝詩選》／1
沈德潛《國朝詩別裁集》／39

王 啟

席居中《昭代詩存》／14
孫 鋐《皇清詩選》／湖廣
陶 煊、張 璨《國朝詩的》／湖廣 6

沈德潛《國朝詩別裁集》／359

王 碩

陶 煊、張 璨《國朝詩的》／福建 1

王 睿

魏裔介《觀始集》／9

顧有孝《驪珠集》／5

趙 炎《專閣詩藏》／2 七言律

徐 崧《詩風初集》／8

王 偶

黃傳祖《扶輪新集》／4；7

鄧漢儀《詩觀二集》／12

徐 崧《詩風初集》／16

陶 煊、張 璨《國朝詩的》／山東 1

王 銓

王爾綱《天下名家詩永》／13

王 畿

徐 崧、陳濟生《詩南》／12

王士禎《感舊集》／16

王 綱

黃傳祖《扶輪廣集》／11

黃傳祖《扶輪新集》／8

魏裔介《觀始集》／6；8

姚 佺《詩源》／吳

陸次雲《詩平初集》／6；8

王 潔

曾 燦《過日集》／7

孫 銈《皇清詩選》／京師

陶 煊、張 璨《國朝詩的》／直隸 2

王 潢

黃傳祖《扶輪廣集》／6

魏裔介《觀始集》／2

錢謙益《吾炙集》

程 棟、施 譚《鼓吹新編》／6

姚 佺《詩源》／吳

魏 耕、錢价人《今詩粹》

徐 崧、陳濟生《詩南》／9

顧有孝《驪珠集》／1

鄧漢儀《詩觀二集》／4

徐 崧《詩風初集》／2；6；8；14

席居中《昭代詩存》／5

蔣 鑨、翁介眉《清詩初集》／5

曾 燦《過日集》／3

孫 銈《皇清詩選》／江南

王爾綱《天下名家詩永》／4

顧施禎（禎）《盛朝詩選初集》／5

韓純玉《近詩兼》

卓爾堪《明遺民詩》／5

劉 然《國朝詩乘》／5

王 湛

顧有孝《驪珠集》／8

徐 崧《詩風初集》／13

曾 燦《過日集》／2

孫 銈《皇清詩選》／江南

王 蔚

黃傳祖《扶輪廣集》／4

姚 佺《詩源》／燕

鄧漢儀《詩觀二集》／12

陸次雲《詩平初集》／1

孫 銈《皇清詩選》／京師

彭廷梅《國朝詩選》／7

王 璋

鄧漢儀《詩觀三集》／10

王 懋

鄧漢儀《詩觀二集》／9

陸次雲《詩平初集》／7

蔣 鑨、翁介眉《清詩初集》／6；8；12

孫 銈《皇清詩選》／山東

陶 煊、張 璨《國朝詩的》／山東 2

综合索引（四画）

王醇

黄傅祖《扶輪續集》／2；8
鄧漢儀《詩觀二集》／1
孫　銓《皇清詩選》／江南
卓爾堪《明遺民詩》／10
陶　煊、張　璨《國朝詩的》／江南5

王範

姚　佺《詩源》／蜀

王撰

魏齊介《觀始集》／9
魏　耕、錢价人《今詩粹》
徐　崧、陳濟生《詩南》／12
顧有孝《驪珠集》／6
徐　崧《詩風初集》／12；13；18
王士禎《感舊集》／7
席居中《昭代詩存》／7
蔣　鑨、翁介眉《清詩初集》／11
曾　燦《過日集》／8
孫　銓《皇清詩選》／江南
陶　煊、張　璨《國朝詩的》／江南9
彭廷梅《國朝詩選》／9；13
沈德潛《國朝詩別裁集》／242

王璜

陶　煊、張　璨《國朝詩的》／江南5

王穀

席居中《昭代詩存》／3
蔣　鑨、翁介眉《清詩初集》／4；7
孫　銓《皇清詩選》／江南
王爾綱《天下名家詩永》／9
陶　煊、張　璨《國朝詩的》／江南7
彭廷梅《國朝詩選》／1；7

王嶙

姚　佺《詩源》／齊魯
徐　崧、陳濟生《詩南》／10

王鉸

姚　佺《詩源》／豫

王錫

沈德潛《國朝詩別裁集》／372

王錦

倪匡世《振雅堂彙編詩最》／8

王錄

姚　佺《詩源》／豫
彭廷梅《國朝詩選》／9

王濤

沈德潛《國朝詩別裁集》／438

王禧

程　棟、施　謹《鼓吹新編》／9
徐　崧、陳濟生《詩南》／7
徐　崧《詩風初集》／8
劉　然《國朝詩乘》／9

王璱

蔣　鑨、翁介眉《清詩初集》／7；8
陶　煊、張　璨《國朝詩的》／四川1

王環

鄧漢儀《詩觀三集》／10
吳元桂《昭代詩針》／2

王翼

蔣　鑨、翁介眉《清詩初集》／9

王鑒

陶　煊、張　璨《國朝詩的》／浙江4

王暮

顧施禎（禎）《盛朝詩選初集》／10

王簡

鄧漢儀《天下名家詩觀》／11
曾　燦《過日集》／10

王鵬

陶　煊、張　璨《國朝詩的》／江南14

王據

陳　珂《從遊集》／上

程　棅、施　諲《鼓吹新編》／11
魏　耕、錢价人《今詩粹》
徐　崧、陳濟生《詩南》／6；10
魏喬介《清詩溯洄集》／4；5；8
顧有孝《驪珠集》／9
趙　炎《專閱詩藏》／5 五言律
徐　崧《詩風初集》／8
席居中《昭代詩存》／12
蔣　鑨、翁介眉《清詩初集》／7；11；
　　12
曾　燦《過日集》／3；8
孫　鋐《皇清詩選》／江南
陳以剛《國朝詩品》／11
彭廷梅《國朝詩選》／11
沈德潛《國朝詩別裁集》／243

王　瀚
　　徐　崧《詩風初集》／10

王　璒
　　姚　佺《詩源》／滇

王　騤
　　程　棅、施　諲《鼓吹新編》／2
　　魏　耕、錢价人《今詩粹》
　　徐　崧《詩風初集》／14

王　箴
　　馬道騏《清詩二集》／2

王　藻
　　劉　然《國朝詩乘》／6
　　汪　觀《清詩大雅二集》／4

王　瓏
　　陶　煊、張　璨《國朝詩的》／河南 2
　　汪　觀《清詩大雅》／19
　　吴元桂《昭代詩針》／1

王　嚴
　　孫　鋐《皇清詩選》／陝西

王　錯
　　黃傳祖《扶輪續集》／10
　　程　棅、施　諲《鼓吹新編》／1
　　卓爾堪《明遺民詩》／14

王　鐸
　　黃傳祖《扶輪廣集》／1；2；4；5；8；
　　　　10；12；13；14
　　魏喬介《觀始集》／3；6；8；12
　　魏喬介《清詩溯洄集》／9
　　魏　憲《詩持四集》／1
　　趙　炎《專閱詩藏》／1 五言古；7 五
　　　　言律
　　鄧漢儀《天下名家詩觀》／1
　　鄧漢儀《詩觀二集》／8
　　徐　崧《詩風初集》／7
　　席居中《昭代詩存》／13
　　陸次雲《詩平初集》／1；6；8；11；
　　　　12
　　蔣　鑨、翁介眉《清詩初集》／1；3；
　　　　5；6；8；10；11；12
　　曾　燦《過日集》／4
　　孫　鋐《皇清詩選》／河南
　　王爾綱《天下名家詩永》／1
　　顧施禎（禛）《盛朝詩選初集》／9
　　陳維崧《篋衍集》／9
　　吴　藹《名家詩選》／2
　　陶　煊、張　璨《國朝詩的》／河南 1
　　陳以剛《國朝詩品》／2
　　查　義、查岐昌《國朝詩因》／1
　　彭廷梅《國朝詩選》／3；9；11
　　沈德潛《國朝詩別裁集》／10

王　鶴
　　倪匡世《振雅堂彙編詩最》／9

王　譽
　　鄧漢儀《詩觀三集》／10

綜合索引（四畫）

陶 煊、張 璨《國朝詩的》／湖廣 7

王 權

陶 煊、張 璨《國朝詩的》／江南 7

王 嵓

鄧漢儀《天下名家詩觀》／7

鄧漢儀《詩觀二集》／1

徐 崧《詩風初集》／9

席居中《昭代詩存》／1

蔣 鑨、翁介眉《清詩初集》／6

卓爾堪《明遺民詩》／6

陶 煊、張 璨《國朝詩的》／陝西 1

吴元桂《昭代詩針》／1

彭廷梅《國朝詩選》／1；3

王 壼

姚 佺《詩源》／越

顧有孝《驪珠集》／3

卓爾堪《明遺民詩》／15

陶 煊、張 璨《國朝詩的》／浙江 2

王 灝

孫 鋐《皇清詩選》／江南

王 讓

鄧漢儀《詩觀三集》／13

王 鑨

黃傳祖《扶輪新集》／1；3；6；9

顧有孝《驪珠集》／3

鄧漢儀《天下名家詩觀》／3

鄧漢儀《詩觀二集》／8

徐 崧《詩風初集》／7；8

席居中《昭代詩存》／13

陸次雲《詩平初集》／1；9；12

蔣 鑨、翁介眉《清詩初集》／1；6；

9；11；12

曾 燦《過日集》／1；9

孫 鋐《皇清詩選》／河南

陳維崧《篋衍集》／10；11

吴 藎《名家詩選》／2

陳以剛《國朝詩品》／5

彭廷梅《國朝詩選》／1；3；9；12

王 韜

汪 觀《清詩大雅二集》／5

王 驥

陶 煊、張 璨《國朝詩的》／江西 1

王一楷

彭廷梅《國朝詩選》／1；4；8；12

王一葦

黃傳祖《扶輪續集》／2

黃傳祖《扶輪廣集》／10

黃傳祖《扶輪新集》／3

姚 佺《詩源》／楚

鄧漢儀《詩觀二集》／1

蔣 鑨、翁介眉《清詩初集》／6；8；

12

卓爾堪《明遺民詩》／15

陶 煊、張 璨《國朝詩的》／湖廣 2

彭廷梅《國朝詩選》／4

王人鑑

程 棟、施 謹《鼓吹新編》／1

王九寧

鄧漢儀《詩觀二集》／12

孫 鋐《皇清詩選》／福建

王九徵

蔣 鑨、翁介眉《清詩初集》／7；12

孫 鋐《皇清詩選》／福建

王九齡

魏 憲《詩持三集》／4

魏 憲《詩持四集》／1

趙 炎《專閣詩藏》／1 五言古；2 七

言古；4 五言律；4 七言律

徐 崧《詩風初集》／5；12

席居中《昭代詩存》／14

陸次雲《詩平初集》／10

曾 燦《過日集》／4；6；9

孫 鋐《皇清詩選》／江南

王爾綱《天下名家詩永》／14

顧施楨（禎）《盛朝詩選初集》／3；4；

5；7；9

劉 然《國朝詩乘》／2

陳以剛《國朝詩品》／8

查 義、查岐昌《國朝詩因》／4

沈德潛《國朝詩別裁集》／231

王又旦

魏 憲《詩持四集》／1

鄧漢儀《天下名家詩觀》／6

鄧漢儀《詩觀二集》／5

鄧漢儀《詩觀三集》／2

徐 崧《詩風初集》／2

王士禎《感舊集》／8

席居中《昭代詩存》／10

陸次雲《詩平初集》／3；5

蔣 鑨、翁介眉《清詩初集》／1；2；

5；7；8

曾 燦《過日集》／2；3；9

孫 鋐《皇清詩選》／陝西

顧施楨（禎）《盛朝詩選初集》／1；2；

8；11；12（附）

陳維崧《篋衍集》／1；4；5；7；9

陶 煊、張 璨《國朝詩的》／陝西 1

吴元桂《昭代詩針》／4

沈德潛《國朝詩別裁集》／92

王又樸

吴元桂《昭代詩針》／13

王之圻

魏 耕、錢价人《今詩粹》

孫 鋐《皇清詩選》／浙江

王之珂

王爾綱《天下名家詩永》／10

王之进

吴元桂《昭代詩針》／12

王之傅

孫 鋐《皇清詩選》／江南

王之翮

吴 藎《名家詩選》／1

王之楨

顧有孝《驪珠集》／11

王之醇

吴元桂《昭代詩針》／11

王之錡

陶 煊、張 璨《國朝詩的》／湖廣 10

王于玉

曾 燦《過日集》／7

王士弘

姚 佺《詩源》／吴

王士祐

陳允衡《國雅》／19

顧有孝《驪珠集》／4

趙 炎《尊閣詩藏》／4 七言律

鄧漢儀《天下名家詩觀》／7

席居中《昭代詩存》／4

陸次雲《詩平初集》／3；8

陳維崧《篋衍集》／9；11

陳以剛《國朝詩品》／8

沈德潛《國朝詩別裁集》／168

王士祐

徐 崧《詩風初集》／11

孫 鋐《皇清詩選》／山東

王士真

陳以剛《國朝詩品》／9

王士純

王士禎《感舊集》／16

綜合索引（四畫）

王士祿

黃傳祖《扶輪新集》／3；6；9

魏裔介《觀始集》／6；9

陳祚明、韓　詩《國門集》／4

程　棟、施　譔《鼓吹新編》／11

陳允衡《國雅》／18

魏裔介《清詩溯洄集》／3；9

顧有孝《驪珠集》／3

魏　憲《詩持一集》／4

魏　憲《補石倉詩選》／2

魏　憲《皇清百名家詩選》／17

趙　炎《尊閣詩藏》／1 五言律；2 七言律

鄧漢儀《天下名家詩觀》／7

鄧漢儀《詩觀二集》／3

徐　崧《詩風初集》／2；8；13；15；18

王士禎《感舊集》／8

席居中《昭代詩存》／2

陸次雲《詩平初集》／1；2；4；6；8；11；12

蔣　鑨、翁介眉《清詩初集》／1；2；4；6；9；10；11；12

曾　燦《過日集》／9

孫　鋐《皇清詩選》／山東

王爾綱《天下名家詩永》／6

顧施楨（禎）《盛朝詩選初集》／3；4；5；9；11；12

陳維崧《篋衍集》／1；4；5；7；11

周佑予《清詩鼓吹》／1

劉　然《國朝詩乘》／5

朱　觀《國朝詩正》／1

陶　煊、張　璨《國朝詩的》／山東 1

陳以剛《國朝詩品》／8

彭廷梅《國朝詩選》／7；9；11；14

沈德潛《國朝詩別裁集》／58

王士禎（禎一作"楨"）

黃傳祖《扶輪廣集》／11

黃傳祖《扶輪新集》／3；6；9

魏裔介《觀始集》／1；6；7；8

陳祚明、韓　詩《國門集》／1；2；3

程　棟、施　譔《鼓吹新編》／11

陳允衡《國雅》／13

魏裔介《清詩溯洄集》／1；3；5；7；9

魏　憲《詩持二集》／4

魏　憲《補石倉詩選》／2

魏　憲《皇清百名家詩選》／18

趙　炎《尊閣詩藏》／2 五言律；2 七言律

鄧漢儀《天下名家詩觀》／7

鄧漢儀《詩觀二集》／3

徐　崧《詩風初集》／2；7；8；13；15；16；17

席居中《昭代詩存》／1；13

陸次雲《詩平初集》／1；2；5；6；8；11；12

蔣　鑨、翁介眉《清詩初集》／1；3；4；7；8；10；11；12

曾　燦《過日集》／2；3；7；10

孫　鋐《皇清詩選》／山東

倪匡世《振雅堂彙編詩最》／2

王爾綱《天下名家詩永》／6

顧施楨（禎）《盛朝詩選初集》／3；4；5；7；10；11；12；12（附）

陳維崧《篋衍集》／1；4；5；7；9；11

馬道畊《清詩二集》／1

周佑予《清詩鼓吹》／2

吳　藎《名家詩選》／1

劉　然《國朝詩乘》／1

朱　觀《國朝詩正》／3

陶　煊、張　璨《國朝詩的》／山東 1

汪　觀《清詩大雅》／1

彭廷梅《國朝詩選》／1；3；5；9；

　　11；13

沈德潛《國朝詩別裁集》／61

王士禧

　　黃傳祖《扶輪新集》／4

　　孫　銓《皇清詩選》／山東

王士瀚

　　蔣　鑨、翁介眉《清詩初集》／9

王士騏

　　黃傳祖《扶輪新集》／4

　　蔣　鑨、翁介眉《清詩初集》／7

　　曾　燦《過日集》／4

王士聲

　　黃傳祖《扶輪新集》／4

王大仍

　　吳元桂《昭代詩針》／3

王大初

　　陳允衡《國雅》／57

王大壯

　　魏　耕、錢价人《今詩粹》

　　徐　崧、陳濟生《詩南》／12

王大作

　　魏裔介《清詩溯洄集》／4

　　孫　銓《皇清詩選》／山西

　　彭廷梅《國朝詩選》／7

王大捷

　　魏裔介《清詩溯洄集》／5；7

王大椿

　　沈德潛《國朝詩別裁集》／561

王大選

　　汪　觀《清詩大雅二集》／5

王上訓

　　陶　煊、張　璨《國朝詩的》／湖廣 8

王文治

　　劉　然《國朝詩乘》／9

王文南

　　陶　煊、張　璨《國朝詩的》／湖廣 1

王文奎

　　陶　煊、張　璨《國朝詩的》／江南 16

王文師

　　陶　煊、張　璨《國朝詩的》／江南 16

王文清

　　陶　煊、張　璨《國朝詩的》／湖廣 10

　　彭廷梅《國朝詩選》／2

王文潛

　　陶　煊、張　璨《國朝詩的》／廣東 1

　　汪　觀《清詩大雅》／5

　　沈德潛《國朝詩別裁集》／455

王文櫃

　　倪匡世《振雅堂彙編詩最》／2

　　陶　煊、張　璨《國朝詩的》／江南 16

王文範

　　陶　煊、張　璨《國朝詩的》／江南 16

王文謩

　　倪匡世《振雅堂彙編詩最》／2

王方岐

　　陶　煊、張　璨《國朝詩的》／江南 5；

　　12

王方穀

　　鄧漢儀《詩觀三集》／10

王天佑

　　錢謙益《吾炙集》

王天庚

　　陳允衡《詩慰二集》

王天蓋

　　倪匡世《振雅堂彙編詩最》／9

综合索引（四画）

王天选

王爾綱《天下名家詩永》／4

王天翼

陶 煊、張 璨《國朝詩的》／湖廣9

王天鑑

魏裔介《觀始集》／4；8

王天驥

沈德潛《國朝詩別裁集》／461

王天驥

顧施楨（禎）《盛朝詩選初集》／10

王元初

顧有孝《驪珠集》／8

徐 崧《詩風初集》／14

孫 銓《皇清詩選》／江南

王元度

鄧漢儀《詩觀二集》／12

王元垲

徐 崧《詩風初集》／8

王元晉

魏裔介《觀始集》／9

魏裔介《清詩溯洄集》／5；7

王元弼

鄧漢儀《詩觀三集》／12

王元曦

顧有孝《驪珠集》／3

徐 崧《詩風初集》／18

王无咎

徐 崧《詩風初集》／13

王日上

朱 觀《國朝詩正》／4

王日祥

孫 銓《皇清詩選》／江南

王日葵

朱 觀《國朝詩正》／4

王日講

鄧漢儀《詩觀三集》／9

倪匡世《振雅堂彙編詩最》／4

王日藻

魏裔介《觀始集》／9

顧有孝《驪珠集》／3

魏 憲《詩持三集》／8

趙 炎《專閱詩藏》／3 五言律；4 七言律

徐 崧《詩風初集》／10；11

席居中《昭代詩存》／11

陸次雲《詩平初集》／7；9；12

蔣 鑨、翁介眉《清詩初集》／6

孫 銓《皇清詩選》／江南

王爾綱《天下名家詩永》／4

陶 煊、張 璨《國朝詩的》／江南6

沈德潛《國朝詩別裁集》／77

王日高

顧有孝《驪珠集》／9

魏 憲《補石倉詩選》／3

魏 憲《皇清百名家詩選》／42

趙 炎《專閱詩藏》／4 七言律

鄧漢儀《詩觀二集》／9

徐 崧《詩風初集》／10；11；15

席居中《昭代詩存》／5

陸次雲《詩平初集》／2；4；6；9；11；12

蔣 鑨、翁介眉《清詩初集》／3；5；7；9；11；12

曾 燦《過日集》／10

孫 銓《皇清詩選》／山東

陶 煊、張 璨《國朝詩的》／山東2

彭廷梅《國朝詩選》／10

王日曾

陸次雲《詩平初集》／7；10

王曰琪

陶 煊、張 璨《國朝詩的》／湖廣 10

王中立

席居中《昭代詩存》／9

曾 燦《過日集》／9

王介錫

黃傳祖《扶輪新集》／3

王仁灝

曾 燦《過日集》／3；9

王化明

程 棟、施 謹《鼓吹新編》／5

王丹林

查 義、查岐昌《國朝詩因》／4

沈德潛《國朝詩別裁集》／371

王丹慶

吳元桂《昭代詩針》／15

王玄度

席居中《昭代詩存》／14

王永吉

陳祚明、韓 詩《國門集》／6

姚 佺《詩源》／吳

魏裔介《清詩溯洄集》／5

鄧漢儀《詩觀二集》／1

蔣 鑨、翁介眉《清詩初集》／7

王永年

王爾綱《天下名家詩永》／4

王永積

黃傳祖《扶輪新集》／10

徐 崧、陳濟生《詩南》／3

王永譽

孫 鋐《皇清詩選》／陝西

王玉玘

卓爾堪《明遺民詩》／15

王玉藻

卓爾堪《明遺民詩》／15

王世淳

吳 藎《名家詩選》／1

王世琛

沈德潛《國朝詩別裁集》／398

王正色

黃傳祖《扶輪新集》／5

王田年

蔣 鑨、翁介眉《清詩初集》／7；8

王四留

魏 憲《詩持四集》／1

王仕雲

姚 佺《詩源》／吳

徐 崧、陳濟生《詩南》／9

魏 憲《詩持二集》／4；8

陸次雲《詩平初集》／3

蔣 鑨、翁介眉《清詩初集》／3

王爾綱《天下名家詩永》／8

顧施楨（禎）《盛朝詩選初集》／11

陶 煊、張 璨《國朝詩的》／江南 5

彭廷梅《國朝詩選》／12

王全高

黃傳祖《扶輪續集》／7

王令樹

陶 煊、張 璨《國朝詩的》／江南 16

王民皞

王爾綱《天下名家詩永》／5

王弘文

陶 煊、張 璨《國朝詩的》／盛京 1

王弘祚

鄧漢儀《詩觀二集》／12

孫 鋐《皇清詩選》／雲南

陶 煊、張 璨《國朝詩的》／陝西 2

吳元桂《昭代詩針》／4

王弘緒

徐 崧《詩風初集》／9

综合索引（四畫）

王弘撰

黄傳祖《扶輪新集》／7；9

姚 佺《詩源》／秦

顧有孝《驪珠集》／8

陸次雲《詩平初集》／11

王爾綱《天下名家詩永》／8

卓爾堪《明遺民詩》／11

陶 煊、張 璨《國朝詩的》／陝西1

王亦房

陳允衡《詩慰初集》

王亦臨

黄傳祖《扶輪續集》／6

王汝弼

魏裔介《清詩溯洄集》／8

孫 銓《皇清詩選》／京師

王汝弼

孫 銓《皇清詩選》／雲南

王汝驥

汪 觀《清詩大雅二集》／7

沈德潛《國朝詩別裁集》／439

王吉人

曾 燦《過日集》／4；6；9

王吉武

鄧漢儀《天下名家詩觀》／11

曾 燦《過日集》／7

孫 銓《皇清詩選》／江南

陳以剛《國朝詩品》／15

沈德潛《國朝詩別裁集》／184

王有馮

蔣 鑨、翁介眉《清詩初集》／12

王式丹

馬道睿《清詩二集》／1

吴 藎《名家詩選》／2

陶 煊、張 璨《國朝詩的》／江南11

查 羲、查岐昌《國朝詩因》／4

吴元桂《昭代詩針》／9

彭廷梅《國朝詩選》／8

沈德潛《國朝詩別裁集》／338

王式古

倪匡世《振雅堂彙編詩最》／7

王而農

陶 煊、張 璨《國朝詩的》／湖廣4

王臣蓋

程 棟、施 諲《鼓吹新編》／7

姚 佺《詩源》／吴

徐 崧、陳濟生《詩南》／10

王成命

顧有孝《驪珠集》／11

王光昇

徐 崧《詩風初集》／9

王光洵

徐 崧、陳濟生《詩南》／5

王光承

魏裔介《觀始集》／6

程 棟、施 諲《鼓吹新編》／3

魏 耕、錢价人《今詩粹》

徐 崧、陳濟生《詩南》／6；9；11

魏裔介《清詩溯洄集》／8

趙 炎《尊閣詩藏》／2五言古；7五言律

鄧漢儀《詩觀二集》／4

徐 崧《詩風初集》／1；6；7；10；12；15；16；17

王士禎《感舊集》／4

蔣 鑨、翁介眉《清詩初集》／1；3；8；10；11；12

曾 燦《過日集》／1；4

孫 銓《皇清詩選》／江南

王爾綱《天下名家詩永》／2

韓純玉《近詩兼》

卓爾堪《明遺民詩》／1

王光魯

鄧漢儀《詩觀二集》／6

王朱玉

席居中《昭代詩存》／11

王爾綱《天下名家詩永》／6

王自省

王爾綱《天下名家詩永》／9

王自超

黃傳祖《扶輪續集》／4；9

黃傳祖《扶輪廣集》／9

王自新

曾 燦《過日集》／3

王仲儒

王士禎《感舊集》／16

王仲儒

徐 崧《詩風初集》／6

席居中《昭代詩存》／10

蔣 薰、翁介眉《清詩初集》／10

孫 鋐《皇清詩選》／江南

吳 薌《名家詩選》／4

陶 煊、張 璨《國朝詩的》／江南6

吳元桂《昭代詩針》／4

彭廷梅《國朝詩選》／3

王企靖

陶 煊、張 璨《國朝詩的》／直隸2

王如琮

鄧漢儀《詩觀二集》／12

蔣 薰、翁介眉《清詩初集》／12

孫 鋐《皇清詩選》／湖廣

陶 煊、張 璨《國朝詩的》／湖廣4

王邦畿

趙 炎《尊閱詩藏》／5五言律

徐 崧《詩風初集》／14

王士禎《感舊集》／13

席居中《昭代詩存》／14

孫 鋐《皇清詩選》／兩廣

卓爾堪《明遺民詩》／8

陶 煊、張 璨《國朝詩的》／廣東1

吳元桂《昭代詩針》／1

沈德潛《國朝詩別裁集》／150

王孝詠

陶 煊、張 璨《國朝詩的》／江南15

彭廷梅《國朝詩選》／5

王孝演

吳元桂《昭代詩針》／15

王材升

馬道晦《清詩二集》／3

陶 煊、張 璨《國朝詩的》／湖廣8

王材任

鄧漢儀《詩觀三集》／6

蔣 薰、翁介眉《清詩初集》／7；9

王爾綱《天下名家詩永》／7

馬道晦《清詩二集》／2

陶 煊、張 璨《國朝詩的》／湖廣8

汪 觀《清詩大雅》／4

沈德潛《國朝詩別裁集》／225

王多來

顧有孝《驪珠集》／9

徐 崧《詩風初集》／2；11

蔣 薰、翁介眉《清詩初集》／9

曾 燦《過日集》／9

孫 鋐《皇清詩選》／浙江

王廷相

徐 崧《詩風初集》／16

王廷宰

趙 炎《尊閱詩藏》／1五言律；1七言律；2五言古

徐 崧《詩風初集》／8

孫 鋐《皇清詩選》／江南

综合索引（四画）

卓爾堪《明遗民诗》／15

王廷铨

顾有孝《驪珠集》／6

曾 燦《过日集》／3；6

孫 銊《皇清诗選》／江南

劉 然《國朝詩乘》／3

王廷璋

蔣 鑨、翁介眉《清詩初集》／8；11

王廷璧

程 棟、施 諲《鼓吹新編》／4

王廷琛

陸次雲《詩平初集》／7

王廷璧

程 棟、施 諲《鼓吹新編》／14

魏 耕、錢价人《今詩粹》

徐 崧、陳濟生《詩南》／5；9

顧有孝《驪珠集》／7

鄧漢儀《詩觀三集》／4

蔣 鑨、翁介眉《清詩初集》／12

王位中

姚 佺《詩源》／吴

王含光

黃傳祖《扶輪新集》／10

魏裔介《觀始集》／9

徐 崧《詩風初集》／11

王余高

魏 憲《詩持三集》／7

徐 崧《詩風初集》／16

蔣 鑨、翁介眉《清詩初集》／9；11；12

曾 燦《過日集》／2；5

孫 銊《皇清詩選》／浙江

陶 煊、張 璨《國朝詩的》／江南5

王宗蔚

程 棟、施 諲《鼓吹新編》／11

徐 崧、陳濟生《詩南》／10

顧有孝《驪珠集》／8

徐 崧《詩風初集》／13

曾 燦《過日集》／7

孫 銊《皇清詩選》／江南

陶 煊、張 璨《國朝詩的》／江南9

王宗灘

顧有孝《驪珠集》／11

王定一

席居中《昭代詩存》／11

王治韓

魏 耕、錢价人《今詩粹》

顧有孝《驪珠集》／8

徐 崧《詩風初集》／16

曾 燦《過日集》／2

王青選

王爾綱《天下名家詩永》／13

王者堦

席居中《昭代詩存》／11

王者煌

鄧漢儀《詩觀二集》／8

陶 煊、張 璨《國朝詩的》／山西1

王奇遇

鄧漢儀《天下名家詩觀》／11

王林宗

汪 觀《清詩大雅二集》／7

王林曾

程 棟、施 諲《鼓吹新編》／11

王來庭

汪 觀《清詩大雅》／16

王來儀

魏裔介《觀始集》／8

姚 佺《詩源》／滇

王昌嗣

魏裔介《觀始集》／9

王明德

陸次雲《詩平初集》／12

王秉乘

黃傳祖《扶輪廣集》／11

魏喬介《觀始集》／2

程 棟、施 諲《鼓吹新編》／4

王金高

黃傳祖《扶輪續集》／1

王命策

王爾綱《天下名家詩永》／2

王承時

姚 佺《詩源》／楚

蔣 薰、翁介眉《清詩初集》／1；11

王爾綱《天下名家詩永》／10

彭廷梅《國朝詩選》／13

王彥泓

黃傳祖《扶輪續集》／10

程 棟、施 諲《鼓吹新編》／2

徐 崧《詩風初集》／13

陳維崧《篋衍集》／5；10；11

王炳昆

黃傳祖《扶輪廣集》／3

魏喬介《觀始集》／1

陳祚明、韓 詩《國門集》／2

王若之

王士禎《感舊集》／14

王若桂

魏 憲《詩持三集》／6

王封濬

王爾綱《天下名家詩永》／7

王相業

黃傳祖《扶輪續集》／4；6

黃傳祖《扶輪廣集》／3

魏喬介《觀始集》／4

魏 憲《詩持二集》／5

鄧漢儀《詩觀二集》／1

徐 崧《詩風初集》／2；11

蔣 薰、翁介眉《清詩初集》／12

孫 鋐《皇清詩選》／陝西

王爾綱《天下名家詩永》／4

顧施楨（禎）《盛朝詩選初集》／8

陶 煊、張 璨《國朝詩的》／陝西 1

王相說

姚 佺《詩源》／吳

鄧漢儀《詩觀二集》／4

王拱辰

鄧漢儀《詩觀三集》／12

陶 煊、張 璨《國朝詩的》／江南 8

王思任

魏 憲《詩持一集》／1

魏 憲《補石倉詩選》／1

陶 煊、張 璨《國朝詩的》／浙江 1

王思忠

王爾綱《天下名家詩永》／13

王思訓

彭廷梅《國朝詩選》／2

王禹臣

陸次雲《詩平初集》／9

王修玉

徐 崧《詩風初集》／10

王俊臣

陳以剛《國朝詩品》／15

王衍治

蔣 薰、翁介眉《清詩初集》／3

王俞異

鄧漢儀《詩觀二集》／12

陶 煊、張 璨《國朝詩的》／直隸 2

王紀昭

鄧漢儀《詩觀三集》／6

綜合索引（四畫）

王家符
　吳元桂《昭代詩針》／15
王家槐
　吳元桂《昭代詩針》／15
王祚昌
　姚　佺《詩源》／秦
　鄧漢儀《天下名家詩觀》／5
　鄧漢儀《詩觀二集》／10
　徐　崧《詩風初集》／8
　王士禎《感舊集》／12
　孫　銓《皇清詩選》／陝西
　陶　煊、張　璨《國朝詩的》／陝西 1
　吳元桂《昭代詩針》／3
王祚明
　王爾綱《天下名家詩永》／1
王泰際
　程　棟、施　譚《鼓吹新編》／14
　顧有孝《驪珠集》／4
王晉公
　孫　銓《皇清詩選》／江南
王時敏
　黃傳祖《扶輪續集》／5
　黃傳祖《扶輪廣集》／10
　程　棟、施　譚《鼓吹新編》／4；14
　徐　崧、陳濟生《詩南》／7
　顧有孝《驪珠集》／2
　徐　崧《詩風初集》／13
　蔣　鑨、翁介眉《清詩初集》／9
　孫　銓《皇清詩選》／江南
王時翔
　陳以剛《國朝詩品》／15
　沈德潛《國朝詩別裁集》／491
王時憲
　沈德潛《國朝詩別裁集》／397

王追騏
　魏　憲《補石倉詩選》／3
　魏　憲《皇清百名家詩選》／46
　蔣　鑨、翁介眉《清詩初集》／9；11；
　　12
　曾　燦《過日集》／9
　王爾綱《天下名家詩永》／7
　陶　煊、張　璨《國朝詩的》／湖廣 7
王純仁
　陶　煊、張　璨《國朝詩的》／江南
王孫茂
　鄧漢儀《詩觀三集》／11
　陶　煊、張　璨《國朝詩的》／江西 2
　彭廷梅《國朝詩選》／4
王孫晉
　沈德潛《國朝詩別裁集》／149
王孫曾
　鄧漢儀《詩觀二集》／8
王孫蔚
　鄧漢儀《詩觀三集》／3
　蔣　鑨、翁介眉《清詩初集》／3；7；
　　9；12
　曾　燦《過日集》／5；6
　陶　煊、張　璨《國朝詩的》／陝西 1
王孫驌
　鄧漢儀《天下名家詩觀》／11
王清臣
　王士禎《感舊集》／12
王啟淶
　陶　煊、張　璨《國朝詩的》／山東 2
王啟散
　王士禎《感舊集》／5
王琦琿
　陶　煊、張　璨《國朝詩的》／山西 1

王基仁

曾 燦《過日集》／10

王基寬

朱 觀《國朝詩正》／4

王連瑛

顧有孝《驪珠集》／11

孫 鋐《皇清詩選》／河南

王崇炳

陶 煊、張 璨《國朝詩的》／浙江3

王崇謙

卓爾堪《明遺民詩》／11

王崇簡

黃傳祖《扶輪續集》／2；5；8；10

黃傳祖《扶輪廣集》／3；6；8；10

黃傳祖《扶輪新集》／2；5；8；10

魏喬介《觀始集》／5；8

陳祚明、韓 詩《國門集》／1；3；4；5；6

程 棟、施 譚《鼓吹新編》／4

姚 佺《詩源》／燕

徐 崧、陳濟生《詩南》／5

顧有孝《驪珠集》／1

魏 憲《詩持一集》／1

魏 憲《補石倉詩選》／2

魏 憲《皇清百名家詩選》／3

趙 炎《尊閣詩藏》／1五言古；1五言律；1七言律

鄧漢儀《天下名家詩觀》／3

鄧漢儀《詩觀二集》／2

徐 崧《詩風初集》／7；8；12；17

席居中《昭代詩存》／3

陸次雲《詩平初集》／1；2；4；6；8；12

蔣 鑨、翁介眉《清詩初集》／1；2；6；8；12

曾 燦《過日集》／1；4；10

孫 鋐《皇清詩選》／京師

王爾綱《天下名家詩永》／1

顧施楨（楨）《盛朝詩選初集》／1；3；4；5；7

劉 然《國朝詩乘》／11

陶 煊、張 璨《國朝詩的》／直隸1

陳以剛《國朝詩品》／4

查 義、查岐昌《國朝詩因》／3

彭廷梅《國朝詩選》／1；3；5；11

沈德潛《國朝詩別裁集》／30

王國炳

查 義、查岐昌《國朝詩因》／5

王國陸

陶 煊、張 璨《國朝詩的》／浙江8

王國璽

魏 憲《詩持二集》／8

鄧漢儀《詩觀二集》／12

徐 崧《詩風初集》／10

蔣 鑨、翁介眉《清詩初集》／7

劉 然《國朝詩乘》／3

陶 煊、張 璨《國朝詩的》／福建1

王逢禧

鄧漢儀《詩持二集》／5

孫 鋐《皇清詩選》／江南

吳元桂《昭代詩針》／2

彭廷梅《國朝詩選》／3

王逢奇

蔣 鑨、翁介眉《清詩初集》／11

王張浩

黃傳祖《扶輪廣集》／11

王紹貞

曾 燦《過日集》／6

王曾斌

鄧漢儀《天下名家詩觀》／11

综合索引（四画）

陶 煊、張 璨《國朝詩的》／江南 9
沈德潛《國朝詩別裁集》／244

王尊素
陳允衡《詩慰二集》

王雲鶴
陶 煊、張 璨《國朝詩的》／江南 13

王彭澤
朱 觀《國朝詩正》／3

王咯生
孫 鋐《皇清詩選》／江南
周佑予《清詩鼓吹》／3

王朝棟
吳元桂《昭代詩針》／11

王朝幹
吳元桂《昭代詩針》／15

王朝蕃
孫 鋐《皇清詩選》／江南

王朝簪
程 棟、施 譔《鼓吹新編》／6

王棟如
徐 崧《詩風初集》／12

王紫綬
魏 憲《詩持四集》／1
魏 憲《補石倉詩選》／2
魏 憲《皇清百名家詩選》／44
陸次雲《詩平初集》／9
蔣 鑨、翁介眉《清詩初集》／1；3；7；9；11；12
曾 燦《過日集》／5；8
彭廷梅《國朝詩選》／2；4；5；10；14
沈德潛《國朝詩別裁集》／34

王景琦
沈德潛《國朝詩別裁集》／495

王貴一
鄧漢儀《詩觀二集》／8
孫 鋐《皇清詩選》／江南
陶 煊、張 璨《國朝詩的》／江南 4

王貴之
卓爾堪《明遺民詩》／4

王爲壤
陶 煊、張 璨《國朝詩的》／湖廣 8

王無回
陶 煊、張 璨《國朝詩的》／河南 2

王無乖
鄧漢儀《天下名家詩觀》／11
徐 崧《詩風初集》／9
席居中《昭代詩存》／12
陸次雲《詩平初集》／12
蔣 鑨、翁介眉《清詩初集》／7；12
王爾綱《天下名家詩永》／8
陶 煊、張 璨《國朝詩的》／河南 2

王無咎
黃傅祖《扶輪新集》／8
魏裔介《清詩溯洄集》／5；8
顧有孝《驪珠集》／3
鄧漢儀《天下名家詩觀》／5
蔣 鑨、翁介眉《清詩初集》／9
孫 鋐《皇清詩選》／河南
陶 煊、張 璨《國朝詩的》／河南 2

王無荒
陶 煊、張 璨《國朝詩的》／河南 2

王無逸
陶 煊、張 璨《國朝詩的》／河南 2

王倣通
徐 崧《詩風初集》／14

王復珏
徐 崧《詩風初集》／10；12
曾 燦《過日集》／9

王復陽

王爾綱《天下名家詩永》／13

王奕俞

孫　鋡《皇清詩選》／京師

王發祥

黃傳祖《扶輪廣集》／11

程　棟、施　譚《鼓吹新編》／5

王新命

倪匡世《振雅堂彙編詩最》／1

王鷹来

徐　崧、陳濟生《詩南》／9

王雍鎬

鄧漢儀《天下名家詩觀》／11

王道新

陶　煊、張　璨《國朝詩的》／山東2

王道增

陳以剛《國朝詩品》／18

王獻定

黃傳祖《扶輪廣集》／6；8；10

黃傳祖《扶輪新集》／6；8

程　棟、施　譚《鼓吹新編》／6

魏裔介《觀始集》／12

姚　佺《詩源》／豫章

徐　崧、陳濟生《詩南》／10

顧有孝《驪珠集》／2

魏　憲《詩持二集》／2；7

魏　憲《補石倉詩選》／3

鄧漢儀《詩觀二集》／1

鄧漢儀《詩觀三集》／1

徐　崧《詩風初集》／8；9；11；13

王士禎《感舊集》／7

席居中《昭代詩存》／2

陸次雲《詩平初集》／6

蔣　鑨、翁介眉《清詩初集》／3；6；8；11

曾　燦《過日集》／7

孫　鋡《皇清詩選》／江西

王爾綱《天下名家詩永》／5

顧施楨（禎）《盛朝詩選初集》／6

陳維崧《篋衍集》／10

卓爾堪《明遺民詩》／1

吳　蕚《名家詩選》／4

劉　然《國朝詩乘》／10

陶　煊、張　璨《國朝詩的》／江西2

陳以剛《國朝詩品》／4

吳元桂《昭代詩針》／1

彭廷梅《國朝詩選》／4；6；7

沈德潛《國朝詩別裁集》／119

王萬齡

顧有孝《驪珠集》／8

王項齡

顧有孝《驪珠集》／11

魏　憲《詩持三集》／4；9

魏　憲《詩持四集》／1

魏　憲《補石倉詩選》／3

趙　炎《專閱詩藏》／2七言古；4五言律；4七言律

鄧漢儀《詩觀三集》／3

徐　崧《詩風初集》／12

席居中《昭代詩存》／11

蔣　鑨、翁介眉《清詩初集》／9

孫　鋡《皇清詩選》／江南

王爾綱《天下名家詩永》／7

陳維崧《篋衍集》／10

劉　然《國朝詩乘》／2

陶　煊、張　璨《國朝詩的》／江南7

陳以剛《國朝詩品》／8

沈德潛《國朝詩別裁集》／183

王瑞國

程　棟、施　譚《鼓吹新編》／4

綜合索引（四畫）

徐　崧、陳濟生《詩南》／10

王載寧

徐　崧、陳濟生《詩南》／7；9

徐　崧《詩風初集》／18

王嗣槐

黃傳祖《扶輪新集》／7；9

魏　耕、錢价人《今詩粹》

顧有孝《驪珠集》／8

鄧漢儀《詩觀二集》／10

鄧漢儀《詩觀三集》／4

徐　崧《詩風初集》／10；13；17

陸次雲《詩平初集》／3；7；10；11；12

蔣　鑨、翁介眉《清詩初集》／2；4；7；9；11；12

孫　鋐《皇清詩選》／浙江

陶　煊、張　璨《國朝詩的》／浙江5

吳元桂《昭代詩針》／3

王嗣爽

黃傳祖《扶輪新集》／3

王侯服

劉　然《國朝詩乘》／9

陶　煊、張　璨《國朝詩的》／江南12

王經方

王爾綱《天下名家詩永》／12

王夢鯨

吳元桂《昭代詩針》／14

王爾梅

鄧漢儀《詩觀二集》／2

王爾祿

姚　佺《詩源》／燕

王爾綱《天下名家詩永》／1

王爾經

王爾綱《天下名家詩永》／5

王爾銓

顧有孝《驪珠集》／11

王爾綸

王爾綱《天下名家詩永》／5

王爾綱

鄧漢儀《詩觀三集》／8

顧施禎（禎）《盛朝詩選初集》／2

陶　煊、張　璨《國朝詩的》／江南3；14

王爾瑋

王爾綱《天下名家詩永》／14

王爾績

王爾綱《天下名家詩永》／12

王蒼璧

沈德潛《國朝詩別裁集》／507

王僧岱

徐　崧《詩風初集》／18

王毓任

孫　鋐《皇清詩選》／江南

王毓芝

魏　耕、錢价人《今詩粹》

徐　崧、陳濟生《詩南》／2

王穀章

鄧漢儀《詩觀二集》／7

孫　鋐《皇清詩選》／浙江

彭廷梅《國朝詩選》／3；10

王奪标

鄧漢儀《詩觀二集》／12

王鳴雷

黃傳祖《扶輪新集》／1；4；7；9

顧有孝《驪珠集》／11

趙　炎《尊閣詩藏》／1五言律；6五言律

徐　崧《詩風初集》／14

王士禎《感舊集》／13

孫　鋡《皇清詩選》／兩廣

卓爾堪《明遺民詩》／9

王圖炳

馬道畊《清詩二集》／3

吳　藎《名家詩選》／4

陶　煊、張　璨《國朝詩的》／江南 15

吳元桂《昭代詩針》／1

沈德潛《國朝詩別裁集》／404

王緒旦

姚　佺《詩源》／齊魯

王鳳崑

王爾綱《天下名家詩永》／9

王鳳鼎

王爾綱《天下名家詩永》／9

王與堅

陸次雲《詩平初集》／9

王與襄

鄧漢儀《天下名家詩觀》／9

王肇順

姚　佺《詩源》／滇

王嘉仕

魏　耕、錢价人《今詩粹》

王壽徵

朱　觀《國朝詩正》／4

王維坤

魏裔介《清詩溯洄集》／3；5；8；9

趙　炎《尊閣詩藏》／4 五言律

王士禎《感舊集》／12

沈德潛《國朝詩別裁集》／107

王維城

魏裔介《觀始集》／2；4；9；12

王維藩

蔣　鑨、翁介眉《清詩初集》／9

陶　煊、張　璨《國朝詩的》／江西 2

王維鑿

汪　觀《清詩大雅》／15

王賓國

劉　然《國朝詩乘》／11

王廣心

黃傳祖《扶輪新集》／6；8；10

魏裔介《觀始集》／9

魏　耕、錢价人《今詩粹》

魏裔介《清詩溯洄集》／7

顧有孝《驪珠集》／3

魏　憲《詩持二集》／7

魏　憲《詩持三集》／1

魏　憲《補石倉詩選》／2

趙　炎《尊閣詩藏》／1 七言律；2 五言古；2 五言律；6 五言律

鄧漢儀《天下名家詩觀》／4

徐　崧《詩風初集》／8；12；17

席居中《昭代詩存》／1

陸次雲《詩平初集》／4；8

蔣　鑨、翁介眉《清詩初集》／5；6；8

曾　燦《過日集》／7

孫　鋡《皇清詩選》／江南

陳維崧《篋衍集》／9

劉　然《國朝詩乘》／11

陳以剛《國朝詩品》／4

沈德潛《國朝詩別裁集》／48

王潤民

魏裔介《清詩溯洄集》／6

王蔭槐

孫　鋡《皇清詩選》／江南

王篤與

陳以剛《國朝詩品》／17

吳元桂《昭代詩針》／13

彭廷梅《國朝詩選》／6；9；11

综合索引（四畫）

王德普

陶 煊、張 璨《國朝詩的》／浙江6

王履吉

陶 煊、張 璨《國朝詩的》／江南12

王履同

鄧漢儀《詩觀二集》／7

王履青

汪 觀《清詩大雅二集》／4

王履和

卓爾堪《明遺民詩》／13

王履貞

魏 憲《詩持三集》／10

王遵坦

黃傳祖《扶輪續集》／4

王士禎《感舊集》／5

沈德潛《國朝詩別裁集》／133

王遵訓

陶 煊、張 璨《國朝詩的》／河南2

王龍文

顧施禎（禎）《盛朝詩選初集》／2；6；8

卓爾堪《明遺民詩》／9

王澤弘

顧有孝《驪珠集》／7

魏 憲《補石倉詩選》／3

趙 炎《尊閣詩藏》／5五言律

席居中《昭代詩存》／7

陸次雲《詩平初集》／2；4；6；8；12

蔣 瓏、翁介眉《清詩初集》／2；5；6；8

孫 鋐《皇清詩選》／湖廣

陳以剛《國朝詩品》／5

吳元桂《昭代詩針》／8

彭廷梅《國朝詩選》／3

王澤孚

鄧漢儀《詩觀二集》／13

孫 鋐《皇清詩選》／江南

王澤鴻

彭廷梅《國朝詩選》／5

王熹儒

徐 崧《詩風初集》／6

席居中《昭代詩存》／10

曾 燦《過日集》／6

孫 鋐《皇清詩選》／江南

王爾綱《天下名家詩永》／4

陶 煊、張 璨《國朝詩的》／江南6

吳元桂《昭代詩針》／4

彭廷梅《國朝詩選》／7

王錫袞

姚 佺《詩源》／滇

王錫瑀

顧有孝《驪珠集》／3

魏 憲《詩持一集》／3

魏 憲《詩持三集》／5

孫 鋐《皇清詩選》／浙江

陶 煊、張 璨《國朝詩的》／浙江1

彭廷梅《國朝詩選》／2

王錫闡

程 棟、施 譫《鼓吹新編》／10

韓純玉《近詩兼》

卓爾堪《明遺民詩》／14

王豫嘉

蔣 瓏、翁介眉《清詩初集》／2

陶 煊、張 璨《國朝詩的》／陝西2

王鴻緒

徐 崧《詩風初集》／5；7；11；16

席居中《昭代詩存》／3

陸次雲《詩平初集》／1；3；9

蔣 瓏、翁介眉《清詩初集》／1；2；

5；7；9；11；12

孫　鋥《皇清詩選》／江南

王爾綱《天下名家詩永》／12

吳　讓《名家詩選》／1

劉　然《國朝詩乘》／11

沈德潛《國朝詩別裁集》／176

王鴻藻

鄧漢儀《詩觀三集》／12

倪匡世《振雅堂彙編詩最》／4

彭廷梅《國朝詩選》／11

王應斗

陶　煊、張　璨《國朝詩的》／湖廣 1

王應元

陶　煊、張　璨《國朝詩的》／江南 1

王應奎

沈德潛《國朝詩別裁集》／515

王應佩

彭廷梅《國朝詩選》／8

王應珮

陳以剛《國朝詩品》／19

彭廷梅《國朝詩選》／11

王懋忠

沈德潛《國朝詩別裁集》／144

王懋玠

沈德潛《國朝詩別裁集》／421

王懋齡

席居中《昭代詩存》／12

王翼武

魏喬介《觀始集》／4

王曜升

魏喬介《清詩溯洄集》／2；4；5；8

顧有孝《驪珠集》／9

趙　炎《專閱詩藏》／6 五言律

徐　崧《詩風初集》／18

席居中《昭代詩存》／10

蔣　鑨、翁介眉《清詩初集》／2；6

孫　鋥《皇清詩選》／江南

沈德潛《國朝詩別裁集》／244

王颺昌

陸次雲《詩平初集》／8

蔣　鑨、翁介眉《清詩初集》／9

曾　燦《過日集》／7

王瀛彥

汪　觀《清詩大雅》／3

王繩曾

沈德潛《國朝詩別裁集》／489

王蘭谷

陶　煊、張　璨《國朝詩的》／浙江 7

王譽昌

顧施楨（禎）《盛朝詩選初集》／9

沈德潛《國朝詩別裁集》／363

王體健

魏喬介《清詩溯洄集》／2

鄧漢儀《詩觀二集》／7

孫　鋥《皇清詩選》／京師

井遇王

王爾綱《天下名家詩永》／7

支遵范

黃傳祖《扶輪廣集》／13

尤　怡

沈德潛《國朝詩別裁集》／528

尤　侗

黃傳祖《扶輪續集》／1

黃傳祖《扶輪廣集》／4；14

黃傳祖《扶輪新集》／4；7；9

魏喬介《觀始集》／8；11

程　棟、施　諲《鼓吹新編》／10

魏　耕、錢价人《今詩粹》

徐　崧、陳濟生《詩南》／2；9

顧有孝《驪珠集》／4

綜合索引（四畫）

魏　憲《詩持二集》／6

魏　憲《詩持三集》／6

趙　炎《尊閣詩藏》／2五言律

鄧漢儀《詩觀二集》／10

鄧漢儀《詩觀三集》／5

徐　崧《詩風初集》／9；12

王士禎《感舊集》／4

席居中《昭代詩存》／6

陸次雲《詩平初集》／3；4；6；10；12

蔣　鑨、翁介眉《清詩初集》／2；5；6；12

曾　燦《過日集》／7；10

孫　銓《皇清詩選》／江南

王爾綱《天下名家詩永》／7

顧施楨（禎）《盛朝詩選初集》／1；3；4；5；7；10

馬道晞《清詩二集》／1

周佑予《清詩鼓吹》／2

吳　藎《名家詩選》／3

劉　然《國朝詩乘》／2

陶　煊、張　璨《國朝詩的》／江南3

陳以剛《國朝詩品》／8

彭廷梅《國朝詩選》／3

沈德潛《國朝詩別裁集》／193

尤　珍

鄧漢儀《詩觀三集》／9

孫　銓《皇清詩選》／江南

顧施楨（禎）《盛朝詩選初集》／3；4；5；7

吳　藎《名家詩選》／3

沈德潛《國朝詩別裁集》／232

尤　乘

程　棟、施　譔《鼓吹新編》／14

尤　舫

顧施楨（禎）《盛朝詩選初集》／4；5；7；9

尤　渝

魏裔介《觀始集》／11

程　棟、施　譔《鼓吹新編》／5

尤大臣

徐　崧、陳濟生《詩南》／12

尤乘元

沈德潛《國朝詩別裁集》／411

尤貞恒

陶　煊、張　璨《國朝詩的》／江南5

尤徵遠

曾　燦《過日集》／9

戈　汕

程　棟、施　譔《鼓吹新編》／14

戈元顯

徐　崧、陳濟生《詩南》／9

徐　崧《詩風初集》／5；18

戈金湯

卓爾堪《明遺民詩》／12

戈國楨

程　棟、施　譔《鼓吹新編》／14

扎　海

陶　煊、張　璨《國朝詩的》／滿洲1

毛　序

沈德潛《國朝詩別裁集》／448

毛　表

陳　瑚《從遊集》／下

毛　袞

陳　瑚《從遊集》／下

毛　桓

陳以剛《國朝詩品》／10

毛　晉

黃傳祖《扶輪續集》／4；9

黄傳祖《扶輪廣集》/3；6；14
魏裔介《觀始集》/4
程　棅、施　諲《鼓吹新編》/4；14
徐　崧、陳濟生《詩南》/7；11
徐　崧《詩風初集》/18
孫　鋐《皇清詩選》/江南
毛　甡
趙　炎《蓴閣詩藏》/3 五言律
鄧漢儀《天下名家詩觀》/6
徐　崧《詩風初集》/5；10；11
王士禛《感舊集》/13
席居中《昭代詩存》/8
蔣　鑨、翁介眉《清詩初集》/9
曾　燦《過日集》/1；8
劉　然《國朝詩乘》/3
毛　捷
蔣　鑨、翁介眉《清詩初集》/7
毛　湛
王爾綱《天下名家詩永》/4
毛　逵（江西人）
魏裔介《清詩溯洄集》/1；3；5；6；7；8
顧有孝《驪珠集》/3
魏　憲《補石倉詩選》/2
魏　憲《皇清百名家詩選》/31
席居中《昭代詩存》/4
蔣　鑨、翁介眉《清詩初集》/5；6；8
曾　燦《過日集》/2；8；9
孫　鋐《皇清詩選》/江西
陶　煊、張　璨《國朝詩的》/江西 2
彭廷梅《國朝詩選》/8
毛　逵（山東人）
孫　鋐《皇清詩選》/山東
毛　褒
陳　瑚《從遊集》/下
毛　蕃
魏裔介《觀始集》/12
魏　耕、錢价人《今詩粹》
徐　崧、陳濟生《詩南》/10
魏裔介《清詩溯洄集》/2；4；8
顧有孝《驪珠集》/8
魏　憲《詩持三集》/9
徐　崧《詩風初集》/6；9；11；18
席居中《昭代詩存》/2
蔣　鑨、翁介眉《清詩初集》/2；5；9
曾　燦《過日集》/8
毛　騤
顧有孝《驪珠集》/7
徐　崧《詩風初集》/11
陶　煊、張　璨《國朝詩的》/浙江 5
毛士鷟
趙　炎《蓴閣詩藏》/1 七言律；7 五言律
孫　鋐《皇清詩選》/湖廣
毛大周
彭廷梅《國朝詩選》/6；10
毛天麒
陶　煊、張　璨《國朝詩的》/江南 6
毛元棨
姚　佺《詩源》/吴
毛升芳
魏　憲《補石倉詩選》/3
魏　憲《皇清百名家詩選》/55
王爾綱《天下名家詩永》/13
毛今鳳
徐　崧《詩風初集》/10

綜合索引（四畫）

毛以燧

程 棟、施 閏《鼓吹新編》／1

毛世楷

沈德潛《國朝詩別裁集》／360

毛可相

程 棟、施 閏《鼓吹新編》／6

徐 崧、陳濟生《詩南》／5；10

毛先舒

黃傳祖《扶輪續集》／4；9

黃傳祖《扶輪廣集》／4；9；11；12；14

黃傳祖《扶輪新集》／9

程 棟、施 閏《鼓吹新編》／7

姚 佺《詩源》／越

魏 耕、錢价人《今詩粹》

徐 崧、陳濟生《詩南》／9

魏喬介《清詩溯洄集》／8

徐 崧《詩風初集》／7；12

王士禎《感舊集》／14

席居中《昭代詩存》／4

陸次雲《詩平初集》／7

蔣 鑨、翁介眉《清詩初集》／3；5；7；8；10；11；12

曾 燦《過日集》／2

孫 鋐《皇清詩選》／浙江

王爾綱《天下名家詩永》／10

顧施禎（禎）《盛朝詩選初集》／6；12；12（附）

韓純玉《近詩兼》

陳維崧《篋衍集》／10

陳以剛《國朝詩品》／10

查 義、查岐昌《國朝詩因》／1

彭廷梅《國朝詩選》／4；12；13

沈德潛《國朝詩別裁集》／146

毛羽宸

蔣 鑨、翁介眉《清詩初集》／8

毛如瑜

沈德潛《國朝詩別裁集》／108

毛志皋

席居中《昭代詩存》／11

毛宗旦

陳以剛《國朝詩品》／17

毛奇齡

黃傳祖《扶輪續集》／4；11；12

黃傳祖《扶輪新集》／7

程 棟、施 閏《鼓吹新編》／6；14

魏 耕、錢价人《今詩粹》

徐 崧、陳濟生《詩南》／2；4；6；9；11

鄧漢儀《詩觀三集》／5

陸次雲《詩平初集》／12

孫 鋐《皇清詩選》／浙江

王爾綱《天下名家詩永》／14

陳維崧《篋衍集》／7；10

吳 藹《名家詩選》／4

陶 煊、張 璨《國朝詩的》／浙江4；6

陳以剛《國朝詩品》／8

沈德潛《國朝詩別裁集》／188

毛映斗

顧有孝《驪珠集》／8

徐 崧《詩風初集》／14

孫 鋐《皇清詩選》／江南

毛重倬

黃傳祖《扶輪新集》／4；9

姚 佺《詩源》／吴

顧有孝《驪珠集》／9

鄧漢儀《天下名家詩觀》／6

徐 崧《詩風初集》／9

蒋 薑、翁介眉《清詩初集》／6；9

曾 燦《過日集》／3

毛振翻

彭廷梅《國朝詩選》／4；6；10；12

毛師柱

顧有孝《驪珠集》／9

魏 憲《皇清百名家詩選》／83

鄧漢儀《天下名家詩觀》／11

徐 崧《詩風初集》／17

蒋 薑、翁介眉《清詩初集》／12

曾 燦《過日集》／5

孫 鋐《皇清詩選》／江南

彭廷梅《國朝詩選》／11

沈德潛《國朝詩別裁集》／274

毛師彬

席居中《昭代詩存》／14

毛乾乾

陶 煊、張 璨《國朝詩的》／江西 1

毛張健

沈德潛《國朝詩別裁集》／447

毛舒先

陸次雲《詩平初集》／8；12

毛萬齡

徐 崧《詩風初集》／10

席居中《昭代詩存》／3

陸次雲《詩平初集》／12

蒋 薑、翁介眉《清詩初集》／7；8；

10；11；12

孫 鋐《皇清詩選》／浙江

毛會建

陳允衡《國雅》／53

魏 憲《詩持四集》／1

鄧漢儀《詩觀三集》／3

徐 崧《詩風初集》／10；14

席居中《昭代詩存》／8

蒋 薑、翁介眉《清詩初集》／1；2；

5；7；9；11；12

曾 燦《過日集》／4

韓純玉《近詩兼》

陶 煊、張 璨《國朝詩的》／江南 10

吳元桂《昭代詩針》／2

彭廷梅《國朝詩選》／9

沈德潛《國朝詩別裁集》／122

毛漢祿

程 棟、施 謹《鼓吹新編》／10

徐 崧、陳濟生《詩南》／4

顧有孝《驪珠集》／10

徐 崧《詩風初集》／10；16

毛滿秀

顧有孝《驪珠集》／8

毛遠公

顧有孝《驪珠集》／9

蒋 薑、翁介眉《清詩初集》／11；12

孫 鋐《皇清詩選》／浙江

顧施禎（禎）《盛朝詩選初集》／5；9

毛鳴岐

魏 憲《詩持二集》／8

鄧漢儀《詩觀二集》／10

孫 鋐《皇清詩選》／福建

彭廷梅《國朝詩選》／4

毛際可

顧有孝《驪珠集》／7

鄧漢儀《詩觀二集》／3

徐 崧《詩風初集》／10

席居中《昭代詩存》／11

陸次雲《詩平初集》／3；7；10；11

蒋 薑、翁介眉《清詩初集》／2；6；

8；10；11

孫 鋐《皇清詩選》／浙江

王爾綱《天下名家詩永》／11

綜合索引（四畫）

韓純玉《近詩兼》

吳 藺《名家詩選》／3

陶 煊、張 璨《國朝詩的》／浙江3

汪 觀《清詩大雅》／2

吳元桂《昭代詩針》／4

彭廷梅《國朝詩選》／13

毛燕若

黃傳祖《扶輪續集》／4

毛錫繁

沈德潛《國朝詩別裁集》／492

毛穎美

趙 炎《尊閣詩藏》／3 七言律；7 五言律

毛麟鳳

陶 煊、張 璨《國朝詩的》／湖廣9

牛 姓

彭廷梅《國朝詩選》／11

牛 奐

陸次雲《詩平初集》／7；10；12

蔣 鑨、翁介眉《清詩初集》／1；2；7；9；10；11；12

孫 鋐《皇清詩選》／山西

王爾綱《天下名家詩永》／5

陶 煊、張 璨《國朝詩的》／山西1

牛 櫃

陶 煊、張 璨《國朝詩的》／直隸2

牛 鴻

蔣 鑨、翁介眉《清詩初集》／12

牛 犇

蔣 鑨、翁介眉《清詩初集》／7

牛裕范

陶 煊、張 璨《國朝詩的》／直隸1

牛運震

彭廷梅《國朝詩選》／5

仇兆鰲

孫 鋐《皇清詩選》／浙江

王爾綱《天下名家詩永》／6

陶 煊、張 璨《國朝詩的》／浙江2

查 義、查岐昌《國朝詩因》／4

今 種（見屈大均）

王士禎《感舊集》／13

兮 訒

倪匡世《振雅堂彙編詩最》／5

兮丹生

魏 耕、錢价人《今詩粹》

魏 憲《詩持三集》／7

趙 炎《尊閣詩藏》／4 五言律

鄧漢儀《詩觀二集》／7

徐 崧《詩風初集》／7；8；14；18

蔣 鑨、翁介眉《清詩初集》／7；9

曾 燦《過日集》／1；4；7

孫 鋐《皇清詩選》／浙江

卓爾堪《明遺民詩》／10

兮行訒

魏 耕、錢价人《今詩粹》

尹 伸

程 棟、施 譚《鼓吹新編》／1

尹 甸

徐 崧《詩風初集》／9

尹 珩

魏 憲《補石倉詩選》／1

尹 愉

陶 煊、張 璨《國朝詩的》／雲南1

尹 禮

彭廷梅《國朝詩選》／8；10

尹民興

黃傳祖《扶輪新集》／1

徐 崧、陳濟生《詩南》／12

陶 煊、張 璨《國朝詩的》／湖廣2

尹長祥

黄傳祖《扶輪續集》／1；3

尹延英

陶 煊、張 璨《國朝詩的》／浙江 7

尹幼繁

黄傳祖《扶輪續集》／4

尹源進

王爾綱《天下名家詩永》／13

尹會一

汪 觀《清詩大雅二集》／1

沈德潛《國朝詩別裁集》／483

巴一吴

朱 觀《國朝詩正》／5

允 禧

沈德潛《國朝詩別裁集》／542

孔 鼎

曾 燦《過日集》／3

孔 遹

鄧漢儀《詩觀二集》／9

席居中《昭代詩存》／14

孫 鋐《皇清詩選》／河南

孔自來

蔣 鑨、翁介眉《清詩初集》／8

孫 鋐《皇清詩選》／湖廣

顧施禎（禎）《盛朝詩選初集》／5；8

陶 煊、張 璨《國朝詩的》／湖廣 5

孔尚大

曾 燦《過日集》／4

王爾綱《天下名家詩永》／10

陶 煊、張 璨《國朝詩的》／江南 12

孔尚任

鄧漢儀《詩觀三集》／2

倪匡世《振雅堂彙編詩最》／4

陳維崧《篋衍集》／8

朱 觀《國朝詩正》／5

陶 煊、張 璨《國朝詩的》／山東 1

吳元桂《昭代詩針》／7

彭廷梅《國朝詩選》／4

沈德潛《國朝詩別裁集》／238

孔尚坤

王爾綱《天下名家詩永》／5

孔尚恪

鄧漢儀《詩觀三集》／11

陶 煊、張 璨《國朝詩的》／山東 1

孔尚益

王爾綱《天下名家詩永》／5

孔尚萃

姚 佺《詩源》／吳

王爾綱《天下名家詩永》／3

孔尚豫

王爾綱《天下名家詩永》／3

孔貞時

王爾綱《天下名家詩永》／1

孔貞得

王爾綱《天下名家詩永》／2

孔貞運

王爾綱《天下名家詩永》／1

孔貞會

王爾綱《天下名家詩永》／2

孔衍越（越一作"樾"）

蔣 鑨、翁介眉《清詩初集》／9

王爾綱《天下名家詩永》／11

陶 煊、張 璨《國朝詩的》／山東 1

吳元桂《昭代詩針》／4

孔衍廟

王爾綱《天下名家詩永》／13

孔衍儀

王爾綱《天下名家詩永》／11

孔衍霈

王爾綱《天下名家詩永》／12

綜合索引（五畫）

孔衍錫
　　王爾綱《天下名家詩永》／12
孔衍鄰
　　王爾綱《天下名家詩永》／13
孔衍邁
　　王爾綱《天下名家詩永》／12
孔衍樾
　　黃傳祖《扶輪新集》／10
　　魏　憲《皇清百名家詩選》／27
　　陶　煊、張　璨《國朝詩的》／山東2
孔胤樾
　　魏裔介《清詩湖洄集》／1；3；7；9
　　魏　憲《補石倉詩選》／2
　　徐　崧《詩風初集》／18
　　席居中《昭代詩存》／11
　　彭廷梅《國朝詩選》／7
孔傳志
　　周佑予《清詩鼓吹》／2
孔傳鐸
　　周佑予《清詩鼓吹》／2
　　汪　觀《清詩大雅》／18
　　沈德潛《國朝詩別裁集》／237
孔毓書
　　孫　鋐《皇清詩選》／江南
孔毓禎
　　鄧漢儀《詩觀三集》／12
孔興恂
　　陶　煊、張　璨《國朝詩的》／江南12
孔興釺
　　魏　憲《補石倉詩選》／3
　　魏　憲《皇清百名家詩選》／52
孔興紹
　　席居中《昭代詩存》／9
孔興窗
　　王爾綱《天下名家詩永》／14

孔興僑
　　徐　崧《詩風初集》／14
　　曾　燦《過日集》／10
孔穎越
　　孫　鋐《皇清詩選》／山東

五　畫

永　清
　　彭廷梅《國朝詩選》／6；10
永　慧
　　彭廷梅《國朝詩選》／6；8；10；11
永　齡
　　彭廷梅《國朝詩選》／6；12
平　章
　　徐　崧《詩風初集》／8
甘　京
　　曾　燦《過日集》／4；6
　　孫　鋐《皇清詩選》／江西
　　卓爾堪《明遺民詩》／5
　　陶　煊、張　璨《國朝詩的》／江西1
甘　表
　　曾　燦《過日集》／10
甘　韋
　　王爾綱《天下名家詩永》／11
甘日懋
　　沈德潛《國朝詩別裁集》／436
甘貞旭
　　黃傳祖《扶輪新集》／4
　　徐　崧《詩風初集》／14
札　海
　　陸次雲《詩平初集》／12
　　王爾綱《天下名家詩永》／11
左　史
　　陶　煊、張　璨《國朝詩的》／湖廣2

左　宫

吴元桂《昭代诗针》／14

左　桢

魏裔介《观始集》／6

左　衡

陶煊、张　璨《国朝诗的》／江南 9

左士望

魏　宪《诗持三集》／7

孙　铣《皇清诗选》／江南

左国材

魏裔介《观始集》／9

徐　崧、陈济生《诗南》／10

徐　崧《诗风初集》／10

孙　铣《皇清诗选》／江南

吴元桂《昭代诗针》／4

左国治

曾　灿《过日集》／10

左国斌

徐　崧、陈济生《诗南》／10

左国棅

魏裔介《观始集》／11

程　棅、施　譔《鼓吹新编》／7

徐　崧、陈济生《诗南》／10

曾　灿《过日集》／10

吴元桂《昭代诗针》／4

左维垣

邓汉仪《诗观二集》／13

孙　铣《皇清诗选》／江南

左懋第

魏　宪《补石仓诗选》／1

古　松

吴元桂《昭代诗针》／15

古　易

沈德潜《国朝诗别裁集》／460

古　典

陶　煊、张　璨《国朝诗的》／江南 16

古之琦

王尔纲《天下名家诗永》／11

古之濬

王尔纲《天下名家诗永》／13

古风邪

王尔纲《天下名家诗永》／12

古风采

王尔纲《天下名家诗永》／13

古风唐

王尔纲《天下名家诗永》／10

古风盛

陶　煊、张　璨《国朝诗的》／江南 12

古梦符

王尔纲《天下名家诗永》／12

石　文

沈德潜《国朝诗别裁集》／534

石　申

邓汉仪《诗观二集》／8

孙　铣《皇清诗选》／京师

石　年

沈德潜《国朝诗别裁集》／519

石　采

吴元桂《昭代诗针》／14

石　冲

陈　瑚《从游集》／下

邓汉仪《天下名家诗观》／9

席居中《昭代诗存》／14

孙　铣《皇清诗选》／江南

倪匡世《振雅堂集编诗最》／2

石　朗

黄傅祖《扶轮广集》／9

姚　佺《诗源》／秦

综合索引（五畫）

石 參

倪匡世《振雅堂彙編詩最》／3

陶 煊、張 璨《國朝詩的》／盛京 1

石 湘

倪匡世《振雅堂彙編詩最》／6

石 隆

卓爾堪《明遺民詩》／14

石 璜

倪匡世《振雅堂彙編詩最》／2

石 鯨

陶 煊、張 璨《國朝詩的》／湖廣 4

石永寧

彭廷梅《國朝詩選》／2

石丙玉

倪匡世《振雅堂彙編詩最》／1

石焉崧

鄧漢儀《詩觀三集》／7

陶 煊、張 璨《國朝詩的》／江南 3

沈德潛《國朝詩別裁集》／292

布達世

陶 煊、張 璨《國朝詩的》／滿洲 1

术翼宗

黃傳祖《扶輪廣集》／9

黃傳祖《扶輪新集》／9

顧有孝《驪珠集》／10

孫 鋐《皇清詩選》／山東

陶 煊、張 璨《國朝詩的》／山東 1

田 佐

陶 煊、張 璨《國朝詩的》／湖廣 10

田 治

魏 憲《詩持一集》／2

田 林

陶 煊、張 璨《國朝詩的》／江南 10

田 金

顧施禎（禎）《盛朝詩選初集》／7

田 珂

黃傳祖《扶輪新集》／4；9

田 祖

王爾綱《天下名家詩永》／11

陶 煊、張 璨《國朝詩的》／雲南 1

田 庶

鄧漢儀《詩觀二集》／5

王爾綱《天下名家詩永》／8

陶 煊、張 璨《國朝詩的》／直隸 2

田 雯

鄧漢儀《詩觀二集》／9

鄧漢儀《詩觀三集》／4

席居中《昭代詩存》／13

陸次雲《詩平初集》／7；9

蔣 薰、翁介眉《清詩初集》／5；6；9

曾 燦《過日集》／1；4；6；10

孫 鋐《皇清詩選》／山東

倪匡世《振雅堂彙編詩最》／3

王爾綱《天下名家詩永》／5

陳維崧《篋衍集》／7；10

吳 藎《名家詩選》／4

陶 煊、張 璨《國朝詩的》／山東 2

陳以剛《國朝詩品》／5

吳元桂《昭代詩針》／7

沈德潛《國朝詩別裁集》／100

田 登

顧施禎（禎）《盛朝詩選初集》／7

陶 煊、張 璨《國朝詩的》／江南 14

田 綸

陸次雲《詩平初集》／12

田 徹

徐 崧《詩風初集》／16

田 鉉

鄧漢儀《天下名家詩觀》／11

田　璜

孫　鋐《皇清詩選》／江南

田　霈

陶　煊、張　璨《國朝詩的》／山東 1

田于邪

鄧漢儀《詩觀二集》／13

孫　鋐《皇清詩選》／河南

田于邰

鄧漢儀《詩觀二集》／13

孫　鋐《皇清詩選》／河南

田于隆

鄧漢儀《詩觀二集》／13

陶　煊、張　璨《國朝詩的》／河南 1

田文潤

陶　煊、張　璨《國朝詩的》／江南 15

彭廷梅《國朝詩選》／1

田甘霖

蔣　薰、翁介眉《清詩初集》／6

田同之

沈德潛《國朝詩別裁集》／429

田作澤

鄧漢儀《天下名家詩觀》／9

鄧漢儀《詩觀二集》／12

徐　崧《詩風初集》／12

席居中《昭代詩存》／11

孫　鋐《皇清詩選》／河南

陶　煊、張　璨《國朝詩的》／河南 2

田茂遇

黃傳祖《扶輪新集》／4

魏喬介《觀始集》／2；4；6；8

陳祚明、韓　詩《國門集》／3；4

魏喬介《清詩溯洄集》／7

魏　憲《詩持三集》／5

趙　炎《尊閣詩藏》／4 五言律

徐　崧《詩風初集》／5；11

席居中《昭代詩存》／2

陸次雲《詩平初集》／2；4；7；12

蔣　薰、翁介眉《清詩初集》／2；5；7；9

曾　燦《過日集》／2；4

孫　鋐《皇清詩選》／江南

王爾綱《天下名家詩永》／6

劉　然《國朝詩乘》／11

彭廷梅《國朝詩選》／8

沈德潛《國朝詩別裁集》／84

田從典

沈德潛《國朝詩別裁集》／287

田逢吉

徐　崧《詩風初集》／17

蔣　薰、翁介眉《清詩初集》／12

田雲鶴

汪　觀《清詩大雅二集》／4

田舜年

蔣　薰、翁介眉《清詩初集》／9

馬道畊《清詩二集》／3

陶　煊、張　璨《國朝詩的》／湖廣 10

田實發

陶　煊、張　璨《國朝詩的》／江南 12

吳元桂《昭代詩針》／13

田種玉

顧有孝《驪珠集》／4

魏　憲《詩持一集》／1

魏　憲《補石倉詩選》／3

趙　炎《尊閣詩藏》／4 七言律

蔣　薰、翁介眉《清詩初集》／7

孫　鋐《皇清詩選》／京師

陶　煊、張　璨《國朝詩的》／直隸 1

申　蕎

程　棟、施　誾《鼓吹新編》／10

魏　耕、錢价人《今詩粹》

综合索引（五画）

徐 崧、陈济生《诗南》／7

申佳胤

程 榛、施 譶《鼓吹新编》／1

申涵光

黄傅祖《扶轮广集》／4；9；11；12；13；14

黄傅祖《扶轮新集》／4；9

魏裔介《观始集》／1；5；8；11

陈祚明、韩 诗《国门集》／1；2；3；4；5；6

程 榛、施 譶《鼓吹新编》／7

魏 耕、钱价人《今诗粹》

徐 崧、陈济生《诗南》／5；9

魏裔介《清诗溯洄集》／1；3；5；7；9

顾有孝《驪珠集》／2

魏 憲《诗持二集》／4

魏 憲《补石仓诗选》／2

魏 憲《皇清百名家诗选》／10

赵 炎《尊闻诗藏》／1 五言古；1 五言律；2 七言律

邓汉仪《天下名家诗观》／3

邓汉仪《诗观二集》／1

邓汉仪《诗观三集》／1

徐 崧《诗风初集》／2；7；9；14；16；17

王士禛《感旧集》／13

席居中《昭代诗存》／4

陆次云《诗平初集》／2；6；8；11；12

蒋 薰、翁介眉《清诗初集》／1；2；4；6；8；10；11；12

曾 燦《过日集》／1；3；8

孫 鋐《皇清诗选》／京师

王爾綱《天下名家诗永》／1

顾施祯（祯）《盛朝诗选初集》／2

陈维崧《篋衍集》／11

卓爾堪《明遗民诗》／5

吴 藹《名家诗选》／4

陶 煊、张 璨《国朝诗的》／直隸1；2

陈以刚《国朝诗品》／5

吴元桂《昭代诗针》／1

彭廷梅《国朝诗选》／2；7；9；10；11

申涵盼

魏裔介《清诗溯洄集》／5

魏 憲《补石仓诗选》／3

魏 憲《皇清百名家诗选》／53

邓汉仪《诗观二集》／13

邓汉仪《诗观三集》／2

蒋 薰、翁介眉《清诗初集》／7

孫 鋐《皇清诗选》／京师

王爾綱《天下名家诗永》／12

陶 煊、张 璨《国朝诗的》／直隸2

彭廷梅《国朝诗选》／8

申涵煜

黄傅祖《扶轮新集》／9

魏裔介《观始集》／6

陈祚明、韩 诗《国门集》／4；5

魏裔介《清诗溯洄集》／5

顾有孝《驪珠集》／6

赵 炎《尊闻诗藏》／4 五言律

席居中《昭代诗存》／12

孫 鋐《皇清诗选》／京师

王爾綱《天下名家诗永》／1

陶 煊、张 璨《国朝诗的》／直隸2

申涵聘

彭廷梅《国朝诗选》／5

申紹芳

曾 燦《過日集》／3

申陶憲

周佑予《清詩鼓吹》／2

申綏祚

黃傳祖《扶輪續集》／9

黃傳祖《扶輪廣集》／9

程 棟、施 諲《鼓吹新編》／10

姚 佺《詩源》／吴

徐 崧、陳濟生《詩南》／4；7；11

顧有孝《驪珠集》／6

鄧漢儀《詩觀二集》／12

徐 崧《詩風初集》／9；10；18

席居中《昭代詩存》／14

曾 燦《過日集》／1

申維翰

鄧漢儀《詩觀二集》／6

申嘉胤

魏 憲《補石倉詩選》／1

申繼揆

魏 憲《詩持一集》／3

趙 炎《尊閣詩藏》／4 五言律

徐 崧《詩風初集》／1；5

曾 燦《過日集》／4；8

孫 銓《皇清詩選》／江南

陶 煊、張 璨《國朝詩的》／江南 6

史 元

王士禎《感舊集》／3

史 立

蔣 鑨、翁介眉《清詩初集》／11

史 玄（见史弱翁）

黃傳祖《扶輪續集》／3；4；8；11

程 棟、施 諲《鼓吹新編》／2

魏 耕、錢价人《今詩粹》

徐 崧、陳濟生《詩南》／1；3；5；11

鄧漢儀《詩觀二集》／4

徐 崧《詩風初集》／2；6；8；12；16；17

蔣 鑨、翁介眉《清詩初集》／2；7

曾 燦《過日集》／4

卓爾堪《明遺民詩》／5

陶 煊、張 璨《國朝詩的》／江南 5

史 伸

鄧漢儀《詩觀三集》／12

孫 銓《皇清詩選》／江南

史 周

曾 燦《過日集》／9

周佑予《清詩鼓吹》／3

史 許

彭廷梅《國朝詩選》／2

史 載

黃傳祖《扶輪廣集》／9；11；13

魏裔介《觀始集》／9

陳祚明、韓 詩《國門集》／4

徐 崧《詩風初集》／11

史 範

陶 煊、張 璨《國朝詩的》／山西 1

史 籍

陳以剛《國朝詩品》／11

史 變

劉 然《國朝詩乘》／12

陳以剛《國朝詩品》／10

沈德潛《國朝詩別裁集》／227

史大成

魏裔介《觀始集》／9

顧有孝《驪珠集》／4

魏 憲《詩持二集》／7

魏 憲《補石倉詩選》／3

趙 炎《尊閣詩藏》／4 七言律

综合索引（五畫）

徐 崧《詩風初集》／13

席居中《昭代詩存》／9

陸次雲《詩平初集》／8

蔣 鑨、翁介眉《清詩初集》／9

孫 鋐《皇清詩選》／浙江

王爾綱《天下名家詩永》／9

顧施禎（禎）《盛朝詩選初集》／8

劉 然《國朝詩乘》／11

陶 煊、張 璨《國朝詩的》／浙江1

史可程

姚 佺《詩源》／燕

鄧漢儀《詩觀二集》／13

蔣 鑨、翁介眉《清詩初集》／4；8

孫 鋐《皇清詩選》／京師

王爾綱《天下名家詩永》／1

史申義

陶 煊、張 璨《國朝詩的》／江南14

查 羲、查岐昌《國朝詩因》／4

沈德潛《國朝詩別裁集》／290

史光顯

陳以剛《國朝詩品》／18

史克欽

倪匡世《振雅堂彙編詩最》／7

史求忠

陶 煊、張 璨《國朝詩的》／湖廣9

史宗班

徐 崧《詩風初集》／18

史秉中

陶 煊、張 璨《國朝詩的》／江南續編1

史秉直

王爾綱《天下名家詩永》／14

史宣綸

徐 崧《詩風初集》／10

史流馨

吳元桂《昭代詩針》／15

史夏隆

姚 佺《詩源》／吳

史弱翁

鄧漢儀《詩觀三集》／3

史惟玄

程 棟、施 譚《鼓吹新編》／9

史惟圓

蔣 鑨、翁介眉《清詩初集》／1；11；12

史國柱

陶 煊、張 璨《國朝詩的》／江南13

吳元桂《昭代詩針》／14

史國瑜

席居中《昭代詩存》／3

史逸孫

鄧漢儀《天下名家詩觀》／6

徐 崧《詩風初集》／13

史鳳輝

陶 煊、張 璨《國朝詩的》／江南15

史樹駿

顧有孝《驪珠集》／4

鄧漢儀《天下名家詩觀》／6

徐 崧《詩風初集》／6

蔣 鑨、翁介眉《清詩初集》／5；9

曾 燦《過日集》／7

孫 鋐《皇清詩選》／江南

陶 煊、張 璨《國朝詩的》／江南6

史騏生

沈德潛《國朝詩別裁集》／278

史翼經

徐 崧《詩風初集》／10

史繼燝

曾 燦《過日集》／10

史鑑宗

蔣 薰、翁介眉《清詩初集》/6

冉覲祖

顧施楨（禎）《盛朝詩選初集》/7；10

失 名

彭廷梅《國朝詩選》/1；6；10

丘 岳

徐 崧、陳濟生《詩南》/6

丘 眺

魏 耕、錢价人《今詩粹》

丘 倧（丘一作"邱"）

曾 燦《過日集》/10

丘 園

顧有孝《驪珠集》/8

徐 崧《詩風初集》/12；17

丘 嶼（丘一作"邱"）

黃傳祖《扶輪廣集》/9

丘上儀（丘一作"邱"）

卓爾堪《明遺民詩》/12

丘元武（丘一作"邱"）

鄧漢儀《詩觀三集》/10

蔣 薰、翁介眉《清詩初集》/1；4；7；9

倪匡世《振雅堂彙編詩最》/2

吳元桂《昭代詩針》/7

丘元復（丘一作"邱"）

倪匡世《振雅堂彙編詩最》/9

陶 煊、張 璨《國朝詩的》/山東2

丘石常（丘一作"邱"）

黃傳祖《扶輪新集》/7；9

陳祚明、韓 詩《國門集》/5

王士禎《感舊集》/7

丘同升（丘一作"邱"）

鄧漢儀《詩觀三集》/12

陶 煊、張 璨《國朝詩的》/江南8

丘柯邦（丘一作"邱"）

陶 煊、張 璨《國朝詩的》/山東2

丘俊孫

程 棟、施 諲《鼓吹新編》/5

丘象升（丘一作"邱"）

黃傳祖《扶輪廣集》/4；9；11；13；14

黃傳祖《扶輪新集》/3；6；9

魏裔介《觀始集》/2

程 棟、施 諲《鼓吹新編》/6

魏 耕、錢价人《今詩粹》

陳允衡《國雅》/45

徐 崧、陳濟生《詩南》/12

魏 憲《詩持一集》/4

魏 憲《皇清百名家詩選》/80

趙 炎《專閣詩藏》/4五言律

鄧漢儀《天下名家詩觀》/11

鄧漢儀《詩觀三集》/1

徐 崧《詩風初集》/13；16；18

王士禎《感舊集》/4

席居中《昭代詩存》/9

陸次雲《詩平初集》/5；7；9；11；12

蔣 薰、翁介眉《清詩初集》/1；3；7；11

曾 燦《過日集》/1；3；9

孫 鋐《皇清詩選》/江南

王爾綱《天下名家詩永》/5

顧施楨（禎）《盛朝詩選初集》/2；12（附）

吳元桂《昭代詩針》/2

彭廷梅《國朝詩選》/9

沈德潛《國朝詩別裁集》/68

丘象益

魏 耕、錢价人《今詩粹》

综合索引（五畫）

丘象隨（丘一作"邱"）

黃傳祖《扶輪廣集》／9；14

魏裔介《觀始集》／2；6；8

程 棟、施 譚《鼓吹新編》／7

徐 崧、陳濟生《詩南》／12

鄧漢儀《天下名家詩觀》／11

鄧漢儀《詩觀三集》／3

王士禎《感舊集》／4

曾 燦《過日集》／9

王爾綱《天下名家詩永》／14

陶 煊、張 璨《國朝詩的》／江南3

沈德潛《國朝詩別裁集》／216

丘象隨

陳允衡《國雅》／46

顧有孝《驪珠集》／6

趙 炎《尊閣詩藏》／5五言律

徐 崧《詩風初集》／14；16；18

席居中《昭代詩存》／11

陸次雲《詩平初集》／1；7；9；11；12

蔣 薰、翁介眉《清詩初集》／1；6；9；11；12

陳以剛《國朝詩品》／10

彭廷梅《國朝詩選》／1；12

丘象豫

魏 耕、錢价人《今詩粹》

丘履程（丘一作"邱"）

鄧漢儀《詩觀二集》／3

孫 鋐《皇清詩選》／四川

陶 煊、張 璨《國朝詩的》／四川1

丘維屏（丘一作"邱"）

曾 燦《過日集》／5；6

卓爾堪《明遺民詩》／10

陶 煊、張 璨《國朝詩的》／江西1

白 玠

魏裔介《觀始集》／4

魏裔介《清詩溯洄集》／8

白 采

鄧漢儀《詩觀二集》／12

孫 鋐《皇清詩選》／江南

白 英

鄧漢儀《詩觀二集》／12

白 眉

孫 鋐《皇清詩選》／江南

白 銘

姚 佺《詩源》／吳

魏裔介《清詩溯洄集》／4

白 謙

陸次雲《詩平初集》／3

蔣 薰、翁介眉《清詩初集》／3

王爾綱《天下名家詩永》／2

白乃建

陳祚明、韓 詩《國門集》／4

白王綸

王爾綱《天下名家詩永》／13

白良琦

鄧漢儀《詩觀三集》／9

陶 煊、張 璨《國朝詩的》／陝西1

白長庚

陶 煊、張 璨《國朝詩的》／陝西2

汪 觀《清詩大雅二集》／2

白孟衝

蔣 薰、翁介眉《清詩初集》／9

白彥良

蔣 薰、翁介眉《清詩初集》／7

白彥質

蔣 薰、翁介眉《清詩初集》／6

白胤謙

黃傳祖《扶輪廣集》／3；6；8；13；

14

黄傳祖《扶輪新集》／2；8
魏喬介《觀始集》／1；4；6；7；8；

12

陳祚明、韓　詩《國門集》／2；3；4；

6

姚　佺《詩源》／晉
顧有孝《驪珠集》／2
徐　崧《詩風初集》／2；15；16；17
曾　燦《過日集》／5
查　義、查岐昌《國朝詩因》／3

白鹿岩

陶　煊、張　璨《國朝詩的》／江西 1

白登明

徐　崧、陳濟生《詩南》／6；12

白夢鼎

魏喬介《觀始集》／9
姚　佺《詩源》／吳
魏　耕、錢价人《今詩粹》
徐　崧、陳濟生《詩南》／1
鄧漢儀《天下名家詩觀》／6；11
鄧漢儀《詩觀二集》／7
席居中《昭代詩存》／8
蔣　寀、翁介眉《清詩初集》／3；7
曾　燦《過日集》／4
孫　鋐《皇清詩選》／江南
王爾綱《天下名家詩永》／12
吳　藹《名家詩選》／2
吳元桂《昭代詩針》／2

白夢甡

黄傳祖《扶輪廣集》／11
姚　佺《詩源》／吳
顧有孝《驪珠集》／5
趙　炎《專閱詩藏》／7 五言律
鄧漢儀《天下名家詩觀》／2

鄧漢儀《詩觀二集》／12
徐　崧《詩風初集》／6；8
席居中《昭代詩存》／11
陸次雲《詩平初集》／3；7；10
蔣　寀、翁介眉《清詩初集》／3；6
孫　鋐《皇清詩選》／江南
王爾綱《天下名家詩永》／12
吳　藹《名家詩選》／2
吳元桂《昭代詩針》／2

白德馨

陶　煊、張　璨《國朝詩的》／江南 16
陳以剛《國朝詩品》／17

白顒謙

孫　鋐《皇清詩選》／山西

白顧俊

陶　煊、張　璨《國朝詩的》／浙江 5

司馬斌

朱　觀《國朝詩正》／3
陶　煊、張　璨《國朝詩的》／浙江 7

司徒珍

孫　鋐《皇清詩選》／江南

包　咸

徐　崧《詩風初集》／10；14

包　振

顧有孝《驪珠集》／4
徐　崧《詩風初集》／9

包　彬

沈德潛《國朝詩別裁集》／522

包　斌

鄧漢儀《詩觀三集》／8

包　捷

程　棟、施　譚《鼓吹新編》／7
徐　崧、陳濟生《詩南》／6
卓爾堪《明遺民詩》／14

综合索引（六畫）

包铨
　孫鋡《皇清詩選》／江南
包壒
　魏裔介《觀始集》／1；6；9
包爾庚
　鄧漢儀《詩觀二集》／4
　孫鋡《皇清詩選》／江南
　王爾綱《天下名家詩永》／1
　彭廷梅《國朝詩選》／3
包鴻起
　魏憲《詩持三集》／10
台汝礪
　姚佺《詩源》／滇
　王爾綱《天下名家詩永》／1
　顧施楨（楨）《盛朝詩選初集》／9
台延周
　姚佺《詩源》／滇
弘旬
　彭廷梅《國朝詩選》／10
弘昂
　彭廷梅《國朝詩選》／4；11
弘曒
　彭廷梅《國朝詩選》／3；5；7；10；
　　11；14
弘曕
　沈德潛《國朝詩別裁集》／542

六 畫

羊璜
　鄧漢儀《天下名家詩觀》／7
　徐崧《詩風初集》／9
　席居中《昭代詩存》／9
米元個
　陶煊、張璨《國朝詩的》／湖廣2

米漢倬
　席居中《昭代詩存》／3
米漢雯
　黃傳祖《扶輪新集》／7
　魏裔介《觀始集》／6
　陳祚明、韓詩《國門集》／3；6
　顧有孝《驪珠集》／6
　魏憲《詩持四集》／1
　趙炎《專閱詩藏》／1 五言古；3 五
言律
　鄧漢儀《天下名家詩觀》／6
　鄧漢儀《詩觀二集》／12
　徐崧《詩風初集》／8
　席居中《昭代詩存》／9
　陸次雲《詩平初集》／7；9
　蔣瓏、翁介眉《清詩初集》／7；9
　孫鋡《皇清詩選》／京師
　陶煊、張璨《國朝詩的》／直隸2
　陳以剛《國朝詩品》／10
　吴元桂《昭代詩針》／4
米壽都
　黃傳祖《扶輪廣集》／9
　魏裔介《觀始集》／5；9
　陳祚明、韓詩《國門集》／3；5
　姚佺《詩源》／燕
　顧有孝《驪珠集》／3
　魏憲《詩持一集》／4
　趙炎《專閱詩藏》／1 五言古；2 五
言律
　徐崧《詩風初集》／14
　蔣瓏、翁介眉《清詩初集》／6
　孫鋡《皇清詩選》／京師
　陶煊、張璨《國朝詩的》／直隸1
安夏
　顧有孝《驪珠集》／7

徐 崧《詩風初集》／9

曾 燦《過日集》／7

卓爾堪《明遺民詩》／14

安 期

沈德潛《國朝詩別裁集》／473

安廣生

曾 燦《過日集》／9

江 任

程 棟、施 譚《鼓吹新編》／9

徐 崧《詩風初集》／10；12

江 邦

程 棟、施 譚《鼓吹新編》／7

江 杏

王爾綱《天下名家詩永》／2

江 注

鄧漢儀《詩觀三集》／3

江 表

王爾綱《天下名家詩永》／9

江 佩

陶 煊、張 璨《國朝詩的》／江南 15

江 昱

汪 觀《清詩大雅二集》／3

彭廷梅《國朝詩選》／5；9；11

江 迥

魏喬介《觀始集》／9

徐 崧、陳濟生《詩南》／12

江 桓

王爾綱《天下名家詩永》／3

江 桐

王爾綱《天下名家詩永》／4

江 梅

曾 燦《過日集》／4

江 挺

卓爾堪《明遺民詩》／12

江 皋

鄧漢儀《天下名家詩觀》／11

徐 崧《詩風初集》／14

蔣 鑨、翁介眉《清詩初集》／9

陶 煊、張 璨《國朝詩的》／江南 9

吳元桂《昭代詩針》／1

江 晉

吳 藶《名家詩選》／1

江 祥

陶 煊、張 璨《國朝詩的》／江南 14

江 湘

鄧漢儀《詩觀二集》／12

席居中《昭代詩存》／5

江 斌

陸次雲《詩平初集》／6；10

陶 煊、張 璨《國朝詩的》／江南 8

江 棟

陶 煊、張 璨《國朝詩的》／江南續編 1

江 椿

汪 觀《清詩大雅二集》／7

江 圃

陳以剛《國朝詩品》／17

江 遠

朱 觀《國朝詩正》／5

江 廣

倪匡世《振雅堂彙編詩最》／9

江 聲

沈德潛《國朝詩別裁集》／529

江 濤

倪匡世《振雅堂彙編詩最》／9

江 閬

鄧漢儀《詩觀二集》／6

席居中《昭代詩存》／7

陸次雲《詩平初集》／1；3；5；7；

綜合索引（六畫）

10；12

蔣　鑵、翁介眉《清詩初集》／1；2；7；9；11；12

曾　燦《過日集》／1；4；6；10

孫　銧《皇清詩選》／貴州

陳維崧《篋衍集》／4

吳　藎《名家詩選》／4

陶　煊、張　璨《國朝詩的》／貴州1

陳以剛《國朝詩品》／6

吳元桂《昭代詩針》／7

彭廷梅《國朝詩選》／3；5；11

沈德潛《國朝詩別裁集》／238

江　顥

曾　燦《過日集》／1

江　鵬

彭廷梅《國朝詩選》／4；9；11

江　鑑

陶　煊、張　璨《國朝詩的》／江南續編1

江　觀

朱　觀《國朝詩正》／8

江一淫

彭廷梅《國朝詩選》／9

江一經

王爾綱《天下名家詩永》／11

陶　煊、張　璨《國朝詩的》／江南8

江之氾

彭廷梅《國朝詩選》／5

江之漘

倪匡世《振雅堂彙編詩最》／4

江士銓

王爾綱《天下名家詩永》／11

江士諿

蔣　鑵、翁介眉《清詩初集》／6

江天一

鄧漢儀《詩觀二集》／13

孫　銧《皇清詩選》／江南

江元琦

陶　煊、張　璨《國朝詩的》／江南續編1

江五岳

王爾綱《天下名家詩永》／8

江允沛

鄧漢儀《天下名家詩觀》／11

江世棟

鄧漢儀《詩觀二集》／12

陶　煊、張　璨《國朝詩的》／江南9

江有溶

陶　煊、張　璨《國朝詩的》／湖廣4

江有龍

陳以剛《國朝詩品》／17

江羽青

孫　銧《皇清詩選》／江南

江宏文

沈德潛《國朝詩別裁集》／536

江芝封

王爾綱《天下名家詩永》／14

江奇相

黃傳祖《扶輪廣集》／9

江承諫

顧有孝《曠珠集》／10

江連崖

陶　煊、張　璨《國朝詩的》／湖廣10

江溢燦

王爾綱《天下名家詩永》／5

江接芹

徐　崧《詩風初集》／18

江國茂

卓爾堪《明遺民詩》／15

陶 煊、張 璨《國朝詩的》／江南5

江朝宗

劉 然《國朝詩乘》／12

江運昌

鄧漢儀《天下名家詩觀》／7

曾 燦《過日集》／4；10

孫 銓《皇清詩選》／江南

江萬里

陳以剛《國朝詩品》／11

江毓兕

陶 煊、張 璨《國朝詩的》／江南7；14

江龍震

程 棟、施 譔《鼓吹新編》／11

江應晟

彭廷梅《國朝詩選》／1

艾之駿

劉 然《國朝詩乘》／12

艾元徵

魏 憲《補石倉詩選》／3

鄧漢儀《詩觀二集》／9

艾紹衣

趙 炎《尊閑詩藏》／7五言律

孫 銓《皇清詩選》／江南

戎駿聲

黃傳祖《扶輪新集》／9

魏喬介《觀始集》／6；11

曲允斌

王爾綱《天下名家詩永》／8

年羹堯

陶 煊、張 璨《國朝詩的》／盛京2

朱 心

魏喬介《觀始集》／2；11

魏 耕、錢价人《今詩粹》

徐 崧《詩風初集》／17

朱 升

蔣 釴、翁介眉《清詩初集》／9

朱 卉

陳以剛《國朝詩品》／19

吳元桂《昭代詩針》／13

彭廷梅《國朝詩選》／4

朱 沖

徐 崧《詩風初集》／10

朱 治

蔣 釴、翁介眉《清詩初集》／11

朱 直

汪 觀《清詩大雅》／15

吳元桂《昭代詩針》／11

朱 昇

姚 佺《詩源》／越

朱 洵

徐 崧《詩風初集》／10

朱 珏

鄧漢儀《詩觀二集》／12

孫 銓《皇清詩選》／江南

朱 相

吳元桂《昭代詩針》／15

朱 虹

顧有孝《驪珠集》／9

鄧漢儀《詩觀三集》／4

徐 崧《詩風初集》／14

席居中《昭代詩存》／12

倪匡世《振雅堂彙編詩最》／1

顧施楨（禎）《盛朝詩選初集》／7；9

陶 煊、張 璨《國朝詩的》／江南5

朱 祐

卓爾堪《明遺民詩》／15

朱 祐

姚 佺《詩源》／吳

徐 崧《詩風初集》／14

综合索引（六畫）

朱 容

孫 鋐《皇清詩選》／江南

朱 泰

劉 然《國朝詩乘》／11

朱 軒

魏 憲《詩持三集》／7

趙 炎《尊閣詩藏》／8 五言律

徐 崧《詩風初集》／8；17

孫 鋐《皇清詩選》／江南

朱 筠

鄧漢儀《詩觀二集》／6

吴元桂《昭代詩針》／12

朱 書

查 羲、查岐昌《國朝詩因》／5

朱 陵

黃傳祖《扶輪續集》／9

程 棟、施 譚《鼓吹新編》／10

魏 耕、錢价人《今詩粹》

徐 崧、陳濟生《詩南》／7

顧有孝《驪珠集》／11

徐 崧《詩風初集》／12

孫 鋐《皇清詩選》／江南

朱 淇

趙 炎《尊閣詩藏》／7 五言律

孫 鋐《皇清詩選》／江南

朱 峻

程 棟、施 譚《鼓吹新編》／11

朱 釒

陶 煊、張 璨《國朝詩的》／江南5

朱 絃

朱 覲《國朝詩正》／5

彭廷梅《國朝詩選》／8

朱 綖

查 羲、查岐昌《國朝詩因》／5

朱 庸

卓爾堪《明遺民詩》／12

朱 雯（嘉興人）

鄧漢儀《詩觀二集》／6

孫 鋐《皇清詩選》／浙江

王爾綱《天下名家詩永》／6

朱 雯（紹興人）

王爾綱《天下名家詩永》／10

朱 斐

徐 崧《詩風初集》／14

朱 崶

顧有孝《驪珠集》／11

席居中《昭代詩存》／4

朱 冕

汪 觀《清詩大雅二集》／7

彭廷梅《國朝詩選》／3

朱 智

吴元桂《昭代詩針》／5

朱 復

卓爾堪《明遺民詩》／15

朱 綱

陸次雲《詩平初集》／7；9；11；12

朱 絲

鄧漢儀《詩觀三集》／7

吴元桂《昭代詩針》／6

彭廷梅《國朝詩選》／2

朱 溶

趙 炎《尊閣詩藏》／8 五言律

孫 鋐《皇清詩選》／江南

朱 溥

徐 崧《詩風初集》／10

朱 慎

鄧漢儀《詩觀三集》／6

陶 煊、張 璨《國朝詩的》／浙江3

吴元桂《昭代詩針》／3

朱葵

彭廷梅《國朝詩選》／6

朱瑄

沈德潛《國朝詩別裁集》／533

朱畧

魏 耕、錢价人《今詩粹》

趙 炎《尊閣詩藏》／1 五言古；8 五言律

徐 崧《詩風初集》／8；18

曾 燦《過日集》／9

孫 鋐《皇清詩選》／浙江

朱嵩

吳 藎《名家詩選》／3

朱傳

吳元桂《昭代詩針》／10

朱經

沈德潛《國朝詩別裁集》／461

朱綏

彭廷梅《國朝詩選》／1

朱陳

黃傳祖《扶輪續集》／6；8

黃傳祖《扶輪廣集》／14

魏喬介《觀始集》／11

程 棟、施 諲《鼓吹新編》／2

顧有孝《驪珠集》／1

鄧漢儀《詩觀二集》／4

徐 崧《詩風初集》／17

卓爾堪《明遺民詩》／15

吳元桂《昭代詩針》／2

朱裴

黃傳祖《扶輪新集》／1；5；8

席居中《昭代詩存》／1

朱鳳

王爾綱《天下名家詩永》／11

朱淯

鄧漢儀《詩觀三集》／8

徐 崧《詩風初集》／17

吳 藎《名家詩選》／1

陶 煊、張 璨《國朝詩的》／江南3

彭廷梅《國朝詩選》／3

朱葉

曾 燦《過日集》／10

朱蔚

沈德潛《國朝詩別裁集》／518

朱琏

魏 憲《詩持二集》／4

陶 煊、張 璨《國朝詩的》／浙江2

朱奕

鄧漢儀《詩觀三集》／10

陶 煊、張 璨《國朝詩的》／江南8

朱曉

陸次雲《詩平初集》／12

朱穆

徐 崧《詩風初集》／14

朱錡

程 棟、施 諲《鼓吹新編》／10

魏 耕、錢价人《今詩粹》

徐 崧、陳濟生《詩南》／3

朱錦

顧有孝《驪珠集》／9

趙 炎《尊閣詩藏》／3 七言律；7 五言律

孫 鋐《皇清詩選》／江南

朱璐

鄧漢儀《天下名家詩觀》／11

曾 燦《過日集》／10

朱樵

顧有孝《驪珠集》／9

周佑予《清詩鼓吹》／4

综合索引（六画）

朱 豫

劉 然《國朝詩乘》／6

吴元桂《昭代詩針》／7

朱 謙

魏 耕、錢价人《今詩粹》

朱 襄

陶 煊、張 璨《國朝詩的》／江南 12

朱 霞

沈德潛《國朝詩別裁集》／513

朱 臨

黃傳祖《扶輪廣集》／4；9

徐 崧、陳濟生《詩南》／2

徐 崧《詩風初集》／7

曾 燦《過日集》／2

韓純玉《近詩兼》

朱 徽

黃傳祖《扶輪廣集》／2；5；8

魏喬介《觀始集》／5

徐 崧《詩風初集》／16

蔣 鑨、翁介眉《清詩初集》／11

曾 燦《過日集》／4；10

陶 煊、張 璨《國朝詩的》／江西 2

彭廷梅《國朝詩選》／10

沈德潛《國朝詩別裁集》／133

朱 瞻

鄧漢儀《詩觀二集》／13

徐 崧《詩風初集》／10；14

曾 燦《過日集》／4；9

孫 銓《皇清詩選》／江南

朱 曙

陶 煊、張 璨《國朝詩的》／江南 9

朱 璽

鄧漢儀《詩觀二集》／13

卓爾堪《明遺民詩》／15

陶 煊、張 璨《國朝詩的》／江南 5；13

朱 鑄

彭廷梅《國朝詩選》／4；11

朱 驥

魏 憲《補石倉詩選》／3

魏 憲《皇清百名家詩選》／73

朱 灝

陶 煊、張 璨《國朝詩的》／江南 13

朱 觀

鄧漢儀《詩觀三集》／5

吴 藹《名家詩選》／1

陶 煊、張 璨《國朝詩的》／江南 12

朱一昱

陸次雲《詩平初集》／8

朱一是

魏喬介《觀始集》／8

錢謙益《吾炙集》

程 棟、施 譚《鼓吹新編》／6

姚 佺《詩源》／越

魏 耕、錢价人《今詩粹》

徐 崧、陳濟生《詩南》／10；11

顧有孝《曠珠集》／9

徐 崧《詩風初集》／8

席居中《昭代詩存》／11

蔣 鑨、翁介眉《清詩初集》／2；6；11

曾 燦《過日集》／1；3；9

孫 銓《皇清詩選》／浙江

陳維崧《篋衍集》／10

卓爾堪《明遺民詩》／14

朱之臣

徐 崧、陳濟生《詩南》／5

卓爾堪《明遺民詩》／10

陶 煊、張 璨《國朝詩的》／四川 1

朱之赤

程 棅、施 譔《鼓吹新编》／8

朱之佐

陶 煊、张 璨《國朝詩的》／浙江4

朱之俊

黄傅祖《扶輪新集》／2；5

朱之弼

席居中《昭代詩存》／5

蔣 醴、翁介眉《清詩初集》／9

朱士全

魏裔介《觀始集》／12

朱士曾

魏 耕、錢价人《今詩粹》

朱士尊

曾 燦《過日集》／3

朱士稚

程 棅、施 譔《鼓吹新编》／5

魏 耕、錢价人《今詩粹》

徐 崧、陳濟生《詩南》／2；3；6；9

顧有孝《驪珠集》／4

鄧漢儀《詩觀二集》／4

徐 崧《詩風初集》／7；12

曾 燦《過日集》／2；5

卓爾堪《明遺民詩》／12

朱士傑

陳以剛《國朝詩品》／19

朱士綬

姚 佺《詩源》／越

朱大年

陸次雲《詩平初集》／7

朱大夏

姚 佺《詩源》／豫章

朱大復

吴元桂《昭代詩針》／1

朱文心

鄧漢儀《天下名家詩觀》／7

徐 崧《詩風初集》／5

席居中《昭代詩存》／9

蔣 醴、翁介眉《清詩初集》／11；12

孫 鋐《皇清詩選》／江南

彭廷梅《國朝詩選》／1

朱天瑛

孫 鋐《皇清詩選》／江南

朱天麟

卓爾堪《明遺民詩》／19

朱元英

劉 然《國朝詩乘》／8

吴元桂《昭代詩針》／1

朱元鎮

陶 煊、张 璨《國朝詩的》／江南16

汪 觀《清詩大雅二集》／5

朱太佺

倪匡世《振雅堂彙編詩最》／9

朱心硯

姚 佺《詩源》／越

朱永聰

彭廷梅《國朝詩選》／4

朱丕赦

陶 煊、张 璨《國朝詩的》／浙江7

朱用純

程 棅、施 譔《鼓吹新编》／7

徐 崧《詩風初集》／10；14

孫 鋐《皇清詩選》／江南

朱用調

魏 耕、錢价人《今詩粹》

徐 崧《詩風初集》／14

卓爾堪《明遺民詩》／14

朱用礦

程 棅、施 譔《鼓吹新编》／8

綜合索引（六畫）

魏　耕、錢价人《今詩粹》
朱在鎮
　汪　觀《清詩大雅二集》／6
　彭廷梅《國朝詩選》／4
朱有章
　王爾綱《天下名家詩永》／8
朱存標
　程　棟、施　閏《鼓吹新編》／4
朱光㬊
　鄧漢儀《詩觀三集》／7
　倪匡世《振雅堂彙編詩最》／6
　陶　煊、張　璨《國朝詩的》／江南9
朱光㒰
　鄧漢儀《詩觀三集》／7
朱合明
　吳元桂《昭代詩針》／6
朱克生
　陳允衡《國雅》／33
　鄧漢儀《天下名家詩觀》／11
　徐　崧《詩風初集》／9
　王士禎《感舊集》／7
　席居中《昭代詩存》／10
　陸次雲《詩平初集》／11；12
　蔣　鑨、翁介眉《清詩初集》／1；11
　曾　燦《過日集》／1；6；9
　彭廷梅《國朝詩選》／2
　沈德潛《國朝詩別裁集》／149
朱克明
　姚　佺《詩源》／吳
朱克簡
　蔣　鑨、翁介眉《清詩初集》／6
朱甫鈴
　顧有孝《驪珠集》／11
朱廷會
　姚　佺《詩源》／越

朱廷鉉
　顧施禎（禎）《盛朝詩選初集》／5；7
朱廷鋐
　陶　煊、張　璨《國朝詩的》／江南續
　　編1
朱廷燿
　鄧漢儀《天下名家詩觀》／11
朱泗濬
　徐　崧《詩風初集》／13
朱東啟
　彭廷梅《國朝詩選》／2；4；6；9
朱明德
　黃傳祖《扶輪廣集》／4
　魏喬介《觀始集》／2
　韓純玉《近詩兼》
朱明鎬
　黃傳祖《扶輪續集》／9
　卓爾堪《明遺民詩》／13
朱枝秀
　陶　煊、張　璨《國朝詩的》／江南15
朱受新
　沈德潛《國朝詩別裁集》／561
朱芾煌
　王爾綱《天下名家詩永》／4
朱茂昉
　徐　崧、陳濟生《詩南》／10
　徐　崧《詩風初集》／5
朱茂晻
　姚　佺《詩源》／越
　魏　耕、錢价人《今詩粹》
　徐　崧、陳濟生《詩南》／2；11
　顧有孝《驪珠集》／6；12
　徐　崧《詩風初集》／9；11；18
　王士禎《感舊集》／12
　蔣　鑨、翁介眉《清詩初集》／11；12

曾 燦《過日集》／4
孫 鋐《皇清詩選》／浙江
卓爾堪《明遺民詩》／15

朱茂㬢
卓爾堪《明遺民詩》／12

朱茂㫬
卓爾堪《明遺民詩》／15

朱茂曙
卓爾堪《明遺民詩》／15

朱茂曜
姚 佺《詩源》／越

朱尚雲
姚 佺《詩源》／閩

朱奕恂
沈德潛《國朝詩別裁集》／495

朱厚章
沈德潛《國朝詩別裁集》／508

朱奎楊
彭廷梅《國朝詩選》／3

朱星渚
彭廷梅《國朝詩選》／6

朱柔則
汪 觀《清詩大雅》／3

朱家瑞
沈德潛《國朝詩別裁集》／519

朱庭柏
劉 然《國朝詩乘》／3
陶 煊、張 璨《國朝詩的》／江南12

朱雀齡
程 棟、施 譚《鼓吹新編》／5
徐 崧、陳濟生《詩南》／8

朱淑熹
徐 崧《詩風初集》／6
鄧漢儀《天下名家詩觀》／3
陶 煊、張 璨《國朝詩的》／江南6

朱渚健
徐 崧《詩風初集》／10

朱盛濬
徐 崧、陳濟生《詩南》／12

朱國柱
王爾綱《天下名家詩永》／13
陶 煊、張 璨《國朝詩的》／盛京2

朱國是
徐 崧、陳濟生《詩南》／7

朱國琦
鄧漢儀《天下名家詩觀》／11
陶 煊、張 璨《國朝詩的》／江南8

朱國楨
劉 然《國朝詩乘》／6

朱國漢
沈德潛《國朝詩別裁集》／512

朱逢泰
徐 崧、陳濟生《詩南》／6

朱紹鳳
魏喬介《觀始集》／6
魏 耕、錢价人《今詩粹》
魏喬介《清詩溯洄集》／5；7
顧有孝《驪珠集》／4

朱陶唐
朱 觀《國朝詩正》／6

朱陶堂
陶 煊、張 璨《國朝詩的》／浙江6

朱雲渭
蔣 鑨、翁介眉《清詩初集》／8

朱朝瑛
卓爾堪《明遺民詩》／14

朱堪注
朱 觀《國朝詩正》／4

朱集璜
程 棟、施 譚《鼓吹新編》／14

综合索引（六畫）

朱萬仰

陶 煊、張 璨《國朝詩的》／湖廣7

彭廷梅《國朝詩選》／11

朱萬禧

魏裔介《觀始集》／6

魏裔介《清詩溯洄集》／9

朱措璣

吳元桂《昭代詩針》／1

朱毅元

魏 耕、錢价人《今詩粹》

朱載震

蔣 鑨、翁介眉《清詩初集》／3；9；12

曾 燦《過日集》／3；7；10

陳維崧《篋衍集》／2

周佑予《清詩鼓吹》／2

陶 煊、張 璨《國朝詩的》／湖廣7

彭廷梅《國朝詩選》／11

沈德潛《國朝詩別裁集》／370

朱嗣美

魏 耕、錢价人《今詩粹》

曾 燦《過日集》／5

朱賓穎

陸次雲《詩平初集》／2

朱肇璜

沈德潛《國朝詩別裁集》／513

朱爾邁

鄧漢儀《詩觀三集》／8

徐 崧《詩風初集》／5

王士禛《感舊集》／15

陸次雲《詩平初集》／10

蔣 鑨、翁介眉《清詩初集》／1；3；5；7；11；12

沈德潛《國朝詩別裁集》／131

朱睿煊

劉 然《國朝詩乘》／11

朱嘉徵

黃傳祖《扶輪續集》／7

黃傳祖《扶輪廣集》／11

徐 崧《詩風初集》／5；8；14；16；18

王士禛《感舊集》／6

蔣 鑨、翁介眉《清詩初集》／2；6；9；11

朱夢彪

顧有孝《驪珠集》／9

朱夢蓮

陶 煊、張 璨《國朝詩的》／江南續編1

朱鼎鋐

沈德潛《國朝詩別裁集》／507

朱鳳台

鄧漢儀《詩觀二集》／7

徐 崧《詩風初集》／9

席居中《昭代詩存》／14

孫 銓《皇清詩選》／江南

倪匡世《振雅堂彙編詩最》／7

朱維熊

汪 觀《清詩大雅》／6

朱潮遠

黃傳祖《扶輪廣集》／9

孫 銓《皇清詩選》／雲南

陶 煊、張 璨《國朝詩的》／雲南1

朱德滋

陶 煊、張 璨《國朝詩的》／浙江8

朱履泰

魏 憲《詩持二集》／8

朱學濬

陶 煊、張 璨《國朝詩的》／江南續

編 1

朱通成

魏 耕、錢价人《今詩粹》

魏喬介《清詩溯洄集》/ 8

朱鍾仁

鄧漢儀《詩觀三集》/ 10

朱繩角

彭廷梅《國朝詩選》/ 6；7

朱蘊鈊

馬道晊《清詩二集》/ 1

陶 煊、張 璨《國朝詩的》/ 湖廣 9

朱彝政

孫 銓《皇清詩選》/ 浙江

朱彝尊

程 棟、施 謙《鼓吹新編》/ 10

魏 耕、錢价人《今詩粹》

徐 崧、陳濟生《詩南》/ 4；11

顧有孝《驪珠集》/ 8

鄧漢儀《天下名家詩觀》/ 11

鄧漢儀《詩觀二集》/ 7

鄧漢儀《詩觀三集》/ 9

徐 崧《詩風初集》/ 5；15；16；17

王士禎《感舊集》/ 15

席居中《昭代詩存》/ 10

陸次雲《詩平初集》/ 2；7；8；11

蔣 鑨、翁介眉《清詩初集》/ 2；5；

6；8；10；11；12

曾 燦《過日集》/ 5

孫 銓《皇清詩選》/ 浙江

王爾綱《天下名家詩永》/ 6

陳維崧《篋衍集》/ 7；10；11

周佑予《清詩鼓吹》/ 3

吴 藎《名家詩選》/ 3

劉 然《國朝詩乘》/ 9

陶 煊、張 璨《國朝詩的》/ 浙江 2

陳以剛《國朝詩品》/ 7

汪 觀《清詩大雅》/ 2

彭廷梅《國朝詩選》/ 1；3；5；7；9；

11

沈德潛《國朝詩別裁集》/ 204

朱耀先

姚 佺《詩源》/ 蜀

朱鶴齡

黃傳祖《扶輪續集》/ 9

姚 佺《詩源》/ 吴

魏 耕、錢价人《今詩粹》

徐 崧、陳濟生《詩南》/ 1；4；6

魏喬介《清詩溯洄集》/ 2

顧有孝《驪珠集》/ 6

魏 憲《詩持一集》/ 3

趙 炎《專閣詩藏》/ 6 五言律

鄧漢儀《詩觀二集》/ 4

徐 崧《詩風初集》/ 1；5；9；14；

15

王士禎《感舊集》/ 4

席居中《昭代詩存》/ 2

陸次雲《詩平初集》/ 3

蔣 鑨、翁介眉《清詩初集》/ 1；2；

5；6；9；10

曾 燦《過日集》/ 4

孫 銓《皇清詩選》/ 江南

王爾綱《天下名家詩永》/ 6

卓爾堪《明遺民詩》/ 14

陶 煊、張 璨《國朝詩的》/ 江南 6

陳以剛《國朝詩品》/ 8

朱驥元

魏 耕、錢价人《今詩粹》

徐 崧、陳濟生《詩南》/ 7；10

顧有孝《驪珠集》/ 8

徐 崧《詩風初集》/ 9

綜合索引（六畫）

朱觀寶

黃傳祖《扶輪續集》／7

先　著

劉　然《國朝詩乘》／9

沈德潛《國朝詩別裁集》／456

伍　柳

陶　煊、張　璨《國朝詩的》／江西1

伍　起

陶　煊、張　璨《國朝詩的》／江南續編1

伍　鉅

彭廷梅《國朝詩選》／12

伍　瀹

姚　佺《詩源》／豫章

伍澤梁

彭廷梅《國朝詩選》／3

伍龍雲

徐　崧《詩風初集》／14

席居中《昭代詩存》／5

仲　育

倪匡世《振雅堂彙編詩最》／3

陶　煊、張　璨《國朝詩的》／陝西2

仲弘道

魏　憲《詩持四集》／1

徐　崧《詩風初集》／10；18

蔣　鑨、翁介眉《清詩初集》／3；8

仲蘊棻

吳元桂《昭代詩針》／15

任　玥

蔣　鑨、翁介眉《清詩初集》／12

任　阜

黃傳祖《扶輪續集》／4

任　坎

王爾綱《天下名家詩永》／5

任　琪

蔣　鑨、翁介眉《清詩初集》／7

陶　煊、張　璨《國朝詩的》／山東2

任　堡

王爾綱《天下名家詩永》／13

任　楓

孫　鋐《皇清詩選》／河南

陶　煊、張　璨《國朝詩的》／河南2

吳元桂《昭代詩針》／6

任　塾

王爾綱《天下名家詩永》／5

任　漬

孫　鋐《皇清詩選》／江南

任　璣

鄧漢儀《天下名家詩觀》／5

徐　崧《詩風初集》／9

席居中《昭代詩存》／13

任　衡

馬道畊《清詩二集》／2

任　鑪

孫　鋐《皇清詩選》／江南

任　鵬

馬道畊《清詩二集》／2

任文儀

倪匡世《振雅堂彙編詩最》／7

任天成

陳允衡《國雅》／25

任元祥

程　棟、施　譚《鼓吹新編》／6

姚　佺《詩源》／吳

魏　耕、錢价人《今詩粹》

陳以剛《國朝詩品》／10

任以貞

席居中《昭代詩存》／13

任世紓

汪　觀《清詩大雅二集》／6

任弘嘉

孫　鋐《皇清詩選》／江南

任西邑

陶　煊、張　璨《國朝詩的》／江南 12

任光復

蔣　鑨、翁介眉《清詩初集》／7

任辰旦

王爾綱《天下名家詩永》／12

任奕鑒

王爾綱《天下名家詩永》／13

任禹臣

程　棟、施　譔《鼓吹新編》／8

魏　耕、錢价人《今詩粹》

任紹燦

鄧漢儀《詩觀三集》／9

任道立

蔣　鑨、翁介眉《清詩初集》／8

任虞臣

王士禛《感舊集》／16

任端書

吳元桂《昭代詩針》／13

彭廷梅《國朝詩選》／2

任繩隗

蔣　鑨、翁介眉《清詩初集》／7

任蘭枝

沈德潛《國朝詩別裁集》／408

仰聖禧

王爾綱《天下名家詩永》／4

伊　嶨

王爾綱《天下名家詩永》／8

伊天桐

魏　耕、錢价人《今詩粹》

行　悅

卓爾堪《明遺民詩》／16

行　登

彭廷梅《國朝詩選》／3

向　逢

曾　燦《過日集》／2；6；9

顧施楨（禎）《盛朝詩選初集》／7；10

向　陽

魏　耕、錢价人《今詩粹》

徐　崧《詩風初集》／9

向在江

孫　鋐《皇清詩選》／湖廣

向兆麟

陶　煊、張　璨《國朝詩的》／湖廣 6

向維時

蔣　鑨、翁介眉《清詩初集》／11

危士時

曾　燦《過日集》／5；9

危映壁

鄧漢儀《詩觀三集》／9

王爾綱《天下名家詩永》／12

吳元桂《昭代詩針》／7

色　冷

鄧漢儀《詩觀三集》／6

陸次雲《詩平初集》／9

陶　煊、張　璨《國朝詩的》／滿洲 1

牟欽元

陶　煊、張　璨《國朝詩的》／盛京 2

彭廷梅《國朝詩選》／2

七　畫

宋　申

程　棟、施　譔《鼓吹新編》／11

综合索引（七画）

宋 至

陈维崧《篋衍集》／4

吴 藻《名家诗选》／1

刘 然《国朝诗乘》／12

陈以刚《国朝诗品》／15

查 義、查岐昌《国朝诗因》／5

宋 汶

程 棅、施 諲《鼓吹新编》／11

宋 侠

卓尔堪《明遗民诗》／10

陶 煊、张 璨《国朝诗的》／江西1

宋 圻

席居中《昭代诗存》／13

陆次云《诗平初集》／2；7；10；11；12

蒋 鑨、翁介眉《清诗初集》／7；11

彭廷梅《国朝诗选》／10

宋 炘

邓汉仪《诗观三集》／7

席居中《昭代诗存》／13

陆次云《诗平初集》／7；9；10

蒋 鑨、翁介眉《清诗初集》／12

陶 煊、张 璨《国朝诗的》／河南2

宋 玫

黄傅祖《扶轮广集》／2

黄傅祖《扶轮新集》／8

宋 和

陶 煊、张 璨《国朝诗的》／江南12

宋 祐

吴元桂《昭代诗针》／13

宋 恒

赵 炎《尊闻诗藏》／4五言律

徐 崧《诗风初集》／8

宋 珏

徐 崧《诗风初集》／14；18

王士禛《感旧集》／4

陈维崧《篋衍集》／11

陶 煊、张 璨《国朝诗的》／福建1

宋 昱

蒋 鑨、翁介眉《清诗初集》／3

曾 燦《过日集》／4

宋 致

刘 然《国朝诗乘》／12

宋 涵

陆次云《诗平初集》／10

宋 曹

顾有孝《驪珠集》／6

徐 崧《诗风初集》／9

席居中《昭代诗存》／14

蒋 鑨、翁介眉《清诗初集》／6；9

曾 燦《过日集》／3

卓尔堪《明遗民诗》／5

吴 藻《名家诗选》／3

陶 煊、张 璨《国朝诗的》／江南5

宋 翔

魏裔介《观始集》／6

魏 憲《补石仓诗选》／3

魏 憲《皇清百名家诗选》／51

宋 琬

黄傅祖《扶轮续集》／7；9

黄傅祖《扶轮广集》／6；9；11

黄傅祖《扶轮新集》／3；6；8；10

魏裔介《观始集》／1；3；6；8

陈祚明、韩 詩《国门集》／2；3；4；5；6

程 棅、施 諲《鼓吹新编》／5

姚 佺《诗源》／齐鲁

魏 耕、钱价人《今诗粹》

徐 崧、陈济生《诗南》／6；12

顾有孝《驪珠集》／3

魏　憲《詩持一集》／3

魏　憲《詩持二集》／3

魏　憲《補石倉詩選》／2

魏　憲《皇清百名家詩選》／22

趙　炎《尊閣詩藏》／1 五言律；1七言律；2五言古

鄧漢儀《天下名家詩觀》／3

鄧漢儀《詩觀二集》／3

徐　崧《詩風初集》／2；5；7；8；12；15；17

王士禎《感舊集》／9

席居中《昭代詩存》／12

陸次雲《詩平初集》／1；2；4；6；9；12

蔣　鑵、翁介眉《清詩初集》／2；4；6；8；10；11；12

曾　燦《過日集》／1；6；9

孫　銓《皇清詩選》／山東

王爾綱《天下名家詩永》／1

顧施楨（禎）《盛朝詩選初集》／3；4；5；6；8

陳維崧《篋衍集》／4；7；9

周佑予《清詩鼓吹》／1

吳　藹《名家詩選》／2

劉　然《國朝詩乘》／1

朱　觀《國朝詩正》／6

陳以剛《國朝詩品》／2

彭廷梅《國朝詩選》／1；3；8；9；11

沈德潛《國朝詩別裁集》／34

宋　琦

鄧漢儀《詩觀二集》／12

蔣　鑵、翁介眉《清詩初集》／6

曾　燦《過日集》／9

宋　嶋

徐　崧《詩風初集》／14

宋　晚

陶　煊、張　璨《國朝詩的》／山東2

宋　犖

黃傳祖《扶輪廣集》／4；11

魏裔介《觀始集》／2

程　榛、施　謹《鼓吹新編》／8

姚　佺《詩源》／豫

魏裔介《清詩溯洄集》／4；6；9

顧有孝《驪珠集》／4

鄧漢儀《詩觀三集》／7

徐　崧《詩風初集》／16

席居中《昭代詩存》／13

陸次雲《詩平初集》／3；5；7；9；12

蔣　鑵、翁介眉《清詩初集》／3；4；9；11

曾　燦《過日集》／4；7

孫　銓《皇清詩選》／河南

倪匡世《振雅堂彙編詩最》／4

王爾綱《天下名家詩永》／2

顧施楨（禎）《盛朝詩選初集》／3；4；5；7

陳維崧《篋衍集》／2；4；5；8；10；11

馬道畊《清詩二集》／3

周佑予《清詩鼓吹》／3

吳　藹《名家詩選》／1

劉　然《國朝詩乘》／6

陶　煊、張　璨《國朝詩的》／河南2

陳以剛《國朝詩品》／10

汪　觀《清詩大雅二集》／4

彭廷梅《國朝詩選》／3；5；7；9；11

沈德潛《國朝詩別裁集》／234

宋　照

沈德潛《國朝詩別裁集》／420

综合索引（七画）

宋　端

魏　憲《詩持一集》／4

宋　際

趙　炎《尊閣詩藏》／2 五言古；2 七言古；3 七言律；6 五言律

徐　崧《詩風初集》／8

孫　鋐《皇清詩選》／江南

宋　樂

沈德潛《國朝詩別裁集》／497

宋　儒

王爾綱《天下名家詩永》／5

宋　衡

劉　然《國朝詩乘》／8

朱　觀《國朝詩正》／1

陶　煊、張　璨《國朝詩的》／江南 15

陳以剛《國朝詩品》／10

宋　權

魏裔介《清詩溯洄集》／5；9

徐　崧《詩風初集》／17

席居中《昭代詩存》／3

蔣　鑨、翁介眉《清詩初集》／12

查　義、查岐昌《國朝詩因》／1

宋　顯

朱　觀《國朝詩正》／6

宋之盛

曾　燦《過日集》／3

宋之普

黃傳祖《扶輪廣集》／2；5；10；12

黃傳祖《扶輪新集》／8；10

鄧漢儀《詩觀二集》／4

徐　崧《詩風初集》／5

王爾綱《天下名家詩永》／4

陶　煊、張　璨《國朝詩的》／山東 2

彭廷梅《國朝詩選》／8

宋之繩

黃傳祖《扶輪新集》／5；10

魏裔介《觀始集》／6；11

陳祚明、韓　詩《國門集》／1；2；3；4；5；6

程　棟、施　譚《鼓吹新編》／4

姚　佺《詩源》／吳

魏　耕、錢价人《今詩粹》

陳允衡《國雅》／7

徐　崧、陳清生《詩南》／6；11

顧有孝《驪珠集》／2

徐　崧《詩風初集》／6；7；9；11

王士禎《感舊集》／4

席居中《昭代詩存》／5

蔣　鑨、翁介眉《清詩初集》／1；3；6；8；11

孫　鋐《皇清詩選》／江南

王爾綱《天下名家詩永》／8

彭廷梅《國朝詩選》／9

沈德潛《國朝詩別裁集》／29

宋文昭

朱　觀《國朝詩正》／6

宋元徵

陶　煊、張　璨《國朝詩的》／江南 13

吳元桂《昭代詩針》／11

宋太麓

徐　崧《詩風初集》／10

宋公玉

陶　煊、張　璨《國朝詩的》／湖廣 5

宋玉藻

吳元桂《昭代詩針》／15

宋存標

黃傳祖《扶輪續集》／6

黃傳祖《扶輪廣集》／3；8；10；14

魏裔介《觀始集》／11

姚 佺《诗源》／吴
魏 耕、钱价人《今诗粹》
徐 崧、陈济生《诗南》／1；5；8；
　　11；12
魏裔介《清诗溯洄集》／1
顾有孝《驪珠集》／1
徐 崧《诗风初集》／13
王士祯《感旧集》／4
蒋 鑨、翁介眉《清诗初集》／11；12
孙 銤《皇清诗选》／江南
彭廷梅《国朝诗选》／9

宋匡業

沈德潜《国朝诗别裁集》／536

宋如辰

陶 煊、张 璨《国朝诗的》／湖广8

宋李顯

鄧漢儀《诗观三集》／7
席居中《昭代诗存》／6
顾施槙（祯）《盛朝诗选初集》／6；12
　　（附）
陶 煊、张 璨《国朝诗的》／浙江3

宋廷璋

程 棟、施 譔《鼓吹新编》／10
徐 崧、陈济生《诗南》／12

宋思玉

黄傅祖《扶轮广集》／14
黄傅祖《扶轮新集》／7
程 棟、施 譔《鼓吹新编》／10
徐 崧、陈济生《诗南》／7
鄧漢儀《诗观二集》／7
徐 崧《诗风初集》／9
席居中《昭代诗存》／6
孙 銤《皇清诗选》／江南

宋祖年

程 棟、施 譔《鼓吹新编》／10

徐 崧、陈济生《诗南》／7

宋祖晟

陈以刚《国朝诗品》／15

宋真儒

陶 煊、张 璨《国朝诗的》／江南13
吴元桂《昭代诗针》／12
彭廷梅《国朝诗选》／12

宋敏求

蒋 鑨、翁介眉《清诗初集》／8

宋敏道

陶 煊、张 璨《国朝诗的》／湖广9

宋聚業

沈德潜《国朝诗别裁集》／321

宋與之

赵 炎《尊闻诗藏》／4 五言律

宋际亨

徐 崧、陈济生《诗南》／11

宋實穎

黄傅祖《扶轮续集》／7
黄傅祖《扶轮广集》／1；11
魏裔介《观始集》／7；8；11
程 棟、施 譔《鼓吹新编》／10
魏 耕、钱价人《今诗粹》
徐 崧、陈济生《诗南》／10
顾有孝《驪珠集》／6；12
魏 憲《诗持三集》／6
赵 炎《尊闻诗藏》／2 五言律；6 五
　　言律
鄧漢儀《诗观三集》／1
徐 崧《诗风初集》／6；17
王士祯《感旧集》／4
席居中《昭代诗存》／8
陆次雲《诗平初集》／9；12
蒋 鑨、翁介眉《清诗初集》／3；12
曾 燦《过日集》／10

綜合索引（七畫）

孫 鋐《皇清詩選》／江南
王爾綱《天下名家詩永》／7
周佑予《清詩鼓吹》／2
吳 藎《名家詩選》／3
劉 然《國朝詩乘》／12
陶 煊、張 璨《國朝詩的》／江南6
陳以剛《國朝詩品》／5
沈德潛《國朝詩別裁集》／103

宋慶長

趙 炎《尊閣詩藏》／2 五言古；2 七言古；3 七言律；6 五言律
徐 崧《詩風初集》／10
孫 鋐《皇清詩選》／江南

宋慶遠

魏 憲《詩持三集》／7
趙 炎《尊閣詩藏》／2 五言古；2 五言律；2 七言古；4 七言律
徐 崧《詩風初集》／8
孫 鋐《皇清詩選》／江南
劉 然《國朝詩乘》／2

宋德宏

顧有孝《驪珠集》／8
蔣 鑨、翁介眉《清詩初集》／12

宋德宜

顧有孝《驪珠集》／4
魏 憲《詩持一集》／4
魏 憲《補石倉詩選》／3
鄧漢儀《詩觀二集》／2
徐 崧《詩風初集》／12；17
席居中《昭代詩存》／6
陸次雲《詩平初集》／6；8；12
蔣 鑨、翁介眉《清詩初集》／6；8；12
曾 燦《過日集》／10
孫 鋐《皇清詩選》／江南

王爾綱《天下名家詩永》／3
吳 藎《名家詩選》／3
劉 然《國朝詩乘》／11
陶 煊、張 璨《國朝詩的》／江南5
陳以剛《國朝詩品》／4

宋德宸

黃傳祖《扶輪新集》／9
程 棟、施 謹《鼓吹新編》／6
顧有孝《驪珠集》／8
徐 崧《詩風初集》／10；17

宋徵與

彭廷梅《國朝詩選》／4

宋徵輿

黃傳祖《扶輪續集》／6
黃傳祖《扶輪廣集》／6；11
黃傳祖《扶輪新集》／6；8；10
魏裔介《觀始集》／1；3；6；8；11
陳祚明、韓 詩《國門集》／2；3；4；5；6
程 棟、施 謹《鼓吹新編》／7
姚 佺《詩源》／吳
魏 耕、錢价人《今詩粹》
徐 崧、陳濟生《詩南》／6；11
魏裔介《清詩溯洄集》／3
顧有孝《驪珠集》／3
魏 憲《詩持一集》／1
魏 憲《補石倉詩選》／2
趙 炎《尊閣詩藏》／1 五言古；2 五言律
鄧漢儀《詩觀三集》／5
徐 崧《詩風初集》／5；7；11
王士禎《感舊集》／3
陸次雲《詩平初集》／1；2；4；6；8；11；12
蔣 鑨、翁介眉《清詩初集》／1；3；

4；6；8；11；12

曾　燦《過日集》／8

孫　鋐《皇清詩選》／江南

王爾綱《天下名家詩永》／3

顧施禎（禎）《盛朝詩選初集》／9

陳維崧《篋衍集》／9

陳以剛《國朝詩品》／8

彭廷梅《國朝詩選》／4

沈德潛《國朝詩別裁集》／39

宋徵璧

魏裔介《清詩溯洄集》／3

宋徵璧

黃傳祖《扶輪廣集》／6；8；10

魏裔介《觀始集》／8

程　棟、施　謹《鼓吹新編》／4

姚　佺《詩源》／吳

魏　耕、錢价人《今詩粹》

徐　崧、陳濟生《詩南》／6；11

顧有孝《驪珠集》／2

徐　崧《詩風初集》／8；11；16

王士禛《感舊集》／4

蔣　鑨、翁介眉《清詩初集》／7

孫　鋐《皇清詩選》／江南

宋儒醇

卓爾堪《明遺民詩》／9

陶　煊、張　璨《國朝詩的》／江南4

宋繩祖

吳元桂《昭代詩針》／12

宋犖齡

彭廷梅《國朝詩選》／4

宋繼澄

黃傳祖《扶輪廣集》／2；5；8；13

程　棟、施　謹《鼓吹新編》／2

徐　崧、陳濟生《詩南》／8

顧有孝《驪珠集》／2

徐　崧《詩風初集》／16

冷士帽

王爾綱《天下名家詩永》／4

陶　煊、張　璨《國朝詩的》／江南15

沈德潛《國朝詩別裁集》／366

冷時中

鄧漢儀《詩觀二集》／8

孫　鋐《皇清詩選》／四川

王爾綱《天下名家詩永》／14

陶　煊、張　璨《國朝詩的》／四川1

汪　价

徐　崧《詩風初集》／12；18

汪　舟

鄧漢儀《詩觀三集》／6

倪匡世《振雅堂彙編詩最》／6

吳　蘭《名家詩選》／4

陶　煊、張　璨《國朝詩的》／江南9

吳元桂《昭代詩針》／6

彭廷梅《國朝詩選》／12

汪　沈

彭廷梅《國朝詩選》／6；12

汪　沅

鄧漢儀《詩觀三集》／6

吳　蘭《名家詩選》／2

陶　煊、張　璨《國朝詩的》／江南9

沈德潛《國朝詩別裁集》／514

汪　汴

陶　煊、張　璨《國朝詩的》／江南9

汪　辰

黃傳祖《扶輪續集》／3

汪　玠

顧有孝《驪珠集》／11

汪　宣

姚　佺《詩源》／吳

综合索引（七畫）

汪 度

黄傳祖《扶輪廣集》／4；9；11

吴 藎《名家詩選》／2

汪 洋

朱 觀《國朝詩正》／8

吴元桂《昭代詩針》／15

沈德潛《國朝詩別裁集》／517

汪 沬

王爾綱《天下名家詩永》／10

馬道昕《清詩二集》／3

陶 煊、張 璨《國朝詩的》／江西1

汪 社

鄧漢儀《詩觀三集》／4

吴元桂《昭代詩針》／6

汪 若

陶 煊、張 璨《國朝詩的》／江南14

汪 員

陶 煊、張 璨《國朝詩的》／江南16

汪 俊

朱 觀《國朝詩正》／8

沈德潛《國朝詩別裁集》／560

汪 玠

吴 藎《名家詩選》／3

汪 荃

陶 煊、張 璨《國朝詩的》／江南16

汪 起

陶 煊、張 璨《國朝詩的》／江南續

編1

汪 觀《清詩大雅二集》／1

汪 倧

吴 藎《名家詩選》／2

汪 清

吴 藎《名家詩選》／1

朱 觀《國朝詩正》／8

汪 觀《清詩大雅二集》／6

汪 淇

徐 崧《詩風初集》／12

汪 淙

姚 佺《詩源》／楚

汪 堂

彭廷梅《國朝詩選》／2；3

汪 曾

鄧漢儀《詩觀二集》／13

汪 湄

徐 崧、陳濟生《詩南》／9

曾 燦《過日集》／6

卓爾堪《明遺民詩》／9；15

汪 琼

吴 藎《名家詩選》／3

汪 琬

黄傳祖《扶輪新集》／3；6；9

魏裔介《觀始集》／6；9

程 棟、施 譔《鼓吹新編》／9

魏 耕、錢价人《今詩粹》

陳允衡《國雅》／15

徐 崧、陳濟生《詩南》／4；11

魏裔介《清詩溯洄集》／1；4；5

魏 憲《詩持二集》／8

趙 炎《尊閣詩藏》／2五言律；2七

言律；5五言律

鄧漢儀《天下名家詩觀》／7

鄧漢儀《詩觀二集》／9

徐 崧《詩風初集》／5；7；8；11；

17

王士禎《感舊集》／10

席居中《昭代詩存》／14

陸次雲《詩平初集》／2；4；7；8；12

蔣 籬、翁介眉《清詩初集》／1；3；

5；6；8；11；12

曾 燦《過日集》／3；8

孫 銓《皇清詩選》／江南

王爾綱《天下名家詩永》／5

陳維崧《篋衍集》／1；5；7；11

周佑予《清詩鼓吹》／3

吳 藎《名家詩選》／3

劉 然《國朝詩乘》／11

陶 煊、張 璨《國朝詩的》／江南8

陳以剛《國朝詩品》／8

彭廷梅《國朝詩選》／5

沈德潛《國朝詩別裁集》／69

汪 琦

朱 觀《國朝詩正》／7

汪 琬

汪 觀《清詩大雅》／15

汪 森

趙 炎《尊閣詩藏》／1七言律；2七言古；3五言律

鄧漢儀《詩觀二集》／8

鄧漢儀《詩觀三集》／4

席居中《昭代詩存》／10

曾 燦《過日集》／2；5；7

周佑予《清詩鼓吹》／3

陶 煊、張 璨《國朝詩的》／江南5；6；浙江7

吳元桂《昭代詩針》／6

汪 棟

汪 觀《清詩大雅二集》／2

汪 棣

彭廷梅《國朝詩選》／5；10

汪 奭

沈德潛《國朝詩別裁集》／477

汪 崑

陶 煊、張 璨《國朝詩的》／江南續編1

汪 蛟

卓爾堪《明遺民詩》／7

汪 勛

徐 崧、陳濟生《詩南》／7

汪 順

吳元桂《昭代詩針》／9

汪 傑

汪 觀《清詩大雅二集》／3

汪 偉

吳元桂《昭代詩針》／14

汪 弱

鄧漢儀《詩觀二集》／13

席居中《昭代詩存》／13

汪 煜

查 羲、查岐昌《國朝詩因》／4

汪 煒

朱 觀《國朝詩正》／6

汪 棋

顧有孝《驪珠集》／5

魏 憲《詩持二集》／7

鄧漢儀《詩觀二集》／5

鄧漢儀《詩觀三集》／1

徐 崧《詩風初集》／5

王士禎《感舊集》／7

席居中《昭代詩存》／2

陸次雲《詩平初集》／7

蔣 鑨、翁介眉《清詩初集》／1；2；4；7；8；11

曾 燦《過日集》／8

孫 銓《皇清詩選》／江南

倪匡世《振雅堂彙編詩最》／1

王爾綱《天下名家詩永》／7

顧施楨（禎）《盛朝詩選初集》／6；8

吳 藎《名家詩選》／3

陶 煊、張 璨《國朝詩的》／江南7

綜合索引（七畫）

陳以剛《國朝詩品》／8
汪　觀《清詩大雅二集》／7
彭廷梅《國朝詩選》／1；3；5；10
沈德潛《國朝詩別裁集》／202

汪　楷

顧有孝《驪珠集》／10
徐　崧《詩風初集》／2；6；9；18
席居中《昭代詩存》／7
陸次雲《詩平初集》／11

汪　鉉

魏　憲《詩持三集》／8

汪　逸

黃傳祖《扶輪續集》／8；10

汪　漢

王爾綱《天下名家詩永》／11

汪　韶

汪　觀《清詩大雅二集》／7

汪　銘

倪匡世《振雅堂集編詩最》／9

汪　澐

曾　燦《過日集》／2；5
汪　觀《清詩大雅》／12

汪　漢

姚　佺《詩源》／吳

汪　誼

彭廷梅《國朝詩選》／9

汪　檜

曾　燦《過日集》／10

汪　撰

曾　燦《過日集》／3；10

汪　澤

吳元桂《昭代詩針》／15

汪　藩

卓爾堪《明遺民詩》／9

汪　衡

吳元桂《昭代詩針》／13
沈德潛《國朝詩別裁集》／475

汪　錚

王爾綱《天下名家詩永》／14

汪　穎

鄧漢儀《詩觀三集》／9
陶　煊、張　璨《國朝詩的》／湖廣9
汪　觀《清詩大雅二集》／7
彭廷梅《國朝詩選》／5

汪　膚

沈德潛《國朝詩別裁集》／4

汪　薇

吳　藎《名家詩選》／4

汪　燧

蔣　薰、翁介眉《清詩初集》／3

汪　霏

陸次雲《詩平初集》／10
蔣　薰、翁介眉《清詩初集》／9
孫　鋐《皇清詩選》／浙江
沈德潛《國朝詩別裁集》／187

汪　鑄

朱　觀《國朝詩正》／1

汪　繹

汪　觀《清詩大雅》／9
沈德潛《國朝詩別裁集》／326

汪　衛

黃傳祖《扶輪新集》／3
曾　燦《過日集》／4

汪　齡

席居中《昭代詩存》／14

汪　鑛

魏　憲《詩持三集》／3

汪　鑪

吳元桂《昭代詩針》／12

汪 灏

蒋 鑨、翁介眉《清詩初集》/ 1

汪 觀《清詩大雅》/ 6

吴元桂《昭代詩針》/ 1

沈德潛《國朝詩別裁集》/ 278

汪之順

王爾綱《天下名家詩永》/ 13

汪之蛟

孫 銓《皇清詩選》/ 江南

汪士通

吴元桂《昭代詩針》/ 13

汪士裕

鄧漢儀《天下名家詩觀》/ 3

徐 崧《詩風初集》/ 13

汪士鉉

鄧漢儀《詩觀三集》/ 3；13

倪匡世《振雅堂彙編詩最》/ 2

吴 藎《名家詩選》/ 3

陳以剛《國朝詩品》/ 15

吴元桂《昭代詩針》/ 3

汪士慎

孫 銓《皇清詩選》/ 浙江

汪士鋐

陶 煊、張 璨《國朝詩的》/ 江南 15

沈德潛《國朝詩別裁集》/ 319

汪士選

吴元桂《昭代詩針》/ 13

汪文柏

鄧漢儀《詩觀三集》/ 4

陶 煊、張 璨《國朝詩的》/ 江南 9

吴元桂《昭代詩針》/ 6

沈德潛《國朝詩別裁集》/ 442

汪文桂

沈德潛《國朝詩別裁集》/ 441

汪文孫

徐 崧《詩風初集》/ 13

席居中《昭代詩存》/ 8

孫 銓《皇清詩選》/ 浙江

倪匡世《振雅堂彙編詩最》/ 4

陶 煊、張 璨《國朝詩的》/ 浙江 5

汪文萊

陶 煊、張 璨《國朝詩的》/ 江南 2

汪文雄

鄧漢儀《詩觀三集》/ 4

陶 煊、張 璨《國朝詩的》/ 湖廣 5；7

吴元桂《昭代詩針》/ 4

汪文楨

魏 憲《詩持三集》/ 7

趙 炎《專閣詩藏》/ 3 五言律

鄧漢儀《詩觀二集》/ 8

鄧漢儀《詩觀三集》/ 4

席居中《昭代詩存》/ 5；10

蒋 鑨、翁介眉《清詩初集》/ 10；11；12

曾 燦《過日集》/ 5

孫 銓《皇清詩選》/ 浙江

周佑予《清詩鼓吹》/ 2

陶 煊、張 璨《國朝詩的》/ 江南 5

吴元桂《昭代詩針》/ 6

汪文輝

孫 銓《皇清詩選》/ 江南

汪文璧

陶 煊、張 璨《國朝詩的》/ 江南 12

汪天與

吴 藎《名家詩選》/ 1

朱 觀《國朝詩正》/ 2

陶 煊、張 璨《國朝詩的》/ 江南 15

汪 觀《清詩大雅二集》/ 4

綜合索引（七畫）

彭廷梅《國朝詩選》／12

沈德潛《國朝詩別裁集》／474

汪元達

顧有孝《騷珠集》／10

汪元幹

鄧漢儀《詩觀三集》／12

陶 煊、張 璨《國朝詩的》／江南 8

汪元暉

倪匡世《振雅堂彙編詩最》／6

汪元綬

王爾綱《天下名家詩永》／8

汪元璋

倪匡世《振雅堂彙編詩最》／6

汪五玉

王爾綱《天下名家詩永》／6

汪中柱

卓爾堪《明遺民詩》／12

汪中清

徐 崧《詩風初集》／2；10；18

汪中巖

吳 藎《名家詩選》／2

汪以淳

蔣 薰、翁介眉《清詩初集》／7；9；12

汪允讓

鄧漢儀《詩觀三集》／4

王爾綱《天下名家詩永》／14

劉 然《國朝詩乘》／4

陶 煊、張 璨《國朝詩的》／江南 9

汪立正

汪 觀《清詩大雅二集》／2

汪玉珩

陶 煊、張 璨《國朝詩的》／江南 7

汪玉樞

陶 煊、張 璨《國朝詩的》／江南 15

汪正名

劉 然《國朝詩乘》／10

汪弘澄

陶 煊、張 璨《國朝詩的》／江南 5

汪世卿

倪匡世《振雅堂彙編詩最》／9

汪由憲

吳元桂《昭代詩針》／15

汪汝謙

蔣 薰、翁介眉《清詩初集》／9

倪匡世《振雅堂彙編詩最》／1

汪有圻

朱 觀《國朝詩正》／7

汪有典

吳元桂《昭代詩針》／14

汪成高

孫 鋐《皇清詩選》／江南

汪光祥

鄧漢儀《詩觀三集》／9

吳 藎《名家詩選》／3

朱 觀《國朝詩正》／6

汪如龍

陸次雲《詩平初集》／3；7；10

汪良葵

汪 觀《清詩大雅二集》／3

汪良箕

吳元桂《昭代詩針》／15

汪志仁

陶 煊、張 璨《國朝詩的》／浙江 7

汪志道

倪匡世《振雅堂彙編詩最》／5

汪志秦

吳 藎《名家詩選》／3

汪志遠

汪 觀《清詩大雅》／18

沈德潛《國朝詩別裁集》／144

汪作霖

姚　佺《詩源》／吳

徐　崧、陳濟生《詩南》／8

汪泓澄

卓爾堪《明遺民詩》／10

汪宗周

姚　佺《詩源》／吳

魏憲介《清詩溯洄集》／4

孫　鋐《皇清詩選》／江南

王爾綱《天下名家詩永》／12

汪宜晉

汪　觀《清詩大雅二集》／5

汪來許

程　棟、施　諲《鼓吹新編》／11

汪岱實

鄧漢儀《詩觀三集》／12

陶　煊、張　璨《國朝詩的》／江南8

汪居鯤

朱　觀《國朝詩正》／6

汪美基

汪　觀《清詩大雅》／8

汪洋度

沈德潛《國朝詩別裁集》／268

汪洪度

魏　憲《詩持三集》／7

曾　燦《過日集》／5

孫　鋐《皇清詩選》／江南

吳　蘭《名家詩選》／4

陶　煊、張　璨《國朝詩的》／江南16

吳元桂《昭代詩針》／6

沈德潛《國朝詩別裁集》／267

汪柯玥

吳　蘭《名家詩選》／4

汪思迴

陳以剛《國朝詩品》／17

汪修文

陶　煊、張　璨《國朝詩的》／江南續編1

汪修武

吳　蘭《名家詩選》／4

朱　觀《國朝詩正》／1

汪　觀《清詩大雅》／6

汪　觀《清詩大雅二集》／7

汪起龍

魏　憲《詩持二集》／7

魏　憲《詩持三集》／8

汪起鴻

王爾綱《天下名家詩永》／14

汪時啟

王爾綱《天下名家詩永》／3

汪純仁

吳元桂《昭代詩針》／14

汪梁戩

吳　蘭《名家詩選》／4

汪淳修

陶　煊、張　璨《國朝詩的》／江南11

汪惟熙

陶　煊、張　璨《國朝詩的》／江南12

汪梓琴

吳　蘭《名家詩選》／4

彭廷梅《國朝詩選》／2

汪國獻

王爾綱《天下名家詩永》／8

汪從晉

汪　觀《清詩大雅二集》／5

汪紹焜

陶　煊、張　璨《國朝詩的》／浙江7

沈德潛《國朝詩別裁集》／473

綜合索引（七畫）

汪黃贊
　　鄧漢儀《天下名家詩觀》／9
　　倪匡世《振雅堂彙編詩最》／2
汪堯臣
　　陶　煊、張　璨《國朝詩的》／江南7
汪朝極
　　朱　觀《國朝詩正》／6
汪爲熹
　　陶　煊、張　璨《國朝詩的》／浙江7
汪榮祖
　　吳　藎《名家詩選》／4
　　朱　觀《國朝詩正》／1
汪嘉樹
　　朱　觀《國朝詩正》／6
汪維寧
　　吳　藎《名家詩選》／1
　　朱　觀《國朝詩正》／4
　　吳元桂《昭代詩針》／7
汪蔚然
　　朱　觀《國朝詩正》／6
汪穀詒
　　彭廷梅《國朝詩選》／6；8；11
汪徵遠
　　顧有孝《驪珠集》／10
　　鄧漢儀《天下名家詩觀》／11
　　鄧漢儀《詩觀三集》／4；12
　　王士禎《感舊集》／12
　　席居中《昭代詩存》／4；11
　　曾　燦《過日集》／5
　　孫　鋐《皇清詩選》／江南
　　陶　煊、張　璨《國朝詩的》／江南5
　　彭廷梅《國朝詩選》／4
　　沈德潛《國朝詩別裁集》／266
汪曆賢
　　黃傳祖《扶輪續集》／2；8；10

汪樹琪
　　吳　藎《名家詩選》／4
汪學誠
　　朱　觀《國朝詩正》／3
汪魯望
　　陳允衡《詩慰二集》
汪應庚
　　陶　煊、張　璨《國朝詩的》／江南續
　　編1
　　汪　觀《清詩大雅二集》／1
汪應銓
　　沈德潛《國朝詩別裁集》／417
汪應鶴
　　倪匡世《振雅堂彙編詩最》／3
汪鴻瑾
　　劉　然《國朝詩乘》／6
汪懋勳
　　曾　燦《過日集》／2；3
汪懋麟
　　魏　憲《補石倉詩選》／2
　　鄧漢儀《詩觀二集》／2
　　徐　崧《詩風初集》／2；6；9；12
　　王士禎《感舊集》／8
　　席居中《昭代詩存》／4
　　陸次雲《詩平初集》／2；5；7；9；12
　　蔣　蘺、翁介眉《清詩初集》／3；5；
　　7；8
　　曾　燦《過日集》／3；9
　　孫　鋐《皇清詩選》／江南
　　王爾綱《天下名家詩永》／14
　　吳　藎《名家詩選》／4
　　陶　煊、張　璨《國朝詩的》／江南10
　　陳以剛《國朝詩品》／10
　　彭廷梅《國朝詩選》／1
　　沈德潛《國朝詩別裁集》／160

汪耀麟

徐 崧《詩風初集》/9
席居中《昭代詩存》/3
陸次雲《詩平初集》/5；7
蔣 鑨、翁介眉《清詩初集》/7
曾 燦《過日集》/4
孫 鋐《皇清詩選》/江南
王爾綱《天下名家詩永》/14
吳 藎《名家詩選》/4
陶 煊、張 璨《國朝詩的》/江南
10；12

汪獻文

鄧漢儀《詩觀三集》/10
曾 燦《過日集》/3；7；10

汪鶴孫

鄧漢儀《天下名家詩觀》/7
徐 崧《詩風初集》/9；18
席居中《昭代詩存》/6
蔣 鑨、翁介眉《清詩初集》/7；12
曾 燦《過日集》/1；3
孫 鋐《皇清詩選》/浙江
陶 煊、張 璨《國朝詩的》/浙江7
彭廷梅《國朝詩選》/4

沈 中

魏 憲《詩持三集》/10

沈 白

顧有孝《驪珠集》/10
鄧漢儀《詩觀三集》/9
徐 崧《詩風初集》/14；18
孫 鋐《皇清詩選》/江南
周佑予《清詩鼓吹》/2
吳 藎《名家詩選》/3

沈 安

趙 炎《尊閣詩藏》/8五言律
徐 崧《詩風初集》/8

沈 存

徐 崧《詩風初集》/10

沈 志

顧有孝《驪珠集》/8

沈 折

席居中《昭代詩存》/7

沈 求

孫 鋐《皇清詩選》/江南

沈 虬

顧有孝《驪珠集》/9
徐 崧《詩風初集》/14
陸次雲《詩平初集》/3；7；10；12
蔣 鑨、翁介眉《清詩初集》/9；12
曾 燦《過日集》/1；3；8；10
孫 鋐《皇清詩選》/江南

沈 育

陶 煊、張 璨《國朝詩的》/浙江7
沈德潛《國朝詩別裁集》/317

沈 泓

顧有孝《驪珠集》/4
鄧漢儀《天下名家詩觀》/9
徐 崧《詩風初集》/12
王士禎《感舊集》/16
曾 燦《過日集》/4
孫 鋐《皇清詩選》/江南
王爾綱《天下名家詩永》/13
陶 煊、張 璨《國朝詩的》/江南7
陳以剛《國朝詩品》/6

沈 泓

徐 崧《詩風初集》/17

沈 定

孫 鋐《皇清詩選》/浙江

沈 卷

徐 崧《詩風初集》/9

综合索引（七画）

沈 芳
　徐 崧《诗風初集》／16
沈 果
　魏 耕、錢价人《今詩粹》
沈 珍
　陶 煊、張 璨《國朝詩的》／江南續
　　编 1
沈 昀
　姚 佺《詩源》／越
　曾 燦《過日集》／3；6
沈 岳
　陶 煊、張 璨《國朝詩的》／浙江 8
沈 洪
　陶 煊、張 璨《國朝詩的》／浙江 4
　彭廷梅《國朝詩選》／1
沈 亮
　程 棟、施 譚《鼓吹新編》／9
　徐 崧、陳濟生《詩南》／7
　顧有孝《驪珠集》／8
　徐 崧《詩風初集》／10
　孫 鋐《皇清詩選》／江南
沈 炯
　沈德潛《國朝詩別裁集》／518
沈 垣
　顧有孝《驪珠集》／10
　魏 憲《詩持三集》／8
沈 涌
　蔣 鑨、翁介眉《清詩初集》／9
沈 玗
　徐 崧《詩風初集》／13
　曾 燦《過日集》／3；7
沈 荣
　徐 崧、陳濟生《詩南》／10
沈 荃
　黃傳祖《扶輪新集》／8

魏裔介《觀始集》／1；6；8；11
陳祚明、韓 詩《國門集》／4
程 棟、施 譚《鼓吹新編》／9；14
魏 耕、錢价人《今詩粹》
魏裔介《清詩溯洄集》／1；5；6；7
顧有孝《驪珠集》／3；12
魏 憲《詩持三集》／5
魏 憲《補石倉詩選》／2
魏 憲《皇清百名家詩選》／15
趙 炎《尊閣詩藏》／1 五言律；1 七
　言律
鄧漢儀《天下名家詩觀》／7
鄧漢儀《詩觀二集》／3
徐 崧《詩風初集》／2；8；9；15
王士禎《感舊集》／11
席居中《昭代詩存》／3
陸次雲《詩平初集》／2；4；6；8；12
蔣 鑨、翁介眉《清詩初集》／2；4；
　6；8；10；11；12
曾 燦《過日集》／1；4
孫 鋐《皇清詩選》／江南
倪匡世《振雅堂集編詩最》／2
王爾綱《天下名家詩永》／8
顧施楨（禎）《盛朝詩選初集》／1；4；
　5；6；11
周佑予《清詩鼓吹》／1
吳 蒿《名家詩選》／4
劉 然《國朝詩乘》／8
朱 觀《國朝詩正》／4
陶 煊、張 璨《國朝詩的》／江南 10
陳以剛《國朝詩品》／4
吳元桂《昭代詩針》／2
彭廷梅《國朝詩選》／1；3；5
沈德潛《國朝詩別裁集》／53

沈 珣

魏 憲《詩持一集》／4

徐 崧《詩風初集》／2；16

蔣 籜、翁介眉《清詩初集》／11

顧施禎（禎）《盛朝詩選初集》／6；12

沈 起

徐 崧、陳濟生《詩南》／7；9

徐 崧《詩風初集》／9；16

卓爾堪《明遺民詩》／14

沈 桓

陳祚明、韓 詩《國門集》／2；3；4；5；6

王爾綱《天下名家詩水》／2

沈 晟

陸次雲《詩平初集》／12

沈 埏

卓爾堪《明遺民詩》／13

沈 淀

趙 炎《尊閣詩藏》／2七言古；2七言律；5五言律

沈 淵

程 棟、施 諲《鼓吹新編》／11；14

徐 崧、陳濟生《詩南》／7

顧有孝《驪珠集》／11

沈 涵

席居中《昭代詩存》／7

陸次雲《詩平初集》／7；10；12

孫 鋐《皇清詩選》／浙江

陶 煊、張 璨《國朝詩的》／浙江7

沈 案

徐 崧《詩風初集》／18

沈 迪

陸次雲《詩平初集》／10

沈 漢

蔣 籜、翁介眉《清詩初集》／1；3

曾 燦《過日集》／6；9

沈 漬

曾 燦《過日集》／4；6；9

沈 湛

徐 崧、陳濟生《詩南》／2；8

顧有孝《驪珠集》／9

徐 崧《詩風初集》／10；16

沈 斌

姚 佺《詩源》／吴

沈 琰

鄧漢儀《詩觀三集》／5

沈 馭

魏 耕、錢价人《今詩粹》

沈 棟

徐 崧、陳濟生《詩南》／9

沈 雄

徐 崧、陳濟生《詩南》／7

顧有孝《驪珠集》／11

魏 憲《詩持三集》／10

徐 崧《詩風初集》／8；17

沈 畯

沈德潛《國朝詩別裁集》／360

沈 進

徐 崧《詩風初集》／10

曾 燦《過日集》／5；10

孫 鋐《皇清詩選》／浙江

汪 森《華及堂視昔編》／4

陶 煊、張 璨《國朝詩的》／浙江8

沈 佼

顧有孝《驪珠集》／5

沈 源

沈德潛《國朝詩別裁集》／515

沈 捷

姚 佺《詩源》／越

综合索引（七画）

沈 煌

蒋 鑨、翁介眉《清诗初集》／10

沈 桓

魏 憲《诗持三集》／7

赵 炎《尊闻诗藏》／3 五言律

徐 崧《诗风初集》／8；15

孙 鋐《皇清诗选》／江南

沈 壖

王爾綱《天下名家诗永》／12

沈 逸

程 棟、施 諲《鼓吹新编》／7

徐 崧、陳濟生《诗南》／4；7；9；12

顧有孝《驪珠集》／8

徐 崧《诗风初集》／14

沈 禎

陶 煊、張 璨《國朝诗的》／盛京 1

沈 寬

黄傳祖《扶輪續集》／9

程 棟、施 諲《鼓吹新编》／10

魏 耕、錢价人《今诗粹》

徐 崧、陳濟生《诗南》／7

鄧漢儀《天下名家诗觀》／5

徐 崧《诗风初集》／13

陶 煊、張 璨《國朝诗的》／江南 5

沈 寧

徐 崧《诗风初集》／6；10；18

蒋 鑨、翁介眉《清诗初集》／12

沈 端

王爾綱《天下名家诗永》／13

沈 誌

魏喬介《清诗溯洄集》／9

沈 榮

程 棟、施 諲《鼓吹新编》／6

姚 佺《诗源》／越

沈 璇

魏喬介《觀始集》／4；6

沈 葉

徐 崧《诗风初集》／12

沈 賦

王爾綱《天下名家诗永》／13

沈 磐

沈德潛《國朝诗別裁集》／117

沈 謙

黄傳祖《扶輪續集》／9

魏喬介《觀始集》／2；11

程 棟、施 諲《鼓吹新编》／7

姚 佺《诗源》／越

魏 耕、錢价人《今诗粹》

徐 崧、陳濟生《诗南》／6；9

魏喬介《清诗溯洄集》／10

徐 崧《诗风初集》／9；13

王士禎《感舊集》／14

席居中《昭代诗存》／14

蒋 鑨、翁介眉《清诗初集》／1；3；4；7；10；11；12

孙 鋐《皇清诗选》／浙江

王爾綱《天下名家诗永》／10

韓純玉《近诗兼》

卓爾堪《明遺民诗》／13

沈德潛《國朝诗別裁集》／145

沈 譿

吴 藹《名家诗选》／2

沈 邁

吴元桂《昭代诗針》／14

沈 與

孙 鋐《皇清诗选》／浙江

沈 翼

陶 煊、張 璨《國朝诗的》／浙江 8

沈 藩

黄傳祖《扶輪續集》/ 4

沈 騤

姚 佺《詩源》/ 越

沈 攀

魏 耕、錢价人《今詩粹》

顧有孝《驪珠集》/ 7

趙 炎《尊閣詩藏》/ 4 五言律

徐 崧《詩風初集》/ 10；11；17

席居中《昭代詩存》/ 7

蔣 瓛、翁介眉《清詩初集》/ 3；9

孫 鋐《皇清詩選》/ 江南

沈 鉦

曾 燦《過日集》/ 10

沈 顥

黄傳祖《扶輪續集》/ 2；5；8；10

黄傳祖《扶輪廣集》/ 10

程 棟、施 諲《鼓吹新編》/ 4

沈 權

陸次雲《詩平初集》/ 10

沈 麟

顧有孝《驪珠集》/ 9；12

徐 崧《詩風初集》/ 13；18

孫 鋐《皇清詩選》/ 江南

沈 彪

徐 崧《詩風初集》/ 12

沈 鄰

徐 崧《詩風初集》/ 10

沈 讚

顧有孝《驪珠集》/ 10

沈 鑄

徐 崧《詩風初集》/ 17；18

沈一撰

倪匡世《振雅堂彙編詩最》/ 1

沈二闻

魏 耕、錢价人《今詩粹》

沈丁昌

顧有孝《驪珠集》/ 9

沈卜琦

程 棟、施 諲《鼓吹新編》/ 11

沈九如

魏裔介《清詩溯洄集》/ 2；6；8

沈三曾

席居中《昭代詩存》/ 14

陸次雲《詩平初集》/ 7；10；12

蔣 瓛、翁介眉《清詩初集》/ 7；9

孫 鋐《皇清詩選》/ 浙江

沈士柱

徐 崧、陳濟生《詩南》/ 2

鄧漢儀《詩觀三集》/ 1

王爾綱《天下名家詩永》/ 4

卓爾堪《明遺民詩》/ 15

陶 煊、張 璨《國朝詩的》/ 江南 4

沈士尊

鄧漢儀《詩觀三集》/ 3

王爾綱《天下名家詩永》/ 12

卓爾堪《明遺民詩》/ 4

陶 煊、張 璨《國朝詩的》/ 江南 10

沈大約

王爾綱《天下名家詩永》/ 14

沈大戡

徐 崧《詩風初集》/ 10

沈上塘

陸次雲《詩平初集》/ 12

沈文術

王爾綱《天下名家詩永》/ 12

沈文璋

朱 觀《國朝詩正》/ 7

综合索引（七画）

沈天寶

徐 崧《诗风初集》／14

曾 燦《过日集》／3

沈德潛《國朝詩別裁集》／325

沈元滄

陶 煊、張 璨《國朝詩的》／浙江4

沈德潛《國朝詩別裁集》／415

沈五棠

王爾綱《天下名家詩永》／7

沈日星

姚 佺《詩源》／越

沈中畏

徐 崧《詩風初集》／12

沈中震

陶 煊、張 璨《國朝詩的》／浙江6

沈允范

吴元桂《昭代詩針》／2

沈允煒

魏 耕、錢价人《今詩粹》

沈永仁

顧有孝《驪珠集》／8

徐 崧《詩風初集》／16；18

顧施禎（禎）　《盛朝詩選初集》／12

（附）

沈永令

魏裔介《觀始集》／4；6；11

魏裔介《清詩溯洄集》／9

顧有孝《驪珠集》／6

徐 崧《詩風初集》／11；18

沈德潛《國朝詩別裁集》／41

沈永圻

徐 崧《詩風初集》／18

沈永信

顧有孝《驪珠集》／9

孫 鋐《皇清詩選》／江南

沈永啓

顧有孝《驪珠集》／10

徐 崧《詩風初集》／16

沈永隆

程 棟、施 諲《鼓吹新編》／10

徐 崧《詩風初集》／9

沈永溢

顧有孝《驪珠集》／11

徐 崧《詩風初集》／10

沈永義

程 棟、施 諲《鼓吹新編》／11

沈永程

徐 崧、陳濟生《詩南》／8

徐 崧《詩風初集》／9；14

沈永諶

徐 崧《詩風初集》／18

沈永禮

顧有孝《驪珠集》／9

沈永馨

程 棟、施 諲《鼓吹新編》／11

魏 耕、錢价人《今詩粹》

徐 崧、陳濟生《詩南》／7；10；12

徐 崧《詩風初集》／13；16

沈世奕

魏裔介《觀始集》／9；11

顧有孝《驪珠集》／6

孫 鋐《皇清詩選》／江南

陶 煊、張 璨《國朝詩的》／江南15

沈世林

程 棟、施 諲《鼓吹新編》／11

徐 崧、陳濟生《詩南》／7

顧有孝《驪珠集》／11

沈世潢

程 棟、施 諲《鼓吹新編》／10

徐 崧、陳濟生《詩南》／7

徐 崧《詩風初集》／9

沈功宗

黃傳祖《扶輪廣集》／13

程 棟、施 譚《鼓吹新編》／7

魏 耕、錢价人《今詩粹》

徐 崧、陳濟生《詩南》／7；10；12

沈可一

吳元桂《昭代詩針》／10

沈左宜

陸次雲《詩平初集》／3；7；10；12

沈用濟

陶 煊、張 璩《國朝詩的》／浙江4

汪 觀《清詩大雅》／10

吳元桂《昭代詩針》／10

沈德潛《國朝詩別裁集》／444

沈亦孟

趙 炎《尊閣詩藏》／4七言律

沈光裕

黃傳祖《扶輪廣集》／3

姚 佺《詩源》／燕

徐 崧《詩風初集》／7

曾 燦《過日集》／2

彭廷梅《國朝詩選》／9

沈仲貞

陳允衡《詩慰續集》

沈兆昌

程 棟、施 譚《鼓吹新編》／4

徐 崧、陳濟生《詩南》／8

沈自友

卓爾堪《明遺民詩》／14

沈自東

沈德潛《國朝詩別裁集》／378

沈自昌

卓爾堪《明遺民詩》／15

沈自南

黃傳祖《扶輪廣集》／9

程 棟、施 譚《鼓吹新編》／7

姚 佺《詩源》／吳

魏 耕、錢价人《今詩粹》

徐 崧、陳濟生《詩南》／6；12

顧有孝《驪珠集》／4

徐 崧《詩風初集》／1；13

孫 鋐《皇清詩選》／江南

沈德潛《國朝詩別裁集》／77

沈自炳

徐 崧、陳濟生《詩南》／8

沈自筵

徐 崧《詩風初集》／1

沈自然

黃傳祖《扶輪廣集》／4

程 棟、施 譚《鼓吹新編》／3

魏 耕、錢价人《今詩粹》

徐 崧、陳濟生《詩南》／1；4；12

顧有孝《驪珠集》／3

徐 崧《詩風初集》／6

王士禎《感舊集》／12

曾 燦《過日集》／5

陳維崧《篋衍集》／5

卓爾堪《明遺民詩》／12

沈自鑄

黃傳祖《扶輪廣集》／4；9

程 棟、施 譚《鼓吹新編》／10

徐 崧、陳濟生《詩南》／1；4；6；

8；11

顧有孝《驪珠集》／9

徐 崧《詩風初集》／6；10

沈休明

黃傳祖《扶輪續集》／4；7

魏喬介《觀始集》／11

綜合索引（七畫）

沈名蕘

沈德潛《國朝詩別裁集》／299

沈旭初

陸次雲《詩平初集》／3

沈宋圻

黃傳祖《扶輪廣集》／14

魏　耕、錢价人《今詩粹》

顧有孝《驪珠集》／7

徐　崧《詩風初集》／1

沈初晉

徐　崧、陳濟生《詩南》／8；12

徐　崧《詩風初集》／9

沈廷楊

沈德潛《國朝詩別裁集》／514

沈廷勛

黃傳祖《扶輪廣集》／11

魏喬介《觀始集》／9

陳祚明、韓　詩《國門集》／2

姚　佺《詩源》／越

沈希孟

魏　憲《詩持三集》／8

沈希亮

曾　燦《過日集》／4

沈宗叙

孫　鋐《皇清詩選》／江南

沈宗敬

孫　鋐《皇清詩選》／江南

沈宜銓

王爾綱《天下名家詩永》／12

沈其江

徐　崧、陳濟生《詩南》／9

沈圻如

陶　煊、張　璨《國朝詩的》／浙江8

沈青崖

沈德潛《國朝詩別裁集》／479

沈林英

汪　觀《清詩大雅》／11

沈叔培

卓爾堪《明遺民詩》／9

沈叔筳

曾　燦《過日集》／7

卓爾堪《明遺民詩》／14

陶　煊、張　璨《國朝詩的》／浙江1

沈季友

鄧漢儀《詩觀三集》／12

孫　鋐《皇清詩選》／浙江

周佑予《清詩鼓吹》／3

查　義、查岐昌《國朝詩因》／4

沈延銘

孫　鋐《皇清詩選》／浙江

沈受宏

鄧漢儀《天下名家詩觀》／11

孫　鋐《皇清詩選》／江南

王爾綱《天下名家詩永》／14

陶　煊、張　璨《國朝詩的》／江南7

陳以剛《國朝詩品》／10

沈德潛《國朝詩別裁集》／354

沈受宜

程　棟、施　謹《鼓吹新編》／11

沈受祐

徐　崧《詩風初集》／8

沈佳胤

曾　燦《過日集》／3

沈彥章

黃傳祖《扶輪廣集》／4；13

姚　佺《詩源》／越

徐　崧、陳濟生《詩南》／6；9

徐　崧《詩風初集》／16

陸次雲《詩平初集》／11

蔣　籜、翁介眉《清詩初集》／11

彭廷梅《國朝詩選》/ 9

沈奕琛

王爾綱《天下名家詩永》/ 9

沈奕瑛

姚 佺《詩源》/ 黔

曾 燦《過日集》/ 10

孫 銈《皇清詩選》/ 貴州

沈春澤

馮 舒《懷舊集》上 / 10 下

沈思倫

劉 然《國朝詩乘》/ 8

朱 觀《國朝詩正》/ 7

陶 煊、張 璨《國朝詩的》/ 江南

12

沈思綸

王爾綱《天下名家詩永》/ 13

沈修齡

陳以剛《國朝詩品》/ 18

沈禹錫

魏 耕、錢价人《今詩粹》

沈衍之

程 棟、施 譚《鼓吹新編》/ 6

沈胤范

黃傳祖《扶輪新集》/ 7

魏 耕、錢价人《今詩粹》

席居中《昭代詩存》/ 13

蔣 籥、翁介眉《清詩初集》/ 12

陶 煊、張 璨《國朝詩的》/ 浙江 3;

5

沈胤笵

徐 崧《詩風初集》/ 12

沈宸荃

卓爾堪《明遺民詩》/ 12

沈家恒

蔣 籥、翁介眉《清詩初集》/ 11; 12

孫 銈《皇清詩選》/ 浙江

顧施楨（禎）《盛朝詩選初集》/ 7

沈浩然

陳 瑚《離憂集》/ 下

趙 炎《尊閱詩藏》/ 1 五言古; 2 七言律; 3 五言律

徐 崧《詩風初集》/ 2; 10; 12; 15

曾 燦《過日集》/ 4; 6; 10

孫 銈《皇清詩選》/ 江南

沈祖申

趙 炎《尊閱詩藏》/ 4 五言律

沈祖孝

錢謙益《吾炙集》

程 棟、施 譚《鼓吹新編》/ 7

徐 崧、陳濟生《詩南》/ 6; 9; 11;

12

王爾綱《天下名家詩永》/ 10

徐 崧《詩風初集》/ 8; 12; 16; 18

韓純玉《近詩兼》

卓爾堪《明遺民詩》/ 12

沈起元

陳以剛《國朝詩品》/ 15

吳元桂《昭代詩針》/ 1

沈起治

王爾綱《天下名家詩永》/ 8

沈聘聞

鄧漢儀《詩觀二集》/ 8

席居中《昭代詩存》/ 9

彭廷梅《國朝詩選》/ 2; 5

沈純中

孫 銈《皇清詩選》/ 浙江

沈商書

魏斎介《清詩溯洄集》/ 4; 9

蔣 籥、翁介眉《清詩初集》/ 12

綜合索引（七畫）

沈紹姬
　彭廷梅《國朝詩選》／4
　沈德潛《國朝詩別裁集》／362
沈曾成
　王爾綱《天下名家詩永》／13
　沈德潛《國朝詩別裁集》／370
沈雁汀
　陶　煊、張　璨《國朝詩的》／浙江2
沈朝初
　孫　鋐《皇清詩選》／江南
　沈德潛《國朝詩別裁集》／225
沈無咎
　彭廷梅《國朝詩選》／6
沈喬生
　王爾綱《天下名家詩永》／10
沈復曾
　顧有孝《驪珠集》／8
　徐　崧《詩風初集》／2
　席居中《昭代詩存》／11
　孫　鋐《皇清詩選》／江南
沈欽圻
　沈德潛《國朝詩別裁集》／123
沈隆卿
　蔣　鑨、翁介眉《清詩初集》／1
沈道映
　程　棟、施　譚《鼓吹新編》／8
　魏　憲《補石倉詩選》／3
　魏　憲《皇清百名家詩選》／72
　趙　炎《尊閣詩藏》／4七言律
　孫　鋐《皇清詩選》／江南
　吳元桂《昭代詩針》／2
　沈德潛《國朝詩別裁集》／111
沈道暎
　魏　憲《詩持三集》／4；10
　趙　炎《尊閣詩藏》／4五言律

徐　崧《詩風初集》／10
席居中《昭代詩存》／11
劉　然《國朝詩乘》／3
沈獻遠
　陶　煊、張　璨《國朝詩的》／浙江6
沈聖昭
　曾　燦《過日集》／8
沈嗣選
　徐　崧《詩風初集》／15；16；17
　蔣　鑨、翁介眉《清詩初集》／2
　曾　燦《過日集》／4；10
沈會霖
　陳祚明、韓　詩《國門集》／5
　鄧漢儀《詩觀二集》／4
　陶　煊、張　璨《國朝詩的》／湖廣2
沈傳弓
　鄧漢儀《詩觀二集》／13
　徐　崧《詩風初集》／5；10
　曾　燦《過日集》／2；10
沈榮僴
　沈德潛《國朝詩別裁集》／520
沈榮簡
　沈德潛《國朝詩別裁集》／490
沈壽民
　姚　佺《詩源》／吳
　魏　耕、錢价人《今詩粹》
　徐　崧、陳濟生《詩南》／1
　曾　燦《過日集》／5
　王爾綱《天下名家詩永》／2
　卓爾堪《明遺民詩》／10；15
沈壽客
　卓爾堪《明遺民詩》／15
沈壽國
　曾　燦《過日集》／10

沈嘉植

鄧漢儀《詩觀三集》／12

倪匡世《振雅堂彙編詩最》／2

沈嘉徵

汪 觀《清詩大雅》／3

沈嘉衡

汪 觀《清詩大雅》／3

沈嘉燕

汪 觀《清詩大雅》／3

沈袞年

程 棟、施 譶《鼓吹新編》／10

魏 耕、錢价人《今詩粹》

徐 崧、陳濟生《詩南》／10

沈爾煜

顧有孝《驪珠集》／9

沈爾爌

顧有孝《驪珠集》／9

徐 崧《詩風初集》／13；17

沈緒延

徐 崧《詩風初集》／10；14

沈際亨

魏 憲《詩持三集》／7

沈際淳

魏 憲《詩持三集》／7

孫 鋐《皇清詩選》／江南

沈廣興

鄧漢儀《詩觀三集》／10

陶 煊、張 璨《國朝詩的》／浙江8

沈調元

王爾綱《天下名家詩永》／12

沈黃初

顧有孝《驪珠集》／10

沈億年

魏 耕、錢价人《今詩粹》

徐 崧、陳濟生《詩南》／10

沈德泰

王爾綱《天下名家詩永》／14

沈德符

黃傳祖《扶輪續集》／1；8；10

程 棟、施 譶《鼓吹新編》／1

沈德潛

陶 煊、張 璨《國朝詩的》／江南16

陳以剛《國朝詩品》／15

汪 觀《清詩大雅》／15

吳元桂《昭代詩針》／13

彭廷梅《國朝詩選》／10；12

沈履祥

程 棟、施 譶《鼓吹新編》／2

沈履曾

黃傳祖《扶輪廣集》／11

鄧漢儀《天下名家詩觀》／5

曾 燦《過日集》／5

沈憲纘

徐 崧《詩風初集》／9

曾 燦《過日集》／4；9

沈樹本

沈德潛《國朝詩別裁集》／398

沈懋華

沈德潛《國朝詩別裁集》／435

沈鍾彥

沈德潛《國朝詩別裁集》／361

沈曬日

顧有孝《驪珠集》／9

徐 崧《詩風初集》／10；13

曾 燦《過日集》／10

孫 鋐《皇清詩選》／浙江

沈豐垣

陸次雲《詩平初集》／12

蔣 鑨、翁介眉《清詩初集》／12

孫 鋐《皇清詩選》／浙江

綜合索引（七畫）

沈蘭先

徐 崧、陳濟生《詩南》／1

沈蘭先

卓爾堪《明遺民詩》／12

沈權之

徐 崧《詩風初集》／8

沙 白

吳元桂《昭代詩針》／6

沙 鼎

倪匡世《振雅堂彙編詩最》／5

沙張白

鄧漢儀《天下名家詩觀》／11

徐 崧《詩風初集》／6；16

蔣 鑨、翁介眉《清詩初集》／11

孫 銓《皇清詩選》／浙江

沙敬業

吳元桂《昭代詩針》／14

沙應桐

吳元桂《昭代詩針》／15

沙鍾珍

鄧漢儀《詩觀三集》／8

徐 崧《詩風初集》／13

孫 銓《皇清詩選》／江南

陶 煊、張 璨《國朝詩的》／江南3

辛 民

鄧漢儀《天下名家詩觀》／5

徐 崧《詩風初集》／9

蔣 鑨、翁介眉《清詩初集》／6

王爾綱《天下名家詩永》／3

辛嗣順

姚 佺《詩源》／滇

辛廣恩

徐 崧、陳濟生《詩南》／7；9

曾 燦《過日集》／10

辛霜翊

黃傳祖《扶輪廣集》／4；9；11

姚 佺《詩源》／燕

顧有孝《驪珠集》／2

邢 昉

黃傳祖《扶輪續集》／3；5；8

黃傳祖《扶輪廣集》／3；6；8；13

黃傳祖《扶輪新集》／3；6；8

魏裔介《觀始集》／4；9

程 棟、施 譚《鼓吹新編》／14

姚 佺《詩源》／吳

魏 耕、錢份人《今詩粹》

徐 崧、陳濟生《詩南》／1；3；5；8

魏裔介《清詩溯洄集》／2

顧有孝《驪珠集》／1

趙 炎《專閣詩藏》／1 五言古；1 五言律；1 七言律

徐 崧《詩風初集》／1；9；17

王士禎《感舊集》／3

席居中《昭代詩存》／12

陸次雲《詩平初集》／2；6

蔣 鑨、翁介眉《清詩初集》／2；4；6；8；11；12

曾 燦《過日集》／3；6

孫 銓《皇清詩選》／江南

王爾綱《天下名家詩永》／3

顧施禎（禎）《盛朝詩選初集》／2

韓純玉《近詩兼》

陳維崧《篋衍集》／1；8

卓爾堪《明遺民詩》／10

吳 藎《名家詩選》／1

陶 煊、張 璨《國朝詩的》／江南2

陳以剛《國朝詩品》／4

吳元桂《昭代詩針》／1

彭廷梅《國朝詩選》／9

邢 祥

黄傳祖《扶輪新集》／9

邢孟貞

陳允衡《詩慰初集》

李 目

黄傳祖《扶輪新集》／3；8

魏喬介《觀始集》／6

姚 佺《詩源》／豫

曾 燦《過日集》／4

李 弘

彭廷梅《國朝詩選》／5；10

李 旭

吳元桂《昭代詩針》／12

李 沂

陳 瑚《離憂集》／下

程 棟、施 譶《鼓吹新編》／11

魏 耕、錢价人《今詩粹》

徐 崧、陳濟生《詩南》／3；7

鄧漢儀《天下名家詩觀》／11

鄧漢儀《詩觀二集》／8

徐 崧《詩風初集》／11

王士禎《感舊集》／4

曾 燦《過日集》／1；3；8

孫 鋐《皇清詩選》／江南

王爾綱《天下名家詩永》／3

卓爾堪《明遺民詩》／9

陶 煊、張 璨《國朝詩的》／江南 4

吳元桂《昭代詩針》／1

彭廷梅《國朝詩選》／10

李 孝

吳元桂《昭代詩針》／14

李 圻

陶 煊、張 璨《國朝詩的》／江南 11

汪 觀《清詩大雅》／13

吳元桂《昭代詩針》／10

李 更

顧有孝《驪珠集》／11

徐 崧《詩風初集》／9；12

李 佐

陶 煊、張 璨《國朝詩的》／湖廣 10

李 伸

孫 鋐《皇清詩選》／京師

李 京

魏喬介《觀始集》／9

魏喬介《清詩湖洞集》／9

李 法

孫 鋐《皇清詩選》／江南

李 沛

陳 瑚《離憂集》／下

程 棟、施 譶《鼓吹新編》／11

魏 耕、錢价人《今詩粹》

徐 崧、陳濟生《詩南》／2；7；9

顧有孝《驪珠集》／1

鄧漢儀《詩觀二集》／6

徐 崧《詩風初集》／9

王士禎《感舊集》／4

卓爾堪《明遺民詩》／4

陶 煊、張 璨《國朝詩的》／江南 4；9

李 炘

黄傳祖《扶輪新集》／5

李 芳

魏 憲《詩持三集》／4

王爾綱《天下名家詩永》／14

李 芥

劉 然《國朝詩乘》／12

李 杰

鄧漢儀《詩觀二集》／7

鄧漢儀《詩觀三集》／5

席居中《昭代詩存》／10

综合索引（七画）

李　東

　　孙　鋐《皇清诗選》／江南

李　坤

　　倪匡世《振雅堂彙編詩最》／9

李　卓

　　王爾綱《天下名家詩永》／12

李　昇

　　孫　鋐《皇清詩選》／浙江

李　果

　　陶　煊、張　璨《國朝詩的》／江南12

　　吴元桂《昭代詩針》／11

　　彭廷梅《國朝詩選》／2；6

　　沈德潛《國朝詩別裁集》／539

李　昕

　　孫　鋐《皇清詩選》／江南

李　岩

　　鄧漢儀《詩觀二集》／8

　　孫　鋐《皇清詩選》／山東

李　郊

　　鄧漢儀《天下名家詩觀》／9

李　炳

　　程　棟、施　諲《鼓吹新編》／10

　　魏　耕、錢价人《今詩粹》

　　徐　崧、陳濟生《詩南》／1；3；7；9；12

　　顧有孝《驪珠集》／8

　　魏　憲《詩持三集》／9

　　徐　崧《詩風初集》／6；9；14

　　孫　鋐《皇清詩選》／浙江

李　珏

　　彭廷梅《國朝詩選》／11

李　珍

　　孫　鋐《皇清詩選》／山東

李　芨

　　陶　煊、張　璨《國朝詩的》／江南12

李　栒

　　蔣　薰、翁介眉《清詩初集》／7；9

　　孫　鋐《皇清詩選》／江南

李　柏

　　卓爾堪《明遺民詩》／11

李　勒

　　鄧漢儀《天下名家詩觀》／11

　　徐　崧《詩風初集》／7

　　陸次雲《詩平初集》／1

　　蔣　薰、翁介眉《清詩初集》／1

　　曾　燦《過日集》／2

　　孫　鋐《皇清詩選》／江南

李　是

　　趙　炎《專閣詩藏》／4五言律

　　徐　崧《詩風初集》／8

李　晊

　　彭廷梅《國朝詩選》／4

李　衍

　　孫　鋐《皇清詩選》／江南

李　勉

　　孫　鋐《皇清詩選》／福建

李　淳

　　鄧漢儀《詩觀二集》／6

　　孫　鋐《皇清詩選》／京師

　　陶　煊、張　璨《國朝詩的》／直隸2

李　淫

　　程　棟、施　諲《鼓吹新編》／3

　　徐　崧、陳濟生《詩南》／9

李　浩

　　蔣　薰、翁介眉《清詩初集》／9

李　訪

　　陶　煊、張　璨《國朝詩的》／浙江3

李　珪

　　鄧漢儀《詩觀二集》／5

　　孫　鋐《皇清詩選》／四川

彭廷梅《國朝詩選》/3
李　時
姚　佺《詩源》/吴
曾　燦《過日集》/4
王爾綱《天下名家詩永》/9
吴　藹《名家詩選》/3
李　恕
蔣　鑨、翁介眉《清詩初集》/7；8；12
曾　燦《過日集》/9
陶　煊、張　璨《國朝詩的》/廣東1
彭廷梅《國朝詩選》/11
李　寅
曾　燦《過日集》/9
沈德潛《國朝詩别裁集》/372
李　清
徐　崧、陳濟生《詩南》/7
卓爾堪《明遺民詩》/1
李　淦
鄧漢儀《天下名家詩觀》/11
徐　崧《詩風初集》/16
王士禎《感舊集》/12
蔣　鑨、翁介眉《清詩初集》/4；9；11；12
曾　燦《過日集》/2；5
彭廷梅《國朝詩選》/6；9
李　基
席居中《昭代詩存》/11
李　堅
倪匡世《振雅堂彙編詩最》/7
李　崧
陶　煊、張　璨《國朝詩的》/江南13
沈德潛《國朝詩别裁集》/457
李　符
鄧漢儀《詩觀三集》/7
徐　崧《詩風初集》/10
曾　燦《過日集》/8
陶　煊、張　璨《國朝詩的》/浙江5
李　紱
彭廷梅《國朝詩選》/2
沈德潛《國朝詩别裁集》/391
李　滋
程　棅、施　諲《鼓吹新編》/5
李　湘
鄧漢儀《天下名家詩觀》/11
陶　煊、張　璨《國朝詩的》/江南7
李　黄
顧有孝《驪珠集》/9
徐　崧《詩風初集》/12
李　雯
黄傳祖《扶輪續集》/6；8
魏裔介《觀始集》/6
程　棅、施　諲《鼓吹新編》/4
魏　耕、錢价人《今詩粹》
魏裔介《清詩溯洄集》/3
顧有孝《驪珠集》/2
魏　憲《詩持一集》/2
趙　炎《蓴閣詩藏》/1五言古；1五言律
鄧漢儀《詩觀二集》/4
徐　崧《詩風初集》/8；11
王士禎《感舊集》/3
陸次雲《詩平初集》/1；2；4；6；8；11；12
蔣　鑨、翁介眉《清詩初集》/1；2；4；6；8；11；12
曾　燦《過日集》/8
孫　鋐《皇清詩選》/江南
王爾綱《天下名家詩永》/3
陳維崧《篋衍集》/4

綜合索引（七畫）

陶 煊、張 璨《國朝詩的》／江南6
陳以剛《國朝詩品》／4
查 羲、查岐昌《國朝詩因》／3
吳元桂《昭代詩針》／2
沈德潛《國朝詩別裁集》／28

李 琬
姚 佺《詩源》／越

李 琪
顧施楨（禎）《盛朝詩選初集》／8

李 琇
顧施楨（禎）《盛朝詩選初集》／7

李 棟
劉 然《國朝詩乘》／12

李 捷
吳元桂《昭代詩針》／11

李 昴
鄧漢儀《詩觀三集》／3
陶 煊、張 璨《國朝詩的》／湖廣5；10
吳元桂《昭代詩針》／6

李 開
倪匡世《振雅堂彙編詩最》／2

李 賜
孫 鋐《皇清詩選》／江南

李 棠
蔣 讓、翁介眉《清詩初集》／5；9

李 喬
汪 觀《清詩大雅二集》／3

李 進
沈德潛《國朝詩別裁集》／554

李 溶
孫 鋐《皇清詩選》／江南

李 源
程 棟、施 譚《鼓吹新編》／2
徐 崧、陳濟生《詩南》／3；7；9

李 滙
陶 煊、張 璨《國朝詩的》／江南13

李 煌
徐 崧《詩風初集》／9

李 煜
席居中《昭代詩存》／11
曾 燦《過日集》／3；7；10
孫 鋐《皇清詩選》／江南

李 煥
顧有孝《驪珠集》／11
魏 憲《詩持三集》／9
孫 鋐《皇清詩選》／江南

李 焯
黃傳祖《扶輪廣集》／4
程 棟、施 譚《鼓吹新編》／9
魏 耕、錢价人《今詩粹》
徐 崧、陳濟生《詩南》／1；4；7；8
顧有孝《驪珠集》／8
魏 憲《詩持三集》／7
鄧漢儀《詩觀二集》／5
徐 崧《詩風初集》／8；17
蔣 讓、翁介眉《清詩初集》／1
曾 燦《過日集》／5
孫 鋐《皇清詩選》／浙江
陶 煊、張 璨《國朝詩的》／浙江1

李 達
王爾綱《天下名家詩永》／4

李 蓁
姚 佺《詩源》／楚

李 蒸
徐 崧《詩風初集》／10
孫 鋐《皇清詩選》／江南

李 截
鄧漢儀《詩觀三集》／6
蔣 讓、翁介眉《清詩初集》／8

吴元桂《昭代诗针》／5

沈德潜《國朝詩別裁集》／272

李 敬

黄傳祖《扶輪新集》／3

鄧漢儀《詩觀三集》／4

徐 崧《詩風初集》／14

王士禎《感舊集》／5

沈德潛《國朝詩別裁集》／40

李 葉

鄧漢儀《天下名家詩觀》／11

徐 崧《詩風初集》／9；10；12；18

李 聘

王爾綱《天下名家詩永》／13

李 楠

鄧漢儀《詩觀三集》／13

李 曖

彭廷梅《國朝詩選》／8

李 稳

王士禎《感舊集》／12

李 鈴

王爾綱《天下名家詩永》／14

李 漁

鄧漢儀《詩觀二集》／12

徐 崧《詩風初集》／10

蔣 鑨、翁介眉《清詩初集》／7；11

孫 銥《皇清詩選》／浙江

王爾綱《天下名家詩永》／13

陶 煊、張 璨《國朝詩的》／浙江3

吴元桂《昭代詩針》／9

李 櫆

姚 佺《詩源》／粵

李 葱

吴元桂《昭代詩針》／12

沈德潛《國朝詩別裁集》／562

李 槐

徐 崧、陳濟生《詩南》／3

李 實

魏裔介《觀始集》／8

程 棟、施 誕《鼓吹新編》／4

姚 佺《詩源》／蜀

魏 耕、錢价人《今詩粹》

徐 崧、陳濟生《詩南》／7；9

徐 崧《詩風初集》／8

卓爾堪《明遺民詩》／3；12

李 楷（字仲木）

姚 佺《詩源》／秦

曾 燦《過日集》／3

孫 銥《皇清詩選》／陝西

彭廷梅《國朝詩選》／10

李 楷（字叔則）

黄傳祖《扶輪廣集》／3；6；9；14

黄傳祖《扶輪新集》／3

魏裔介《觀始集》／12

陳祚明、韓 詩《國門集》／2；

鄧漢儀《詩觀二集》／12

徐 崧《詩風初集》／1

蔣 鑨、翁介眉《清詩初集》／1；2；

4；9；10；12

曾 燦《過日集》／4；9

王爾綱《天下名家詩永》／7

卓爾堪《明遺民詩》／15

陶 煊、張 璨《國朝詩的》／陝西1

李 銘

王爾綱《天下名家詩永》／7

陶 煊、張 璨《國朝詩的》／湖廣10

李 潛

陳 瑚《離憂集》／下

程 棟、施 誕《鼓吹新編》／3

卓爾堪《明遺民詩》／8

综合索引（七画）

陶 煊、張 璨《國朝詩的》／江南 4

李 潤

鄧漢儀《詩觀二集》／6

孫 鋐《皇清詩選》／江南

陶 煊、張 璨《國朝詩的》／江南 6

李 震

鄧漢儀《詩觀二集》／2

李 蔚

魏裔介《觀始集》／11

魏 憲《皇清百名家詩選》／2

徐 崧《詩風初集》／7

沈德潛《國朝詩別裁集》／33

李 蔭

姚 佺《詩源》／豫

李 蓮

沈德潛《國朝詩別裁集》／439

李 模

程 棟、施 諲《鼓吹新編》／1

徐 崧《詩風初集》／10

蔣 釴、翁介眉《清詩初集》／7

李 確

徐 崧《詩風初集》／10

李 標

徐 崧、陳濟生《詩南》／5；9；12

徐 崧《詩風初集》／14

卓爾堪《明遺民詩》／14

李 憲

王爾綱《天下名家詩永》／10

李 盤

黃傳祖《扶輪廣集》／10

鄧漢儀《天下名家詩觀》／5

王爾綱《天下名家詩永》／1

李 德

鄧漢儀《詩觀三集》／9

李 魁

姚 佺《詩源》／吴

李 整

蔣 釴、翁介眉《清詩初集》／11

李 禪

徐 崧《詩風初集》／10；11

李 曒

鄧漢儀《詩觀二集》／13

李 曉

鄧漢儀《詩觀二集》／12

席居中《昭代詩存》／13

陸次雲《詩平初集》／7；10

李 潁

吴元桂《昭代詩針》／3

李 穎

鄧漢儀《詩觀二集》／10

孫 鋐《皇清詩選》／江南

李 鴻

蔣 釴、翁介眉《清詩初集》／1；2；

7；9；11；12

孫 鋐《皇清詩選》／河南

吴元桂《昭代詩針》／6

彭廷梅《國朝詩選》／9

李 漢

蔣 釴、翁介眉《清詩初集》／12

李 嶷

顧有孝《驪珠集》／11

魏 憲《詩持三集》／9

趙 炎《尊閣詩藏》／3 五言律

徐 崧《詩風初集》／12；15；18

陸次雲《詩平初集》／11

孫 鋐《皇清詩選》／江南

李 禧

彭廷梅《國朝詩選》／8

李 憝

王爾綱《天下名家詩永》／4

李 鑛

沈德潛《國朝詩別裁集》／436

李 澄

魏 耕、錢价人《今詩粹》

陳允衡《國雅》／34

徐 崧、陳濟生《詩南》／6

趙 炎《尊閣詩藏》／6 五言律

鄧漢儀《天下名家詩觀》／6

鄧漢儀《詩觀二集》／12

徐 崧《詩風初集》／2

王士禎《感舊集》／4

席居中《昭代詩存》／1

陸次雲《詩平初集》／9

蔣 薰、翁介眉《清詩初集》／1；3；

4；7；8；10；11

曾 燦《過日集》／4；6

孫 鋐《皇清詩選》／江南

陶 煊、張 璨《國朝詩的》／江南 9

彭廷梅《國朝詩選》／5

沈德潛《國朝詩別裁集》／31

李 煜

曾 燦《過日集》／1

李 嶨

孫 鋐《皇清詩選》／江南

李 蟠

陶 煊、張 璨《國朝詩的》／江南 8

李 馥

沈德潛《國朝詩別裁集》／277

李 錯

吳元桂《昭代詩針》／13

彭廷梅《國朝詩選》／1；4；5；8；

10；12

沈德潛《國朝詩別裁集》／544

李 鎧

鄧漢儀《天下名家詩觀》／8

王爾綱《天下名家詩永》／14

李 璧

沈德潛《國朝詩別裁集》／530

李 瀚

卓爾堪《明遺民詩》／3

陶 煊、張 璨《國朝詩的》／江南 4

吳元桂《昭代詩針》／1

李 譚

曾 燦《過日集》／5

李 霨

黃傳祖《扶輪廣集》／3；6；9；11

黃傳祖《扶輪新集》／1；2；5；8；10

魏喬介《觀始集》／1；3；5；7；8；

12

陳祚明、韓 詩《國門集》／2；4；5

魏 耕、錢价人《今詩粹》

顧有孝《驪珠集》／2

魏 憲《詩持一集》／3

魏 憲《詩持二集》／3

魏 憲《補石倉詩選》／2

趙 炎《尊閣詩藏》／1 五言古；2 五

言律

鄧漢儀《詩觀三集》／3

徐 崧《詩風初集》／2；8；15

席居中《昭代詩存》／5

陸次雲《詩平初集》／1；2；4；6；8；

11；12

蔣 薰、翁介眉《清詩初集》／1；2；

4；6；8；11；12

曾 燦《過日集》／1；5；7；10

孫 鋐《皇清詩選》／京師

王爾綱《天下名家詩永》／3

顧施禎（禎）《盛朝詩選初集》／4；9

综合索引（七画）

吴　藻《名家詩選》／3
劉　然《國朝詩乘》／11
陶　煊、張　璨《國朝詩的》／直隸 1
陳以剛《國朝詩品》／6
彭廷梅《國朝詩選》／1；5；9

李　鏡

程　榛、施　譔《鼓吹新編》／5
魏　耕、錢价人《今詩粹》
曾　燦《過日集》／10

李　薊

曾　燦《過日集》／10
卓爾堪《明遺民詩》／11

李　蘭

席居中《昭代詩存》／14
孫　鋐《皇清詩選》／江南
陳以剛《國朝詩品》／12

李　蘇

陶　煊、張　璨《國朝詩的》／湖廣 9

李　櫸

陶　煊、張　璨《國朝詩的》／江南 16

李　顯

孫　鋐《皇清詩選》／江南

李　鑑

徐　崧、陳濟生《詩南》／12

李　鎧

陶　煊、張　璨《國朝詩的》／湖廣 9

李　驥

吴　藻《名家詩選》／1
陶　煊、張　璨《國朝詩的》／江南 12
彭廷梅《國朝詩選》／9

李　灝

陳以剛《國朝詩品》／18

李　鑱

周佑予《清詩鼓吹》／4

李一貞

顧有孝《驪珠集》／7

李一清

吴元桂《昭代詩針》／15

李之世

姚　佺《詩源》／粵
王爾綱《天下名家詩永》／2

李之秀

劉　然《國朝詩乘》／4
吴元桂《昭代詩針》／7

李之駒

孫　鋐《皇清詩選》／江南

李于堅

黃傳祖《扶輪續集》／3；8；11

李士淳

姚　佺《詩源》／粵
劉　然《國朝詩乘》／3
彭廷梅《國朝詩選》／1

李士端

鄧漢儀《天下名家詩觀》／7
席居中《昭代詩存》／4
陶　煊、張　璨《國朝詩的》／河南 1

李士模

魏裔介《觀始集》／11

李士徵

曾　燦《過日集》／10

李士衡

魏　憲《詩持三集》／9
孫　鋐《皇清詩選》／福建

李大春

顧有孝《驪珠集》／6
曾　燦《過日集》／9
陶　煊、張　璨《國朝詩的》／陝西 2

李才實

彭廷梅《國朝詩選》／4

李上德

陶 煊、張 璨《國朝詩的》／江南 12

李子變

蔣 薰、翁介眉《清詩初集》／2；6

曾 燦《過日集》／4

李文秀

鄧漢儀《天下名家詩觀》／11

徐 崧《詩風初集》／14

孫 鋐《皇清詩選》／京師

陶 煊、張 璨《國朝詩的》／直隸 2

李文胐

鄧漢儀《天下名家詩觀》／5

徐 崧《詩風初集》／1；9；10

陶 煊、張 璨《國朝詩的》／浙江 5

李文純

陶 煊、張 璨《國朝詩的》／浙江 5

李文達

程 棟、施 譶《鼓吹新編》／9

魏 耕、錢价人《今詩粹》

徐 崧、陳濟生《詩南》／10

顧有孝《驪珠集》／5

徐 崧《詩風初集》／11

李方绿

徐 崧《詩風初集》／8；14

李心怡

彭廷梅《國朝詩選》／10

李心映

王爾綱《天下名家詩永》／6

李心葵

彭廷梅《國朝詩選》／6；10

李王睎

顧有孝《驪珠集》／9

李王燁

陳 瑚《從遊集》／上

李天柱

陶 煊、張 璨《國朝詩的》／湖廣 6

李天根

沈德潛《國朝詩別裁集》／518

李天植

卓爾堪《明遺民詩》／12

李天策

黃傳祖《扶輪續集》／1；6；9

黃傳祖《扶輪廣集》／4；9；11

魏裔介《觀始集》／2

姚 佺《詩源》／越

魏 耕、錢价人《今詩粹》

徐 崧、陳濟生《詩南》／4

曾 燦《過日集》／2；5

李天爵

鄧漢儀《詩觀三集》／3

王爾綱《天下名家詩永》／14

劉 然《國朝詩乘》／4

陶 煊、張 璨《國朝詩的》／江西 1

吳元桂《昭代詩針》／7

李天馥

顧有孝《驪珠集》／6

鄧漢儀《詩觀二集》／9

鄧漢儀《詩觀三集》／7

徐 崧《詩風初集》／10；14；18

王士禎《感舊集》／12

席居中《昭代詩存》／9

陸次雲《詩平初集》／1；2；5；6；8；11；12

蔣 薰、翁介眉《清詩初集》／1；2；4；6；8；10；11；12

曾 燦《過日集》／7；9

孫 鋐《皇清詩選》／河南

王爾綱《天下名家詩永》／4

顧施楨（禎）《盛朝詩選初集》／1；2；

综合索引（七画）

3；4；5；7；10

陈维崧《箧衍集》／9；11

吴 藻《名家诗选》／2

陶 煊、张 璨《国朝诗的》／江南7

陈以刚《国朝诗品》／8

彭廷梅《国朝诗选》／2；5；8；9

沈德潜《国朝诗别裁集》／90

李元柱

姚 佺《诗源》／吴

李元贞

吴元桂《昭代诗针》／11

李元鼎

陈祚明、韩 诗《国门集》／5

邓汉仪《诗观二集》／13

邓汉仪《诗观三集》／1

蒋 薰、翁介眉《清诗初集》／8

曾 灿《过日集》／9

孙 铣《皇清诗选》／江西

王爾綱《天下名家诗永》／2

吴 藻《名家诗选》／2

陶 煊、张 璨《国朝诗的》／江西1

陈以刚《国朝诗品》／4

查 羲、查岐昌《国朝诗因》／1

李元傑

吴元桂《昭代诗针》／11

李少白

彭廷梅《国朝诗选》／10

李日芳

黄傅祖《扶轮广集》／9；11

李日堃

魏 耕、钱价人《今诗粹》

徐 崧《诗风初集》／18

李日燿

魏 耕、钱价人《今诗粹》

徐 崧《诗风初集》／18

李日馥

陈以刚《国朝诗品》／15

李中素

曾 灿《过日集》／7

王爾綱《天下名家诗永》／9

陈维崧《箧衍集》／2；8

陶 煊、张 璨《国朝诗的》／湖广6

吴元桂《昭代诗针》／7

李中黄

黄傅祖《扶轮续集》／4

邓汉仪《诗观三集》／8

陶 煊、张 璨《国朝诗的》／湖广8

吴元桂《昭代诗针》／5

李化麟

邓汉仪《天下名家诗观》／4

陶 煊、张 璨《国朝诗的》／陕西1

李化鳞

徐 崧《诗风初集》／9

李公扜

徐 崧、陈济生《诗南》／7

徐 崧《诗风初集》／11

李以篤

黄傅祖《扶轮新集》／9

魏裔介《觀始集》／11

姚 佺《诗源》／楚

顾有孝《驪珠集》／6；12

徐 崧《诗风初集》／11

王士祯《感旧集》／12

席居中《昭代诗存》／3

蒋 薰、翁介眉《清诗初集》／3；7；8；11

王爾綱《天下名家诗永》／9

陶 煊、张 璨《国朝诗的》／湖广3

李以籍

蒋 薰、翁介眉《清诗初集》／1；2；

7; 11

李允諾

吴元桂《昭代詩針》/ 15

李孔昭

卓爾堪《明遺民詩》/ 1

李必先

王爾綱《天下名家詩永》/ 14

李必昇

蒋　薰、翁介眉《清詩初集》/ 7

陶　煊、張　璨《國朝詩的》/ 湖廣 8

李必果

蒋　薰、翁介眉《清詩初集》/ 3; 6;

9; 11

陶　煊、張　璨《國朝詩的》/ 湖廣 5

李必恒

馬道畊《清詩二集》/ 1

吴　藎《名家詩選》/ 2

陶　煊、張　璨《國朝詩的》/ 江南 15

查　義、查岐昌《國朝詩因》/ 5

吴元桂《昭代詩針》/ 6

沈德潛《國朝詩別裁集》/ 366

李永周

卓爾堪《明遺民詩》/ 9

李永茂

鄧漢儀《詩觀三集》/ 1

陶　煊、張　璨《國朝詩的》/ 河南 1

彭廷梅《國朝詩選》/ 4

李永祺

沈德潛《國朝詩別裁集》/ 318

李永翼

倪匡世《振雅堂彙編詩最》/ 6

李正心

彭廷梅《國朝詩選》/ 12

李世昌

曾　燦《過日集》/ 9

李世治

魏裔介《觀始集》/ 2; 8

魏裔介《清詩溯洄集》/ 6; 7

顧有孝《驪珠集》/ 7

李世恪

顧有孝《驪珠集》/ 7

徐　崧《詩風初集》/ 7; 16

王士禎《感舊集》/ 12

蒋　薰、翁介眉《清詩初集》/ 1; 2;

5; 6; 11

曾　燦《過日集》/ 4

孫　鋐《皇清詩選》/ 湖廣

陶　煊、張　璨《國朝詩的》/ 湖廣 3

李世熊

徐　崧《詩風初集》/ 17

曾　燦《過日集》/ 1; 6

卓爾堪《明遺民詩》/ 8

陶　煊、張　璨《國朝詩的》/ 福建 1

李世蔚

馬道畊《清詩二集》/ 1

李本樟

彭廷梅《國朝詩選》/ 4

李可汧

徐　崧《詩風初集》/ 9

李可植

魏　憲《詩持三集》/ 7

孫　鋐《皇清詩選》/ 江南

李可楨

顧施禎（禎）《盛朝詩選初集》/ 9

李仙春

朱　觀《國朝詩正》/ 4

李仙原

鄧漢儀《天下名家詩觀》/ 11

孫　鋐《皇清詩選》/ 江南

綜合索引（七畫）

李令皙

黃傳祖《扶輪續集》／1；3；4

黃傳祖《扶輪廣集》／8；10

程　棟、施　譚《鼓吹新編》／6

姚　佺《詩源》／越

魏　耕、錢价人《今詩粹》

徐　崧、陳濟生《詩南》／9；12

彭廷梅《國朝詩選》／7

李亦文

鄧漢儀《詩觀三集》／10

李汝儉

劉　然《國朝詩乘》／9

李守仁

彭廷梅《國朝詩選》／5；10

李有藻

陶　煊、張　璨《國朝詩的》／湖廣 8

李式玉

蔣　鑨、翁介眉《清詩初集》／11；12

李光堯

徐　崧《詩風初集》／18

李妃瞻

顧施楨（禎）《盛朝詩選初集》／7

李因篤

鄧漢儀《天下名家詩觀》／4

鄧漢儀《詩觀三集》／5

徐　崧《詩風初集》／10；14

王士禛《感舊集》／12

席居中《昭代詩存》／8

陸次雲《詩平初集》／8

蔣　鑨、翁介眉《清詩初集》／7；8

孫　鋐《皇清詩選》／陝西

王爾綱《天下名家詩永》／5

陳維崧《篋衍集》／9

劉　然《國朝詩乘》／5

陶　煊、張　璨《國朝詩的》／陝西 2

陳以剛《國朝詩品》／11

彭廷梅《國朝詩選》／3

沈德潛《國朝詩別裁集》／191

李同節

姚　佺《詩源》／吳

李先春

陶　煊、張　璨《國朝詩的》／湖廣 10

李向中

徐　崧《詩風初集》／16

李向辰

吳元桂《昭代詩針》／15

李如泌

鄧漢儀《天下名家詩觀》／7

徐　崧《詩風初集》／9

孫　鋐《皇清詩選》／四川

王爾綱《天下名家詩永》／4

陶　煊、張　璨《國朝詩的》／四川 1

李如芳

顧施楨（禎）《盛朝詩選初集》／9

李如梓

魏　憲《詩持三集》／8

李良年

顧有孝《驪珠集》／11

魏　憲《詩持三集》／10

鄧漢儀《詩觀二集》／7；12

鄧漢儀《詩觀三集》／4

徐　崧《詩風初集》／2；6；12；15；17

王士禛《感舊集》／15

蔣　鑨、翁介眉《清詩初集》／5；9；10；12

曾　燦《過日集》／2；5；8

孫　鋐《皇清詩選》／浙江

陳維崧《篋衍集》／2；8

吳元桂《昭代詩針》／4

沈德潛《國朝詩別裁集》／245

李更生

鄧漢儀《詩觀三集》／7

李呈祥

黃傳祖《扶輪廣集》／10

魏裔介《觀始集》／8

姚 佺《詩源》／齊魯

顧有孝《驪珠集》／2

鄧漢儀《天下名家詩觀》／4

鄧漢儀《詩觀二集》／3

徐 崧《詩風初集》／13

席居中《昭代詩存》／7

孫 鋐《皇清詩選》／山東

陶 煊、張 璨《國朝詩的》／山東2

查 義、查岐昌《國朝詩因》／3

李吳滋

徐 崧《詩風初集》／13

李孚良

陶 煊、張 璨《國朝詩的》／福建1

李孚青

鄧漢儀《詩觀三集》／7

蔣 薰、翁介眉《清詩初集》／7

孫 鋐《皇清詩選》／江南

顧施禎（禎）《盛朝詩選初集》／7

陳以剛《國朝詩品》／11

沈德潛《國朝詩別裁集》／224

李廷樞

蔣 薰、翁介眉《清詩初集》／4

彭廷梅《國朝詩選》／8

李何焯

蔣 薰、翁介眉《清詩初集》／1；3；

7；8

李希稷

陳以剛《國朝詩品》／18

李希膺

顧有孝《驪珠集》／10

席居中《昭代詩存》／9

曾 燦《過日集》／9

孫 鋐《皇清詩選》／盛京

李宗孔

席居中《昭代詩存》／5

李宗仙

陶 煊、張 璨《國朝詩的》／湖廣6

李宗袁

彭廷梅《國朝詩選》／2；11

李宗震

彭廷梅《國朝詩選》／11

李宜之

黃傳祖《扶輪續集》／11

黃傳祖《扶輪廣集》／2

姚 佺《詩源》／吳

李洊遠

程 棟、施 譔《鼓吹新編》／11

李長祚

陳 瑚《離憂集》／下

卓爾堪《明遺民詩》／11

李長科

程 棟、施 譔《鼓吹新編》／2

姚 佺《詩源》／吳

魏 耕、錢价人《今詩粹》

徐 崧、陳濟生《詩南》／7；9

顧有孝《驪珠集》／1

徐 崧《詩風初集》／14

蔣 薰、翁介眉《清詩初集》／6；8；

11；12

孫 鋐《皇清詩選》／江南

李長祥

黃傳祖《扶輪廣集》／6

程 棟、施 譔《鼓吹新編》／5

综合索引（七画）

魏　耕、钱价人《今诗粹》
徐　崧、陈济生《诗南》／11
顾有孝《驪珠集》／3
徐　崧《诗风初集》／14；16

李长康

蒋　鑨、翁介眉《清诗初集》／12

李长顺

姚　佺《诗源》／吴
邓漢仪《诗观二集》／12
孙　鋐《皇清诗选》／江南

李长敷

程　棅、施　譶《鼓吹新编》／14

李长燁

魏裔介《观始集》／6；9

李芳莎

魏裔介《清诗湖洎集》／5；8

李芳椿

刘　然《国朝诗乘》／7

李芳廣

魏裔介《观始集》／8

李其凝

席居中《昭代诗存》／9

李东櫃

刘　然《国朝诗乘》／12

李东懷

刘　然《国朝诗乘》／12

李枝芃

顾施桢（桢）《盛朝诗选初集》／2；6

李枝桂

彭廷梅《国朝诗选》／7；10；11

李枝蓀

姚　佺《诗源》／吴

李枝翘

魏裔介《观始集》／6
姚　佺《诗源》／吴

魏　耕、钱价人《今诗粹》
顾有孝《驪珠集》／8
邓漢仪《诗观二集》／10
徐　崧《诗风初集》／13
席居中《昭代诗存》／14
蒋　鑨、翁介眉《清诗初集》／9
曾　燦《过日集》／9
孙　鋐《皇清诗选》／江南
陶　煊、张　璨《国朝诗的》／江南9

李枝侃

吴元桂《昭代诗针》／15

李奇玉

徐　崧、陈济生《诗南》／10
卓爾堪《明遗民诗》／12

李來泰

蒋　鑨、翁介眉《清诗初集》／8
曾　燦《过日集》／10
王爾綱《天下名家诗永》／6
沈德潜《国朝诗别裁集》／60

李來章

顾施桢（桢）《盛朝诗选初集》／7；10

李拔侃

吴元桂《昭代诗针》／15

李拔卿

孙　鋐《皇清诗选》／江南
陶　煊、张　璨《国朝诗的》／江南7

李昌祚

黄傅祖《扶轮新集》／3；6；8；10
姚　佺《诗源》／楚
顾有孝《驪珠集》／4
徐　崧《诗风初集》／16
蒋　鑨、翁介眉《清诗初集》／1；2；
5；6；8；11
陶　煊、张　璨《国朝诗的》／湖廣3

李昌垣

席居中《昭代詩存》/8

彭廷梅《國朝詩選》/1

李明敕

陳祚明、韓　詩《國門集》/4

顧有孝《驪珠集》/9

魏　憲《詩持二集》/8

魏　憲《詩持三集》/5

徐　崧《詩風初集》/10；14；18

蔣　薰、翁介眉《清詩初集》/6；12

孫　鋐《皇清詩選》/浙江

劉　然《國朝詩乘》/11

李明睿

黃傳祖《扶輪新集》/8

魏裔介《觀始集》/11

顧有孝《驪珠集》/1

蔣　薰、翁介眉《清詩初集》/11

曾　燦《過日集》/10

王爾綱《天下名家詩水》/6

查　羲、查岐昌《國朝詩因》/1

李昂技

倪匡世《振雅堂彙編詩最》/5

陶　煊、張　璨《國朝詩的》/浙江2

彭廷梅《國朝詩選》/2

李受恒

徐　崧《詩風初集》/16

李念兹

徐　崧《詩風初集》/5

陸次雲《詩平初集》/3；11

彭廷梅《國朝詩選》/2；7；9；12

李念慈

黃傳祖《扶輪新集》/6

陳祚明、韓　詩《國門集》/5

顧有孝《驪珠集》/6

魏　憲《補石倉詩選》/3

魏　憲《皇清百名家詩選》/70

鄧漢儀《天下名家詩觀》/5

鄧漢儀《詩觀二集》/5

鄧漢儀《詩觀三集》/4

徐　崧《詩風初集》/2；8；13

王士禛《感舊集》/11

席居中《昭代詩存》/13

蔣　薰、翁介眉《清詩初集》/1；2；

5；6；9；10；11；12

曾　燦《過日集》/4；10

孫　鋐《皇清詩選》/陝西

王爾綱《天下名家詩水》/7

陳維崧《陵衍集》/11

陶　煊、張　璨《國朝詩的》/陝西1

陳以剛《國朝詩品》/5

吴元桂《昭代詩針》/2

沈德潛《國朝詩別裁集》/89

李舍湄

陶　煊、張　璨《國朝詩的》/浙江8

李承銓

徐　崧《詩風初集》/10；16

李彥琿

鄧漢儀《詩觀二集》/12

孫　鋐《皇清詩選》/陝西

李奕韓

曾　燦《過日集》/5

陶　煊、張　璨《國朝詩的》/湖廣9

李恒煊

卓爾堪《明遺民詩》/10

李政圻

徐　崧《詩風初集》/14

李咸有

蔣　薰、翁介眉《清詩初集》/8

陶　煊、張　璨《國朝詩的》/湖廣10

综合索引（七画）

李则友

蒋 鑨、翁介眉《清诗初集》／9；12

李星嚴

陶 煊、张 璨《國朝詩的》／廣西 1

李思訓

魏喬介《觀始集》／2

姚 佺《詩源》／吴

鄧漢儀《詩觀二集》／9

曾 燦《過日集》／10

陶 煊、张 璨《國朝詩的》／江南 6

李重華

汪 觀《清詩大雅二集》／1

沈德潛《國朝詩別裁集》／484

李信芳

倪匡世《振雅堂彙編詩最》／7

王爾綱《天下名家詩永》／11

李胤整

顧有孝《驪珠集》／6

李衷燦

魏 憲《補石倉詩選》／2

魏 憲《皇清百名家詩選》／35

彭廷梅《國朝詩選》／1

李流芳

黃傳祖《扶輪續集》／2；10

李夏盛

吴元桂《昭代詩針》／11

李夏器

黃傳祖《扶輪續集》／3；6

黃傳祖《扶輪廣集》／3；6；9；11；14

程 棟、施 譚《鼓吹新編》／11

姚 佺《詩源》／越

魏 耕、錢价人《今詩粹》

徐 崧、陳濟生《詩南》／12

徐 崧《詩風初集》／1；7

蒋 鑨、翁介眉《清詩初集》／1

陶 煊、张 璨《國朝詩的》／江南 5

李振宗

蒋 鑨、翁介眉《清詩初集》／6；9

李振裕

鄧漢儀《詩觀二集》／13

鄧漢儀《詩觀三集》／4；13

席居中《昭代詩存》／13

蒋 鑨、翁介眉《清詩初集》／7；9

曾 燦《過日集》／4；7；9

孫 鋐《皇清詩選》／江西

王爾綱《天下名家詩永》／3

顧施楨（禎）《盛朝詩選初集》／9

吴 藎《名家詩選》／2

陳以剛《國朝詩品》／8

陶 煊、张 璨《國朝詩的》／江西 1

吴元桂《昭代詩針》／7

沈德潛《國朝詩別裁集》／168

李振聲

陶 煊、张 璨《國朝詩的》／浙江 3

李時葵

黃傳祖《扶輪廣集》／3

李時燦

孫 鋐《皇清詩選》／陝西

陶 煊、张 璨《國朝詩的》／陝西 1

李師稷

彭廷梅《國朝詩選》／8

李盈坤

馬道昕《清詩二集》／4

陶 煊、张 璨《國朝詩的》／湖廣 5

李孫偉

徐 崧、陳濟生《詩南》／10

李孫煌

魏 耕、錢价人《今詩粹》

顧有孝《驪珠集》／10

徐 崧《詩風初集》／10

李能哲

陶 煌、張 璨《國朝詩的》／湖廣10

彭廷梅《國朝詩選》／12

李基和

鄧漢儀《詩觀三集》／7

席居中《昭代詩存》／2；5

陸次雲《詩平初集》／3；5；7；9；12

陳維崧《篋衍集》／10；11

陶 煌、張 璨《國朝詩的》／盛京1

吳元桂《昭代詩針》／4

彭廷梅《國朝詩選》／8

沈德潛《國朝詩別裁集》／178

李國宋

徐 崧《詩風初集》／2；6

王士禎《感舊集》／16

席居中《昭代詩存》／9

蔣 鑨、翁介眉《清詩初集》／3

曾 燦《過日集》／6

孫 銥《皇清詩選》／江南

王爾綱《天下名家詩永》／14

陳維崧《篋衍集》／10

吳 藹《名家詩選》／3

陶 煌、張 璨《國朝詩的》／江南10

陳以剛《國朝詩品》／5

吳元桂《昭代詩針》／3

彭廷梅《國朝詩選》／1；4

沈德潛《國朝詩別裁集》／277

李國璉

鄧漢儀《天下名家詩觀》／4

徐 崧《詩風初集》／8

孫 銥《皇清詩選》／陝西

陶 煌、張 璨《國朝詩的》／陝西1

李崇稷

曾 燦《過日集》／7

李得梁

陶 煌、張 璨《國朝詩的》／江西2

李善樹

鄧漢儀《天下名家詩觀》／9

李琪枝

陶 煌、張 璨《國朝詩的》／浙江8

李景福

卓爾堪《明遺民詩》／12

陶 煌、張 璨《國朝詩的》／江南4

李景龍

陶 煌、張 璨《國朝詩的》／陝西2

李景麟

鄧漢儀《天下名家詩觀》／4

陶 煌、張 璨《國朝詩的》／陝西1

彭廷梅《國朝詩選》／4

李爲極

王爾綱《天下名家詩永》／5

李爲霖

蔣 鑨、翁介眉《清詩初集》／9；12

李猶龍

鄧漢儀《詩觀三集》／4

陶 煌、張 璨《國朝詩的》／陝西1

李森先

魏裔介《清詩溯洄集》／8

李開生

徐 崧《詩風初集》／6

李開鄴

魏裔介《觀始集》／8

李開熙

陶 煌、張 璨《國朝詩的》／江西2

李新枝

徐 崧《詩風初集》／18

李葵生

徐 崧《詩風初集》／10；18

综合索引（七画）

李瑞和

黄傅祖《扶輪續集》／1；3；4

孫　鋐《皇清詩選》／福建

李萱孫

曾　燦《過日集》／4

李載可

汪　觀《清詩大雅二集》／4

李聖芝

鄧漢儀《詩觀二集》／7

徐　崧《詩風初集》／10

李勤埔

陳以剛《國朝詩品》／18

李嵩陽

姚　佺《詩源》／豫

王爾綱《天下名家詩永》／2

陶　煊、張　璨《國朝詩的》／河南 2

李肇亨

顧有孝《驪珠集》／8

徐　崧《詩風初集》／10；16

陶　煊、張　璨《國朝詩的》／浙江 8

李瑤枝

陳以剛《國朝詩品》／18

李聚五

陶　煊、張　璨《國朝詩的》／江南續

編 1

李夢庚

鄧漢儀《詩觀二集》／9

席居中《昭代詩存》／11

陸次雲《詩平初集》／7；12

李夢熊

陶　煊、張　璨《國朝詩的》／江南續

編 1

李夢鸞

陶　煊、張　璨《國朝詩的》／盛京 2

李嘉胤

魏裔介《清詩溯洄集》／2；5；9

鄧漢儀《天下名家詩觀》／9

徐　崧《詩風初集》／16

陶　煊、張　璨《國朝詩的》／江南 7

李嘉穎

孫　鋐《皇清詩選》／江南

李壽愷

陶　煊、張　璨《國朝詩的》／湖廣 9

李嘗之

陶　煊、張　璨《國朝詩的》／湖廣 5

李銓俠

吴元桂《昭代詩針》／15

李毓珠

徐　崧、陳濟生《詩南》／6

李鳳雛

陶　煊、張　璨《國朝詩的》／浙江 7

李維貞

魏　憲《補石倉詩選》／1

李維楓

姚　佺《詩源》／豫

李維壐

吴元桂《昭代詩針》／14

李遂之

徐　崧、陳濟生《詩南》／9

顧有孝《驪珠集》／8

徐　崧《詩風初集》／11；17

蔣　瀾、翁介眉《清詩初集》／3

曾　燦《過日集》／4

李潛蛟

曾　燦《過日集》／1；3

李澄中

鄧漢儀《詩觀二集》／6

鄧漢儀《詩觀三集》／9

席居中《昭代詩存》／7

王爾綱《天下名家詩永》／14

顧施楨（楨）《盛朝詩選初集》／11；12（附）

陶 煊、張 璨《國朝詩的》／山東1

陳以剛《國朝詩品》／15

沈德潛《國朝詩別裁集》／215

李調鼎

陶 煊、張 璨《國朝詩的》／湖廣3

李喪棠

魏喬介《觀始集》／8

顧有孝《驪珠集》／7

李震生

顧有孝《驪珠集》／7

蔣 鑨、翁介眉《清詩初集》／10；12

陶 煊、張 璨《國朝詩的》／湖廣5

李儀鴻

陳以剛《國朝詩品》／18

李德成

陶 煊、張 璨《國朝詩的》／雲南1

李嶟端（端一作"瑞"）

席居中《昭代詩存》／14

陶 煊、張 璨《國朝詩的》／江南11

沈德潛《國朝詩別裁集》／453

李緩山

陶 煊、張 璨《國朝詩的》／湖廣5

李鄴嗣

鄧漢儀《詩觀二集》／13

鄧漢儀《詩觀三集》／1

蔣 鑨、翁介眉《清詩初集》／3；6；8

孫 鋐《皇清詩選》／浙江

韓純玉《近詩兼》

陳維崧《篋衍集》／1；10

卓爾堪《明遺民詩》／9

陶 煊、張 璨《國朝詩的》／江南2

沈德潛《國朝詩別裁集》／118

李興祖

蔣 鑨、翁介眉《清詩初集》／7；9；12

李錫麒

王爾綱《天下名家詩永》／13

顧施楨（楨）《盛朝詩選初集》／2

李鴻霍

鄧漢儀《詩觀二集》／2

蔣 鑨、翁介眉《清詩初集》／3；7

倪匡世《振雅堂彙編詩最》／4

陶 煊、張 璨《國朝詩的》／山東1

李録予

陸次雲《詩平初集》／8

陶 煊、張 璨《國朝詩的》／直隸2

李鵬程

吳元桂《昭代詩針》／15

李攀麟

鄧漢儀《詩觀二集》／10

李贊元

魏 憲《詩持二集》／2

魏 憲《詩持三集》／8

魏 憲《補石倉詩選》／2

魏 憲《皇清百名家詩選》／47

趙 炎《專閱詩藏》／4 五言律；4 七言律

鄧漢儀《詩觀二集》／9

鄧漢儀《詩觀三集》／10

徐 崧《詩風初集》／8；10；12；14；18

席居中《昭代詩存》／3；12

陸次雲《詩平初集》／3；6；7；9；10

蔣 鑨、翁介眉《清詩初集》／1；2；7；8；11；12

孫 鋐《皇清詩選》／山東

綜合索引（七畫）

孫鋐《皇清詩選》／福建
顧施楨（禎）《盛朝詩選初集》／6
陶煊、張璨《國朝詩的》／山東2；福建1
吳元桂《昭代詩針》／3
彭廷梅《國朝詩選》／1；3；9

李藻先

魏裔介《觀始集》／2；6
姚佺《詩源》／吳
徐崧、陳濟生《詩南》／8
王士禛《感舊集》／4

李鍾庚

姚佺《詩源》／晉

李騰蛟

曾燦《過日集》／1；3；6；9

李繩遠

徐崧《詩風初集》／2；5；12；15；17
曾燦《過日集》／3；10

李繼白

魏裔介《觀始集》／6

李繼貞

蔣鑨、翁介眉《清詩初集》／1

李體鋅

魏耕、錢价人《今詩粹》

李麟友

卓爾堪《明遺民詩》／14

杜芳

魏裔介《清詩溯洄集》／1；3；5；7；9
徐崧《詩風初集》／16
蔣鑨、翁介眉《清詩初集》／11

杜芥（芥一作"芧"）

孫鋐《皇清詩選》／湖廣
卓爾堪《明遺民詩》／13

王爾綱《天下名家詩永》／9

杜詔

陶煊、張璨《國朝詩的》／江南14
陳以剛《國朝詩品》／10
汪觀《清詩大雅》／16
吳元桂《昭代詩針》／1
沈德潛《國朝詩別裁集》／403

杜越

鄧漢儀《詩觀三集》／10

杜溪

陳允衡《國雅》／5
魏憲《詩持二集》／5；7
魏憲《詩持二集》／8
鄧漢儀《天下名家詩觀》／4
徐崧《詩風初集》／2；13
王士禛《感舊集》／4
席居中《昭代詩存》／1
蔣鑨、翁介眉《清詩初集》／3；4；6；8；11；12
曾燦《過日集》／3；9
孫鋐《皇清詩選》／山東
顧施楨（禎）《盛朝詩選初集》／2；6；8
陶煊、張璨《國朝詩的》／山東2
彭廷梅《國朝詩選》／8；9

杜榛

陸次雲《詩平初集》／2

杜臻

徐崧《詩風初集》／14
席居中《昭代詩存》／8
陸次雲《詩平初集》／8
蔣鑨、翁介眉《清詩初集》／4；9
孫鋐《皇清詩選》／浙江

杜濬

黃傳祖《扶輪續集》／4；6；9

黄傳祖《扶輪廣集》／4

黄傳祖《扶輪新集》／4；7；9

魏裔介《觀始集》／11

徐 崧、陳濟生《詩南》／1

顧有孝《驪珠集》／2；12

魏 憲《詩持二集》／5

魏 憲《詩持三集》／7

趙 炎《尊閣詩藏》／1 七言律；2 五言律；6 五言律

鄧漢儀《天下名家詩觀》／1

鄧漢儀《詩觀二集》／1；9

鄧漢儀《詩觀三集》／6；10

徐 崧《詩風初集》／5；9；11；18

王士禎《感舊集》／6

席居中《昭代詩存》／1

陸次雲《詩平初集》／2；4；7；9；11；12

蔣 薰、翁介眉《清詩初集》／2；5；6；8；11；12

曾 燦《過日集》／1；4；8

孫 鋐《皇清詩選》／湖廣

倪匡世《振雅堂集編詩最》／1

王爾綱《天下名家詩水》／3

顧施楨（楨）《盛朝詩選初集》／6；8；12

陳維崧《篋衍集》／4；10

卓爾堪《明遺民詩》／2

吳 謙《名家詩選》／1

劉 然《國朝詩乘》／2

陶 煊、張 璨《國朝詩的》／湖廣 2

陳以剛《國朝詩品》／4

吳元桂《昭代詩針》／1

彭廷梅《國朝詩選》／1；2；3；5；7；11

杜 鎮

魏裔介《清詩溯洄集》／5；9

魏 憲《補石倉詩選》／3

蔣 薰、翁介眉《清詩初集》／7；11；12

彭廷梅《國朝詩選》／9；11

杜之薻

顧施楨（楨）《盛朝詩選初集》／10

杜仁俊

陶 煊、張 璨《國朝詩的》／江南 3

彭廷梅《國朝詩選》／10

杜立德

魏裔介《清詩溯洄集》／7

趙 炎《尊閣詩藏》／1 五言古

席居中《昭代詩存》／4

陸次雲《詩平初集》／1；2；4；6；8；11；12

蔣 薰、翁介眉《清詩初集》／1；2；4；6；8；12

孫 鋐《皇清詩選》／京師

查 義、查岐昌《國朝詩因》／3

杜世捷

蔣 薰、翁介眉《清詩初集》／7

曾 燦《過日集》／10

孫 鋐《皇清詩選》／湖廣

陶 煊、張 璨《國朝詩的》／湖廣 5

杜世厦

鄧漢儀《天下名家詩觀》／11

杜世農

孫 鋐《皇清詩選》／湖廣

陶 煊、張 璨《國朝詩的》／湖廣 4

杜守中

黄傳祖《扶輪續集》／9

杜光先

鄧漢儀《詩觀三集》／7

综合索引（七画）

杜同春

陈祚明、韩 诗《國門集》／6

杜迪功

彭廷梅《國朝詩選》／11

杜秉琳

陶 煊、張 璨《國朝詩的》／浙江3

杜恒燦

蔣 鑨、翁介眉《清詩初集》／8

杜首昌

鄧漢儀《詩觀二集》／12

曾 燦《過日集》／9

杜庭珠

陶 煊、張 璨《國朝詩的》／浙江6

杜祝进

卓爾堪《明遺民詩》／1

杜致遠

陶 煊、張 璨《國朝詩的》／浙江8

杜逢春

鄧漢儀《詩觀三集》／12

杜紹凱

黃傳祖《扶輪續集》／4

錢謙益《吾炙集》

姚 佺《詩源》／楚

魏 憲《詩持三集》／10

趙 炎《專閱詩藏》／3五言律

鄧漢儀《天下名家詩觀》／9

徐 崧《詩風初集》／8

王士禎《感舊集》／12

曾 燦《過日集》／4

孫 鋐《皇清詩選》／湖廣

杜登春

孫 鋐《皇清詩選》／江南

杜肈勳

徐 崧《詩風初集》／10

孫 鋐《皇清詩選》／浙江

劉 然《國朝詩乘》／5

杜鴻軒

彭廷梅《國朝詩選》／12

巫之懿

蔣 鑨、翁介眉《清詩初集》／5；7

倪匡世《振雅堂彙編詩最》／1

王爾綱《天下名家詩永》／10

陶 煊、張 璨《國朝詩的》／江南9

車以遵

黃傳祖《扶輪新集》／7；9

顧有孝《驪珠集》／4

卓爾堪《明遺民詩》／14

陶 煊、張 璨《國朝詩的》／湖廣2

彭廷梅《國朝詩選》／8

車萬育

陳允衡《國雅》／48

陸次雲《詩平初集》／5；10；11；12

蔣 鑨、翁介眉《清詩初集》／5；9；11

孫 鋐《皇清詩選》／湖廣

陶 煊、張 璨《國朝詩的》／湖廣8

彭廷梅《國朝詩選》／9

車鼎元

陸次雲《詩平初集》／10

成 光

顧有孝《驪珠集》／5

魏 憲《補石倉詩選》／3

魏 憲《皇清百名家詩選》／62

趙 炎《專閱詩藏》／2七言律；5五言律

鄧漢儀《詩觀二集》／12

徐 崧《詩風初集》／11

席居中《昭代詩存》／2

蔣 鑨、翁介眉《清詩初集》／9

陶 煊、張 璨《國朝詩的》／直隸2

成 性

黄傳祖《扶輪廣集》／4；9
魏裔介《觀始集》／1；3；9；12
陳祚明、韓 詩《國門集》／2
魏裔介《清詩溯洄集》／1；7；9
魏 憲《補石倉詩選》／2
魏 憲《皇清百名家詩選》／32
徐 崧《詩風初集》／7
席居中《昭代詩存》／2
陸次雲《詩平初集》／1
蔣 鑨、翁介眉《清詩初集》／1
孫 銓《皇清詩選》／江南
彭廷梅《國朝詩選》／1；11

成 梁

曾 燦《過日集》／4
王爾綱《天下名家詩永》／9

成 德

孫 銓《皇清詩選》／盛京
王爾綱《天下名家詩永》／5
沈德潛《國朝詩別裁集》／179

成 藩

黄傳祖《扶輪新集》／6

成一篑

姚 佺《詩源》／吴

成文昭

吴元桂《昭代詩針》／8

成永健

陶 煊、張 璨《國朝詩的》／江南15
吴元桂《昭代詩針》／6

成世杰

吴 藎《名家詩選》／3

成克筆

黄傳祖《扶輪廣集》／8；10
鄧漢儀《詩觀二集》／9
查 義、查岐昌《國朝詩因》／3

成克羹

魏裔介《觀始集》／8
陳祚明、韓 詩《國門集》／5
顧有孝《驪珠集》／1
魏 憲《補石倉詩選》／3
趙 炎《尊閣詩藏》／1七言律
陸次雲《詩平初集》／6
蔣 鑨、翁介眉《清詩初集》／8
孫 銓《皇清詩選》／京師

吴 山

黄傳祖《扶輪續集》／8
姚 佺《詩源》／楚
鄧漢儀《詩觀三集》／6
席居中《昭代詩存》／12
倪匡世《振雅堂彙編詩最》／3
陶 煊、張 璨《國朝詩的》／浙江6
吴元桂《昭代詩針》／4

吴 及

魏裔介《清詩溯洄集》／7
顧有孝《驪珠集》／7
王士禎《感舊集》／13
沈德潛《國朝詩別裁集》／148

吴 旦

黄傳祖《扶輪續集》／7
黄傳祖《扶輪廣集》／14
程 棟、施 諲《鼓吹新編》／6
徐 崧、陳濟生《詩南》／2；5；8；12
顧有孝《驪珠集》／8

吴 甲

魏 憲《詩持三集》／6

吴 光

顧有孝《驪珠集》／8
魏 憲《詩持一集》／3
徐 崧《詩風初集》／16

综合索引（七画）

王士禛《感旧集》／8

蒋 薰、翁介眉《清诗初集》／6；11

孙 鋐《皇清诗选》／浙江

王爾綱《天下名家诗永》／6

沈德潜《國朝诗别裁集》／106

吴 兆

王士禛《感旧集》／1

吴 宏

汪 觀《清诗大雅二集》／6

吴 初

魏斋介《清诗溯洄集》／2；8；9

吴 岐

吴 藎《名家诗選》／4

吴元桂《昭代诗针》／7

吴 系

卓爾堪《明遗民诗》／14

吴 佐

王爾綱《天下名家诗永》／13

吴 林

徐 崧《诗風初集》／14

吴 奇

姚 佺《诗源》／閩

吴 炎

黄傳祖《扶輪廣集》／9

程 棟、施 諲《鼓吹新编》／8

魏 耕、錢价人《今诗粹》

徐 崧、陳濟生《诗南》／2；4；9

吴元桂《昭代诗针》／6

沈德潜《國朝诗别裁集》／140

吴 沛

程 棟、施 諲《鼓吹新编》／8

姚 佺《诗源》／燕

魏 憲《诗持三集》／3

鄧漢儀《诗觀二集》／12

孙 鋐《皇清诗选》／江南

吴 芳

陶 煊、張 璨《國朝诗的》／浙江8

吴 旻

陸次雲《诗平初集》／11

吴 昕

朱 觀《國朝诗正》／6

吴 易

程 棟、施 諲《鼓吹新编》／3

魏 耕、錢价人《今诗粹》

徐 崧、陳濟生《诗南》／1；6

吴 非

姚 佺《诗源》／吴

鄧漢儀《诗觀二集》／7

孙 鋐《皇清诗选》／江南

王爾綱《天下名家诗永》／9

顧施禎（禎）《盛朝诗選初集》／2

卓爾堪《明遗民诗》／13

陶 煊、張 璨《國朝诗的》／江南12

吴 周

鄧漢儀《诗觀二集》／5

王士禛《感旧集》／8

孙 鋐《皇清诗选》／江南

吴 始

倪匡世《振雅堂彙编诗最》／2

吴 彦

姚 佺《诗源》／吴

王爾綱《天下名家诗永》／5

吴 度

鄧漢儀《诗觀二集》／5

曾 燦《過日集》／8

朱 觀《國朝诗正》／5

彭廷梅《國朝诗選》／10

吴 洽

陶 煊、張 璨《國朝诗的》／浙江8

吴 洵

陶 煊、张 璨《国朝诗的》／湖广9

吴 炯

邓汉仪《诗观二集》／13

陶 煊、张 璨《国朝诗的》／江南

12；湖广8

彭廷梅《国朝诗选》／5

吴 珊

魏 宪《诗持二集》／6

魏 宪《诗持三集》／4

徐 崧《诗风初集》／10

孙 铨《皇清诗选》／江南

吴 苑

邓汉仪《诗观三集》／6

曾 燦《过日集》／5；9

吴 藁《名家诗选》／2

陶 煊、张 璨《国朝诗的》／江南9

陈以刚《国朝诗品》／8

吴元桂《昭代诗针》／8

沈德潜《国朝诗别裁集》／233

吴 柯

吴 藁《名家诗选》／2

吴 拭

曾 燦《过日集》／2；4

吴 员

刘 然《国朝诗乘》／2

吴 易

徐 崧、陈济生《诗南》／12

卓尔堪《明遗民诗》／13

吴 畦

孙 铨《皇清诗选》／浙江

吴 拜

彭廷梅《国朝诗选》／2；4

吴 秋

蒋 鑨、翁介眉《清诗初集》／3；7

曾 燦《过日集》／9

吴 肭

黄传祖《扶轮续集》／4

吴 建

倪匡世《振雅堂集编诗最》／8

吴 荃

邓汉仪《诗观三集》／6

曾 燦《过日集》／10

吴 藁《名家诗选》／2

陶 煊、张 璨《国朝诗的》／江南9

吴元桂《昭代诗针》／8

吴 茹

吴 藁《名家诗选》／1

吴 夏

顾有孝《驪珠集》／7

吴 晋

邓汉仪《天下名家诗观》／9

邓汉仪《诗观二集》／4

席居中《昭代诗存》／6

蒋 鑨、翁介眉《清诗初集》／2；11

孙 铨《皇清诗选》／江南

王尔纲《天下名家诗永》／3

陶 煊、张 璨《国朝诗的》／江南7

吴 姓

程 棅、施 諲《鼓吹新编》／14

魏 耕、钱价人《今诗粹》

徐 崧、陈济生《诗南》／9

邓汉仪《诗观三集》／1

卓尔堪《明遗民诗》／9

陶 煊、张 璨《国朝诗的》／江南4

吴 伦

吴元桂《昭代诗针》／13

吴 寅

邓汉仪《诗观三集》／9

陶 煊、张 璨《国朝诗的》／江南15

综合索引（七画）

吴淇

魏裔介《清诗溯洄集》／2；5；7

顾有孝《驪珠集》／3

徐 崧《诗風初集》／10；12；16

王士禛《感舊集》／12

曾 燦《過日集》／4；10

吴元桂《昭代诗針》／12

彭廷梅《國朝詩選》／7；9；12

吴 翊

沈德潛《國朝詩別裁集》／395

吴 堃

朱 觀《國朝詩正》／6

吴 烱

席居中《昭代詩存》／7

孫 鋐《皇清詩選》／江西

吴 隻

彭廷梅《國朝詩選》／11

吴 崧

鄧漢儀《詩觀三集》／6

吴元桂《昭代詩針》／8

吴 綸

徐 崧《詩風初集》／8

吴 晟

王爾綱《天下名家詩永》／8

吴元桂《昭代詩針》／11

吴 陞

吴元桂《昭代詩針》／12

吴 湛

魏 憲《詩持二集》／4

魏 憲《詩持三集》／9

陶 煊、張 璨《國朝詩的》／陝西2

吴 愉

程 棟、施 譔《鼓吹新編》／10

徐 崧、陳濟生《詩南》／9

吴 焱

程 棟、施 譔《鼓吹新編》／8

徐 崧、陳濟生《詩南》／12

徐 崧《詩風初集》／8

吴 琪

孫 鋐《皇清詩選》／河南

吴 琦

倪匡世《振雅堂彙編詩最》／4

卓爾堪《明遺民詩》／9

朱 觀《國朝詩正》／6

陶 煊、張 璨《國朝詩的》／江南9

吴 達

黃傳祖《扶輪廣集》／3；6；8；10

魏裔介《觀始集》／6；9

吴 超

吴元桂《昭代詩針》／13

吴 雯

鄧漢儀《詩觀二集》／6

鄧漢儀《詩觀三集》／4

王士禛《感舊集》／16

蔣 灘、翁介眉《清詩初集》／2；7；

10；11

曾 燦《過日集》／3

孫 鋐《皇清詩選》／山西

顧施禎（禛）《盛朝詩選初集》／7

陳維崧《篋衍集》／2；4；10

陶 煊、張 璨《國朝詩的》／山西1

陳以剛《國朝詩品》／4

吴元桂《昭代詩針》／7

彭廷梅《國朝詩選》／1；4

沈德潛《國朝詩別裁集》／255

吴 雲

陶 煊、張 璨《國朝詩的》／江西1；

2

吴 菘

吴 藻《名家诗选》／2
陶 煊、张 璨《国朝诗的》／江南 9

吴 轸

徐 崧《诗风初集》／2
蒋 鑨、翁介眉《清诗初集》／2；6
曾 燦《过日集》／5
陶 煊、张 璨《国朝诗的》／广西 1

吴 崟

邓汉仪《天下名家诗观》／3
徐 崧《诗风初集》／8
曾 燦《过日集》／9
孙 鋐《皇清诗选》／江南

吴 闳

魏 耕、钱价人《今诗粹》

吴 闻

徐 崧《诗风初集》／2；8

吴 钜

顾有孝《驪珠集》／10
席居中《昭代诗存》／10

吴 循

魏裔介《观始集》／2
徐 崧、陈济生《诗南》／9

吴 敉

陶 煊、张 璨《国朝诗的》／湖广 3

吴 溢

徐 崧《诗风初集》／14

吴 渊

朱 观《国朝诗正》／8

吴 逖

吴 藻《名家诗选》／1

吴 煊

陶 煊、张 璨《国朝诗的》／江南续编 1

吴 翊

顾有孝《驪珠集》／7
徐 崧《诗风初集》／11
曾 燦《过日集》／10
孙 鋐《皇清诗选》／江南
沈德潜《国朝诗别裁集》／510

吴 瑛

陶 煊、张 璨《国朝诗的》／浙江 8

吴 瑞

陈以刚《国朝诗品》／15

吴 玮

陶 煊、张 璨《国朝诗的》／江南 12

吴 嵩

陶 煊、张 璨《国朝诗的》／福建 2

吴 暄

孙 鋐《皇清诗选》／江南

吴 遇

姚 佺《诗源》／吴
王尔纲《天下名家诗永》／6

吴 御

王尔纲《天下名家诗永》／13

吴 组

卓尔堪《明遗民诗》／10
陶 煊、张 璨《国朝诗的》／浙江 2

吴 绡

魏 宪《诗持三集》／9

吴 適

程 榛、施 諲《鼓吹新编》／5

吴 梓

陶 煊、张 璨《国朝诗的》／湖广 10

吴 蒙

韩纯玉《近诗兼》

吴 毅

彭廷梅《国朝诗选》／4

综合索引（七画）

吴 权

顾有孝《驪珠集》／8

徐 崧《诗風初集》／8；14

蔣 鑨、翁介眉《清诗初集》／9

孫 鋐《皇清诗選》／江南

吴 餸

朱 觀《國朝詩正》／2；5

吴 鉌

徐 崧、陳清生《詩南》／12

吴 绮

黃傳祖《扶輪廣集》／11

黃傳祖《扶輪新集》／7；9

魏裔介《觀始集》／8

陳祚明、韓 詩《國門集》／5

程 棟、施 譚《鼓吹新編》／9

姚 佺《詩源》／吴

魏 耕、錢价人《今詩粹》

徐 崧、陳濟生《詩南》／1；10

顧有孝《驪珠集》／12

魏 憲《詩持二集》／3

趙 炎《尊閣詩藏》／3 五言律

鄧漢儀《詩觀二集》／6

徐 崧《詩風初集》／13

王士禎《感舊集》／4

席居中《昭代詩存》／1

陸次雲《詩平初集》／3；5；7；9；12

蔣 鑨、翁介眉《清詩初集》／4；6；

8；11；12

曾 燦《過日集》／7；10

孫 鋐《皇清詩選》／江南

倪匡世《振雅堂彙編詩最》／1

王爾綱《天下名家詩永》／7

陳維崧《篋衍集》／11

周佑予《清詩鼓吹》／2

吴 藎《名家詩選》／2

陶 煊、張 璨《國朝詩的》／江南2

陳以剛《國朝詩品》／7

彭廷梅《國朝詩選》／2；7；13

沈德潛《國朝詩別裁集》／140

吴 潢

魏裔介《觀始集》／6

王爾綱《天下名家詩永》／3

吴 瑾

孫 鋐《皇清詩選》／山西

吴 藎《名家詩選》／4

陶 煊、張 璨《國朝詩的》／山西1

吴 蓮

倪匡世《振雅堂彙編詩最》／2

吴 選

陳 珂《從遊集》／下

吴 潔

姚 佺《詩源》／吴

魏裔介《清詩溯洄集》／4

吴 寬

吴元桂《昭代詩針》／2

吴 震

姚 佺《詩源》／越

顧有孝《驪珠集》／9

徐 崧《詩風初集》／9；17

吴 僧

陸次雲《詩平初集》／7；10

吴 磐

程 棟、施 譚《鼓吹新編》／5

徐 崧、陳濟生《詩南》／8

吴 遵

陶 煊、張 璨《國朝詩的》／江南13

吴 瀓

汪 觀《清詩大雅二集》／4

吴 璟

查 義、查岐昌《國朝詩因》／4

沈德潛《國朝詩別裁集》／291

吳葦

吳 藻《名家詩選》／3

吳 歷

徐 崧《詩風初集》／8

吳 曉

孫 鋐《皇清詩選》／江南

吳 銛

陳以剛《國朝詩品》／10

吳 錦

朱 觀《國朝詩正》／3

吳 顒

黃傳祖《扶輪廣集》／4；9；11；14

黃傳祖《扶輪新集》／3；6

魏齊介《觀始集》／4；11

陳祚明、韓 詩《國門集》／1；2；3；4；5；6

魏 耕、錢价人《今詩粹》

魏 憲《詩持一集》／3

王士禎《感舊集》／5

蔣 鑨、翁介眉《清詩初集》／3；5；9；12

曾 燦《過日集》／4；9

王爾綱《天下名家詩永》／8

吳 穎

徐 崧、陳濟生《詩南》／6；10

顧有孝《驪珠集》／4；12

徐 崧《詩風初集》／2；7；11

吳 嗊

孫 鋐《皇清詩選》／江南

陶 煊、張 璨《國朝詩的》／江南 11

吳 滿

鄧漢儀《詩觀二集》／9

吳元桂《昭代詩針》／4

吳 襄

王爾綱《天下名家詩永》／8

陳以剛《國朝詩品》／13

沈德潛《國朝詩別裁集》／408

吳 嬙

陶 煊、張 璨《國朝詩的》／江南 12

吳 燭

鄧漢儀《詩觀二集》／13

孫 鋐《皇清詩選》／江南

陶 煊、張 璨《國朝詩的》／江南 12

吳 浚

曾 燦《過日集》／9

吳 棻

陳以剛《國朝詩品》／17

沈德潛《國朝詩別裁集》／526

吳 聰

趙 炎《尊聞詩藏》／2 七言律

孫 鋐《皇清詩選》／江南

吳 嶽

鄧漢儀《詩觀三集》／4

蔣 鑨、翁介眉《清詩初集》／7

吳 藻《名家詩選》／3

陶 煊、張 璨《國朝詩的》／湖廣 5；7

吳元桂《昭代詩針》／7

吳 曙

孫 鋐《皇清詩選》／江南

吳 騏

程 棟、施 譚《鼓吹新編》／8

魏 耕、錢价人《今詩粹》

徐 崧、陳濟生《詩南》／3；9

顧有孝《驪珠集》／8

魏 憲《詩持三集》／10

趙 炎《尊聞詩藏》／2 五言古；6 五言律

综合索引（七画）

徐 崧《诗风初集》／10；14；17
王士禛《感旧集》／3
蒋 灏、翁介眉《清诗初集》／12
曾 燦《过日集》／1
孙 鋐《皇清诗选》／江南
顾施祯（祯）《盛朝诗选初集》／2；7
陈维崧《篋衍集》／11
卓爾堪《明遗民诗》／3

吴 璟

蒋 灏、翁介眉《清诗初集》／6

吴 雙

彭廷梅《國朝诗选》／8；10

吴 鎬

吴 蒿《名家诗选》／4
朱 觀《國朝诗正》／6

吴 甯

赵 炎《尊闻诗藏》／8 五言律
孙 鋐《皇清诗选》／江南

吴 繩

刘 然《國朝诗乘》／5

吴 翱

徐 崧、陈濟生《诗南》／10
徐 崧《诗風初集》／12
蒋 灏、翁介眉《清诗初集》／9
卓爾堪《明遗民诗》／12

吴 翱

卓爾堪《明遗民诗》／13

吴 廖

鄧漢儀《天下名家诗觀》／9
陸次雲《诗平初集》／11
蒋 灏、翁介眉《清诗初集》／7；11
曾 燦《过日集》／10
孙 鋐《皇清诗选》／江南
陈维崧《篋衍集》／11
陶 煊、张 璨《國朝诗的》／江南 11

彭廷梅《國朝诗选》／1；9
沈德潛《國朝诗别裁集》／254

吴 翻

徐 崧《诗風初集》／12
蒋 灏、翁介眉《清诗初集》／1；3；
5；6；9；11；12

吴 鎮

彭廷梅《國朝诗选》／10

吴 鏗

黄傳祖《扶輪新集》／9
程 棅、施 謹《鼓吹新编》／10
魏 耕、錢价人《今诗粹》
徐 崧、陈濟生《诗南》／5；9；12
顧有孝《驪珠集》／8
鄧漢儀《天下名家诗觀》／6
鄧漢儀《诗觀三集》／9
徐 崧《诗風初集》／9；18
席居中《昭代诗存》／14
蒋 灏、翁介眉《清诗初集》／11；12
孙 鋐《皇清诗选》／江南
倪匡世《振雅堂集编诗最》／7
王爾綱《天下名家诗永》／14

吴 蒿

魏 憲《诗持三集》／9
赵 炎《尊闻诗藏》／3 五言律
徐 崧《诗風初集》／10；17
曾 燦《过日集》／9
孙 鋐《皇清诗选》／江南
陶 煊、张 璨《國朝诗的》／江南 13

吴 鍾

姚 佺《诗源》／吴
王爾綱《天下名家诗永》／1

吴 蘭

吴 蒿《名家诗选》／1
陶 煊、张 璨《國朝诗的》／江西 2

吴元桂《昭代诗针》／6

吴　鸾

陆次云《诗平初集》／7；10

吴　骥

蒋　鑨、翁介眉《清诗初集》／8

陶　煊、张　璨《國朝诗的》／湖廣2

吴一元

卓爾堪《明遗民诗》／12

吴一壹

孙　鋐《皇清诗選》／福建

吴卜雄

赵　炎《尊闻诗藏》／8五言律

蒋　鑨、翁介眉《清诗初集》／7

孙　鋐《皇清诗選》／浙江

陶　煊、张　璨《國朝诗的》／浙江2

吴人寳

陶　煊、张　璨《國朝诗的》／浙江7

吴九思

徐　崧《诗風初集》／8；17

蒋　鑨、翁介眉《清诗初集》／12

曾　燦《過日集》／9

吴之文

顧有孝《驪珠集》／9

徐　崧《诗風初集》／13

席居中《昭代诗存》／4

吴之紀

顧有孝《驪珠集》／3

徐　崧《诗風初集》／9；11；18

席居中《昭代诗存》／14

蒋　鑨、翁介眉《清诗初集》／6；9

王爾綱《天下名家诗永》／15

陳維崧《篋衍集》／4

沈德潛《國朝诗別裁集》／272

吴之烈

陶　煊、张　璨《國朝诗的》／江南16

吴之振

鄧漢儀《诗觀三集》／6

徐　崧《诗風初集》／6；9；12；17

席居中《昭代诗存》／2

陆次云《诗平初集》／3；7；10

蒋　鑨、翁介眉《清诗初集》／3；6

曾　燦《過日集》／4；6

孙　鋐《皇清诗選》／浙江

王爾綱《天下名家诗永》／2

陳以剛《國朝诗品》／15

吴之器

姚　佺《诗源》／越

魏　耕、錢价人《今诗粹》

吴之聯

吴元桂《昭代诗针》／11

吴之驥

鄧漢儀《诗觀二集》／4

席居中《昭代诗存》／10

吴　藻《名家诗選》／4

吴元桂《昭代诗针》／6

吴之驤

沈德潛《國朝诗別裁集》／456

吴于績

鄧漢儀《诗觀二集》／6

倪匡世《振雅堂彙編诗最》／2

陶　煊、张　璨《國朝诗的》／江西2

吴士玉

馬道畊《清诗二集》／3

吴　藻《名家诗選》／2

陶　煊、张　璨《國朝诗的》／江南15

陳以剛《國朝诗品》／15

查　義、查岐昌《國朝诗因》／5

吴元桂《昭代诗针》／1

沈德潛《國朝诗別裁集》／381

综合索引（七畫）

吴士弘

徐 崧《詩風初集》／14

吴士龍

顧有孝《驪珠集》／11

吴士緄

曾 燦《過日集》／10

吴大木

徐 崧《詩風初集》／18

吴山秀

孫 鋐《皇清詩選》／兩廣

吴山濤

黃傳祖《扶輪廣集》／4；9

陳祚明、韓 詩《國門集》／2

魏 耕、錢价人《今詩粹》

顧有孝《驪珠集》／10

鄧漢儀《天下名家詩觀》／6

徐 崧《詩風初集》／15

席居中《昭代詩存》／2

陸次雲《詩平初集》／8

蔣 鑨、翁介眉《清詩初集》／8；10

孫 鋐《皇清詩選》／浙江

吴 藎《名家詩選》／3

陶 煊、張 璨《國朝詩的》／浙江2

吴元桂《昭代詩針》／4

彭廷梅《國朝詩選》／4

吴文炳

朱 觀《國朝詩正》／3

吴文炯

朱 觀《國朝詩正》／3

吴文燦

朱 觀《國朝詩正》／3

吴元宗

姚 佺《詩源》／越

魏 耕、錢价人《今詩粹》

徐 崧《詩風初集》／13

吴天木

徐 崧《詩風初集》／8

吴天放

程 棟、施 譚《鼓吹新編》／6

姚 佺《詩源》／吴

徐 崧、陳濟生《詩南》／8

吴元奎

朱 觀《國朝詩正》／7

吴元宸

卓爾堪《明遺民詩》／9

吴元桂

吴元桂《昭代詩針》／15

吴元龍

趙 炎《尊閣詩藏》／2七言律；8五言律

孫 鋐《皇清詩選》／江南

沈德潛《國朝詩別裁集》／157

吴元麟

鄧漢儀《詩觀三集》／10

陶 煊、張 璨《國朝詩的》／江南8

吴太冲

黃傳祖《扶輪續集》／2

黃傳祖《扶輪廣集》／5

姚 佺《詩源》／越

徐 崧、陳濟生《詩南》／5

徐 崧《詩風初集》／1

蔣 鑨、翁介眉《清詩初集》／2；9

吴屯侯

徐 崧《詩風初集》／6

吴日光

馬道畊《清詩二集》／2

吴日煥

曾 燦《過日集》／10

吴 藎《名家詩選》／3

吴中奇

徐 崧、陈济生《诗南》／7

吴升东

顾有孝《骊珠集》／7

曾 燦《过日集》／4；6；9

陶 煊、张 璨《國朝詩的》／湖廣 7

吴元桂《昭代詩針》／6

吴化龍

曾 燦《過日集》／10

吴允誠

劉 然《國朝詩乘》／12

吴允嘉

陶 煊、張 璨《國朝詩的》／江南 5

吴允謙

黄傳祖《扶輪廣集》／8

黄傳祖《扶輪新集》／8

吴玄石

黄傳祖《扶輪廣集》／4；9

陳祚明、韓 詩《國門集》／2；4

吴玄沖

程 棟、施 譚《鼓吹新編》／7

吴永治

馬道脙《清詩二集》／4

吴永和

汪 觀《清詩大雅》／4

吴永迪

程 棟、施 譚《鼓吹新編》／9

姚 佺《詩源》／吴

徐 崧、陳濟生《詩南》／2

王士禎《感舊集》／12

吴玉度

陸次雲《詩平初集》／7

吴玉藻

顧施禎（禎）《盛朝詩選初集》／7

吴玉麟

王士禎《感舊集》／8

吴正名

曾 燦《過日集》／1；7；9

吴正治

蔣 薰、翁介眉《清詩初集》／9

吴正炳

陶 煊、張 璨《國朝詩的》／江南 12

吴甘來

王爾綱《天下名家詩永》／2

陶 煊、張 璨《國朝詩的》／江西 1

吴世杰

席居中《昭代詩存》／14

蔣 薰、翁介眉《清詩初集》／12

吴世尚

陶 煊、張 璨《國朝詩的》／江南續

編 1

吴世基

陸次雲《詩平初集》／9

吴元桂《昭代詩針》／6

吴世睿

黄傳祖《扶輪續集》／7

吴本泰

黄傳祖《扶輪續集》／10

姚 佺《詩源》／越

卓爾堪《明遺民詩》／12

吴本嵩

蔣 薰、翁介眉《清詩初集》／4；7

吴可封

姚 佺《詩源》／吴

吴弘訓

陶 煊、張 璨《國朝詩的》／江南 13

吴弘绅

陶 煊、張 璨《國朝詩的》／江南續

編 1

综合索引（七画）

吴弘隽

陶 煊、张 璨《國朝詩的》／江南 14

吴弘謩

陶 煊、张 璨《國朝詩的》／江南 13

汪 觀《清詩大雅二集》／7

吴加紀

陸次雲《詩平初集》／6

吴亦高

朱 觀《國朝詩正》／1

吴亦堂

陶 煊、张 璨《國朝詩的》／浙江 6

吴江偉

顧有孝《驪珠集》／7

吴汝亮

孫 銥《皇清詩選》／山東

吴宇升

朱 觀《國朝詩正》／2；5

吴百朋

黃傳祖《扶輪續集》／4；7

黃傳祖《扶輪廣集》／1；4

魏裔介《觀始集》／11

陳祚明、韓 詩《國門集》／1

程 棟、施 譶《鼓吹新編》／7

姚 佺《詩源》／越

魏 耕、錢价人《今詩粹》

徐 崧、陳濟生《詩南》／3；5；9；12

顧有孝《驪珠集》／6

魏 憲《詩持二集》／8

徐 崧《詩風初集》／7

王士禎《感舊集》／14

蔣 薰、翁介眉《清詩初集》／1；4；6；9；12

曾 燦《過日集》／2

彭廷梅《國朝詩選》／11

吴有涇

黃傳祖《扶輪續集》／3

程 棟、施 譶《鼓吹新編》／2

魏 耕、錢价人《今詩粹》

徐 崧、陳濟生《詩南》／5；9；12

徐 崧《詩風初集》／1

吴光裕

王爾綱《天下名家詩永》／2

吴光錫

王爾綱《天下名家詩永》／2

吴同仁

彭廷梅《國朝詩選》／2；4；8；12

吴兆元

吳 藎《名家詩選》／1

朱 觀《國朝詩正》／2

吴兆宫

程 棟、施 譶《鼓吹新編》／9

魏 耕、錢价人《今詩粹》

顧有孝《驪珠集》／6

徐 崧《詩風初集》／9；14；18

孫 銥《皇清詩選》／江南

吴兆寬

程 棟、施 譶《鼓吹新編》／7

魏 耕、錢价人《今詩粹》

徐 崧、陳濟生《詩南》／12

顧有孝《驪珠集》／6

徐 崧《詩風初集》／9；14

蔣 薰、翁介眉《清詩初集》／6

曾 燦《過日集》／4；10

孫 銥《皇清詩選》／江南

沈德潛《國朝詩別裁集》／113

吴兆賢

陶 煊、张 璨《國朝詩的》／江南 14

吴兆騫

黃傳祖《扶輪廣集》／9

程　樸、施　諲《鼓吹新编》／10
魏　耕、錢价人《今詩粹》
徐　崧、陳濟生《詩南》／1；4；7；10；11
鄧漢儀《詩觀三集》／2
徐　崧《詩風初集》／9
王士禎《感舊集》／12
蔣　薰、翁介眉《清詩初集》／7
曾　燦《過日集》／5；8
孫　鋐《皇清詩選》／江南
陳維崧《篋衍集》／11
吳　藎《名家詩選》／3
陶　煊、張　璨《國朝詩的》／江南 10
吳元桂《昭代詩針》／4
沈德潛《國朝詩別裁集》／80

吳竹蒼
　　姚　佺《詩源》／吳
吳自惺
　　陳　瑚《離憂集》／下
吳自蕭
　　陶　煊、張　璨《國朝詩的》／山東 1
吳任臣
　　蔣　薰、翁介眉《清詩初集》／9
　　王爾綱《天下名家詩永》／7
吳全融
　　魏　憲《詩持三集》／7
　　孫　鋐《皇清詩選》／江南
吳名鑒
　　吳元桂《昭代詩針》／15
吳如升
　　吳　藎《名家詩選》／4
吳如恒
　　吳　藎《名家詩選》／4
吳如晦
　　卓爾堪《明遺民詩》／14

吳良祚
　　陶　煊、張　璨《國朝詩的》／湖廣 10
吳良瑜
　　汪　觀《清詩大雅二集》／4
吳志仁
　　周佑子《清詩鼓吹》／2
吳奇鹿
　　徐　崧《詩風初集》／2
吳見思
　　曾　燦《過日集》／1
吳邦治
　　汪　觀《清詩大雅》／18
吳邦屏
　　王爾綱《天下名家詩永》／8
吳廷華
　　沈德潛《國朝詩別裁集》／412
吳廷揆
　　孫　鋐《皇清詩選》／江南
吳廷弼
　　孫　鋐《皇清詩選》／江南
吳廷楨
　　曾　燦《過日集》／9
　　馬道耕《清詩二集》／2
　　吳　藎《名家詩選》／4
　　陶　煊、張　璨《國朝詩的》／江南 15
　　查　義、查岐昌《國朝詩因》／5
　　沈德潛《國朝詩別裁集》／343
吳伯裔
　　黃傳祖《扶輪新集》／3
　　曾　燦《過日集》／4
吳君鄰
　　曾　燦《過日集》／10
吳宗信
　　魏　憲《詩持三集》／9

综合索引（七画）

吴宗烈

鄧漢儀《詩觀三集》／9

吴宗渭

鄧漢儀《詩觀三集》／8

吴宗漢

程 棟、施 諲《鼓吹新編》／7

徐 崧、陳濟生《詩南》／9

吴宗潛

程 棟、施 諲《鼓吹新編》／4

徐 崧、陳濟生《詩南》／9；12

徐 崧《詩風初集》／17

吴定璋

沈德潛《國朝詩別裁集》／548

吴長吉

魏裔介《觀始集》／6

程 棟、施 諲《鼓吹新編》／6

吴長庚

顧有孝《驪珠集》／11

曾 燦《過日集》／10

吴長春

顧施禎（禎）《盛朝詩選初集》／8

吴枚卜

徐 崧、陳濟生《詩南》／9

吴坤釜

徐 崧、陳濟生《詩南》／9

徐 崧《詩風初集》／14

吴昌棋

孫 銓《皇清詩選》／江南

吴晉德

徐 崧《詩風初集》／12

吴秉謙

鄧漢儀《詩觀二集》／3

鄧漢儀《詩觀三集》／2

陶 煊、張 璨《國朝詩的》／盛京 2

吴元桂《昭代詩針》／4

彭廷梅《國朝詩選》／3

沈德潛《國朝詩別裁集》／238

吴物榮

沈德潛《國朝詩別裁集》／151

吴周瑾

徐 崧《詩風初集》／10

吴金鱗

王爾綱《天下名家詩永》／13

吴承泰

沈德潛《國朝詩別裁集》／493

吴孟堅

姚 佺《詩源》／吴

鄧漢儀《詩觀二集》／7

鄧漢儀《詩觀三集》／12

孫 銓《皇清詩選》／江南

王爾綱《天下名家詩永》／10

卓爾堪《明遺民詩》／14

吴元桂《昭代詩針》／6

吴彥芳

顧有孝《驪珠集》／5

徐 崧《詩風初集》／10；11；18

蔣 鑨、翁介眉《清詩初集》／7；9

曾 燦《過日集》／3

陶 煊、張 璨《國朝詩的》／福建 2

吴亮中

黃傳祖《扶輪新集》／3；6

魏裔介《觀始集》／1；3；6；8；11

陳祚明、韓 詩《國門集》／4

徐 崧、陳濟生《詩南》／5

蔣 鑨、翁介眉《清詩初集》／8

曾 燦《過日集》／4

吴昭吉

吴 藎《名家詩選》／4

朱 觀《國朝詩正》／2；7

汪 觀《清詩大雅二集》／7

吴珂鸣

顾有孝《驪珠集》／7

蒋 鑨、翁介眉《清诗初集》／9；11

王爾綱《天下名家詩永》／8

吴若梅

倪匡世《振雅堂彙編詩最》／6

吴南岳

黄傳祖《扶輪新集》／7

吴貞度

顧有孝《驪珠集》／7

吴南岱

黄傳祖《扶輪廣集》／11

黄傳祖《扶輪新集》／3；6；8；10

吴岂惠

魏 憲《詩持三集》／9

吴拱宸

陶 煊、張 璨《國朝詩的》／江南5

吴重暉

卓爾堪《明遺民詩》／14

吴秋士

鄧漢儀《詩觀三集》／10

吴秋華

陳以剛《國朝詩品》／18

吴映芝

王爾綱《天下名家詩永》／12

陶 煊、張 璨《國朝詩的》／江南14

吴映簡

王爾綱《天下名家詩永》／13

吴映藜

王爾綱《天下名家詩永》／12

吴家吴

徐 崧《詩風初集》／13

吴家紀

彭廷梅《國朝詩選》／1

吴家騏

沈德潛《國朝詩別裁集》／421

吴祖命

徐 崧《詩風初集》／18

沈德潛《國朝詩別裁集》／140

吴祖修

沈德潛《國朝詩別裁集》／364

吴起鸞

陶 煊、張 璨《國朝詩的》／湖廣10

吴振宗

姚 佺《詩源》／越

徐 崧、陳濟生《詩南》／7

顧有孝《驪珠集》／4；12

徐 崧《詩風初集》／11

陶 煊、張 璨《國朝詩的》／浙江5

吴振飛

徐 崧《詩風初集》／8

吴振鵬

陶 煊、張 璨《國朝詩的》／湖廣9

吴振蘭

卓爾堪《明遺民詩》／14

吴晉昌

徐 崧、陳濟生《詩南》／7

徐 崧《詩風初集》／10

吴晉趾

顧施楨（禎）《盛朝詩選初集》／10

吴晉蕃

趙 炎《尊聞詩藏》／3 五言律；3 七言律

孫 鋐《皇清詩選》／浙江

吴晉錫

卓爾堪《明遺民詩》／14

吴剛思

蔣 鑨、翁介眉《清詩初集》／7；12

综合索引（七畫）

吴時德

錢謙益《吾炙集》

姚 佺《詩源》／吳

徐 崧、陳濟生《詩南》／7

顧有孝《驪珠集》／8

徐 崧《詩風初集》／10；15

吳書元

吳元桂《昭代詩針》／15

吳書香

吳元桂《昭代詩針》／15

吳書魁

吳元桂《昭代詩針》／15

吳能謙

汪 觀《清詩大雅二集》／4

吳孫祥

程 棟、施 譚《鼓吹新編》／11

吳康侯

程 棟、施 譚《鼓吹新編》／14

鄧漢儀《詩觀二集》／8

徐 崧《詩風初集》／6；11；17

席居中《昭代詩存》／14

曾 燦《過日集》／8

陶 煊、張 璨《國朝詩的》／江南6

吳惟垣

程 棟、施 譚《鼓吹新編》／9

吳啟元

汪 觀《清詩大雅》／13

吳元桂《昭代詩針》／11

沈德潛《國朝詩別裁集》／361

吳啟昆

劉 然《國朝詩乘》／8

吳元桂《昭代詩針》／1

吳啟思

程 棟、施 譚《鼓吹新編》／9

魏 耕、錢价人《今詩粹》

徐 崧、陳濟生《詩南》／7；8

顧有孝《驪珠集》／8

徐 崧《詩風初集》／8；9

吳啟鵬

鄧漢儀《詩觀三集》／9

吳啟瀛

彭廷梅《國朝詩選》／12

吳理禎

魏 耕、錢价人《今詩粹》

吳培源

吳元桂《昭代詩針》／13

吳培縺

徐 崧、陳濟生《詩南》／6

徐 崧《詩風初集》／10

吳盛藻

席居中《昭代詩存》／14

吳崇先

鄧漢儀《天下名家詩觀》／6

鄧漢儀《詩觀二集》／5

鄧漢儀《詩觀三集》／10

徐 崧《詩風初集》／9；16

席居中《昭代詩存》／11

陸次雲《詩平初集》／7；10；11

蔣 鑵、翁介眉《清詩初集》／11

孫 鋐《皇清詩選》／江南

陶 煊、張 璨《國朝詩的》／江南8

吳野人

顧施禎（禎）《盛朝詩選初集》／7

吳國玠

朱 觀《國朝詩正》／8

陶 煊、張 璨《國朝詩的》／江南12

吳國對

孫 鋐《皇清詩選》／江南

王爾綱《天下名家詩永》／6

吴國龍

姚 佺《詩源》／吴

魏 憲《詩持三集》／4

孫 鋐《皇清詩選》／江南

王爾綱《天下名家詩永》／5

劉 然《國朝詩乘》／1

吴國縉

魏 憲《詩持三集》／5

孫 鋐《皇清詩選》／江南

王爾綱《天下名家詩永》／7

劉 然《國朝詩乘》／11

吴國鐸

王爾綱《天下名家詩永》／8

吴敏文

吴元桂《昭代詩針》／2

吴偉業

黃傳祖《扶輪廣集》／2；5；8；12

黃傳祖《扶輪新集》／2；5；8；10

魏裔介《觀始集》／1；3；5；8

陳祚明、韓 詩《國門集》／3；4；5；6

程 棟、施 譚《鼓吹新編》／3

姚 佺《詩源》／吴

魏 耕、錢份人《今詩粹》

徐 崧、陳濟生《詩南》／1；4；5；8

魏裔介《清詩溯洄集》／3

顧有孝《驪珠集》／1

魏 憲《詩持二集》／1

魏 憲《詩持三集》／1

魏 憲《補石倉詩選》／2

魏 憲《皇清百名家詩選》／8

趙 炎《尊閣詩藏》／1 五言古；1 五言律；1 七言律

鄧漢儀《天下名家詩觀》／1

徐 崧《詩風初集》／1；7；8；12；

15

王士禎《感舊集》／2

席居中《昭代詩存》／3

陸次雲《詩平初集》／1；2；4；6；8；11；12

蔣 鑨、翁介眉《清詩初集》／1；2；4；6；8；10；11；12

曾 燦《過日集》／3；6

孫 鋐《皇清詩選》／江南

倪匡世《振雅堂彙編詩最》／1

王爾綱《天下名家詩永》／2

顧施楨（禎）《盛朝詩選初集》／2；3；6；9

陳維崧《篋衍集》／3；4；5；6；9；11

周佑予《清詩鼓吹》／1

吴 藎《名家詩選》／1

劉 然《國朝詩乘》／9

陳以剛《國朝詩品》／1

查 義、查岐昌《國朝詩因》／1

彭廷梅《國朝詩選》／1；3；5；7；13

沈德潛《國朝詩別裁集》／13

吴從信

彭廷梅《國朝詩選》／2；4；12

吴從殷

鄧漢儀《詩觀三集》／9

吴 藎《名家詩選》／1

吴從龍

吴 藎《名家詩選》／4

朱 觀《國朝詩正》／2

吴欲燃

吴元桂《昭代詩針》／15

吴貫勉

陶 煊、張 璨《國朝詩的》／江南 14

综合索引（七画）

吴逢辰

黄傅祖《扶轮续集》／4；9

吴参成

邓汉仪《天下名家诗观》／9

邓汉仪《诗观二集》／6

徐 崧《诗风初集》／10

陶 煊、张 璨《国朝诗的》／江南16

吴绍奇

卓尔堪《明遗民诗》／15

吴绍端

徐 崧《诗风初集》／14

吴绍熹

邓汉仪《诗观二集》／13

陶 煊、张 璨《国朝诗的》／江南12

吴陈琰

陈以刚《国朝诗品》／15

吴尊周

姚 佺《诗源》／黔

吴挚昌

魏裔介《观始集》／4；6

吴琪滋

蒋 鑨、翁介眉《清诗初集》／8

吴雯清

陈允衡《国雅》／43

魏裔介《清诗溯洄集》／1；4；5；8

顾有孝《驺珠集》／4

邓汉仪《天下名家诗观》／6

邓汉仪《诗观二集》／9

邓汉仪《诗观三集》／10

徐 崧《诗风初集》／9

王士祯《感旧集》／12

席居中《昭代诗存》／14

蒋 鑨、翁介眉《清诗初集》／11

曾 燦《过日集》／4

孙 铨《皇清诗选》／浙江

陶 煊、张 璨《国朝诗的》／浙江2

吴雯炯

吴元桂《昭代诗针》／11

吴斯洛

沈德潜《国朝诗别裁集》／379

吴棠楨

蒋 鑨、翁介眉《清诗初集》／9

吴景宣

顾有孝《驺珠集》／7

徐 崧《诗风初集》／12

蒋 鑨、翁介眉《清诗初集》／8

吴景鄂

姚 佺《诗源》／越

魏 耕、钱价人《今诗粹》

邓汉仪《诗观三集》／12

吴卿祯

魏 耕、钱价人《今诗粹》

吴统持

黄傅祖《扶轮续集》／9

程 棟、施 譔《鼓吹新编》／5

魏 耕、钱价人《今诗粹》

徐 崧、陈济生《诗南》／5；11

邓汉仪《诗观二集》／6

徐 崧《诗风初集》／10；12；15；16；18

蒋 鑨、翁介眉《清诗初集》／10；11

卓尔堪《明遗民诗》／14

吴万春

席居中《昭代诗存》／4

吴慈蒨

吴 藻《名家诗选》／1

吴道合

程 棟、施 譔《鼓吹新编》／9

徐 崧、陈济生《诗南》／12

徐 松《诗风初集》／10

吴道配

卓爾堪《明遺民詩》／15

吴道新

魏裔介《觀始集》／4；8

姚 佺《詩源》／吴

徐 崧、陳濟生《詩南》／10

王士禎《感舊集》／12

吴道凝

徐 崧《詩風初集》／5

吴資生

沈德潛《國朝詩別裁集》／379

吴源出

王爾綱《天下名家詩永》／13

吴源岵

徐 崧《詩風初集》／10

吴源逵

徐 崧《詩風初集》／10

吴詩成

陶 煊、張 璨《國朝詩的》／江南 12

吴喬之

曾 燦《過日集》／10

吴煜吉

朱 觀《國朝詩正》／2

吴農祥

魏裔介《清詩溯洄集》／4；8；10

蔣 鑨、翁介眉《清詩初集》／9

吴葦度

姚 佺《詩源》／吴

吴敬儀

鄧漢儀《詩觀三集》／10

吴嵩胤

魏裔介《觀始集》／3；6

吴聖苗

孫 鋐《皇清詩選》／江南

吴聖窑

姚 佺《詩源》／吴

魏裔介《清詩溯洄集》／4

曾 燦《過日集》／8

彭廷梅《國朝詩選》／8

吴端木

徐 崧《詩風初集》／10

吴端撰

彭廷梅《國朝詩選》／6；10

吴與湛

顧有孝《驪珠集》／8

徐 崧《詩風初集》／14；18

吴龍祥

鄧漢儀《詩觀三集》／3

陶 煊、張 璨《國朝詩的》／浙江 5

吴龍章

吴元桂《昭代詩針》／14

吴龍錫

程 棟、施 譚《鼓吹新編》／11

吴 藎《名家詩選》／1

朱 觀《國朝詩正》／2

吴肅公

姚 佺《詩源》／吴

曾 燦《過日集》／5

孫 鋐《皇清詩選》／江南

卓爾堪《明遺民詩》／12

吴間啟

鄧漢儀《詩觀二集》／7

吴元桂《昭代詩針》／2

吴寧詢

吴 藎《名家詩選》／2

吴夢賜

陳允衡《詩慰初集》

徐 崧《詩風初集》／11

综合索引（七画） 141

吴毓珍

蒋 鑨、翁介眉《清诗初集》／3；6；8

吴嘉纪

顾有孝《驪珠集》／5

魏 憲《诗持二集》／7

魏 憲《诗持三集》／7

鄧漢儀《天下名家詩觀》／11

鄧漢儀《詩觀二集》／5

徐 崧《詩風初集》／7

王士禎《感舊集》／7

席居中《昭代詩存》／7

陸次雲《詩平初集》／2；9

蒋 鑨、翁介眉《清诗初集》／1；3；7

曾 燦《過日集》／3；7

孫 鋐《皇清詩選》／江南

倪匡世《振雅堂彙編詩最》／1

王爾綱《天下名家詩永》／6

顧施禎（禎）《盛朝詩選初集》／6

陳維崧《篋衍集》／1

卓爾堪《明遺民詩》／8

吴 藎《名家詩選》／2

陶 煊、張 璨《國朝詩的》／江南4

陳以剛《國朝詩品》／10

汪 觀《清詩大雅》／1

吴元桂《昭代詩針》／1

彭廷梅《國朝詩選》／2；3；7

沈德潛《國朝詩別裁集》／114

吴嘉禎

黄傳祖《扶輪續集》／3

魏 憲《詩持一集》／4

孫 鋐《皇清詩選》／江南

吴嘉稷

徐 崧、陳濟生《詩南》／7

顧有孝《驪珠集》／10

徐 崧《詩風初集》／16

吴嘉驥

陶 煊、張 璨《國朝詩的》／湖廣5

吴壽潛

陶 煊、張 璨《國朝詩的》／江南11

彭廷梅《國朝詩選》／4

吴稚圭

姚 佺《詩源》／吴

吴爾升

姚 佺《詩源》／齊魯

吴爾康

吴元桂《昭代詩針》／5

吴爾琦

席居中《昭代詩存》／3

吴銘義

王爾綱《天下名家詩永》／14

吴銘道

陶 煊、張 璨《國朝詩的》／江南12

陳以剛《國朝詩品》／17

吴維翰

鄧漢儀《天下名家詩觀》／11

席居中《昭代詩存》／4

孫 鋐《皇清詩選》／江南

陶 煊、張 璨《國朝詩的》／江南7

吴調元

魏 憲《詩持二集》／8

吴調鼎

魏 憲《詩持二集》／7

吴蕃昌

姚 佺《詩源》／越

徐 崧、陳濟生《詩南》／3；9

吴震方

孫 鋐《皇清詩選》／浙江

陶 煊、張 璨《國朝詩的》／浙江2

吴儀一

陸次雲《詩平初集》／12

蔣 籬、翁介眉《清詩初集》／12

曾 燦《過日集》／4

吴德求

彭廷梅《國朝詩選》／4

吴德照

鄧漢儀《詩觀三集》／9

王爾綱《天下名家詩永》／14

陳以剛《國朝詩品》／17

吴德操

黃傳祖《扶輪續集》／7；9

程 樸、施 譚《鼓吹新編》／7

徐 崧、陳濟生《詩南》／12

徐 崧《詩風初集》／10

吴履泰

沈德潛《國朝詩別裁集》／488

吴遵晦

姚 佺《詩源》／吴

吴樹誠

姚 佺《詩源》／吴

徐 崧《詩風初集》／7

席居中《昭代詩存》／14

吴樹聲

魏 憲《詩持二集》／7

吴奮鵬

馬道畊《清詩二集》／2

吴錫朋

王爾綱《天下名家詩永》／11

吴學尹

孫 鋐《皇清詩選》／江南

吴學仲

陶 煊、張 璨《國朝詩的》／江南3

彭廷梅《國朝詩選》／12

吴學炯

顧有孝《驪珠集》／11

魏 憲《詩持二集》／5

魏 憲《詩持三集》／3

魏 憲《補石倉詩選》／2

魏 憲《皇清百名家詩選》／86

趙 炎《尊閣詩藏》／3 五言律

陶 煊、張 璨《國朝詩的》／江西2

吴學炯

徐 崧《詩風初集》／10

陸次雲《詩平初集》／8

蔣 籬、翁介眉《清詩初集》／12

顧施禎（禎）《盛朝詩選初集》／6；8

吴學濂

沈德潛《國朝詩別裁集》／511

吴學謙

彭廷梅《國朝詩選》／12

吴興祚

顧有孝《驪珠集》／5

魏 憲《詩持三集》／7

趙 炎《尊閣詩藏》／2 五言律

鄧漢儀《詩觀二集》／8

鄧漢儀《詩觀三集》／2

徐 崧《詩風初集》／12

席居中《昭代詩存》／9

陸次雲《詩平初集》／7；9

蔣 籬、翁介眉《清詩初集》／7；8

曾 燦《過日集》／4；9

孫 鋐《皇清詩選》／盛京

陶 煊、張 璨《國朝詩的》／盛京1

汪 觀《清詩大雅二集》／7

彭廷梅《國朝詩選》／4

沈德潛《國朝詩別裁集》／236

吴應台

陶 煊、張 璨《國朝詩的》／湖廣2

综合索引（七画）

吴应辰

王尔纲《天下名家诗永》／12

吴应庚

蒋 瓘、翁介眉《清诗初集》／7；11

吴应荃

彭廷梅《国朝诗选》／2

吴应笙

姚 佺《诗源》／吴

吴应梦

王尔纲《天下名家诗永》／4

吴应魁

汪 观《清诗大雅二集》／6

吴应箕

程 棅、施 譔《鼓吹新编》／2

魏 宪《补石仓诗选》／1

邓汉仪《诗观三集》／1

孙 鋐《皇清诗选》／江南

王尔纲《天下名家诗永》／1

顾施祯（祯）《盛朝诗选初集》／2；6

吴应篆

姚 佺《诗源》／吴

曾 灿《过日集》／4

王尔纲《天下名家诗永》／6

吴谦牧

徐 崧、陈济生《诗南》／9

卓尔堪《明遗民诗》／13

吴霞举

王尔纲《天下名家诗永》／7

吴声夏

吴元桂《昭代诗针》／11

吴懋俊

刘 然《国朝诗乘》／11

吴懋谦

魏裔介《观始集》／6；8；11

陈祚明、韩 诗《国门集》／3；4；5

程 棅、施 譔《鼓吹新编》／5

魏 耕、钱价人《今诗粹》

徐 崧、陈济生《诗南》／3；9；11

魏裔介《清诗渊洄集》／8

顾有孝《驪珠集》／4

魏 宪《诗持三集》／2；10

赵 炎《尊闻诗藏》／1 五言古；2 七言律；4 五言律

邓汉仪《诗观三集》／6

徐 崧《诗风初集》／5；9；13；18

王士祯《感旧集》／3

席居中《昭代诗存》／10

陆次云《诗平初集》／11

蒋 瓘、翁介眉《清诗初集》／2；4；7；9；11

曾 灿《过日集》／1；5；7；10

孙 鋐《皇清诗选》／江南

卓尔堪《明遗民诗》／10

陶 煊、张 璁《国朝诗的》／江南 6

吴元桂《昭代诗针》／2

吴繁昌

魏裔介《观始集》／8

吴瞻泰

邓汉仪《诗观三集》／6

吴 藟《名家诗选》／2

陶 煊、张 璁《国朝诗的》／江南 9

沈德潜《国朝诗别裁集》／475

吴瞻淇

吴 藟《名家诗选》／2

沈德潜《国朝诗别裁集》／344

吴锺美

倪匡世《振雅堂汇编诗最》／9

吴蕃昌

魏 耕、钱价人《今诗粹》

吴鏡源

朱 觀《國朝詩正》／6

吴闓思

曾 燦《過日集》／4；9

吴繼澄

王爾綱《天下名家詩永》／12

吴霽微

陶 煊、張 璨《國朝詩的》／江南13

吴讓木

徐 崧《詩風初集》／18

吴麟徵

魏 憲《補石倉詩選》／1

吴觀垣

鄧漢儀《天下名家詩觀》／11

孫 銓《皇清詩選》／浙江

呂 旦

曾 燦《過日集》／10

呂 坃

黃傳祖《扶輪續集》／9

呂 宮

王爾綱《天下名家詩永》／7

呂 悰

程 棟、施 譚《鼓吹新編》／9

呂 清

吳 藎《名家詩選》／3

陶 煊、張 璨《國朝詩的》／江南11；江南13

呂 著

王爾綱《天下名家詩永》／10

呂 陽

黃傳祖《扶輪續集》／4

黃傳祖《扶輪新集》／3；6；10

徐 崧、陳濟生《詩南》／5

顧有孝《驪珠集》／11

呂 楠

鄧漢儀《天下名家詩觀》／11

呂 增

倪匡世《振雅堂彙編詩最》／7

呂 潛

姚 佺《詩源》／蜀

徐 崧、陳濟生《詩南》／12

魏 憲《詩持四集》／1

鄧漢儀《天下名家詩觀》／11

鄧漢儀《詩觀二集》／6

徐 崧《詩風初集》／8；11；18

王士禛《感舊集》／3

蔣 鑨、翁介眉《清詩初集》／11；12

孫 銓《皇清詩選》／四川

卓爾堪《明遺民詩》／8

陶 煊、張 璨《國朝詩的》／四川1

陳以剛《國朝詩品》／7

彭廷梅《國朝詩選》／2；5；11

呂 潛

席居中《昭代詩存》／5

蔣 鑨、翁介眉《清詩初集》／6；8

呂 礆

鄧漢儀《詩觀三集》／3

顧施楨（禎）《盛朝詩選初集》／7

吳元桂《昭代詩針》／4

彭廷梅《國朝詩選》／2

呂 蟠

陶 煊、張 璨《國朝詩的》／盛京1

彭廷梅《國朝詩選》／11

呂士鴻

吳 藎《名家詩選》／3

呂士駿

曾 燦《過日集》／3；10

呂士鶴

曾 燦《過日集》／3；8；9

综合索引（七畫）

呂大器

姚 佺《詩源》／蜀

魏 耕、錢价人《今詩粹》

徐 崧、陳濟生《詩南》／7

趙 炎《尊閣詩藏》／8 五言律

鄧漢儀《天下名家詩觀》／11

鄧漢儀《詩觀二集》／4

孫 銓《皇清詩選》／四川

卓爾堪《明遺民詩》／1

陶 煊、張 璨《國朝詩的》／四川1

彭廷梅《國朝詩選》／2

呂日旦

黃傳祖《扶輪廣集》／9

呂守曾

沈德潛《國朝詩別裁集》／486

呂光輪

魏 耕、錢价人《今詩粹》

曾 燦《過日集》／5；10

顧施禎（禎）《盛朝詩選初集》／8

呂兆龍

徐 崧、陳濟生《詩南》／12

呂自咸

黃傳祖《扶輪續集》／3；6

黃傳祖《扶輪廣集》／9

呂法曾

彭廷梅《國朝詩選》／10；12

呂泗洲

鄧漢儀《詩觀三集》／12

陶 煊、張 璨《國朝詩的》／江南8

呂尚宮

陶 煊、張 璨《國朝詩的》／浙江5

呂祚德

鄧漢儀《天下名家詩觀》／6

徐 崧《詩風初集》／16；18

陸次雲《詩平初集》／11

蔣 鑨、翁介眉《清詩初集》／2；5；6；9；10；11

曾 燦《過日集》／3

孫 銓《皇清詩選》／江南

陶 煊、張 璨《國朝詩的》／江南6

呂洪烈

程 棟、施 謹《鼓吹新編》／11

魏 耕、錢价人《今詩粹》

顧有孝《驪珠集》／8；11

徐 崧《詩風初集》／14

呂振之

鄧漢儀《天下名家詩觀》／6

孫 銓《皇清詩選》／陝西

呂師濂

魏 耕、錢价人《今詩粹》

顧有孝《驪珠集》／4

魏 憲《詩持一集》／3

鄧漢儀《天下名家詩觀》／9

徐 崧《詩風初集》／14

蔣 鑨、翁介眉《清詩初集》／9；12

曾 燦《過日集》／7

孫 銓《皇清詩選》／浙江

呂留良

黃傳祖《扶輪廣集》／4

魏喬介《觀始集》／2

孫 銓《皇清詩選》／浙江

王爾綱《天下名家詩永》／9

韓純玉《近詩兼》

呂章成

程 棟、施 謹《鼓吹新編》／11

徐 崧、陳濟生《詩南》／2；6

呂莊頤

陶 煊、張 璨《國朝詩的》／江南12

呂胤佳

魏 耕、錢价人《今詩粹》

吕梁洪

徐 崧《诗风初集》／16；17

吕符蕙

吴元桂《昭代诗针》／11

吕泰字

陶 煊、张 璨《国朝诗的》／浙江 2

吕禽如

黄傅祖《扶轮广集》／3；6

吕象恒

蒋 薰、翁介眉《清诗初集》／12

陶 煊、张 璨《国朝诗的》／广西 1

吕复恒

倪匡世《振雅堂汇编诗最》／4

吕履恒

倪匡世《振雅堂汇编诗最》／8

顾施祯（祯）《盛朝诗选初集》／4；5；7；10

陈以刚《国朝诗品》／10

彭廷梅《国朝诗选》／1；4；6；9；11；13

沈德潜《国朝诗别裁集》／305

吕谦恒

倪匡世《振雅堂汇编诗最》／4

顾施祯（祯）《盛朝诗选初集》／7

彭廷梅《国朝诗选》／1；4；6；8

沈德潜《国朝诗别裁集》／393

吕翼高

彭廷梅《国朝诗选》／6；10；12

吕耀曾

彭廷梅《国朝诗选》／2；4

吕续祖

黄傅祖《扶轮广集》／3；9；13

魏裔介《觐始集》／1

岑 溶

赵 炎《尊闻诗藏》／6 五言律

岑 徵

卓尔堪《明遗民诗》／1

陶 煊、张 璨《国朝诗的》／广东 1

岑 嶷

魏 憲《诗持三集》／7

孙 銶《皇清诗选》／浙江

顾施祯（祯）《盛朝诗选初集》／2；7；10

吞 珠

汪 觀《清诗大雅》／1

何 序

倪匡世《振雅堂汇编诗最》／3

朱 觀《国朝诗正》／6

何 初

陶 煊、张 璨《国朝诗的》／湖广 4

何 法

徐 崧《诗风初集》／10

何 林

鄧漢儀《天下名家诗觀》／4

鄧漢儀《诗觀二集》／7

徐 崧《诗风初集》／8

席居中《昭代诗存》／13

曾 燦《过日集》／4

孙 銶《皇清诗选》／浙江

陶 煊、张 璨《国朝诗的》／浙江 5

彭廷梅《国朝诗选》／5

何 坦

彭廷梅《国朝诗选》／4；12

何 采

黄傅祖《扶轮新集》／6；8；10

魏裔介《觐始集》／3；6；7；8

陈祚明、韓 诗《国门集》／4；5

陈允衡《国雅》／39

顾有孝《驪珠集》／3；12

魏 憲《诗持一集》／2

綜合索引（七畫）

魏　憲《詩持二集》／7
席居中《昭代詩存》／3
蔣　鑨、翁介眉《清詩初集》／1；4；
　　6；8；10；11；12
曾　燦《過日集》／6；9
孫　鋐《皇清詩選》／江南
王爾綱《天下名家詩永》／10
劉　然《國朝詩乘》／5
陳以剛《國朝詩品》／4
吳元桂《昭代詩針》／3
彭廷梅《國朝詩選》／9

何　衆
　　鄧漢儀《天下名家詩觀》／11
　　鄧漢儀《詩觀二集》／5
　　徐　崧《詩風初集》／10；17
　　席居中《昭代詩存》／2
　　蔣　鑨、翁介眉《清詩初集》／1；3；
　　　11
　　孫　鋐《皇清詩選》／江南
　　陶　煊、張　璨《國朝詩的》／江南5

何　杕
　　陶　煊、張　璨《國朝詩的》／廣東1

何　淇
　　孫　鋐《皇清詩選》／河南

何　珵
　　徐　崧、陳濟生《詩南》／12

何　梅
　　沈德潛《國朝詩別裁集》／316

何　斌
　　陸次雲《詩平初集》／10；11；12

何　焯
　　孫　鋐《皇清詩選》／江南
　　沈德潛《國朝詩別裁集》／343

何　雲
　　錢謙益《吾炙集》

何　棟
　　王爾綱《天下名家詩永》／12

何　集
　　魏喬介《觀始集》／9

何　綽
　　曾　燦《過日集》／4

何　煜
　　程　棟、施　諶《鼓吹新編》／9
　　鄧漢儀《天下名家詩觀》／5
　　徐　崧《詩風初集》／13
　　孫　鋐《皇清詩選》／江南
　　王爾綱《天下名家詩永》／3

何　烜
　　彭廷梅《國朝詩選》／10

何　經
　　徐　崧、陳濟生《詩南》／9

何　遠
　　趙　炎《尊閣詩藏》／6五言律

何　鳴
　　吳元桂《昭代詩針》／11

何　鎮
　　鄧漢儀《天下名家詩觀》／11
　　孫　鋐《皇清詩選》／江南
　　陶　煊、張　璨《國朝詩的》／江南9

何　鼎
　　彭廷梅《國朝詩選》／4

何　聲
　　徐　崧《詩風初集》／8

何　邁
　　程　棟、施　諶《鼓吹新編》／4

何　濬
　　程　棟、施　諶《鼓吹新編》／9

何　讓
　　魏　憲《詩持三集》／6
　　鄧漢儀《詩觀二集》／12

孫　鋡《皇清詩選》／江南
劉　然《國朝詩乘》／12
陶　煊、張　璨《國朝詩的》／江南9

何一化

鄧漢儀《詩觀三集》／10
陳以剛《國朝詩品》／10

何之杰

程　棟、施　譔《鼓吹新編》／6
王士禎《感舊集》／16
蔣　薰、翁介眉《清詩初集》／9；11
曾　燦《過日集》／9

何于海

陶　煊、張　璨《國朝詩的》／湖廣10

何士域

曾　燦《過日集》／8

何士震

鄧漢儀《詩觀二集》／12

何士壦

曾　燦《過日集》／8

何大成

馮　舒《懷舊集》上／4上

何大觀

吳元桂《昭代詩針》／4

何文魁

陶　煊、張　璨《國朝詩的》／貴州1

何文煒

魏　耕、錢价人《今詩粹》

何天復

吳元桂《昭代詩針》／11

何天寵

姚　佺《詩源》／燕
鄧漢儀《詩觀二集》／2
孫　鋡《皇清詩選》／浙江
王爾綱《天下名家詩永》／4
陶　煊、張　璨《國朝詩的》／浙江1

吳元桂《昭代詩針》／4

何天衢

汪　觀《清詩大雅二集》／5

何元英

魏　憲《補石倉詩選》／2
趙　炎《尊閣詩藏》／4七言律
孫　鋡《皇清詩選》／浙江
王爾綱《天下名家詩永》／2
陶　煊、張　璨《國朝詩的》／浙江3

何五雲

陸次雲《詩平初集》／5；7
孫　鋡《皇清詩選》／江南
倪匡世《振雅堂彙編詩最》／5

何中輝

陶　煊、張　璨《國朝詩的》／湖廣9

何以達

陶　煊、張　璨《國朝詩的》／江南16

何允謙

王爾綱《天下名家詩永》／12

何永紹

王爾綱《天下名家詩永》／4

何永圖

徐　崧《詩風初集》／10

何永齡

吳元桂《昭代詩針》／12

何永濬

徐　崧《詩風初集》／10

何可化

蔣　薰、翁介眉《清詩初集》／8

何石蓮

程　棟、施　譔《鼓吹新編》／4

何弘仁

陶　煊、張　璨《國朝詩的》／浙江7

何安世

程　棟、施　譔《鼓吹新編》／6

綜合索引（七畫）

魏　耕、錢价人《今詩粹》
徐　崧、陳清生《詩南》／4；9
顧有孝《驪珠集》／7
徐　崧《詩風初集》／11

何良球
鄧漢儀《詩觀三集》／12
劉　然《國朝詩乘》／9

何吾騶
姚　佺《詩源》／粵

何其偉
王爾綱《天下名家詩永》／8

何金驤
席居中《昭代詩存》／1
蔣　鑐、翁介眉《清詩初集》／11
孫　鋐《皇清詩選》／江南
陶　煊、張　璨《國朝詩的》／江南9

何延年
曾　燦《過日集》／2；5；8

何亮功
黃傳祖《扶輪新集》／7；9
魏裔介《觀始集》／12
陳祚明、韓　詩《國門集》／4
顧有孝《驪珠集》／6
徐　崧《詩風初集》／10
曾　燦《過日集》／10

何述皋
馮　舒《懷舊集》下／15下

何述稷
卓爾堪《明遺民詩》／12

何負圖
鄧漢儀《詩觀二集》／3
席居中《昭代詩存》／12
孫　鋐《皇清詩選》／貴州
陶　煊、張　璨《國朝詩的》／雲南1

何家延
沈德潛《國朝詩別裁集》／123

何起貴
彭廷梅《國朝詩選》／11

何振玉
王爾綱《天下名家詩永》／12

何純子
顧施楨（禎）《盛朝詩選初集》／3；7

何喬雲
朱　觀《國朝詩正》／4

何源濬
曾　燦《過日集》／10

何園客
徐　崧《詩風初集》／10

何經文
彭廷梅《國朝詩選》／4

何經方
彭廷梅《國朝詩選》／11

何嘉延
鄧漢儀《詩觀二集》／12
席居中《昭代詩存》／13
曾　燦《過日集》／8
孫　鋐《皇清詩選》／浙江
吳元桂《昭代詩針》／4

何嘉迪
鄧漢儀《詩觀二集》／12
席居中《昭代詩存》／13
孫　鋐《皇清詩選》／浙江
陶　煊、張　璨《國朝詩的》／浙江1
吳元桂《昭代詩針》／4
彭廷梅《國朝詩選》／4；12

何嘉琳
鄧漢儀《詩觀二集》／6
曾　燦《過日集》／3；10
孫　鋐《皇清詩選》／浙江

陶 煊、張 璨《國朝詩的》／浙江 1

何嘉顒

鄧漢儀《詩觀二集》／6

席居中《昭代詩存》／8

孫 鋐《皇清詩選》／浙江

陶 煊、張 璨《國朝詩的》／浙江 1

何毓秀

王爾綱《天下名家詩永》／8

何儒顯

魏 憲《補石倉詩選》／2

何龍文

孫 鋐《皇清詩選》／福建

王爾綱《天下名家詩永》／8

何操敬

劉 然《國朝詩乘》／6

何興祚

吳元桂《昭代詩針》／15

何簣雲

陶 煊、張 璨《國朝詩的》／江南 5

佟 揚

黃傳祖《扶輪續集》／4

徐 崧《詩風初集》／16

佟 藎

鄧漢儀《詩觀三集》／3

陶 煊、張 璨《國朝詩的》／滿洲 1

佟世佑

陶 煊、張 璨《國朝詩的》／盛京 2

佟世南

席居中《昭代詩存》／8

孫 鋐《皇清詩選》／盛京

佟世思

鄧漢儀《詩觀二集》／7

鄧漢儀《詩觀三集》／6

席居中《昭代詩存》／9

曾 燦《過日集》／7

孫 鋐《皇清詩選》／盛京

王爾綱《天下名家詩永》／7

陶 煊、張 璨《國朝詩的》／盛京 1

佟世臨

劉 然《國朝詩乘》／9

沈德潛《國朝詩別裁集》／247

佟法海

查 義、查岐昌《國朝詩因》／4

沈德潛《國朝詩別裁集》／314

佟國器

陳祚明、韓 詩《國門集》／4；5

魏裔介《清詩溯洄集》／6

魏 憲《詩持二集》／4

魏 憲《補石倉詩選》／2

徐 崧《詩風初集》／8

席居中《昭代詩存》／11

孫 鋐《皇清詩選》／盛京

王爾綱《天下名家詩永》／1

陶 煊、張 璨《國朝詩的》／盛京 1

佟國冀

黃傳祖《扶輪續集》／2；5；10

魏裔介《觀始集》／12

徐 崧《詩風初集》／7

佟國甄

席居中《昭代詩存》／1

孫 鋐《皇清詩選》／盛京

佟國璋

席居中《昭代詩存》／8

佟寧年

陶 煊、張 璨《國朝詩的》／盛京 1

佟鳳采

王爾綱《天下名家詩永》／2

佟鳳彩

顧有孝《驪珠集》／4

魏 憲《補石倉詩選》／2

綜合索引 （七畫）

魏　憲《皇清百名家詩選》／12
鄧漢儀《天下名家詩觀》／4
鄧漢儀《詩觀二集》／3
徐　崧《詩風初集》／8；12
席居中《昭代詩存》／4
孫　鋐《皇清詩選》／盛京
陶　煊、張　璨《國朝詩的》／盛京 1

佟耀年
席居中《昭代詩存》／2
陶　煊、張　璨《國朝詩的》／盛京 1

谷士珂
朱　觀《國朝詩正》／6

谷文光
趙　炎《尊閣詩藏》／2 七言律
孫　鋐《皇清詩選》／浙江

谷長春
劉　然《國朝詩乘》／12

谷應泰
陳祚明、韓　詩《國門集》／5
魏　耕、錢价人《今詩粹》
顧有孝《驪珠集》／4
徐　崧《詩風初集》／13
孫　鋐《皇清詩選》／京師

余　坴
徐　崧《詩風初集》／5
孫　鋐《皇清詩選》／江南

余　勇
朱　觀《國朝詩正》／4

余　棋
席居中《昭代詩存》／4

余　瓊
倪匡世《振雅堂彙編詩最》／5
陶　煊、張　璨《國朝詩的》／江南 8
吳元桂《昭代詩針》／4

余心傳
王爾綱《天下名家詩永》／6

余克美
黃傳祖《扶輪續集》／7

余廷琿
朱　觀《國朝詩正》／2
吳元桂《昭代詩針》／4

余儀曾
席居中《昭代詩存》／13
孫　鋐《皇清詩選》／福建
倪匡世《振雅堂彙編詩最》／4

余錫繩
吳元桂《昭代詩針》／12

余　价
陶　煊、張　璨《國朝詩的》／四川 1

余　京
沈德潛《國朝詩別裁集》／470

余　杰
倪匡世《振雅堂彙編詩最》／1

余　昂
鄧漢儀《詩觀三集》／12

余　佺
曾　燦《過日集》／3；7

余　洋
彭廷梅《國朝詩選》／12

余　恂
黃傳祖《扶輪新集》／3；8
陳祚明、韓　詩《國門集》／2
顧有孝《驪珠集》／3
徐　崧《詩風初集》／2；11
曾　燦《過日集》／3；9
王爾綱《天下名家詩永》／9

余　英
陶　煊、張　璨《國朝詩的》／湖廣 9；10

余 垔

彭廷梅《國朝詩選》／3

余 蟬

吳元桂《昭代詩針》／14

余 雯

鄧漢儀《詩觀三集》／11

陶 煊、張 璨《國朝詩的》／陝西 1

余 盆

鄧漢儀《天下名家詩觀》／11

鄧漢儀《詩觀二集》／5

徐 崧《詩風初集》／5

王士禎《感舊集》／2

席居中《昭代詩存》／8

蔣 鑨、翁介眉《清詩初集》／2

曾 燦《過日集》／3；6

孫 銓《皇清詩選》／四川

卓爾堪《明遺民詩》／1

陶 煊、張 璨《國朝詩的》／四川 1

吳元桂《昭代詩針》／1

余 經

姚 佺《詩源》／楚

彭廷梅《國朝詩選》／6

余 鈷

陶 煊、張 璨《國朝詩的》／湖廣 8

余 綬

黃傳祖《扶輪新集》／9

余 標

陶 煊、張 璨《國朝詩的》／湖廣 10

余 颺

姚 佺《詩源》／閩

陳允衡《國雅》／26

卓爾堪《明遺民詩》／7；14

余 懷

黃傳祖《扶輪續集》／4；6；9

黃傳祖《扶輪廣集》／9

魏裔介《觀始集》／8

程 棟、施 諲《鼓吹新編》／6

姚 佺《詩源》／閩

徐 崧、陳濟生《詩南》／3；6；9

魏 憲《詩持二集》／5

魏 憲《詩持三集》／7

趙 炎《尊閣詩藏》／6 五言律

鄧漢儀《天下名家詩觀》／3

鄧漢儀《詩觀三集》／1

徐 崧《詩風初集》／8；11；14；16；18

王士禎《感舊集》／7

席居中《昭代詩存》／9

陸次雲《詩平初集》／3；10

蔣 鑨、翁介眉《清詩初集》／3；8；11；12

孫 銓《皇清詩選》／福建

王爾綱《天下名家詩永》／11

顧施楨（禎）《盛朝詩選初集》／6；8

陳維崧《篋衍集》／4；8；10

周佑予《清詩鼓吹》／1

吳 讓《名家詩選》／1

劉 然《國朝詩乘》／3

陶 煊、張 璨《國朝詩的》／福建 1

陳以剛《國朝詩品》／5

吳元桂《昭代詩針》／1

彭廷梅《國朝詩選》／4；6；12

余 騰

吳元桂《昭代詩針》／12

余 檪

蔣 鑨、翁介眉《清詩初集》／7

余 鑄

黃傳祖《扶輪新集》／4

程 棟、施 諲《鼓吹新編》／11

徐 崧、陳濟生《詩南》／1；6；11

綜合索引（七畫）

顧有孝《驪珠集》／8
徐 崧《詩風初集》／9；16
孫 銓《皇清詩選》／江南

余 讓
鄧漢儀《詩觀三集》／10
陶 煊、張 璨《國朝詩的》／江南3

余大浩
王爾綱《天下名家詩永》／10

余大觀
彭廷梅《國朝詩選》／6

余小星
陳允衡《詩慰初集》

余心孺
陶 煊、張 璨《國朝詩的》／廣西1

余之徵
吳 藎《名家詩選》／3

余天茂
曾 燦《過日集》／10

余元甲
吳 藎《名家詩選》／3
汪 觀《清詩大雅二集》／4

余日發
黃傳祖《扶輪續集》／3

余永楷
汪 觀《清詩大雅二集》／4

余正垣
黃傳祖《扶輪新集》／3
陶 煊、張 璨《國朝詩的》／江西1

余光全
陶 煊、張 璨《國朝詩的》／江南12

余光昊
魏 憲《詩持三集》／8
蔣 鑨、翁介眉《清詩初集》／6

余其仁
王爾綱《天下名家詩永》／6

余金鼎
王爾綱《天下名家詩永》／3

余思復
曾 燦《過日集》／8
王爾綱《天下名家詩永》／4
卓爾堪《明遺民詩》／12
吳元桂《昭代詩針》／6
沈德潛《國朝詩別裁集》／112

余家璟
汪 觀《清詩大雅二集》／3

余敏紳
沈德潛《國朝詩別裁集》／414

余國柱
魏 憲《補石倉詩選》／2
孫 銓《皇清詩選》／湖廣

余國楨
席居中《昭代詩存》／13
彭廷梅《國朝詩選》／1
鄧漢儀《詩觀二集》／1

余國賢
陶 煊、張 璨《國朝詩的》／浙江1

余國楷
魏 憲《詩持三集》／6；9
魏 憲《補石倉詩選》／2
蔣 鑨、翁介眉《清詩初集》／3；6；
8；12
劉 然《國朝詩乘》／3
孫 銓《皇清詩選》／湖廣
彭廷梅《國朝詩選》／5；14

余國譜
陶 煊、張 璨《國朝詩的》／湖廣8

余雲祚
蔣 鑨、翁介眉《清詩初集》／7

余賓碩
鄧漢儀《詩觀三集》／10

徐 崧《詩風初集》／13

王爾綱《天下名家詩永》／13

劉 然《國朝詩乘》／12

陳以剛《國朝詩品》／10

吳元桂《昭代詩針》／6

余增遠

徐 崧、陳濟生《詩南》／2

卓爾堪《明遺民詩》／12

陶 煊、張 璨《國朝詩的》／浙江1

余儀曾

鄧漢儀《詩觀二集》／12

鄧漢儀《詩觀三集》／13

陶 煊、張 璨《國朝詩的》／福建1

余鵬翔

姚 佺《詩源》／楚

余蘭碩

鄧漢儀《詩觀三集》／10

陶 煊、張 璨《國朝詩的》／福建1

狄 敬

黃傳祖《扶輪新集》／8

那 邁

陶 煊、張 璨《國朝詩的》／滿洲1

阮旻錫

魏 憲《詩持二集》／8

趙 炎《尊閣詩藏》／5五言律

鄧漢儀《天下名家詩觀》／11

徐 崧《詩風初集》／1；6；8；14；

16；18

陸次雲《詩平初集》／5；11

蔣 鑨、翁介眉《清詩初集》／2；5；

11

曾 燦《過日集》／7

孫 鋐《皇清詩選》／福建

陶 煊、張 璨《國朝詩的》／福建2

沈德潛《國朝詩別裁集》／126

阮述芳

鄧漢儀《詩觀二集》／8

席居中《昭代詩存》／4

孫 鋐《皇清詩選》／山東

阮爾詢

陳以剛《國朝詩品》／10

八 畫

宓晉麗

姚 佺《詩源》／晉

宗 止

王士禎《感舊集》／3

宗 乘

馮 舒《懷舊集》 下／23下

宗 觀

顧有孝《驪珠集》／4

鄧漢儀《天下名家詩觀》／6

鄧漢儀《詩觀三集》／1

徐 崧《詩風初集》／6；13；17

席居中《昭代詩存》／3

陸次雲《詩平初集》／3；12

蔣 鑨、翁介眉《清詩初集》／3；4；

7；11；12

曾 燦《過日集》／6

孫 鋐《皇清詩選》／江南

王爾綱《天下名家詩永》／7

吳 蒨《名家詩選》／3

陶 煊、張 璨《國朝詩的》／江南10

陳以剛《國朝詩品》／6

吳元桂《昭代詩針》／7

宗元鼎

黃傳祖《扶輪續集》／7；9

黃傳祖《扶輪廣集》／9

魏裔介《觀始集》／12

综合索引（八畫）

姚 佺《詩源》／吳

徐 崧、陳濟生《詩南》／7；10

顧有孝《驪珠集》／7

魏 憲《詩持二集》／7

魏 憲《皇清百名家詩選》／82

鄧漢儀《天下名家詩觀》／7

徐 崧《詩風初集》／5；13

王士禎《感舊集》／4

席居中《昭代詩存》／5

陸次雲《詩平初集》／2；5；10；11

蔣 鑨、翁介眉《清詩初集》／2；4；

6；9；11

曾 燦《過日集》／1；3；7

孫 銈《皇清詩選》／江南

倪匡世《振雅堂彙編詩最》／9

王爾綱《天下名家詩永》／6

顧施楨（禎）《盛朝詩選初集》／2；10

陳維崧《篋衍集》／10

吳 蘀《名家詩選》／3

陶 煊、張 璨《國朝詩的》／江南 8

吳元桂《昭代詩針》／7

彭廷梅《國朝詩選》／3

沈德潛《國朝詩別裁集》／141

宗元豫

鄧漢儀《天下名家詩觀》／11

鄧漢儀《詩觀二集》／8

徐 崧《詩風初集》／6

孫 銈《皇清詩選》／江南

王爾綱《天下名家詩永》／6

卓爾堪《明遺民詩》／11

陶 煊、張 璨《國朝詩的》／江南 5

宗挾藻

王爾綱《天下名家詩永》／14

宗學曾

席居中《昭代詩存》／13

倪匡世《振雅堂彙編詩最》／4

王爾綱《天下名家詩永》／14

宛 達

王爾綱《天下名家詩永》／8

官于宣

魏裔介《清詩溯洄集》／8；9

官純滋

蔣 鑨、翁介眉《清詩初集》／3；8

官偉鑠

陳祚明、韓 詩《國門集》／3

法 良

彭廷梅《國朝詩選》／2

法 葆

陸次雲《詩平初集》／3；5；7；10；

11；12

法若真

黃傳祖《扶輪廣集》／6；9；11

魏裔介《觀始集》／4

姚 佺《詩源》／齊魯

顧有孝《驪珠集》／2

魏 憲《詩持二集》／2

徐 崧《詩風初集》／10

席居中《昭代詩存》／2

陸次雲《詩平初集》／8

蔣 鑨、翁介眉《清詩初集》／5；7；

8；12

孫 銈《皇清詩選》／山東

王爾綱《天下名家詩永》／5

顧施楨（禎）《盛朝詩選初集》／5

陶 煊、張 璨《國朝詩的》／山東 1

性 德

陶 煊、張 璨《國朝詩的》／滿洲 1

彭廷梅《國朝詩選》／2

怡賢親王

彭廷梅《國朝詩選》／1

祁文友

王士禎《感舊集》／12

孫　鋐《皇清詩選》／兩廣

陶　煊、張　璨《國朝詩的》／廣東 1

沈德潛《國朝詩別裁集》／93

祁多佳

姚　佺《詩源》／越

卓爾堪《明遺民詩》／12

祁班孫

黃傳祖《扶輪廣集》／4；9

程　棟、施　諲《鼓吹新編》／10；14

魏　耕、錢价人《今詩粹》

徐　崧、陳濟生《詩南》／4；8；11

徐　崧《詩風初集》／7

曾　燦《過日集》／5

卓爾堪《明遺民詩》／14

祁理孫

黃傳祖《扶輪廣集》／4

程　棟、施　諲《鼓吹新編》／9

魏　耕、錢价人《今詩粹》

徐　崧、陳濟生《詩南》／2；10

徐　崧《詩風初集》／7

祁彪佳

徐　崧、陳濟生《詩南》／5

魏　憲《補石倉詩選》／1

祁誠孫

魏　耕、錢价人《今詩粹》

祁德茝

黃傳祖《扶輪廣集》／13

祁駿佳

卓爾堪《明遺民詩》／13

祁鴻孫

黃傳祖《扶輪廣集》／4；8

魏　耕、錢价人《今詩粹》

徐　崧、陳濟生《詩南》／6

卓爾堪《明遺民詩》／14

房天驥

魏　憲《詩持二集》／3

魏　憲《詩持三集》／8

徐　崧《詩風初集》／9；12

蔣　灆、翁介眉《清詩初集》／7；9；11

王爾綱《天下名家詩永》／2

顧施禎（禎）《盛朝詩選初集》／9

劉　然《國朝詩乘》／11

房可壯

查　義、查岐昌《國朝詩因》／1

房廷禎

鄧漢儀《天下名家詩觀》／5

鄧漢儀《詩觀三集》／12

席居中《昭代詩存》／13

孫　鋐《皇清詩選》／陝西

陶　煊、張　璨《國朝詩的》／陝西 1

武之烈

魏喬介《觀始集》／9

武士豪

姚　佺《詩源》／燕

武全文

陶　煊、張　璨《國朝詩的》／山西 1

武承謨

陶　煊、張　璨《國朝詩的》／山西 1

武振洪

魏喬介《觀始集》／4

武鼎升

徐　崧、陳濟生《詩南》／6

徐　崧《詩風初集》／18

武際飛

姚　佺《詩源》／吳

徐　崧《詩風初集》／11

綜合索引（八畫）

長　海
　彭廷梅《國朝詩選》／3
芮　城
　卓爾堪《明遺民詩》／14
芮　嶼
　陶　煊、張　璨《國朝詩的》／江南13
　汪　觀《清詩大雅》／8
芮國行
　王爾綱《天下名家詩永》／9
芮國珩
　王爾綱《天下名家詩永》／9
花　色
　陶　煊、張　璨《國朝詩的》／滿洲1
東薩商
　黃傳祖《扶輪廣集》／1；4
　黃傳祖《扶輪新集》／4；7；9
　魏裔介《觀始集》／4；11；12
　陳炸明、韓　詩《國門集》／1；2；4
　姚　佺《詩源》／秦
　魏裔介《清詩溯洄集》／5；8；9
　顧有孝《驪珠集》／6
　鄧漢儀《詩觀二集》／4
　徐　崧《詩風初集》／7；11
　王士禎《感舊集》／4
　陸次雲《詩平初集》／11
　蔣　鑨、翁介眉《清詩初集》／1；7；
　　8；11
　孫　鋐《皇清詩選》／陝西
　王爾綱《天下名家詩永》／4
　陶　煊、張　璨《國朝詩的》／陝西2
　彭廷梅《國朝詩選》／8；10
奈　曼
　彭廷梅《國朝詩選》／2；12
來　賓
　彭廷梅《國朝詩選》／4；6；10

來　蕃
　黃傳祖《扶輪廣集》／4
　魏　耕、錢价人《今詩粹》
　王士禎《感舊集》／16
　卓爾堪《明遺民詩》／15
來孫謀
　孫　鋐《皇清詩選》／浙江
來集之
　黃傳祖《扶輪續集》／6
　黃傳祖《扶輪廣集》／3
　鄧漢儀《詩觀三集》／4
　徐　崧《詩風初集》／8
　蔣　鑨、翁介眉《清詩初集》／9；11
　陶　煊、張　璨《國朝詩的》／浙江5；
　　8
林　芃
　趙　炎《尊閣詩藏》／4七言律；6五
　　言律
　席居中《昭代詩存》／14
林　辰
　黃傳祖《扶輪廣集》／4；11
　程　棟、施　諲《鼓吹新編》／8
　徐　崧、陳濟生《詩南》／2；9
　徐　崧《詩風初集》／2
林　昇
　倪匡世《振雅堂集編詩最》／5
　王爾綱《天下名家詩永》／12
　陶　煊、張　璨《國朝詩的》／福建1
　彭廷梅《國朝詩選》／12
林　佶
　吳　藎《名家詩選》／4
　沈德潛《國朝詩別裁集》／406
林　坃
　魏　憲《詩持一集》／2
　魏　憲《詩持二集》／1；7

魏 憲《補石倉詩選》／1

蔣 鑨、翁介眉《清詩初集》／6

孫 鋐《皇清詩選》／福建

顧施禎（禎）《盛朝詩選初集》／8；9

劉 然《國朝詩乘》／11

陶 煊、張 璨《國朝詩的》／福建1

林 勉

魏 憲《詩持二集》／8

顧施禎（禎）《盛朝詩選初集》／9

陶 煊、張 璨《國朝詩的》／福建1

林 偉

蔣 鑨、翁介眉《清詩初集》／11

林 棟

孫 鋐《皇清詩選》／江南

林 崶

趙 炎《尊閣詩藏》／3五言律

徐 崧《詩風初集》／8

蔣 鑨、翁介眉《清詩初集》／7

孫 鋐《皇清詩選》／福建

林 銓

徐 崧《詩風初集》／14

林 憲

顧施禎（禎）《盛朝詩選初集》／3；4；5；7

林 諒

魏 憲《詩持三集》／5

劉 然《國朝詩乘》／11

林 襄

黃傳祖《扶輪新集》／9

林 濤

陳以剛《國朝詩品》／16

林 鴻

鄧漢儀《詩觀三集》／3

陶 煊、張 璨《國朝詩的》／浙江5

林 曙

魏 耕、錢价人《今詩粹》

林九棘

鄧漢儀《詩觀二集》／7

蔣 鑨、翁介眉《清詩初集》／11；12

孫 鋐《皇清詩選》／福建

陶 煊、張 璨《國朝詩的》／福建2

彭廷梅《國朝詩選》／9；11

林之華

黃傳祖《扶輪續集》／4

蔣 鑨、翁介眉《清詩初集》／1；3

林之蕃

魏 憲《詩持二集》／7

林子威

魏 耕、錢价人《今詩粹》

徐 崧、陳濟生《詩南》／10

林子卿

程 棟、施 諲《鼓吹新編》／8

魏 耕、錢价人《今詩粹》

曾 燦《過日集》／7；10

林子寧

孫 鋐《皇清詩選》／江南

林子襄

黃傳祖《扶輪新集》／7

魏喬介《觀始集》／6

陳祚明、韓 詩《國門集》／4

魏 耕、錢价人《今詩粹》

趙 炎《尊閣詩藏》／8五言律

孫 鋐《皇清詩選》／江南

林方鷗

孫 鋐《皇清詩選》／福建

林友王

王爾綱《天下名家詩永》／8

林日盛

蔣 鑨、翁介眉《清詩初集》／6

综合索引（八畫）

林正芳

蒋　鑨、翁介眉《清詩初集》／7

林世俊

鄧漢儀《詩觀三集》／9

林古度

姚　佺《詩源》／閩

魏　憲《詩持二集》／3；8

魏　憲《補石倉詩選》／2

趙　炎《尊閣詩藏》／1 五言律

鄧漢儀《天下名家詩觀》／5

徐　崧《詩風初集》／11；17

王士禛《感舊集》／1

席居中《昭代詩存》／6

陸次雲《詩平初集》／4；6；11

蔣　鑨、翁介眉《清詩初集》／2；4；

6；8；11；12

孫　鋐《皇清詩選》／福建

王爾綱《天下名家詩永》／1

顧施禎（禎）《盛朝詩選初集》／9

陳維崧《篋衍集》／8

卓爾堪《明遺民詩》／5

吳　蕑《名家詩選》／3

劉　然《國朝詩乘》／11

陶　煊、張　璨《國朝詩的》／福建 1

陳以剛《國朝詩品》／5

吳元桂《昭代詩針》／1

彭廷梅《國朝詩選》／1

林弘珪

姚　佺《詩源》／越

林有本

黃傳祖《扶輪廣集》／3

姚　佺《詩源》／燕

林仲達

蔣　鑨、翁介眉《清詩初集》／7；10

林向哲

姚　佺《詩源》／閩

林全復

曾　燦《過日集》／5

林企忠

陶　煊、張　璨《國朝詩的》／江南 15

林企佩

孫　鋐《皇清詩選》／江南

林初文

陳允衡《詩慰初集》

林叔學

姚　佺《詩源》／閩

林杭學

曾　燦《過日集》／7；10

林明倫

沈德潛《國朝詩別裁集》／527

林佳璣

黃傳祖《扶輪廣集》／13

程　棟、施　謹《鼓吹新編》／7

姚　佺《詩源》／閩

魏　耕、錢价人《今詩粹》

徐　崧、陳濟生《詩南》／10；11

魏裔介《清詩溯洄集》／10

魏　憲《詩持二集》／2

陳　珮《離憂集》／上

徐　崧《詩風初集》／2

王士禛《感舊集》／16

蔣　鑨、翁介眉《清詩初集》／1；5；

11

孫　鋐《皇清詩選》／福建

王爾綱《天下名家詩永》／1

陶　煊、張　璨《國朝詩的》／福建 1

彭廷梅《國朝詩選》／9；10

林宸書

陶　煊、張　璨《國朝詩的》／福建 1

林時益
曾　燦《過日集》/5；9
卓爾堪《明遺民詩》/19
陶　煊、張　璨《國朝詩的》/江西1
林時躍
魏　耕、錢价人《今詩粹》
林崇孚
曾　燦《過日集》/6；9
林逢震
魏　憲《詩持三集》/7
趙　炎《蓴閣詩藏》/2五言律
鄧漢儀《天下名家詩觀》/9
孫　鋐《皇清詩選》/福建
林尊賓
程　棅、施　諲《鼓吹新編》/6
徐　崧、陳濟生《詩南》/8；12
魏　憲《詩持三集》/4
林雲從
王爾綱《天下名家詩永》/14
林雲鳳
程　棅、施　諲《鼓吹新編》/1
姚　佺《詩源》/吴
魏　耕、錢价人《今詩粹》
徐　崧、陳濟生《詩南》/3；6；8
魏裔介《清詩溯洄集》/5
顧有孝《驪珠集》/1；12
趙　炎《蓴閣詩藏》/1五言律
鄧漢儀《詩觀二集》/4
徐　崧《詩風初集》/9；11；15
曾　燦《過日集》/2
孫　鋐《皇清詩選》/江南
卓爾堪《明遺民詩》/13
林華昌
鄧漢儀《詩觀二集》/6
林堯光
鄧漢儀《詩觀三集》/11
林堯英
席居中《昭代詩存》/11
陸次雲《詩平初集》/1；3；5；7；9；12
蔣　鑨、翁介眉《清詩初集》/1；5；7；12
孫　鋐《皇清詩選》/福建
陶　煊、張　璨《國朝詩的》/福建2
林搏雲
王爾綱《天下名家詩永》/11
林嗣環
魏　憲《詩持一集》/4
趙　炎《蓴閣詩藏》/2五言律
鄧漢儀《天下名家詩觀》/7
徐　崧《詩風初集》/2；8；17
蔣　鑨、翁介眉《清詩初集》/5；6
孫　鋐《皇清詩選》/福建
陶　煊、張　璨《國朝詩的》/福建2
林賓王
鄧漢儀《詩觀二集》/8
林鼎復
顧有孝《驪珠集》/4
趙　炎《蓴閣詩藏》/5五言律
鄧漢儀《詩觀二集》/12
徐　崧《詩風初集》/8；14
席居中《昭代詩存》/9
蔣　鑨、翁介眉《清詩初集》/7；9；11；12
曾　燦《過日集》/4；9
孫　鋐《皇清詩選》/福建
陶　煊、張　璨《國朝詩的》/福建1
彭廷梅《國朝詩選》/3；9

綜合索引（八畫）

林銘璜

陶 煊、張 璨《國朝詩的》／福建2

林鳳岡

陶 煊、張 璨《國朝詩的》／廣東1

彭廷梅《國朝詩選》／1

林鳳儀

姚 佺《詩源》／閩

林增志

姚 佺《詩源》／越

林微材

徐 崧《詩風初集》／17

蔣 鑨、翁介眉《清詩初集》／12

陶 煊、張 璨《國朝詩的》／福建1

林瑀客

魏 憲《詩持二集》／8

魏 憲《詩持三集》／5

徐 崧《詩風初集》／12；18

孫 銥《皇清詩選》／福建

劉 然《國朝詩乘》／11

陶 煊、張 璨《國朝詩的》／福建1

林應璋

陶 煊、張 璨《國朝詩的》／福建1

林麟焻

陸次雲《詩平初集》／10；12

王爾綱《天下名家詩永》／13

顧施楨（禎）《盛朝詩選初集》／5

陳維崧《篋衍集》／10

吳 藎《名家詩選》／3

吳元桂《昭代詩針》／4

杭 楡

吳元桂《昭代詩針》／12

杭 貢

徐 崧《詩風初集》／12

杭世駿

彭廷梅《國朝詩選》／6

杭必成

彭廷梅《國朝詩選》／8；10

奔 太

陸次雲《詩平初集》／7

尚 友

陶 煊、張 璨《國朝詩的》／江南16

卓 禹

王士禎《感舊集》／14

卓 基

蔣 鑨、翁介眉《清詩初集》／7

卓 域

蔣 鑨、翁介眉《清詩初集》／6

陶 煊、張 璨《國朝詩的》／浙江5

卓 彝

黃傳祖《扶輪廣集》／3；14

卓人月

王士禎《感舊集》／4

卓人皋

蔣 鑨、翁介眉《清詩初集》／12

卓天寅

黃傳祖《扶輪廣集》／11

顧有孝《驪珠集》／4

趙 炎《尊閣詩藏》／8五言律

鄧漢儀《天下名家詩觀》／6

席居中《昭代詩存》／14

蔣 鑨、翁介眉《清詩初集》／8

孫 銥《皇清詩選》／浙江

王爾綱《天下名家詩永》／9

吳元桂《昭代詩針》／4

卓允基

鄧漢儀《詩觀三集》／12

卓汝立

卓爾堪《明遺民詩》／7

陶 煊、張 璨《國朝詩的》／江西2

卓胄域

顧有孝《驪珠集》／11

趙　炎《尊閣詩藏》／8 五言律

鄧漢儀《天下名家詩觀》／6

鄧漢儀《詩觀二集》／12

席居中《昭代詩存》／14

卓胄基

趙　炎《尊閣詩藏》／8 五言律

鄧漢儀《詩觀二集》／12

卓發之

卓爾堪《明遺民詩》／3；9

陶　煊、張　璨《國朝詩的》／浙江 1

卓爾堪

鄧漢儀《詩觀三集》／5

倪匡世《振雅堂彙編詩最》／7

陶　煊、張　璨《國朝詩的》／盛京 2

吳元桂《昭代詩針》／7

彭廷梅《國朝詩選》／2

沈德潛《國朝詩別裁集》／151

卓穎基

孫　鋐《皇清詩選》／浙江

果毅親王

彭廷梅《國朝詩選》／1；11

易　東

徐　崧《詩風初集》／9

席居中《昭代詩存》／13

孫　鋐《皇清詩選》／江南

倪匡世《振雅堂彙編詩最》／2

彭廷梅《國朝詩選》／1

易之炯

倪匡世《振雅堂彙編詩最》／8

易宗洛

陶　煊、張　璨《國朝詩的》／湖廣 9

易宗涒

陶　煊、張　璨《國朝詩的》／湖廣 9

彭廷梅《國朝詩選》／8；10；11

易宗瀛

陶　煊、張　璨《國朝詩的》／湖廣 9

彭廷梅《國朝詩選》／2；6

易祖杖

吳元桂《昭代詩針》／13

彭廷梅《國朝詩選》／2；4；6；8；10

易祖愉

彭廷梅《國朝詩選》／1；4；9

易學實

曾　燦《過日集》／5；8

呼　谷

程　棟、施　譚《鼓吹新編》／7

徐　崧、陳濟生《詩南》／3

顧有孝《驪珠集》／4

徐　崧《詩風初集》／9；13

王士禎《感舊集》／6

蔣　鑨、翁介眉《清詩初集》／7；9

孫　鋐《皇清詩選》／江南

和　羹

魏裔介《清詩溯洄集》／2；6

孫　鋐《皇清詩選》／京師

季　才

趙　炎《尊閣詩藏》／1 五言古；8 五言律

孫　鋐《皇清詩選》／江南

季　煌

陶　煊、張　璨《國朝詩的》／浙江 2

季　静

鄧漢儀《詩觀二集》／12

季　嬰

趙　炎《尊閣詩藏》／1 五言古

季公琦

鄧漢儀《天下名家詩觀》／1

鄧漢儀《詩觀二集》／10

综合索引（八画）

徐 崧《诗风初集》／12

孙 铨《皇清诗选》／江南

季永珍

倪匡世《振雅堂彙编诗最》／8

季式祖

陆次云《诗平初集》／12

孙 铨《皇清诗选》／江南

季步骘

吴元桂《昭代诗针》／1

季振宜

魏裔介《观始集》／2；9

魏裔介《清诗溯洄集》／1；5；7

顾有孝《驪珠集》／3；12

魏 憲《诗持一集》／4

赵 炎《尊阁诗藏》／4 七言律

鄧汉仪《天下名家诗观》／1

徐 崧《诗风初集》／12

蒋 鑨、翁介眉《清诗初集》／6；9；12

曾 燦《过日集》／4；9

孙 铨《皇清诗选》／江南

吴 藻《名家诗选》／3

陶 煊、张 璨《國朝诗的》／江南 10

吴元桂《昭代诗针》／4

彭廷梅《國朝诗选》／12

沈德潜《國朝诗别裁集》／40

季堪倫

陶 煊、张 璨《國朝诗的》／江南续编 1

彭廷梅《國朝诗选》／8

季開生

黄傅祖《扶轮新集》／6；10

魏裔介《观始集》／2；3；8；11

陳祚明、韩 诗《國門集》／3；6

魏 耕、錢价人《今诗粹》

魏裔介《清诗溯洄集》／1；7；9

顾有孝《驪珠集》／2

鄧汉仪《天下名家诗观》／3

徐 崧《诗风初集》／12

席居中《昭代诗存》／13

蒋 鑨、翁介眉《清诗初集》／9；12

孙 铨《皇清诗选》／江南

陳维崧《篋衍集》／9

陶 煊、张 璨《國朝诗的》／江南 6

吴元桂《昭代诗针》／3

沈德潜《國朝诗别裁集》／48

季截可

陶 煊、张 璨《國朝诗的》／江南续编 1

彭廷梅《國朝诗选》／4

岳 准

徐 崧《诗风初集》／10

岳 端

彭廷梅《國朝诗选》／3；11

沈德潜《國朝诗别裁集》／350

岳宏譽

顾有孝《驪珠集》／7

蒋 鑨、翁介眉《清诗初集》／12

孙 铨《皇清诗选》／江南

岳東瞻

蒋 鑨、翁介眉《清诗初集》／6

岳虞譽

黄傅祖《扶轮廣集》／10

徐 崧、陳濟生《诗南》／10

蒋 鑨、翁介眉《清诗初集》／8

岳整圖

曾 燦《过日集》／8

邱 洄

沈德潜《國朝诗别裁集》／499

金　佐

王爾綱《天下名家詩永》/ 7

金　松

徐　崧《詩風初集》/ 5

金　旻

吳元桂《昭代詩針》/ 11

金　侃

鄧漢儀《詩觀二集》/ 12

徐　崧《詩風初集》/ 5；12；18

席居中《昭代詩存》/ 14

曾　燦《過日集》/ 3；10

孫　鋐《皇清詩選》/ 江南

沈德潛《國朝詩別裁集》/ 247

金　倫

徐　崧《詩風初集》/ 9

金　梧

魏　耕、錢价人《今詩粹》

金　范

曾　燦《過日集》/ 3

金　逸

程　棟、施　譚《鼓吹新編》/ 10

徐　崧、陳濟生《詩南》/ 8

王士禎《感舊集》/ 8

金　登

陶　煊、張　璨《國朝詩的》/ 浙江 8

金　貢

曾　燦《過日集》/ 9

金　啟

鄧漢儀《天下名家詩觀》/ 9

徐　崧《詩風初集》/ 7

蔣　薐、翁介眉《清詩初集》/ 1

孫　鋐《皇清詩選》/ 江南

陶　煊、張　璨《國朝詩的》/ 江南 7

彭廷梅《國朝詩選》/ 9

金　集

汪　觀《清詩大雅》/ 18

金　堡

徐　崧、陳濟生《詩南》/ 5

徐　崧《詩風初集》/ 10

彭廷梅《國朝詩選》/ 5

金　鉉

魏　憲《補石倉詩選》/ 1

金　絃

沈德潛《國朝詩別裁集》/ 531

金　銓

曾　燦《過日集》/ 9

金　銘

吳　藎《名家詩選》/ 4

金　潮

顧施禎（禎）《盛朝詩選初集》/ 10

金　標

徐　崧《詩風初集》/ 10

金　甌

徐　崧、陳濟生《詩南》/ 10；11

卓爾堪《明遺民詩》/ 14

金　震

鄧漢儀《天下名家詩觀》/ 9

金　銑

魏裔介《觀始集》/ 9

金　衡

沈德潛《國朝詩別裁集》/ 516

金　聲

徐　崧、陳濟生《詩南》/ 12

魏　憲《補石倉詩選》/ 1

金　閶

王爾綱《天下名家詩永》/ 12

金　簡

陶　煊、張　璨《國朝詩的》/ 湖廣 4

综合索引（八畫）

金 鑿

程 棟、施 閏《鼓吹新编》/8
魏 耕、錢价人《今詩粹》
顧有孝《驪珠集》/7
孫 鋐《皇清詩選》/浙江

金 鎭

鄧漢儀《詩觀二集》/2
席居中《昭代詩存》/3；10
蔣 鑨、翁介眉《清詩初集》/2
曾 燦《過日集》/4；7
孫 鋐《皇清詩選》/浙江
王爾綱《天下名家詩永》/6
吳 藹《名家詩選》/4
陶 煊、張 璨《國朝詩的》/浙江1；
3；5

彭廷梅《國朝詩選》/5

金 璧

陶 煊、張 璨《國朝詩的》/浙江4

金 鈇

鄧漢儀《詩觀二集》/12

金 鏡

徐 崧、陳濟生《詩南》/12
卓爾堪《明遺民詩》/12

金 鏗

劉 然《國朝詩乘》/10

金 齡

王爾綱《天下名家詩永》/12

金 鱗

倪匡世《振雅堂彙編詩最》/8

金 灝

陶 煊、張 璨《國朝詩的》/雲南1

金一白

王爾綱《天下名家詩永》/3

金人瑞

孫 鋐《皇清詩選》/江南

沈德潛《國朝詩別裁集》/113

金之恂

汪 觀《清詩大雅二集》/4

金之俊

黃傳祖《扶輪新集》/8
魏裔介《觀始集》/4；11
顧有孝《驪珠集》/1
趙 炎《尊閣詩藏》/1 五言律
徐 崧《詩風初集》/8
蔣 鑨、翁介眉《清詩初集》/7
曾 燦《過日集》/3
孫 鋐《皇清詩選》/江南
王爾綱《天下名家詩永》/1
查 義、查岐昌《國朝詩因》/1

金之鵬

吳元桂《昭代詩針》/14

金之麟

鄧漢儀《詩觀三集》/5
倪匡世《振雅堂彙編詩最》/4
陶 煊、張 璨《國朝詩的》/江南5

金大成

王爾綱《天下名家詩永》/6

金上震

席居中《昭代詩存》/14

金上觀

徐 崧《詩風初集》/9

金天裔

王爾綱《天下名家詩永》/14

金玉式

吳元桂《昭代詩針》/11

金世仁

顧有孝《驪珠集》/11
魏 憲《詩持三集》/3
孫 鋐《皇清詩選》/江南
彭廷梅《國朝詩選》/3

金世泰

魏 耕、錢价人《今詩粹》

徐 崧、陳濟生《詩南》／7

金世鎮

陸次雲《詩平初集》／10

金世鑑

席居中《昭代詩存》／14

陸次雲《詩平初集》／7；12

金石麟

顧有孝《驪珠集》／9

金司农

陶 煊、張 璨《國朝詩的》／浙江4

金行遠

魏 耕、錢价人《今詩粹》

金志章

沈德潛《國朝詩別裁集》／478

金成棟

周佑予《清詩鼓吹》／4

金廷珩

彭廷梅《國朝詩選》／10

金廷韶

程 棟、施 譔《鼓吹新編》／9

徐 崧、陳濟生《詩南》／6

金廷燧

徐 崧《詩風初集》／18

金廷襄

陶 煊、張 璨《國朝詩的》／盛京2

金宗范

王爾綱《天下名家詩永》／1

金長輿

曾 燦《過日集》／1；9

金尚憲

王士禛《感舊集》／12

金始純

王爾綱《天下名家詩永》／11

金垣生

王爾綱《天下名家詩永》／6

金是崑

徐 崧、陳濟生《詩南》／12

金是瀛

魏喬介《觀始集》／6

程 棟、施 譔《鼓吹新編》／7

徐 崧、陳濟生《詩南》／4；6；9

顧有孝《驪珠集》／8

趙 炎《尊閣詩藏》／2五言古

徐 崧《詩風初集》／8；14；16

王士禛《感舊集》／4

席居中《昭代詩存》／5

曾 燦《過日集》／1；7；10

孫 鋡《皇清詩選》／江南

金昭鑑

徐 崧《詩風初集》／12

金俊明

黃傳祖《扶輪續集》／4；9

程 棟、施 譔《鼓吹新編》／4

姚 佺《詩源》／吳

魏 耕、錢价人《今詩粹》

徐 崧、陳濟生《詩南》／1；3；6；8；12

顧有孝《驪珠集》／4

鄧漢儀《詩觀二集》／8；12

徐 崧《詩風初集》／2；6；8；11；18

王士禛《感舊集》／3

席居中《昭代詩存》／2

曾 燦《過日集》／4

陶 煊、張 璨《國朝詩的》／江南9

金祖誠

鄧漢儀《詩觀二集》／13

综合索引（八畫）

金起士

程 棟、施 諲《鼓吹新編》／14

顧有孝《驪珠集》／9

金時芳

彭廷梅《國朝詩選》／9；11

金時翔

彭廷梅《國朝詩選》／4

金時蘭

彭廷梅《國朝詩選》／4

金堯年

陶 煊、張 璨《國朝詩的》／江南12

金達盛

程 棟、施 諲《鼓吹新編》／14

金義植

沈德潛《國朝詩別裁集》／527

金敬致（又作金致敬）

鄧漢儀《詩觀二集》／13

席居中《昭代詩存》／10

陶 煊、張 璨《國朝詩的》／浙江5

金敬數

鄧漢儀《詩觀二集》／5

席居中《昭代詩存》／10

王爾綱《天下名家詩永》／14

陶 煊、張 璨《國朝詩的》／浙江5

金虞廷

陶 煊、張 璨《國朝詩的》／浙江4

金漸皋

沈德潛《國朝詩別裁集》／60

金漸雕

魏 耕、錢份人《今詩粹》

金夢先

王爾綱《天下名家詩永》／13

金維寧

顧施楨（禎）《盛朝詩選初集》／7；10

金德開

程 棟、施 諲《鼓吹新編》／14

顧有孝《驪珠集》／6

卓爾堪《明遺民詩》／14

金德嘉

魏 憲《詩持二集》／6

魏 憲《詩持三集》／9

蔣 鑨、翁介眉《清詩初集》／3；7；11

曾 燦《過日集》／5；8

顧施楨（禎）《盛朝詩選初集》／1；7

陳維崧《篋衍集》／10

馬道昕《清詩二集》／2

吳 蘐《名家詩選》／3

陶 煊、張 璨《國朝詩的》／湖廣7

陳以剛《國朝詩品》／8

查 義、查岐昌《國朝詩因》／4

彭廷梅《國朝詩選》／5

沈德潛《國朝詩別裁集》／226

金鳳綸

沈德潛《國朝詩別裁集》／483

金銓度

陶 煊、張 璨《國朝詩的》／浙江7

金澤茂

陶 煊、張 璨《國朝詩的》／江南續編1

金學重

王爾綱《天下名家詩永》／4

金憲孫

鄧漢儀《詩觀二集》／5

蔣 鑨、翁介眉《清詩初集》／9；12

孫 鋐《皇清詩選》／京師

彭廷梅《國朝詩選》／3

金嬴孫

卓爾堪《明遺民詩》／14

金懋乘

陶 煊、張 璨《國朝詩的》/ 浙江 7

金懋禧

鄧漢儀《詩觀三集》/ 12

陶 煊、張 璨《國朝詩的》/ 浙江 2

金蘭莊

蔣 蘴、翁介眉《清詩初集》/ 6

周 申

徐 崧《詩風初集》/ 1

周 弘

沈德潛《國朝詩別裁集》/ 152

周 安

程 棟、施 謹《鼓吹新編》/ 9

魏 耕、錢价人《今詩粹》

徐 崧、陳濟生《詩南》/ 7；10

鄧漢儀《詩觀二集》/ 8

徐 崧《詩風初集》/ 5；14

王士禎《感舊集》/ 3

席居中《昭代詩存》/ 9

蔣 蘴、翁介眉《清詩初集》/ 6

曾 燦《過日集》/ 5

孫 銓《皇清詩選》/ 江南

卓爾堪《明遺民詩》/ 14

周 忱

顧有孝《驪珠集》/ 10

周 岐

魏 耕、錢价人《今詩粹》

徐 崧、陳濟生《詩南》/ 1

卓爾堪《明遺民詩》/ 12

陶 煊、張 璨《國朝詩的》/ 江南 4

周 治

黃傳祖《扶輪續集》/ 9

周 京

王爾綱《天下名家詩永》/ 5

陶 煊、張 璨《國朝詩的》/ 江西 2

沈德潛《國朝詩別裁集》/ 532

周 玒

彭廷梅《國朝詩選》/ 4

周 杭

沈德潛《國朝詩別裁集》/ 533

周 芳

顧有孝《驪珠集》/ 11

徐 崧《詩風初集》/ 18

周 昊

王爾綱《天下名家詩永》/ 6

周 易

陶 煊、張 璨《國朝詩的》/ 湖廣 10

周 采

王爾綱《天下名家詩永》/ 6

周 和

吳元桂《昭代詩針》/ 13

周 岳

鄧漢儀《詩觀三集》/ 7

周 祐

陸次雲《詩平初集》/ 10

周 珂

魏 耕、錢价人《今詩粹》

顧有孝《驪珠集》/ 11

徐 崧《詩風初集》/ 9

曾 燦《過日集》/ 2

孫 銓《皇清詩選》/ 浙江

周 南

曾 燦《過日集》/ 7

王爾綱《天下名家詩永》/ 11

周 侯

黃傳祖《扶輪續集》/ 3；8

周 容

黃傳祖《扶輪新集》/ 4；7

陳祚明、韓 詩《國門集》/ 2；3

蔣 蘴、翁介眉《清詩初集》/ 8

综合索引（八畫）

吴元桂《昭代詩針》／2

周　朗

　　吴元桂《昭代詩針》／14

　　彭廷梅《國朝詩選》／10；11

周　挺

　　孫　鋐《皇清詩選》／浙江

周　烈

　　顧有孝《驪珠集》／10

　　魏　憲《詩持三集》／5

　　徐　崧《詩風初集》／14

　　孫　鋐《皇清詩選》／江南

周　梁

　　徐　崧《詩風初集》／17

周　訪

　　黃傳祖《扶輪續集》／4

周　馭

　　徐　崧《詩風初集》／8

周　揚

　　顧有孝《驪珠集》／10

周　珽

　　魏　耕、錢价人《今詩粹》

　　魏　憲《詩持三集》／9

　　徐　崧《詩風初集》／7；9；13；18

　　曾　燦《過日集》／2

周　規

　　趙　炎《尊閣詩藏》／3 七言律；7 五

　　　言律

　　孫　鋐《皇清詩選》／江南

周　崗

　　顧有孝《驪珠集》／11

周　紹

　　黃傳祖《扶輪續集》／4

周　焯

　　彭廷梅《國朝詩選》／6；10

　　沈德潛《國朝詩別裁集》／517

周　斯

　　黃傳祖《扶輪新集》／4

　　姚　佺《詩源》／吴

　　徐　崧《詩風初集》／7

　　卓爾堪《明遺民詩》／10

周　准

　　沈德潛《國朝詩別裁集》／556

周　偉

　　陳以剛《國朝詩品》／16

周　溶

　　魏裔介《觀始集》／9

周　瑄

　　王爾綱《天下名家詩永》／7

周　損

　　蔣　鑨、翁介眉《清詩初集》／6；11

周　筠

　　魏　耕、錢价人《今詩粹》

周　肇

　　黃傳祖《扶輪廣集》／9；11；14

　　黃傳祖《扶輪新集》／9

　　魏裔介《觀始集》／6；8；11

　　陳祚明、韓　詩《國門集》／2；3；4；

　　　5；6

　　程　棟、施　諲《鼓吹新編》／10

　　姚　佺《詩源》／吴

　　魏　耕、錢价人《今詩粹》

　　徐　崧、陳濟生《詩南》／10

　　魏裔介《清詩溯洄集》／1；5；7；9

　　顧有孝《驪珠集》／6

　　趙　炎《尊閣詩藏》／3 五言律

　　鄧漢儀《詩觀二集》／12

　　徐　崧《詩風初集》／1；18

　　王士禎《感舊集》／7

　　席居中《昭代詩存》／3

　　陸次雲《詩平初集》／7；9

孫鋐《皇清詩選》／江南
沈德潛《國朝詩別裁集》／241

周 誠

黃傳祖《扶輪續集》／9

周 端

顧有孝《驪珠集》／10
孫鋐《皇清詩選》／江南

周 遠

陶煌、張璨《國朝詩的》／江南12
沈德潛《國朝詩別裁集》／507

周 榕

王爾綱《天下名家詩永》／9

周 碩

席居中《昭代詩存》／9

周 鼎

陶煌、張璨《國朝詩的》／江南11

周 銘

顧有孝《驪珠集》／9
徐崧《詩風初集》／8
蔣鑨、翁介眉《清詩初集》／7
曾燦《過日集》／7；9

周 綸

魏裔介《觀始集》／8；11
徐崧、陳濟生《詩南》／7
魏憲《詩持三集》／5
趙炎《專閣詩藏》／2五言律；4七言律
鄧漢儀《天下名家詩觀》／6
徐崧《詩風初集》／17
王士禎《感舊集》／14
席居中《昭代詩存》／12
蔣鑨、翁介眉《清詩初集》／3；7；12
孫鋐《皇清詩選》／江南
王爾綱《天下名家詩永》／12

陶煌、張璨《國朝詩的》／江南6

周 蔚

王爾綱《天下名家詩永》／9

周 篁

顧有孝《驪珠集》／8
徐崧《詩風初集》／10
孫鋐《皇清詩選》／浙江

周 儀

陶煌、張璨《國朝詩的》／江南14

周 魯

顧有孝《驪珠集》／10

周 隨

陶煌、張璨《國朝詩的》／江南9
吳元桂《昭代詩針》／13
彭廷梅《國朝詩選》／1

周 戩

徐崧、陳濟生《詩南》／7；12

周 誠

魏裔介《觀始集》／6

周 裘

鄧漢儀《天下名家詩觀》／11
曾燦《過日集》／7
孫鋐《皇清詩選》／江南

周 賓

鄧漢儀《詩觀三集》／7
徐崧《詩風初集》／5；9；11；16；17
蔣鑨、翁介眉《清詩初集》／2；9；11
孫鋐《皇清詩選》／浙江
卓爾堪《明遺民詩》／15
汪森《華及堂視昔編》／3
陶煌、張璨《國朝詩的》／浙江5
吳元桂《昭代詩針》／6
彭廷梅《國朝詩選》／4；6

綜合索引（八畫）

沈德潛《國朝詩別裁集》／240

周 燦

程 棟、施 諲《鼓吹新編》／4；14

徐 崧、陳濟生《詩南》／6；9；11

鄧漢儀《詩觀三集》／6

徐 崧《詩風初集》／8

蔣 鑨、翁介眉《清詩初集》／3；6

卓爾堪《明遺民詩》／12

陶 煊、張 璨《國朝詩的》／陝西2

周 薇

陶 煊、張 璨《國朝詩的》／福建2

周 禮

蔣 鑨、翁介眉《清詩初集》／12

孫 銈《皇清詩選》／浙江

周 嬰

姚 佺《詩源》／閩

周 廎

徐 崧、陳濟生《詩南》／6

周 璋

陶 煊、張 璨《國朝詩的》／江西1

周 壽

顧有孝《驪珠集》／9

徐 崧《詩風初集》／16

周 藩

王爾綱《天下名家詩永》／6

陶 煊、張 璨《國朝詩的》／山西1

吳元桂《昭代詩針》／4

周 鎬

姚 佺《詩源》／黔

周 彝

陶 煊、張 璨《國朝詩的》／江南11

周 疆

鄧漢儀《詩觀三集》／11

王爾綱《天下名家詩永》／6

周 鎬

魏喬介《觀始集》／6；11

魏喬介《清詩溯洄集》／2；6；8；9

顧有孝《驪珠集》／6

孫 銈《皇清詩選》／京師

周 縉

周佑予《清詩鼓吹》／2

周 藩

王爾綱《天下名家詩永》／14

周 璣

徐 崧《詩風初集》／9

沈德潛《國朝詩別裁集》／514

周 鑨

程 棟、施 諲《鼓吹新編》／1

魏 憲《詩持三集》／4

孫 銈《皇清詩選》／江南

王爾綱《天下名家詩永》／12

周之祿

姚 佺《詩源》／楚

周之與

曾 燦《過日集》／10

周之嶧

魏喬介《觀始集》／8

周之琰

黃傳祖《扶輪續集》／11

顧有孝《驪珠集》／2

徐 崧《詩風初集》／11

卓爾堪《明遺民詩》／14

周士章

孫 銈《皇清詩選》／江南

周士彬

孫 銈《皇清詩選》／江南

沈德潛《國朝詩別裁集》／318

周士儀

陶 煊、張 璨《國朝詩的》／湖廣4

周乃來

魏　耕、錢价人《今詩粹》

周天藻

沈德潛《國朝詩別裁集》／529

周公勳

彭廷梅《國朝詩選》／2

周公贊

徐　崧《詩風初集》／5；8；14

曾　燦《過日集》／9

周公瑾

徐　崧《詩風初集》／10

曾　燦《過日集》／10

周以忠

陶　煊、張　璨《國朝詩的》／山西1

周允師

趙　炎《尊閣詩藏》／7五言律

孫　鋐《皇清詩選》／浙江

周立勳

黃傳祖《扶輪續集》／11

程　棟、施　譶《鼓吹新編》／2

王士禎《感舊集》／4

曾　燦《過日集》／3

周宁儀

程　棟、施　譶《鼓吹新編》／4

徐　崧、陳濟生《詩南》／6

周永年

黃傳祖《扶輪續集》／2；8；10

程　棟、施　譶《鼓吹新編》／1

徐　崧、陳濟生《詩南》／6；9

徐　崧《詩風初集》／6；8；17

卓爾堪《明遺民詩》／13

周永言

徐　崧、陳濟生《詩南》／7

周永肩

徐　崧《詩風初集》／13

周永銓

沈德潛《國朝詩別裁集》／554

周必勃

蔣　籬、翁介眉《清詩初集》／12

陶　煊、張　璨《國朝詩的》／江西2

周世臣

黃傳祖《扶輪續集》／9

姚　佺《詩源》／吳

魏　耕、錢价人《今詩粹》

徐　崧、陳濟生《詩南》／7

周旦齡

徐　崧《詩風初集》／2

曾　燦《過日集》／3；9

孫　鋐《皇清詩選》／江南

周令樹

黃傳祖《扶輪廣集》／11

黃傳祖《扶輪新集》／8

魏裔介《觀始集》／6

顧有孝《驪珠集》／9

魏　憲《詩持一集》／2

魏　憲《補石倉詩選》／2

魏　憲《皇清百名家詩選》／34

趙　炎《尊閣詩藏》／5五言律

徐　崧《詩風初集》／8；11

陸次雲《詩平初集》／3；4；7；10

蔣　籬、翁介眉《清詩初集》／7；9

曾　燦《過日集》／3

孫　鋐《皇清詩選》／河南

陶　煊、張　璨《國朝詩的》／河南1

周再勛

黃傳祖《扶輪廣集》／6；14

魏裔介《觀始集》／4

周在昇

吳元桂《昭代詩針》／3

综合索引（八畫）

周在延

鄧漢儀《天下名家詩觀》／9

顧施禎（禎）《盛朝詩選初集》／12

（附）

吳元桂《昭代詩針》／3

沈德潛《國朝詩別裁集》／459

周在建

孫　鋐《皇清詩選》／河南

王爾綱《天下名家詩永》／10

陶　煊、張　璨《國朝詩的》／河南2

吳元桂《昭代詩針》／3

周在浚

顧有孝《驪珠集》／7

魏　憲《詩持二集》／7

鄧漢儀《天下名家詩觀》／9

鄧漢儀《詩觀二集》／6

徐　崧《詩風初集》／9；13

席居中《昭代詩存》／6

陸次雲《詩平初集》／7；10；11

蔣　鑨、翁介眉《清詩初集》／3；7；

9；11

曾　燦《過日集》／3

孫　鋐《皇清詩選》／河南

王爾綱《天下名家詩永》／10

顧施禎（禎）《盛朝詩選初集》／6

陳維崧《篋衍集》／4；8；10；11

陶　煊、張　璨《國朝詩的》／河南2

吳元桂《昭代詩針》／3

彭廷梅《國朝詩選》／10

沈德潛《國朝詩別裁集》／139

周在都

吳　藎《名家詩選》／4

吳元桂《昭代詩針》／3

周在圖

彭廷梅《國朝詩選》／2

周而衍

鄧漢儀《詩觀二集》／8

蔣　鑨、翁介眉《清詩初集》／5

周名世

蔣　鑨、翁介眉《清詩初集》／6

周宏藻

魏喬介《觀始集》／11

魏　耕、錢价人《今詩粹》

徐　崧《詩風初集》／7

周邦光

王爾綱《天下名家詩永》／13

朱　觀《國朝詩正》／1

陶　煊、張　璨《國朝詩的》／江南12

陳以剛《國朝詩品》／17

周邦彬

顧有孝《驪珠集》／5

魏　憲《詩持三集》／5

魏　憲《補石倉詩選》／2

徐　崧《詩風初集》／13；16

席居中《昭代詩存》／5

周邦鼎

徐　崧《詩風初集》／10

周孝學

沈德潛《國朝詩別裁集》／538

周扶櫃

陶　煊、張　璨《國朝詩的》／湖廣7

周廷英

姚　佺《詩源》／吳

周廷徵

鄧漢儀《天下名家詩觀》／11

周廷禧

程　棟、施　諲《鼓吹新編》／10

魏　耕、錢价人《今詩粹》

徐　崧、陳濟生《詩南》／7；8

顧有孝《驪珠集》／10

徐 崧《詩風初集》/9；14；17；18

周廷鑨

徐 崧、陳濟生《詩南》/3；5；8；11

趙 炎《尊閣詩藏》/1 五言古；2 五言律

徐 崧《詩風初集》/8；14

蔣 鑨、翁介眉《清詩初集》/1；6；8；11；12

孫 鋡《皇清詩選》/福建

陶 煌、張 璨《國朝詩的》/福建 2

周宗儒

鄧漢儀《詩觀二集》/12

周定鼎

徐 崧《詩風初集》/18

周沛生

魏 憲《詩持三集》/10

周芬斗

陳以剛《國朝詩品》/18

周芬佩

陳以剛《國朝詩品》/18

周季琬

黃傳祖《扶輪廣集》/4；13

魏裔介《觀始集》/2

趙 炎《尊閣詩藏》/3 五言律

徐 崧《詩風初集》/2；8；16

蔣 鑨、翁介眉《清詩初集》/1；6

王爾綱《天下名家詩永》/5

周和溥

陶 煌、張 璨《國朝詩的》/湖廣 7

周金然

鄧漢儀《詩觀二集》/7

陸次雲《詩平初集》/1；3；7

孫 鋡《皇清詩選》/江南

顧施禎（禎）《盛朝詩選初集》/1；3；

4；7；10

陶 煌、張 璨《國朝詩的》/江南 6

沈德潛《國朝詩別裁集》/231

周命佐

吳元桂《昭代詩針》/6

周亮工

黃傳祖《扶輪續集》/3；8；11

黃傳祖《扶輪廣集》/1；2；5；8；10；14

黃傳祖《扶輪新集》/8；10

魏裔介《觀始集》/2；5；8

程 棟、施 誕《鼓吹新編》/6；14

姚 佺《詩源》/豫

陳允衡《國雅》/6

徐 崧、陳濟生《詩南》/12

魏裔介《清詩湖洄集》/5

顧有孝《驪珠集》/2

魏 憲《詩持二集》/1

魏 憲《詩持三集》/1

魏 憲《補石倉詩選》/2

趙 炎《尊閣詩藏》/1 五言律；3 七言律

鄧漢儀《天下名家詩觀》/1

徐 崧《詩風初集》/7；9；11；16

王士禎《感舊集》/5

席居中《昭代詩存》/2

陸次雲《詩平初集》/1；2；6；8；12

蔣 鑨、翁介眉《清詩初集》/1；3；5；6；8；11；12

曾 燦《過日集》/1；3；6；9

孫 鋡《皇清詩選》/河南

王爾綱《天下名家詩永》/3

顧施禎（禎）《盛朝詩選初集》/4；6；12（附）

陳維崧《篋衍集》/9；11

综合索引（八畫）

周佑予《清詩鼓吹》／1

吴 藎《名家詩選》／2

劉 然《國朝詩乘》／10

陶 煊、張 璨《國朝詩的》／河南1

陳以剛《國朝詩品》／4

查 義、查岐昌《國朝詩因》／3

彭廷梅《國朝詩選》／1；3；9；11

沈德潛《國朝詩別裁集》／26

周亮公

彭廷梅《國朝詩選》／8

周茂源

黃傳祖《扶輪新集》／6；10

魏裔介《觀始集》／8

陳祚明、韓 詩《國門集》／4

魏 耕、錢价人《今詩粹》

顧有孝《驪珠集》／4

魏 憲《詩持二集》／7

魏 憲《詩持三集》／1；10

魏 憲《補石倉詩選》／2

趙 炎《尊閣詩藏》／1 五言古；2 五

言律；4 七言律；6 五言律

鄧漢儀《天下名家詩觀》／6

徐 崧《詩風初集》／10；11；15

王士禎《感舊集》／14

席居中《昭代詩存》／3

蔣 瓏、翁介眉《清詩初集》／3；6；

8；10；11；12

曾 燦《過日集》／4；7；10

孫 鋐《皇清詩選》／江南

顧施楨（禎）《盛朝詩選初集》／8

周佑予《清詩鼓吹》／1

沈德潛《國朝詩別裁集》／51

周茂葒

徐 崧、陳濟生《詩南》／10

周茂藻

姚 佺《詩源》／吴

徐 崧《詩風初集》／13

卓爾堪《明遺民詩》／14

周茂蘭

姚 佺《詩源》／吴

徐 崧《詩風初集》／5

卓爾堪《明遺民詩》／15

周垣綜

陶 煊、張 璨《國朝詩的》／浙江2

周拱辰

徐 崧《詩風初集》／7；17

周貞媛

倪匡世《振雅堂彙編詩最》／9

周迪吉

趙 炎《尊閣詩藏》／1 七言律

鄧漢儀《天下名家詩觀》／7

蔣 瓏、翁介眉《清詩初集》／2；7

周爱訒

曾 燦《過日集》／4

周禹吉

徐 崧《詩風初集》／5

周衍喬

卓爾堪《明遺民詩》／14

周建昌

顧施楨（禎） 《盛朝詩選初集》／12

（附）

周姑媛

倪匡世《振雅堂彙編詩最》／9

周宸藻

魏裔介《觀始集》／9

顧有孝《驪珠集》／9

趙 炎《尊閣詩藏》／4 七言律

徐 崧《詩風初集》／17

陶 煊、張 璨《國朝詩的》／浙江8

周祚新

黄傳祖《扶輪續集》/ 5

黄傳祖《扶輪廣集》/ 3

姚 佺《詩源》/ 黔

周起辛

鄧漢儀《詩觀三集》/ 3

陶 煊、張 璨《國朝詩的》/ 浙江 5

周起渭

陶 煊、張 璨《國朝詩的》/ 貴州 1

查 義、查岐昌《國朝詩因》/ 4

彭廷梅《國朝詩選》/ 7

沈德潛《國朝詩別裁集》/ 314

周振采

沈德潛《國朝詩別裁集》/ 515

周振琬

魏 耕、錢价人《今詩粹》

魏 憲《詩持三集》/ 9

徐 崧《詩風初集》/ 10

孫 銓《皇清詩選》/ 浙江

周振璩

徐 崧《詩風初集》/ 9

周振藻

魏 憲《詩持三集》/ 9

徐 崧《詩風初集》/ 5; 10

曾 燦《過日集》/ 8

周晉臣

王爾綱《天下名家詩永》/ 13

周清原

孫 銓《皇清詩選》/ 江南

周淑媛

倪匡世《振雅堂彙編詩最》/ 9

周啓萬

蔣 鑨、翁介眉《清詩初集》/ 7; 9

周勒卣

陳允衡《詩慰初集》

周國班

程 棟、施 譚《鼓吹新編》/ 10

徐 崧、陳濟生《詩南》/ 9

周雲駿

顧有孝《驪珠集》/ 8

周彭年

倪匡世《振雅堂彙編詩最》/ 6

周斯盛

魏 憲《詩持二集》/ 8

鄧漢儀《天下名家詩觀》/ 9

鄧漢儀《詩觀二集》/ 10; 12

鄧漢儀《詩觀三集》/ 12

徐 崧《詩風初集》/ 9

席居中《昭代詩存》/ 10

陸次雲《詩平初集》/ 3

蔣 鑨、翁介眉《清詩初集》/ 2; 7; 8

孫 銓《皇清詩選》/ 浙江

顧施楨（禎）《盛朝詩選初集》/ 5

陶 煊、張 璨《國朝詩的》/ 浙江 5

周棐臣

鄧漢儀《詩觀二集》/ 12

周靖公

姚 佺《詩源》/ 豫

周福柱

徐 崧《詩風初集》/ 10

周聖楷

黄傳祖《扶輪續集》/ 1; 2; 8

黄傳祖《扶輪廣集》/ 11

陶 煊、張 璨《國朝詩的》/ 湖廣 3

彭廷梅《國朝詩選》/ 11

周敬薄

陶 煊、張 璨《國朝詩的》/ 湖廣 10

周經才

趙 炎《尊閣詩藏》/ 7 五言律

综合索引（八畫）

周端舉

吴元桂《昭代詩針》／12

周齊曾

卓爾堪《明遺民詩》／12

周榮光

陶 煊、張 璨《國朝詩的》／江南 12

陳以剛《國朝詩品》／17

彭廷梅《國朝詩選》／2

周榮起

顧有孝《驪珠集》／4

徐 崧《詩風初集》／12

陶 煊、張 璨《國朝詩的》／江南 3

周嘉模

魏 耕、錢价人《今詩粹》

顧有孝《驪珠集》／11

周鼎望

陳 瑚《從遊集》／下

周僧度

黄傳祖《扶輪續集》／7

周綜垣

倪匡世《振雅堂彙編詩最》／5

周維柏

蔣 鑨、翁介眉《清詩初集》／6；12

周夢仙

姚 佺《詩源》／楚

鄧漢儀《天下名家詩觀》／9

王爾綱《天下名家詩永》／5

卓爾堪《明遺民詩》／15

劉 然《國朝詩乘》／9

陶 煊、張 璨《國朝詩的》／湖廣 7

周撫辰

黄傳祖《扶輪廣集》／4

徐 崧、陳濟生《詩南》／8

顧有孝《驪珠集》／9

徐 崧《詩風初集》／9；14

孫 鋐《皇清詩選》／江南

顧施禎（禛）《盛朝詩選初集》／6

周撫宸

程 棟、施 譔《鼓吹新編》／10

周龍甲

顧有孝《驪珠集》／6

周龍光

陶 煊、張 璨《國朝詩的》／江南 12

陳以剛《國朝詩品》／17

周龍舒

鄧漢儀《詩觀二集》／9

孫 鋐《皇清詩選》／兩廣

王爾綱《天下名家詩永》／7

周龍藻

陳以剛《國朝詩品》／17

沈德潛《國朝詩別裁集》／458

周積忠

魏 耕、錢价人《今詩粹》

顧有孝《驪珠集》／11

周積賢

程 棟、施 譔《鼓吹新編》／10

魏 耕、錢价人《今詩粹》

徐 崧、陳濟生《詩南》／12

曾 燦《過日集》／7

周應遇

陶 煊、張 璨《國朝詩的》／湖廣 5

周韓起

陶 煊、張 璨《國朝詩的》／福建 2

周穆廉

孫 鋐《皇清詩選》／江南

沈德潛《國朝詩別裁集》／272

周繼皋

徐 崧《詩風初集》／14

周繼瀟

彭廷梅《國朝詩選》／10；11；13

周躍龍

王爾綱《天下名家詩永》／11

周蘭森

陶煊、張璨《國朝詩的》／浙江 7

周體觀

黃傳祖《扶輪新集》／3；6；8；10

魏裔介《觀始集》／1；3；6；8；11；12

陳允衡《國雅》／8

魏裔介《清詩溯洄集》／7

顧有孝《驪珠集》／2

魏　憲《詩持二集》／5

魏　憲《補石倉詩選》／3

魏　憲《皇清百名家詩選》／41

趙　炎《尊聞詩藏》／2 五言古；2 五言律

鄧漢儀《詩觀二集》／13

徐　崧《詩風初集》／5；9；13

王士禎《感舊集》／14

席居中《昭代詩存》／3

陸次雲《詩平初集》／2；6；8

蔣　醴、翁介眉《清詩初集》／3；4；7；8；10；11；12

曾　燦《過日集》／2；3；6；9

孫　鋐《皇清詩選》／京師

王爾綱《天下名家詩永》／6

顧施楨（禎）《盛朝詩選初集》／8；12（附）

陳維崧《篋衍集》／1；4；7

陶煊、張璨《國朝詩的》／直隸 1

吳元桂《昭代詩針》／3

彭廷梅《國朝詩選》／2；5；7

沈德潛《國朝詩別裁集》／50

周籤齡

席居中《昭代詩存》／4

周□□（字晉山）

馬道畊《清詩二集》／3

阿　林

陶煊、張璨《國朝詩的》／盛京 2

阿爾泰

馬道畊《清詩二集》／3

邵　庚

蔣　醴、翁介眉《清詩初集》／7；9

邵　旻

王爾綱《天下名家詩永》／14

邵　岷

汪　觀《清詩大雅》／7

沈德潛《國朝詩別裁集》／547

邵　泰

沈德潛《國朝詩別裁集》／437

邵　晃

曾　燦《過日集》／10

王爾綱《天下名家詩永》／5

邵　崑

孫　鋐《皇清詩選》／江南

邵　笠

陶煊、張璨《國朝詩的》／江南 6

邵　陵

沈德潛《國朝詩別裁集》／457

邵　韋

魏　耕、錢价人《今詩粹》

邵　潛

程　棟、施　諲《鼓吹新編》／2

魏　耕、錢价人《今詩粹》

顧有孝《驪珠集》／4

鄧漢儀《詩觀二集》／6

徐　崧《詩風初集》／12

王士禎《感舊集》／1

孫　鋐《皇清詩選》／江南

卓爾堪《明遺民詩》／10

综合索引（八畫）

邵 濂

馮 舒《懷舊集》上／2上

邵 瓊

沈德潛《國朝詩別裁集》／180

邵 齋

孫 鋐《皇清詩選》／江南

邵 龍

徐 崧《詩風初集》／17

邵大潛

陶 煊、張 璨《國朝詩的》／江南5

邵弘堂

蔣 鑨、翁介眉《清詩初集》／7

邵似歐

徐 崧《詩風初集》／12

曾 燦《過日集》／2；4；6；10

邵言珪

顧有孝《驪珠集》／10

邵志晉

陳以剛《國朝詩品》／17

邵志謙

陳以剛《國朝詩品》／17

邵吳遠

蔣 鑨、翁介眉《清詩初集》／3

曾 燦《過日集》／5；6；9

邵長蘅

鄧漢儀《詩觀二集》／9

蔣 鑨、翁介眉《清詩初集》／1；4；6；10；11

曾 燦《過日集》／2；5；8

孫 鋐《皇清詩選》／江南

陳維崧《篋衍集》／2；4

吳 藎《名家詩選》／2

陶 煊、張 璨《國朝詩的》／江南11

陳以剛《國朝詩品》／10

吳元桂《昭代詩針》／7

彭廷梅《國朝詩選》／5

沈德潛《國朝詩別裁集》／258

邵曾訓

沈德潛《國朝詩別裁集》／452

邵遠平

孫 鋐《皇清詩選》／浙江

顧施禎（禎）《盛朝詩選初集》／2；4；6；12；12（附）

陳以剛《國朝詩品》／15

邵錫申

鄧漢儀《詩觀二集》／12

孫 鋐《皇清詩選》／浙江

邵錫榮

顧施禎（禎）《盛朝詩選初集》／5；12（附）

沈德潛《國朝詩別裁集》／473

邵錫蔭

蔣 鑨、翁介眉《清詩初集》／11

曾 燦《過日集》／4

邵錦潮

沈德潛《國朝詩別裁集》／480

邵懷棠

曾 燦《過日集》／5；8

屈 復

汪 觀《清詩大雅二集》／4

吳元桂《昭代詩針》／11

彭廷梅《國朝詩選》／2；6；8；9；14

沈德潛《國朝詩別裁集》／504

屈大均

趙 炎《尊閣詩藏》／4五言律；5五言律

鄧漢儀《詩觀二集》／1

鄧漢儀《詩觀三集》／2

徐 崧《詩風初集》／2；6；8；14；15；16；17

席居中《昭代詩存》/ 8
陸次雲《詩平初集》/ 2；6；9；11
蔣　薰、翁介眉《清詩初集》/ 2；5；
　　7；8；11；12
曾　燦《過日集》/ 4；7；10
孫　鋐《皇清詩選》/ 兩廣
倪匡世《振雅堂彙編詩最》/ 1
王爾綱《天下名家詩永》/ 12
陳維崧《篋衍集》/ 1；4；5；7；11
卓爾堪《明遺民詩》/ 7
吳　蘭《名家詩選》/ 1
劉　然《國朝詩乘》/ 5
陶　煊、張　璨《國朝詩的》/ 廣東 1
吳元桂《昭代詩針》/ 1
彭廷梅《國朝詩選》/ 2；8；11
沈德潛《國朝詩別裁集》/ 134

屈景賢

陶　煊、張　璨《國朝詩的》/ 江南 14
陳以剛《國朝詩品》/ 16
汪　觀《清詩大雅》/ 17
汪　觀《清詩大雅二集》/ 4
吳元桂《昭代詩針》/ 13

孟　登

黃傳祖《扶輪廣集》/ 2；5；8；14
魏喬介《觀始集》/ 11
姚　佺《詩源》/ 楚

孟　瑤

黃傳祖《扶輪廣集》/ 9
魏　憲《補石倉詩選》/ 2
魏　憲《皇清百名家詩選》/ 59

孟　遠

程　棟、施　譚《鼓吹新編》/ 11
魏　耕、錢价人《今詩粹》
徐　崧、陳濟生《詩南》/ 7

孟　甫

姚　佺《詩源》/ 豫
卓爾堪《明遺民詩》/ 9；15

孟　觀

魏喬介《觀始集》/ 4
姚　佺《詩源》/ 豫

孟九錄

鄧漢儀《詩觀二集》/ 12
孫　鋐《皇清詩選》/ 山東

孟世維

彭廷梅《國朝詩選》/ 2

孟弘秩

王爾綱《天下名家詩永》/ 11

孟亮揆

鄧漢儀《詩觀二集》/ 9
鄧漢儀《詩觀三集》/ 9
席居中《昭代詩存》/ 5
陸次雲《詩平初集》/ 7；9；12
蔣　薰、翁介眉《清詩初集》/ 7；12
曾　燦《過日集》/ 10
孫　鋐《皇清詩選》/ 江南
王爾綱《天下名家詩永》/ 11
顧施禎（禎）《盛朝詩選初集》/ 3；4；
　　7；10
陶　煊、張　璨《國朝詩的》/ 江南 7
吳元桂《昭代詩針》/ 2
彭廷梅《國朝詩選》/ 3
沈德潛《國朝詩別裁集》/ 168

孟康侯

徐　崧《詩風初集》/ 10

孟乾德

魏　憲《詩持三集》/ 9
趙　炎《尊閣詩藏》/ 3 五言律
徐　崧《詩風初集》/ 10

综合索引（九畫）

孟稱舜

程 棅、施 譚《鼓吹新編》／2

徐 崧、陳濟生《詩南》／5

九 畫

冼國幹

顧施楨（禎）《盛朝詩選初集》／12

（附）

姜 圻

徐 崧、陳濟生《詩南》／5

姜 垍

蔣 鑨、翁介眉《清詩初集》／6

孫 銓《皇清詩選》／浙江

吳元桂《昭代詩針》／4

姜 坡

黃傳祖《扶輪續集》／3；8

黃傳祖《扶輪廣集》／6

程 棅、施 譚《鼓吹新編》／4

姚 佺《詩源》／齊魯

魏 耕、錢价人《今詩粹》

徐 崧、陳濟生《詩南》／1；3；8；12

魏 憲《補石倉詩選》／1

鄧漢儀《詩觀二集》／1

徐 崧《詩風初集》／5；7；11

王士禎《感舊集》／2

曾 燦《過日集》／5；8；9

孫 銓《皇清詩選》／山東

王爾綱《天下名家詩永》／1

顧施楨（禎）《盛朝詩選初集》／9

陳維崧《篋衍集》／9

卓爾堪《明遺民詩》／5

陶 煊、張 璨《國朝詩的》／山東1

彭廷梅《國朝詩選》／5

姜 烈

王爾綱《天下名家詩永》／5

姜 展

王爾綱《天下名家詩永》／9

姜 採

黃傳祖《扶輪續集》／4

黃傳祖《扶輪廣集》／2；10

姚 佺《詩源》／齊魯

魏 耕、錢价人《今詩粹》

徐 崧、陳濟生《詩南》／8

鄧漢儀《詩觀二集》／1

徐 崧《詩風初集》／8

王士禎《感舊集》／2

孫 銓《皇清詩選》／山東

王爾綱《天下名家詩永》／1

陳維崧《篋衍集》／4

卓爾堪《明遺民詩》／1

陶 煊、張 璨《國朝詩的》／山東1

陳以剛《國朝詩品》／5

姜 梗

顧有孝《驪珠集》／10

鄧漢儀《詩觀二集》／10；13

徐 崧《詩風初集》／5；8

王士禎《感舊集》／13

席居中《昭代詩存》／11

曾 燦《過日集》／2；3；8

孫 銓《皇清詩選》／浙江

王爾綱《天下名家詩永》／5

卓爾堪《明遺民詩》／8

陶 煊、張 璨《國朝詩的》／浙江2

吳元桂《昭代詩針》／6

姜 堯

鄧漢儀《詩觀二集》／3

曾 燦《過日集》／10

陶 煊、張 璨《國朝詩的》／浙江1

姜遵

孙鋐《皇清诗选》／江南

姜谏

邓汉仪《诗观二集》／13

孙鋐《皇清诗选》／浙江

姜鸿

朱观《国朝诗正》／4

姜璜

孙鋐《皇清诗选》／河南

姜大中

姚佺《诗源》／吴

姜文登

刘然《国朝诗乘》／9

姜文燦

王尔纲《天下名家诗永》／12

顾施桢（桢）《盛朝诗选初集》／2

姜天枢

曾燦《过日集》／5；10

姜元衡

魏畲介《观始集》／9

姜日广

魏宪《补石仓诗选》／1

王尔纲《天下名家诗永》／1

姜公铨

曾燦《过日集》／10

姜生齐

席居中《昭代诗存》／11

姜安节

曾燦《过日集》／3；6

孙鋐《皇清诗选》／山东

卓尔堪《明遗民诗》／10

陶煊、张璨《国朝诗的》／山东1

吴元桂《昭代诗针》／6

姜臣在

陶煊、张璨《国朝诗的》／浙江2

姜任修

陶煊、张璨《国朝诗的》／江南11

姜希辙

邓汉仪《诗观二集》／1

邓汉仪《诗观三集》／6

席居中《昭代诗存》／13

陆次云《诗平初集》／2；5；6；9；12

蒋釴、翁介眉《清诗初集》／2；5；7；12

曾燦《过日集》／4；6；10

孙鋐《皇清诗选》／浙江

查義、查岐昌《国朝诗因》／3

姜廷悟

魏畲介《观始集》／11；12

程棅、施谨《鼓吹新编》／8

邓汉仪《天下名家诗观》／5

曾燦《过日集》／5

陶煊、张璨《国朝诗的》／江南5

姜廷梧

魏耕、钱价人《今诗粹》

徐崧、陈济生《诗南》／4；7；9

顾有孝《驪珠集》／8

徐崧《诗风初集》／8；14

蒋釴、翁介眉《清诗初集》／6

孙鋐《皇清诗选》／浙江

姜廷榦

黄傅祖《扶轮广集》／9

程棅、施谨《鼓吹新编》／7；14

徐崧、陈济生《诗南》／9

邓汉仪《诗观二集》／8

姜廷幹

徐崧、陈济生《诗南》／6

姜宸英

顾有孝《驪珠集》／7

邓汉仪《诗观二集》／6

综合索引（九画）

徐 崧《诗风初集》／13
席居中《昭代诗存》／8
陆次云《诗平初集》／12
曾 燦《过日集》／1；8
孙 铨《皇清诗选》／浙江
王尔纲《天下名家诗永》／12
陈维崧《箧衍集》／2
吴 藎《名家诗选》／3
陈以刚《国朝诗品》／11
查 義、查岐昌《国朝诗因》／4
吴元桂《昭代诗针》／7
沈德潜《国朝诗别裁集》／319

姜晋珏

程 棆、施 謇《鼓吹新编》／10

姜培颖

蒋 鑨、翁介眉《清诗初集》／11

姜越傭

徐 崧《诗风初集》／9

姜阳琪

汪 观《清诗大雅》／14

姜实节

蒋 鑨、翁介眉《清诗初集》／12
曾 燦《过日集》／10
孙 铨《皇清诗选》／山东
吴 藎《名家诗选》／2
吴元桂《昭代诗针》／6
沈德潜《国朝诗别裁集》／364

姜图南

黄傅祖《扶轮广集》／3；6；11
黄傅祖《扶轮新集》／6；8；10
魏裔介《观始集》／1；4；6；8
陈祚明、韩 诗《国门集》／4；5
程 棆、施 謇《鼓吹新编》／7
魏 耕、钱价人《今诗粹》
徐 崧、陈济生《诗南》／6；9

魏裔介《清诗溯洄集》／8
顾有孝《驪珠集》／3
魏 憲《诗持二集》／4
赵 炎《尊闻诗藏》／2 五言律
徐 崧《诗风初集》／8；14
席居中《昭代诗存》／14
蒋 鑨、翁介眉《清诗初集》／7；9
曾 燦《过日集》／4；10
孙 铨《皇清诗选》／浙江
刘 然《国朝诗乘》／2
陶 煊、张 璩《国朝诗的》／浙江2
陈以刚《国朝诗品》／10
彭廷梅《国朝诗选》／1

姜樊鼎

蒋 鑨、翁介眉《清诗初集》／4

姜鹤儕

顾有孝《驪珠集》／4
徐 崧《诗风初集》／13

洪 昇

邓漢仪《诗观二集》／9
徐 崧《诗风初集》／9；18
陆次云《诗平初集》／3；5；7；10；11；12
蒋 鑨、翁介眉《清诗初集》／8；11；12
孙 铨《皇清诗选》／浙江
顾施桢（祯）《盛朝诗选初集》／7；9
陈维崧《箧衍集》／2；4；5；8；11
陶 煊、张 璩《国朝诗的》／浙江5；7
吴元桂《昭代诗针》／7
彭廷梅《国朝诗选》／1；9；12
沈德潜《国朝诗别裁集》／272

洪 玥

陶 煊、张 璩《国朝诗的》／湖广8

洪 琮

陈祚明、韩 诗《国门集》／1

姚 佺《诗源》／吴

邓汉仪《诗观二集》／8

徐 崧《诗风初集》／7

陶 煊、张 璨《国朝诗的》／江南4

洪 鉞

邓汉仪《诗观三集》／5

吴 蒿《名家诗选》／3

吴元桂《昭代诗针》／8

洪 铭

王尔纲《天下名家诗永》／11

洪 声

陶 煊、张 璨《国朝诗的》／江南12

彭廷梅《国朝诗选》／2

洪 瀛

卓尔堪《明遗民诗》／14

洪 澜

曾 燦《过日集》／10

洪之杰

陶 煊、张 璨《国朝诗的》／湖广7

洪士铭

魏 宪《诗持一集》／2

魏 宪《补石仓诗选》／3

赵 炎《尊闻诗藏》／4 七言律

洪元怡

朱 观《国朝诗正》／5

洪玄赏

程 棅、施 谭《鼓吹新编》／9

洪必元

吴 蒿《名家诗选》／3

洪必韬

吴 蒿《名家诗选》／3

洪有守

黄傅祖《扶轮新集》／1

洪如葛

陶 煊、张 璨《国朝诗的》／湖广6

洪如蒲

陶 煊、张 璨《国朝诗的》／湖广8

洪成晋

吴 蒿《名家诗选》／2

洪周禄

蒋 鑨、翁介眉《清诗初集》／11

陶 煊、张 璨《国朝诗的》／湖广2

洪承畴

查 義、查岐昌《国朝诗因》／1

洪度汪

王尔纲《天下名家诗永》／7

洪宫谱

邓汉仪《诗观三集》／5

吴元桂《昭代诗针》／2

洪理顺

魏 宪《诗持二集》／4

洪景行

朱 观《国朝诗正》／2

洪嘉植

邓汉仪《天下名家诗观》／9

汪 观《清诗大雅二集》／7

彭廷梅《国朝诗选》／11

沈德潜《国朝诗别裁集》／533

洪图光

孙 鋐《皇清诗选》／浙江

陶 煊、张 璨《国朝诗的》／浙江1

彭廷梅《国朝诗选》／2

洪德璇

王尔纲《天下名家诗永》／11

宣奇胤

顾有孝《驪珠集》／10

徐 崧《诗风初集》／10

綜合索引（九畫）

宣奇顯
　孫鋐《皇清詩選》／江南
計　名
　顧有孝《驪珠集》／3
計　旭
　魏裔介《清詩溯洄集》／8
計　東
　黃傳祖《扶輪續集》／4；7
　黃傳祖《扶輪廣集》／11
　魏裔介《觀始集》／4；6；9
　陳祚明、韓　詩《國門集》／3；4；5
　程　棟、施　諲《鼓吹新編》／10
　姚　佺《詩源》／越
　魏　耕、錢价人《今詩粹》
　徐　崧、陳濟生《詩南》／7；10
　魏裔介《清詩溯洄集》／8
　顧有孝《驪珠集》／6
　魏　憲《詩持一集》／3
　魏　憲《補石倉詩選》／3
　魏　憲《皇清百名家詩選》／57
　鄧漢儀《詩觀二集》／6；12
　徐　崧《詩風初集》／6；7；9；11
　王士禛《感舊集》／12
　席居中《昭代詩存》／5
　陸次雲《詩平初集》／8
　蔣　薰、翁介眉《清詩初集》／8
　曾　燦《過日集》／9
　孫鋐《皇清詩選》／江南
　王爾綱《天下名家詩永》／7
　吳　藎《名家詩選》／2
　劉　然《國朝詩乘》／6
　陶　煊、張　璨《國朝詩的》／江南10
　陳以剛《國朝詩品》／7
　吳元桂《昭代詩針》／7
　彭廷梅《國朝詩選》／5

沈德潛《國朝詩別裁集》／79
計　炳
　顧有孝《驪珠集》／11
計　能
　徐　崧《詩風初集》／9
計　善
　魏　耕、錢价人《今詩粹》
　趙　炎《尊閣詩藏》／5五言律
　徐　崧《詩風初集》／12
計　僑
　徐　崧、陳濟生《詩南》／11
　徐　崧《詩風初集》／10
　陸次雲《詩平初集》／7；10
計　默
　沈德潛《國朝詩別裁集》／439
計　潛
　孫鋐《皇清詩選》／江南
計元坊
　沈德潛《國朝詩別裁集》／476
計南陽
　陳祚明、韓　詩《國門集》／6
　魏　耕、錢价人《今詩粹》
　徐　崧、陳濟生《詩南》／6
　顧有孝《驪珠集》／7
　徐　崧《詩風初集》／12；15
　王士禛《感舊集》／4
　陸次雲《詩平初集》／10
　孫鋐《皇清詩選》／江南
　卓爾堪《明遺民詩》／8
施　男
　程　棟、施　諲《鼓吹新編》／4
　王爾綱《天下名家詩永》／13
施　炳
　陸次雲《詩平初集》／10

施 咸

程 棅、施 諲《鼓吹新編》／9

徐 崧、陳濟生《詩南》／5；12

顧有孝《驪珠集》／11

施 悅

倪匡世《振雅堂彙編詩最》／9

卓爾堪《明遺民詩》／13

施 清

鄧漢儀《詩觀三集》／7

徐 崧《詩風初集》／10

陸次雲《詩平初集》／7；10；12

施 琚

魏 憲《詩持三集》／8

趙 炎《尊閣詩藏》／5五言律

孫 銈《皇清詩選》／江南

施 琦

陶 煊、張 璨《國朝詩的》／江南12

沈德潛《國朝詩別裁集》／492

施 達

王爾綱《天下名家詩永》／4

施 藏

程 棅、施 諲《鼓吹新編》／11

施 諲

徐 崧、陳濟生《詩南》／2；4；6；9

施 鴻

魏 憲《詩持三集》／3

趙 炎《尊閣詩藏》／3七言律；6五言律

徐 崧《詩風初集》／9；16

孫 銈《皇清詩選》／福建

施 藏

徐 崧《詩風初集》／10

曾 燦《過日集》／5

施 鑄

魏 耕、錢价人《今詩粹》

施 譽

黃傳祖《扶輪新集》／9

陳允衡《國雅》／27

徐 崧、陳濟生《詩南》／6

徐 崧《詩風初集》／14

陸次雲《詩平初集》／1

蔣 鑨、翁介眉《清詩初集》／1

孫 銈《皇清詩選》／江南

施一濱

倪匡世《振雅堂彙編詩最》／5

施士愷

彭廷梅《國朝詩選》／8；9

施大年

魏 耕、錢价人《今詩粹》

施文炳

徐 崧《詩風初集》／17

施世綸

鄧漢儀《詩觀三集》／8

倪匡世《振雅堂彙編詩最》／5

吳 藎《名家詩選》／2

陶 煊、張 璨《國朝詩的》／福建2

汪 觀《清詩大雅二集》／7

彭廷梅《國朝詩選》／5；10

施外黃

魏 憲《詩持三集》／9

孫 銈《皇清詩選》／福建

彭廷梅《國朝詩選》／4

施廷瑞

汪 觀《清詩大雅二集》／2

彭廷梅《國朝詩選》／6

施廷錦

程 棅、施 諲《鼓吹新編》／10

施何牧

沈德潛《國朝詩別裁集》／279

综合索引（九画）

施邵生

王爾綱《天下名家詩永》／11

施洪烈

程 棟、施 譚《鼓吹新編》／4

施彥恪

鄧漢儀《詩觀二集》／13

孫 鋐《皇清詩選》／江南

施重熙

程 棟、施 譚《鼓吹新編》／4

施振鐸

倪匡世《振雅堂彙編詩最》／4

施惟明

程 棟、施 譚《鼓吹新編》／9；14

徐 崧、陳濟生《詩南》／6

施廷光

程 棟、施 譚《鼓吹新編》／9

徐 崧、陳濟生《詩南》／10

施廷量

程 棟、施 譚《鼓吹新編》／11

施班實

蔣 薰、翁介眉《清詩初集》／6

施廷寶

徐 崧、陳濟生《詩南》／12

趙 炎《尊閣詩藏》／3 七言律；4 五言律

徐 崧《詩風初集》／8

孫 鋐《皇清詩選》／江南

施雲蒸

曾 燦《過日集》／10

施雲標

彭廷梅《國朝詩選》／4

施閏章

黃傳祖《扶輪廣集》／9

黃傳祖《扶輪新集》／3；6；8；10

魏裔介《觀始集》／2；9

陳祚明、韓 詩《國門集》／2；3；4；6

程 棟、施 譚《鼓吹新編》／5

魏 耕、錢价人《今詩粹》

陳允衡《國雅》／10

徐 崧、陳濟生《詩南》／6

魏裔介《清詩溯洄集》／1；7

顧有孝《驪珠集》／3

魏 憲《詩持二集》／3

魏 憲《詩持三集》／1

魏 憲《補石倉詩選》／2

魏 憲《皇清百名家詩選》／20

趙 炎《尊閣詩藏》／1 五言律；2 五言古；3 七言律

鄧漢儀《天下名家詩觀》／3

鄧漢儀《詩觀二集》／3

鄧漢儀《詩觀三集》／2

徐 崧《詩風初集》／2；5；7；8；13；15；18

王士禎《感舊集》／9

席居中《昭代詩存》／4

陸次雲《詩平初集》／1；2；4；6；9；12

蔣 薰、翁介眉《清詩初集》／1；2；5；6；8；10；11；12

曾 燦《過日集》／2；4；7；9

孫 鋐《皇清詩選》／江南

倪匡世《振雅堂彙編詩最》／2

王爾綱《天下名家詩永》／4

顧施楨（禎）《盛朝詩選初集》／1；3；4；5；6；8；11；12

陳維崧《篋衍集》／1；4；7；9

周佑予《清詩鼓吹》／1

吳 藎《名家詩選》／2

劉 然《國朝詩乘》／1

朱 觀《國朝詩正》／1

陶 煊、張 璨《國朝詩的》／江南3

陳以剛《國朝詩品》／5

彭廷梅《國朝詩選》／1；3；5；7；9

沈德潛《國朝詩別裁集》／43

施敬先

程 棟、施 謹《鼓吹新編》／9

施端教

程 棟、施 謹《鼓吹新編》／14

姚 佺《詩源》／吳

徐 崧、陳濟生《詩南》／6

徐 崧《詩風初集》／16

曾 燦《過日集》／3

王爾綱《天下名家詩永》／4

施輔裒

彭廷梅《國朝詩選》／8

施鳳翼

黃傳祖《扶輪廣集》／9

施維翰

趙 炎《尊閱詩藏》／4七言律

陸次雲《詩平初集》／12

施震銓

孫 銥《皇清詩選》／江南

施震鐸

鄧漢儀《詩觀三集》／13

彭廷梅《國朝詩選》／4

施謹先

魏 耕、錢价人《今詩粹》

顧有孝《驪珠集》／8

徐 崧《詩風初集》／14

孫 銥《皇清詩選》／江南

王爾綱《天下名家詩永》／3

施澤厚

彭廷梅《國朝詩選》／10

施譽宣

陸次雲《詩平初集》／5

恒 仁

沈德潛《國朝詩別裁集》／543

宮 鑮

席居中《昭代詩存》／10

宮昌宗

魏裔介《觀始集》／6

宮家璧

顧有孝《驪珠集》／8

魏 憲《詩持一集》／4

趙 炎《尊閱詩藏》／2五言律

鄧漢儀《天下名家詩觀》／4

徐 崧《詩風初集》／8；12；16；17

席居中《昭代詩存》／14

蔣 籥、翁介眉《清詩初集》／11

孫 銥《皇清詩選》／盛京

陶 煊、張 璨《國朝詩的》／盛京1

宮純穎

孫 銥《皇清詩選》／湖廣

宮象宗

徐 崧《詩風初集》／9；18

宮偉鑮

黃傳祖《扶輪續集》／6

黃傳祖《扶輪廣集》／11

魏裔介《觀始集》／12

程 棟、施 謹《鼓吹新編》／5

姚 佺《詩源》／吳

徐 崧、陳濟生《詩南》／10

魏裔介《清詩溯洄集》／9；10

徐 崧《詩風初集》／13

陸次雲《詩平初集》／9

蔣 籥、翁介眉《清詩初集》／4；6；8

曾 燦《過日集》／2

综合索引（九画）

孙　鋐《皇清诗选》／江南

王尔纲《天下名家诗永》／2

卓尔堪《明遗民诗》／2

陶　煊、张　璨《国朝诗的》／江南4

宫超凡

王尔纲《天下名家诗永》／10

宫梦仁

邓汉仪《诗观二集》／8

徐　崧《诗风初集》／9

席居中《昭代诗存》／7

陆次云《诗平初集》／6；9；12

蒋　鑨、翁介眉《清诗初集》／7

孙　鋐《皇清诗选》／江南

王尔纲《天下名家诗永》／10

陶　煊、张　璨《国朝诗的》／江南

12；直隶2

陈以刚《国朝诗品》／7

宫鸿烈

姚　佺《诗源》／吴

宫鸿营

徐　崧《诗风初集》／18

席居中《昭代诗存》／7

蒋　鑨、翁介眉《清诗初集》／12

宫鸿仪

姚　佺《诗源》／吴

宫鸿历

吴元桂《昭代诗针》／8

宫鸿历

邓汉仪《诗观三集》／9

马道胐《清诗二集》／1

吴　藁《名家诗选》／4

陶　煊、张　璨《国朝诗的》／江南3

查　羲、查岐昌《国朝诗因》／5

沈德潜《国朝诗别裁集》／382

宫懋教

陶　煊、张　璨《国朝诗的》／江南续

编1

宫懋德

陶　煊、张　璨《国朝诗的》／江南续

编1

宫继兰

姚　佺《诗源》／吴

邓汉仪《诗观二集》／4

范　召

黄传祖《扶轮新集》／4

姚　佺《诗源》／豫

范　汸

黄传祖《扶轮广集》／2；5；8

范　良

程　棅、施　諲《鼓吹新编》／10

徐　崧、陈济生《诗南》／10

顾有孝《驪珠集》／7

席居中《昭代诗存》／3

孙　鋐《皇清诗选》／江南

范　京

徐　崧《诗风初集》／16

范　叔

王尔纲《天下名家诗永》／12

范　周

魏　耕、钱价人《今诗粹》

魏　宪《补石仓诗选》／3

魏　宪《皇清百名家诗选》／45

徐　崧《诗风初集》／11

范　晶

魏　耕、钱价人《今诗粹》

范　超

顾有孝《驪珠集》／11

徐　崧《诗风初集》／16

孙　鋐《皇清诗选》／江南

沈德潛《國朝詩別裁集》/ 114

范 逸

孫 銓《皇清詩選》/ 江南

范 路

徐 崧《詩風初集》/ 12

卓爾堪《明遺民詩》/ 14

范 萊

陶 煊、張 璨《國朝詩的》/ 江南 14

范 策

顧有孝《驪珠集》/ 5

范 溶

陸次雲《詩平初集》/ 10

范 萱

倪匡世《振雅堂彙編詩最》/ 8

范 愷

顧有孝《驪珠集》/ 10

范 遇

鄧漢儀《詩觀二集》/ 7

鄧漢儀《詩觀三集》/ 9

席居中《昭代詩存》/ 13

吳 藹《名家詩選》/ 1

范 鄂

孫 銓《皇清詩選》/ 江南

范 龍

黃傳祖《扶輪新集》/ 3

陸次雲《詩平初集》/ 7

范 勳

黃傳祖《扶輪新集》/ 4; 7

范 韓

鄧漢儀《詩觀三集》/ 12

陶 煊、張 璨《國朝詩的》/ 江南 8

范 韻

陶 煊、張 璨《國朝詩的》/ 湖廣 8

范 鑄

王爾綱《天下名家詩永》/ 14

范 贊

孫 銓《皇清詩選》/ 江南

范 驥

徐 崧《詩風初集》/ 14; 18

陸次雲《詩平初集》/ 9

蔣 薰、翁介眉《清詩初集》/ 9; 12

王爾綱《天下名家詩永》/ 9

查 義、查岐昌《國朝詩因》/ 1

范又藍

姚 佺《詩源》/ 吳

徐 崧、陳濟生《詩南》/ 8

曾 燦《過日集》/ 6; 10

王爾綱《天下名家詩永》/ 3

顧施楨（禎）《盛朝詩選初集》/ 6; 9

陶 煊、張 璨《國朝詩的》/ 江南 9

范士楫

黃傳祖《扶輪廣集》/ 2; 5; 8; 10;

12; 13; 14

黃傳祖《扶輪新集》/ 2; 5; 8; 10

魏喬介《觀始集》/ 1; 3; 9; 10; 11

陳祚明、韓 詩《國門集》/ 3; 4; 5

姚 佺《詩源》/ 燕

徐 崧《詩風初集》/ 16

曾 燦《過日集》/ 4

王爾綱《天下名家詩永》/ 4

范大士

鄧漢儀《詩觀三集》/ 6

倪匡世《振雅堂彙編詩最》/ 4

吳 藹《名家詩選》/ 3

范大本

倪匡世《振雅堂彙編詩最》/ 4

吳 藹《名家詩選》/ 4

范文成

蔣 薰、翁介眉《清詩初集》/ 1

综合索引（九畫）

范文光

陸次雲《詩平初集》／1

范文茨

黃傳祖《扶輪續集》／4

鄧漢儀《詩觀二集》／8

孫　鋐《皇清詩選》／四川

王爾綱《天下名家詩永》／4

顧施楨（禎）《盛朝詩選初集》／2

卓爾堪《明遺民詩》／12

陶　煊、張　璨《國朝詩的》／四川1

范文錦

陶　煊、張　璨《國朝詩的》／江南12

范日階

孫　鋐《皇清詩選》／江南

范必英

鄧漢儀《詩觀三集》／5

蔣　薰、翁介眉《清詩初集》／2

陶　煊、張　璨《國朝詩的》／江南9

沈德潛《國朝詩別裁集》／217

范正脈

黃傳祖《扶輪新集》／8；10

魏喬介《觀始集》／9

彭廷梅《國朝詩選》／11

范用賓

陶　煊、張　璨《國朝詩的》／浙江3

范光文

黃傳祖《扶輪廣集》／1；9

魏喬介《觀始集》／6

魏　憲《詩持三集》／6

蔣　薰、翁介眉《清詩初集》／1

范邦瞻

黃傳祖《扶輪新集》／4

范廷瑞

卓爾堪《明遺民詩》／9

陶　煊、張　璨《國朝詩的》／江南5

范廷謩

陶　煊、張　璨《國朝詩的》／浙江3

范廷璣

程　棟、施　諲《鼓吹新編》／7

徐　崧、陳濟生《詩南》／9

鄧漢儀《天下名家詩觀》／7

徐　崧《詩風初集》／6

席居中《昭代詩存》／7

陸次雲《詩平初集》／9；12

蔣　薰、翁介眉《清詩初集》／11

孫　鋐《皇清詩選》／江南

陶　煊、張　璨《國朝詩的》／江南7

范彤弧

程　棟、施　諲《鼓吹新編》／7

魏　耕、錢价人《今詩粹》

徐　崧、陳濟生《詩南》／4

徐　崧《詩風初集》／14；15

曾　燦《過日集》／5

范秉秀

陶　煊、張　璨《國朝詩的》／湖廣8

范念慈

顧施楨（禎）《盛朝詩選初集》／3；5；7；10

范承烈

魏　憲《補石倉詩選》／3

徐　崧《詩風初集》／8

席居中《昭代詩存》／10

曾　燦《過日集》／9

孫　鋐《皇清詩選》／盛京

陶　煊、張　璨《國朝詩的》／盛京1

范承斌

魏　憲《補石倉詩選》／3

徐　崧《詩風初集》／8；17

席居中《昭代詩存》／10

曾　燦《過日集》／9

孫　銓《皇清詩選》／盛京
陶　煊、張　璨《國朝詩的》／盛京 1
彭廷梅《國朝詩選》／2；7

范承謨

魏　憲《補石倉詩選》／3
魏　憲《皇清百名家詩選》／25
徐　崧《詩風初集》／8；12；17
席居中《昭代詩存》／3；10
曾　燦《過日集》／6；10
孫　銓《皇清詩選》／盛京
彭廷梅《國朝詩選》／2

范宣詮

鄧漢儀《詩觀二集》／13

范宣銓

孫　銓《皇清詩選》／江南

范風仁

徐　崧、陳清生《詩南》／6
卓爾堪《明遺民詩》／14

范淑鍾

朱　觀《國朝詩正》／8

范從徹

吳元桂《昭代詩針》／13

范國祿

黃傳祖《扶輪廣集》／11
鄧漢儀《天下名家詩觀》／11
鄧漢儀《詩觀二集》／7
鄧漢儀《詩觀三集》／9
徐　崧《詩風初集》／10
席居中《昭代詩存》／5
曾　燦《過日集》／6
倪匡世《振雅堂彙編詩最》／9
王爾綱《天下名家詩永》／9
吳　藹《名家詩選》／1
吳元桂《昭代詩針》／6
彭廷梅《國朝詩選》／1

范雲鴻

魏　憲《詩持二集》／4
徐　崧《詩風初集》／9
蔣　籬、翁介眉《清詩初集》／9
孫　銓《皇清詩選》／浙江
陶　煊、張　璨《國朝詩的》／浙江 2

范景文

魏　憲《補石倉詩選》／1
王爾綱《天下名家詩永》／1

范鳳翼

鄧漢儀《天下名家詩觀》／1
徐　崧《詩風初集》／2
蔣　籬、翁介眉《清詩初集》／7
王爾綱《天下名家詩永》／2
顧施楨（禎）《盛朝詩選初集》／9
卓爾堪《明遺民詩》／1

范輝祖

彭廷梅《國朝詩選》／4

英　廉

吳元桂《昭代詩針》／13
彭廷梅《國朝詩選》／1；6；8；10

苗君稷

卓爾堪《明遺民詩》／4
陶　煊、張　璨《國朝詩的》／直隸 1

茹鷹馨

陶　煊、張　璨《國朝詩的》／江南 6

茹萬馨

鄧漢儀《詩觀三集》／11
蔣　籬、翁介眉《清詩初集》／9
陳以剛《國朝詩品》／7

茅　映

黃傳祖《扶輪續集》／9

茅　維

程　棟、施　譚《鼓吹新編》／1
徐　崧《詩風初集》／12

綜合索引（九畫）

茅　熙
　顧有孝《驪珠集》／11
　徐　崧《詩風初集》／18
茅　默
　陶　煊、張　璨《國朝詩的》／江南16
茅　廖
　徐　崧《詩風初集》／2；14
　陶　煊、張　璨《國朝詩的》／浙江5
茅　藩
　孫　鋐《皇清詩選》／江南
茅士藻
　吳　薌《名家詩選》／4
　陶　煊、張　璨《國朝詩的》／浙江4
茅兆治
　曾　燦《過日集》／10
茅兆儒
　鄧漢儀《詩觀三集》／3
　蔣　籬、翁介眉《清詩初集》／7
　陶　煊、張　璨《國朝詩的》／浙江1
吳元桂《昭代詩針》／6
茅衡廣
　魏裔介《清詩溯洄集》／8
涂　贊
　顧有孝《驪珠集》／9
胡　大
　陶　煊、張　璨《國朝詩的》／江南14
胡　山
　曾　燦《過日集》／10
　卓爾堪《明遺民詩》／12
胡　介
　黃傳祖《扶輪續集》／4
　魏裔介《觀始集》／1
　陳祚明、韓　詩《國門集》／2
　程　棟、施　譚《鼓吹新編》／5；14
　姚　佺《詩源》／越

魏　耕、錢价人《今詩粹》
　徐　崧、陳濟生《詩南》／2；9
　魏裔介《清詩溯洄集》／6
　顧有孝《驪珠集》／1
　魏　憲《詩持二集》／4
　趙　炎《專閣詩藏》／3五言律
　鄧漢儀《詩觀二集》／1
　徐　崧《詩風初集》／2；11；16；17
　王士禎《感舊集》／7
　陸次雲《詩平初集》／3
　蔣　籬、翁介眉《清詩初集》／2；5；
　　8；12
　曾　燦《過日集》／5
　孫　鋐《皇清詩選》／浙江
　王爾綱《天下名家詩永》／3
　卓爾堪《明遺民詩》／4
　吳　薌《名家詩選》／3
　陶　煊、張　璨《國朝詩的》／浙江1
　查　義、查岐昌《國朝詩因》／1
　沈德潛《國朝詩別裁集》／133
胡　江
　馬道昉《清詩二集》／1
　陶　煊、張　璨《國朝詩的》／湖廣5
胡　旨
　劉　然《國朝詩乘》／12
　陶　煊、張　璨《國朝詩的》／江南12
胡　阮
　陶　煊、張　璨《國朝詩的》／湖廣5
胡　奇
　王爾綱《天下名家詩永》／3
胡　恒
　黃傳祖《扶輪續集》／3
　魏裔介《觀始集》／6
胡　浩
　汪　觀《清詩大雅二集》／3

胡　海

蒋　鑨、翁介眉《清詩初集》／6；12

胡　基

吴元桂《昭代詩針》／14

胡　梅

黄傅祖《扶輪廣集》／5；10；13

徐　崧《詩風初集》／1；5

胡　第

劉　然《國朝詩乘》／7

胡　湘

吴元桂《昭代詩針》／14

胡　廉

魏喬介《清詩湖洄集》／8；9

胡　銓

黄傅祖《扶輪廣集》／1；9

徐　崧、陳濟生《詩南》／6

徐　崧《詩風初集》／12；18

吴元桂《昭代詩針》／15

胡　琮

陶　煊、張　璨《國朝詩的》／湖廣7

胡　徵

魏　憲《詩持二集》／5

曾　燦《過日集》／2

孫　鋐《皇清詩選》／江南

顧施楨（禎）《盛朝詩選初集》／3；6；8

胡　蔚

彭廷梅《國朝詩選》／7；10

胡　震

徐　崧、陳濟生《詩南》／7

胡　徵

錢謙益《吾炙集》

姚　佺《詩源》／吴

陸次雲《詩平初集》／11

彭廷梅《國朝詩選》／3

胡　願

吴元桂《昭代詩針》／14

胡　遲

鄧漢儀《詩觀二集》／12

陶　煊、張　璨《國朝詩的》／江南12

胡　閎

孫　鋐《皇清詩選》／江南

胡　鱗

倪匡世《振雅堂彙編詩最》／9

胡　藍

顧有孝《驪珠集》／6

徐　崧《詩風初集》／14

孫　鋐《皇清詩選》／江西

胡　觀

王爾綱《天下名家詩永》／14

顧施楨（禎）《盛朝詩選初集》／2

胡　驥

王爾綱《天下名家詩永》／14

胡又蔚

鄧漢儀《天下名家詩觀》／5

胡之太

陶　煊、張　璨《國朝詩的》／湖廣6

胡之杰

陶　煊、張　璨《國朝詩的》／湖廣7

胡士星

劉　然《國朝詩乘》／7

胡士瑾

王爾綱《天下名家詩永》／3

胡文煥

孫　鋐《皇清詩選》／盛京

胡文熙

席居中《昭代詩存》／7

胡文蔚

曾　燦《過日集》／6

王爾綱《天下名家詩永》／11

综合索引（九畫）

胡文學

陳允衡《國雅》／42

魏裔介《清詩漪洞集》／5；7

魏　憲《補石倉詩選》／2

鄧漢儀《詩觀三集》／6

蔣　薰、翁介眉《清詩初集》／1；7；11

陶　煊、張　璨《國朝詩的》／浙江4

胡天桂

吴元桂《昭代詩針》／15

胡介社

鄧漢儀《詩觀三集》／7

蔣　薰、翁介眉《清詩初集》／7；9；12

陶　煊、張　璨《國朝詩的》／浙江3

胡以温

黃傳祖《扶輪廣集》／14

魏裔介《觀始集》／9

顧有孝《驪珠集》／3

胡永亨

陸次雲《詩平初集》／9；12

胡玉昆

孫　鋐《皇清詩選》／江南

卓爾堪《明遺民詩》／12

陶　煊、張　璨《國朝詩的》／江南4

胡世安

黃傳祖《扶輪廣集》／2；5；10

黃傳祖《扶輪新集》／1；2；5；8；10

陳祚明、韓　詩《國門集》／2

姚　佺《詩源》／蜀

胡亦堂

黃傳祖《扶輪廣集》／9

蔣　薰、翁介眉《清詩初集》／6；9

朱　觀《國朝詩正》／8

胡在恪

鄧漢儀《詩觀二集》／2

席居中《昭代詩存》／4

蔣　薰、翁介眉《清詩初集》／7

孫　鋐《皇清詩選》／湖廣

馬道畊《清詩二集》／1

陶　煊、張　璨《國朝詩的》／湖廣7

胡光朝

王爾綱《天下名家詩永》／6

胡同夏

陶　煊、張　璨《國朝詩的》／湖廣9

胡兆龍

黃傳祖《扶輪新集》／8

魏裔介《觀始集》／5

陳祚明、韓　詩《國門集》／2；4；5

魏　耕、錢价人《今詩粹》

顧有孝《驪珠集》／2

鄧漢儀《詩觀三集》／1

徐　崧《詩風初集》／1；8

席居中《昭代詩存》／2

蔣　薰、翁介眉《清詩初集》／7

胡任輿

劉　然《國朝詩乘》／8

吴元桂《昭代詩針》／9

彭廷梅《國朝詩選》／6；12

胡如瑞

孫　鋐《皇清詩選》／江南

胡如蘭

汪　觀《清詩大雅》／14

胡廷璣

彭廷梅《國朝詩選》／6

胡佑申

彭廷梅《國朝詩選》／3

胡作柄

陶　煊、張　璨《國朝詩的》／湖廣9

彭廷梅《國朝詩選》／10

胡作梅

陶 煊、張 璨《國朝詩的》／湖廣9

胡作傳

陶 煊、張 璨《國朝詩的》／湖廣9

胡宗緒

彭廷梅《國朝詩選》／10

胡奉衡

馬道畊《清詩二集》／1

胡其毅

魏 憲《詩持三集》／6

鄧漢儀《詩觀三集》／12

孫 銓《皇清詩選》／江南

王爾綱《天下名家詩永》／13

卓爾堪《明遺民詩》／13

陶 煊、張 璨《國朝詩的》／江南12

吳元桂《昭代詩針》／4

胡尚毅

王爾綱《天下名家詩永》／10

胡延年

黃傳祖《扶輪廣集》／3；6

魏裔介《觀始集》／1；3；8；12

陳祚明、韓 詩《國門集》／3

姚 佺《詩源》／豫

王爾綱《天下名家詩永》／6

陶 煊、張 璨《國朝詩的》／河南1

胡周鼎

魏 耕、錢价人《今詩粹》

王士禛《感舊集》／4

胡周禹

程 棟、施 誕《鼓吹新編》／4；14

徐 崧、陳濟生《詩南》／5

徐 崧《詩風初集》／13；18

胡承韶

朱 觀《國朝詩正》／7

胡承諾

席居中《昭代詩存》／12

胡承諾

鄧漢儀《天下名家詩觀》／3

徐 崧《詩風初集》／8

王士禛《感舊集》／6

蔣 瓘、翁介眉《清詩初集》／1；2；4；7；8；11

孫 銓《皇清詩選》／湖廣

陶 煊、張 璨《國朝詩的》／湖廣2

查 羲、查岐昌《國朝詩因》／1

彭廷梅《國朝詩選》／1；9

胡春生

卓爾堪《明遺民詩》／14

陶 煊、張 璨《國朝詩的》／江南5

胡貞開

姚 佺《詩源》／越

魏裔介《清詩溯洄集》／2

蔣 瓘、翁介眉《清詩初集》／12

胡則安

彭廷梅《國朝詩選》／4

胡映日

陸次雲《詩平初集》／10

曾 燦《過日集》／3；6

胡香昊

卓爾堪《明遺民詩》／12

吳元桂《昭代詩針》／6

胡香顥

蔣 瓘、翁介眉《清詩初集》／5；7；9

胡胤瑗

徐 崧《詩風初集》／10；18

胡師周

汪 觀《清詩大雅》／8

綜合索引（九畫）

胡師曾
　彭廷梅《國朝詩選》／12

胡師聖
　汪　觀《清詩大雅二集》／6

胡國柱
　顧有孝《驪珠集》／4
　魏　憲《詩持一集》／3
　鄧漢儀《天下名家詩觀》／4
　徐　崧《詩風初集》／8；16

胡國棟
　顧有孝《驪珠集》／10

胡得古
　汪　觀《清詩大雅》／20

胡從中
　黃傳祖《扶輪續集》／1
　黃傳祖《扶輪廣集》／14
　姚　佺《詩源》／吴
　徐　崧、陳濟生《詩南》／12
　徐　崧《詩風初集》／18
　蔣　薰、翁介眉《清詩初集》／1
　卓爾堪《明遺民詩》／10

胡雲客
　陶　煊、張　璨《國朝詩的》／浙江5

胡期孝
　陶　煊、張　璨《國朝詩的》／湖廣6
　彭廷梅《國朝詩選》／6

胡期真
　陶　煊、張　璨《國朝詩的》／湖廣8

胡期恒
　陶　煊、張　璨《國朝詩的》／湖廣6

胡期慎
　陶　煊、張　璨《國朝詩的》／湖廣6

胡景曾
　陳允衡《國雅》／52

胡欽華
　曾　燦《過日集》／9

胡統虞
　陶　煊、張　璨《國朝詩的》／湖廣1
　查　義、查岐昌《國朝詩因》／3
　彭廷梅《國朝詩選》／11

胡道南
　蔣　薰、翁介眉《清詩初集》／9

胡溶時
　周佑予《清詩鼓吹》／2

胡虞逸
　王士禎《感舊集》／15

胡虞賓
　魏　憲《詩持二集》／8
　孫　鋐《皇清詩選》／江南
　王爾綱《天下名家詩永》／10
　顧施楨（禎）《盛朝詩選初集》／2

胡舜岳
　彭廷梅《國朝詩選》／4

胡裏煥
　陶　煊、張　璨《國朝詩的》／湖廣8

胡會恩
　鄧漢儀《詩觀三集》／4
　席居中《昭代詩存》／7
　陸次雲《詩平初集》／5
　蔣　薰、翁介眉《清詩初集》／5
　孫　鋐《皇清詩選》／浙江
　王爾綱《天下名家詩永》／8
　吴元桂《昭代詩針》／7
　彭廷梅《國朝詩選》／14
　沈德潛《國朝詩別裁集》／181

胡爾愷
　陶　煊、張　璨《國朝詩的》／湖廣1

胡鳴鳳
　陶　煊、張　璨《國朝詩的》／江南15

胡寧瓒

姚 佺《詩源》／越

胡聞仁

陶 煌、張 璨《國朝詩的》／湖廣7

胡維成

彭廷梅《國朝詩選》／11

胡德邁

鄧漢儀《詩觀二集》／13

陶 煌、張 璨《國朝詩的》／浙江5

胡餘祿

鄧漢儀《天下名家詩觀》／9

徐 崧《詩風初集》／9

陶 煌、張 璨《國朝詩的》／山東2

胡澤生

沈德潛《國朝詩別裁集》／148

胡學汪

陶 煌、張 璨《國朝詩的》／湖廣8

胡學望

馬道畊《清詩二集》／1

胡懋新

陳祚明、韓 詩《國門集》／5

胡麒生

徐 崧《詩風初集》／17

胡繩祖

鄧漢儀《詩觀三集》／9

胡獻徵

蔣 鑨、翁介眉《清詩初集》／7

曾 燦《過日集》／5

顧施楨（禎）《盛朝詩選初集》／7；9

陶 煌、張 璨《國朝詩的》／湖廣7

查 昇

鄧漢儀《詩觀二集》／3

徐 崧《詩風初集》／12；16；18

查 羲、查岐昌《國朝詩因》／4

沈德潛《國朝詩別裁集》／295

查 容

顧有孝《驪珠集》／9

徐 崧《詩風初集》／13

蔣 鑨、翁介眉《清詩初集》／6

曾 燦《過日集》／7

沈德潛《國朝詩別裁集》／269

查士标

王士禛《感舊集》／12

王爾綱《天下名家詩永》／8

卓爾堪《明遺民詩》／11

陶 煌、張 璨《國朝詩的》／江南14

查弘道

吳 藎《名家詩選》／2

汪 觀《清詩大雅》／11

查吉芳

朱 觀《國朝詩正》／8

查克敬

彭廷梅《國朝詩選》／11

查廷璐

汪 觀《清詩大雅》／19

查崧繼

卓爾堪《明遺民詩》／12

查爲仁

彭廷梅《國朝詩選》／2；4；6；8；10；12；13

查慎行

陶 煌、張 璨《國朝詩的》／浙江3

彭廷梅《國朝詩選》／6；7；11

沈德潛《國朝詩別裁集》／345

查嗣珣

查 羲、查岐昌《國朝詩因》／4

查嗣瑮

鄧漢儀《詩觀三集》／9

曾 燦《過日集》／6

查 羲、查岐昌《國朝詩因》／4

综合索引（九畫）

沈德潛《國朝詩別裁集》／333

查嗣瑮

　　孫　鋡《皇清詩選》／浙江

　　彭廷梅《國朝詩選》／4

查嗣韓

　　查　義、查岐昌《國朝詩因》／4

查學禮

　　彭廷梅《國朝詩選》／12

查彌訪

　　陶　煊、張　璨《國朝詩的》／滿洲1

查魏旭

　　查　義、查岐昌《國朝詩因》／4

查繼佐

　　黃傳祖《扶輪續集》／3；6；9

　　黃傳祖《扶輪廣集》／11

　　徐　崧、陳濟生《詩南》／12

　　鄧漢儀《天下名家詩觀》／6

　　鄧漢儀《詩觀二集》／4

　　蔣　薰、翁介眉《清詩初集》／9

　　孫　鋡《皇清詩選》／浙江

　　查　義、查岐昌《國朝詩因》／1

查繼培

　　孫　鋡《皇清詩選》／浙江

柯　妢

　　徐　崧《詩風初集》／17

　　席居中《昭代詩存》／14

　　曾　燦《過日集》／3

柯　炳

　　孫　鋡《皇清詩選》／浙江

柯　棟

　　王爾綱《天下名家詩永》／11

柯　誠

　　倪匡世《振雅堂彙編詩最》／8

柯　嵩

　　王爾綱《天下名家詩永》／12

柯　煜

　　孫　鋡《皇清詩選》／浙江

　　沈德潛《國朝詩別裁集》／432

柯　焜

　　孫　鋡《皇清詩選》／浙江

柯　箎

　　魏裔介《清詩溯洄集》／5；7

　　顧有孝《驪珠集》／3

　　魏　憲《詩持三集》／9

　　魏　憲《補石倉詩選》／2

　　魏　憲《皇清百名家詩選》／30

　　趙　炎《尊閣詩藏》／1 五言古；2 七

　　　言古；2 七言律；5 五言律

　　鄧漢儀《天下名家詩觀》／4

　　鄧漢儀《詩觀二集》／9

　　徐　崧《詩風初集》／13；17

　　席居中《昭代詩存》／5

　　陸次雲《詩平初集》／2；6

　　蔣　薰、翁介眉《清詩初集》／3；6；

　　　12

　　曾　燦《過日集》／3；6；10

　　孫　鋡《皇清詩選》／浙江

　　陶　煊、張　璨《國朝詩的》／浙江2

　　陳以剛《國朝詩品》／5

　　彭廷梅《國朝詩選》／6

柯士麟

　　王爾綱《天下名家詩永》／4

柯日東

　　王爾綱《天下名家詩永》／4

柯日乾

　　王爾綱《天下名家詩永》／4

柯永新

　　席居中《昭代詩存》／5

柯用偁

　　徐　崧《詩風初集》／9

柯用楫

曾 燦《過日集》/9

柯弘本

魏 憲《詩持三集》/9

鄧漢儀《天下名家詩觀》/5

徐 崧《詩風初集》/5；10；12；15

席居中《昭代詩存》/1

曾 燦《過日集》/1；9

孫 銓《皇清詩選》/浙江

柯自遂

王爾綱《天下名家詩永》/13

柯剛燦

孫 銓《皇清詩選》/浙江

柯崇樸

魏 憲《詩持三集》/9

趙 炎《專閱詩藏》/3 七言律；7 五言律

徐 崧《詩風初集》/5；12；15；18

席居中《昭代詩存》/1

蔣 鑨、翁介眉《清詩初集》/11；12

曾 燦《過日集》/3；7；9

孫 銓《皇清詩選》/浙江

陶 煊、張 璨《國朝詩的》/浙江7

柯維則

王爾綱《天下名家詩永》/7

柯維楨

趙 炎《專閱詩藏》/2 七言古；3 七言律；7 五言律

鄧漢儀《天下名家詩觀》/5

徐 崧《詩風初集》/6；10；12；15；18

席居中《昭代詩存》/1

陸次雲《詩平初集》/12

蔣 鑨、翁介眉《清詩初集》/11

曾 燦《過日集》/3；6；9

孫 銓《皇清詩選》/浙江

柯際盛

王爾綱《天下名家詩永》/8

柯鄭梁

王爾綱《天下名家詩永》/11

柯鄧枚

趙 炎《專閱詩藏》/3 七言律；5 五言律

徐 崧《詩風初集》/8

曾 燦《過日集》/9

柏 古

徐 崧《詩風初集》/10；18

柏立本

徐 崧《詩風初集》/16

柳 文

鄧漢儀《詩觀二集》/10

曾 燦《過日集》/10

孫 銓《皇清詩選》/四川

沈德潛《國朝詩別裁集》/139

柳 星

魏 耕、錢价人《今詩粹》

徐 崧、陳濟生《詩南》/11

柳 清

王爾綱《天下名家詩永》/4

柳 垣

席居中《昭代詩存》/14

柳 楨

陶 煊、張 璨《國朝詩的》/江南8

柳 葵

陸次雲《詩平初集》/7；12

蔣 鑨、翁介眉《清詩初集》/12

陶 煊、張 璨《國朝詩的》/浙江5

柳 槐

陶 煊、張 璨《國朝詩的》/江南續編1

综合索引（九畫）

柳 穎

孫 鋐《皇清詩選》／浙江

柳寅東

黃傳祖《扶輪續集》／2

黃傳祖《扶輪廣集》／2；8；10；13

陳祚明、韓 詩《國門集》／5

姚 佺《詩源》／蜀

鄧漢儀《詩觀三集》／1

陶 煊、張 璨《國朝詩的》／四川1

柳應芳

程 棟、施 諲《鼓吹新編》／1

咸 默

魏 耕、錢价人《今詩粹》

徐 崧、陳濟生《詩南》／6

卓爾堪《明遺民詩》／15

郁 田

魏裔介《觀始集》／11

郁 江

鄧漢儀《天下名家詩觀》／11

陶 煊、張 璨《國朝詩的》／江南7

郁 法

程 棟、施 諲《鼓吹新編》／14

郁 植

程 棟、施 諲《鼓吹新編》／11

鄧漢儀《天下名家詩觀》／11

王爾綱《天下名家詩永》／10

陶 煊、張 璨《國朝詩的》／江南7

沈德潛《國朝詩別裁集》／128

郁汝章

周佑予《清詩鼓吹》／4

沈德潛《國朝詩別裁集》／456

郁揚勛

沈德潛《國朝詩別裁集》／456

南 潛

卓爾堪《明遺民詩》／16

南廷鉉

陳祚明、韓 詩《國門集》／5

南沫源

黃傳祖《扶輪續集》／8

是 名

鄧漢儀《詩觀二集》／12

卓爾堪《明遺民詩》／11

冒 書

徐 崧、陳濟生《詩南》／10

冒 綸

鄧漢儀《詩觀三集》／13

冒 褒

顧有孝《驪珠集》／9

冒 裒

鄧漢儀《詩觀三集》／11

陶 煊、張 璨《國朝詩的》／江南10

冒 襄

黃傳祖《扶輪續集》／4；7；9

程 棟、施 諲《鼓吹新編》／6

魏 耕、錢价人《今詩粹》

陳允衡《國雅》／28

徐 崧、陳濟生《詩南》／5

顧有孝《驪珠集》／4

魏 憲《詩持三集》／10

趙 炎《專閣詩藏》／1五言古

鄧漢儀《天下名家詩觀》／4

徐 崧《詩風初集》／7；8；17；18

王士禎《感舊集》／6

席居中《昭代詩存》／12

蔣 鑨、翁介眉《清詩初集》／1；6；

9；11；12

曾 燦《過日集》／4；10

孫 鋐《皇清詩選》／江南

王爾綱《天下名家詩永》／6

卓爾堪《明遺民詩》／5

吴 藻《名家诗选》／4
朱 观《国朝诗正》／8
陈以刚《国朝诗品》／8
彭廷梅《国朝诗选》／9；11
沈德潜《国朝诗别裁集》／112

冒丹書
顾有孝《骊珠集》／11
鄧漢儀《天下名家詩觀》／9
徐 崧《詩風初集》／18
王士禎《感舊集》／16
席居中《昭代詩存》／12
蔣 鑨、翁介眉《清詩初集》／12
曾 燦《過日集》／8
孫 銈《皇清詩選》／江南
王爾綱《天下名家詩永》／12
吴 藻《名家詩選》／2
朱 觀《國朝詩正》／8
陶 煊、張 璨《國朝詩的》／江南3
吴元桂《昭代詩針》／5
彭廷梅《國朝詩選》／2

冒禾書
顾有孝《骊珠集》／11
王爾綱《天下名家詩永》／12

冒起宗
黄傳祖《扶輪續集》／5；10
姚 佺《詩源》／吴
鄧漢儀《詩觀二集》／8
孫 銈《皇清詩選》／江南
彭廷梅《國朝詩選》／1；3

冒起英
鄧漢儀《詩觀三集》／13

冒起霞
鄧漢儀《詩觀三集》／13

冒嘉德
陶 煊、張 璨《國朝詩的》／江南8

冒嘉穗
鄧漢儀《天下名家詩觀》／9
曾 燦《過日集》／5
孫 銈《皇清詩選》／江南

哈蘭泰
馬道昉《清詩二集》／4

尚正儀
鄧漢儀《詩觀二集》／13
孫 銈《皇清詩選》／湖廣
陶 煊、張 璨《國朝詩的》／湖廣5

尚重望
鄧漢儀《詩觀二集》／13
孫 銈《皇清詩選》／湖廣
陶 煊、張 璨《國朝詩的》／湖廣10

迮 俊
鄧漢儀《詩觀三集》／10
徐 崧《詩風初集》／9
孫 銈《皇清詩選》／河南
卓爾堪《明遺民詩》／15
陶 煊、張 璨《國朝詩的》／江南10

禹之鼎
查 義、查岐昌《國朝詩因》／5

保 祿
彭廷梅《國朝詩選》／1；8；10；12

保 疆
陶 煊、張 璨《國朝詩的》／江南續
編1

保玉弓
孫 銈《皇清詩選》／江南

保培基
陶 煊、張 璨《國朝詩的》／江南10
彭廷梅《國朝詩選》／5；8；14

保培源
陶 煊、張 璨《國朝詩的》／江南續
編1

綜合索引（九畫）

皇甫钦

顧有孝《驪珠集》／11

侯 汸

鄧漢儀《詩觀二集》／8

趙 炎《專閣詩藏》／7 五言律

徐 崧《詩風初集》／13

彭廷梅《國朝詩選》／4

侯 泓

卓爾堪《明遺民詩》／15

沈德潛《國朝詩別裁集》／113

侯 性

程 棟、施 諲《鼓吹新編》／8

鄧漢儀《詩觀二集》／8

徐 崧《詩風初集》／13

侯 恂

魏 耕、錢价人《今詩粹》

魏喬介《清詩溯洄集》／9

徐 崧《詩風初集》／16

侯 玠

彭廷梅《國朝詩選》／4；12

侯 炬

魏 憲《詩持三集》／5

孫 銓《皇清詩選》／福建

侯 涵

徐 崧《詩風初集》／13

侯 靖

陳以剛《國朝詩品》／21

侯 榮（見侯開國）

陳 瑚《從遊集》／下

徐 崧《詩風初集》／13

孫 銓《皇清詩選》／江南

沈德潛《國朝詩別裁集》／139

侯 演

王士禛《感舊集》／12

侯 銓

沈德潛《國朝詩別裁集》／495

侯 檠

程 棟、施 諲《鼓吹新編》／10

魏 耕、錢价人《今詩粹》

侯 藏

孫 銓《皇清詩選》／河南

侯 瀠

卓爾堪《明遺民詩》／14

侯之恒

王爾綱《天下名家詩永》／12

侯于唐

黃傳祖《扶輪新集》／3；6

侯方岳

姚 佺《詩源》／豫

徐 崧、陳濟生《詩南》／10

魏喬介《清詩溯洄集》／8

鄧漢儀《天下名家詩觀》／9

徐 崧《詩風初集》／8

孫 銓《皇清詩選》／河南

侯方域

黃傳祖《扶輪廣集》／4；9；11；12

黃傳祖《扶輪新集》／4；7；9

魏喬介《觀始集》／2

程 棟、施 諲《鼓吹新編》／5

姚 佺《詩源》／豫

魏 耕、錢价人《今詩粹》

魏喬介《清詩溯洄集》／2；6

顧有孝《驪珠集》／2

魏 憲《補石倉詩選》／3

鄧漢儀《詩觀二集》／7

王士禛《感舊集》／4

陸次雲《詩平初集》／1；6；10

蔣 鑨、翁介眉《清詩初集》／1；3；

6；9；11；12

孫 鋐《皇清詩選》／河南
王爾綱《天下名家詩永》／1
陳維崧《篋衍集》／2；7
陶 煊、張 璨《國朝詩的》／河南1
陳以剛《國朝詩品》／2
查 羲、查岐昌 《國朝詩因》／3
吳元桂《昭代詩針》／2
彭廷梅《國朝詩選》／6
沈德潛《國朝詩別裁集》／112

侯方通

鄧漢儀《詩觀二集》／12

侯方曾

王爾綱《天下名家詩永》／11

侯方潔

程 棟、施 譚《鼓吹新編》／10

侯方鎮

黃傳祖《扶輪新集》／9

侯方巖

姚 佺《詩源》／豫
鄧漢儀《天下名家詩觀》／9
徐 崧《詩風初集》／8
王爾綱《天下名家詩永》／8
蔣 鑨、翁介眉《清詩初集》／6
陳維崧《篋衍集》／4

侯玄泓

魏裔介《觀始集》／9
程 棟、施 譚《鼓吹新編》／8
魏 耕、錢价人《今詩粹》
徐 崧、陳濟生《詩南》／5；9

侯世淮

魏 憲《詩持二集》／8
魏 憲《詩持三集》／2
徐 崧《詩風初集》／10
蔣 鑨、翁介眉《清詩初集》／6
孫 鋐《皇清詩選》／福建

侯良賜

孫 鋐《皇清詩選》／江南

侯克昌

陶 煊、張 璨《國朝詩的》／盛京2

侯京曾

王爾綱《天下名家詩永》／11

侯宗太

趙 炎《尊閣詩藏》／8五言律

侯其源

曾 燦《過日集》／2；5

侯秉仁

朱 觀《國朝詩正》／3
陶 煊、張 璨《國朝詩的》／山西1
彭廷梅《國朝詩選》／2

侯峒曾

程 棟、施 譚《鼓吹新編》／1

侯開國

陳 瑚《從遊集》／下
徐 崧《詩風初集》／13
孫 鋐《皇清詩選》／江南
沈德潛《國朝詩別裁集》／139

侯維屏

朱 觀《國朝詩正》／1
陶 煊、張 璨《國朝詩的》／山西1

段 昕

吳元桂《昭代詩針》／12

段元文

彭廷梅《國朝詩選》／10

段鼎臣

席居中《昭代詩存》／9

段維袞

鄧漢儀《詩觀三集》／6
陶 煊、張 璨《國朝詩的》／河南2
吳元桂《昭代詩針》／4
彭廷梅《國朝詩選》／1

综合索引（九畫）

段維修

顧施楨（禎）《盛朝詩選初集》／10

段陟雲

陶　煊、張　璨《國朝詩的》／湖廣 7

段樹綸

陶　煊、張　璨《國朝詩的》／雲南 1

帥我

彭廷梅《國朝詩選》／1；4；6；7；10；11

帥念祖

汪　觀《清詩大雅》／15

汪　觀《清詩大雅二集》／1

彭廷梅《國朝詩選》／2；4；6；8

俞　苫

汪　森《華及堂視昔編》／6

俞　相

汪　觀《清詩大雅》／18

俞　指

孫　鋐《皇清詩選》／江西

俞　泰

黃傳祖《扶輪續集》／7；9

黃傳祖《扶輪廣集》／9；12

黃傳祖《扶輪新集》／4

顧有孝《驪珠集》／7

俞　荔

沈德潛《國朝詩別裁集》／486

俞　昱

姚　佺《詩源》／越

彭廷梅《國朝詩選》／10

俞　梅

陶　煊、張　璨《國朝詩的》／江南 14

俞　森

鄧漢儀《詩觀二集》／6；7

席居中《昭代詩存》／9

孫　鋐《皇清詩選》／浙江

陶　煊、張　璨《國朝詩的》／浙江 5

俞　瑒

顧有孝《驪珠集》／11

鄧漢儀《詩觀三集》／4

徐　崧《詩風初集》／5；10；11；18

蔣　籜、翁介眉《清詩初集》／9

曾　燦《過日集》／8

孫　鋐《皇清詩選》／江南

汪　森《華及堂視昔編》／5

陶　煊、張　璨《國朝詩的》／江南 10

沈德潛《國朝詩別裁集》／240

俞　琬

曾　燦《過日集》／9

俞　棻

卓爾堪《明遺民詩》／7

俞　暴

姚　佺《詩源》／越

徐　崧《詩風初集》／5

沈德潛《國朝詩別裁集》／375

俞　瑞

趙　炎《尊閣詩藏》／6 五言律

俞　楷

鄧漢儀《詩觀三集》／11

曾　燦《過日集》／1

孫　鋐《皇清詩選》／江南

王爾綱《天下名家詩永》／9

吳　藎《名家詩選》／3

陶　煊、張　璨《國朝詩的》／江南 8

吳元桂《昭代詩針》／3

俞　綬

姚　佺《詩源》／吳

王士禎《感舊集》／16

俞　麟

席居中《昭代詩存》／3

俞 濬

彭廷梅《國朝詩選》／13

俞 薰

陶 煊、張 璨《國朝詩的》／江南 11

俞士彪

陸次雲《詩平初集》／12

俞士瑸

王爾綱《天下名家詩永》／6

俞玉局

吴元桂《昭代詩針》／12

沈德潛《國朝詩別裁集》／534

俞汝言

程 棟、施 謙《鼓吹新編》／7

姚 佺《詩源》／越

魏 耕、錢价人《今詩粹》

徐 崧、陳濟生《詩南》／2；6；9

顧有孝《驪珠集》／4

徐 崧《詩風初集》／5；10

俞汝霖

顧有孝《驪珠集》／9

徐 崧《詩風初集》／13

俞而介

卓爾堪《明遺民詩》／12

俞兆晟

沈德潛《國朝詩別裁集》／383

俞廷瑞

蔣 薰、翁介眉《清詩初集》／7；9；12

俞南史

黃傳祖《扶輪續集》／4

程 棟、施 謙《鼓吹新編》／4

姚 佺《詩源》／吳

魏 耕、錢价人《今詩粹》

徐 崧、陳濟生《詩南》／1；4；6；8；11；12

顧有孝《驪珠集》／4

魏 憲《詩持三集》／8

鄧漢儀《詩觀二集》／4

徐 崧《詩風初集》／2；6；9；13；15；16；17

王士禎《感舊集》／3

席居中《昭代詩存》／3

蔣 薰、翁介眉《清詩初集》／1；3；5；6；9；11

曾 燦《過日集》／4；9

孫 鋐《皇清詩選》／江南

陳維崧《篋衍集》／11

卓爾堪《明遺民詩》／8

周佑予《清詩鼓吹》／1

汪 森《華及堂視昔編》／1

吴元桂《昭代詩針》／2

彭廷梅《國朝詩選》／10

沈德潛《國朝詩別裁集》／149

俞南藩

黃傳祖《扶輪廣集》／9

程 棟、施 謙《鼓吹新編》／9

徐 崧、陳濟生《詩南》／7

徐 崧《詩風初集》／8；13

蔣 薰、翁介眉《清詩初集》／9

俞星留

鄧漢儀《詩觀三集》／8

俞國賢

卓爾堪《明遺民詩》／14

俞維植

倪匡世《振雅堂彙編詩最》／4

俞嘉客

徐 崧《詩風初集》／10；12

俞錫齡

陶 煊、張 璨《國朝詩的》／浙江 7

綜合索引（九畫）

後 杓

王爾綱《天下名家詩永》／6

侯 汸

顧有孝《驪珠集》／8

侯 涵

顧有孝《驪珠集》／7

侯 榮

顧有孝《驪珠集》／10

侯 藏

顧有孝《驪珠集》／6

侯方岳

顧有孝《驪珠集》／9

昝 章

鄧漢儀《詩觀三集》／11

陶 煊、張 璨《國朝詩的》／山西1

昝菇芝

王爾綱《天下名家詩永》／13

昝菇穎

王爾綱《天下名家詩永》／10

胄廷清

王爾綱《天下名家詩永》／6

胄庭清

黃傳祖《扶輪新集》／8

魏喬介《觀始集》／6；8

顧有孝《驪珠集》／10

魏 憲《詩持三集》／10

趙 炎《專閱詩藏》／3五言律

徐 崧《詩風初集》／17

蔣 鑨、翁介眉《清詩初集》／12

孫 銥《皇清詩選》／江南

劉 然《國朝詩乘》／11

胄時變

魏 憲《詩持三集》／10

鄧漢儀《天下名家詩觀》／11

鄧漢儀《詩觀二集》／5

鄧漢儀《詩觀三集》／13

姚 升

顧施禎（禎）《盛朝詩選初集》／10

姚 安

姚 佺《詩源》／越

魏喬介《清詩溯洄集》／9

蔣 鑨、翁介眉《清詩初集》／11

彭廷梅《國朝詩選》／9

姚 秉

彭廷梅《國朝詩選》／3；9

姚 佺

程 棟、施 謹《鼓吹新編》／7

徐 崧、陳濟生《詩南》／10；12

徐 崧《詩風初集》／16；18

蔣 鑨、翁介眉《清詩初集》／11

王爾綱《天下名家詩永》／4

卓爾堪《明遺民詩》／12

姚 恭

陶 煊、張 璨《國朝詩的》／江南

16

姚 康

王爾綱《天下名家詩永》／5

卓爾堪《明遺民詩》／9

吴元桂《昭代詩針》／1

姚 深

黃傳祖《扶輪續集》／7

程 棟、施 謹《鼓吹新編》／7

魏 耕、錢价人《今詩粹》

姚 琅

趙 炎《專閱詩藏》／3五言律

徐 崧《詩風初集》／8

孫 銥《皇清詩選》／浙江

姚 球

陶 煊、張 璨《國朝詩的》／浙江8

姚 曼

鄧漢儀《天下名家詩觀》／11

鄧漢儀《詩觀二集》／8

席居中《昭代詩存》／14

孫 鋐《皇清詩選》／江南

倪匡世《振雅堂彙編詩最》／7

陶 煊、張 璨《國朝詩的》／江南 7

吳元桂《昭代詩針》／4

姚 湘

沈德潛《國朝詩別裁集》／479

姚 黃

徐 崧《詩風初集》／16

姚 楨

孫 鋐《皇清詩選》／浙江

姚 寧

吳元桂《昭代詩針》／15

姚 潛

卓爾堪《明遺民詩》／13

陶 煊、張 璨《國朝詩的》／江南 11

姚 瑩

陶 煊、張 璨《國朝詩的》／江南 13

陳以剛《國朝詩品》／16

汪 觀《清詩大雅》／7

吳元桂《昭代詩針》／13

姚 熙

孫 鋐《皇清詩選》／江南

姚 貽

曾 燦《過日集》／6；9

姚 濟

卓爾堪《明遺民詩》／12

姚 駿

徐 崧《詩風初集》／13

姚一溥

馬道畊《清詩二集》／3

姚士在

陳以剛《國朝詩品》／10

姚士封

陳以剛《國朝詩品》／10

姚士陛

沈德潛《國朝詩別裁集》／304

姚士陸

陳以剛《國朝詩品》／15

姚士基

王爾綱《天下名家詩永》／14

姚士堅

王爾綱《天下名家詩永》／14

陳以剛《國朝詩品》／16

姚士墜

陳以剛《國朝詩品》／10

姚士暨

鄧漢儀《詩觀三集》／8

王爾綱《天下名家詩永》／14

姚士蓋

陶 煊、張 璨《國朝詩的》／江南 7

陳以剛《國朝詩品》／10

姚士冀

陳以剛《國朝詩品》／12

姚子莊

陳允衡《國雅》／12

顧有孝《驪珠集》／6

魏 憲《詩持二集》／2

魏 憲《詩持三集》／2

魏 憲《補石倉詩選》／2

趙 炎《尊閣詩藏》／3 五言律

鄧漢儀《詩觀二集》／8

徐 崧《詩風初集》／7；9；13

席居中《昭代詩存》／8

蔣 薰、翁介眉《清詩初集》／1；6；8；9

綜合索引（九畫）

曾 燦《過日集》／2；5；6
孫 銊《皇清詩選》／兩廣
王爾綱《天下名家詩永》／5
顧施禎（禎）《盛朝詩選初集》／2
劉 然《國朝詩乘》／11
陶 煊、張 璨《國朝詩的》／廣東1

姚文焱

魏喬介《觀始集》／2
徐 崧、陳濟生《詩南》／10
魏 憲《詩持二集》／4
徐 崧《詩風初集》／2
曾 燦《過日集》／3；7
孫 銊《皇清詩選》／江南
王爾綱《天下名家詩永》／8
陶 煊、張 璨《國朝詩的》／江南9
沈德潛《國朝詩別裁集》／140

姚文然

曾 燦《過日集》／10
王爾綱《天下名家詩永》／2
陳以剛《國朝詩品》／7

姚文熊

鄧漢儀《天下名家詩觀》／6
徐 崧《詩風初集》／13
孫 銊《皇清詩選》／江南

姚文嫄

徐 崧、陳濟生《詩南》／8

姚文勳

徐 崧、陳濟生《詩南》／10

姚文燕

陳以剛《國朝詩品》／13

姚文變

徐 崧、陳濟生《詩南》／10
蔣 鑨、翁介眉《清詩初集》／8
曾 燦《過日集》／1

姚文樊

徐 崧《詩風初集》／10

姚文鬻

徐 崧《詩風初集》／10

姚支萃

吳元桂《昭代詩針》／15

姚孔銓

陳以剛《國朝詩品》／16

姚孔鋅

陳以剛《國朝詩品》／15

姚孔鑄

陳以剛《國朝詩品》／16

姚孔鐵

陶 煊、張 璨《國朝詩的》／江南15

姚孔鋼

陳以剛《國朝詩品》／15

姚孔鑲

陶 煊、張 璨《國朝詩的》／江南15

姚永昌

鄧漢儀《詩觀二集》／2
席居中《昭代詩存》／14
孫 銊《皇清詩選》／浙江
陶 煊、張 璨《國朝詩的》／浙江5

姚世鈞

沈德潛《國朝詩別裁集》／546

姚世鈺

沈德潛《國朝詩別裁集》／545

姚弘緒

沈德潛《國朝詩別裁集》／304

姚有編

倪匡世《振雅堂彙編詩最》／7

姚年晉

陶 煊、張 璨《國朝詩的》／陝西2

姚克家

陶 煊、張 璨《國朝詩的》／浙江5

姚扳龍

汪　觀《清詩大雅》／14

姚宗昌

姚　佺《詩源》／吳

卓爾堪《明遺民詩》／13

姚宗典

黃傳祖《扶輪續集》／3

程　榛、施　諲《鼓吹新編》／2

姚　佺《詩源》／吳

魏　耕、錢份人《今詩粹》

徐　崧、陳濟生《詩南》／5

徐　崧《詩風初集》／12

孫　鋐《皇清詩選》／江南

姚宗衡

陶　煊、張　璨《國朝詩的》／江南2

姚東明

陶　煊、張　璨《國朝詩的》／浙江3

姚延啟

徐　崧《詩風初集》／1

姚奕芳

馬道岊《清詩二集》／4

姚思孝

姚　佺《詩源》／吳

徐　崧、陳濟生《詩南》／12

鄧漢儀《詩觀二集》／5

鄧漢儀《詩觀三集》／1

孫　鋐《皇清詩選》／江南

姚飛熊

沈德潛《國朝詩別裁集》／459

姚孫森

蔣　鑨、翁介眉《清詩初集》／7；9

姚孫棐

姚　佺《詩源》／吳

鄧漢儀《詩觀二集》／1

王爾綱《天下名家詩永》／2

姚淳顯

魏　耕、錢份人《今詩粹》

姚啓聖

孫　鋐《皇清詩選》／浙江

姚啟聖

鄧漢儀《詩觀二集》／8

陶　煊、張　璨《國朝詩的》／盛京1

姚景明

姚　佺《詩源》／吳

魏喬介《清詩溯洄集》／4

孫　鋐《皇清詩選》／江南

姚景皋

姚　佺《詩源》／吳

姚景崇

孫　鋐《皇清詩選》／盛京

姚景詹

姚　佺《詩源》／吳

陶　煊、張　璨《國朝詩的》／江南9

姚葵湖

陶　煊、張　璨《國朝詩的》／江南11

姚夢熊

顧有孝《驪珠集》／9

鄧漢儀《詩觀二集》／5

徐　崧《詩風初集》／12

席居中《昭代詩存》／5

蔣　鑨、翁介眉《清詩初集》／3；5；6；9

曾　燦《過日集》／8

孫　鋐《皇清詩選》／江南

王爾綱《天下名家詩永》／11

陶　煊、張　璨《國朝詩的》／江南6

吳元桂《昭代詩針》／2

彭廷梅《國朝詩選》／8

综合索引（九畫）

姚締虞

蔣　薌、翁介眉《清詩初集》／6

姚譚昉

鄧漢儀《天下名家詩觀》／9

鄧漢儀《詩觀二集》／12

鄧漢儀《詩觀三集》／7

孫　鋐《皇清詩選》／江南

陶　煊、張　璨《國朝詩的》／江南7；9

姚□□（字福山）

馬道畊《清詩二集》／4

韋　甄

魏　耕、錢价人《今詩粹》

韋人鳳

程　棟、施　諲《鼓吹新編》／9

魏　耕、錢价人《今詩粹》

徐　崧、陳濟生《詩南》／6

鄧漢儀《天下名家詩觀》／3

徐　崧《詩風初集》／9；11

孫　鋐《皇清詩選》／浙江

卓爾堪《明遺民詩》／2

陶　煊、張　璨《國朝詩的》／浙江1

韋人龍

陳祚明、韓　詩《國門集》／5

魏　耕、錢价人《今詩粹》

徐　崧、陳濟生《詩南》／6

韋成賢

黃傳祖《扶輪廣集》／6；11

魏裔介《觀始集》／4

姚　佺《詩源》／楚

陶　煊、張　璨《國朝詩的》／湖廣7

韋克濟

王爾綱《天下名家詩永》／1

韋弦佩

陸次雲《詩平初集》／8

韋德浩

陶　煊、張　璨《國朝詩的》／浙江7

紀　灮

鄧漢儀《詩觀三集》／3

席居中《昭代詩存》／14

孫　鋐《皇清詩選》／京師

陶　煊、張　璨《國朝詩的》／直隸2

紀　愷

彭廷梅《國朝詩選》／2

紀　愈

姚　佺《詩源》／燕

徐　崧《詩風初集》／16

席居中《昭代詩存》／12

王爾綱《天下名家詩永》／10

紀文斌

席居中《昭代詩存》／9

紀映鍾

黃傳祖《扶輪廣集》／4；9；11；14

黃傳祖《扶輪新集》／9

魏裔介《觀始集》／2；3；5；8；11

陳祚明、韓　詩《國門集》／2；3；4；5；6

程　棟、施　諲《鼓吹新編》／7；14

姚　佺《詩源》／吳

魏　耕、錢价人《今詩粹》

徐　崧、陳濟生《詩南》／6；9

顧有孝《驪珠集》／7

魏　憲《詩持二集》／7

魏　憲《補石倉詩選》／3

魏　憲《皇清百名家詩選》／48

趙　炎《尊閱詩藏》／1五言古；2五言律；4七言律

鄧漢儀《天下名家詩觀》／2

鄧漢儀《詩觀二集》／1

徐　崧《詩風初集》／2；7；8

王士禛《感舊集》／6
席居中《昭代詩存》／10
陸次雲《詩平初集》／1；2；4；6；8；12

蔣 鑨、翁介眉《清詩初集》／1；3；4；6；8；10；11；12
曾 燦《過日集》／1；3；8
孫 鋐《皇清詩選》／江南
王爾綱《天下名家詩永》／5
顧施禎（禎）《盛朝詩選初集》／3
陳維崧《篋衍集》／2
吳 藎《名家詩選》／4
劉 然《國朝詩乘》／5
陶 煌、張 璨《國朝詩的》／江南4
陳以剛《國朝詩品》／5
吳元桂《昭代詩針》／1
彭廷梅《國朝詩選》／2；7；10；13

紀堯典

席居中《昭代詩存》／12
曾 燦《過日集》／3；9

紀達宜

彭廷梅《國朝詩選》／10

紀應鍾

顧施禎（禎）《盛朝詩選初集》／6

十 畫

辛 楨

陶 煌、張 璨《國朝詩的》／江南12

浦 舟

鄧漢儀《詩觀三集》／7
陸次雲《詩平初集》／7；10；12
顧施禎（禎）《盛朝詩選初集》／7

浦爲琛

魏裔介《觀始集》／6

海 明

王士禛《感舊集》／4

海 寶

陶 煌、張 璨《國朝詩的》／滿洲1

海門潔

彭廷梅《國朝詩選》／10；11

涂 西

席居中《昭代詩存》／4
蔣 鑨、翁介眉《清詩初集》／9

涂 始

陶 煌、張 璨《國朝詩的》／湖廣8

涂士任

陶 煌、張 璨《國朝詩的》／江西2

涂大西

顧有孝《驪珠集》／4
曾 燦《過日集》／3
卓爾堪《明遺民詩》／4
陶 煌、張 璨《國朝詩的》／江西1

涂允陵

徐 崧《詩風初集》／5；8
曾 燦《過日集》／4

涂逵靖

王爾綱《天下名家詩永》／12

涂鍾績

席居中《昭代詩存》／12

高 永

陸次雲《詩平初集》／1

高 兆

魏 憲《詩持三集》／6
蔣 鑨、翁介眉《清詩初集》／3；7；12
曾 燦《過日集》／3；8
孫 鋐《皇清詩選》／福建
陶 煌、張 璨《國朝詩的》／福建1

高 岑

沈德潛《國朝詩別裁集》／545

綜合索引（十畫）

高　阜

　　鄧漢儀《天下名家詩觀》／9

高　炳

　　沈德潛《國朝詩別裁集》／508

高　珩

　　黃傳祖《扶輪廣集》／6

　　黃傳祖《扶輪新集》／10

　　魏喬介《觀始集》／4

　　魏喬介《清詩湖洞集》／7

　　顧有孝《驪珠集》／1

　　魏　憲《詩持一集》／4

　　魏　憲《補石倉詩選》／3

　　趙　炎《專閫詩藏》／7五言律

　　鄧漢儀《天下名家詩觀》／1

　　徐　崧《詩風初集》／11；12

　　王士禎《感舊集》／5

　　席居中《昭代詩存》／6

　　蔣　鑨、翁介眉《清詩初集》／4；8

　　孫　銓《皇清詩選》／山東

　　王爾綱《天下名家詩永》／3

　　吳　讓《名家詩選》／2

　　陶　煊、張　璨《國朝詩的》／山東1

　　陳以剛《國朝詩品》／4

　　沈德潛《國朝詩別裁集》／28

高　寅

　　王爾綱《天下名家詩永》／5

高　望

　　陳以剛《國朝詩品》／16

高　採

　　陶　煊、張　璨《國朝詩的》／江南13

高　彪

　　徐　崧《詩風初集》／12

高　斌

　　彭廷梅《國朝詩選》／1；5；11

　　沈德潛《國朝詩別裁集》／543

高　景

　　姚　佺《詩源》／閩

高　詠

　　陳允衡《國雅》／31

　　鄧漢儀《詩觀三集》／3

　　徐　崧《詩風初集》／5

　　王士禎《感舊集》／16

　　席居中《昭代詩存》／9

　　蔣　鑨、翁介眉《清詩初集》／1；7；12

　　曾　燦《過日集》／4；8；9

　　孫　銓《皇清詩選》／江南

　　王爾綱《天下名家詩永》／11

　　顧施禎（禎）《盛朝詩選初集》／1；2；5；11

　　陳維崧《篋衍集》／2；4

　　吳　讓《名家詩選》／1

　　陳以剛《國朝詩品》／8

　　吳元桂《昭代詩針》／3

　　沈德潛《國朝詩別裁集》／217

高　達

　　鄧漢儀《詩觀二集》／13

高　咺

　　顧有孝《驪珠集》／5

　　趙　炎《專閫詩藏》／2七言律

　　鄧漢儀《詩觀二集》／3

　　徐　崧《詩風初集》／1；6；9；15；17

　　陸次雲《詩平初集》／7；9

　　蔣　鑨、翁介眉《清詩初集》／6

　　曾　燦《過日集》／2；3；6；9

　　孫　銓《皇清詩選》／山西

　　王爾綱《天下名家詩永》／9

　　吳　讓《名家詩選》／3

　　陶　煊、張　璨《國朝詩的》／山西1

吴元桂《昭代诗针》／4

彭廷梅《國朝詩選》／8

沈德潛《國朝詩別裁集》／89

高 登

陶 煊、張 璨《國朝詩的》／盛京 1

高 溶

曾 燦《過日集》／9

高 喬

孫 鋐《皇清詩選》／京師

王爾綱《天下名家詩永》／2

高 銃

席居中《昭代詩存》／3

高 潤

孫 鋐《皇清詩選》／江南

高 翱

黃傳祖《扶輪廣集》／6

高 葒

徐 崧、陳濟生《詩南》／10

高 曜

孫 鋐《皇清詩選》／江南

高 簡

程 棟、施 諲《鼓吹新編》／11

徐 崧、陳濟生《詩南》／6

顧有孝《驪珠集》／9

高 騫

黃傳祖《扶輪續集》／4；9

黃傳祖《扶輪廣集》／9；11

黃傳祖《扶輪新集》／4

魏喬介《觀始集》／6

程 棟、施 諲《鼓吹新編》／8

姚 佺《詩源》／楚

顧有孝《驪珠集》／4

蔣 瓏、翁介眉《清詩初集》／3；7

孫 鋐《皇清詩選》／江南

陶 煊、張 璨《國朝詩的》／湖廣 5

高一珩

查 義、查岐昌《國朝詩因》／3

高士奇

鄧漢儀《詩觀二集》／7

鄧漢儀《詩觀三集》／7

席居中《昭代詩存》／12

陸次雲《詩平初集》／7；10；12

蔣 瓏、翁介眉《清詩初集》／7；9

孫 鋐《皇清詩選》／浙江

王爾綱《天下名家詩永》／7

顧施楨（禎）《盛朝詩選初集》／4；7；9

陳維崧《篋衍集》／9；11

周佑子《清詩鼓吹》／4

吴 蘭《名家詩選》／3

朱 觀《國朝詩正》／4

陶 煊、張 璨《國朝詩的》／浙江 4

陳以剛《國朝詩品》／8

彭廷梅《國朝詩選》／3；11；13

沈德潛《國朝詩別裁集》／235

高士望

孫 鋐《皇清詩選》／江南

高山啟

吴元桂《昭代詩針》／10

高斗魁

顧有孝《驪珠集》／9

高斗權

程 棟、施 諲《鼓吹新編》／7

高文汸

曾 燦《過日集》／9

高文奎

曾 燦《過日集》／10

高文清

彭廷梅《國朝詩選》／5；8；11

综合索引（十畫）

高文涵
　鄧漢儀《詩觀二集》／8
高文濤
　曾　燦《過日集》／9
高天佑
　鄧漢儀《詩觀三集》／6
　陶　煊、張　璨《國朝詩的》／浙江 1
高不騫
　沈德潛《國朝詩別裁集》／491
高日新
　沈德潛《國朝詩別裁集》／540
高以永
　鄧漢儀《詩觀三集》／7
　徐　崧《詩風初集》／11
　席居中《昭代詩存》／8
　陶　煊、張　璨《國朝詩的》／浙江 5
高以正
　黃傳祖《扶輪廣集》／9
高以位
　鄧漢儀《詩觀二集》／7
　王爾綱《天下名家詩永》／7
高以照
　孫　銓《皇清詩選》／江南
高玉桂
　陶　煊、張　璨《國朝詩的》／江南 15
　汪　觀《清詩大雅二集》／2
高世泰
　陶　煊、張　璨《國朝詩的》／江南 2
高世觀
　黃傳祖《扶輪續集》／9
　曾　燦《過日集》／3
高本孝
　陳以剛《國朝詩品》／17
高必達
　陶　煊、張　璨《國朝詩的》／直隸 1

高自鏡
　王爾綱《天下名家詩永》／10
高孝本
　陶　煊、張　璨《國朝詩的》／浙江 6
　查　義、查岐昌《國朝詩因》／4
　沈德潛《國朝詩別裁集》／303
高佑紀
　顧有孝《驪珠集》／10
　鄧漢儀《詩觀二集》／12
　徐　崧《詩風初集》／14；16
　席居中《昭代詩存》／4
　曾　燦《過日集》／4；8
　孫　銓《皇清詩選》／浙江
　劉　然《國朝詩乘》／9
　陶　煊、張　璨《國朝詩的》／浙江 1
高長灝
　席居中《昭代詩存》／11
高其倬
　沈德潛《國朝詩別裁集》／311
高述明
　彭廷梅《國朝詩選》／2
　沈德潛《國朝詩別裁集》／543
高拱樞
　徐　崧、陳濟生《詩南》／7；11
　徐　崧《詩風初集》／10
高思忠
　趙　炎《尊閣詩藏》／3 五言律
　徐　崧《詩風初集》／8
　孫　銓《皇清詩選》／湖廣
高承埏
　程　棟、施　譚《鼓吹新編》／2
　鄧漢儀《詩觀二集》／9
　席居中《昭代詩存》／12
　曾　燦《過日集》／5；8；10
　孫　銓《皇清詩選》／浙江

韓純玉《近詩兼》

卓爾堪《明遺民詩》／14

陶 煊、張 璨《國朝詩的》／浙江 1

高啟晉

程 棟、施 譔《鼓吹新編》／10

徐 崧、陳濟生《詩南》／10

高雲龍

陸次雲《詩平初集》／5；7；11

高登雲

蔣 鑨、翁介眉《清詩初集》／7；12

高陽生

黃傳祖《扶輪續集》／9

高道素

程 棟、施 譔《鼓吹新編》／1

鄧漢儀《詩觀二集》／3

徐 崧《詩風初集》／12

孫 鋐《皇清詩選》／浙江

陶 煊、張 璨《國朝詩的》／浙江 1

吳元桂《昭代詩針》／4

彭廷梅《國朝詩選》／2

高輔辰

姚 佺《詩源》／燕

高鳳翰

汪 觀《清詩大雅二集》／2

高維檜

趙 炎《專閱詩藏》／6 五言律

高蓮生

徐 崧《詩風初集》／9

高層雲

鄧漢儀《詩觀二集》／6

鄧漢儀《詩觀三集》／3

陸次雲《詩平初集》／12

蔣 鑨、翁介眉《清詩初集》／2

孫 鋐《皇清詩選》／江南

陶 煊、張 璨《國朝詩的》／江南 10

沈德潛《國朝詩別裁集》／186

高組睿

鄧漢儀《天下名家詩觀》／10

席居中《昭代詩存》／11

彭廷梅《國朝詩選》／4

高攀桂

陶 煊、張 璨《國朝詩的》／浙江 7

高懿蘭

孫 鋐《皇清詩選》／江南

袞于令

鄧漢儀《詩觀二集》／6

席 鑛

沈德潛《國朝詩別裁集》／538

席居中

鄧漢儀《天下名家詩觀》／7

鄧漢儀《詩觀二集》／7

徐 崧《詩風初集》／8；16

陸次雲《詩平初集》／7；9；11；12

蔣 鑨、翁介眉《清詩初集》／9；11

曾 燦《過日集》／3

孫 鋐《皇清詩選》／盛京

王爾綱《天下名家詩永》／7

陳維崧《篋衍集》／4；10

吳 藎《名家詩選》／2

陶 煊、張 璨《國朝詩的》／盛京 1

陳以剛《國朝詩品》／8

席教事

黃傳祖《扶輪新集》／3；6；10

徐 崧《詩風初集》／17

唐 佐

倪匡世《振雅堂彙編詩最》／7

陶 煊、張 璨《國朝詩的》／江西 2

唐 奇

姚 佺《詩源》／豫章

综合索引（十壹）

唐 采
　赵 炎《尊闻诗藏》／2 五言古；2 七言古；3 七言律；4 七言律；7 五言律
　孙 鋐《皇清诗選》／江南
唐 岱
　彭廷梅《國朝詩選》／2
唐 英
　汪 觀《清詩大雅》／16
　汪 觀《清詩大雅二集》／1
　吴元桂《昭代詩針》／13
　彭廷梅《國朝詩選》／2
唐 泰
　黄傳祖《扶輪續集》／7
　姚 佺《詩源》／滇
唐 訪
　黄傳祖《扶輪新集》／4
唐 深
　魏 耕、錢价人《今詩粹》
唐 堂
　魏喬介《觀始集》／4；9
　姚 佺《詩源》／豫
　陸次雲《詩平初集》／4
　彭廷梅《國朝詩選》／7
唐 琦
　孙 鋐《皇清詩選》／江南
唐 靖
　黄傳祖《扶輪新集》／9
　程 棟、施 諲《鼓吹新編》／9
　徐 崧、陳濟生《詩南》／4；6；11
　徐 崧《詩風初集》／2；9；18
唐 瑗
　孙 鋐《皇清詩選》／江南
唐 瑀
　徐 崧《詩風初集》／18

孙 鋐《皇清詩選》／江南
唐 璟
　孙 鋐《皇清詩選》／江南
唐 鴻
　徐 崧《詩風初集》／11
唐 燊
　孙 鋐《皇清詩選》／江南
唐九經
　王爾綱《天下名家詩永》／5
唐之栢
　蔣 瓏、翁介眉《清詩初集》／7；11
唐于辰
　曾 燦《過日集》／10
唐大陶
　曾 燦《過日集》／3
唐元迪
　徐 崧《詩風初集》／9；14
　蔣 瓏、翁介眉《清詩初集》／12
唐元迪
　魏 耕、錢价人《今詩粹》
唐元鎔
　程 棟、施 諲《鼓吹新編》／5
唐允甲
　黄傳祖《扶輪續集》／6
　程 棟、施 諲《鼓吹新編》／4
　徐 崧、陳濟生《詩南》／7
　錢謙益《吾炙集》
　王士禎《感舊集》／6
　席居中《昭代詩存》／7
　孙 鋐《皇清詩選》／江南
　卓爾堪《明遺民詩》／8
　陶 煊、張 璨《國朝詩的》／江南 4
　陳以剛《國朝詩品》／4
唐永貞
　程 棟、施 諲《鼓吹新編》／11

唐世徵

魏喬介《清詩溯洄集》／2；3；5

徐 崧《詩風初集》／10；11

蔣 鑨、翁介眉《清詩初集》／3；7

曾 燦《過日集》／2；5；10

陶 煊、張 璨《國朝詩的》／湖廣 7

彭廷梅《國朝詩選》／1

唐弘基

曾 燦《過日集》／7

唐宇昭

顧有孝《驪珠集》／7

蔣 鑨、翁介眉《清詩初集》／1

唐宇泰

朱 觀《國朝詩正》／8

唐廷伯

鄧漢儀《詩觀三集》／8

王爾綱《天下名家詩永》／8

唐廷讓

程 棟、施 謹《鼓吹新編》／9

唐季篇

徐 崧《詩風初集》／18

唐念祖

鄧漢儀《詩觀二集》／12

陶 煊、張 璨《國朝詩的》／江南 9

唐建中

陶 煊、張 璨《國朝詩的》／湖廣 9

沈德潛《國朝詩別裁集》／409

唐祖命

陶 煊、張 璨《國朝詩的》／江南 11

唐時用

彭廷梅《國朝詩選》／4；10

唐時溥

陶 煊、張 璨《國朝詩的》／湖廣 5

唐納膾

陶 煊、張 璨《國朝詩的》／廣西 1

唐孫華

曾 燦《過日集》／4；7；10

孫 銓《皇清詩選》／江南

周佑予《清詩鼓吹》／4

陶 煊、張 璨《國朝詩的》／江南 15

查 義、查岐昌《國朝詩因》／4

吳元桂《昭代詩針》／9

沈德潛《國朝詩別裁集》／284

唐裕功

孫 銓《皇清詩選》／江南

唐悼辰

吳元桂《昭代詩針》／6

唐堯勳

顧有孝《驪珠集》／11

唐景宋

顧有孝《驪珠集》／11

魏 憲《詩持一集》／4

徐 崧《詩風初集》／17

劉 然《國朝詩乘》／11

唐開先

顧施楨（禎）《盛朝詩選初集》／6；8

唐進賢

吳元桂《昭代詩針》／13

唐階泰

卓爾堪《明遺民詩》／5

唐夢賁

孫 銓《皇清詩選》／山東

唐廣堯

魏 憲《詩持三集》／4

鄧漢儀《詩觀二集》／13

席居中《昭代詩存》／5

陶 煊、張 璨《國朝詩的》／浙江 5

唐應麟

吳元桂《昭代詩針》／15

综合索引（十画）

唐继祖

陶 煊、张 璨《国朝诗的》／江南9

唐麟翔

鄧漢儀《詩觀三集》／12

吴 藻《名家詩選》／1

郎 才

王爾綱《天下名家詩永》／2

郎 封

王爾綱《天下名家詩永》／14

郎 遂

王爾綱《天下名家詩永》／13

朱 觀《國朝詩正》／1

陶 煊、張 璨《國朝詩的》／江南12

吴元桂《昭代詩針》／10

郎光稀

王爾綱《天下名家詩永》／7

郎廷槐

陶 煊、張 璨《國朝詩的》／盛京2

郎應徵

王爾綱《天下名家詩永》／8

祖應世

鄧漢儀《詩觀三集》／3

顧施楨（禎）《盛朝詩選初集》／7

陶 煊、張 璨《國朝詩的》／盛京1

祝 祺

陸次雲《詩平初集》／10

孫 鋐《皇清詩選》／江南

吴元桂《昭代詩針》／6

祝 潛

徐 崧《詩風初集》／13

祝洵文

卓爾堪《明遺民詩》／14

祝善久

陶 煊、張 璨《國朝詩的》／江南15

祝維諾

彭廷梅《國朝詩選》／4；6；10；12

祝應瑞

彭廷梅《國朝詩選》／2；12

祝應端

陶 煊、張 璨《國朝詩的》／江南15

祝翼變

顧施楨（禎）《盛朝詩選初集》／12

（附）

班達禮

席居中《昭代詩存》／2

陸次雲《詩平初集》／7；10；12

敖 巏

蔣 鑨、翁介眉《清詩初集》／8

敖 瑽

顧有孝《驪珠集》／9

栢 古

趙 炎《專閣詩藏》／7五言律

徐 崧《詩風初集》／17

蔣 鑨、翁介眉《清詩初集》／2；6；

11

孫 鋐《皇清詩選》／江南

栢廷植

魏裔介《觀始集》／9

孫 鋐《皇清詩選》／江南

夏 弘

沈德潛《國朝詩別裁集》／454

夏 林

趙 炎《專閣詩藏》／6五言律

夏 昱

顧有孝《驪珠集》／9

夏 清

魏 憲《詩持三集》／10

夏 基

蔣 鑨、翁介眉《清詩初集》／7

孫　鋐《皇清詩選》／浙江

夏琮

蔣　鑨、翁介眉《清詩初集》／7

馬道畊《清詩二集》／2

陶　煊、張　璨《國朝詩的》／湖廣7

夏煜

曾　燦《過日集》／4；9

夏焯

徐　崧、陳濟生《詩南》／5

夏維

吳元桂《昭代詩針》／15

夏縉

黃傳祖《扶輪續集》／3；4；8；11

卓爾堪《明遺民詩》／13

夏澄

孫　鋐《皇清詩選》／江南

夏琛

彭廷梅《國朝詩選》／1；11

夏嘂

顧有孝《驪珠集》／7

魏　憲《詩持一集》／4

陸次雲《詩平初集》／7；10；12

孫　鋐《皇清詩選》／浙江

夏聲

顧施禎（禎）《盛朝詩選初集》／10

夏九叔

鄧漢儀《詩觀二集》／7

夏九敘

孫　鋐《皇清詩選》／江南

彭廷梅《國朝詩選》／12

夏九敍

席居中《昭代詩存》／7

吳元桂《昭代詩針》／3

彭廷梅《國朝詩選》／8

夏之章

魏　耕、錢价人《今詩粹》

夏士驥

姚　佺《詩源》／滇

夏允彝

魏　憲《詩持一集》／1

魏　憲《補石倉詩選》／1

王爾綱《天下名家詩永》／1

夏世澤

吳元桂《昭代詩針》／11

夏光白

陶　煊、張　璨《國朝詩的》／湖廣9

夏光斐

陶　煊、張　璨《國朝詩的》／湖廣10

夏羽儀

鄧漢儀《詩觀二集》／6

陶　煊、張　璨《國朝詩的》／江南6

夏完淳

程　棟、施　諶《鼓吹新編》／8

魏　耕、錢价人《今詩粹》

徐　崧、陳濟生《詩南》／4

魏　憲《詩持一集》／2

魏　憲《補石倉詩選》／1

蔣　鑨、翁介眉《清詩初集》／3；5

夏志源

汪　觀《清詩大雅》／7

夏克咸

馬道畊《清詩二集》／1

夏宗周

彭廷梅《國朝詩選》／5；11

夏尚蕙

吳元桂《昭代詩針》／15

夏洪基

孫　鋐《皇清詩選》／江南

综合索引（十画）

夏时傳

陶 煊、張 璨《國朝詩的》／湖廣 2

夏荀慈

陶 煊、張 璨《國朝詩的》／浙江 6

夏惟敬

陶 煊、張 璨《國朝詩的》／浙江 4

夏乾御

吳 藹《名家詩選》／3

夏期昱

趙 炎《尊閣詩藏》／4 五言律

徐 崧《詩風初集》／8

夏貽典

魏 耕、錢价人《今詩粹》

夏誠善

倪匡世《振雅堂彙編詩最》／6

夏慎槤

陶 煊、張 璨《國朝詩的》／江南 15

陳以剛《國朝詩品》／15

汪 觀《清詩大雅二集》／7

夏熙臣

蔣 鑨、翁介眉《清詩初集》／6

陳維崧《篋衍集》／4

馬道畊《清詩二集》／1

陶 煊、張 璨《國朝詩的》／湖廣 7

彭廷梅《國朝詩選》／2

沈德潛《國朝詩別裁集》／140

夏聞善

陶 煊、張 璨《國朝詩的》／江南 16

夏遵志

馬道畊《清詩二集》／3

夏樸肖

姚 佺《詩源》／吳

夏錫祚

卓爾堪《明遺民詩》／12

馬 位

彭廷梅《國朝詩選》／2

沈德潛《國朝詩別裁集》／541

馬 星

陶 煊、張 璨《國朝詩的》／江南續編 1

馬 眉

陶 煊、張 璨《國朝詩的》／湖廣 9

馬 振

陶 煊、張 璨《國朝詩的》／浙江 6

馬 翀

鄧漢儀《詩觀二集》／13

蔣 鑨、翁介眉《清詩初集》／1

曾 燦《過日集》／7

孫 鋐《皇清詩選》／江南

吳元桂《昭代詩針》／6

馬 竣

彭廷梅《國朝詩選》／2；12

馬 萬

程 榛、施 譚《鼓吹新編》／11

顧有孝《驪珠集》／9

徐 崧《詩風初集》／14

馬 荇

顧有孝《驪珠集》／6

徐 崧《詩風初集》／12；16；17

馬 馴

陳以剛《國朝詩品》／17

馬 瑞

顧有孝《驪珠集》／3

馬 厱

黃傳祖《扶輪續集》／1；4；7；9

姚 佺《詩源》／豫

鄧漢儀《詩觀二集》／8

孫 鋐《皇清詩選》／河南

王爾綱《天下名家詩永》／9

彭廷梅《國朝詩選》／7

馬　潛

陳以剛《國朝詩品》／10

馬　澄

黃傳祖《扶輪新集》／4

王士禎《感舊集》／4

馬　駿

黃傳祖《扶輪廣集》／9

程　棟、施　閏《鼓吹新編》／10

徐　崧、陳濟生《詩南》／6；12

顧有孝《驪珠集》／8

魏　憲《詩持一集》／3

鄧漢儀《天下名家詩觀》／11

徐　崧《詩風初集》／10；11；16；17

蔣　鑨、翁介眉《清詩初集》／7

馬　驌

倪匡世《振雅堂彙編詩最》／5

陶　煊、張　璨《國朝詩的》／江西 2

馬　鑒

卓爾堪《明遺民詩》／12

彭廷梅《國朝詩選》／11

馬之軔

鄧漢儀《詩觀二集》／12

馬之圖

孫　鋐《皇清詩選》／湖廣

馬之駱

孫　鋐《皇清詩選》／江南

馬之瓊

徐　崧《詩風初集》／10

馬之鵬

陶　煊、張　璨《國朝詩的》／湖廣 10

沈德潛《國朝詩別裁集》／278

馬之驊

鄧漢儀《詩觀三集》／12

吳元桂《昭代詩針》／4

馬之騏

黃傳祖《扶輪廣集》／1

黃傳祖《扶輪新集》／7

魏裔介《觀始集》／6

徐　崧《詩風初集》／17

王士禎《感舊集》／4

席居中《昭代詩存》／5

蔣　鑨、翁介眉《清詩初集》／12

孫　鋐《皇清詩選》／京師

陶　煊、張　璨《國朝詩的》／直隸 2

彭廷梅《國朝詩選》／11

馬三奇

曾　燦《過日集》／10

馬士芳

劉　然《國朝詩乘》／12

馬曰浩

吳　藎《名家詩選》／2

吳元桂《昭代詩針》／7

馬曰琯

彭廷梅《國朝詩選》／12

沈德潛《國朝詩別裁集》／553

馬曰璐

彭廷梅《國朝詩選》／10

馬必達

汪　觀《清詩大雅》／13

馬正午

彭廷梅《國朝詩選》／10

馬世杰

沈德潛《國朝詩別裁集》／247

馬世奇

魏　憲《補石倉詩選》／1

馬世俊

徐　崧《詩風初集》／10

蔣　鑨、翁介眉《清詩初集》／7

孫　鋐《皇清詩選》／江南

綜合索引（十畫）

王爾綱《天下名家詩永》／5
劉　然《國朝詩乘》／2
陳以剛《國朝詩品》／4
沈德潛《國朝詩別裁集》／104

馬世隆

陶　煊、張　璨《國朝詩的》／盛京 1

馬世勛

汪　觀《清詩大雅》／10

馬成龍

彭廷梅《國朝詩選》／4

馬光啟

魏　憲《詩持二集》／6
顧施禎（禎）《盛朝詩選初集》／9

馬兆鼇

吳元桂《昭代詩針》／13
彭廷梅《國朝詩選》／4

馬宏道

程　棟、施　譚《鼓吹新編》／14

馬廷相

陶　煊、張　璨《國朝詩的》／陝西 2

馬長海

沈德潛《國朝詩別裁集》／531

馬侍轟

魏喬介《觀始集》／4
姚　佺《詩源》／秦

馬禹錫

吳元桂《昭代詩針》／5

馬胤璜

魏　耕、錢价人《今詩粹》

馬振飛

席居中《昭代詩存》／14

馬振楷

吳　藎《名家詩選》／3

馬書思

陶　煊、張　璨《國朝詩的》／江南續

編 1

馬教思

王爾綱《天下名家詩永》／12

馬紹愉

姚　佺《詩源》／蜀

馬紹曾

顧有孝《驪珠集》／7
徐　崧《詩風初集》／11

馬朝桂

席居中《昭代詩存》／14

馬幾先

陶　煊、張　璨《國朝詩的》／江南 12
陳以剛《國朝詩品》／15
汪　觀《清詩大雅》／7
汪　觀《清詩大雅二集》／1
吳元桂《昭代詩針》／11
彭廷梅《國朝詩選》／1

馬榮祖

彭廷梅《國朝詩選》／8；12

馬壽穀

顧施禎（禎）《盛朝詩選初集》／2

馬嘉楨

卓爾堪《明遺民詩》／12

馬鳴鑾

程　棟、施　譚《鼓吹新編》／11
徐　崧、陳濟生《詩南》／2
顧有孝《驪珠集》／8
徐　崧《詩風初集》／11
孫　鋐《皇清詩選》／江南

馬維翰

沈德潛《國朝詩別裁集》／434

馬遵道

汪　觀《清詩大雅》／19

馬樓臣

彭廷梅《國朝詩選》／8

沈德潛《國朝詩別裁集》／489

馬燁曾

黃傳祖《扶輪廣集》／6

馬燿曾

顧有孝《驪珠集》／8

徐 崧《詩風初集》／14

孫 鋐《皇清詩選》／浙江

馬騰龍

陶 煊、張 璨《國朝詩的》／山西1

馬嘉植

姚 佺《詩源》／越

秦 汧

黃傳祖《扶輪續集》／4；9

黃傳祖《扶輪新集》／6；10

魏 憲《詩持一集》／4

孫 鋐《皇清詩選》／江南

秦 浩

徐 崧、陳濟生《詩南》／6

秦 桂

陶 煊、張 璨《國朝詩的》／山西1

秦 悖

彭廷梅《國朝詩選》／6；10

秦 鉥

魏裔介《觀始集》／5；7

徐 崧《詩風初集》／13；15

孫 鋐《皇清詩選》／江南

王爾綱《天下名家詩永》／9

陶 煊、張 璨《國朝詩的》／江南6

秦 鴻

程 棟、施 譚《鼓吹新編》／11

魏 耕、錢价人《今詩粹》

徐 崧、陳濟生《詩南》／10

徐 崧《詩風初集》／12

秦 鎬

姚 佺《詩源》／豫

王爾綱《天下名家詩永》／2

秦文超

沈德潛《國朝詩別裁集》／336

秦日新

徐 崧《詩風初集》／10

秦汝霖

徐 崧、陳濟生《詩南》／7

秦年錫

曾 燦《過日集》／5

秦定遠

鄧漢儀《天下名家詩觀》／7

鄧漢儀《詩觀二集》／9

席居中《昭代詩存》／11

陸次雲《詩平初集》／7；9；11；12

孫 鋐《皇清詩選》／江南

倪匡世《振雅堂彙編詩最》／3

陶 煊、張 璨《國朝詩的》／江南8

彭廷梅《國朝詩選》／1；11

秦松齡

黃傳祖《扶輪新集》／1

魏裔介《觀始集》／9；11

顧有孝《驪珠集》／7

魏 憲《詩持三集》／7

趙 炎《尊閣詩藏》／3五言律；4七言律

鄧漢儀《天下名家詩觀》／11

鄧漢儀《詩觀三集》／4

徐 崧《詩風初集》／1；5；8；11

王士禎《感舊集》／14

席居中《昭代詩存》／9

陸次雲《詩平初集》／7；8

蔣 薰、翁介眉《清詩初集》／3；7；8；11；12

曾 燦《過日集》／1；5；7

孫 鋐《皇清詩選》／江南

综合索引（十画）

王爾綱《天下名家詩永》／4
陳維崧《篋衍集》／11
周佑予《清詩鼓吹》／2
陶 煊、張 璨《國朝詩的》／江南 13
陳以剛《國朝詩品》／7
沈德潛《國朝詩別裁集》／72

秦保寅

顧有孝《驪珠集》／9
鄧漢儀《詩觀二集》／8
王士禎《感舊集》／16
曾 燦《過日集》／3；7
孫 鋐《皇清詩選》／江南
陶 煊、張 璨《國朝詩的》／江南 6

秦祖襄

黃傳祖《扶輪廣集》／9
姚 佺《詩源》／越
王爾綱《天下名家詩永》／7

秦時昌

沈德潛《國朝詩別裁集》／513

秦雲爽

曾 燦《過日集》／4

秦道然

沈德潛《國朝詩別裁集》／390

秦嘉銓

魏 憲《詩持三集》／5
徐 崧《詩風初集》／10

秦維楨

黃傳祖《扶輪續集》／2；8；10

秦衛周

徐 崧《詩風初集》／18

秦應陽

沈德潛《國朝詩別裁集》／472

袁 元

席居中《昭代詩存》／7
蔣 鑨、翁介眉《清詩初集》／3；12

孫 鋐《皇清詩選》／江南
陳以剛《國朝詩品》／7
吳元桂《昭代詩針》／4

袁 佑

魏 憲《補石倉詩選》／3
魏 憲《皇清百名家詩選》／54
鄧漢儀《詩觀二集》／13
鄧漢儀《詩觀三集》／5
席居中《昭代詩存》／10
陸次雲《詩平初集》／1；3；5；9；11；12
蔣 鑨、翁介眉《清詩初集》／1；5；9

王爾綱《天下名家詩永》／5
陶 煊、張 璨《國朝詩的》／直隸 1
彭廷梅《國朝詩選》／10
沈德潛《國朝詩別裁集》／216

袁 定

程 棟、施 諲《鼓吹新編》／6

袁 枚

吳元桂《昭代詩針》／14

袁 奐

陳允衡《國雅》／50
孫 鋐《皇清詩選》／湖廣
吳元桂《昭代詩針》／2

袁 株

程 棟、施 諲《鼓吹新編》／9
徐 崧、陳濟生《詩南》／9
徐 崧《詩風初集》／10
蔣 鑨、翁介眉《清詩初集》／7

袁 晉

徐 崧《詩風初集》／18

袁 紡

陶 煊、張 璨《國朝詩的》／浙江 4

袁 焕

陶 煊、张 璨《國朝詩的》／湖廣4

袁 瑛

陶 煊、张 璨《國朝詩的》／江南12

袁 滙

蔣 鑨、翁介眉《清詩初集》／9

袁 紹

魏 憲《詩持三集》／5

孫 銈《皇清詩選》／江南

王爾綱《天下名家詩永》／8

顧施禎（禎）《盛朝詩選初集》／9

劉 然《國朝詩乘》／11

袁 綬

魏 憲《詩持三集》／6

袁 徵

卓爾堪《明遺民詩》／12

袁 衡

鄧漢儀《天下名家詩觀》／11

陶 煊、张 璨《國朝詩的》／江西1

袁 藩

鄧漢儀《詩觀二集》／13

席居中《昭代詩存》／14

孫 銈《皇清詩選》／山東

袁 鉥

程 棟、施 譚《鼓吹新編》／9

魏 耕、錢价人《今詩粹》

徐 崧、陳濟生《詩南》／4；9；11

顧有孝《驪珠集》／6

徐 崧《詩風初集》／13

曾 燦《過日集》／6

袁于令

孫 銈《皇清詩選》／江南

陶 煊、张 璨《國朝詩的》／江南5

袁卞玉

曾 燦《過日集》／4；9

袁世英

王爾綱《天下名家詩永》／13

袁弘道

倪匡世《振雅堂彙編詩最》／7

袁弘毅

魏 憲《詩持一集》／2

袁祈年

黃傳祖《扶輪續集》／2；5；8

袁時中

蔣 鑨、翁介眉《清詩初集》／9

袁啟旭

鄧漢儀《詩觀二集》／12

陳維崧《篋衍集》／2

陶 煊、张 璨《國朝詩的》／江南11

陳以剛《國朝詩品》／5

沈德潛《國朝詩別裁集》／244

袁國梓

孫 銈《皇清詩選》／江南

袁國鳳

吴元桂《昭代詩針》／12

袁彭年

黃傳祖《扶輪新集》／10

陶 煊、张 璨《國朝詩的》／湖廣4

袁雲上

徐 崧《詩風初集》／16

袁景星

陶 煊、张 璨《國朝詩的》／廣西1

袁載錫

孫 銈《皇清詩選》／江南

袁爾萃

鄧漢儀《詩觀二集》／12

彭廷梅《國朝詩選》／3

袁爾賸

陶 煊、张 璨《國朝詩的》／江南續

編1

综合索引（十畫）

袁應詔

顧有孝《驪珠集》／8

徐 崧《詩風初集》／18

袁懋功

顧有孝《驪珠集》／5

魏 憲《詩持一集》／2

孫 銓《皇清詩選》／江南

袁懋年

鄧漢儀《詩觀二集》／12

孫 銓《皇清詩選》／江南

袁鍾嶽

程 榛、施 譚《鼓吹新編》／8

耿世際

陳以剛《國朝詩品》／10

耿兆組

汪 觀《清詩大雅二集》／4

耿宗埂

蔣 鑨、翁介眉《清詩初集》／9

耿雲嶸

魏喬介《清詩溯洄集》／6

耿遇房

吳元桂《昭代詩針》／14

耿興行

鄧漢儀《詩觀三集》／11

耿愿魯

鄧漢儀《詩觀二集》／12

王爾綱《天下名家詩永》／9

陶 煊、張 璨《國朝詩的》／山東1

耿顯魯

席居中《昭代詩存》／8

孫 銓《皇清詩選》／山東

郝 浴

鄧漢儀《詩觀二集》／1

席居中《昭代詩存》／1

蔣 鑨、翁介眉《清詩初集》／1；2；

4；7；8；12

陳維崧《篋衍集》／4

陶 煊、張 璨《國朝詩的》／直隸2

吳元桂《昭代詩針》／4

彭廷梅《國朝詩選》／11

郝 煜

魏 憲《詩持三集》／9

郝 璧

鄧漢儀《詩觀二集》／13

孫 銓《皇清詩選》／陝西

陶 煊、張 璨《國朝詩的》／陝西1

郝士儀

鄧漢儀《詩觀二集》／12

曾 燦《過日集》／3

郝明龍

席居中《昭代詩存》／13

卓爾堪《明遺民詩》／12

陶 煊、張 璨《國朝詩的》／江南4

吳元桂《昭代詩針》／1

郝惟訥

趙 炎《尊聞詩藏》／1五言古

席居中《昭代詩存》／4

陸次雲《詩平初集》／8

郝鴻圖

王爾綱《天下名家詩永》／11

陶 煊、張 璨《國朝詩的》／陝西2

柴 琦

汪 觀《清詩大雅》／17

柴廷選

汪 觀《清詩大雅》／8

柴國柱

陶 煊、張 璨《國朝詩的》／雲南1

柴紹炳

黃傳祖《扶輪續集》／4；7；9

黃傳祖《扶輪廣集》／4

魏裔介《觀始集》／11

陳祚明、韓　詩《國門集》／4；5；

程　榛、施　諲《鼓吹新編》／8

姚　佺《詩源》／越

魏　耕、錢份人《今詩粹》

徐　崧、陳濟生《詩南》／9

魏裔介《清詩溯洄集》／9

顧有孝《驪珠集》／4

徐　崧《詩風初集》／7；11

蔣　鑨、翁介眉《清詩初集》／1；2；

5；7；9；10；11；12

卓爾堪《明遺民詩》／12；14

陶　煊、張　璨《國朝詩的》／浙江1

查　義、查岐昌《國朝詩因》／3

彭廷梅《國朝詩選》／10

沈德潛《國朝詩別裁集》／145

晏芳生

吳元桂《昭代詩針》／11

時　炳

鄧漢儀《詩觀二集》／8

陶　煊、張　璨《國朝詩的》／江南6

時　啟

徐　崧《詩風初集》／16

閃仲儼

姚　佺《詩源》／滇

翁　白

顧有孝《驪珠集》／11

魏　憲《詩持二集》／4

魏　憲《詩持三集》／4

孫　鋐《皇清詩選》／福建

翁　荃

沈德潛《國朝詩別裁集》／378

翁　渭

魏　憲《詩持三集》／4

翁　照

陶　煊、張　璨《國朝詩的》／江南7

汪　觀《清詩大雅二集》／3

吳元桂《昭代詩針》／13

彭廷梅《國朝詩選》／2；4；12

沈德潛《國朝詩別裁集》／551

翁　諶

沈德潛《國朝詩別裁集》／456

翁　謝

顧有孝《驪珠集》／8

徐　崧《詩風初集》／7；10；14

曾　燦《過日集》／2；9

孫　鋐《皇清詩選》／江南

翁　燧

魏裔介《觀始集》／2；4

姚　佺《詩源》／越

魏裔介《清詩溯洄集》／4

徐　崧《詩風初集》／6；9

孫　鋐《皇清詩選》／浙江

王爾綱《天下名家詩永》／14

韓純玉《近詩兼》

翁　逢

程　榛、施　諲《鼓吹新編》／6

徐　崧、陳濟生《詩南》／2

翁　曆

程　榛、施　諲《鼓吹新編》／7

翁人龍

黃傳祖《扶輪新集》／7；9

徐　崧《詩風初集》／10

翁大中

蔣　鑨、翁介眉《清詩初集》／6

翁文梓

周佑予《清詩鼓吹》／3

翁文樓

周佑予《清詩鼓吹》／3

综合索引（十画）

翁介眉

魏　憲《詩持三集》／1

鄧漢儀《詩觀三集》／8

陸次雲《詩平初集》／7；10

蔣　鑨、翁介眉《清詩初集》／2；4；

7；8；10；11；12

翁立址

蔣　鑨、翁介眉《清詩初集》／3

翁世庸

陸次雲《詩平初集》／5；7；10

蔣　鑨、翁介眉《清詩初集》／1；3；

4；6；8；11；12

彭廷梅《國朝詩選》／10

翁世衡

蔣　鑨、翁介眉《清詩初集》／9

翁世績

蔣　鑨、翁介眉《清詩初集》／7

翁志琦

沈德潛《國朝詩別裁集》／415

翁長庸

黃傳祖《扶輪新集》／8；10

翁叔元

蔣　鑨、翁介眉《清詩初集》／8

孫　鋐《皇清詩選》／江南

王爾綱《天下名家詩永》／8

沈德潛《國朝詩別裁集》／183

翁祖望

蔣　鑨、翁介眉《清詩初集》／7

翁是平

吴元桂《昭代詩針》／13

翁胤春

黃傳祖《扶輪廣集》／9

翁富業

蔣　鑨、翁介眉《清詩初集》／2；5

翁嵩年

蔣　鑨、翁介眉《清詩初集》／9

翁遠業

蔣　鑨、翁介眉《清詩初集》／6；11

奚　白

鄧漢儀《詩觀三集》／12

奚　囊

孫　鋐《皇清詩選》／江南

奚　濤

卓爾堪《明遺民詩》／12

奚　藩

鄧漢儀《詩觀三集》／12

奚禄詒

徐　崧《詩風初集》／9；11

蔣　鑨、翁介眉《清詩初集》／1；7；

9；10

曾　燦《過日集》／5；9

郜煥元

魏　憲《補石倉詩選》／2

魏　憲《皇清百名家詩選》／28

趙　炎《專閱詩藏》／7 五言律

王爾綱《天下名家詩永》／4

郜瑞麟

鄧漢儀《天下名家詩觀》／11

倪　岱

陶　煊、張　璨《國朝詩的》／江南 11

倪　炳

陶　煊、張　璨《國朝詩的》／浙江 8

倪　粲（粲一作"燦"）

魏裔介《觀始集》／9

鄧漢儀《天下名家詩觀》／6

鄧漢儀《詩觀三集》／5

徐　崧《詩風初集》／13

席居中《昭代詩存》／6

陸次雲《詩平初集》／3

蔣　鑨、翁介眉《清詩初集》/ 3；8
曾　燦《過日集》/ 3；9
孫　鋐《皇清詩選》/ 江南
王爾綱《天下名家詩永》/ 10
劉　然《國朝詩乘》/ 9
陶　煊、張　璨《國朝詩的》/ 浙江 1
沈德潛《國朝詩別裁集》/ 216

倪　傑
陳以剛《國朝詩品》/ 11

倪　煒
顧有孝《驪珠集》/ 10

倪　濂
沈德潛《國朝詩別裁集》/ 507

倪　暹
程　棅、施　諲《鼓吹新編》/ 9
魏　耕、錢价人《今詩粹》
徐　崧、陳濟生《詩南》/ 10；12
顧有孝《驪珠集》/ 8
趙　炎《蓴閣詩藏》/ 7 五言律
徐　崧《詩風初集》/ 12；14；17；18
孫　鋐《皇清詩選》/ 江南

倪之釪
陳以剛《國朝詩品》/ 19

倪之煌
程　棅、施　諲《鼓吹新編》/ 8
魏　耕、錢价人《今詩粹》
徐　崧、陳濟生《詩南》/ 2；7；10；12
顧有孝《驪珠集》/ 7
魏　憲《詩持三集》/ 5
鄧漢儀《詩觀二集》/ 12
徐　崧《詩風初集》/ 13；18
席居中《昭代詩存》/ 10
蔣　鑨、翁介眉《清詩初集》/ 11
孫　鋐《皇清詩選》/ 山東

倪三錫
周佑予《清詩鼓吹》/ 2

倪士煒
徐　崧《詩風初集》/ 11

倪元善
卓爾堪《明遺民詩》/ 14

倪元璐
魏　憲《補石倉詩選》/ 1

倪田玉
陳以剛《國朝詩品》/ 19

倪匡世
吴　藹《名家詩選》/ 1

倪長圩
顧有孝《驪珠集》/ 3
卓爾堪《明遺民詩》/ 12

倪承茂
沈德潛《國朝詩別裁集》/ 523

倪洽情
陶　煊、張　璨《國朝詩的》/ 浙江 7

倪嘉慶
姚　佺《詩源》/ 吴
徐　崧、陳濟生《詩南》/ 10

徐　仇
徐　崧《詩風初集》/ 18

徐　介
卓爾堪《明遺民詩》/ 1
陶　煊、張　璨《國朝詩的》/ 浙江 1

徐　白
程　棅、施　諲《鼓吹新編》/ 4
徐　崧、陳濟生《詩南》/ 1；5；8；12
顧有孝《驪珠集》/ 3
徐　崧《詩風初集》/ 9；13；18
王士禎《感舊集》/ 3
卓爾堪《明遺民詩》/ 14

綜合索引（十畫）

徐　令
　陶　煊、張　璨《國朝詩的》／浙江8
徐　行
　魏　耕、錢价人《今詩粹》
　顧有孝《驪珠集》／9
　徐　崧《詩風初集》／7；10；11
　曾　燦《過日集》／5；10
　孫　銓《皇清詩選》／浙江
徐　汧
　魏　憲《補石倉詩選》／1
　鄧漢儀《詩觀二集》／1
徐　汾
　趙　炎《專閣詩藏》／6五言律
　徐　崧《詩風初集》／5；8
　孫　銓《皇清詩選》／浙江
徐　波
　黃傳祖《扶輪續集》／2；5；8；10
　黃傳祖《扶輪新集》／2；5；10
　程　棟、施　諲《鼓吹新編》／4
　姚　佺《詩源》／吳
　徐　崧、陳濟生《詩南》／5；9；12
　顧有孝《驪珠集》／2
　鄧漢儀《詩觀二集》／1
　徐　崧《詩風初集》／15；17
　王士禛《感舊集》／2
　蔣　籬、翁介眉《清詩初集》／12
　王爾綱《天下名家詩永》／1
　卓爾堪《明遺民詩》／3
　陶　煊、張　璨《國朝詩的》／江南4
徐　夜
　黃傳祖《扶輪新集》／1；4；7；9
　徐　崧《詩風初集》／16
　王士禛《感舊集》／3；11
　陳維崧《篋衍集》／2；5；10
　陶　煊、張　璨《國朝詩的》／山東1

沈德潛《國朝詩別裁集》／248
徐　芳
　魏　憲《詩持二集》／7
　鄧漢儀《天下名家詩觀》／5
　徐　崧《詩風初集》／9
　席居中《昭代詩存》／14
　蔣　籬、翁介眉《清詩初集》／6；11
　孫　銓《皇清詩選》／江西
　顧施楨（禎）《盛朝詩選初集》／8
　卓爾堪《明遺民詩》／10
　劉　然《國朝詩乘》／12
　陶　煊、張　璨《國朝詩的》／江西1
　彭廷梅《國朝詩選》／2
徐　來
　曾　燦《過日集》／9
徐　枋
　鄧漢儀《詩觀二集》／8
　程　棟、施　諲《鼓吹新編》／8
　徐　崧、陳濟生《詩南》／7
　徐　崧《詩風初集》／9
　卓爾堪《明遺民詩》／1；14
徐　奇
　鄧漢儀《天下名家詩觀》／9
　徐　崧《詩風初集》／18
　王爾綱《天下名家詩永》／9
徐　易
　陸次雲《詩平初集》／11
徐　岱
　陶　煊、張　璨《國朝詩的》／江南14
徐　前
　程　棟、施　諲《鼓吹新編》／3
　姚　佺《詩源》／齊魯
　徐　崧、陳濟生《詩南》／6
徐　亭
　鄧漢儀《詩觀三集》／7

蒋 鑮、翁介眉《清詩初集》／9

徐 郊

顧有孝《驪珠集》／10

徐 格

沈德潛《國朝詩別裁集》／461

徐 柯

曾 燦《過日集》／1；6；9

卓爾堪《明遺民詩》／15

陶 煊、張 璨《國朝詩的》／江南5

沈德潛《國朝詩別裁集》／130

徐 榦

徐 崧《詩風初集》／9

徐 島

魏 耕、錢价人《今詩粹》

徐 珠

吳元桂《昭代詩針》／15

徐 耿

程 棟、施 譚《鼓吹新編》／9

姚 佺《詩源》／吳

徐 晟

程 棟、施 譚《鼓吹新編》／14

魏 耕、錢价人《今詩粹》

徐 崧、陳濟生《詩南》／2；3；6；8

魏喬介《清詩溯洄集》／2

顧有孝《驪珠集》／6

徐 崧《詩風初集》／2；8；12

曾 燦《過日集》／1；3；7；9

卓爾堪《明遺民詩》／12

吳元桂《昭代詩針》／1

徐 倬

徐 崧《詩風初集》／8

徐 倬

姚 佺《詩源》／越

魏 耕、錢价人《今詩粹》

顧有孝《驪珠集》／8

趙 炎《尊閣詩藏》／7五言律

鄧漢儀《天下名家詩觀》／4

鄧漢儀《詩觀二集》／9

鄧漢儀《詩觀三集》／1

徐 崧《詩風初集》／7；13

王士禎《感舊集》／12

席居中《昭代詩存》／12

陸次雲《詩平初集》／3；5；10；11；12

蒋 鑮、翁介眉《清詩初集》／1；2；7；9

曾 燦《過日集》／2；3；6；10

孫 鋐《皇清詩選》／浙江

王爾綱《天下名家詩永》／10

陳維崧《篋衍集》／2

吳 藎《名家詩選》／3

劉 然《國朝詩乘》／11

陶 煊、張 璨《國朝詩的》／浙江2

陳以剛《國朝詩品》／8

吳元桂《昭代詩針》／3

沈德潛《國朝詩別裁集》／177

徐 釚

陳 瑚《從遊集》／下

顧有孝《驪珠集》／8

魏 憲《詩持三集》／9

趙 炎《尊閣詩藏》／3五言律

鄧漢儀《詩觀二集》／6

徐 崧《詩風初集》／16

席居中《昭代詩存》／7

陸次雲《詩平初集》／6；10；11；12

蒋 鑮、翁介眉《清詩初集》／1；4；7

曾 燦《過日集》／3；6；10

孫 鋐《皇清詩選》／江南

王爾綱《天下名家詩永》／13

綜合索引（十畫）

陳維崧《箋衍集》／8

陶煊、張璨《國朝詩的》／江南6

吳元桂《昭代詩針》／4

彭廷梅《國朝詩選》／10

沈德潛《國朝詩別裁集》／214

徐 宷

程 棟、施 諲《鼓吹新編》／11

魏 憲《詩持三集》／10

徐 章

鄧漢儀《天下名家詩觀》／9

鄧漢儀《詩觀三集》／10；13

徐 崧《詩風初集》／9

陶煊、張璨《國朝詩的》／江南8

吳元桂《昭代詩針》／3

徐 深

鄧漢儀《天下名家詩觀》／11

徐 惊

蔣鑨、翁介眉《清詩初集》／6

徐 烱

孫鋐《皇清詩選》／江南

徐 珽

沈德潛《國朝詩別裁集》／505

徐 栴

鄧漢儀《天下名家詩觀》／9

彭廷梅《國朝詩選》／1

徐 梅

孫鋐《皇清詩選》／江南

徐 崧

黃傳祖《扶輪續集》／7；9

黃傳祖《扶輪新集》／9

程 棟、施 諲《鼓吹新編》／9

魏 耕、錢价人《今詩粹》

顧有孝《驪珠集》／8

魏 憲《詩持三集》／3；8

趙 炎《專閱詩藏》／2五言古；4五

言律

鄧漢儀《詩觀二集》／10

鄧漢儀《詩觀三集》／3

徐 崧《詩風初集》／6

席居中《昭代詩存》／6

蔣鑨、翁介眉《清詩初集》／6；11

曾 燦《過日集》／5

孫鋐《皇清詩選》／江南

倪匡世《振雅堂彙編詩最》／7

王爾綱《天下名家詩永》／9

吳 讓《名家詩選》／4

汪 森《華及堂視昔編》／2

陶煊、張璨《國朝詩的》／江南5

吳元桂《昭代詩針》／1

徐 善

鄧漢儀《詩觀二集》／7

徐 崧《詩風初集》／9

曾 燦《過日集》／5

孫鋐《皇清詩選》／浙江

陶煊、張璨《國朝詩的》／浙江1

徐 斌

劉 然《國朝詩乘》／8

徐 惺

黃傳祖《扶輪續集》／9

黃傳祖《扶輪新集》／3

魏 憲《詩持一集》／4

趙 炎《專閱詩藏》／4七言律

鄧漢儀《詩觀二集》／9；12

徐 崧《詩風初集》／10；12

席居中《昭代詩存》／11

陸次雲《詩平初集》／7；9

蔣鑨、翁介眉《清詩初集》／5；6；

8；10；11；12

曾 燦《過日集》／3；7；10

孫鋐《皇清詩選》／江南

王爾綱《天下名家詩永》/ 9

陶 煊、張 璨《國朝詩的》/ 江南 10

徐 菁

王爾綱《天下名家詩永》/ 11

徐 駕

程 棟、施 謹《鼓吹新編》/ 11

徐 崧《詩風初集》/ 16

曾 燦《過日集》/ 1

徐 爲

徐 崧《詩風初集》/ 16；18

徐 然

顧有孝《驪珠集》/ 11

徐 崧《詩風初集》/ 10

徐 發

姚 佺《詩源》/ 越

沈德潛《國朝詩別裁集》/ 320

徐 滎

徐 崧《詩風初集》/ 12

徐 雍

顧有孝《驪珠集》/ 10

徐 崧《詩風初集》/ 9；14

徐 焯

程 棟、施 謹《鼓吹新編》/ 1

姚 佺《詩源》/ 閩

魏 憲《詩持二集》/ 1

趙 炎《尊閣詩藏》/ 1 五言律；1 七言律

徐 崧《詩風初集》/ 1；7；8；12；15；16；17

王爾綱《天下名家詩永》/ 7

顧施楨（禎）《盛朝詩選初集》/ 6

陶 煊、張 璨《國朝詩的》/ 福建 1

徐 楡

汪 觀《清詩大雅二集》/ 3

徐 胡

曾 燦《過日集》/ 9

徐 嵩

陶 煊、張 璨《國朝詩的》/ 江南 8

徐 愈

程 棟、施 謹《鼓吹新編》/ 11

徐 經

黃傳祖《扶輪新集》/ 3；8

徐 寧

顧有孝《驪珠集》/ 9

徐 崧《詩風初集》/ 18

徐 賓

曾 燦《過日集》/ 3

孫 鋐《皇清詩選》/ 江南

查 義、查岐昌《國朝詩因》/ 4

沈德潛《國朝詩別裁集》/ 292

徐 遠

黃傳祖《扶輪續集》/ 6；9

徐 崧、陳濟生《詩南》/ 12

徐 崧《詩風初集》/ 17

王士禎《感舊集》/ 12

卓爾堪《明遺民詩》/ 15

徐 熙

趙 炎《尊閣詩藏》/ 8 五言律

孫 鋐《皇清詩選》/ 江南

徐 鳳

馮 舒《懷舊集》 下 / 26 下

徐 潮

陸次雲《詩平初集》/ 3

蔣 鑨、翁介眉《清詩初集》/ 3

陳以剛《國朝詩品》/ 10

徐 燉

徐 崧《詩風初集》/ 8；12

陸次雲《詩平初集》/ 11

综合索引（十画）

徐　賁

　程　棅、施　諲《鼓吹新编》／10

　徐　崧、陳濟生《詩南》／7

徐　增

　黃傳祖《扶輪廣集》／4

　程　棅、施　諲《鼓吹新编》／7

　徐　崧、陳濟生《詩南》／5；12

　顧有孝《驪珠集》／9

　徐　崧《詩風初集》／8；14；18

　孫　鋐《皇清詩選》／江南

　王爾綱《天下名家詩永》／8

　卓爾堪《明遺民詩》／12；15

　陶　煊、張　璨《國朝詩的》／江南3

徐　頻

　黃傳祖《扶輪續集》／10

徐　鉞

　黃傳祖《扶輪廣集》／1；9；11；13；14

　黃傳祖《扶輪新集》／7

　魏裔介《觀始集》／12

　程　棅、施　諲《鼓吹新编》／5

　魏　耕、錢价人《今詩粹》

　陳允衡《國雅》／30

　徐　崧、陳濟生《詩南》／2；3；6；9

　顧有孝《驪珠集》／4

　趙　炎《尊閣詩藏》／4七言律

　鄧漢儀《天下名家詩觀》／5

　徐　崧《詩風初集》／6；9；14；18

　王士禎《感舊集》／13

　陸次雲《詩平初集》／9；11

　蔣　鑨、翁介眉《清詩初集》／5；6；9；10；11；12

　曾　燦《過日集》／9

　孫　鋐《皇清詩選》／浙江

　陶　煊、張　璨《國朝詩的》／浙江3

　吳元桂《昭代詩針》／6

　彭廷梅《國朝詩選》／10

徐　誠

　陶　煊、張　璨《國朝詩的》／浙江8

徐　熤

　鄧漢儀《詩觀二集》／12

　孫　鋐《皇清詩選》／江南

徐　璞

　程　棅、施　諲《鼓吹新编》／6

　徐　崧《詩風初集》／10

　陶　煊、張　璨《國朝詩的》／江南續编1

徐　璣

　黃傳祖《扶輪續集》／6

徐　衡

　鄧漢儀《詩觀二集》／10

　孫　鋐《皇清詩選》／江南

　陶　煊、張　璨《國朝詩的》／江南7

徐　穎

　黃傳祖《扶輪續集》／2；5；8

　黃傳祖《扶輪廣集》／3；6；10

　黃傳祖《扶輪新集》／8；10

　徐　崧、陳濟生《詩南》／5

　徐　崧《詩風初集》／5

徐　鴻

　倪匡世《振雅堂彙编詩最》／9

徐　駿

　吳元桂《昭代詩針》／1

徐　錫

　顧有孝《驪珠集》／9

徐　禧

　陶　煊、張　璨《國朝詩的》／江南9

徐　嶨

　陶　煊、張　璨《國朝詩的》／浙江7

徐 灏

陸次雲《詩平初集》/ 3; 5; 7; 12

徐 燦

徐 崧《詩風初集》/ 14; 17

徐 箇

徐 崧《詩風初集》/ 10; 18

陶 煊、張 璨《國朝詩的》/ 江南 7

徐 鯤

蔣 瓻、翁介眉《清詩初集》/ 1

徐 變

沈德潛《國朝詩別裁集》/ 464

徐 敦

鄧漢儀《詩觀二集》/ 13

孫 鋐《皇清詩選》/ 京師

徐 蘭

陶 煊、張 璨《國朝詩的》/ 江南 12

汪 觀《清詩大雅》/ 10

吳元桂《昭代詩針》/ 10

彭廷梅《國朝詩選》/ 6; 8; 12

沈德潛《國朝詩別裁集》/ 443

徐 覽

徐 崧《詩風初集》/ 14

孫 鋐《皇清詩選》/ 江南

徐 鑌

魏喬介《觀始集》/ 2; 6; 9

徐 崧、陳濟生《詩南》/ 1; 11

徐 麟

徐 崧《詩風初集》/ 14

徐 觀

陶 煊、張 璨《國朝詩的》/ 浙江 8

徐 驥

徐 崧、陳濟生《詩南》/ 12

徐之陵

魏 耕、錢价人《今詩粹》

徐 崧《詩風初集》/ 9; 17

王爾綱《天下名家詩永》/ 9

徐之瑞

黃傳祖《扶輪廣集》/ 4; 11

程 棟、施 誕《鼓吹新編》/ 5

魏 耕、錢价人《今詩粹》

徐 崧、陳濟生《詩南》/ 1; 3; 12

徐 崧《詩風初集》/ 1

王士禎《感舊集》/ 4

曾 燦《過日集》/ 3

徐士俊

黃傳祖《扶輪廣集》/ 6

姚 佺《詩源》/ 越

徐 崧、陳濟生《詩南》/ 7

顧有孝《驪珠集》/ 8

徐 崧《詩風初集》/ 18

王士禎《感舊集》/ 2

陸次雲《詩平初集》/ 2

蔣 瓻、翁介眉《清詩初集》/ 3; 6; 9; 11

孫 鋐《皇清詩選》/ 浙江

王爾綱《天下名家詩永》/ 9

顧施禎（禎）《盛朝詩選初集》/ 5

卓爾堪《明遺民詩》/ 11

陳以剛《國朝詩品》/ 10

徐士藎

曾 燦《過日集》/ 3

徐大枚

陶 煊、張 璨《國朝詩的》/ 盛京 2

徐大業

曾 燦《過日集》/ 9

徐山松

姚 佺《詩源》/ 吳

徐文治

吳元桂《昭代詩針》/ 15

徐文亮
席居中《昭代詩存》/ 14
徐文烜
曾　燦《過日集》/ 9
王爾綱《天下名家詩永》/ 4
沈德潛《國朝詩別裁集》/ 90
徐天秩
陶　煊、張　璨《國朝詩的》/ 浙江 6
徐天稽
陶　煊、張　璨《國朝詩的》/ 浙江 4
徐元文
魏裔介《清詩溯洄集》/ 6；8
顧有孝《驪珠集》/ 8；12
魏　憲《補石倉詩選》/ 3
趙　炎《蓴閣詩藏》/ 5 五言律
鄧漢儀《天下名家詩觀》/ 4
徐　崧《詩風初集》/ 8
席居中《昭代詩存》/ 2
陸次雲《詩平初集》/ 7
蔣　鑨、翁介眉《清詩初集》/ 6；10
曾　燦《過日集》/ 9
孫　鋐《皇清詩選》/ 江南
王爾綱《天下名家詩永》/ 5
吴　藹《名家詩選》/ 2
陳以剛《國朝詩品》/ 8
沈德潛《國朝詩別裁集》/ 96
徐元正
曾　燦《過日集》/ 10
沈德潛《國朝詩別裁集》/ 278
徐元珙
蔣　鑨、翁介眉《清詩初集》/ 6
徐元夢
鄧漢儀《詩觀二集》/ 7
席居中《昭代詩存》/ 5
陸次雲《詩平初集》/ 3；7；10；12
王爾綱《天下名家詩永》/ 5
陳維崧《篋衍集》/ 4
吴　藹《名家詩選》/ 3
陶　煊、張　璨《國朝詩的》/ 滿洲 1
陳以剛《國朝詩品》/ 10
汪　觀《清詩大雅二集》/ 2
彭廷梅《國朝詩選》/ 1；3；5；11
沈德潛《國朝詩別裁集》/ 179
徐元灝
魏　憲《詩持三集》/ 10
徐　崧《詩風初集》/ 8；11
徐日炯
陶　煊、張　璨《國朝詩的》/ 湖廣 10
徐日章
陶　煊、張　璨《國朝詩的》/ 江西 2
徐日焻
陸次雲《詩平初集》/ 6；10
徐日暄
吴　藹《名家詩選》/ 2
徐日薰
陶　煊、張　璨《國朝詩的》/ 江南 12
彭廷梅《國朝詩選》/ 9
徐日贊
孫　鋐《皇清詩選》/ 江南
徐介禔
吴元桂《昭代詩針》/ 8
徐允定
曾　燦《過日集》/ 10
徐允貞
孫　鋐《皇清詩選》/ 江南
徐允哲
徐　崧《詩風初集》/ 10
徐以升
沈德潛《國朝詩別裁集》/ 483

徐弘炘

徐 崧《诗风初集》／9；14；17

徐弘炯

邓汉仪《诗观二集》／7

徐弘烔

孙 銈《皇清诗选》／浙江

徐必昇

姚 佺《诗源》／黔

徐必遴

席居中《昭代诗存》／6；8

陆次云《诗平初集》／7；10

顾施桢（桢）《盛朝诗选初集》／4；5

徐永宣

马道昕《清诗二集》／3

吴 蘐《名家诗选》／1

陶 煊、张 璨《国朝诗的》／江南11

查 羲、查岐昌《国朝诗因》／4

吴元桂《昭代诗针》／9

彭廷梅《国朝诗选》／6

沈德潜《国朝诗别裁集》／333

徐永贞

魏 宪《诗持三集》／8

徐 崧《诗风初集》／8

徐永基

蒋 瓻、翁介眉《清诗初集》／9；12

徐永澄

孙 銈《皇清诗选》／江南

徐去泰

姚 佺《诗源》／吴

徐正国

王尔纲《天下名家诗永》／10

徐世溥

黄傅祖《扶轮续集》／3

黄傅祖《扶轮新集》／3；6；9

姚 佺《诗源》／豫章

魏 宪《补石仓诗选》／1

徐 崧《诗风初集》／2

蒋 瓻、翁介眉《清诗初集》／8

王尔纲《天下名家诗永》／1

顾施桢（桢）《盛朝诗选初集》／9

卓尔堪《明遗民诗》／14

陶 煊、张 璨《国朝诗的》／江西2

徐本仙

彭廷梅《国朝诗选》／10

徐功燮

徐 崧《诗风初集》／6

徐可久

魏裔介《觐始集》／8

徐可先

蒋 瓻、翁介眉《清诗初集》／8

徐用锡

沈德潜《国朝诗别裁集》／384

徐光运

王尔纲《天下名家诗水》／14

徐同贞

卓尔堪《明遗民诗》／12

徐兆庆

顾施桢（桢）《盛朝诗选初集》／7

徐行达

徐 崧、陈济生《诗南》／7

徐 崧《诗风初集》／10；11

徐名贻

蒋 瓻、翁介眉《清诗初集》／12

徐旭旦

邓汉仪《诗观三集》／11

陶 煊、张 璨《国朝诗的》／浙江3；5

徐旭龄

魏 宪《补石仓诗选》／3

邓汉仪《天下名家诗观》／11

綜合索引（十畫）

鄧漢儀《詩觀二集》／5
徐 崧《詩風初集》／12
陸次雲《詩平初集》／6；9
蔣 鑨、翁介眉《清詩初集》／9
王爾綱《天下名家詩永》／2
陶 煊、張 璨《國朝詩的》／浙江3

徐志巖

沈德潛《國朝詩別裁集》／476

徐孚遠

魏 耕、錢价人《今詩粹》
徐 崧、陳濟生《詩南》／1；5
卓爾堪《明遺民詩》／14

徐廷宗

王爾綱《天下名家詩永》／2

徐廷訓

周佑予《清詩鼓吹》／3

徐廷幹

陶 煊、張 璨《國朝詩的》／江南8

徐作肅

姚 佺《詩源》／豫
顧有孝《驪珠集》／7
鄧漢儀《天下名家詩觀》／9
徐 崧《詩風初集》／8
蔣 鑨、翁介眉《清詩初集》／3
孫 鋐《皇清詩選》／河南

徐宗健

鄧漢儀《詩觀二集》／12
陶 煊、張 璨《國朝詩的》／江南9
彭廷梅《國朝詩選》／2

徐宗達

黃傳祖《扶輪續集》／4

徐宗道

黃傳祖《扶輪續集》／6
魏裔介《觀始集》／3
徐 崧《詩風初集》／5

徐宗麟

卓爾堪《明遺民詩》／15

徐芳霖

鄧漢儀《詩觀三集》／8
陶 煊、張 璨《國朝詩的》／江南3
吳元桂《昭代詩針》／4
彭廷梅《國朝詩選》／6

徐芳聲

黃傳祖《扶輪廣集》／9
程 棟、施 譚《鼓吹新編》／7
徐 崧、陳濟生《詩南》／2；9

徐林鴻

魏裔介《清詩溯洄集》／8
蔣 鑨、翁介眉《清詩初集》／9；11

徐枝芳

顧施禎（禎）《盛朝詩選初集》／10

徐來庇

陳允衡《國雅》／51

徐昌麟

顧有孝《驪珠集》／11
孫 鋐《皇清詩選》／江南

徐昂發

馬道畊《清詩二集》／3
吳 蕭《名家詩選》／1
陶 煊、張 璨《國朝詩的》／江南15
查 義、查岐昌《國朝詩因》／4
彭廷梅《國朝詩選》／5
沈德潛《國朝詩別裁集》／331

徐忠振

魏 耕、錢价人《今詩粹》
徐 崧《詩風初集》／8

徐秉義

鄧漢儀《詩觀三集》／1
徐 崧《詩風初集》／9
席居中《昭代詩存》／5

陸次雲《詩平初集》／3；7

蔣 鑨、翁介眉《清詩初集》／2；7；12

孫 鋡《皇清詩選》／江南

王爾綱《天下名家詩永》／5

吳 薌《名家詩選》／3

劉 然《國朝詩乘》／2

陳以剛《國朝詩品》／8

徐延吳

程 榛、施 譚《鼓吹新編》／8

徐 崧、陳濟生《詩南》／8

徐延壽

黃傳祖《扶輪廣集》／11

程 榛、施 譚《鼓吹新編》／7

姚 佺《詩源》／閩

徐 崧、陳濟生《詩南》／8；11

顧有孝《驪珠集》／2

魏 憲《詩持二集》／8

趙 炎《專閱詩藏》／4 五言律

鄧漢儀《天下名家詩觀》／7

徐 崧《詩風初集》／8；13；14

王士禎《感舊集》／15

席居中《昭代詩存》／11

蔣 鑨、翁介眉《清詩初集》／1；2；6；10

孫 鋡《皇清詩選》／福建

陶 煊、張 璨《國朝詩的》／福建 2

彭廷梅《國朝詩選》／2；13

沈德潛《國朝詩別裁集》／107

徐念蕭

孫 鋡《皇清詩選》／江南

徐洪基

蔣 鑨、翁介眉《清詩初集》／9

孫 鋡《皇清詩選》／江南

徐洪鈞

沈德潛《國朝詩別裁集》／494

徐洪錫

倪匡世《振雅堂彙編詩最》／8

徐亮采

孫 鋡《皇清詩選》／江南

徐柏齡

卓爾堪《明遺民詩》／15

徐是訓

孫 鋡《皇清詩選》／江南

徐是侁

孫 鋡《皇清詩選》／江南

徐軋學

徐 崧、陳濟生《詩南》／5

徐泰時

黃傳祖《扶輪新集》／9

徐起霖

吳元桂《昭代詩針》／4

徐起鴻

王爾綱《天下名家詩永》／11

顧施楨（禎）《盛朝詩選初集》／2

徐耿震

徐 崧《詩風初集》／14

徐振芳

徐 崧、陳濟生《詩南》／9；11

王士禎《感舊集》／7

席居中《昭代詩存》／5

沈德潛《國朝詩別裁集》／111

徐挺吳

黃傳祖《扶輪續集》／7

徐致章

王爾綱《天下名家詩永》／6

徐致遠

程 榛、施 譚《鼓吹新編》／8

徐 崧、陳濟生《詩南》／10

綜合索引（十畫）

徐致愨

王爾綱《天下名家詩永》／5

徐致覺

王爾綱《天下名家詩永》／6

徐剛振

徐 崧《詩風初集》／18

徐時允

陶 煊、張 璨《國朝詩的》／江南 15

徐時勉

黃傳祖《扶輪續集》／2；10

程 棟、施 譚《鼓吹新編》／4

徐 崧、陳濟生《詩南》／5；9；12

陳 瑚《離憂集》／上

卓爾堪《明遺民詩》／12

徐時盛

劉 然《國朝詩乘》／12

徐奭荃

周佑予《清詩鼓吹》／4

徐乾學

陳允衡《國雅》／36

魏喬介《清詩溯洄集》／2；4；5

顧有孝《驪珠集》／9

魏 憲《詩持一集》／3

魏 憲《補石倉詩選》／3

趙 炎《專閣詩藏》／2 七言律；8 五

言律

鄧漢儀《天下名家詩觀》／6

鄧漢儀《詩觀二集》／2

鄧漢儀《詩觀三集》／1

徐 崧《詩風初集》／14；17

席居中《昭代詩存》／1

陸次雲《詩平初集》／3；5；6；9；12

蔣 鑨、翁介眉《清詩初集》／2；4；

6；9；12

孫 鋐《皇清詩選》／江南

王爾綱《天下名家詩永》／5

顧施楨（禎）《盛朝詩選初集》／12；

12（附）

陳維崧《篋衍集》／9

周佑予《清詩鼓吹》／2

吳 藎《名家詩選》／2

劉 然《國朝詩乘》／1

陶 煊、張 璨《國朝詩的》／江南 10

陳以剛《國朝詩品》／8

彭廷梅《國朝詩選》／3

沈德潛《國朝詩別裁集》／166

徐國章

蔣 鑨、翁介眉《清詩初集》／4

陶 煊、張 璨《國朝詩的》／浙江 7

彭廷梅《國朝詩選》／1

徐逢吉

陶 煊、張 璨《國朝詩的》／浙江 4

查 義、查岐昌《國朝詩因》／5

徐逢年

王爾綱《天下名家詩永》／14

徐紹第

王爾綱《天下名家詩永》／8

徐陶璋

沈德潛《國朝詩別裁集》／413

徐善建

沈德潛《國朝詩別裁集》／439

徐翔鷗

陶 煊、張 璨《國朝詩的》／雲南 1

彭廷梅《國朝詩選》／2；4

沈德潛《國朝詩別裁集》／472

徐尊顯

蔣 鑨、翁介眉《清詩初集》／9；12

徐雲彰

姚 佺《詩源》／楚

徐堯章

倪匡世《振雅堂彙編詩最》／8

徐揚高

趙　炎《專閣詩藏》／3 七言律

徐紫芝

陶　煊、張　璨《國朝詩的》／江南 12

徐無能

曾　燦《過日集》／10

徐無爲

鄧漢儀《詩觀二集》／7

徐　崧《詩風初集》／10

曾　燦《過日集》／4；10

孫　鋐《皇清詩選》／浙江

徐象姜

卓爾堪《明遺民詩》／15

徐象麟

蔣　籬、翁介眉《清詩初集》／1

徐葆光

查　義、查岐昌《國朝詩因》／5

沈德潛《國朝詩別裁集》／400

徐開任

顧有孝《驪珠集》／7

徐　崧《詩風初集》／14

曾　燦《過日集》／1；3；8；10

孫　鋐《皇清詩選》／江南

王爾綱《天下名家詩永》／8

卓爾堪《明遺民詩》／2；11

陶　煊、張　璨《國朝詩的》／江南 7

徐開禧

程　榘、施　譽《鼓吹新編》／5

徐嘯鳳

顧有孝《驪珠集》／10

徐　崧《詩風初集》／1；6；9；13

席居中《昭代詩存》／11

蔣　籬、翁介眉《清詩初集》／5；6；

9；11

曾　燦《過日集》／3；9

彭廷梅《國朝詩選》／9

徐煜興

黃傳祖《扶輪續集》／4

徐節微

吳元桂《昭代詩針》／15

徐爾鉉

黃傳祖《扶輪續集》／6

徐鳳文

彭廷梅《國朝詩選》／4

徐鳳垣

姚　佺《詩源》／越

徐維楨

徐　崧《詩風初集》／9

徐嘉炎

鄧漢儀《詩觀三集》／5；8

席居中《昭代詩存》／10

陸次雲《詩平初集》／3；6；10

蔣　籬、翁介眉《清詩初集》／3；5；

6；9；10；12

王爾綱《天下名家詩永》／14

彭廷梅《國朝詩選》／9

沈德潛《國朝詩別裁集》／216

徐與岡

程　榘、施　譽《鼓吹新編》／10

徐與庭

程　榘、施　譽《鼓吹新編》／11

徐與喬

黃傳祖《扶輪續集》／7

程　榘、施　譽《鼓吹新編》／8

徐　崧《詩風初集》／14

孫　鋐《皇清詩選》／江南

徐與儀

程　榘、施　譽《鼓吹新編》／11

綜合索引（十畫）

徐　崧、陳濟生《詩南》／12

徐綸錫

黃傳祖《扶輪續集》／4

徐　崧《詩風初集》／7

徐還湯

黃傳祖《扶輪續集》／10

徐徵麟

黃傳祖《扶輪廣集》／4；9；11；12；13

徐履忱

程　棟、施　誰《鼓吹新編》／11

徐　崧、陳濟生《詩南》／10

徐　崧《詩風初集》／10；12

曾　燦《過日集》／10

徐遵湯

黃傳祖《扶輪續集》／2

姚　佺《詩源》／吴

徐興公

陳允衡《詩慰初集》

徐嫏嬉

徐　崧、陳濟生《詩南》／1；6

顧有孝《驪珠集》／6

徐　崧《詩風初集》／8；12

曾　燦《過日集》／3；9

徐樹本

孫　鋐《皇清詩選》／江南

徐樹丕

魏　耕、錢价人《今詩粹》

徐　崧、陳濟生《詩南》／7

徐　崧《詩風初集》／14

孫　鋐《皇清詩選》／江南

卓爾堪《明遺民詩》／13

徐樹屏

孫　鋐《皇清詩選》／江南

王爾綱《天下名家詩永》／11

徐樹敏

孫　鋐《皇清詩選》／江南

徐樹穀

孫　鋐《皇清詩選》／江南

徐樹聲

孫　鋐《皇清詩選》／江南

徐鼎鉉

徐　崧《詩風初集》／9

徐豫貞

鄧漢儀《詩觀三集》／11

吳元桂《昭代詩針》／4

彭廷梅《國朝詩選》／1

徐濟忠

馮　舒《懷舊集》上／9下

徐錫祚

馮　舒《懷舊集》上／20上

徐應雷

徐　崧《詩風初集》／10

徐鍾震

程　棟、施　誰《鼓吹新編》／11

姚　佺《詩源》／閩

顧有孝《驪珠集》／11

徐　崧《詩風初集》／14

徐喬煌

陸次雲《詩平初集》／7

徐獻科

鄧漢儀《詩觀二集》／12

陶　煊、張　璨《國朝詩的》／江南9

徐鶴徵

席居中《昭代詩存》／4

徐繼恩

魏　耕、錢价人《今詩粹》

徐　崧、陳濟生《詩南》／7

顧有孝《驪珠集》／8

徐　崧《詩風初集》／6；11

徐膺暉

蒋 鑨、翁介眉《清诗初集》/7

徐膺蛟

黄传祖《扶轮续集》/4；7

黄传祖《扶轮新集》/7；9

魏裔介《观始集》/2；4；6；9

陈祚明、韩 诗《国门集》/2；3；4

徐 崧《诗风初集》/1

蒋 鑨、翁介眉《清诗初集》/11

徐麟趾

吴元桂《昭代诗针》/15

徐观光

卓尔堪《明遗民诗》/13

吴 蒿《名家诗选》/1

殷 丽

徐 崧《诗风初集》/13

曾 燦《过日集》/8

殷 岳

黄传祖《扶轮新集》/4

魏裔介《观始集》/1

陈祚明、韩 诗《国门集》/2

魏裔介《清诗溯洄集》/1

徐 崧《诗风初集》/1

王士禛《感旧集》/13

蒋 鑨、翁介眉《清诗初集》/2；9

曾 燦《过日集》/4

孙 鋐《皇清诗选》/京师

陶 煊、张 璨《国朝诗的》/直隶2

查 義、查岐昌《国朝诗因》/1

殷 陞

程 棟、施 諲《鼓吹新编》/11

殷 渊

陈祚明、韩 诗《国门集》/2

殷 衡

姚 佺《诗源》/吴

徐 崧、陈济生《诗南》/3

殷 曙

邓汉仪《诗观三集》/3

殷 礎

倪匡世《振雅堂彙编诗最》/7

殷四端

邓汉仪《诗观三集》/7

殷再巡

沈德潜《国朝诗别裁集》/535

殷廷弼

陶 煊、张 璨《国朝诗的》/湖广10

殷国相

陶 煊、张 璨《国朝诗的》/贵州1

殷维蕃

席居中《昭代诗存》/3

殷誉庆

吴 蒿《名家诗选》/1

陶 煊、张 璨《国朝诗的》/江南16

沈德潜《国朝诗别裁集》/452

殷观颐

刘 然《国朝诗乘》/11

桑 多

邓汉仪《天下名家诗观》/3

邓汉仪《诗观二集》/10

徐 崧《诗风初集》/8；17

席居中《昭代诗存》/7

蒋 鑨、翁介眉《清诗初集》/7；12

孙 鋐《皇清诗选》/江南

王尔纲《天下名家诗永》/8

陶 煊、张 璨《国朝诗的》/江南6

彭廷梅《国朝诗选》/5

桑调元

彭廷梅《国朝诗选》/5

孙 介

顾有孝《驪珠集》/9

综合索引（十画）

孫　宏

　　吴元桂《昭代詩針》／14

　　沈德潛《國朝詩別裁集》／511

孫　治

　　程　棟、施　諄《鼓吹新編》／5

　　姚　佺《詩源》／越

　　魏　耕、錢价人《今詩粹》

　　徐　崧、陳濟生《詩南》／10

　　顧有孝《驪珠集》／4；12

　　鄧漢儀《詩觀二集》／12

　　徐　崧《詩風初集》／7；14；16

　　蔣　鑨、翁介眉《清詩初集》／1；3；

　　　5；6；8；11

　　曾　燦《過日集》／2；5；6

　　孫　鋐《皇清詩選》／浙江

　　卓爾堪《明遺民詩》／2

　　陶　煊、張　璨《國朝詩的》／浙江1

孫　炆

　　陶　煊、張　璨《國朝詩的》／江南5

孫　玠

　　彭廷梅《國朝詩選》／2

孫　卓

　　蔣　鑨、翁介眉《清詩初集》／9

　　陳以剛《國朝詩品》／11

孫　昌

　　王爾綱《天下名家詩永》／8

孫　延

　　鄧漢儀《詩觀二集》／13

孫　郁

　　顧有孝《驪珠集》／4

　　魏　憲《補石倉詩選》／3

　　魏　憲《皇清百名家詩選》／74

　　趙　炎《尊閣詩藏》／3七言律

　　徐　崧《詩風初集》／10；13；18

　　曾　燦《過日集》／4

孫　鋐《皇清詩選》／京師

　　陶　煊、張　璨《國朝詩的》／直隸2

孫　益

　　顧有孝《驪珠集》／10

　　鄧漢儀《詩觀二集》／12

　　席居中《昭代詩存》／14

　　孫　鋐《皇清詩選》／江南

孫　浴

　　汪　觀《清詩大雅二集》／6

孫　晉

　　鄧漢儀《詩觀二集》／4

孫　淳

　　徐　崧、陳濟生《詩南》／12

孫　章

　　朱　觀《國朝詩正》／1

孫　彬

　　汪　觀《清詩大雅》／17

孫　琰

　　顧有孝《驪珠集》／9

　　徐　崧《詩風初集》／8

　　孫　鋐《皇清詩選》／浙江

　　彭廷梅《國朝詩選》／3

孫　鈞

　　孫　鋐《皇清詩選》／江南

孫　舢

　　鄧漢儀《天下名家詩觀》／3

　　鄧漢儀《詩觀二集》／4

　　陶　煊、張　璨《國朝詩的》／山東1

　　彭廷梅《國朝詩選》／6

孫　棅

　　魏裔介《觀始集》／9

孫　暠

　　徐　崧《詩風初集》／9；11；17

　　席居中《昭代詩存》／14

　　蔣　鑨、翁介眉《清詩初集》／7；9；

10

孫 鋜《皇清詩選》／江南

顧施楨（禎）《盛朝詩選初集》／7

沈德潛《國朝詩別裁集》／83

孫 錬

魏 耕、錢价人《今詩粹》

顧有孝《驪珠集》／6

趙 炎《尊閣詩藏》／4 五言律

鄧漢儀《天下名家詩觀》／7

徐 崧《詩風初集》／1；5；14

王士禎《感舊集》／12

席居中《昭代詩存》／12

蔣 薰、翁介眉《清詩初集》／3；7

曾 燦《過日集》／4；10

孫 鋜《皇清詩選》／浙江

陶 煊、張 璨《國朝詩的》／浙江2

孫 鈴

黃傳祖《扶輪新集》／9

孫 棨

魏 憲《詩持三集》／9

孫 鋜《皇清詩選》／浙江

孫 釺

孫 鋜《皇清詩選》／江南

孫 銘

孫 鋜《皇清詩選》／江南

孫 葉

趙 炎《尊閣詩藏》／2 五言古；3 七言律；6 五言律

孫 毅

趙 炎《尊閣詩藏》／7 五言律

孫 鋜《皇清詩選》／湖廣

孫 暨

鄧漢儀《詩觀三集》／12

陶 煊、張 璨《國朝詩的》／江南8

孫 模

黃傳祖《扶輪新集》／4

姚 佺《詩源》／吳

孫 崎

鄧漢儀《詩觀二集》／9

孫 鋜

王爾綱《天下名家詩永》／14

孫 謀

倪匡世《振雅堂彙編詩最》／8

孫 燠

顧有孝《驪珠集》／11

徐 崧《詩風初集》／9

孫 蕙

鄧漢儀《天下名家詩觀》／6

鄧漢儀《詩觀二集》／3

徐 崧《詩風初集》／15

王士禎《感舊集》／12

席居中《昭代詩存》／7

陸次雲《詩平初集》／11

蔣 薰、翁介眉《清詩初集》／1；6；8；10；12

曾 燦《過日集》／1；3；7

孫 鋜《皇清詩選》／山東

王爾綱《天下名家詩永》／10

陶 煊、張 璨《國朝詩的》／山東1

陳以剛《國朝詩品》／6

吳元桂《昭代詩針》／4

沈德潛《國朝詩別裁集》／105

孫 瑱

沈德潛《國朝詩別裁集》／515

孫 默

顧有孝《驪珠集》／7

徐 崧《詩風初集》／10；13；17

席居中《昭代詩存》／3

蔣 薰、翁介眉《清詩初集》／6；11

综合索引（十画）

曾 燦《過日集》／10

孫 銥《皇清詩選》／江南

王爾綱《天下名家詩永》／3

卓爾堪《明遺民詩》／11

陶 煊、張 璨《國朝詩的》／江南5

吳元桂《昭代詩針》／6

孫 錚

孫 銥《皇清詩選》／江南

孫 鎝

孫 銥《皇清詩選》／江南

孫 鍁

孫 銥《皇清詩選》／江南

孫 鑯

孫 銥《皇清詩選》／江南

孫 錦

孫 銥《皇清詩選》／江南

孫 濟

彭廷梅《國朝詩選》／10

孫 邁

蔣 鑨、翁介眉《清詩初集》／1；12

孫 臨

程 樸、施 諲《鼓吹新編》／8

徐 崧《詩風初集》／14

卓爾堪《明遺民詩》／15

孫 鍊

孫 銥《皇清詩選》／江南

孫 鍵

孫 銥《皇清詩選》／江南

孫 讓

沈德潛《國朝詩別裁集》／530

孫 鑄

孫 銥《皇清詩選》／江南

孫 鑒

孫 銥《皇清詩選》／江南

孫一致

徐 崧《詩風初集》／18

陸次雲《詩平初集》／12

蔣 鑨、翁介眉《清詩初集》／7；9；12

王爾綱《天下名家詩永》／11

彭廷梅《國朝詩選》／11

沈德潛《國朝詩別裁集》／91

孫人俊

陶 煊、張 璨《國朝詩的》／江南16

彭廷梅《國朝詩選》／5

孫人龍

汪 觀《清詩大雅二集》／2

孫又玠

鄧漢儀《詩觀三集》／12

倪匡世《振雅堂彙編詩最》／2

陶 煊、張 璨《國朝詩的》／江南8

孫弓安

顧施禎（禎）《盛朝詩選初集》／2

孫元恒

沈德潛《國朝詩別裁集》／238

孫元衡

陳以剛《國朝詩品》／15

查 義、查岐昌《國朝詩因》／5

沈德潛《國朝詩別裁集》／370

孫日卣

陳以剛《國朝詩品》／15

孫日注

陳以剛《國朝詩品》／15

孫日高

陳以剛《國朝詩品》／15

孫日超

黃傳祖《扶輪續集》／9

孫日繩

姚 佺《詩源》／吳

孫日書

陶 煊、張 璨《國朝詩的》／江南13

陳以剛《國朝詩品》／15

孫中岳

陶 煊、張 璨《國朝詩的》／江南11

陳以剛《國朝詩品》／15

沈德潛《國朝詩別裁集》／363

孫中象

徐 崧、陳濟生《詩南》／10

徐 崧《詩風初集》／10

陳以剛《國朝詩品》／12

吳元桂《昭代詩針》／6

孫中鳳

程 棟、施 諲《鼓吹新編》／9

徐 崧、陳濟生《詩南》／12

曾 燦《過日集》／9

孫中麟

姚 佺《詩源》／吳

魏 耕、錢价人《今詩粹》

徐 崧《詩風初集》／10

陳以剛《國朝詩品》／12

孫中襄

徐 崧《詩風初集》／10

孫允恭

黃傳祖《扶輪新集》／3；8；10

孫允登

趙 炎《專閣詩藏》／6五言律

孫允觀

趙 炎《專閣詩藏》／6五言律

孫永祚

程 棟、施 諲《鼓吹新編》／4

徐 崧、陳濟生《詩南》／5；8

顧有孝《驪珠集》／4

徐 崧《詩風初集》／9；11；15；18

王士禎《感舊集》／4

蔣 鑨、翁介眉《清詩初集》／7；8

孫 鋡《皇清詩選》／江南

王爾綱《天下名家詩永》／5

孫永烈

倪匡世《振雅堂彙編詩最》／5

孫芝瑞

馬道昕《清詩二集》／2

孫西琳

陶 煊、張 璨《國朝詩的》／江南續編1

孫西灝

陶 煊、張 璨《國朝詩的》／江南續編1

孫在豐

鄧漢儀《詩觀三集》／1

徐 崧《詩風初集》／17

蔣 鑨、翁介眉《清詩初集》／12

曾 燦《過日集》／3；7；9

王爾綱《天下名家詩永》／6

陶 煊、張 璨《國朝詩的》／浙江7

吳元桂《昭代詩針》／8

彭廷梅《國朝詩選》／11

孫百蕃

王爾綱《天下名家詩永》／9

孫光祀

黃傳祖《扶輪新集》／6；9

顧有孝《驪珠集》／4

徐 崧《詩風初集》／14

陸次雲《詩平初集》／2；6

蔣 鑨、翁介眉《清詩初集》／2；7；9

孫 鋡《皇清詩選》／山東

陶 煊、張 璨《國朝詩的》／山東2

孫光熙

顧有孝《驪珠集》／6

綜合索引（十畫）

孫兆祥

卓爾堪《明遺民詩》／2

陶 煊、張 璨《國朝詩的》／江南4

孫廷栓

陳祚明、韓 詩《國門集》／2；4；5；6

姚 佺《詩源》／齊魯

徐 崧《詩風初集》／1

孫廷銓

黃傳祖《扶輪新集》／2；10

魏喬介《觀始集》／1

鄧漢儀《天下名家詩觀》／1

徐 崧《詩風初集》／2

王士禛《感舊集》／3

席居中《昭代詩存》／1

曾 燦《過日集》／4；9

陶 煊、張 璨《國朝詩的》／山東2

查 義、查岐昌《國朝詩因》／3

沈德潛《國朝詩別裁集》／28

孫廷鐸

黃傳祖《扶輪新集》／4；9

王士禛《感舊集》／3

曾 燦《過日集》／4

顧施楨（禎）《盛朝詩選初集》／8

陶 煊、張 璨《國朝詩的》／山東2

孫自式

魏 憲《詩持三集》／10

趙 炎《尊閣詩藏》／2五言律

徐 崧《詩風初集》／6；9；16

陸次雲《詩平初集》／3

蔣 鑨、翁介眉《清詩初集》／3；6；8；11

曾 燦《過日集》／1；4；7；10

孫 鋐《皇清詩選》／江南

孫自成

徐 崧《詩風初集》／9

席居中《昭代詩存》／8

陶 煊、張 璨《國朝詩的》／江南7

孫自益

鄧漢儀《天下名家詩觀》／11

孫如蘭

卓爾堪《明遺民詩》／12

孫汧如

黃傳祖《扶輪新集》／4；9

魏 憲《詩持三集》／8

鄧漢儀《天下名家詩觀》／9

鄧漢儀《詩觀二集》／12

孫 鋐《皇清詩選》／江南

顧施楨（禎）《盛朝詩選初集》／2

孫志喬

鄧漢儀《詩觀三集》／6

陶 煊、張 璨《國朝詩的》／江南8；9

孫佳文

魏 耕、錢价人《今詩粹》

孫伯炎

姚 佺《詩源》／越

孫宗元

鄧漢儀《詩觀二集》／7

孫 鋐《皇清詩選》／山東

陶 煊、張 璨《國朝詩的》／山東2

孫宗彝

鄧漢儀《天下名家詩觀》／4

徐 崧《詩風初集》／17

席居中《昭代詩存》／9

陸次雲《詩平初集》／9

孫 鋐《皇清詩選》／江南

顧施楨（禎）《盛朝詩選初集》／2

陶 煊、張 璨《國朝詩的》／江南6

陳以剛《國朝詩品》／11

孫枝蔚

黃傳祖《扶輪廣集》／1；4；9；11；14

黃傳祖《扶輪新集》／4；9

魏裔介《觀始集》／2；8

姚 佺《詩源》／秦

徐 崧、陳濟生《詩南》／10

顧有孝《驪珠集》／4

趙 炎《專閣詩藏》／2 五言律

鄧漢儀《天下名家詩觀》／1

鄧漢儀《詩觀二集》／1

徐 崧《詩風初集》／7；8；16

王士禎《感舊集》／9

席居中《昭代詩存》／12

陸次雲《詩平初集》／1；2；4；7；11；12

蔣 鑨、翁介眉《清詩初集》／1；3；4；6；8；10；11；12

曾 燦《過日集》／1；3；7；9

孫 銓《皇清詩選》／陝西

王爾綱《天下名家詩永》／5

顧施楨（禎）《盛朝詩選初集》／9

吳 讓《名家詩選》／1

劉 然《國朝詩乘》／6

陶 煊、張 璨《國朝詩的》／陝西 1

陳以剛《國朝詩品》／5

吳元桂《昭代詩針》／6

彭廷梅《國朝詩選》／1；3；5；8；11

沈德潛《國朝詩別裁集》／219

孫枝蕃

姚 佺《詩源》／秦

孫來鴻

席居中《昭代詩存》／14

孫叔詒

鄧漢儀《詩觀二集》／13

孫 銓《皇清詩選》／山東

陶 煊、張 璨《國朝詩的》／山東 2

孫叔貽

鄧漢儀《詩觀三集》／3

孫昌齡

魏裔介《觀始集》／1；3；5；10；11；12

孫奇逢

鄧漢儀《詩觀二集》／1

卓爾堪《明遺民詩》／2

陶 煊、張 璨《國朝詩的》／直隸 2

查 義、查岐昌《國朝詩因》／1

孫秉銓

鄧漢儀《詩觀三集》／7

孫岳頌

顧施楨（禎）《盛朝詩選初集》／4；5；7；10

孫金礪

曾 燦《過日集》／10

孫承宗

程 棟、施 譚《鼓吹新編》／1

魏 耕、錢价人《今詩粹》

孫承恩

王爾綱《天下名家詩永》／9

孫承澤

黃傳祖《扶輪廣集》／8

曾 燦《過日集》／1；3；9

查 義、查岐昌《國朝詩因》／1

孫奕弘

彭廷梅《國朝詩選》／4；11

孫胤伽

馮 舒《懷舊集》下／9 下

综合索引（十画）

孫胤樾

魏裔介《觀始集》／11

孫建勳

陳以剛《國朝詩品》／19

孫起龍

孫　鋐《皇清詩選》／江南

孫根深

黃傳祖《扶輪新集》／3；6

孫致彌

孫　鋐《皇清詩選》／江南

查　羲、查岐昌《國朝詩因》／4

沈德潛《國朝詩別裁集》／293

孫紹祖

趙　炎《尊閣詩藏》／6 五言律

孫　鋐《皇清詩選》／浙江

孫陸簡

孫　鋐《皇清詩選》／江南

孫雯鏡

魏　憲《補石倉詩選》／3

趙　炎《尊閣詩藏》／6 五言律

孫雲朋

魏裔介《觀始集》／2；9

程　棟、施　誕《鼓吹新編》／8

孫朝肅

馮　舒《懷舊集》上／23 上

孫朝慶

孫　鋐《皇清詩選》／江南

孫景璐

彭廷梅《國朝詩選》／2

孫貽武

沈德潛《國朝詩別裁集》／526

孫復焯

顧有孝《驪珠集》／9

徐　崧《詩風初集》／10

孫　鋐《皇清詩選》／浙江

孫循綖

陳以剛《國朝詩品》／19

孫循綽

陳以剛《國朝詩品》／19

孫循綬

陳以剛《國朝詩品》／19

孫循綿

陳以剛《國朝詩品》／19

孫循繩

陳以剛《國朝詩品》／19

孫陽順

沈德潛《國朝詩別裁集》／511

孫源文

黃傳祖《扶輪續集》／5；10

孫瑞穎

孫　鋐《皇清詩選》／江南

孫聖蘭

孫　鋐《皇清詩選》／浙江

孫照龍

彭廷梅《國朝詩選》／11

孫嘉績

卓爾堪《明遺民詩》／12

孫爾玑

陶　煊、張　璨《國朝詩的》／陝西 2

孫爾玗

曾　燦《過日集》／4；9

孫維祺

王爾綱《天下名家詩永》／13

吳元桂《昭代詩針》／1

孫誕華

曾　燦《過日集》／10

孫穀胎

徐　崧《詩風初集》／18

孫錫珩

曾　燦《過日集》／10

孫錫蕃

黃傳祖《扶輪廣集》/ 4；9
魏裔介《觀始集》/ 9
姚 佺《詩源》/ 楚
鄧漢儀《詩觀二集》/ 12
蔣 薰、翁介眉《清詩初集》/ 2；4；
　　10；11
陶 煊、張 璨《國朝詩的》/ 湖廣 7
吳元桂《昭代詩針》/ 3
彭廷梅《國朝詩選》/ 14

孫學稼

劉 然《國朝詩乘》/ 5

孫履亭

顧有孝《驪珠集》/ 4

孫應時

王爾綱《天下名家詩永》/ 11
顧施楨（禎）《盛朝詩選初集》/ 2

孫寶侗

黃傳祖《扶輪新集》/ 7
王士禎《感舊集》/ 12
曾 燦《過日集》/ 5；7；10
沈德潛《國朝詩別裁集》/ 239

孫繼登

鄧漢儀《詩觀二集》/ 7
席居中《昭代詩存》/ 7

孫續祖

程 棟、施 誕《鼓吹新編》/ 11
徐 崧、陳濟生《詩南》/ 7；11
魏 憲《詩持三集》/ 8
趙 炎《尊閣詩藏》/ 2 五言古；2 七
　　言律；3 五言律
徐 崧《詩風初集》/ 8
孫 鋐《皇清詩選》/ 浙江

十一畫

章 貞

蔣 薰、翁介眉《清詩初集》/ 9

章 垿

王爾綱《天下名家詩永》/ 10

章 美

黃傳祖《扶輪續集》/ 3
徐 崧、陳濟生《詩南》/ 5
徐 崧《詩風初集》/ 2
卓爾堪《明遺民詩》/ 12

章 丙

陸次雲《詩平初集》/ 10；12

章 詔

徐 崧、陳濟生《詩南》/ 7；10
顧有孝《驪珠集》/ 8
徐 崧《詩風初集》/ 18
蔣 薰、翁介眉《清詩初集》/ 12

章 溥

孫 鋐《皇清詩選》/ 江南

章 節

陶 煊、張 璨《國朝詩的》/ 貴州 1

章 澄

孫 鋐《皇清詩選》/ 江南

章 霖

徐 崧、陳濟生《詩南》/ 10

章 曠

徐 崧、陳濟生《詩南》/ 12
魏 憲《補石倉詩選》/ 1
卓爾堪《明遺民詩》/ 12

章 鍾

陶 煊、張 璨《國朝詩的》/ 浙江 4

章 簡

魏 憲《補石倉詩選》/ 1

章 髽

陶 煊、張 璨《國朝詩的》／浙江3

章大來

陶 煊、張 璨《國朝詩的》／浙江8

章王恒

徐 崧《詩風初集》／12

章日踌

黃傳祖《扶輪廣集》／9

黃傳祖《扶輪新集》／9

陳祚明、韓 詩《國門集》／3；4；5；6

徐 崧《詩風初集》／10

章永祚

王爾綱《天下名家詩永》／3

章世德

王爾綱《天下名家詩永》／7

章本成

陶 煊、張 璨《國朝詩的》／浙江4

章台鼎

黃傳祖《扶輪續集》／2；8；10

章汝爲

孫 鋐《皇清詩選》／江南

章汝翼

孫 鋐《皇清詩選》／江南

章汝聰

孫 鋐《皇清詩選》／江南

章在茲

孫 鋐《皇清詩選》／江南

沈德潛《國朝詩別裁集》／84

章光祚

孫 鋐《皇清詩選》／浙江

章廷鐘

陳以剛《國朝詩品》／17

章金牧

程 榛、施 譫《鼓吹新編》／8

魏 耕、錢价人《今詩粹》

徐 崧《詩風初集》／14

曾 燦《過日集》／2；3；8；9

章金礪

魏 耕、錢价人《今詩粹》

章函貞

魏 耕、錢价人《今詩粹》

章耿光

鄧漢儀《天下名家詩觀》／3

章時習

王爾綱《天下名家詩永》／14

章國佐

徐 崧《詩風初集》／12

曾 燦《過日集》／10

章象先

王爾綱《天下名家詩永》／10

章傳道

王爾綱《天下名家詩永》／12

章嘉選

王爾綱《天下名家詩永》／2

章夢易

徐 崧、陳濟生《詩南》／6

章靜宜

魏 耕、錢价人《今詩粹》

徐 崧、陳濟生《詩南》／4；7；10

顧有孝《驪珠集》／11

徐 崧《詩風初集》／6；9

孫 鋐《皇清詩選》／江南

沈德潛《國朝詩別裁集》／265

章羲民

曾 燦《過日集》／8

章應奇

陶 煊、張 璨《國朝詩的》／江南11

章應新

陶 煊、張 璨《國朝詩的》／江南11

章曠高

魏　憲《詩持三集》／10

孫　鋐《皇清詩選》／江南

章藻功

沈德潛《國朝詩別裁集》／345

商　盤

陶　煊、張　璨《國朝詩的》／浙江8

商家梅

黃傳祖《扶輪續集》／8

徐　崧《詩風初集》／11

商微說

魏　耕、錢价人《今詩粹》

徐　崧《詩風初集》／1

麻三雍

卓爾堪《明遺民詩》／12

麻乾齡

王爾綱《天下名家詩永》／11

康　瑄

沈德潛《國朝詩別裁集》／511

康乃心

陶　煊、張　璨《國朝詩的》／陝西2

沈德潛《國朝詩別裁集》／379

康弘勛

沈德潛《國朝詩別裁集》／544

康孟侯

趙　炎《尊閣詩藏》／7五言律

徐　崧《詩風初集》／12

康范生

徐　崧、陳濟生《詩南》／12

顧有孝《驪珠集》／6

徐　崧《詩風初集》／11

蔣　鑨、翁介眉《清詩初集》／9

孫　鋐《皇清詩選》／江西

王爾綱《天下名家詩永》／11

康若生

黃傳祖《扶輪廣集》／4

姚　佺《詩源》／豫章

魏裔介《清詩溯洄集》／10

徐　崧《詩風初集》／7

蔣　鑨、翁介眉《清詩初集》／1

陶　煊、張　璨《國朝詩的》／江西2

鹿化麟

黃傳祖《扶輪新集》／9

清涼也

彭廷梅《國朝詩選》／10

淩　录

黃傳祖《扶輪新集》／4；7；9

顧有孝《驪珠集》／9

淩　雲

黃傳祖《扶輪廣集》／9

姚　佺《詩源》／粵

王爾綱《天下名家詩永》／4

淩一飛

顧有孝《驪珠集》／8

徐　崧《詩風初集》／10；14

孫　鋐《皇清詩選》／浙江

顧施禎（禎）《盛朝詩選初集》／9

淩元鼎

孫　鋐《皇清詩選》／陝西

鄧漢儀《詩觀二集》／10

淩元蕭

徐　崧《詩風初集》／18

孫　鋐《皇清詩選》／陝西

彭廷梅《國朝詩選》／11

鄧漢儀《天下名家詩觀》／9

曾　燦《過日集》／4

陶　煊、張　璨《國朝詩的》／陝西1

淩天翰

程　棟、施　譔《鼓吹新編》／7

綜合索引（十一畫）

魏　耕、錢价人《今詩粹》

凌文然

徐　崧、陳濟生《詩南》／8

凌世韶

姚　佺《詩源》／吴

卓爾堪《明遺民詩》／13

徐　崧、陳濟生《詩南》／5

凌必正

徐　崧、陳濟生《詩南》／5

凌如恒

徐　崧《詩風初集》／12

陸次雲《詩平初集》／12

凌如煥

汪　觀《清詩大雅二集》／1

沈德潛《國朝詩別裁集》／413

彭廷梅《國朝詩選》／4；6；11

凌思麟

徐　崧、陳濟生《詩南》／1；7；9；11

徐　崧《詩風初集》／9

黃傳祖《扶輪新集》／4

凌孫有

席居中《昭代詩存》／14

凌容默

徐　崧、陳濟生《詩南》／1

徐　崧《詩風初集》／9

凌起潛

彭廷梅《國朝詩選》／6

凌啟蒙

陶　煊、張　璨《國朝詩的》／江南12

凌淇仁

彭廷梅《國朝詩選》／12

凌景熙

徐　崧、陳濟生《詩南》／7

徐　崧《詩風初集》／8

凌義康

徐　崧《詩風初集》／6

凌義渠

黃傳祖《扶輪續集》／8；10

魏　憲《補石倉詩選》／1

凌應曾

彭廷梅《國朝詩選》／6；11

凌應雲

彭廷梅《國朝詩選》／10

凌應龍

彭廷梅《國朝詩選》／10

凌應蘭

彭廷梅《國朝詩選》／5；10

凌璋玉

彭廷梅《國朝詩選》／10

凌繼曾

席居中《昭代詩存》／13

彭廷梅《國朝詩選》／2

郭　岡

吴　謙《名家詩選》／2

郭　泓

陶　煊、張　璨《國朝詩的》／江南16

郭　岱

陶　煊、張　璨《國朝詩的》／江南12

郭　恒

陶　煊、張　璨《國朝詩的》／福建2

郭　炡

彭廷梅《國朝詩選》／6

郭　瑛

顧施楨（禎）《盛朝詩選初集》／5；7；10

郭　茱

席居中《昭代詩存》／3

陸次雲《詩平初集》／8

蔣　籜、翁介眉《清詩初集》／6

陶 煊、張 璨《國朝詩的》／直隸 2

郭 聘

徐 崧《詩風初集》／10

郭 萬

吳 藹《名家詩選》／2

郭 經

陶 煊、張 璨《國朝詩的》／福建 2

郭 演

魏裔介《觀始集》／9

郭 廣

吳 藹《名家詩選》／2

郭 碟

吳 藹《名家詩選》／2

郭 礎

黃傳祖《扶輪廣集》／9

姚 佺《詩源》／吳

陸次雲《詩平初集》／11

蔣 灌、翁介眉《清詩初集》／11；12

曾 燦《過日集》／7

孫 鋐《皇清詩選》／陝西

王爾綱《天下名家詩永》／3

顧施楨（禎）《盛朝詩選初集》／6

陶 煊、張 璨《國朝詩的》／陝西 2

彭廷梅《國朝詩選》／9

郭 麗

陸次雲《詩平初集》／7

郭 勛

陶 煊、張 璨《國朝詩的》／湖廣 5

郭九有

吳 藹《名家詩選》／2

郭之奇

魏裔介《觀始集》／8

姚 佺《詩源》／粵

郭士璟

鄧漢儀《天下名家詩觀》／4

鄧漢儀《詩觀二集》／10

徐 崧《詩風初集》／2

席居中《昭代詩存》／9

蔣 灌、翁介眉《清詩初集》／3；7；

11；12

曾 燦《過日集》／4

孫 鋐《皇清詩選》／陝西

倪匡世《振雅堂彙編詩最》／1

王爾綱《天下名家詩永》／6

陶 煊、張 璨《國朝詩的》／陝西 1

彭廷梅《國朝詩選》／9；12

郭元釪

馬道畊《清詩二集》／2

吳 藹《名家詩選》／2

陶 煊、張 璨《國朝詩的》／江南 15

查 羲、查岐昌《國朝詩因》／5

沈德潛《國朝詩別裁集》／440

郭元龍

顧有孝《驪珠集》／10

趙 炎《華閱詩藏》／3 五言律

孫 鋐《皇清詩選》／福建

郭永豐

鄧漢儀《詩觀二集》／10

孫 鋐《皇清詩選》／山西

陶 煊、張 璨《國朝詩的》／山西 1

郭世純

王爾綱《天下名家詩永》／8

郭兆驥

姚 佺《詩源》／吳

郭宗鼎

汪 觀《清詩大雅二集》／2

郭金門

陶 煊、張 璨《國朝詩的》／湖廣 6

郭金臺

姚 佺《詩源》／楚

綜合索引（十一畫）

徐　崧、陳濟生《詩南》／5
蔣　薰、翁介眉《清詩初集》／6
陶　煊、張　璨《國朝詩的》／湖廣4
彭廷梅《國朝詩選》／1

郭奎光

徐　崧、陳濟生《詩南》／10
徐　崧《詩風初集》／14
蔣　薰、翁介眉《清詩初集》／9

郭奎先

黃傳祖《扶輪廣集》／9；11
黃傳祖《扶輪新集》／9；10
魏裔介《觀始集》／11
姚　佺《詩源》／蜀
徐　崧、陳濟生《詩南》／7；12
王爾綱《天下名家詩永》／11
陶　煊、張　璨《國朝詩的》／四川1

郭威釗

吳　藹《名家詩選》／1；2

郭昭封

王爾綱《天下名家詩永》／4

郭起元

彭廷梅《國朝詩選》／5；8；10

郭振基

陶　煊、張　璨《國朝詩的》／山西1

郭展廷

趙　炎《尊閣詩藏》／3七言律；7五言律
孫　鋐《皇清詩選》／江南

郭都賢

陶　煊、張　璨《國朝詩的》／湖廣1
彭廷梅《國朝詩選》／1

郭野臣

陶　煊、張　璨《國朝詩的》／湖廣7

郭從先

吳　藹《名家詩選》／3

郭彭齡

陶　煊、張　璨《國朝詩的》／江南16

郭景映

魏　憲《詩持二集》／8
席居中《昭代詩存》／2

郭登龍

魏　憲《詩持三集》／5
趙　炎《尊閣詩藏》／2七言古；4七言律；7五言律
陶　煊、張　璨《國朝詩的》／福建1

郭鼎京

魏　憲《詩持二集》／3
徐　崧《詩風初集》／9；12；14
蔣　薰、翁介眉《清詩初集》／7
孫　鋐《皇清詩選》／福建
陶　煊、張　璨《國朝詩的》／福建2

郭維寧

徐　崧《詩風初集》／9
孫　鋐《皇清詩選》／陝西

郭際南

馮　舒《懷舊集》上／29上

郭襄圖

程　棟、施　諲《鼓吹新編》／10
徐　崧《詩風初集》／9；11
蔣　薰、翁介眉《清詩初集》／2
曾　燦《過日集》／4
沈德潛《國朝詩別裁集》／147

梁　弓

劉　然《國朝詩乘》／4
吳元桂《昭代詩針》／7

梁　份

曾　燦《過日集》／9
陶　煊、張　璨《國朝詩的》／江西1

梁　舟

鄧漢儀《詩觀二集》／10

席居中《昭代詩存》／14
孫　鋐《皇清詩選》／陝西
朱　觀《國朝詩正》／3
陶　煊、張　璨《國朝詩的》／陝西2

梁　洪

顧施楨（禎）《盛朝詩選初集》／7

梁　雍

馬道晊《清詩二集》／1

梁　瑛

汪　觀《清詩大雅二集》／3

梁　逸

曾　燦《過日集》／5；9
周佑予《清詩鼓吹》／2
沈德潛《國朝詩別裁集》／125

梁　槱

曾　燦《過日集》／10

梁　震

劉　然《國朝詩乘》／7

梁　稷

姚　佺《詩源》／粵

梁　銓

魏　憲《詩持一集》／4
魏　憲《補石倉詩選》／3
鄧漢儀《天下名家詩觀》／11
徐　崧《詩風初集》／10
蔣　瓘、翁介眉《清詩初集》／6
孫　鋐《皇清詩選》／陝西
陶　煊、張　璨《國朝詩的》／陝西1

梁　鏡

席居中《昭代詩存》／9
孫　鋐《皇清詩選》／江南

梁于淡

鄧漢儀《詩觀二集》／12
孫　鋐《皇清詩選》／江南
陶　煊、張　璨《國朝詩的》／江南9

梁于埃

王爾綱《天下名家詩永》／3

梁文浚

彭廷梅《國朝詩選》／6

梁化鳳

魏　憲《詩持二集》／8
魏　憲《詩持三集》／6
孫　鋐《皇清詩選》／陝西
陶　煊、張　璨《國朝詩的》／陝西2

梁以栴

徐　崧、陳濟生《詩南》／6
鄧漢儀《詩觀二集》／1
蔣　瓘、翁介眉《清詩初集》／7
孫　鋐《皇清詩選》／京師
卓爾堪《明遺民詩》／15

梁以樟

黃傅祖《扶輪續集》／9
黃傅祖《扶輪廣集》／8；11
魏喬介《觀始集》／6
程　棟、施　諲《鼓吹新編》／4
姚　佺《詩源》／燕
徐　崧、陳濟生《詩南》／5
魏喬介《清詩溯洄集》／1
鄧漢儀《詩觀二集》／1
蔣　瓘、翁介眉《清詩初集》／2；6
曾　燦《過日集》／5；8
孫　鋐《皇清詩選》／京師
王爾綱《天下名家詩永》／2
卓爾堪《明遺民詩》／1
陶　煊、張　璨《國朝詩的》／直隸1
彭廷梅《國朝詩選》／1

梁允植

趙　炎《專閣詩藏》／8五言律
鄧漢儀《詩觀二集》／6
席居中《昭代詩存》／8

綜合索引（十一畫）

陸次雲《詩平初集》／1；5；10；11；12

蔣 鑨、翁介眉《清詩初集》／1；2；7；9；11；12

孫 銓《皇清詩選》／京師

彭廷梅《國朝詩選》／9

梁延年

曾 燦《過日集》／10

梁佩蘭

鄧漢儀《詩觀二集》／12

徐 崧《詩風初集》／10

王士禎《感舊集》／13

曾 燦《過日集》／5；7；10

孫 銓《皇清詩選》／兩廣

王爾綱《天下名家詩永》／6

顧施楨（禎）《盛朝詩選初集》／6

陳維崧《篋衍集》／4；8

吳 蕊《名家詩選》／2

劉 然《國朝詩乘》／3

陶 煊、張 璨《國朝詩的》／廣東1

陳以剛《國朝詩品》／5

查 羲、查岐昌《國朝詩因》／4

吳元桂《昭代詩針》／3

彭廷梅《國朝詩選》／1；7

沈德潛《國朝詩別裁集》／280

梁奕文

魏 耕、錢价人《今詩粹》

梁琩蘭

朱 觀《國朝詩正》／2

梁清寬

魏裔介《觀始集》／5；8

姚 佺《詩源》／燕

顧有孝《驪珠集》／2

魏 憲《補石倉詩選》／3

魏 憲《皇清百名家詩選》／24

趙 炎《尊閣詩藏》／2五言古；5五言律

席居中《昭代詩存》／5

蔣 鑨、翁介眉《清詩初集》／7

孫 銓《皇清詩選》／京師

陶 煊、張 璨《國朝詩的》／直隸2

梁清遠

黃傳祖《扶輪續集》／8

黃傳祖《扶輪廣集》／10

黃傳祖《扶輪新集》／5；8；10

魏裔介《觀始集》／2；6；8

陳祚明、韓 詩《國門集》／2；4；5

魏 耕、錢价人《今詩粹》

顧有孝《驪珠集》／2

魏 憲《詩持一集》／1

魏 憲《補石倉詩選》／3

魏 憲《皇清百名家詩選》／5

趙 炎《尊閣詩藏》／3五言律

鄧漢儀《天下名家詩觀》／3

鄧漢儀《詩觀二集》／2

鄧漢儀《詩觀三集》／2

徐 崧《詩風初集》／1；10

席居中《昭代詩存》／1

陸次雲《詩平初集》／6

蔣 鑨、翁介眉《清詩初集》／2；7

曾 燦《過日集》／2；3；7；9

孫 銓《皇清詩選》／京師

王爾綱《天下名家詩永》／3

陳維崧《篋衍集》／9

周佑予《清詩鼓吹》／1

吳 蕊《名家詩選》／2

劉 然《國朝詩乘》／8

陶 煊、張 璨《國朝詩的》／直隸2

查 羲、查岐昌《國朝詩因》／3

沈德潛《國朝詩別裁集》／29

梁清標

魏裔介《觀始集》／6；8
陳祚明、韓　詩《國門集》／4；5；6
姚　佺《詩源》／燕
魏　耕、錢价人《今詩粹》
陳允衡《國雅》／4
魏裔介《清詩溯洄集》／1；3；5；7
顧有孝《驪珠集》／1
魏　憲《補石倉詩選》／2
趙　炎《尊閣詩藏》／1 五言古；1 五言律；1 七言律
徐　崧《詩風初集》／10
席居中《昭代詩存》／6；13
陸次雲《詩平初集》／2；4；6；8；11；12
蔣　釴、翁介眉《清詩初集》／1；2；4；6；8；11；12
孫　鋐《皇清詩選》／京師
顧施禎（禛）《盛朝詩選初集》／3；4；5；7
陳以剛《國朝詩品》／4
彭廷梅《國朝詩選》／3

梁善長

彭廷梅《國朝詩選》／12

梁殿華

姚　佺《詩源》／粵

梁嘉稷

陶　煊、張　璨《國朝詩的》／江南 15

梁維樞

黃傳祖《扶輪廣集》／8
魏裔介《觀始集》／6；8
姚　佺《詩源》／燕
顧有孝《驪珠集》／2
陸次雲《詩平初集》／6
查　義、查岐昌《國朝詩因》／1

梁魯望

陳允衡《詩慰續集》

梁簡芳

席居中《昭代詩存》／4

許　山

蔣　釴、翁介眉《清詩初集》／12

許　友

黃傳祖《扶輪廣集》／4
錢謙益《吾炙集》
姚　佺《詩源》／閩
魏　憲《詩持二集》／6
趙　炎《尊閣詩藏》／1 五言古；4 七言律
徐　崧《詩風初集》／17
席居中《昭代詩存》／9
蔣　釴、翁介眉《清詩初集》／3；7；9；12
孫　鋐《皇清詩選》／福建
顧施禎（禛）《盛朝詩選初集》／9
劉　然《國朝詩乘》／12
陶　煊、張　璨《國朝詩的》／福建 2
彭廷梅《國朝詩選》／11
沈德潛《國朝詩別裁集》／119

許　召

彭廷梅《國朝詩選》／3；5

許　旭

黃傳祖《扶輪新集》／7
程　棟、施　譚《鼓吹新編》／10
魏　耕、錢价人《今詩粹》
徐　崧、陳濟生《詩南》／10
魏裔介《清詩溯洄集》／9
顧有孝《驪珠集》／6
魏　憲《詩持三集》／6
趙　炎《尊閣詩藏》／2 七言古；3 五言律；4 七言律

綜合索引（十一畫）

鄧漢儀《天下名家詩觀》／6
徐　崧《詩風初集》／11；14；18
王士禎《感舊集》／7
席居中《昭代詩存》／5；12
蔣　鑨、翁介眉《清詩初集》／6
孫　銓《皇清詩選》／江南
陳維崧《篋衍集》／1
陶　煊、張　璨《國朝詩的》／江南6
沈德潛《國朝詩別裁集》／242

許　虬

顧有孝《驪珠集》／6
魏　憲《詩持一集》／3
鄧漢儀《詩觀二集》／5
徐　崧《詩風初集》／2；7；9；11；17
席居中《昭代詩存》／4
陸次雲《詩平初集》／1；3；5；7；9；11
蔣　鑨、翁介眉《清詩初集》／1；3；4；6；8；11
孫　銓《皇清詩選》／江南
王爾綱《天下名家詩永》／12
顧施楨（禎）《盛朝詩選初集》／2
劉　然《國朝詩乘》／3
陶　煊、張　璨《國朝詩的》／江南10
陳以剛《國朝詩品》／5
吳元桂《昭代詩針》／2
彭廷梅《國朝詩選》／1；4；5；7
沈德潛《國朝詩別裁集》／91

許　昉

姚　佺《詩源》／吳

許　炳

陶　煊、張　璨《國朝詩的》／江南13
彭廷梅《國朝詩選》／4

許　玨

黃傳祖《扶輪廣集》／4；9；11
黃傳祖《扶輪新集》／4；7
魏裔介《觀始集》／2；6；8
陳祚明、韓　詩《國門集》／3；4；5
徐　崧、陳濟生《詩南》／10
顧有孝《驪珠集》／7
魏　憲《詩持二集》／2
鄧漢儀《天下名家詩觀》／4
徐　崧《詩風初集》／12；13
王士禎《感舊集》／11
席居中《昭代詩存》／13
蔣　鑨、翁介眉《清詩初集》／8
陶　煊、張　璨《國朝詩的》／福建1

許　風

陸次雲《詩平初集》／12

許　宸

黃傳祖《扶輪新集》／2；8；10
徐　崧《詩風初集》／10
孫　銓《皇清詩選》／河南
陶　煊、張　璨《國朝詩的》／河南1

許　容

陸次雲《詩平初集》／12

許　茹

鄧漢儀《詩觀二集》／12

許　煥

徐　崧《詩風初集》／9；11；18

許　湄

沈德潛《國朝詩別裁集》／335

許　琪

魏　耕、錢价人《今詩粹》
曾　燦《過日集》／8

許　嶠

鄧漢儀《詩觀三集》／6

許 蛟

徐 崧《詩風初集》／8；15

許 焜

鄧漢儀《天下名家詩觀》／11

許 復

顧有孝《驪珠集》／10

徐 崧《詩風初集》／16；18

許 準

徐 崧《詩風初集》／10

許 遂

汪 觀《清詩大雅》／12

沈德潛《國朝詩別裁集》／317

許 煥

魏裔介《觀始集》／9

顧有孝《驪珠集》／9

魏 憲《詩持一集》／3

席居中《昭代詩存》／1

蔣 鑨、翁介眉《清詩初集》／9

曾 燦《過日集》／9

孫 銓《皇清詩選》／江南

陶 煊、張 璨《國朝詩的》／江南6

許 瑛

徐 崧《詩風初集》／14

許 楚

黃傳祖《扶輪續集》／7

黃傳祖《扶輪廣集》／11

鄧漢儀《詩觀二集》／5

蔣 鑨、翁介眉《清詩初集》／3

吳元桂《昭代詩針》／6

許 經

黃傳祖《扶輪續集》／2；5；8；10

黃傳祖《扶輪廣集》／5；8

王爾綱《天下名家詩永》／6

許 寧

魏裔介《觀始集》／11

姚 佺《詩源》／吳

許 暢

徐 崧、陳濟生《詩南》／10

許 箕

徐 崧《詩風初集》／7

許 綸

汪 觀《清詩大雅》／13

許 潤

沈德潛《國朝詩別裁集》／359

許 賓

趙 炎《尊閣詩藏》／4七言律

許 徹

徐 崧《詩風初集》／10；18

許 穀

查 羲、查岐昌《國朝詩因》／4

許 璣

沈德潛《國朝詩別裁集》／477

許 錦

徐 崧《詩風初集》／14

席居中《昭代詩存》／4

蔣 鑨、翁介眉《清詩初集》／12

彭廷梅《國朝詩選》／11

許 灘

程 棟、施 譚《鼓吹新編》／10；14

魏 耕、錢价人《今詩粹》

徐 崧、陳濟生《詩南》／9；11

許 縵

姚 佺《詩源》／吳

許 濬

魏 憲《詩持三集》／6

趙 炎《尊閣詩藏》／5五言律

許 邁

陳以剛《國朝詩品》／19

許之漸

黃傳祖《扶輪新集》／1；4；9

綜合索引（十一畫）

蔣 薰、翁介眉《清詩初集》／1；2；5；7

許之漸

黃傳祖《扶輪新集》／3；8

顧有孝《驪珠集》／8

魏 憲《詩持一集》／3

鄧漢儀《詩觀二集》／9

徐 崧《詩風初集》／10；11

席居中《昭代詩存》／13

蔣 薰、翁介眉《清詩初集》／2；4；6；8；12

曾 燦《過日集》／6

孫 鋐《皇清詩選》／江南

王爾綱《天下名家詩永》／2

許士佐

吳元桂《昭代詩針》／13

許大就

吳元桂《昭代詩針》／4

許大儒

鄧漢儀《詩觀三集》／12

許大溍

顧有孝《驪珠集》／6

許心炎

沈德潛《國朝詩別裁集》／473

許王儼

姚 佺《詩源》／吳

許天麒

席居中《昭代詩存》／13

陸次雲《詩平初集》／9

許元方

鄧漢儀《詩觀二集》／1

席居中《昭代詩存》／3

許元功

徐 崧《詩風初集》／10

曾 燦《過日集》／4

許日琛

蔣 薰、翁介眉《清詩初集》／8

許玉森

席居中《昭代詩存》／3

蔣 薰、翁介眉《清詩初集》／11

許世孝

沈德潛《國朝詩別裁集》／459

許世昌

鄧漢儀《詩觀二集》／12

孫 鋐《皇清詩選》／京師

許世忠

魏喬介《清詩溯洄集》／4；6

許汝都

黃傳祖《扶輪廣集》／11

姚 佺《詩源》／粵

孫 鋐《皇清詩選》／兩廣

王爾綱《天下名家詩永》／4

彭廷梅《國朝詩選》／5

許汝霖

劉 然《國朝詩乘》／2

沈德潛《國朝詩別裁集》／226

許安國

徐 崧《詩風初集》／10

席居中《昭代詩存》／12

許先甲

陸次雲《詩平初集》／7；10；12

許自俊

黃傳祖《扶輪廣集》／6

顧有孝《驪珠集》／4

鄧漢儀《詩觀二集》／6

徐 崧《詩風初集》／11

蔣 薰、翁介眉《清詩初集》／6

孫 鋐《皇清詩選》／江南

吳元桂《昭代詩針》／2

許全治

吴元桂《昭代詩針》／15

許名胣

魏　耕、錢价人《今詩粹》

徐　崧、陳濟生《詩南》／10

許志進

陶　煊、張　璨《國朝詩的》／江南 14

吴元桂《昭代詩針》／9

彭廷梅《國朝詩選》／8

許作梅

魏裔介《觀始集》／8；11

魏裔介《清詩溯洄集》／5；7；9

顧有孝《驪珠集》／3

徐　崧《詩風初集》／16

蔣　鑨、翁介眉《清詩初集》／7；11

許廷鍊

陶　煊、張　璨《國朝詩的》／江南 12

沈德潛《國朝詩別裁集》／427

許來光

顧有孝《驪珠集》／9

許昌齡

席居中《昭代詩存》／7

陶　煊、張　璨《國朝詩的》／江南 13

許延勳

蔣　鑨、翁介眉《清詩初集》／10；11

許延邵

徐　崧《詩風初集》／10

蔣　鑨、翁介眉《清詩初集》／7

顧施禎（禎）《盛朝詩選初集》／11；12；12（附）

許佩璜

陶　煊、張　璨《國朝詩的》／江南 16

許迎年

陶　煊、張　璨《國朝詩的》／江南 13

彭廷梅《國朝詩選》／5；12

沈德潛《國朝詩別裁集》／330

許承宣

顧有孝《驪珠集》／4

鄧漢儀《天下名家詩觀》／4

徐　崧《詩風初集》／9

席居中《昭代詩存》／7

陸次雲《詩平初集》／7；10

蔣　鑨、翁介眉《清詩初集》／7；8

孫　鋐《皇清詩選》／江南

王爾綱《天下名家詩永》／13

吴　蘭《名家詩選》／3

陳以剛《國朝詩品》／11

吴元桂《昭代詩針》／8

許承家

顧有孝《驪珠集》／4

鄧漢儀《天下名家詩觀》／4

鄧漢儀《詩觀二集》／10

鄧漢儀《詩觀三集》／1

徐　崧《詩風初集》／6

席居中《昭代詩存》／8

陸次雲《詩平初集》／7；10

蔣　鑨、翁介眉《清詩初集》／7；9

曾　燦《過日集》／4

孫　鋐《皇清詩選》／江南

倪匡世《振雅堂彙編詩最》／6

王爾綱《天下名家詩永》／13

吴　蘭《名家詩選》／3

陶　煊、張　璨《國朝詩的》／江南 13

陳以剛《國朝詩品》／11

吴元桂《昭代詩針》／8

彭廷梅《國朝詩選》／3

沈德潛《國朝詩別裁集》／187

許承欽

鄧漢儀《天下名家詩觀》／2

徐　崧《詩風初集》／8

綜合索引（十一畫）

蔣　鑨、翁介眉《清詩初集》／6；8；12

曾　燦《過日集》／4；7

孫　鋐《皇清詩選》／湖廣

王爾綱《天下名家詩永》／7

韓純玉《近詩兼》

卓爾堪《明遺民詩》／11

陳以剛《國朝詩品》／6

沈德潛《國朝詩別裁集》／25

許祖期

席居中《昭代詩存》／3

許信瑞

陶　煊、張　璨《國朝詩的》／江南16

許修來

陶　煊、張　璨《國朝詩的》／浙江8

許建華

陶　煊、張　璨《國朝詩的》／江南續編1

許家駒

吳元桂《昭代詩針》／13

許振先

魏　憲《詩持一集》／4

魏　憲《詩持三集》／6

許振光

顧有孝《驪珠集》／6

許納陸

程　棟、施　譚《鼓吹新編》／6

姚　佺《詩源》／吳

徐　崧、陳濟生《詩南》／7

魏裔介《清詩湖洄集》／2

顧有孝《驪珠集》／7

鄧漢儀《詩觀二集》／12

徐　崧《詩風初集》／9；12；17

席居中《昭代詩存》／8

蔣　鑨、翁介眉《清詩初集》／11

許孫茎

鄧漢儀《詩觀二集》／9

鄧漢儀《詩觀三集》／7；12；13

席居中《昭代詩存》／4；6

陸次雲《詩平初集》／1；3；5；7；9；12

蔣　鑨、翁介眉《清詩初集》／1；3；5；6；9；11；12

孫　鋐《皇清詩選》／江南

陶　煊、張　璨《國朝詩的》／江南9

陳以剛《國朝詩品》／15

吳元桂《昭代詩針》／2

彭廷梅《國朝詩選》／9

沈德潛《國朝詩別裁集》／169

許孫苗

吳元桂《昭代詩針》／10

許訏陸

孫　鋐《皇清詩選》／江南

許惟枚

彭廷梅《國朝詩選》／5

許堯章

孫　鋐《皇清詩選》／浙江

許朝礎

趙　炎《尊閣詩藏》／4七言律

鄧漢儀《天下名家詩觀》／11

許朝遴

朱　觀《國朝詩正》／6

許欽堯

陶　煊、張　璨《國朝詩的》／浙江7

許齋衞

鄧漢儀《詩觀二集》／12

許嗣隆

顧有孝《驪珠集》／9

鄧漢儀《天下名家詩觀》／11

徐　崧《詩風初集》／16；17；18

席居中《昭代詩存》/ 8
蔣 薰、翁介眉《清詩初集》/ 11
王爾綱《天下名家詩永》/ 12
顧施楨（楨）《盛朝詩選初集》/ 7
陶 煊、張 璨《國朝詩的》/ 江南 10

許夢麒

鄧漢儀《詩觀三集》/ 7；13

許鼎臣

鄧漢儀《詩觀二集》/ 8
孫 鋐《皇清詩選》/ 江南

許維祚

鄧漢儀《詩觀二集》/ 5
席居中《昭代詩存》/ 4
孫 鋐《皇清詩選》/ 京師
陶 煊、張 璨《國朝詩的》/ 直隸 2

許維莛

彭廷梅《國朝詩選》/ 12

許維楩

鄧漢儀《詩觀三集》/ 9
陶 煊、張 璨《國朝詩的》/ 江南 3

許維棁

陸次雲《詩平初集》/ 10

許儒龍

彭廷梅《國朝詩選》/ 11

許錫齡

吳 藹《名家詩選》
陶 煊、張 璨《國朝詩的》/ 江南續編 1

許鑣韻

彭廷梅《國朝詩選》/ 3

許顧虬

姚 佺《詩源》/ 吳
魏 耕、錢价人《今詩粹》
徐 崧、陳濟生《詩南》/ 11

許譽卿

程 棟、施 諲《鼓吹新編》/ 1

許續曾

黃傳祖《扶輪新集》/ 5；8
魏裔介《觀始集》/ 9
魏 耕、錢价人《今詩粹》
顧有孝《驪珠集》/ 4
趙 炎《專閱詩藏》/ 7 五言律
徐 崧《詩風初集》/ 14
孫 鋐《皇清詩選》/ 江南
沈德潛《國朝詩別裁集》/ 52

粘本盛

蔣 薰、翁介眉《清詩初集》/ 7

莫 莛

程 棟、施 諲《鼓吹新編》/ 11
徐 崧、陳濟生《詩南》/ 10

莫 鰲

曾 燦《過日集》/ 4

莫大勳

魏 憲《詩持三集》/ 9
趙 炎《專閱詩藏》/ 1 五言古；1 七言律
徐 崧《詩風初集》/ 14
陸次雲《詩平初集》/ 5；7；10
蔣 薰、翁介眉《清詩初集》/ 7；9
孫 鋐《皇清詩選》/ 江南

莫玉文

陶 煊、張 璨《國朝詩的》/ 廣東 1

莫秉清

趙 炎《專閱詩藏》/ 1 七言律
卓爾堪《明遺民詩》/ 14

莫與先

蔣 薰、翁介眉《清詩初集》/ 2；12
陶 煊、張 璨《國朝詩的》/ 湖廣 3

綜合索引（十一畫）

莊　士
　黃傳祖《扶輪續集》／6
莊　采
　彭廷梅《國朝詩選》／4
莊　容
　程　棟、施　譔《鼓吹新編》／11
　徐　崧《詩風初集》／10
莊　銛
　蔣　薰、翁介眉《清詩初集》／11
莊　嚴
　朱　觀《國朝詩正》／4
　汪　觀《清詩大雅》／8
莊文煥
　彭廷梅《國朝詩選》／10
莊天錦
　陶　煊、張　璨《國朝詩的》／江南12
莊永言
　徐　崧《詩風初集》／18
　孫　鋐《皇清詩選》／江南
莊永祚
　趙　炎《專閱詩藏》／8五言律
莊問生
　陸次雲《詩平初集》／6；9；12
　曾　燦《過日集》／9
莊令輿
　陶　煊、張　璨《國朝詩的》／江南11
莊自重
　孫　鋐《皇清詩選》／江南
莊同生
　陸次雲《詩平初集》／1；2；4
　蔣　薰、翁介眉《清詩初集》／1；3
　曾　燦《過日集》／9
莊祖誼
　黃傳祖《扶輪續集》／3；8；11
　黃傳祖《扶輪廣集》／8；10

　程　棟、施　譔《鼓吹新編》／4
　姚　佺《詩源》／蜀
　徐　崧、陳濟生《詩南》／5；9；12
　徐　崧《詩風初集》／11；18
　卓爾堪《明遺民詩》／15
莊振徽
　鄧漢儀《詩觀二集》／12
　席居中《昭代詩存》／5
　孫　鋐《皇清詩選》／福建
　陶　煊、張　璨《國朝詩的》／福建1
　彭廷梅《國朝詩選》／2
莊泰生
　蔣　薰、翁介眉《清詩初集》／2；7
莊徵麟
　趙　炎《專閱詩藏》／8五言律
曹　孔
　程　棟、施　譔《鼓吹新編》／4
曹　禾
　鄧漢儀《天下名家詩觀》／11
　鄧漢儀《詩觀三集》／5
　席居中《昭代詩存》／5
　陸次雲《詩平初集》／5
　蔣　薰、翁介眉《清詩初集》／4；6；
　　8；12
　孫　鋐《皇清詩選》／江南
　顧施禎（禎）《盛朝詩選初集》／4；7
　陶　煊、張　璨《國朝詩的》／江南5
　陳以剛《國朝詩品》／10
　彭廷梅《國朝詩選》／8
　沈德潛《國朝詩別裁集》／154
曹　璣
　黃傳祖《扶輪續集》／9
　程　棟、施　譔《鼓吹新編》／4
曹　冗
　程　棟、施　譔《鼓吹新編》／4

曹 林

程 棅、施 譚《鼓吹新編》／10

徐 崧《詩風初集》／9

曹 風

王爾綱《天下名家詩永》／5

曹 茎

黃傳祖《扶輪廣集》／2；8

黃傳祖《扶輪新集》／10

曹 珙

魏 耕、錢价人《今詩粹》

曹 垓

徐 崧《詩風初集》／10；16

曹 釗

顧有孝《驪珠集》／10

徐 崧《詩風初集》／2；13

席居中《昭代詩存》／9

蔣 寀、翁介眉《清詩初集》／11

曾 燦《過日集》／1；8

孫 鋐《皇清詩選》／京師

劉 然《國朝詩乘》／10

陶 煊、張 璨《國朝詩的》／直隸1

吳元桂《昭代詩針》／2

曹 純

鄧漢儀《詩觀三集》／8

孫 鋐《皇清詩選》／江南

曹 寅

鄧漢儀《詩觀二集》／13

席居中《昭代詩存》／7

孫 鋐《皇清詩選》／盛京

陳維崧《篋衍集》／2

吳 蘭《名家詩選》／1

劉 然《國朝詩乘》／12

陶 煊、張 璨《國朝詩的》／盛京2

陳以剛《國朝詩品》／10

汪 觀《清詩大雅二集》／7

查 義、查岐昌《國朝詩因》／4

彭廷梅《國朝詩選》／5

沈德潛《國朝詩別裁集》／351

曹 基

曾 燦《過日集》／4；7

曹 晟

王爾綱《天下名家詩永》／8

曹 紳

趙 炎《尊閣詩藏》／8五言律

孫 鋐《皇清詩選》／江南

曹 斌

魏 憲《詩持三集》／9

曹 鈊

顧有孝《驪珠集》／10

鄧漢儀《天下名家詩觀》／9

徐 崧《詩風初集》／2；9；13

蔣 寀、翁介眉《清詩初集》／11

孫 鋐《皇清詩選》／京師

陶 煊、張 璨《國朝詩的》／直隸2

吳元桂《昭代詩針》／2

彭廷梅《國朝詩選》／9；11

曹 溶

黃傳祖《扶輪廣集》／2；5；8；10；12；13；14

魏裔介《觀始集》／3

陳祚明、韓 詩《國門集》／2；3；4；5；6

程 棅、施 譚《鼓吹新編》／4；14

姚 佺《詩源》／越

魏 耕、錢价人《今詩粹》

徐 崧、陳濟生《詩南》／7；12

顧有孝《驪珠集》／2

魏 憲《詩持二集》／3

魏 憲《補石倉詩選》／2

魏 憲《皇清百名家詩選》／9

綜合索引（十一畫）

趙　炎《尊閣詩藏》／1 五言古；1 五言律；3 七言律

鄧漢儀《天下名家詩觀》／5

鄧漢儀《詩觀二集》／1

鄧漢儀《詩觀三集》／3

徐　崧《詩風初集》／1；8；11；15；16

王士禛《感舊集》／2

席居中《昭代詩存》／5

陸次雲《詩平初集》／4；6；8；12

蔣　鑨、翁介眉《清詩初集》／1；2；4；6；8；10；11；12

曾　燦《過日集》／7；10

孫　銈《皇清詩選》／浙江

王爾綱《天下名家詩永》／8

顧施禎（禎）《盛朝詩選初集》／3；6；9；11；12；12（附）

陳維崧《篋衍集》／6；11

周佑予《清詩鼓吹》／1

吳　讓《名家詩選》／4

劉　然《國朝詩乘》／2

陶　煊、張　璨《國朝詩的》／浙江2

陳以剛《國朝詩品》／5

查　羲、查岐昌《國朝詩因》／3

吳元桂《昭代詩針》／6

沈德潛《國朝詩別裁集》／24

曹　漢

鄧漢儀《天下名家詩觀》／11

曹　湉

孫　銈《皇清詩選》／江南

曹　鈴

鄧漢儀《詩觀二集》／10

席居中《昭代詩存》／11

曾　燦《過日集》／4；7；9

孫　銈《皇清詩選》／京師

陶　煊、張　璨《國朝詩的》／直隸2

吳元桂《昭代詩針》／2

曹　勳

黃傳祖《扶輪廣集》／1；2；5；8；10；13；14

徐　崧《詩風初集》／7；8

蔣　鑨、翁介眉《清詩初集》／11

王爾綱《天下名家詩永》／4

顧施禎（禎）《盛朝詩選初集》／2

曹　繡

鄧漢儀《天下名家詩觀》／11

徐　崧《詩風初集》／17

彭廷梅《國朝詩選》／12

曹　鑾

沈德潛《國朝詩別裁集》／488

曹　黔

姚　佺《詩源》／越

曹一士

陳以剛《國朝詩品》／15

彭廷梅《國朝詩選》／4

沈德潛《國朝詩別裁集》／488

曹之璜

陶　煊、張　璨《國朝詩的》／湖廣9

曹大渡

蔣　鑨、翁介眉《清詩初集》／8

王爾綱《天下名家詩永》／9

曹文慧

王爾綱《天下名家詩永》／11

曹王雲

黃傳祖《扶輪新集》／9

曹天錫

席居中《昭代詩存》／14

曹日瑛

陶　煊、張　璨《國朝詩的》／江南12

曹以顯

陳以剛《國朝詩品》／17

曹玉珂

黃傳祖《扶輪新集》／4

魏裔介《觀始集》／1

顧有孝《驪珠集》／11

魏　憲《皇清百名家詩選》／85

曹本榮

黃傳祖《扶輪新集》／8

魏裔介《清詩溯洄集》／1；3；9

顧有孝《驪珠集》／3

徐　崧《詩風初集》／13

蔣　鑨、翁介眉《清詩初集》／12

曹申吉

魏裔介《觀始集》／9

陳祚明、韓　詩《國門集》／4；5

顧有孝《驪珠集》／3

魏　憲《詩持二集》／7

魏　憲《補石倉詩選》／2

魏　憲《皇清百名家詩選》／11

鄧漢儀《天下名家詩觀》／6

鄧漢儀《詩觀三集》／9

徐　崧《詩風初集》／6

王士禎《感舊集》／12

曾　燦《過日集》／5；7；9

孫　鋐《皇清詩選》／山東

陳維崧《篋衍集》／1

吳　薌《名家詩選》／4

陶　煊、張　璨《國朝詩的》／山東1

陳以剛《國朝詩品》／8

吳元桂《昭代詩針》／4

彭廷梅《國朝詩選》／3；5

沈德潛《國朝詩別裁集》／71

曹汝讓

姚　佺《詩源》／越

曹有爲

鄧漢儀《詩觀三集》／9

王爾綱《天下名家詩永》／9

朱　觀《國朝詩正》／1

吳元桂《昭代詩針》／7

曹式金

顧施楨（禎）《盛朝詩選初集》／4；5；7

曹光昇

鄧漢儀《詩觀三集》／11

曹自天

朱　觀《國朝詩正》／1

陶　煊、張　璨《國朝詩的》／江南16

曹志周

孫　鋐《皇清詩選》／浙江

曹廷昇

彭廷梅《國朝詩選》／10

曹廷棟

彭廷梅《國朝詩選》／9

曹宜溥

魏裔介《清詩溯洄集》／5；8

曹奇齡

徐　崧《詩風初集》／10

曹垂燦

徐　崧《詩風初集》／5；10；11

沈德潛《國朝詩別裁集》／4

曹垂璨

趙　炎《尊聞詩藏》／1五言古；2七言律；6五言律

徐　崧《詩風初集》／15

蔣　鑨、翁介眉《清詩初集》／3

孫　鋐《皇清詩選》／江南

陳以剛《國朝詩品》／16

曹秀先

彭廷梅《國朝詩選》／6；8；13；14

综合索引（十一畫）

曹延鸞

鄧漢儀《天下名家詩觀》／9

孫　銓《皇清詩選》／江南

顧施楨（禎）《盛朝詩選初集》／7

曹亮武

蔣　鑨、翁介眉《清詩初集》／3；7；12

孫　銓《皇清詩選》／江南

曹炳曾

陳以剛《國朝詩品》／17

彭廷梅《國朝詩選》／6；11

沈德潛《國朝詩別裁集》／513

曹封祖

徐　崧《詩風初集》／14；18

席居中《昭代詩存》／3

孫　銓《皇清詩選》／盛京

曹思邁

孫　銓《皇清詩選》／江南

曹重曙

孫　銓《皇清詩選》／江南

曹胤昌

黃傳祖《扶輪廣集》／11

姚　佺《詩源》／楚

魏　憲《詩持二集》／7

徐　崧《詩風初集》／13

蔣　鑨、翁介眉《清詩初集》／8

顧施楨（禎）《盛朝詩選初集》／6；8

陶　煊、張　璨《國朝詩的》／湖廣4

彭廷梅《國朝詩選》／4

曹貞吉

魏　憲《補石倉詩選》／2

鄧漢儀《天下名家詩觀》／3

鄧漢儀《詩觀二集》／6

鄧漢儀《詩觀三集》／8；9；13

徐　崧《詩風初集》／6；8

王士禎《感舊集》／12

陸次雲《詩平初集》／5；7；9；12

蔣　鑨、翁介眉《清詩初集》／7；9

曾　燦《過日集》／7

孫　銓《皇清詩選》／山東

倪匡世《振雅堂彙編詩最》／1

王爾綱《天下名家詩永》／4

陳維崧《篋衍集》／11

吳　讓《名家詩選》／4

劉　然《國朝詩乘》／10

陶　煊、張　璨《國朝詩的》／山東1

陳以剛《國朝詩品》／5

吳元桂《昭代詩針》／4

沈德潛《國朝詩別裁集》／103

曹庭棟

彭廷梅《國朝詩選》／4

曹庭櫃

彭廷梅《國朝詩選》／9

沈德潛《國朝詩別裁集》／480

曹泰曾

彭廷梅《國朝詩選》／6

曹國柄

鄧漢儀《詩觀二集》／9

席居中《昭代詩存》／12

陸次雲《詩平初集》／2；6；8

孫　銓《皇清詩選》／京師

陶　煊、張　璨《國朝詩的》／直隸2

曹國棐

趙　炎《尊閣詩藏》／3 七言律；7 五言律

徐　崧《詩風初集》／11

孫　銓《皇清詩選》／湖廣

曹國維

趙　炎《尊閣詩藏》／2 七言古

曹國模

黃傳祖《扶輪續集》／7

程 棟、施 譚《鼓吹新編》／7

曹偉謨

魏裔介《觀始集》／8

程 棟、施 譚《鼓吹新編》／11

魏 耕、錢价人《今詩粹》

徐 崧、陳濟生《詩南》／4

顧有孝《驪珠集》／8

鄧漢儀《天下名家詩觀》／9

徐 崧《詩風初集》／13

蔣 鑨、翁介眉《清詩初集》／7

孫 鋐《皇清詩選》／江南

王爾綱《天下名家詩永》／1

陶 煊、張 璨《國朝詩的》／浙江5

彭廷梅《國朝詩選》／11

曹森桂

王爾綱《天下名家詩永》／13

曹傳燦

魏裔介《清詩朔洄集》／2

曹新里

孫 鋐《皇清詩選》／江南

曹煜曾

沈德潛《國朝詩別裁集》／512

曹瑛曾

沈德潛《國朝詩別裁集》／513

曹爾坊

程 棟、施 譚《鼓吹新編》／10

姚 佺《詩源》／越

曹爾坎

魏 憲《詩持三集》／7

趙 炎《尊閱詩藏》／4 五言律

席居中《昭代詩存》／14

孫 鋐《皇清詩選》／江南

曹爾垣

徐 崧、陳濟生《詩南》／5；12

徐 崧《詩風初集》／10；14

蔣 鑨、翁介眉《清詩初集》／6；12

孫 鋐《皇清詩選》／浙江

曹爾塤

徐 崧、陳濟生《詩南》／5；9

顧有孝《驪珠集》／8

徐 崧《詩風初集》／9

曹爾壻

魏 耕、錢价人《今詩粹》

徐 崧、陳濟生《詩南》／5

徐 崧《詩風初集》／5；10；13

曹爾堪

黃傳祖《扶輪續集》／7；9

黃傳祖《扶輪廣集》／4；9；11；12；14

黃傳祖《扶輪新集》／3；6；8；10

魏裔介《觀始集》／4；5；9

陳祚明、韓 詩《國門集》／2；3；4；5

程 棟、施 譚《鼓吹新編》／7

姚 佺《詩源》／越

魏 耕、錢价人《今詩粹》

徐 崧、陳濟生《詩南》／2；3；5；10

顧有孝《驪珠集》／3；12

魏 憲《詩持三集》／4

魏 憲《補石倉詩選》／2

魏 憲《皇清百名家詩選》／19

趙 炎《尊閱詩藏》／1 五言律；2 五言古；2 七言古；3 七言律；6 五言律

鄧漢儀《天下名家詩觀》／7

鄧漢儀《詩觀二集》／3

綜合索引（十一畫）

徐　崧《詩風初集》／2；5；9；15；

　17

王士禎《感舊集》／11

席居中《昭代詩存》／1

陸次雲《詩平初集》／4；6；8；12

蔣　鑨、翁介眉《清詩初集》／1；3；

　5；6；8；10；11；12

曾　燦《過日集》／4；6；9

孫　鋐《皇清詩選》／浙江

王爾綱《天下名家詩永》／7

顧施楨（禎）《盛朝詩選初集》／3；4；

　5

陳維崧《篋衍集》／7

周佑予《清詩鼓吹》／1

吳　藎《名家詩選》／1

劉　然《國朝詩乘》／1

朱　觀《國朝詩正》／5

陶　煊、張　璨《國朝詩的》／浙江2

陳以剛《國朝詩品》／5

吳元桂《昭代詩針》／3

彭廷梅《國朝詩選》／5；7；11；13

沈德潛《國朝詩別裁集》／56

曹鼎望

　顧有孝《驪珠集》／6

　鄧漢儀《天下名家詩觀》／4

　徐　崧《詩風初集》／2；6；8；14；

　　16

　席居中《昭代詩存》／7

　陸次雲《詩平初集》／9

　蔣　鑨、翁介眉《清詩初集》／11

　曾　燦《過日集》／4；7；10

　孫　鋐《皇清詩選》／京師

　吳　藎《名家詩選》／3

　陶　煊、張　璨《國朝詩的》／直隸2

　彭廷梅《國朝詩選》／3；12

曹鳴遠

　鄧漢儀《詩觀二集》／6

曹鳴鶴

　徐　崧《詩風初集》／11；18

曹廣端

　鄧漢儀《詩觀二集》／9

　鄧漢儀《詩觀三集》／7

　席居中《昭代詩存》／10

　陸次雲《詩平初集》／3；7；10；11；

　　12

　曾　燦《過日集》／5

　陶　煊、張　璨《國朝詩的》／直隸2

曹廣憲

　孫　鋐《皇清詩選》／京師

曹燕懷

　曾　燦《過日集》／3

曹學佺

　程　棟、施　譚《鼓吹新編》／1

　徐　崧、陳濟生《詩南》／3

　魏　憲《詩持三集》／1

　魏　憲《補石倉詩選》／1

　徐　崧《詩風初集》／5；8；15

　蔣　鑨、翁介眉《清詩初集》／9；12

　王爾綱《天下名家詩永》／2

　陶　煊、張　璨《國朝詩的》／福建1

曹錫端

　彭廷梅《國朝詩選》／11

曹錫寶

　彭廷梅《國朝詩選》／9

曹錫齡

　彭廷梅《國朝詩選》／2；6；10；11

曹穎昌

　孫　鋐《皇清詩選》／湖廣

曹應鵬

　黃傳祖《扶輪廣集》／1；4

姚 佺《詩源》／吴

鄧漢儀《詩觀二集》／8

曹耀珩

陶 煌、張 璨《國朝詩的》／湖廣10

曹繼參

鄧漢儀《詩觀三集》／9

曹鑒平

曾 燦《過日集》／8

陶 煌、張 璨《國朝詩的》／浙江7

曹鑒年

魏 憲《詩持三集》／9

曹鑒倫

魏 憲《詩持三集》／9

劉 然《國朝詩乘》／10

曹鑒章

曾 燦《過日集》／2

陶 煌、張 璨《國朝詩的》／浙江5

曹鑒徵

王士禎《感舊集》／12

曾 燦《過日集》／2；8

曹鑑平

魏 耕、錢价人《今詩粹》

徐 崧、陳濟生《詩南》／3；5；9；12

顧有孝《驪珠集》／9

趙 炎《尊閣詩藏》／2 五言古；2 七言古；7 五言律

徐 崧《詩風初集》／5；10；12

席居中《昭代詩存》／12

蔣 薰、翁介眉《清詩初集》／1；3；5；11

孫 鋐《皇清詩選》／浙江

彭廷梅《國朝詩選》／8

曹鑑倫

蔣 薰、翁介眉《清詩初集》／9

孫 鋐《皇清詩選》／浙江

曹鑑章

徐 崧、陳濟生《詩南》／3；5；12

顧有孝《驪珠集》／9

徐 崧《詩風初集》／5；10；12

蔣 薰、翁介眉《清詩初集》／11

孫 鋐《皇清詩選》／浙江

彭廷梅《國朝詩選》／10

曹鑑徵

魏 耕、錢价人《今詩粹》

徐 崧《詩風初集》／9；18

孫 鋐《皇清詩選》／浙江

梅 庚

陳允衡《國雅》／35

顧有孝《驪珠集》／4

鄧漢儀《詩觀二集》／6

徐 崧《詩風初集》／12

王士禎《感舊集》／16

席居中《昭代詩存》／10

陸次雲《詩平初集》／12

蔣 薰、翁介眉《清詩初集》／2；11；12

孫 鋐《皇清詩選》／江南

王爾綱《天下名家詩永》／14

陳維崧《篋衍集》／4；11

吴 藎《名家詩選》／2

劉 然《國朝詩乘》／9

陶 煌、張 璨《國朝詩的》／江南10

陳以剛《國朝詩品》／11

吴元桂《昭代詩針》／3

彭廷梅《國朝詩選》／11

沈德潛《國朝詩別裁集》／226

梅 林

陶 煌、張 璨《國朝詩的》／浙江7

综合索引（十一畫）

梅　枚
　　彭廷梅《國朝詩選》／2
梅　素
　　鄧漢儀《詩觀二集》／5
梅　清
　　陳祚明、韓　詩《國門集》／4
　　魏　憲《詩持一集》／2
　　魏　憲《補石倉詩選》／3
　　魏　憲《皇清百名家詩選》／56
　　鄧漢儀《詩觀二集》／6
　　鄧漢儀《詩觀三集》／10
　　徐　崧《詩風初集》／5
　　王士禛《感舊集》／16
　　席居中《昭代詩存》／7
　　蔣　鑨、翁介眉《清詩初集》／3
　　孫　銓《皇清詩選》／江南
　　王爾綱《天下名家詩永》／10
　　陳維崧《篋衍集》／10
　　吳　藹《名家詩選》／2
　　劉　然《國朝詩乘》／5
　　陶　煊、張　璨《國朝詩的》／江南7
　　吳元桂《昭代詩針》／3
　　彭廷梅《國朝詩選》／5
梅　情
　　陳以剛《國朝詩品》／8
梅　喆
　　吳元桂《昭代詩針》／6
梅　鉞
　　黃傳祖《扶輪續集》／4；9
　　鄧漢儀《詩觀三集》／6
　　陶　煊、張　璨《國朝詩的》／湖廣6
　　吳元桂《昭代詩針》／3
梅　細
　　曾　燦《過日集》／7

梅　磊
　　黃傳祖《扶輪新集》／7；9
　　魏裔介《觀始集》／9
　　錢謙益《吾炙集》
　　程　棟、施　閏《鼓吹新編》／5；14
　　姚　佺《詩源》／吳
　　徐　崧、陳濟生《詩南》／6；8
　　顧有孝《驪珠集》／4
　　徐　崧《詩風初集》／10；12
　　王士禛《感舊集》／16
　　席居中《昭代詩存》／9
　　陸次雲《詩平初集》／9
　　蔣　鑨、翁介眉《清詩初集》／3；5；
　　　7；8；11
　　曾　燦《過日集》／5；8
　　孫　銓《皇清詩選》／江南
　　王爾綱《天下名家詩永》／4
　　劉　然《國朝詩乘》／11
　　陶　煊、張　璨《國朝詩的》／江南15
　　吳元桂《昭代詩針》／6
　　彭廷梅《國朝詩選》／2；5
　　沈德潛《國朝詩別裁集》／150
梅之珩
　　陶　煊、張　璨《國朝詩的》／江西1
梅子魁
　　吳元桂《昭代詩針》／6
梅文珍
　　徐　崧《詩風初集》／16
梅文鼎
　　鄧漢儀《詩觀三集》／12
　　曾　燦《過日集》／4
　　陶　煊、張　璨《國朝詩的》／江南9
　　陳以剛《國朝詩品》／8
梅文璧
　　魏裔介《觀始集》／6

姚 佺《詩源》／吳

梅立宗

黃傳祖《扶輪新集》／9

梅廷楨

陶 煊、張 璨《國朝詩的》／貴州 1

梅枝鳳

黃傳祖《扶輪新集》／9

顧有孝《驪珠集》／8

趙 炎《尊閣詩藏》／4 五言律

鄧漢儀《詩觀二集》／5

鄧漢儀《詩觀三集》／10

徐 崧《詩風初集》／8

席居中《昭代詩存》／13

孫 鋐《皇清詩選》／江南

王爾綱《天下名家詩永》／3

陳以剛《國朝詩品》／7

吳元桂《昭代詩針》／6

梅勉叔

陳允衡《詩慰初集》

梅朗中

王爾綱《天下名家詩永》／2

梅閲琇

倪匡世《振雅堂彙編詩最》／3

梅調元

姚 佺《詩源》／越

麥 郊

徐 崧《詩風初集》／10

戚 沈

魏喬介《觀始集》／4

戚 玠

徐 崧《詩風初集》／5

顧施楨（禎）《盛朝詩選初集》／6；8

吳元桂《昭代詩針》／9

戚 懋

鄧漢儀《詩觀二集》／13

戚 蕃

顧有孝《驪珠集》／10

魏 憲《詩持三集》／4；10

徐 崧《詩風初集》／6

蔣 籬、翁介眉《清詩初集》／5

孫 鋐《皇清詩選》／江南

王爾綱《天下名家詩永》／4

劉 然《國朝詩乘》／1

陳以剛《國朝詩品》／4

戚希瑗

徐 崧、陳濟生《詩南》／9

戚綬珉

陶 煊、張 璨《國朝詩的》／江南 2

盛 葉

徐 崧《詩風初集》／8；17

盛 晉

孫 鋐《皇清詩選》／江南

盛 楓

沈德潛《國朝詩別裁集》／220

盛 遠

徐 崧《詩風初集》／10；14

陶 煊、張 璨《國朝詩的》／浙江 4

沈德潛《國朝詩別裁集》／378

盛 庚

陶 煊、張 璨《國朝詩的》／江南 15

盛 錦

沈德潛《國朝詩別裁集》／558

盛 謩

徐 崧《詩風初集》／10

盛 藻

魏喬介《清詩溯洄集》／4；8；9

孫 鋐《皇清詩選》／江南

盛大鑊

曾 燦《過日集》／10

綜合索引（十一畫）

盛民譽

徐　崧《詩風初集》／5；10

曾　燦《過日集》／8

盛廷林

徐　崧《詩風初集》／14

盛符升

陳允衡《國雅》／23

顧有孝《驪珠集》／7

趙　炎《尊閣詩藏》／1 五言古；8 五言律

徐　崧《詩風初集》／13

席居中《昭代詩存》／10

陸次雲《詩平初集》／7；9；12

蔣　鑨、翁介眉《清詩初集》／7；9

曾　燦《過日集》／9

孫　銓《皇清詩選》／江南

王爾綱《天下名家詩永》／7

陳維崧《篋衍集》／10

朱　觀《國朝詩正》／8

陶　煊、張　璨《國朝詩的》／江南 6

陳以剛《國朝詩品》／4

彭廷梅《國朝詩選》／3

沈德潛《國朝詩別裁集》／155

盛傳敏

曾　燦《過日集》／9

盛傳敬

陳　瑚《從遊集》／下

黃　人

徐　崧《詩風初集》／10

席居中《昭代詩存》／2

黃　又

陶　煊、張　璨《國朝詩的》／江南 15

黃　立

徐　崧《詩風初集》／16

黃　玄

黃傳祖《扶輪新集》／9

黃　永

黃傳祖《扶輪續集》／4；7

魏喬介《觀始集》／8

姚　佺《詩源》／吳

徐　崧、陳濟生《詩南》／12

鄧漢儀《天下名家詩觀》／6

徐　崧《詩風初集》／7；10；11；14；18

席居中《昭代詩存》／14

陸次雲《詩平初集》／1

蔣　鑨、翁介眉《清詩初集》／1；2；4；6；8；12

曾　燦《過日集》／3；7；10

孫　銓《皇清詩選》／江南

彭廷梅《國朝詩選》／7

黃　甲

黃傳祖《扶輪廣集》／9

徐　崧、陳濟生《詩南》／12

黃　生

鄧漢儀《詩觀三集》／9

韓純玉《近詩兼》

吳　譿《名家詩選》／3

陶　煊、張　璨《國朝詩的》／江南 3

吳元桂《昭代詩針》／6

黃　机

黃傳祖《扶輪廣集》／1

黃　任

魏　憲《補石倉詩選》／3

魏　憲《皇清百名家詩選》／64

鄧漢儀《詩觀二集》／3

陶　煊、張　璨《國朝詩的》／直隸 2

彭廷梅《國朝詩選》／2

沈德潛《國朝詩別裁集》／336

黄 羽

陳以剛《國朝詩品》／18

黄 沅

鄧漢儀《天下名家詩觀》／11

黄 社

吳元桂《昭代詩針》／15

黄 芝

黄傳祖《扶輪續集》／4；7；9

黄傳祖《扶輪新集》／4

黄 伸

魏 憲《補石倉詩選》／3

魏 憲《皇清百名家詩選》／63

黄 京

黄傳祖《扶輪廣集》／9

顧有孝《驪珠集》／7

徐 崧《詩風初集》／10；12；14；17；18

蔣 瓻、翁介眉《清詩初集》／7；11；12

曾 燦《過日集》／9

黄 玠

陶 煊、張 璨《國朝詩的》／江南13

黄 果

席居中《昭代詩存》／14

吳元桂《昭代詩針》／4

黄 秀

陶 煊、張 璨《國朝詩的》／湖廣10

彭廷梅《國朝詩選》／4；10

黄 兔

蔣 瓻、翁介眉《清詩初集》／6

黄 侍

席居中《昭代詩存》／13

黄 始

黄傳祖《扶輪廣集》／14

姚 佺《詩源》／吳

徐 崧、陳濟生《詩南》／12

顧有孝《驪珠集》／10

徐 崧《詩風初集》／17

王士禎《感舊集》／16

陸次雲《詩平初集》／7；10

蔣 瓻、翁介眉《清詩初集》／12

孫 鋐《皇清詩選》／江南

彭廷梅《國朝詩選》／11；12

沈德潛《國朝詩別裁集》／245

黄 昶

姚 佺《詩源》／吳

黄 珂

朱 觀《國朝詩正》／2；5

吳元桂《昭代詩針》／6

黄 封

席居中《昭代詩存》／13

曾 燦《過日集》／10

馬道畊《清詩二集》／1

黄 垣

沈德潛《國朝詩別裁集》／151

黄 律

鄧漢儀《詩觀二集》／13

席居中《昭代詩存》／14

孫 鋐《皇清詩選》／江南

黄 衍

鄧漢儀《天下名家詩觀》／11

黄 俞

朱 觀《國朝詩正》／3

吳元桂《昭代詩針》／6

黄 容

顧有孝《驪珠集》／11

魏 憲《詩持三集》／7

黄 庭

沈德潛《國朝詩別裁集》／279

黄 祐

魏裔介《清詩溯洄集》／6

综合索引（十一畫）

黄　素

彭廷梅《國朝詩選》／10

黄　珮

朱　觀《國朝詩正》／1

黄　時

鄧漢儀《詩觀二集》／13

鄧漢儀《詩觀三集》／5

席居中《昭代詩存》／11

曾　燦《過日集》／5；8；10

陶　煊、張　璨《國朝詩的》／江南9

吴元桂《昭代詩針》／3

黄　倫

蔣　鑨、翁介眉《清詩初集》／7

黄　理

孫　鋐《皇清詩選》／江南

黄　基

席居中《昭代詩存》／9

曾　燦《過日集》／10

黄　晞

黄傳祖《扶輪廣集》／4；11

姚　佺《詩源》／吴

黄　湘

陶　煊、張　璨《國朝詩的》／江南13

黄　雲

黄傳祖《扶輪廣集》／14

魏　憲《詩持一集》／2

鄧漢儀《天下名家詩觀》／2

鄧漢儀《詩觀二集》／2

鄧漢儀《詩觀三集》／12

徐　崧《詩風初集》／1；10；13；16

王士禎《感舊集》／4

席居中《昭代詩存》／3

陸次雲《詩平初集》／6；11；12

蔣　鑨、翁介眉《清詩初集》／10；11

曾　燦《過日集》／4

孫　鋐《皇清詩選》／江南

王爾綱《天下名家詩永》／5

顧施楨（禎）　《盛朝詩選初集》／12

（附）

陳維崧《篋衍集》／4

吴　藎《名家詩選》／1

陶　煊、張　璨《國朝詩的》／江南3

吴元桂《昭代詩針》／4

彭廷梅《國朝詩選》／1；3；11

沈德潛《國朝詩別裁集》／141

黄　琮

徐　崧、陳濟生《詩南》／1

趙　炎《專閣詩藏》／8五言律

陸次雲《詩平初集》／12

孫　鋐《皇清詩選》／福建

黄　琦

鄧漢儀《天下名家詩觀》／11

黄　逵

卓爾堪《明遺民詩》／7

陶　煊、張　璨《國朝詩的》／浙江4

黄　越

劉　然《國朝詩乘》／8

黄　健

席居中《昭代詩存》／14

黄　鈃

陶　煊、張　璨《國朝詩的》／湖廣5

黄　畧

陳以剛《國朝詩品》／19

汪　觀《清詩大雅》／7

汪　觀《清詩大雅二集》／2

黄　照

吴元桂《昭代詩針》／12

黄　瑨

鄧漢儀《詩觀三集》／11

黄 緒

王爾綱《天下名家詩永》／12

黄 裳

孫 銈《皇清詩選》／兩廣

黄 對

鄧漢儀《詩觀二集》／13

鄧漢儀《詩觀三集》／5

席居中《昭代詩存》／11

曾 燦《過日集》／5；8；10

孫 銈《皇清詩選》／江南

陶 煊、張 璨《國朝詩的》／江南9

吴元桂《昭代詩針》／3

黄 銃

朱 觀《國朝詩正》／7

黄 澗

黄傳祖《扶輪廣集》／6

黄傳祖《扶輪新集》／5

陳祚明、韓 詩《國門集》／1

蔣 鑨、翁介眉《清詩初集》／8

黄 琪

曾 燦《過日集》／2

黄 輔

鄧漢儀《詩觀二集》／4

黄 鼎

徐 崧《詩風初集》／10

蔣 鑨、翁介眉《清詩初集》／7

黄 稼

黄傳祖《扶輪廣集》／4；9；13

魏裔介《觀始集》／2

姚 佺《詩源》／吴

鄧漢儀《天下名家詩觀》／5

徐 崧《詩風初集》／9

曾 燦《過日集》／4

孫 銈《皇清詩選》／江南

王爾綱《天下名家詩永》／13

黄 儀

鄧漢儀《詩觀二集》／5

陶 煊、張 璨《國朝詩的》／直隸2

黄 層

鄧漢儀《天下名家詩觀》／11

黄 潔

鄧漢儀《詩觀三集》／13

黄 璟

姚 佺《詩源》／燕

黄 翰

席居中《昭代詩存》／4

黄 機

魏裔介《觀始集》／12

徐 崧《詩風初集》／7

黄 霖

徐 崧《詩風初集》／9

蔣 鑨、翁介眉《清詩初集》／9

孫 銈《皇清詩選》／江南

王爾綱《天下名家詩永》／14

黄 濤

黄傳祖《扶輪廣集》／11

姚 佺《詩源》／越

徐 崧、陳濟生《詩南》／7；8

徐 崧《詩風初集》／14

黄 諫

陶 煊、張 璨《國朝詩的》／江南8

黄 鍾

席居中《昭代詩存》／14

黄 鎮

汪 觀《清詩大雅二集》／2

黄 鎧

孫 銈《皇清詩選》／江南

黄 瀚

鄧漢儀《詩觀三集》／4

陶 煊、張 璨《國朝詩的》／江南9

綜合索引（十一畫）

黃　勸

陳以剛《國朝詩品》／16

黃　鐘

鄧漢儀《天下名家詩觀》／11

曾　燦《過日集》／7

孫　銓《皇清詩選》／江南

吳元桂《昭代詩針》／15

黃　□

鄧漢儀《天下名家詩觀》／11

黃一鶴

王爾綱《天下名家詩永》／12

黃九河

趙　炎《專閣詩藏》／7五言律

鄧漢儀《天下名家詩觀》／1

鄧漢儀《詩觀二集》／10

徐　崧《詩風初集》／2；5；8

席居中《昭代詩存》／12

陸次雲《詩平初集》／7；12

蔣　鑨、翁介眉《清詩初集》／12

孫　銓《皇清詩選》／江南

陶　煊、張　璨《國朝詩的》／江南6

彭廷梅《國朝詩選》／11

沈德潛《國朝詩別裁集》／149

黃九洛

鄧漢儀《詩觀三集》／12

黃九落

陶　煊、張　璨《國朝詩的》／江南8

黃之雋

沈德潛《國朝詩別裁集》／430

黃之琮

鄧漢儀《詩觀二集》／5

陶　煊、張　璨《國朝詩的》／直隸2

黃之裳

鄧漢儀《詩觀二集》／5

陶　煊、張　璨《國朝詩的》／直隸2

黃之鼎

魏　憲《補石倉詩選》／3

魏　憲《皇清百名家詩選》／84

黃之翰

顧有孝《驪珠集》／11

魏　憲《詩持一集》／3

鄧漢儀《天下名家詩觀》／9

徐　崧《詩風初集》／8

蔣　鑨、翁介眉《清詩初集》／9

曾　燦《過日集》／8

黃士琦

鄧漢儀《天下名家詩觀》／9

陶　煊、張　璨《國朝詩的》／浙江5

黃士填

鄧漢儀《詩觀三集》／8

席居中《昭代詩存》／7

陸次雲《詩平初集》／5；7；10

黃大洪

顧有孝《驪珠集》／8

黃子雲

沈德潛《國朝詩別裁集》／549

黃子錫

卓爾堪《明遺民詩》／13

黃文煥

黃傳祖《扶輪續集》／2；8

姚　佺《詩源》／閩

蔣　鑨、翁介眉《清詩初集》／9

王爾綱《天下名家詩永》／2

顧施楨（禎）《盛朝詩選初集》／9

黃文瑗

彭廷梅《國朝詩選》／4；10；12

黃天溥

吳元桂《昭代詩針》／12

黃天嗣

鄧漢儀《詩觀二集》／13

孫 鋐《皇清詩選》/ 江南

黃元治

鄧漢儀《詩觀二集》/ 6

吳 薌《名家詩選》/ 4

陶 煊、張 璨《國朝詩的》/ 江南 11

彭廷梅《國朝詩選》/ 1; 11

黃元垣

魏 憲《詩持三集》/ 8

趙 炎《專閣詩藏》/ 3 五言律; 3 七言律

徐 崧《詩風初集》/ 16

蔣 瓘、翁介眉《清詩初集》/ 1

孫 鋐《皇清詩選》/ 福建

劉 然《國朝詩乘》/ 11

彭廷梅《國朝詩選》/ 9

黃元瑤

徐 崧《詩風初集》/ 17

曾 燦《過日集》/ 4; 10

黃友均

陶 煊、張 璨《國朝詩的》/ 江南 16

黃中珏

魏 憲《詩持三集》/ 10

趙 炎《專閣詩藏》/ 4 五言律

蔣 瓘、翁介眉《清詩初集》/ 7

孫 鋐《皇清詩選》/ 福建

黃中堅

沈德潛《國朝詩別裁集》/ 376

黃日瑚

陶 煊、張 璨《國朝詩的》/ 江南 14

黃以寧

魏裔介《觀始集》/ 8

黃立成

彭廷梅《國朝詩選》/ 2

黃永年

彭廷梅《國朝詩選》/ 9

黃正色

魏裔介《觀始集》/ 6

黃正超

陶 煊、張 璨《國朝詩的》/ 江南續編 1

黃甲先

王爾綱《天下名家詩永》/ 7

黃甲高

王爾綱《天下名家詩永》/ 7

黃仍緒

孫 鋐《皇清詩選》/ 江南

黃仍憲

孫 鋐《皇清詩選》/ 江南

黃汝良

魏 憲《補石倉詩選》/ 1

黃吉迪

倪匡世《振雅堂集編詩最》/ 8

黃耳鼎

黃傳祖《扶輪續集》/ 4

黃而輝

魏 憲《詩持三集》/ 6

趙 炎《專閣詩藏》/ 8 五言律

徐 崧《詩風初集》/ 1

孫 鋐《皇清詩選》/ 福建

陶 煊、張 璨《國朝詩的》/ 福建 1

黃百穀

陶 煊、張 璨《國朝詩的》/ 浙江 6

黃光昇

徐 崧《詩風初集》/ 17

卓爾堪《明遺民詩》/ 12

黃兆祚

朱 觀《國朝詩正》/ 8

黃兆琮

程 榛、施 謹《鼓吹新編》/ 9

綜合索引（十一畫）

黃兆隆

鄧漢儀《天下名家詩觀》／11

黃廷鳳

程 棟、施 譚《鼓吹新編》／10

黃廷璧

姚 佺《詩源》／吳

黃廷寵

孫 銊《皇清詩選》／江南

黃利通

彭廷梅《國朝詩選》／12

黃位中

程 棟、施 譚《鼓吹新編》／9

黃佑銓

陸次雲《詩平初集》／11

黃宗炎

程 棟、施 譚《鼓吹新編》／7

卓爾堪《明遺民詩》／14

黃宗會

查 義、查岐昌《國朝詩因》／1

黃宗羲

王爾綱《天下名家詩永》／2

卓爾堪《明遺民詩》／1；12

朱 觀《國朝詩正》／7

汪 觀《清詩大雅二集》／7

查 義、查岐昌《國朝詩因》／1

黃河澄

沈德潛《國朝詩別裁集》／455

黃叔琳

沈德潛《國朝詩別裁集》／303

黃叔璥

彭廷梅《國朝詩選》／3

黃知白

魏 憲《詩持三集》／8

黃金鑑

馬道畊《清詩二集》／1

黃周星

黃傳祖《扶輪廣集》／3；8；10

程 棟、施 譚《鼓吹新編》／4

姚 佺《詩源》／楚

徐 崧、陳濟生《詩南》／5；8

魏裔介《清詩湖洞集》／4

顧有孝《驪珠集》／3

魏 憲《詩持一集》／4

趙 炎《尊閣詩藏》／5 五言律

鄧漢儀《詩觀二集》／12

徐 崧《詩風初集》／5；12；18

蔣 鑨、翁介眉《清詩初集》／3；9；12

曾 燦《過日集》／2；8

孫 銊《皇清詩選》／湖廣

王爾綱《天下名家詩永》／7

顧施楨（禎）《盛朝詩選初集》／2；6；8；12（附）

卓爾堪《明遺民詩》／1

吳 蘭《名家詩選》／4

陶 煊、張 璨《國朝詩的》／湖廣 1

陳以剛《國朝詩品》／2

彭廷梅《國朝詩選》／4；7

黃居中

魏 憲《詩持二集》／4

徐 崧《詩風初集》／9；11；16

孫 銊《皇清詩選》／福建

王爾綱《天下名家詩永》／1

陶 煊、張 璨《國朝詩的》／福建 2

黃承茲

孫 銊《皇清詩選》／山東

黃承聖

黃傳祖《扶輪續集》／8；11

黃傳祖《扶輪廣集》／6；8；10；14

魏裔介《觀始集》／6

程　棅、施　譚《鼓吹新編》／4
姚　佺《詩源》／吳
魏　耕、錢价人《今詩粹》
徐　崧、陳濟生《詩南》／1；3；5；8；12
顧有孝《驪珠集》／1
徐　崧《詩風初集》／8；11
王士禎《感舊集》／4
孫　銈《皇清詩選》／江南
陳維崧《篋衍集》／11

黃承憲

吳　藎《名家詩選》／3

黃若庸

顧有孝《驪珠集》／6
魏　憲《詩持三集》／10
鄧漢儀《天下名家詩觀》／11
徐　崧《詩風初集》／18
席居中《昭代詩存》／10
蔣　罍、翁介眉《清詩初集》／12
孫　銈《皇清詩選》／福建
顧施禎（禎）《盛朝詩選初集》／2；6；8
彭廷梅《國朝詩選》／12

黃宮檀

倪匡世《振雅堂彙編詩最》／5

黃思憲

孫　銈《皇清詩選》／江南

黃家舒

程　棅、施　譚《鼓吹新編》／4
徐　崧、陳濟生《詩南》／8

黃泰來

鄧漢儀《天下名家詩觀》／11
鄧漢儀《詩觀二集》／13
鄧漢儀《詩觀三集》／12
席居中《昭代詩存》／6

曾　燦《過日集》／3；10
孫　銈《皇清詩選》／江南
倪匡世《振雅堂彙編詩最》／5
王爾綱《天下名家詩永》／14
吳　藎《名家詩選》／1

黃振超

吳　藎《名家詩選》／2
吳元桂《昭代詩針》／11

黃晉良

席居中《昭代詩存》／11
蔣　罍、翁介眉《清詩初集》／9
陶　煊、張　璨《國朝詩的》／福建2

黃師正

錢謙益《吾炙集》

黃師先

姚　佺《詩源》／閩
卓爾堪《明遺民詩》／15

黃師晟

朱　觀《國朝詩正》／1

黃師憲

鄧漢儀《天下名家詩觀》／11
鄧漢儀《詩觀三集》／11
陶　煊、張　璨《國朝詩的》／湖廣5

黃師瓊

沈德潛《國朝詩別裁集》／407

黃習遠

黃傳祖《扶輪續集》／8；10

黃孫馨

汪　觀《清詩大雅》／9

黃淳耀

黃傳祖《扶輪續集》／4
黃傳祖《扶輪廣集》／1；2；6；8；13；14
黃傳祖《扶輪新集》／3
魏裔介《觀始集》／11；12

综合索引（十一畫）

程 棟、施 譔《鼓吹新编》／2
魏 耕、錢价人《今詩粹》
徐 崧、陳濟生《詩南》／2
魏 憲《詩持一集》／1
魏 憲《詩持三集》／1
魏 憲《補石倉詩選》／1
鄧漢儀《詩觀三集》／1
徐 崧《詩風初集》／17
王爾綱《天下名家詩永》／1
顧施楨（禎）《盛朝詩選初集》／6；12
（附）

黃啓祚
鄧漢儀《詩觀三集》／12

黃荏若
魏 憲《補石倉詩選》／3
鄧漢儀《詩觀二集》／3

黃國琦
曾 燦《過日集》／3

黃彩鳳
吴元桂《昭代詩針》／12

黃張美
孫 鋐《皇清詩選》／江南

黃滋中
吴元桂《昭代詩針》／15

黃斯盛
朱 觀《國朝詩正》／3

黃朝美
鄧漢儀《詩觀三集》／4
席居中《昭代詩存》／10
曾 燦《過日集》／5；7；8；10
陶 煊、張 璨《國朝詩的》／江南5
吴元桂《昭代詩針》／3

黃朝暉
馬道畊《清詩二集》／2

黃景昉
黃傳祖《扶輪續集》／2；10
黃傳祖《扶輪廣集》／2；8；10
魏裔介《觀始集》／6
徐 崧、陳濟生《詩南》／8
魏 憲《詩持一集》／1
趙 炎《草閣詩藏》／2 五言律
徐 崧《詩風初集》／8；11；12
蔣 鑨、翁介眉《清詩初集》／1；2；
4；6；8；12

黃喬年
鄧漢儀《詩觀三集》／13

黃陽生
鄧漢儀《天下名家詩觀》／11
鄧漢儀《詩觀三集》／12
徐 崧《詩風初集》／10；13
席居中《昭代詩存》／4
曾 燦《過日集》／5
吴 藎《名家詩選》／1
彭廷梅《國朝詩選》／3

黃陽陞
鄧漢儀《詩觀二集》／13

黃道周
黃傳祖《扶輪新集》／2；5；8；10
程 棟、施 譔《鼓吹新编》／1
徐 崧、陳濟生《詩南》／8；12
魏 憲《詩持三集》／1
魏 憲《補石倉詩選》／1
王爾綱《天下名家詩永》／2

黃道炫
徐 崧《詩風初集》／16

黃道開
蔣 鑨、翁介眉《清詩初集》／1；6

黃遂昌
陸次雲《詩平初集》／7；10

黃運泰

黃傳祖《扶輪新集》／7

程 棟、施 諲《鼓吹新編》／7

魏 耕、錢价人《今詩粹》

徐 崧、陳濟生《詩南》／7；11

黃敬璣

程 棟、施 諲《鼓吹新編》／6

徐 崧、陳濟生《詩南》／9

黃敬機

姚 佺《詩源》／齊魯

彭廷梅《國朝詩選》／12

黃雲泰

徐 崧、陳濟生《詩南》／4

黃雲師

姚 佺《詩源》／豫章

黃裳胤

徐 崧《詩風初集》／10；18

黃虞稷

程 棟、施 諲《鼓吹新編》／9

姚 佺《詩源》／閩

魏 憲《詩持三集》／7

趙 炎《尊閣詩藏》／1 七言律

鄧漢儀《天下名家詩觀》／9

徐 崧《詩風初集》／5；17

王士禎《感舊集》／16

席居中《昭代詩存》／9

陸次雲《詩平初集》／1

蔣 鑨、翁介眉《清詩初集》／8；12

孫 鋐《皇清詩選》／福建

王爾綱《天下名家詩永》／9

顧施楨（禎）《盛朝詩選初集》／2；7

陳維崧《篋衍集》／10

劉 然《國朝詩乘》／2

陶 煊、張 璨《國朝詩的》／福建 2

陳以剛《國朝詩品》／10

彭廷梅《國朝詩選》／11

沈德潛《國朝詩別裁集》／119

黃傳祖

魏裔介《觀始集》／4

徐 崧、陳濟生《詩南》／1；5

顧有孝《驪珠集》／4

鄧漢儀《詩觀二集》／2

徐 崧《詩風初集》／2

王爾綱《天下名家詩永》／5

黃菽若

陶 煊、張 璨《國朝詩的》／直隸 2

黃夢麟

顧施楨（禎） 《盛朝詩選初集》／2；

11；12（附）

陶 煊、張 璨《國朝詩的》／江南 7

黃端伯

魏 憲《補石倉詩選》／1

黃毓祺

黃傳祖《扶輪廣集》／5

魏 耕、錢价人《今詩粹》

黃與堅

魏裔介《觀始集》／2；6；9

陳祚明、韓 詩《國門集》／4；5

程 棟、施 諲《鼓吹新編》／10

魏 耕、錢价人《今詩粹》

徐 崧、陳濟生《詩南》／10

魏裔介《清詩溯洄集》／8

顧有孝《驪珠集》／6

趙 炎《尊閣詩藏》／5 五言律

鄧漢儀《天下名家詩觀》／5

鄧漢儀《詩觀三集》／1

徐 崧《詩風初集》／10；11

王士禎《感舊集》／7

席居中《昭代詩存》／6

陸次雲《詩平初集》／6

綜合索引（十一畫）

蔣　鑨、翁介眉《清詩初集》／3；5；6；8；12

曾　燦《過日集》／4

孫　鋐《皇清詩選》／江南

王爾綱《天下名家詩永》／10

陳維崧《篋衍集》／4；9

周佑予《清詩鼓吹》／4

劉　然《國朝詩乘》／2

陶　煊、張　璨《國朝詩的》／江南9

陳以剛《國朝詩品》／7

沈德潛《國朝詩別裁集》／99

黃維翰

　　孫　鋐《皇清詩選》／江南

黃謝綸

　　彭廷梅《國朝詩選》／2；5；12

黃澂之

　　鄧漢儀《詩觀三集》／5

　　王士禎《感舊集》／16

黃楩臣

　　程　棟、施　譚《鼓吹新編》／5

黃德溢

　　鄧漢儀《天下名家詩觀》／11

黃龍官

　　朱　觀《國朝詩正》／4

黃龍宮

　　鄧漢儀《詩觀三集》／11

黃煒玠

　　趙　炎《專閱詩藏》／8五言律

黃樹穀

　　汪　觀《清詩大雅二集》／3

黃錫衮

　　魏　憲《詩持三集》／7

　　孫　鋐《皇清詩選》／福建

黃學謙

　　黃傳祖《扶輪續集》／8

黃騊若

　　魏　憲《皇清百名家詩選》／50

黃翼聖

　　黃傳祖《扶輪續集》／3；11

　　黃傳祖《扶輪廣集》／10

　　錢謙益《吾炙集》

　　陳　瑚《離憂集》／上

　　程　棟、施　譚《鼓吹新編》／6

　　魏　耕、錢价人《今詩粹》

　　徐　崧、陳清生《詩南》／5；8

　　顧有孝《驪珠集》／2

　　徐　崧《詩風初集》／2

　　王士禎《感舊集》／4

　　蔣　鑨、翁介眉《清詩初集》／7

　　卓爾堪《明遺民詩》／14

黃鶬來

　　席居中《昭代詩存》／10

　　陶　煊、張　璨《國朝詩的》／福建2

黃體璜

　　彭廷梅《國朝詩選》／4

黃續曾

　　孫　鋐《皇清詩選》／江南

黃鸞祥

　　倪匡世《振雅堂彙編詩最》／9

常　生

　　彭廷梅《國朝詩選》／1

常　安

　　陳以剛《國朝詩品》／14

常　岫

　　卓爾堪《明遺民詩》／16

常　琬

　　彭廷梅《國朝詩選》／4

常廷璧

　　吳元桂《昭代詩針》／13

常建極

彭廷梅《國朝詩選》／4；11

崇三台

陶 煊、張 璨《國朝詩的》／江南11

崔 華（字蓮生）

陳允衡《國雅》／24

鄧漢儀《詩觀二集》／2

席居中《昭代詩存》／2

陸次雲《詩平初集》／1

蔣 鑨、翁介眉《清詩初集》／11

倪匡世《振雅堂彙編詩最》／5

吳 藹《名家詩選》／3

陶 煊、張 璨《國朝詩的》／直隸2

彭廷梅《國朝詩選》／5

崔 華（字藴玉）

王士禎《感舊集》／16

沈德潛《國朝詩別裁集》／103

崔 筵

孫 鋐《皇清詩選》／福建

崔干城

鄧漢儀《詩觀二集》／9

曾 燦《過日集》／8

王爾綱《天下名家詩永》／8

卓爾堪《明遺民詩》／10

陶 煊、張 璨《國朝詩的》／河南1

崔子忠

卓爾堪《明遺民詩》／10

陶 煊、張 璨《國朝詩的》／山東1

崔岱齊

鄧漢儀《詩觀三集》／5

倪匡世《振雅堂彙編詩最》／1

吳 藹《名家詩選》／3

陶 煊、張 璨《國朝詩的》／直隸2

沈德潛《國朝詩別裁集》／272

崔鳴鷺

魏裔介《清詩溯洄集》／5

孫 鋐《皇清詩選》／京師

崔誼之

陸次雲《詩平初集》／10

崔徵璧

席居中《昭代詩存》／11

陸次雲《詩平初集》／9

崔龍雲

彭廷梅《國朝詩選》／4；9；11

畢 本

程 棟、施 譔《鼓吹新編》／8

姚 佺《詩源》／吳

徐 崧、陳濟生《詩南》／6

畢文煥

彭廷梅《國朝詩選》／11

畢明永

程 棟、施 譔《鼓吹新編》／4

徐 崧、陳濟生《詩南》／12

畢三復

徐 崧《詩風初集》／16；18

席居中《昭代詩存》／11

陶 煊、張 璨《國朝詩的》／江南6

畢映辰

程 棟、施 譔《鼓吹新編》／11

徐 崧、陳濟生《詩南》／7；10

徐 崧《詩風初集》／18

畢振午

朱 觀《國朝詩正》／2

畢振姬

黃傳祖《扶輪新集》／10

魏裔介《觀始集》／9

席居中《昭代詩存》／2

畢榮佐

汪 觀《清詩大雅二集》／6

综合索引（十一畫）

畢熙暘

顧有孝《驪珠集》／10

畢際有

鄧漢儀《詩觀二集》／7

孫　銓《皇清詩選》／山東

陶　煊、張　璨《國朝詩的》／山東2

畢緯前

顧有孝《驪珠集》／9

徐　崧《詩風初集》／16

畢應辰

魏　耕、錢价人《今詩粹》

婁賦會

陶　煊、張　璨《國朝詩的》／浙江7

婁鎮遠

鄧漢儀《天下名家詩觀》／17

徐　崧《詩風初集》／9

席居中《昭代詩存》／12

蔣　籜、翁介眉《清詩初集》／6；9

孫　銓《皇清詩選》／盛京

宓　迴

徐　崧、陳濟生《詩南》／12

宓重光

黃傳祖《扶輪廣集》／4

鄧漢儀《詩觀二集》／2

徐　崧《詩風初集》／2

蔣　籜、翁介眉《清詩初集》／3；12

曾　燦《過日集》／3

王爾綱《天下名家詩永》／8

劉　然《國朝詩乘》／12

符　曾

陶　煊、張　璨《國朝詩的》／浙江4

符兆昌

劉　然《國朝詩乘》／7

吳元桂《昭代詩針》／7

符夢駒

陶　煊、張　璨《國朝詩的》／江西2

巢可托

陶．煊、張　璨《國朝詩的》／滿洲1

巢振林

姚　佺《詩源》／吳

巢鳴盛

徐　崧、陳濟生《詩南》／1

王士禎《感舊集》／14

巢震林

黃傳祖《扶輪廣集》／14

徐　崧、陳濟生《詩南》／4

彭廷梅《國朝詩選》／10

張　中

王爾綱《天下名家詩永》／14

張　丹

韓純玉《近詩兼》

沈德潛《國朝詩別裁集》／146

張　丑

卓爾堪《明遺民詩》／12

張　旦

黃傳祖《扶輪續集》／9

張　弘

顧有孝《驪珠集》／10

徐　崧《詩風初集》／13

卓爾堪《明遺民詩》／1；4；6

張　守

吳元桂《昭代詩針》／6

張　吉

蔣　籜、翁介眉《清詩初集》／7

張　汧

姚　佺《詩源》／吳

鄧漢儀《詩觀二集》／9

陶　煊、張　璨《國朝詩的》／山西1

張 卞

王爾綱《天下名家詩永》/4

張 杉

黃傳祖《扶輪廣集》/9

魏裔介《觀始集》/6

魏 耕、錢价人《今詩粹》

徐 崧、陳濟生《詩南》/6

卓爾堪《明遺民詩》/14

沈德潛《國朝詩別裁集》/111

張 杞

孫 鋐《皇清詩選》/湖廣

張 伸

魏裔介《觀始集》/6；8

張 劭

陶 煊、張 璨《國朝詩的》/浙江3

張 庚

孫 鋐《皇清詩選》/兩廣

張 定

彭廷梅《國朝詩選》/11

張 怡

卓爾堪《明遺民詩》/1

陶 煊、張 璨《國朝詩的》/江南4

張 玲

黃傳祖《扶輪續集》/1；7；9

黃傳祖《扶輪廣集》/1

姚 佺《詩源》/越

徐 崧《詩風初集》/1；17

蔣 鑨、翁介眉《清詩初集》/1

曾 燦《過日集》/7

彭廷梅《國朝詩選》/8

張 玠

陶 煊、張 璨《國朝詩的》/湖廣6

張 芳

魏 憲《詩持二集》/8

鄧漢儀《天下名家詩觀》/9

王士禎《感舊集》/8

蔣 鑨、翁介眉《清詩初集》/12

孫 鋐《皇清詩選》/江南

王爾綱《天下名家詩永》/12

陶 煊、張 璨《國朝詩的》/江南7

吳元桂《昭代詩針》/2

張 芬

朱 觀《國朝詩正》/2

張 杰

曾 燦《過日集》/3；6

張 奇

鄧漢儀《詩觀三集》/5

張 抽

徐 崧《詩風初集》/9

張 昉

顧有孝《驪珠集》/9

徐 崧《詩風初集》/18

張 昊

陶 煊、張 璨《國朝詩的》/浙江4

張 采

魏 憲《補石倉詩選》/1

張 岱

黃傳祖《扶輪續集》/6

張 音

彭廷梅《國朝詩選》/9；11

張 度

王爾綱《天下名家詩永》/2

張 恂

黃傳祖《扶輪續集》/4；6；9

黃傳祖《扶輪廣集》/1；4；9

魏裔介《觀始集》/8；11

陳祚明、韓 詩《國門集》/4

程 棟、施 謐《鼓吹新編》/5

姚 佺《詩源》/秦

魏 耕、錢价人《今詩粹》

综合索引（十一畫）

徐 崧、陳濟生《詩南》／10
顧有孝《驪珠集》／4
鄧漢儀《天下名家詩觀》／6
徐 崧《詩風初集》／2；18
席居中《昭代詩存》／11
蔣 鑨、翁介眉《清詩初集》／3；4；
6；9；11；12
曾 燦《過日集》／3；7
孫 鋐《皇清詩選》／陝西
王爾綱《天下名家詩永》／2
陶 煊、張 璨《國朝詩的》／陝西1
彭廷梅《國朝詩選》／10

張 官

徐 崧、陳濟生《詩南》／8
沈德潛《國朝詩別裁集》／236

張 茂

魏 憲《詩持三集》／6
孫 鋐《皇清詩選》／江南
王爾綱《天下名家詩永》／13

張 英

鄧漢儀《天下名家詩觀》／9
鄧漢儀《詩觀二集》／9；10
徐 崧《詩風初集》／1
席居中《昭代詩存》／1
陸次雲《詩平初集》／2；4；6；8；9；
12
蔣 鑨、翁介眉《清詩初集》／5；7；
9；12
曾 燦《過日集》／3；10
孫 鋐《皇清詩選》／江南
孫 鋐《皇清詩選》／浙江
王爾綱《天下名家詩永》／7
陳維崧《篋衍集》／4
吳 藎《名家詩選》／1
陶 煊、張 璨《國朝詩的》／浙江3

陳以剛《國朝詩品》／6
彭廷梅《國朝詩選》／1；3
沈德潛《國朝詩別裁集》／153

張 恒

顧有孝《驪珠集》／11
孫 鋐《皇清詩選》／江南

張 垍

倪匡世《振雅堂彙編詩最》／9

張 貞

蔣 鑨、翁介眉《清詩初集》／7

張 員

孫 鋐《皇清詩選》／江南

張 星

姚 佺《詩源》／豫

張 昭

魏 憲《詩持三集》／10
鄧漢儀《詩觀三集》／12

張 胆

徐 崧《詩風初集》／10

張 風

黃傳祖《扶輪廣集》／9；11；13
陳祚明、韓 詩《國門集》／4
徐 崧《詩風初集》／2；5；8；16
王爾綱《天下名家詩永》／8
卓爾堪《明遺民詩》／14

張 紀

卓爾堪《明遺民詩》／14

張 宰

顧有孝《驪珠集》／8
徐 崧《詩風初集》／17
蔣 鑨、翁介眉《清詩初集》／6；8；
11；12

張 宸

徐 崧《詩風初集》／13
王士禎《感舊集》／4

王爾綱《天下名家詩永》／5
沈德潛《國朝詩別裁集》／144

張 庚
顧施禎（禎）《盛朝詩選初集》／7

張 泰
吳元桂《昭代詩針》／12

張 夏
黃傳祖《扶輪廣集》／14
徐 崧、陳濟生《詩南》／6
顧有孝《驪珠集》／9
徐 崧《詩風初集》／2；8
蔣 鑨、翁介眉《清詩初集》／12

張 埏
鄧漢儀《天下名家詩觀》／6
徐 崧《詩風初集》／13
陸次雲《詩平初集》／12
陶 煊、張 璨《國朝詩的》／浙江5

張 烈
鄧漢儀《詩觀二集》／9
孫 鋐《皇清詩選》／京師
王爾綱《天下名家詩永》／7

張 晉
魏裔介《觀始集》／6
陳祚明、韓 詩《國門集》／4

張 晟
周佑予《清詩鼓吹》／3

張 留
顧施楨（禎）《盛朝詩選初集》／9

張 純
陶 煊、張 璨《國朝詩的》／江南12
汪 觀《清詩大雅二集》／2
吳元桂《昭代詩針》／12

張 淑
孫 鋐《皇清詩選》／浙江

張 理
顧有孝《驪珠集》／9

張 莊
蔣 鑨、翁介眉《清詩初集》／1；9；12
陶 煊、張 璨《國朝詩的》／山東2

張 丙
陶 煊、張 璨《國朝詩的》／江南11
彭廷梅《國朝詩選》／10

張 梯
黃傳祖《扶輪廣集》／14
程 棟、施 諲《鼓吹新編》／6
魏 耕、錢价人《今詩粹》
徐 崧、陳濟生《詩南》／6
徐 崧《詩風初集》／13

張 彬
曾 燦《過日集》／4

張 梧
程 棟、施 諲《鼓吹新編》／11
鄧漢儀《詩觀二集》／8
徐 崧《詩風初集》／14
孫 鋐《皇清詩選》／浙江
陶 煊、張 璨《國朝詩的》／浙江5

張 培
姚 佺《詩源》／豫

張 堉
彭廷梅《國朝詩選》／2

張 搢
徐 崧《詩風初集》／8
曾 燦《過日集》／1；3；9

張 晨
魏裔介《觀始集》／8；11
陳祚明、韓 詩《國門集》／2；3；4；5；6
魏裔介《清詩漪洞》／4；8

綜合索引（十一畫）

顧有孝《驪珠集》／9

張 第

陸次雲《詩平初集》／7

張 鉞

沈德潛《國朝詩別裁集》／527

張 佺

徐 崧《詩風初集》／9

張 陞

魏 耕、錢价人《今詩粹》

張 紳

顧施楨（禎）《盛朝詩選初集》／8

張 陸

黃傳祖《扶輪廣集》／11

魏 耕、錢价人《今詩粹》

顧有孝《驪珠集》／9

趙 炎《尊閣詩藏》／1 五言律

鄧漢儀《天下名家詩觀》／2

徐 崧《詩風初集》／10；18

席居中《昭代詩存》／1

蔣 籬、翁介眉《清詩初集》／11；12

孫 銓《皇清詩選》／浙江

陶 煊、張 璨《國朝詩的》／浙江3

張 斌

曾 燦《過日集》／4

張 雲

吳 蘄《名家詩選》／2

張 超

顧有孝《驪珠集》／4

張 棨

彭廷梅《國朝詩選》／11

張 琴

鄧漢儀《天下名家詩觀》／3

鄧漢儀《詩觀二集》／2

徐 崧《詩風初集》／2

王士禎《感舊集》／4

席居中《昭代詩存》／8

陸次雲《詩平初集》／7；10；12

蔣 籬、翁介眉《清詩初集》／8；11

曾 燦《過日集》／10

孫 銓《皇清詩選》／江南

王爾綱《天下名家詩永》／10

陶 煊、張 璨《國朝詩的》／江南6

彭廷梅《國朝詩選》／7

張 琮

陶 煊、張 璨《國朝詩的》／雲南1

張 珩

沈德潛《國朝詩別裁集》／537

張 琪

魏 憲《詩持二集》／1

鄧漢儀《詩觀二集》／8

徐 崧《詩風初集》／10

王爾綱《天下名家詩永》／3

顧施楨（禎）《盛朝詩選初集》／6

卓爾堪《明遺民詩》／14

張 琦

魏 憲《詩持四集》／1

顧施楨（禎）《盛朝詩選初集》／2

張 喆

蔣 籬、翁介眉《清詩初集》／2；9

王爾綱《天下名家詩永》／7

張 植

彭廷梅《國朝詩選》／11

張 棠

孫 銓《皇清詩選》／江南

張 嵋

黃傳祖《扶輪續集》／9

顧有孝《驪珠集》／9

鄧漢儀《詩觀二集》／12

席居中《昭代詩存》／12

曾 燦《過日集》／7

孫　鋐《皇清詩選》／江南

張　愨

姚　佺《詩源》／吳

魏　憲《詩持二集》／3

魏　憲《詩持三集》／4

趙　炎《尊閣詩藏》／1 五言律

席居中《昭代詩存》／3

陸次雲《詩平初集》／3

蔣　鑨、翁介眉《清詩初集》／2；5；11

曾　燦《過日集》／3

孫　鋐《皇清詩選》／江南

王爾綱《天下名家詩永》／9

劉　然《國朝詩乘》／5

陶　煊、張　璨《國朝詩的》／江南4

彭廷梅《國朝詩選》／2

張　集

孫　鋐《皇清詩選》／江南

張　偉

徐　崧《詩風初集》／18

張　逸

趙　炎《尊閣詩藏》／6 五言律

張　幾

徐　崧《詩風初集》／10

張　溥

魏　憲《補石倉詩選》／1

王爾綱《天下名家詩永》／1

張　混

曾　燦《過日集》／9

張　新

陸次雲《詩平初集》／7

張　慎

彭廷梅《國朝詩選》／2；5

張　盍

孫　鋐《皇清詩選》／京師

張　棹

陶　煊、張　璨《國朝詩的》／江南11

張　照

彭廷梅《國朝詩選》／10

張　粲

程　棟、施　謐《鼓吹新編》／9

徐　崧、陳濟生《詩南》／9

孫　鋐《皇清詩選》／江南

張　筠

吳　藟《名家詩選》／2

張　愊

徐　崧《詩風初集》／16

張　倬

黃傳祖《扶輪續集》／1；4；9

徐　崧、陳濟生《詩南》／1；6；12

卓爾堪《明遺民詩》／12

張　階

鄧漢儀《詩觀二集》／13

顧施楨（禎）《盛朝詩選初集》／9

張　彙

孫　鋐《皇清詩選》／江南

張　漢

彭廷梅《國朝詩選》／4

張　禎

鄧漢儀《詩觀三集》／12

張　瑤

彭廷梅《國朝詩選》／10；12

張　遠

曾　燦《過日集》／7；10

陶　煊、張　璨《國朝詩的》／福建2

沈德潛《國朝詩別裁集》／323

張　禽

魏　憲《詩持三集》／5

席居中《昭代詩存》／14

綜合索引（十一畫）

張 蓋

徐 崧《詩風初集》／2

蔣 薌、翁介眉《清詩初集》／6

卓爾堪《明遺民詩》／15

陶 煊、張 璨《國朝詩的》／直隸2

張 楷

倪匡世《振雅堂彙編詩最》／3

陶 煊、張 璨《國朝詩的》／江南6

張 睿

蔣 薌、翁介眉《清詩初集》／11

張 銓

徐 崧《詩風初集》／16

張 維

馮 舒《懷舊集》下／11下

張 適

程 棟、施 譚《鼓吹新編》／11

徐 崧、陳濟生《詩南》／6；9

顧有孝《驪珠集》／10

徐 崧《詩風初集》／9；16

席居中《昭代詩存》／12

蔣 薌、翁介眉《清詩初集》／1

曾 燦《過日集》／3

張 潛

陶 煊、張 璨《國朝詩的》／江西2

張 潮

鄧漢儀《詩觀二集》／13

鄧漢儀《詩觀三集》／3；6

席居中《昭代詩存》／11

曾 燦《過日集》／3；7

孫 銓《皇清詩選》／江南

倪匡世《振雅堂彙編詩最》／6

周佑予《清詩鼓吹》／1

吳 藎《名家詩選》／2

朱 觀《國朝詩正》／2

陶 煊、張 璨《國朝詩的》／江南3；

11

張 廣

趙 炎《專閱詩藏》／8五言律

張 瑀

卓爾堪《明遺民詩》／15

張 慥

黃傳祖《扶輪廣集》／4；11

魏裔介《觀始集》／2

程 棟、施 譚《鼓吹新編》／5

魏 耕、錢价人《今詩粹》

徐 崧、陳濟生《詩南》／2；7；10

張 嘉

魏 耕、錢价人《今詩粹》

徐 崧、陳濟生《詩南》／10

徐 崧《詩風初集》／6；13

張 標

姚 佺《詩源》／越

張 憲

顧有孝《驪珠集》／8

趙 炎《專閱詩藏》／2五言古；3五言律

徐 崧《詩風初集》／12；15；16；18

曾 燦《過日集》／5

孫 銓《皇清詩選》／江南

張 澤

徐 崧、陳濟生《詩南》／5

王爾綱《天下名家詩永》／1

卓爾堪《明遺民詩》／14

張 霍

王士禎《感舊集》／16

陸次雲《詩平初集》／7

張 翻

魏 憲《詩持三集》／6

趙 炎《專閱詩藏》／2五言古

席居中《昭代詩存》／13

孫鋐《皇清詩選》／江南

張霍

顧施楨（禎）《盛朝詩選初集》／7

張壇

鄧漢儀《詩觀二集》／6

蔣鑨、翁介眉《清詩初集》／1

倪匡世《振雅堂彙編詩最》／9

王爾綱《天下名家詩永》／12

顧施楨（禎）《盛朝詩選初集》／6

陶煊、張璨《國朝詩的》／浙江1

張遺

姚佺《詩源》／楚

魏憲《詩持二集》／1

徐崧《詩風初集》／10

蔣鑨、翁介眉《清詩初集》／6

孫鋐《皇清詩選》／江南

孫鋐《皇清詩選》／江南

王爾綱《天下名家詩永》／5

顧施楨（禎）《盛朝詩選初集》／6

彭廷梅《國朝詩選》／1

張穆

曾燦《過日集》／5；10

卓爾堪《明遺民詩》／8

陶煊、張璨《國朝詩的》／廣東1

吳元桂《昭代詩針》／6

張銓

徐崧《詩風初集》／16

張楩

魏裔介《清詩溯洄集》／2；4；6；8；9

張清

倪匡世《振雅堂彙編詩最》／4

張慶

席居中《昭代詩存》／13

孫鋐《皇清詩選》／江南

張變

黃傳祖《扶輪續集》／10

張謙

鄧漢儀《天下名家詩觀》／6

徐崧《詩風初集》／16

蔣鑨、翁介眉《清詩初集》／11

孫鋐《皇清詩選》／陝西

陶煊、張璨《國朝詩的》／陝西1

張襄

程樸、施諲《鼓吹新編》／11

張燦（燦一作"璨"）

汪觀《清詩大雅二集》／2

張邁

魏憲《詩持三集》／8；9

張壙

曾燦《過日集》／10

顧施楨（禎）《盛朝詩選初集》／7

張嬙

孫鋐《皇清詩選》／浙江

張膽

魏耕、錢价人《今詩粹》

曾燦《過日集》／5

張鋯

顧有孝《驪珠集》／11

趙炎《尊閣詩藏》／4五言律

徐崧《詩風初集》／8

孫鋐《皇清詩選》／江南

張鍵

彭廷梅《國朝詩選》／2

張翼

魏憲《詩持三集》／5

趙炎《尊閣詩藏》／3五言律

徐崧《詩風初集》／10

席居中《昭代詩存》／11

陸次雲《詩平初集》／7；10

綜合索引（十一畫）

張璉

魏裔介《觀始集》／8

張鎮

倪匡世《振雅堂彙編詩最》／9

張瀛

陶煊、張璨《國朝詩的》／江南13

汪觀《清詩大雅》／15

張韻

鄧漢儀《詩觀三集》／5

席居中《昭代詩存》／13

曾燦《過日集》／3；7

倪匡世《振雅堂彙編詩最》／8

吳藹《名家詩選》／3

陶煊、張璨《國朝詩的》／江南10

張燮

陸次雲《詩平初集》／7；11

張霈

周佑予《清詩鼓吹》／3

張繹

黃傳祖《扶輪廣集》／9

魏耕、錢价人《今詩粹》

張堅

陶煊、張璨《國朝詩的》／浙江8

張曠

魏耕、錢价人《今詩粹》

徐崧《詩風初集》／9

張鵬

顧施楨（禎）《盛朝詩選初集》／9

張藻

朱觀《國朝詩正》／2

張隨

魏耕、錢价人《今詩粹》

張儐

鄧漢儀《詩觀三集》／12

張璩（字廷須）

孫鋐《皇清詩選》／江南

陶煊、張璨《國朝詩的》／湖廣6

張璩（字公執）

孫鋐《皇清詩選》／山東

張巖

陶煊、張璨《國朝詩的》／江南8

張鑑

顧施楨（禎）《盛朝詩選初集》／12

張鷃

孫鋐《皇清詩選》／浙江

張颺

姚佺《詩源》／吳

顧有孝《驪珠集》／5

徐崧《詩風初集》／11

彭廷梅《國朝詩選》／11

張驥

陶煊、張璨《國朝詩的》／浙江6

張廣

孫鋐《皇清詩選》／浙江

張一如

姚佺《詩源》／吳

張一鵠

黃傳祖《扶輪新集》／3；6

程棟、施譽《鼓吹新編》／7

姚佺《詩源》／吳

徐崧、陳濟生《詩南》／6

魏裔介《清詩湖洄集》／2

魏憲《詩持一集》／2

魏憲《詩持二集》／3

魏憲《詩持三集》／3

魏憲《補石倉詩選》／2

趙炎《專閣詩藏》／1五言律

鄧漢儀《天下名家詩觀》／7

徐崧《詩風初集》／9；12

王士禛《感舊集》／3
席居中《昭代詩存》／14
陸次雲《詩平初集》／9
蔣　鑨、翁介眉《清詩初集》／11
孫　鋐《皇清詩選》／江南
王爾綱《天下名家詩永》／9
顧施楨（楨）《盛朝詩選初集》／2；9
陶　煊、張　璨《國朝詩的》／江南 7
沈德潛《國朝詩別裁集》／90

張二嚴

王爾綱《天下名家詩永》／3

張九徵

鄧漢儀《詩觀三集》／2
席居中《昭代詩存》／5
陸次雲《詩平初集》／7
陶　煊、張　璨《國朝詩的》／江南 10
陳以剛《國朝詩品》／5

張三異

趙　炎《尊閣詩藏》／8 五言律
蔣　鑨、翁介眉《清詩初集》／6；8；11
孫　鋐《皇清詩選》／湖廣
馬道晊《清詩二集》／1
陶　煊、張　璨《國朝詩的》／湖廣 8

張士茂

陸次雲《詩平初集》／7；8
蔣　鑨、翁介眉《清詩初集》／6

張士楷

趙　炎《尊閣詩藏》／1 七言律
孫　鋐《皇清詩選》／福建

張士甄

陸次雲《詩平初集》／6
蔣　鑨、翁介眉《清詩初集》／6

張大年

鄧漢儀《詩觀二集》／6

張大有

陶　煊、張　璨《國朝詩的》／陝西 2

張大法

吳元桂《昭代詩針》／13
彭廷梅《國朝詩選》／2；4；6；8；10；12

張大受

馬道晊《清詩二集》／2
吳　藎《名家詩選》／3
陶　煊、張　璨《國朝詩的》／江南 15
汪　觀《清詩大雅二集》／2
查　義、查岐昌《國朝詩因》／5
吳元桂《昭代詩針》／1

張大純

周佑予《清詩鼓吹》／4

張大翎

蔣　鑨、翁介眉《清詩初集》／7；9

張大復

鄧漢儀《詩觀二集》／10
孫　鋐《皇清詩選》／河南
陶　煊、張　璨《國朝詩的》／河南 1

張大緒

周佑予《清詩鼓吹》／4

張大廣

鄧漢儀《詩觀二集》／12
吳元桂《昭代詩針》／4

張子寅

黃傳祖《扶輪新集》／9
曾　燦《過日集》／2；10

張文光

黃傳祖《扶輪續集》／10
黃傳祖《扶輪廣集》／8；10
黃傳祖《扶輪新集》／2；5；8；10
魏喬介《觀始集》／6；8
陳祚明、韓　詩《國門集》／2；3；4；

綜合索引 （十一畫）

5;

魏 耕、錢价人《今詩粹》

魏裔介《清詩溯洄集》／1；5；7；9

顧有孝《驪珠集》／3

魏 憲《詩持二集》／1

趙 炎《尊聞詩藏》／1五言律

鄧漢儀《天下名家詩觀》／3

徐 崧《詩風初集》／9；11

蔣 薰、翁介眉《清詩初集》／3；4；

6；8；11；12

曾 燦《過日集》／9

孫 鋐《皇清詩選》／河南

王爾綱《天下名家詩永》／10

陳維崧《篋衍集》／4；5；9

吳 藎《名家詩選》／4

劉 然《國朝詩乘》／10

陶 煊、張 璨《國朝詩的》／河南2

吳元桂《昭代詩針》／3

彭廷梅《國朝詩選》／1；3

沈德潛《國朝詩別裁集》／12

張文秀

朱 觀《國朝詩正》／2

吳元桂《昭代詩針》／7

張文炳

黃傳祖《扶輪新集》／8

魏裔介《觀始集》／5；8

趙 炎《尊聞詩藏》／2五言律

陶 煊、張 璨《國朝詩的》／湖廣6

彭廷梅《國朝詩選》／1

張文峙

姚 佺《詩源》／楚

王爾綱《天下名家詩永》／1

張文姢

姚 佺《詩源》／燕

徐 崧、陳濟生《詩南》／9

張天士

顧施楨（禎）《盛朝詩選初集》／7；9

張天中

鄧漢儀《詩觀二集》／6

席居中《昭代詩存》／7

孫 鋐《皇清詩選》／盛京

陶 煊、張 璨《國朝詩的》／盛京2

張天保

彭廷梅《國朝詩選》／2；14

張天秩

馬道畊《清詩二集》／2

張天球

陶 煊、張 璨《國朝詩的》／江南14

張天植

黃傳祖《扶輪續集》／6；9

魏裔介《觀始集》／3；8；11

姚 佺《詩源》／越

顧有孝《驪珠集》／3

徐 崧《詩風初集》／12

蔣 薰、翁介眉《清詩初集》／7

孫 鋐《皇清詩選》／浙江

王爾綱《天下名家詩永》／2

張天機

姚 佺《詩源》／豫

徐 崧《詩風初集》／18

張元坊

魏 耕、錢价人《今詩粹》

徐 崧《詩風初集》／17

張元彪

彭廷梅《國朝詩選》／6

張元琪

席居中《昭代詩存》／12；13

張元進

陶 煊、張 璨《國朝詩的》／江南續

編1

張元嘉

鄧漢儀《天下名家詩觀》/ 9

張元標

席居中《昭代詩存》/ 1

張元觀

彭廷梅《國朝詩選》/ 6；10

張日炳

陶煊、張璨《國朝詩的》/ 湖廣 10

張日近

陶煊、張璨《國朝詩的》/ 浙江 7

張中發

程棟、施諟《鼓吹新編》/ 8

徐崧《詩風初集》/ 12

蔣鑨、翁介眉《清詩初集》/ 7

張內含

朱觀《國朝詩正》/ 7

張內裕

朱觀《國朝詩正》/ 7

張仁熙

顧有孝《驪珠集》/ 6

王士禎《感舊集》/ 6

蔣鑨、翁介眉《清詩初集》/ 1；2；10；11

張以同

魏憲《詩持二集》/ 8

張立廉

程棟、施諟《鼓吹新編》/ 5

顧有孝《驪珠集》/ 9

張永貞

姚佺《詩源》/ 晉

徐崧《詩風初集》/ 13；18

張永祺

魏憲《補石倉詩選》/ 3

魏憲《皇清百名家詩選》/ 23

席居中《昭代詩存》/ 11

陸次雲《詩平初集》/ 2

曾燦《過日集》/ 9

王爾綱《天下名家詩永》/ 7

吳藹《名家詩選》/ 2

張永澂

孫銥《皇清詩選》/ 江南

張玉書

顧有孝《驪珠集》/ 9

趙炎《尊閣詩藏》/ 7 五言律

鄧漢儀《天下名家詩觀》/ 4

鄧漢儀《詩觀二集》/ 7

鄧漢儀《詩觀三集》/ 2

徐崧《詩風初集》/ 8；17

席居中《昭代詩存》/ 3；8

陸次雲《詩平初集》/ 7；8；12

蔣鑨、翁介眉《清詩初集》/ 7；9

孫銥《皇清詩選》/ 江南

王爾綱《天下名家詩永》/ 8

陳維崧《篋衍集》/ 9；11

吳藹《名家詩選》/ 1

陶煊、張璨《國朝詩的》/ 江南 5

陳以剛《國朝詩品》/ 8

彭廷梅《國朝詩選》/ 1；3

沈德潛《國朝詩別裁集》/ 104

張玉裁

鄧漢儀《天下名家詩觀》/ 4

鄧漢儀《詩觀二集》/ 7

徐崧《詩風初集》/ 17

席居中《昭代詩存》/ 8

蔣鑨、翁介眉《清詩初集》/ 12

孫銥《皇清詩選》/ 江南

王爾綱《天下名家詩永》/ 8

陶煊、張璨《國朝詩的》/ 江南 7

彭廷梅《國朝詩選》/ 12

綜合索引（十一畫）

張玉截

沈德潛《國朝詩別裁集》／159

張玉藻

鄧漢儀《詩觀二集》／12

張正茂

吳 藎《名家詩選》／2

張世定

趙 炎《專閣詩藏》／3 七言律；6 五言律

席居中《昭代詩存》／14

孫 銓《皇清詩選》／江南

張世英

陶 煊、張 璨《國朝詩的》／盛京 1

張世源

顧有孝《驪珠集》／11

魏 憲《詩持三集》／5

趙 炎《專閣詩藏》／3 七言律；6 五言律

席居中《昭代詩存》／11

孫 銓《皇清詩選》／江南

張世爵

彭廷梅《國朝詩選》／4

張世鵬

程 棟、施 譚《鼓吹新編》／8

徐 崧、陳濟生《詩南》／1

張可度

王士禎《感舊集》／3

沈德潛《國朝詩別裁集》／123

張北授

吳元桂《昭代詩針》／7

張仕可

孫 銓《皇清詩選》／江南

張仍焯

陶 煊、張 璨《國朝詩的》／江南 9

張用良

徐 崧《詩風初集》／11

張民表

黃傳祖《扶輪廣集》／2；8；10；13

蔣 籣、翁介眉《清詩初集》／8

張弘保

陶 煊、張 璨《國朝詩的》／浙江 8

張弘敏

陶 煊、張 璨《國朝詩的》／江南 15

張台柱

蔣 籣、翁介眉《清詩初集》／11

張幼學

姚 佺《詩源》／吳

魏 憲《詩持一集》／4

鄧漢儀《天下名家詩觀》／9

席居中《昭代詩存》／12

陸次雲《詩平初集》／9；12

孫 銓《皇清詩選》／江南

張安茂

黃傳祖《扶輪廣集》／9；11

魏喬介《觀始集》／5

魏 耕、錢价人《今詩粹》

徐 崧、陳濟生《詩南》／10

魏 憲《詩持三集》／2

趙 炎《專閣詩藏》／3 五言律

孫 銓《皇清詩選》／江南

張安國

程 棟、施 譚《鼓吹新編》／10

張安絃

沈德潛《國朝詩別裁集》／494

張汝瑚

蔣 籣、翁介眉《清詩初集》／8；12

張汝潤

彭廷梅《國朝詩選》／4；6；10

張汝霖

陶 煊、張 璨《國朝詩的》／浙江 8

彭廷梅《國朝詩選》／11

張汝興

吳元桂《昭代詩針》／15

張次仲

韓純玉《近詩兼》

張坦授

鄧漢儀《天下名家詩觀》／11

鄧漢儀《詩觀三集》／11

徐 崧《詩風初集》／6；9

席居中《昭代詩存》／7

孫 鋐《皇清詩選》／江南

陶 煊、張 璨《國朝詩的》／江南 3

張百程

蔣 鑨、翁介眉《清詩初集》／6；9

張有譽

徐 崧《詩風初集》／8

蔣 鑨、翁介眉《清詩初集》／6

張光祁

吳 蘀《名家詩選》／1

張光昌

魏喬介《觀始集》／2；4；8

魏喬介《清詩湖洞集》／8

孫 鋐《皇清詩選》／雲南

張光鴻

趙 炎《專閣詩藏》／4 七言律

張同甲

王爾綱《天下名家詩永》／3

張同敞

程 棟、施 誕《鼓吹新編》／6

王爾綱《天下名家詩永》／5

張先岵

陳以剛《國朝詩品》／19

張自白

朱 觀《國朝詩正》／1

張自烈

姚 佺《詩源》／豫章

王爾綱《天下名家詩永》／3

卓爾堪《明遺民詩》／5

陶 煊、張 璨《國朝詩的》／江西 1

張自超

沈德潛《國朝詩別裁集》／342

張兆鉉

吳 蘀《名家詩選》／1

張羽军

陶 煊、張 璨《國朝詩的》／江南 13

張羽皇

曾 燦《過日集》／8

孫 鋐《皇清詩選》／四川

劉 然《國朝詩乘》／9

張羽鸝

曾 燦《過日集》／1；3

張完臣

黃傳祖《扶輪新集》／3

張孝述

朱 觀《國朝詩正》／6；7

張克生

陶 煊、張 璨《國朝詩的》／陝西 1

張李定

孫 鋐《皇清詩選》／江南

張李鼎

鄧漢儀《天下名家詩觀》／11

徐 崧《詩風初集》／9

孫 鋐《皇清詩選》／江南

張吾瑾

黃傳祖《扶輪新集》／9

徐 崧、陳濟生《詩南》／10

综合索引（十一畫）

張辰樞

孫　銓《皇清詩選》／浙江

陶　煊、張　璨《國朝詩的》／浙江 5

張邦伊

陶　煊、張　璨《國朝詩的》／浙江 3

張步瀛

顧施楨（禎）《盛朝詩選初集》／12

（附）

張岐若

魏　耕、錢价人《今詩粹》

張我樸

魏齋介《觀始集》／2；6；8；11

張廷玉

陳以剛《國朝詩品》／12

彭廷梅《國朝詩選》／1

沈德潛《國朝詩別裁集》／327

張廷樂

彭廷梅《國朝詩選》／4

張廷璐

陳以剛《國朝詩品》／15

張廷瑑

陳以剛《國朝詩品》／16

張廷瓚

陳以剛《國朝詩品》／16

張廷璐

陶　煊、張　璨《國朝詩的》／江南 11

陳以剛《國朝詩品》／10

張希良

蔣　鑨、翁介眉《清詩初集》／1；3；

7；10；11

顧施楨（禎）《盛朝詩選初集》／7

陶　煊、張　璨《國朝詩的》／湖廣 7

彭廷梅《國朝詩選》／6；13

張希聖

蔣　鑨、翁介眉《清詩初集》／7

張宗仁

吳　藹《名家詩選》／4

汪　觀《清詩大雅》／11

張宗英

王士禎《感舊集》／3

張宗乾

倪匡世《振雅堂集編詩最》／9

張宗禎

汪　觀《清詩大雅》／18

張宗蒼

彭廷梅《國朝詩選》／5；11

張宗緒

汪　觀《清詩大雅二集》／7

張宗觀

魏　耕、錢价人《今詩粹》

曾　燦《過日集》／2

卓爾堪《明遺民詩》／12

張定陽

魏　耕、錢价人《今詩粹》

徐　崧、陳濟生《詩南》／4

徐　崧《詩風初集》／10

王爾綱《天下名家詩永》／8

張注慶

黃傳祖《扶輪新集》／3；6；9

鄧漢儀《詩觀二集》／5

席居中《昭代詩存》／12

張祀禕

鄧漢儀《詩觀二集》／12

曾　燦《過日集》／9

張祀焯

顧有孝《驪珠集》／10

張其善

彭廷梅《國朝詩選》／1

張其緒

王爾綱《天下名家詩永》／12

張其澄

陳祚明、韓　詩《國門集》／4

顧有孝《驪珠集》／3

徐　崧《詩風初集》／14

張奇英

孫　鋐《皇清詩選》／江南

張尚瑗

孫　鋐《皇清詩選》／江南

王爾綱《天下名家詩永》／11

查　義、查岐昌《國朝詩因》／4

沈德潛《國朝詩別裁集》／294

張叔珽

陶　煊、張　璨《國朝詩的》／湖廣9

張吳曼

趙　炎《尊閣詩藏》／8 五言律

張昌胤

陶　煊、張　璨《國朝詩的》／廣西1

張昌齡

魏裔介《觀始集》／8

張明弼

黃傳祖《扶輪續集》／5

姚　佺《詩源》／吳

魏　憲《詩持一集》／1

卓爾堪《明遺民詩》／15

張明焜

卓爾堪《明遺民詩》／15

張昂之

程　棟、施　諲《鼓吹新編》／1

徐　崧、陳濟生《詩南》／10

張迪貞

陶　煊、張　璨《國朝詩的》／湖廣9

張秀璧

鄧漢儀《詩觀二集》／7

王爾綱《天下名家詩永》／10

張秉均

顧有孝《驪珠集》／11

趙　炎《尊閣詩藏》／3 五言律

張秉鈞

孫　鋐《皇清詩選》／江南

張秉軏

徐　崧《詩風初集》／10；13；18

張秉鉞

徐　崧《詩風初集》／16

張秉犂

汪　觀《清詩大雅二集》／6

彭廷梅《國朝詩選》／6；12

張延棋

吳元桂《昭代詩針》／14

張延鑄

吳元桂《昭代詩針》／14

張念祖

黃傳祖《扶輪廣集》／4

姚　佺《詩源》／燕

張金度

姚　佺《詩源》／吳

顧有孝《驪珠集》／4

徐　崧《詩風初集》／11

張迎楔

徐　崧《詩風初集》／12

曾　燦《過日集》／3；9

張彥之

顧有孝《驪珠集》／6

魏　憲《詩持三集》／6

趙　炎《尊閣詩藏》／2 五言古；2 七

言律；3 五言律

鄧漢儀《天下名家詩觀》／9

鄧漢儀《詩觀三集》／5

徐　崧《詩風初集》／9；12

席居中《昭代詩存》／4

綜合索引（十一畫）

蔣　鑨、翁介眉《清詩初集》／3；9
孫　鋐《皇清詩選》／江南
陳維崧《篋衍集》／1
卓爾堪《明遺民詩》／4

張炳潛

黃傳祖《扶輪廣集》／9
黃傳祖《扶輪新集》／7
卓爾堪《明遺民詩》／3
陶　煊、張　璨《國朝詩的》／陝西1

張炳璲

魏裔介《觀始集》／4；6；8；11
姚　佺《詩源》／秦

張若震

陳以剛《國朝詩品》／13

張若義

程　棟、施　諲《鼓吹新編》／4
魏　憲《詩持三集》／2
徐　崧《詩風初集》／14
孫　鋐《皇清詩選》／江南
卓爾堪《明遺民詩》／15

張若麒

鄧漢儀《詩觀二集》／8

張若麟

孫　鋐《皇清詩選》／山東
陶　煊、張　璨《國朝詩的》／山東1

張若籌

彭廷梅《國朝詩選》／4

張茂枝

倪匡世《振雅堂彙編詩最》／2

張茂稷

曾　燦《過日集》／2；5；9

張奎鶼

曾　燦《過日集》／9

張拱宸

陸次雲《詩平初集》／7；10

張拱乾

程　棟、施　諲《鼓吹新編》／8
魏　耕、錢价人《今詩粹》
徐　崧《詩風初集》／12

張拱機

黃傳祖《扶輪續集》／11
姚　佺《詩源》／蜀
魏　憲《補石倉詩選》／1

張星檟

彭廷梅《國朝詩選》／4

張思任

鄧漢儀《詩觀三集》／12

張思昱

姚　佺《詩源》／吳

張思信

鄧漢儀《詩觀三集》／12
王爾綱《天下名家詩永》／11
陶　煊、張　璨《國朝詩的》／盛京1

張思晟

姚　佺《詩源》／吳

張思教

朱　觀《國朝詩正》／7

張思齊

王爾綱《天下名家詩永》／11
陶　煊、張　璨《國朝詩的》／盛京1

張思濬

顧施禎（禛）《盛朝詩選初集》／1

張映室

卓爾堪《明遺民詩》／10

張品邁

彭廷梅《國朝詩選》／6

張胤復

姚　佺《詩源》／蜀

張柔嘉

顧有孝《驪珠集》／4

張家玉

徐 崧、陳濟生《詩南》／12

魏 憲《補石倉詩選》／1

張家珍

卓爾堪《明遺民詩》／14

張祖詠

魏 憲《補石倉詩選》／2

魏 憲《皇清百名家詩選》／65

張泰來

顧施楨（禎）《盛朝詩選初集》／7

張致中

曾 燦《過日集》／3；9

張時英

魏 憲《詩持三集》／9

張時泰

陶 煊、張 璨《國朝詩的》／浙江 8

張皐謨

魏 憲《詩持三集》／5

魏 憲《補石倉詩選》／2

席居中《昭代詩存》／6

陶 煊、張 璨《國朝詩的》／湖廣 7

張師孔

陶 煊、張 璨《國朝詩的》／江南 12

張師孟

陶 煊、張 璨《國朝詩的》／江南 16

汪 觀《清詩大雅二集》／7

張晉彥

魏喬介《觀始集》／11

張晉祺

陶 煊、張 璨《國朝詩的》／江南 15

張卿雲

彭廷梅《國朝詩選》／8

張習孔

黃傳祖《扶輪新集》／3；8

鄧漢儀《詩觀三集》／3

蔣 鑨、翁介眉《清詩初集》／7

周佑予《清詩鼓吹》／1

吳 藎《名家詩選》／2

陶 煊、張 璨《國朝詩的》／江南 10

吳元桂《昭代詩針》／3

張純熙

魏喬介《觀始集》／2；6；8；11

魏喬介《清詩溯洄集》／2；3；8

顧有孝《驪珠集》／6

張能鱗

黃傳祖《扶輪廣集》／11

魏喬介《觀始集》／8

張深道

魏 憲《詩持三集》／9

張惟赤

黃傳祖《扶輪廣集》／11

顧有孝《驪珠集》／9

趙 炎《尊閣詩藏》／3 七言律

席居中《昭代詩存》／5

張理志

劉 然《國朝詩乘》／4

張異卿

顧施楨（禎）《盛朝詩選初集》／8

張偉烈

陶 煊、張 璨《國朝詩的》／江南 16

張萬松

徐 崧、陳濟生《詩南》／7

張紫文

陶 煊、張 璨《國朝詩的》／雲南 1

彭廷梅《國朝詩選》／6

張紫泥

陶 煊、張 璨《國朝詩的》／雲南 1

張問達

吳元桂《昭代詩針》／2

綜合索引（十一畫）

張陳鼎

程 棅、施 譔《鼓吹新編》／10
顧有孝《驪珠集》／7
魏 憲《詩持三集》／7
趙 炎《尊閣詩藏》／6 五言律
鄧漢儀《詩觀二集》／12
徐 崧《詩風初集》／11；18
席居中《昭代詩存》／8

張紹良

倪匡世《振雅堂彙編詩最》／4
彭廷梅《國朝詩選》／1

張紹祖

吳 藎《名家詩選》／2

張湛然

顧有孝《驪珠集》／10

張淵懿

程 棅、施 譔《鼓吹新編》／11
魏 憲《詩持三集》／3
趙 炎《尊閣詩藏》／2 七言律；3 五言律

鄧漢儀《詩觀二集》／9
徐 崧《詩風初集》／8；12
席居中《昭代詩存》／5
孫 鋐《皇清詩選》／江南

張敦復

程 棅、施 譔《鼓吹新編》／5

張斯晟

魏 耕、錢价人《今詩粹》

張雲葆

姚 佺《詩源》／吳

張雲翰

吳 藎《名家詩選》／4

張雲翮

孫 鋐《皇清詩選》／江南

張雲翼

吳 藎《名家詩選》／4
汪 觀《清詩大雅》／5

張雲鵬

倪匡世《振雅堂彙編詩最》／9

張華錫

鄧漢儀《天下名家詩觀》／9
徐 崧《詩風初集》／10

張瑗若

姚 佺《詩源》／吳

張實孫

黃傳祖《扶輪新集》／7
魏喬介《觀始集》／6；8
程 棅、施 譔《鼓吹新編》／5
魏 耕、錢价人《今詩粹》
徐 崧、陳濟生《詩南》／9
徐 崧《詩風初集》／7；9
席居中《昭代詩存》／7
曾 燦《過日集》／7
孫 鋐《皇清詩選》／浙江
王爾綱《天下名家詩永》／5
陶 煊、張 璨《國朝詩的》／浙江 3

張惠可

陶 煊、張 璨《國朝詩的》／雲南 1

張雅度

黃傳祖《扶輪續集》／4；9
程 棅、施 譔《鼓吹新編》／9
姚 佺《詩源》／吳
徐 崧、陳濟生《詩南》／1
卓爾堪《明遺民詩》／10
陶 煊、張 璨《國朝詩的》／江南 5
彭廷梅《國朝詩選》／5

張景蒼

汪 觀《清詩大雅》／6
汪 觀《清詩大雅二集》／2

张景蔚

王尔纲《天下名家诗永》／14

陶 煊、张 璨《国朝诗的》／盛京 1

张智锡

徐 崧《诗风初集》／10

张象枢

邓汉仪《诗观二集》／8

席居中《昭代诗存》／12

陶 煊、张 璨《国朝诗的》／四川 1

张奕㬊

魏 耕、钱价人《今诗粹》

张钜孙

陶 煊、张 璨《国朝诗的》／浙江 3

张登举

席居中《昭代诗存》／9

张道直

朱 观《国朝诗正》／6

张道忻

徐 崧《诗风初集》／11；17

张道岸

黄传祖《扶轮续集》／9

姚 佺《诗源》／蜀

徐 崧《诗风初集》／9；10；16

顾施桢（祯）《盛朝诗选初集》／8

张遂辰

蒋 鑨、翁介眉《清诗初集》／11；12

张慎言

程 棅、施 諲《鼓吹新编》／1

魏 宪《诗持二集》／2

魏 宪《补石仓诗选》／1

张新标

魏 耕、钱价人《今诗粹》

顾有孝《驪珠集》／4

徐 崧《诗风初集》／2；6；10；14

陆次云《诗平初集》／7；8

蒋 鑨、翁介眉《清诗初集》／2；7；9

曾 燦《过日集》／7

孙 铉《皇清诗选》／江南

吴 蘐《名家诗选》／4

陶 煊、张 璨《国朝诗的》／江南 7

张瑞芝

陈以刚《国朝诗品》／18

张瑞徵

黄传祖《扶轮新集》／8

陈祚明、韩 诗《国门集》／4；5

张勤望

陈以刚《国朝诗品》／15

彭廷梅《国朝诗选》／12

张逸少

沈德潜《国朝诗别裁集》／310

张溯颜

陈 瑚《从遊集》／下

张肇坊

马道晔《清诗二集》／4

张肇均

马道晔《清诗二集》／4

张圣佐

蒋 鑨、翁介眉《清诗初集》／12

彭廷梅《国朝诗选》／11

张圣锡

蒋 鑨、翁介眉《清诗初集》／6

张嘉元

吴元桂《昭代诗针》／12

彭廷梅《国朝诗选》／9

张嘉玲

徐 崧《诗风初集》／9；13

孙 铉《皇清诗选》／江南

张嘉炳

徐 崧《诗风初集》／16

綜合索引（十一畫）

張嘉胤

徐 崧《詩風初集》／2

張嘉璈

顧有孝《驪珠集》／8

徐 崧《詩風初集》／9；10；13

張熙紳

彭廷梅《國朝詩選》／4

張爾奎

蔣 鑨、翁介眉《清詩初集》／7

張爾韜

姚 佺《詩源》／豫

王士禎《感舊集》／3

王爾綱《天下名家詩永》／9

張榕端

吳 藎《名家詩選》／4

劉 然《國朝詩乘》／12

沈德潛《國朝詩別裁集》／184

張鳴鐸

陳以剛《國朝詩品》／18

汪 觀《清詩大雅》／16

張鳳翀

蔣 鑨、翁介眉《清詩初集》／12

張幾錫

姚 佺《詩源》／吳

張維赤

徐 崧《詩風初集》／14

張綱孫

黃傳祖《扶輪續集》／1；4

魏裔介《觀始集》／4；6；8；11

程 棟、施 譚《鼓吹新編》／7

姚 佺《詩源》／越

魏 耕、錢价人《今詩粹》

徐 崧、陳濟生《詩南》／2；6；9

顧有孝《驪珠集》／6

鄧漢儀《詩觀二集》／4

徐 崧《詩風初集》／6；8；16

王士禎《感舊集》／14

席居中《昭代詩存》／5

陸次雲《詩平初集》／3；4；6；11

蔣 鑨、翁介眉《清詩初集》／1；3；4；6；10；11；12

孫 鋡《皇清詩選》／浙江

王爾綱《天下名家詩永》／5

陶 煊、張 璨《國朝詩的》／浙江3

彭廷梅《國朝詩選》／5；7；9；13

張養重

魏裔介《觀始集》／4；6

程 棟、施 譚《鼓吹新編》／9

姚 佺《詩源》／吳

魏 耕、錢价人《今詩粹》

徐 崧、陳濟生《詩南》／10

顧有孝《驪珠集》／4；12

魏 憲《詩持一集》／4

趙 炎《尊閣詩藏》／2五言律

鄧漢儀《詩觀二集》／8

徐 崧《詩風初集》／2；10；14；16；18

王士禎《感舊集》／4

席居中《昭代詩存》／6

陸次雲《詩平初集》／11

蔣 鑨、翁介眉《清詩初集》／1；3；6；11；12

曾 燦《過日集》／3；8；9

孫 鋡《皇清詩選》／江南

卓爾堪《明遺民詩》／3；11

陶 煊、張 璨《國朝詩的》／江南5；6

吳元桂《昭代詩針》／1

彭廷梅《國朝詩選》／4

張實居

王士禛《感舊集》／16

陶 煊、張 璨《國朝詩的》／山東2

沈德潛《國朝詩別裁集》／249

張實錄

黃傳祖《扶輪廣集》／13

張廣蔭

彭廷梅《國朝詩選》／2；10

張慶注

孫 鋐《皇清詩選》／四川

張廣奏

姚 佺《詩源》／越

張篤慶

顧有孝《驪珠集》／6

沈德潛《國朝詩別裁集》／250

張德純

徐 崧《詩風初集》／18

孫 鋐《皇清詩選》／江南

張德盛

趙 炎《尊閣詩藏》／8五言律

鄧漢儀《詩觀二集》／8

陶 煊、張 璨《國朝詩的》／浙江1

張緝武

彭廷梅《國朝詩選》／2

張豫章

孫 鋐《皇清詩選》／江南

彭廷梅《國朝詩選》／11

張履吉

陳允衡《國雅》／37

張澤孚

孫 鋐《皇清詩選》／江南

張澤復

孫 鋐《皇清詩選》／江南

張澤棻

查 義、查岐昌《國朝詩因》／5

張錢表

顧施禎（禛）《盛朝詩選初集》／7

張辨微

姚 佺《詩源》／吴

張緒彥

黃傳祖《扶輪廣集》／2；5；8；10；12；13；14

黃傳祖《扶輪新集》／2；5；8；10

魏喬介《觀始集》／6；8

陳祚明、韓 詩《國門集》／2；3；4；5；6

魏 耕、錢价人《今詩粹》

徐 崧、陳濟生《詩南》／7；12

魏 憲《詩持四集》／1

鄧漢儀《詩觀二集》／8

徐 崧《詩風初集》／1；5；7；9；12

蔣 薰、翁介眉《清詩初集》／1；6；8；12

孫 鋐《皇清詩選》／河南

王爾綱《天下名家詩永》／4

陳維崧《篋衍集》／4

陶 煊、張 璨《國朝詩的》／河南2

張錫敬

曾 燦《過日集》／10

張錫憟

魏喬介《觀始集》／8

顧有孝《驪珠集》／4

趙 炎《尊閣詩藏》／1五言古；2七言古；3七言律；5五言律；6五言律

徐 崧《詩風初集》／6；8；14；17

蔣 薰、翁介眉《清詩初集》／12

孫 鋐《皇清詩選》／江南

張龍文

徐 崧、陳濟生《詩南》／10

綜合索引（十一畫）

張應桂

蔣　蘿、翁介眉《清詩初集》／9

張應徵

顧有孝《驪珠集》／10

張應錫

魏裔介《觀始集》／11

張應薇

王爾綱《天下名家詩永》／6

劉　然《國朝詩乘》／10

張戴緒

鄧漢儀《天下名家詩觀》／6

張鴻文

席居中《昭代詩存》／11

張鴻佑

魏　憲《皇清百名家詩選》／67

趙　炎《尊閣詩藏》／5 五言律

鄧漢儀《詩觀三集》／6

孫　鋐《皇清詩選》／京師

陶　煊、張　璨《國朝詩的》／直隸 2

張鴻烈

鄧漢儀《詩觀三集》／5

吳　藎《名家詩選》／2

陶　煊、張　璨《國朝詩的》／江南 12

陳以剛《國朝詩品》／15

彭廷梅《國朝詩選》／7

張鴻道

蔣　蘿、翁介眉《清詩初集》／6；12

張鴻業

顧施楨（禎）《盛朝詩選初集》／10

張鴻漸

趙　炎《尊閣詩藏》／5 五言律

張鴻磐

顧有孝《驪珠集》／4

張鴻盤

黃傳祖《扶輪續集》／11

程　棟、施　謹《鼓吹新編》／9

徐　崧《詩風初集》／12

張鴻儀

魏　憲《補石倉詩選》／3

魏　憲《皇清百名家詩選》／66

趙　炎《尊閣詩藏》／5 五言律

孫　鋐《皇清詩選》／京師

張鴻遵

魏　耕、錢价人《今詩粹》

張懋京

倪匡世《振雅堂集編詩最》／9

陶　煊、張　璨《國朝詩的》／江南 8

張懋建

彭廷梅《國朝詩選》／6；11

張縫彥

黃傳祖《扶輪廣集》／8

鄧漢儀《詩觀二集》／12

張璉若

黃傳祖《扶輪新集》／7

魏裔介《觀始集》／4

姚　佺《詩源》／吳

魏　耕、錢价人《今詩粹》

張瑗若

姚　佺《詩源》／吳

張鏡心

黃傳祖《扶輪新集》／1；2；10

顧有孝《驪珠集》／4

張鵬翀

汪　觀《清詩大雅二集》／1

彭廷梅《國朝詩選》／6；12

張鵬翮

吳　藎《名家詩選》／4

陳以剛《國朝詩品》／8

沈德潛《國朝詩別裁集》／167

張競光

魏喬介《清詩溯洄集》／1

顧有孝《驪珠集》／9

徐　崧《詩風初集》／13；16；17；18

蔣　鑨、翁介眉《清詩初集》／6；11

曾　燦《過日集》／10

張繼鑰

魏喬介《觀始集》／6

張顧鑑

彭廷梅《國朝詩選》／6

張體銓

彭廷梅《國朝詩選》／2

張麟書

孫　鋐《皇清詩選》／江南

張續孫

鄧漢儀《天下名家詩觀》／6

徐　崧《詩風初集》／9

蔣　鑨、翁介眉《清詩初集》／7

陶　煊、張　璨《國朝詩的》／浙江 2

陸　平

孫　鋐《皇清詩選》／江南

陸　吉

黃傳祖《扶輪續集》／4

姚　佺《詩源》／吳

陸　沉

陸次雲《詩平初集》／12

陸　圻

黃傳祖《扶輪續集》／7；9

黃傳祖《扶輪廣集》／11

魏喬介《觀始集》／6；8

程　棟、施　譔《鼓吹新編》／5

姚　佺《詩源》／越

魏　耕、錢价人《今詩粹》

徐　崧、陳濟生《詩南》／2；4；8；12

顧有孝《驪珠集》／4

魏　憲《詩持二集》／2

徐　崧《詩風初集》／12；15；16

王士禎《感舊集》／14

陸次雲《詩平初集》／6；8；12

蔣　鑨、翁介眉《清詩初集》／1；3；

5；6；8；10；11；12

孫　鋐《皇清詩選》／浙江

顧施禎（禎）《盛朝詩選初集》／3

卓爾堪《明遺民詩》／12

陶　煊、張　璨《國朝詩的》／浙江 1；

7

彭廷梅《國朝詩選》／3；6

沈德潛《國朝詩別裁集》／146

陸　泓

徐　崧《詩風初集》／8

陸　枚

陶　煊、張　璨《國朝詩的》／江南 11

陸　坦

程　棟、施　譔《鼓吹新編》／2

徐　崧、陳濟生《詩南》／5；8

顧有孝《驪珠集》／1

孫　鋐《皇清詩選》／江南

卓爾堪《明遺民詩》／15

陸　來

姚　佺《詩源》／吳

徐　崧《詩風初集》／10

陸　珂

鄧漢儀《詩觀三集》／11

陶　煊、張　璨《國朝詩的》／江南 8

陸　品

吳元桂《昭代詩針》／1

陸　海

陶　煊、張　璨《國朝詩的》／浙江 3

综合索引（十一畫）

陸　挺

　　孫　鋐《皇清詩選》／浙江

陸　師

　　沈德潛《國朝詩別裁集》／329

陸　寅

　　曾　燦《過日集》／2；4；6；10

　　查　義、查岐昌《國朝詩因》／4

陸　淹

　　沈德潛《國朝詩別裁集》／536

陸　准

　　魏　耕、錢价人《今詩粹》

陸　埏

　　魏　耕、錢价人《今詩粹》

　　徐　崧、陳濟生《詩南》／10

　　顧有孝《驪珠集》／8

　　徐　崧《詩風初集》／1；6；7；9；14

　　席居中《昭代詩存》／12

　　曾　燦《過日集》／5

　　孫　鋐《皇清詩選》／浙江

陸　培

　　陳以剛《國朝詩品》／18

　　彭廷梅《國朝詩選》／5

陸　堆

　　程　棟、施　譚《鼓吹新編》／11

　　魏　耕、錢价人《今詩粹》

　　徐　崧、陳濟生《詩南》／6

　　鄧漢儀《天下名家詩觀》／6

　　徐　崧《詩風初集》／14

　　蔣　薰、翁介眉《清詩初集》／3

　　王爾綱《天下名家詩永》／1

陸　進

　　顧有孝《驪珠集》／8

　　趙　炎《尊閣詩藏》／8五言律

　　鄧漢儀《詩觀二集》／10

　　徐　崧《詩風初集》／8；11；14；16

席居中《昭代詩存》／4

陸次雲《詩平初集》／3；5；7；10；

　　11；12

蔣　薰、翁介眉《清詩初集》／1；3；

　　4；7；9；11

曾　燦《過日集》／5；6

孫　鋐《皇清詩選》／浙江

陶　煊、張　璨《國朝詩的》／浙江5

沈德潛《國朝詩別裁集》／131

陸　舜

　　黃傳祖《扶輪廣集》／9

　　黃傳祖《扶輪新集》／4；7；9

　　魏喬介《觀始集》／6

　　陳祚明、韓　詩《國門集》／4

　　顧有孝《驪珠集》／8

　　徐　崧《詩風初集》／16

　　蔣　薰、翁介眉《清詩初集》／7；9

　　陶　煊、張　璨《國朝詩的》／江南7

　　彭廷梅《國朝詩選》／1

陸　朝

　　曾　燦《過日集》／5；10

陸　晫

　　朱　觀《國朝詩正》／1

陸　御

　　鄧漢儀《詩觀二集》／8

陸　葐

　　沈德潛《國朝詩別裁集》／460

陸　萊

　　顧有孝《驪珠集》／9

　　鄧漢儀《詩觀二集》／12

　　蔣　薰、翁介眉《清詩初集》／3；11

　　孫　鋐《皇清詩選》／浙江

　　王爾綱《天下名家詩永》／11

　　陶　煊、張　璨《國朝詩的》／浙江7

　　陳以剛《國朝詩品》／11

沈德潛《國朝詩別裁集》／216

陸堦

卓爾堪《明遺民詩》／7

陸畧

程棟、施譚《鼓吹新編》／9

蔣鑨、翁介眉《清詩初集》／12

孫鋐《皇清詩選》／江南

陸愚

鄧漢儀《詩觀三集》／12

陸偀

鄧漢儀《詩觀二集》／10

徐崧《詩風初集》／16

陸次雲《詩平初集》／12

蔣鑨、翁介眉《清詩初集》／11

陸鉞

陳瑚《離憂集》／上

陸瑤

徐崧《詩風初集》／10

陸毅

吳元桂《昭代詩針》／1

陸寔

徐崧《詩風初集》／9

陸珵

卓爾堪《明遺民詩》／14

陸震

彭廷梅《國朝詩選》／12

陸壆

周佑予《清詩鼓吹》／3

陸鈴

姚佺《詩源》／越

卓爾堪《明遺民詩》／14

陸糊

魏憲《詩持一集》／2

陸緯

孫鋐《皇清詩選》／江南

陸襄

王爾綱《天下名家詩永》／3

陸鴻

鄧漢儀《詩觀三集》／4

陸燧

孫鋐《皇清詩選》／江南

陸輿

魏喬介《清詩溯洄集》／8；9

魏憲《補石倉詩選》／3

魏憲《皇清百名家詩選》／71

彭廷梅《國朝詩選》／7

陸翼

倪匡世《振雅堂彙編詩最》／7

陸璜

黃傳祖《扶輪新集》／6

陸寶

黃傳祖《扶輪續集》／8；10

陸鑄

陶煊、張璨《國朝詩的》／江南續編 1

陸韜

王爾綱《天下名家詩永》／8

沈德潛《國朝詩別裁集》／356

陸鑒

黃傳祖《扶輪續集》／7

陸鑑

徐崧《詩風初集》／14

陸又深

魏喬介《觀始集》／4

徐崧、陳濟生《詩南》／5；10

陸士焯

陳以剛《國朝詩品》／18

彭廷梅《國朝詩選》／5；9

陸大珩

彭廷梅《國朝詩選》／5

综合索引（十一畫）

陸文銘

沈德潛《國朝詩別裁集》／530

陸文霈

魏 耕、錢价人《今詩粹》

陸王道

王爾綱《天下名家詩永》／12

陸天錫

陳以剛《國朝詩品》／18

陸元泓

陳 翊《離憂集》／下

程 棟、施 譔《鼓吹新編》／8

曾 燦《過日集》／5

孫 鋐《皇清詩選》／江南

沈德潛《國朝詩別裁集》／113

陸元輔

程 棟、施 譔《鼓吹新編》／8

魏 耕、錢价人《今詩粹》

徐 崧、陳濟生《詩南》／7；10

顧有孝《驪珠集》／9

徐 崧《詩風初集》／9

沈德潛《國朝詩別裁集》／112

陸允純

程 棟、施 譔《鼓吹新編》／11

陸引年

鄧漢儀《詩觀二集》／13

鄧漢儀《詩觀三集》／8

孫 鋐《皇清詩選》／陝西

陶 煊、張 璨《國朝詩的》／陝西 1

陸世恒

徐 崧《詩風初集》／8；14

陸世楷

黃傳祖《扶輪新集》／8

顧有孝《驪珠集》／7；12

魏 憲《詩持一集》／3

魏 憲《補石倉詩選》／3

趙 炎《尊聞詩藏》／5 五言律

徐 崧《詩風初集》／16

蔣 鑨、翁介眉《清詩初集》／2；11

孫 鋐《皇清詩選》／浙江

王爾綱《天下名家詩永》／11

周佑予《清詩鼓吹》／3

陶 煊、張 璨《國朝詩的》／浙江 1

陸世儀

程 棟、施 譔《鼓吹新編》／7

徐 崧、陳濟生《詩南》／9；11

顧有孝《驪珠集》／4

陸世鑒

程 棟、施 譔《鼓吹新編》／2

徐 崧、陳濟生《詩南》／3；6

顧有孝《驪珠集》／7

徐 崧《詩風初集》／10；11

孫 鋐《皇清詩選》／江南

卓爾堪《明遺民詩》／6

陸本徵

陸次雲《詩平初集》／12

陸弘定

程 棟、施 譔《鼓吹新編》／9

魏 耕、錢价人《今詩粹》

顧有孝《驪珠集》／6

徐 崧《詩風初集》／14

孫 鋐《皇清詩選》／浙江

陸汝忠

倪匡世《振雅堂集編詩最》／5

陸次雲

鄧漢儀《詩觀三集》／6

曾 燦《過日集》／4；7

顧施禎（禎）《盛朝詩選初集》／5；12

陶 煊、張 璨《國朝詩的》／浙江 5

吳元桂《昭代詩針》／8

沈德潛《國朝詩別裁集》／263

陸光旭

趙 炎《尊閣詩藏》／1 五言古；2 七言古；8 五言律

蔣 鑨、翁介眉《清詩初集》／5；7；9

陸自震

蔣 鑨、翁介眉《清詩初集》／10

陸良瑾

彭廷梅《國朝詩選》／8；11

陸志熙

魏裔介《觀始集》／6；9

程 棟、施 譚《鼓吹新編》／10；14

徐 崧、陳濟生《詩南》／7

徐 崧《詩風初集》／10

陸志興

徐 崧、陳濟生《詩南》／9

陸求可

黃傳祖《扶輪廣集》／4；11；14

顧有孝《驪珠集》／5

魏 憲《詩持一集》／4

魏 憲《補石倉詩選》／2

魏 憲《皇清百名家詩選》／40

趙 炎《尊閣詩藏》／2 五言律

鄧漢儀《詩觀二集》／9

席居中《昭代詩存》／5

陸次雲《詩平初集》／1；3；5；7；9；11；12

蔣 鑨、翁介眉《清詩初集》／1；3；4；7；8；11；12

曾 燦《過日集》／1；5；6；9

孫 鋐《皇清詩選》／江南

吳 藎《名家詩選》／4

劉 然《國朝詩乘》／11

吳元桂《昭代詩針》／2

彭廷梅《國朝詩選》／2；6；7；9；12

陸廷搢

陳 瑚《離憂集》／下

程 棟、施 譚《鼓吹新編》／11

鄧漢儀《天下名家詩觀》／11

徐 崧《詩風初集》／14

孫 鋐《皇清詩選》／江南

王爾綱《天下名家詩永》／1

卓爾堪《明遺民詩》／8

陶 煊、張 璨《國朝詩的》／江南3

陸希僡

魏 耕、錢价人《今詩粹》

徐 崧、陳濟生《詩南》／10

顧有孝《驪珠集》／8

趙 炎《尊閣詩藏》／3 五言律

徐 崧《詩風初集》／9；13

陸君弼

鄧漢儀《詩觀二集》／1

陸宗灘

沈德潛《國朝詩別裁集》／112

陸昌禧

顧施楨（楨） 《盛朝詩選初集》／12（附）

陸彥龍

黃傳祖《扶輪續集》／1；4；7

魏 憲《補石倉詩選》／1

陸治原

黃傳祖《扶輪續集》／7

黃傳祖《扶輪廣集》／4

徐 崧《詩風初集》／9

陸祚蕃

陸次雲《詩平初集》／3；8

蔣 鑨、翁介眉《清詩初集》／2；9

陸奎勛

沈德潛《國朝詩別裁集》／432

綜合索引（十一畫）

陸信徵

陸次雲《詩平初集》／12

陸佈乖

孫　銓《皇清詩選》／江南

陸胤安

顧有孝《驪珠集》／11

趙　炎《尊閣詩藏》／4 五言律

陸胤驥

趙　炎《尊閣詩藏》／6 五言律

陸宸綸

程　棟、施　謹《鼓吹新編》／11

陸祖修

顧有孝《驪珠集》／10

王爾綱《天下名家詩永》／14

陸祖佶

孫　銓《皇清詩選》／江南

陸祖彬

孫　銓《皇清詩選》／江南

陸祖琳

孫　銓《皇清詩選》／江南

陸祖錫

彭廷梅《國朝詩選》／5

陸祖蘐

孫　銓《皇清詩選》／江南

陸泰徵

馮　舒《懷舊集》下／14 下

陸振芬

孫　銓《皇清詩選》／江南

陸時杰

陳以剛《國朝詩品》／18

陸時隆

程　棟、施　謹《鼓吹新編》／14

陸啟法

黃傳祖《扶輪續集》／8；10

陸敏樹

曾　燦《過日集》／6

陸張翊

孫　銓《皇清詩選》／江南

陸曾禹

蔣　薰、翁介眉《清詩初集》／9

陸琰卓

陶　煊、張　璨《國朝詩的》／浙江 8

陸朝瑛

黃傳祖《扶輪廣集》／1；4；9；11；13

魏喬介《觀始集》／11

徐　崧《詩風初集》／7

蔣　薰、翁介眉《清詩初集》／1

陸貽典

程　棟、施　謹《鼓吹新編》／11

徐　崧、陳濟生《詩南》／6；8

王士禎《感舊集》／14

陸翔華

徐　崧《詩風初集》／8

陸漾波

席居中《昭代詩存》／11

曾　燦《過日集》／5；9

陸蒼培

陳以剛《國朝詩品》／15

沈德潛《國朝詩別裁集》／534

陸嘉□

徐　崧、陳濟生《詩南》／10

陸嘉覲

徐　崧《詩風初集》／9；11

陸嘉淑

程　棟、施　謹《鼓吹新編》／5

魏　耕、錢价人《今詩粹》

徐　崧《詩風初集》／5

蔣　薰、翁介眉《清詩初集》／4；6；

12

孫　銊《皇清詩選》／浙江

陳維崧《篋衍集》／8

卓爾堪《明遺民詩》／15

陶　煊、張　璨《國朝詩的》／浙江 5

沈德潛《國朝詩別裁集》／147

陸嘉顯

顧有孝《驪珠集》／11

陸壽名

黃傳祖《扶輪廣集》／4；13；14

徐　崧《詩風初集》／16

蔣　瓏、翁介眉《清詩初集》／1

曾　燦《過日集》／4

王爾綱《天下名家詩永》／5

陸鳴珂

徐　崧《詩風初集》／8；14；17

孫　銊《皇清詩選》／江南

沈德潛《國朝詩別裁集》／68

陸鳴球

孫　銊《皇清詩選》／江南

陸榮柜

孫　銊《皇清詩選》／江南

陳以剛《國朝詩品》／15

陸榮程

孫　銊《皇清詩選》／江南

陸榮登

顧有孝《驪珠集》／9

孫　銊《皇清詩選》／浙江

陸箕永

孫　銊《皇清詩選》／江南

陸與齡

倪匡世《振雅堂彙編詩最》／3

陸鳳儀

徐　崧《詩風初集》／10；18

席居中《昭代詩存》／12

陸慶裕

徐　崧、陳濟生《詩南》／6

陸慶曾

程　棟、施　謹《鼓吹新編》／7

魏　耕、錢价人《今詩粹》

徐　崧、陳濟生《詩南》／10

孫　銊《皇清詩選》／江南

陸慶臻

孫　銊《皇清詩選》／江南

陸德元

王爾綱《天下名家詩永》／7

陸義賓

陳　瑚《離憂集》／上

陸奮飛

姚　佺《詩源》／吳

徐　崧、陳濟生《詩南》／12

陸樹駿

魏　耕、錢价人《今詩粹》

陸謙吉

倪匡世《振雅堂彙編詩最》／9

陸應揚

徐　崧《詩風初集》／12

陸繁弼

魏　耕、錢价人《今詩粹》

徐　崧、陳濟生《詩南》／10

曾　燦《過日集》／8；10

卓爾堪《明遺民詩》／8

陶　煊、張　璨《國朝詩的》／浙江 1

陸鍾輝

陶　煊、張　璨《國朝詩的》／江南 15

陸叢桂

陳允衡《國雅》／58

王士禎《感舊集》／7

席居中《昭代詩存》／10

蔣　瓏、翁介眉《清詩初集》／12

综合索引（十一畫)

陸瞻淇

倪匡世《振雅堂彙編詩最》／7

陸寶書

吳元桂《昭代詩針》／13

陸瀛葿

彭廷梅《國朝詩選》／7；11

陸競烈

曾 燦《過日集》／4

陸釋麟

黃傳祖《扶輪續集》／10

陸濟睿

顧有孝《驪珠集》／9

陳 元

陶 煊、張 璨《國朝詩的》／浙江4

陳 史

彭廷梅《國朝詩選》／4；9

陳 式

王士禎《感舊集》／12

陳 帆

王爾綱《天下名家詩永》／6

陳 舟

王爾綱《天下名家詩永》／9

陳 份

沈德潛《國朝詩別裁集》／520

陳 忱

徐 崧、陳濟生《詩南》／6

徐 崧《詩風初集》／1；10；16

卓爾堪《明遺民詩》／14

陳 灼

魏 憲《詩持三集》／10

趙 炎《專閱詩藏》／4五言律

徐 崧《詩風初集》／8

陳 佑

陶 煊、張 璨《國朝詩的》／浙江8

陳 治

顧有孝《驪珠集》／10

徐 崧《詩風初集》／14

席居中《昭代詩存》／10

曾 燦《過日集》／9

陳 泓

徐 崧《詩風初集》／1

陳 表

王爾綱《天下名家詩永》／10

陶 煊、張 璨《國朝詩的》／浙江1

陳 坦

孫 銓《皇清詩選》／江南

陳 枋

陶 煊、張 璨《國朝詩的》／江南14

陳 協

鄧漢儀《詩觀二集》／9

陸次雲《詩平初集》／1

陶 煊、張 璨《國朝詩的》／直隸2

陳 坤

馬道畊《清詩二集》／4

陳 昌

徐 崧《詩風初集》／5

陳 易

陶 煊、張 璨《國朝詩的》／江南14

陳 昂

魏 憲《詩持一集》／1

徐 崧《詩風初集》／17

蔣 鑨、翁介眉《清詩初集》／7

孫 銓《皇清詩選》／福建

陶 煊、張 璨《國朝詩的》／福建2

陳 秉

徐 崧《詩風初集》／10

陳 周

卓爾堪《明遺民詩》／11

陳 恂

卓爾堪《明遺民詩》／14

陳 玢

王爾綱《天下名家詩永》／12

陳 度

吳元桂《昭代詩針》／6

陳 協

孫 鋐《皇清詩選》／京師

陳 兹

彭廷梅《國朝詩選》／4；5

陳 炳

沈德潛《國朝詩別裁集》／365

陳 苕

彭廷梅《國朝詩選》／11

陳 珏

曾 燦《過日集》／10

陳 泉

王爾綱《天下名家詩永》／12

陳 衍

程 棟、施 譔《鼓吹新編》／1

徐 崧《詩風初集》／12

陳 祚

韓純玉《近詩兼》

陳 茹

陳以剛《國朝詩品》／17

陳 做

顧有孝《驪珠集》／4

陳 素

黃傳祖《扶輪廣集》／13

姚 佺《詩源》／越

徐 崧、陳濟生《詩南》／3；12

鄧漢儀《天下名家詩觀》／5

徐 崧《詩風初集》／10；12；18

陳 恭

陸次雲《詩平初集》／12

彭廷梅《國朝詩選》／4

陳 烜

徐 崧《詩風初集》／10

陳 倫

沈德潛《國朝詩別裁集》／517

陳 留

程 棟、施 譔《鼓吹新編》／11

陳 陛

王爾綱《天下名家詩永》／11

陳 寅

顧有孝《驪珠集》／6

徐 崧《詩風初集》／9；10；17

孫 鋐《皇清詩選》／京師

周佑予《清詩鼓吹》／1

劉 然《國朝詩乘》／3

陶 煊、張 璨《國朝詩的》／直隸1

吳元桂《昭代詩針》／4

沈德潛《國朝詩別裁集》／298

陳 悚

程 棟、施 譔《鼓吹新編》／11

陳 章

趙 炎《尊閣詩藏》／6五言律

徐 崧《詩風初集》／14

朱 觀《國朝詩正》／4

陶 煊、張 璨《國朝詩的》／浙江4

陳 康

曾 燦《過日集》／10

陳 梁

卓爾堪《明遺民詩》／12

陳 英

黃傳祖《扶輪續集》／9

陳祚明、韓 詩《國門集》／4

程 棟、施 譔《鼓吹新編》／9

徐 崧、陳濟生《詩南》／2；7；9

徐 崧《詩風初集》／15；18

综合索引（十一画）

陆次云《诗平初集》／9
蒋 鑨、翁介眉《清诗初集》／8
曾 燦《过日集》／9

陈 聃
顾有孝《驪珠集》／11

陈 梅
汪 觀《清诗大雅二集》／4

陈 梧
陶 煊、张 璨《國朝诗的》／湖廣6
彭廷梅《國朝诗選》／10

陈 常
顾施楨（祯）《盛朝诗選初集》／6

陈 造
馬道畊《清诗二集》／2

陈 符
汪 觀《清诗大雅》／8

陈 釺
鄧漢儀《天下名家诗觀》／9
徐 崧《诗風初集》／5
孫 鋐《皇清诗選》／浙江

陈 紹
彭廷梅《國朝诗選》／4

陈 琪
徐 崧《诗風初集》／8

陈 参
魏裔介《觀始集》／8
姚 佺《诗源》／越
魏 耕、錢价人《今诗粹》
徐 崧《诗風初集》／13

陈 焯
曾 燦《过日集》／4；10
孫 鋐《皇清诗選》／江南
陈以剛《國朝诗品》／10

陈 萃
魏 憲《诗持一集》／3

徐 崧《诗風初集》／2；9

陈 菁
顾有孝《驪珠集》／4
魏 憲《诗持二集》／7
曾 燦《过日集》／4；8
顾施楨（祯）《盛朝诗選初集》／5；8
劉 然《國朝诗乘》／5

陈 裘
沈德潛《國朝诗别裁集》／320

陈 舜
陶 煊、张 璨《國朝诗的》／江西2

陈 舒
孫 鋐《皇清诗選》／江南
吴元桂《昭代诗針》／6

陈 愷
姚 佺《诗源》／吴
魏裔介《清诗溯洄集》／2

陈 溥
彭廷梅《國朝诗選》／4；8

陈 道
陈祚明、韓 诗《國門集》／2；4
王士禛《感舊集》／12

陈 瑚
黄傳祖《扶輪續集》／7
程 棟、施 譚《鼓吹新编》／8
姚 佺《诗源》／吴
徐 崧、陈濟生《诗南》／2；6；10
顾有孝《驪珠集》／4
魏 憲《诗持二集》／7
鄧漢儀《天下名家诗觀》／11
鄧漢儀《诗觀二集》／5
徐 崧《诗風初集》／12
王士禛《感舊集》／4
蒋 鑨、翁介眉《清诗初集》／9
曾 燦《过日集》／2；5

孫　鋐《皇清詩選》／江南
顧施禎（禎）《盛朝詩選初集》／8
韓純玉《近詩兼》
卓爾堪《明遺民詩》／　11
陶　煊、張　璨《國朝詩的》／江南5
彭廷梅《國朝詩選》／7

陳　獻

曾　燦《過日集》／5；9

陳　暉

徐　崧、陳濟生《詩南》／6
趙　炎《專閣詩藏》／5五言律
徐　崧《詩風初集》／8

陳　盟

卓爾堪《明遺民詩》／8
陶　煊、張　璨《國朝詩的》／四川1

陳　鈺

鄧漢儀《天下名家詩觀》／11
徐　崧《詩風初集》／18
王士禎《感舊集》／7
孫　鋐《皇清詩選》／江南
陶　煊、張　璨《國朝詩的》／江南3
彭廷梅《國朝詩選》／12
沈德潛《國朝詩別裁集》／131

陳　鉞

魏喬介《清詩溯洄集》／8

陳　群

陶　煊、張　璨《國朝詩的》／浙江6

陳　誠

陶　煊、張　璨《國朝詩的》／江南3

陳　嵩

魏　耕、錢价人《今詩粹》

陳　琮

陶　煊、張　璨《國朝詩的》／湖廣2

陳　薦

王爾綱《天下名家詩永》／13

陳　僴

魏喬介《觀始集》／6；9
程　棟、施　謹《鼓吹新編》／6
顧有孝《驪珠集》／7
鄧漢儀《詩觀二集》／5
陸次雲《詩平初集》／8
蔣　薰、翁介眉《清詩初集》／8
孫　鋐《皇清詩選》／京師
陶　煊、張　璨《國朝詩的》／直隸2
吳元桂《昭代詩針》／2
彭廷梅《國朝詩選》／4

陳　僉

陶　煊、張　璨《國朝詩的》／福建2

陳　綬

彭廷梅《國朝詩選》／6；12

陳　遂

陳　瑚《從遊集》／下

陳　潤

黃傳祖《扶輪新集》／9

陳　震

曾　燦《過日集》／6

陳　璋

沈德潛《國朝詩別裁集》／309

陳　邀

陳　瑚《從遊集》／下

陳　確

陶　煊、張　璨《國朝詩的》／湖廣9

陳　撰

陶　煊、張　璨《國朝詩的》／浙江4
彭廷梅《國朝詩選》／5

陳　銳

徐　崧《詩風初集》／10
孫　鋐《皇清詩選》／江南

陳　誠

王爾綱《天下名家詩永》／11

綜合索引（十一畫）

陳 辨

孫 銓《皇清詩選》／福建

陳 璜

孫 銓《皇清詩選》／浙江

陶 煊、張 璨《國朝詩的》／浙江5

陳 翰

黃傳祖《扶輪續集》／4

陳 默

姚 佺《詩源》／豫

陳 衡

程 棟、施 譔《鼓吹新編》／10

徐 崧、陳濟生《詩南》／6

陳 襄

鄧漢儀《詩觀二集》／9

席居中《昭代詩存》／7

蔣 鑨、翁介眉《清詩初集》／3

孫 銓《皇清詩選》／京師

陶 煊、張 璨《國朝詩的》／直隸2

彭廷梅《國朝詩選》／12

陳 鴻

程 棟、施 譔《鼓吹新編》／1；12；14

顧有孝《曠珠集》／11

魏 憲《詩持二集》／6

魏 憲《補石倉詩選》／1

趙 炎《尊閣詩藏》／1七言律

徐 崧《詩風初集》／7；8；14

孫 銓《皇清詩選》／江南

顧施楨（禎）《盛朝詩選初集》／9

陳 滻

黃傳祖《扶輪續集》／9

黃傳祖《扶輪廣集》／11

程 棟、施 譔《鼓吹新編》／7

姚 佺《詩源》／閩

徐 崧、陳濟生《詩南》／9

王士禛《感舊集》／15

陳 謙

黃傳祖《扶輪廣集》／12

魏裔介《觀始集》／2

姚 佺《詩源》／越

徐 崧《詩風初集》／1；9

王爾綱《天下名家詩永》／12

彭廷梅《國朝詩選》／7；13

陳 鍊

吴元桂《昭代詩針》／6

沈德潛《國朝詩別裁集》／461

陳 鎡

徐 崧《詩風初集》／14

陳 鍇

徐 崧《詩風初集》／9

孫 銓《皇清詩選》／江南

陳 翼

鄧漢儀《詩觀三集》／7

倪匡世《振雅堂彙編詩最》／4

陶 煊、張 璨《國朝詩的》／江南3

彭廷梅《國朝詩選》／3；10

陳 謩

黃傳祖《扶輪廣集》／9

陳 瑱

曾 燦《過日集》／10

陳 璞

朱 觀《國朝詩正》／7

陳 贊

曾 燦《過日集》／3

陳 聯

鄧漢儀《天下名家詩觀》／6

徐 崧《詩風初集》／9

孫 銓《皇清詩選》／京師

陶 煊、張 璨《國朝詩的》／直隸2

陳 燝

黃傳祖《扶輪續集》/9

黃傳祖《扶輪廣集》/3；9；11

魏裔介《觀始集》/6

陳祚明、韓 詩《國門集》/4

魏裔介《清詩溯洄集》/7

陳 彝

魏裔介《觀始集》/6

魏裔介《清詩溯洄集》/8；9

陳 騤

曾 燦《過日集》/10

陳 廖

顧有孝《驪珠集》/5

孫 鋐《皇清詩選》/江南

陳 麟

陶 煊、張 璨《國朝詩的》/浙江6

陳 鑒

黃傳祖《扶輪續集》/3

王爾綱《天下名家詩永》/2

陳 鑑

趙 炎《尊閣詩藏》/5五言律

孫 鋐《皇清詩選》/兩廣

陳 綸

趙 炎《尊閣詩藏》/5五言律

陳九皐

蔣 鑨、翁介眉《清詩初集》/12

陳之彬

魏 耕、錢价人《今詩粹》

陳之琰

顧施楨（禎）《盛朝詩選初集》/12；

12（附）

陳之群

魏 耕、錢价人《今詩粹》

陳之駬

陶 煊、張 璨《國朝詩的》/湖廣8

彭廷梅《國朝詩選》/1；7

陳之龍

黃傳祖《扶輪廣集》/6

姚 佺《詩源》/豫章

陳之遴

黃傳祖《扶輪續集》/10

黃傳祖《扶輪廣集》/8；10；12

魏裔介《觀始集》/6；7；8

陳祚明、韓 詩《國門集》/4；5

魏 耕、錢价人《今詩粹》

鄧漢儀《詩觀二集》/4

鄧漢儀《詩觀三集》/1

徐 崧《詩風初集》/10；12；13；

15；18

蔣 鑨、翁介眉《清詩初集》/2；5；

6；8；10

孫 鋐《皇清詩選》/浙江

王爾綱《天下名家詩永》/2

陶 煊、張 璨《國朝詩的》/浙江1

陳以剛《國朝詩品》/5

查 義、查岐昌《國朝詩因》/1

沈德潛《國朝詩別裁集》/25

陳三島

程 棟、施 譚《鼓吹新編》/8

魏 耕、錢价人《今詩粹》

徐 崧、陳濟生《詩南》/2；4；7；9

徐 崧《詩風初集》/9；13

蔣 鑨、翁介眉《清詩初集》/3

曾 燦《過日集》/5；8；10

孫 鋐《皇清詩選》/江南

卓爾堪《明遺民詩》/14

劉 然《國朝詩乘》/2

陳于王

鄧漢儀《詩觀三集》/12

倪匡世《振雅堂彙編詩最》/8

綜合索引（十一畫）

陳維崧《篋衍集》／2；10

陶　煊、張　璨《國朝詩的》／盛京 1

陳以剛《國朝詩品》／15

沈德潛《國朝詩別裁集》／371

陳于鼎

黃傳祖《扶輪廣集》／5

陳士淳

陶　煊、張　璨《國朝詩的》／江南 11

陳士望

蔣　鑨、翁介眉《清詩初集》／5；7；11；12

彭廷梅《國朝詩選》／8

陳士偉

朱　觀《國朝詩正》／4

陳士業

姚　佺《詩源》／豫章

陳士潘

陶　煊、張　璨《國朝詩的》／江南 11

陳士鑛

孫　鋐《皇清詩選》／浙江

陳大化

吳元桂《昭代詩針》／14

陳大成

陳　瑚《從遊集》／下

程　棟、施　譽《鼓吹新編》／10

魏　耕、錢价人《今詩粹》

顧有孝《驪珠集》／9

魏　憲《詩持三集》／8

鄧漢儀《天下名家詩觀》／6

鄧漢儀《詩觀二集》／8

徐　崧《詩風初集》／10

蔣　鑨、翁介眉《清詩初集》／12

曾　燦《過日集》／5

孫　鋐《皇清詩選》／江南

陳大佐

徐　崧《詩風初集》／9

陳大章

彭廷梅《國朝詩選》／8；10

沈德潛《國朝詩別裁集》／296

陳大讓

鄧漢儀《詩觀三集》／11

陶　煊、張　璨《國朝詩的》／山西 1

陳上年

鄧漢儀《詩觀三集》／6

陳上善

徐　崧《詩風初集》／6；15；17

孫　鋐《皇清詩選》／江西

吳元桂《昭代詩針》／1

陳千知

陶　煊、張　璨《國朝詩的》／浙江 3

陳子升

魏　耕、錢价人《今詩粹》

陳允衡《國雅》／49

趙　炎《尊閣詩藏》／4 五言律

王士禎《感舊集》／13

席居中《昭代詩存》／14

孫　鋐《皇清詩選》／兩廣

王爾綱《天下名家詩永》／5

卓爾堪《明遺民詩》／2

陶　煊、張　璨《國朝詩的》／廣東 1

沈德潛《國朝詩別裁集》／123

陳子廷

魏　憲《補石倉詩選》／1

陳子威

顧施楨（禎）《盛朝詩選初集》／10

陳子欽

曾　燦《過日集》／9

陳子龍

黃傳祖《扶輪續集》／3；4；8；11

黄傳祖《扶輪廣集》/ 6；8；10
魏裔介《觀始集》/ 4；8；11
程　棟、施　譚《鼓吹新編》/ 3
魏　耕、錢价人《今詩粹》
徐　崧、陳濟生《詩南》/ 1；4；5；8
魏　憲《詩持一集》/ 1
魏　憲《補石倉詩選》/ 1
徐　崧《詩風初集》/ 7；15；16
王爾綱《天下名家詩永》/ 1
顧施禎（禎）《盛朝詩選初集》/ 2
陳維崧《篋衍集》/ 5；9

陳六奇
　魏　憲《詩持三集》/ 9

陳文安
　孫　鋐《皇清詩選》/ 江南

陳文沂
　姚　佺《詩源》/ 粵

陳文炤
　席居中《昭代詩存》/ 4
　蔣　鑨、翁介眉《清詩初集》/ 7

陳文會
　魏　憲《詩持三集》/ 8

陳文燦
　馬道畊《清詩二集》/ 3

陳文鷲
　顧有孝《驪珠集》/ 9

陳王陸
　姚　佺《詩源》/ 吴
　陸次雲《詩平初集》/ 5
　彭廷梅《國朝詩選》/ 8

陳王獻
　曾　燦《過日集》/ 10
　沈德潛《國朝詩別裁集》/ 221

陳王榮
　卓爾堪《明遺民詩》/ 15

陳元素
　卓爾堪《明遺民詩》/ 13

陳元龍
　劉　然《國朝詩乘》/ 11

陳元鍾
　王爾綱《天下名家詩永》/ 14

陳元禮
　陶　煊、張　璨《國朝詩的》/ 浙江 6

陳元鏸
　王爾綱《天下名家詩永》/ 11

陳五玉
　陶　煊、張　璨《國朝詩的》/ 湖廣 9

陳五典
　顧有孝《驪珠集》/ 4

陳五聚
　陶　煊、張　璨《國朝詩的》/ 湖廣 4
　彭廷梅《國朝詩選》/ 3

陳日輝
　魏　憲《詩持三集》/ 9

陳仁錫
　魏　憲《補石倉詩選》/ 1

陳公祿
　陶　煊、張　璨《國朝詩的》/ 湖廣 7

陳丹衷
　黃傳祖《扶輪續集》/ 6
　黃傳祖《扶輪廣集》/ 3；10
　黃傳祖《扶輪新集》/ 10

陳允衡
　陸次雲《詩平初集》/ 4

陳允衡
　黃傳祖《扶輪廣集》/ 4；9
　姚　佺《詩源》/ 豫章
　顧有孝《驪珠集》/ 3；12
　魏　憲《詩持二集》/ 8
　趙　炎《專閣詩藏》/ 2 五言律

综合索引（十一画）

徐 崧《诗风初集》／9；14
王士祯《感旧集》／9
席居中《昭代诗存》／3
陆次云《诗平初集》／2；9
蒋 鑨、翁介眉《清诗初集》／2；6；9；10；11
曾 燦《过日集》／3
孙 鋐《皇清诗选》／江西
王爾綱《天下名家诗永》／10
陈维崧《篋衍集》／2；4
卓爾堪《明遗民诗》／7
吴 藎《名家诗选》／1
陶 煊、张 璨《國朝诗的》／江西2
彭廷梅《國朝诗选》／13

陈允锡

徐 崧《诗风初集》／6
蒋 鑨、翁介眉《清诗初集》／12

陈以明

陶 煊、张 璨《國朝诗的》／江南12
汪 觀《清诗大雅》／7
吴元桂《昭代诗针》／12
彭廷梅《國朝诗选》／2

陈以刚

陶 煊、张 璨《國朝诗的》／江南12
汪 觀《清诗大雅》／17
吴元桂《昭代诗针》／12
彭廷梅《國朝诗选》／4

陈以椳

陶 煊、张 璨《國朝诗的》／江南13

陈必谦

徐 崧、陈济生《诗南》／8

陈玉裁

刘 然《國朝诗乘》／7

陈玉齐

沈德潜《國朝诗别裁集》／443

陈玉瑾

程 棅、施 諲《鼓吹新编》／10
顾有孝《曬珠集》／8；12
魏 憲《诗持三集》／8
赵 炎《尊閑诗藏》／6五言律
鄧漢儀《天下名家诗觀》／6
鄧漢儀《诗觀二集》／6
鄧漢儀《诗觀三集》／3
徐 崧《诗风初集》／5；7；13；15；16
王士祯《感旧集》／12
席居中《昭代诗存》／1
陆次云《诗平初集》／1；3；7；10；12
蒋 鑨、翁介眉《清诗初集》／3；5；7；9；10；11
曾 燦《过日集》／2；3；7
孙 鋐《皇清诗选》／江南
王爾綱《天下名家诗永》／13
陈维崧《篋衍集》／10
陶 煊、张 璨《國朝诗的》／江南6
沈德潜《國朝诗别裁集》／165

陈正容

程 棅、施 諲《鼓吹新编》／2

陈正偲

王爾綱《天下名家诗永》／14

陈世珍

朱 觀《國朝诗正》／3

陈世昇

倪匡世《振雅堂集编诗最》／3
陶 煊、张 璨《國朝诗的》／江南6

陈世祥

姚 佺《诗源》／吴
徐 崧《诗风初集》／17
蒋 鑨、翁介眉《清诗初集》／12

陳世章

席居中《昭代詩存》／10

陳本鼎

彭廷梅《國朝詩選》／4；9；11

陳仕銓

席居中《昭代詩存》／11

陳台孫

魏喬介《觀始集》／2

姚 佺《詩源》／吳

魏 耕、錢价人《今詩粹》

徐 崧、陳濟生《詩南》／6

魏 憲《詩持二集》／6

鄧漢儀《天下名家詩觀》／1

徐 崧《詩風初集》／8

蔣 鑨、翁介眉《清詩初集》／2；7；10

孫 鋐《皇清詩選》／江南

陳弘緒（弘一作"宏"）

黃傳祖《扶輪續集》／2；10

陳允衡《國雅》／29

魏 憲《詩持一集》／2

王士禎《感舊集》／3

席居中《昭代詩存》／11

蔣 鑨、翁介眉《清詩初集》／3；5

曾 燦《過日集》／1；3

孫 鋐《皇清詩選》／江西

陶 煊、張 璨《國朝詩的》／江西 1

彭廷梅《國朝詩選》／6

陳弘勳

王爾綱《天下名家詩永》／11

陳汝亨

彭廷梅《國朝詩選》／2

陳汝亭

陶 煊、張 璨《國朝詩的》／湖廣 10

陳至言

蔣 鑨、翁介眉《清詩初集》／11

沈德潛《國朝詩別裁集》／349

陳光龍

陶 煊、張 璨《國朝詩的》／湖廣 7

陳兆曾

孫 鋐《皇清詩選》／福建

陳名夏

黃傳祖《扶輪續集》／2；8；10

魏喬介《觀始集》／3；8

顧有孝《驪珠集》／1

鄧漢儀《詩觀二集》／12

徐 崧《詩風初集》／11

蔣 鑨、翁介眉《清詩初集》／4

孫 鋐《皇清詩選》／江南

王爾綱《天下名家詩永》／1

顧施楨（禎）《盛朝詩選初集》／9

陳以剛《國朝詩品》／4

查 義、查岐昌《國朝詩因》／3

陳如鑒

黃傳祖《扶輪廣集》／9；13；14

陳旭照

孫 鋐《皇清詩選》／江南

陳沂配

陳以剛《國朝詩品》／17

陳沂震

陳以剛《國朝詩品》／17

沈德潛《國朝詩別裁集》／335

陳忭若

蔣 鑨、翁介眉《清詩初集》／12

陳志紀

鄧漢儀《天下名家詩觀》／3

徐 崧《詩風初集》／8

孫 鋐《皇清詩選》／江西

陶 煊、張 璨《國朝詩的》／江西 1

綜合索引（十一畫）

陳志遯

王爾綱《天下名家詩永》/ 3

陳志諶

鄧漢儀《詩觀二集》/ 5

孫　銓《皇清詩選》/ 江西

陶　煊、張　璨《國朝詩的》/ 江西 1

陳志襄

鄧漢儀《詩觀二集》/ 6

彭廷梅《國朝詩選》/ 4；5

陳志繹

鄧漢儀《詩觀二集》/ 6

陳孝逸

曾　燦《過日集》/ 4；6

孫　銓《皇清詩選》/ 江西

陳邦楨

蔣　鑨、翁介眉《清詩初集》/ 3

陳邦禎

黃傳祖《扶輪續集》/ 9

陳見龍

蔣　鑨、翁介眉《清詩初集》/ 11

陳廷搢

曾　燦《過日集》/ 10

陳廷焯

陶　煊、張　璨《國朝詩的》/ 浙江 6

陳廷敬

魏　憲《補石倉詩選》/ 3

魏　憲《皇清百名家詩選》/ 6

趙　炎《尊閣詩藏》/ 2 五言律

鄧漢儀《詩觀二集》/ 3

鄧漢儀《詩觀三集》/ 7

徐　崧《詩風初集》/ 2；8；15

王士禎《感舊集》/ 11

席居中《昭代詩存》/ 4

陸次雲《詩平初集》/ 1；2；4；6；8；11；12

蔣　鑨、翁介眉《清詩初集》/ 1；3；5；6；10；11；12

曾　燦《過日集》/ 4；9

孫　銓《皇清詩選》/ 山西

王爾綱《天下名家詩永》/ 8

顧施楨（禎）《盛朝詩選初集》/ 3；4；5；7

陳維崧《篋衍集》/ 4；11

周佑予《清詩鼓吹》/ 1

吳　蘄《名家詩選》/ 1

劉　然《國朝詩乘》/ 5

朱　觀《國朝詩正》/ 5

陶　煊、張　璨《國朝詩的》/ 山西 1

陳以剛《國朝詩品》/ 7

彭廷梅《國朝詩選》/ 1；5

沈德潛《國朝詩別裁集》/ 85

陳廷會

魏裔介《觀始集》/ 11

程　榛、施　諲《鼓吹新編》/ 8

魏　耕、錢价人《今詩粹》

徐　崧、陳濟生《詩南》/ 9

顧有孝《驪珠集》/ 6

徐　崧《詩風初集》/ 14

陸次雲《詩平初集》/ 12

蔣　鑨、翁介眉《清詩初集》/ 2；7；12

卓爾堪《明遺民詩》/ 7；14

查　義、查岐昌《國朝詩因》/ 1

彭廷梅《國朝詩選》/ 11

陳廷樂

吳元桂《昭代詩針》/ 6

陳廷機

王爾綱《天下名家詩永》/ 10

陳伯壎

黃傳祖《扶輪新集》/ 9

魏裔介《觀始集》/6；9

陳希昌

席居中《昭代詩存》/3

王爾綱《天下名家詩永》/7

陳希稷

徐　崧、陳濟生《詩南》/6

陶　煊、張　璨《國朝詩的》/河南2

陳宗之

程　棟、施　譚《鼓吹新編》/1

徐　崧《詩風初集》/1

王士禎《感舊集》/4

蔣　鑨、翁介眉《清詩初集》/4

曾　燦《過日集》/5

韓純玉《近詩兼》

卓爾堪《明遺民詩》/12

陳宗石

顧有孝《驪珠集》/11

鄧漢儀《詩觀二集》/13

孫　鋐《皇清詩選》/江南

陳治安

黃傳祖《扶輪續集》/2

黃傳祖《扶輪廣集》/1；2；5；8；10；14

魏裔介《觀始集》/2

徐　崧《詩風初集》/5

王爾綱《天下名家詩永》/1

陳治行

陶　煊、張　璨《國朝詩的》/湖廣9

陳治策

姚　佺《詩源》/豫

陳治循

陶　煊、張　璨《國朝詩的》/湖廣9

陳泓昌

魏裔介《觀始集》/4

姚　佺《詩源》/越

魏裔介《清詩溯洄集》/4

陳怍明

陶　煊、張　璨《國朝詩的》/浙江1

陳其名

席居中《昭代詩存》/9

陳其棟

陶　煊、張　璨《國朝詩的》/湖廣7

陳昌國

趙　炎《尊聞詩藏》/4七言律

曾　燦《過日集》/7

陳忠靖

陳允衡《國雅》/9

鄧漢儀《天下名家詩觀》/5

徐　崧《詩風初集》/9

席居中《昭代詩存》/6

陳秉鈞

彭廷梅《國朝詩選》/10；12

陳秉楨

鄧漢儀《詩觀三集》/9

倪匡世《振雅堂彙編詩最》/8

陶　煊、張　璨《國朝詩的》/福建1

陳金篆

徐　崧《詩風初集》/14

陳周政

黃傳祖《扶輪續集》/5；8；10

孫　鋐《皇清詩選》/四川

陳函暉

徐　崧、陳濟生《詩南》/3；5

魏　憲《補石倉詩選》/1

陳函輝

黃傳祖《扶輪續集》/3；4；8；11

王爾綱《天下名家詩永》/1

陳奕昌

徐　崧《詩風初集》/18

綜合索引（十一畫）

陳奕培

徐 崧《詩風初集》／16；18

陳奕禧

徐 崧《詩風初集》／5；12；18

劉 然《國朝詩乘》／12

沈德潛《國朝詩別裁集》／440

陳洪綬

王士禎《感舊集》／4

卓爾堪《明遺民詩》／12

陳祈明

陶 煊、張 璨《國朝詩的》／浙江5

陳美發

彭廷梅《國朝詩選》／12

陳相綬

王爾綱《天下名家詩永》／8

陳重光

魏喬介《清詩湖洄集》／2；9

蔣 鑨、翁介眉《清詩初集》／12

彭廷梅《國朝詩選》／11

陳食花

劉 然《國朝詩乘》／4

吴元桂《昭代詩針》／7

陳衍虞

曾 燦《過日集》／7；10

陳待舉

陶 煊、張 璨《國朝詩的》／湖廣9

陳容永

黃傳祖《扶輪廣集》／11

徐 崧、陳濟生《詩南》／10

陳衷胐

黃傳祖《扶輪續集》／2

陳祖生

孫 銊《皇清詩選》／江南

陳祖法

魏 耕、錢价人《今詩粹》

鄧漢儀《詩觀三集》／8

陶 煊、張 璨《國朝詩的》／浙江8

陳祖范

沈德潛《國朝詩別裁集》／480

陳祖虞

趙 炎《專閣詩藏》／6五言律

孫 銊《皇清詩選》／福建

陳炸明

黃傳祖《扶輪新集》／4；7；9

魏喬介《觀始集》／4；9

陳炸明、韓 詩《國門集》／1；4；5

程 棟、施 諲《鼓吹新編》／5

魏 耕、錢价人《今詩粹》

魏喬介《清詩湖洄集》／4；6；8；9

顧有孝《驪珠集》／4

趙 炎《專閣詩藏》／2五言古；8五言律

鄧漢儀《天下名家詩觀》／3

徐 崧《詩風初集》／7；16

王士禎《感舊集》／14

陸次雲《詩平初集》／8

蔣 鑨、翁介眉《清詩初集》／4；7；8；10；11；12

曾 燦《過日集》／10

孫 銊《皇清詩選》／浙江

王爾綱《天下名家詩永》／11

卓爾堪《明遺民詩》／14

陳容水

陳炸明、韓 詩《國門集》／3；5

陳班仰

魏 耕、錢价人《今詩粹》

陳起敬

王爾綱《天下名家詩永》／1

陳恭尹

趙 炎《專閣詩藏》／6五言律

鄧漢儀《天下名家詩觀》／11
徐　崧《詩風初集》／12；14
王士禎《感舊集》／13
蔣　鑨、翁介眉《清詩初集》／8
曾　燦《過日集》／1；5；6
孫　鋐《皇清詩選》／兩廣
韓純玉《近詩兼》
陳維崧《篋衍集》／8；10
卓爾堪《明遺民詩》／6
吳　薌《名家詩選》／2
劉　然《國朝詩乘》／3
陶　煊、張　璨《國朝詩的》／廣東1
陳以剛《國朝詩品》／7
吳元桂《昭代詩針》／1
彭廷梅《國朝詩選》／1；3；5；7；11
沈德潛《國朝詩別裁集》／136

陳哲庸

徐　崧《詩風初集》／10

陳晉明

黃傳祖《扶輪新集》／7
顧有孝《驪珠集》／10
鄧漢儀《詩觀二集》／8
徐　崧《詩風初集》／1；6；10
陸次雲《詩平初集》／10
陶　煊、張　璨《國朝詩的》／浙江5

陳時清

彭廷梅《國朝詩選》／11

陳牲成

鄧漢儀《天下名家詩觀》／11

陳師泰

王爾綱《天下名家詩永》／4

陳卿茂

曾　燦《過日集》／3

陳孫惠

王爾綱《天下名家詩永》／13

陳淑思

王爾綱《天下名家詩永》／5

陳許廷

卓爾堪《明遺民詩》／13

陳啟孟

王爾綱《天下名家詩永》／11

陳啟貞

席居中《昭代詩存》／8

陳啟泫

卓爾堪《明遺民詩》／14

陳啟源

黃傳祖《扶輪續集》／7
程　棟、施　譚《鼓吹新編》／10
徐　崧、陳濟生《詩南》／10；12
徐　崧《詩風初集》／1；14
席居中《昭代詩存》／8
孫　鋐《皇清詩選》／江南
陶　煊、張　璨《國朝詩的》／江南9

陳廷章

鄧漢儀《詩觀三集》／9

陳披臣

陸次雲《詩平初集》／3
蔣　鑨、翁介眉《清詩初集》／3；7；11

陳堂謀

趙　炎《尊閣詩藏》／8五言律
孫　鋐《皇清詩選》／江南

陳常夏

趙　炎《尊閣詩藏》／1五言律
席居中《昭代詩存》／8
蔣　鑨、翁介眉《清詩初集》／12
孫　鋐《皇清詩選》／福建
陶　煊、張　璨《國朝詩的》／福建1

陳國政

顧有孝《驪珠集》／7

综合索引（十一畫）

陳國祝

　　孫　鋡《皇清詩選》／湖廣

　　顧施禎（禎）　《盛朝詩選初集》／12

　　（附）

陳國棻

　　彭廷梅《國朝詩選》／2；12

陳基燿

　　陸次雲《詩平初集》／7

陳培脈

　　沈德潛《國朝詩別裁集》／448

陳陸坤

　　顧有孝《驪珠集》／11

陳陸輿

　　陳　瑚《從遊集》／下

陳紹文

　　徐　崧《詩風初集》／8

陳紹社

　　程　棟、施　諲《鼓吹新編》／4

　　姚　佺《詩源》／吳

陳富极

　　馬道畊《清詩二集》／1

陳喆倫

　　魏　耕、錢价人《今詩粹》

　　徐　崧《詩風初集》／10

陳愍榮

　　陳以剛《國朝詩品》／20

陳朝典

　　陳　瑚《離憂集》／下

　　程　棟、施　諲《鼓吹新編》／14

陳堯動

　　黃傳祖《扶輪廣集》／9

陳堯列

　　陳以剛《國朝詩品》／18

陳雅琛

　　陶　煊、張　璨《國朝詩的》／湖廣 10

陳紫椿

　　彭廷梅《國朝詩選》／1；3；10；11

陳景元

　　沈德潛《國朝詩別裁集》／545

陳景鍾

　　沈德潛《國朝詩別裁集》／524

陳凱永

　　孫　鋡《皇清詩選》／浙江

陳開虞

　　魏　憲《詩持二集》／5；8

　　徐　崧《詩風初集》／11

　　孫　鋡《皇清詩選》／陝西

　　王爾綱《天下名家詩永》／11

　　顧施楨（禎）《盛朝詩選初集》／5；8

　　劉　然《國朝詩乘》／11

　　陶　煊、張　璨《國朝詩的》／陝西 2

陳結璘

　　陶　煊、張　璨《國朝詩的》／江南 7

陳陽長

　　黃傳祖《扶輪廣集》／4；9

陳暉吉

　　魏　耕、錢价人《今詩粹》

陳棋芳

　　程　棟、施　諲《鼓吹新編》／11

　　徐　崧《詩風初集》／14

　　王士禛《感舊集》／4

　　蔣　籬、翁介眉《清詩初集》／12

　　陶　煊、張　璨《國朝詩的》／江南 8

陳瑞聲

　　徐　崧《詩風初集》／10

陳葉筠

　　沈德潛《國朝詩別裁集》／536

陳載華

　　陶　煊、張　璨《國朝詩的》／湖廣 9

陳豐陸

鄧漢儀《天下名家詩觀》／6

徐 崧《詩風初集》／14

孫 鋐《皇清詩選》／福建

陳運亨

魏 憲《詩持三集》／10

陳筅姜

魏裔介《觀始集》／2

姚 佺《詩源》／吳

徐 崧、陳濟生《詩南》／7

陶 煊、張 璨《國朝詩的》／江南 15

陳殿桂

劉 然《國朝詩乘》／11

陶 煊、張 璨《國朝詩的》／浙江 4

陳殿楨

徐 崧、陳濟生《詩南》／11

陳肇昌

陶 煊、張 璨《國朝詩的》／湖廣 5

陳肇曾

黃傳祖《扶輪廣集》／9；11

姚 佺《詩源》／閩

魏 憲《詩持二集》／2

魏 憲《詩持三集》／3

趙 炎《專閣詩藏》／5 五言律

鄧漢儀《詩觀二集》／8

徐 崧《詩風初集》／12

席居中《昭代詩存》／12

蔣 鑨、翁介眉《清詩初集》／7；8

王爾綱《天下名家詩永》／9

顧施楨（楨）《盛朝詩選初集》／6

陶 煊、張 璨《國朝詩的》／福建 1

陳肇復

王爾綱《天下名家詩永》／4

陳瑤芟

倪匡世《振雅堂集編詩最》／5

陳瑤僊

魏 憲《詩持三集》／8

陳睿思

沈德潛《國朝詩別裁集》／336

陳敗永

顧有孝《驪珠集》／4

魏 憲《補石倉詩選》／2

陳維石

王爾綱《天下名家詩永》／8

陳維松

彭廷梅《國朝詩選》／11

陳維岳

鄧漢儀《天下名家詩觀》／11

鄧漢儀《詩觀二集》／10

徐 崧《詩風初集》／17

王士禎《感舊集》／16

席居中《昭代詩存》／3

蔣 鑨、翁介眉《清詩初集》／9；12

曾 燦《過日集》／9

孫 鋐《皇清詩選》／江南

王爾綱《天下名家詩永》／14

陶 煊、張 璨《國朝詩的》／江南 9

陳以剛《國朝詩品》／8

彭廷梅《國朝詩選》／3；12

沈德潛《國朝詩別裁集》／247

陳維岱

蔣 鑨、翁介眉《清詩初集》／1；2；7；10

孫 鋐《皇清詩選》／江南

陳維國

曾 燦《過日集》／9

陶 煊、張 璨《國朝詩的》／湖廣 5

陳維崧

黃傳祖《扶輪新集》／7

魏裔介《觀始集》／4

综合索引（十一畫）

程　棟、施　譚《鼓吹新編》／9
姚　佺《詩源》／吳
魏　耕、錢价人《今詩粹》
徐　崧、陳濟生《詩南》／3；8
魏　憲《詩持一集》／3
趙　炎《尊閣詩藏》／2 七言古；4 七言律
鄧漢儀《天下名家詩觀》／5
鄧漢儀《詩觀二集》／10
鄧漢儀《詩觀三集》／5
徐　崧《詩風初集》／5；7；8；12；17；18
王士禎《感舊集》／11
席居中《昭代詩存》／8
陸次雲《詩平初集》／4；8；11；12
蔣　薰、翁介眉《清詩初集》／1；4；6；8；10；11；12
曾　燦《過日集》／2；3；8；9
孫　鋐《皇清詩選》／江南
王爾綱《天下名家詩永》／8
顧施楨（禎）《盛朝詩選初集》／6；12（附）
吳　藎《名家詩選》／3
劉　然《國朝詩乘》／2
陶　煊、張　璨《國朝詩的》／江南 3
陳以剛《國朝詩品》／8
彭廷梅《國朝詩選》／1；7；9
沈德潛《國朝詩別裁集》／197

陳維崧
魏　耕、錢价人《今詩粹》
徐　崧、陳濟生《詩南》／9；11
徐　崧《詩風初集》／16
蔣　薰、翁介眉《清詩初集》／11
顧施楨（禎）《盛朝詩選初集》／6
彭廷梅《國朝詩選》／10

陳維嶽
顧有孝《驪珠集》／9

陳養元
陶　煊、張　璨《國朝詩的》／湖廣 10

陳澄心
陳炸明、韓　詩《國門集》／3；5
徐　崧《詩風初集》／6

陳震生
黃傳祖《扶輪廣集》／3

陳嘉德
孫　鋐《皇清詩選》／江南

陳嘉璧
孫　鋐《皇清詩選》／江南

陳毅正
徐　崧《詩風初集》／10

陳增新
魏裔介《觀始集》／8
魏　耕、錢价人《今詩粹》
徐　崧、陳濟生《詩南》／10；12
魏裔介《清詩湖洞集》／8；10
顧有孝《驪珠集》／5
鄧漢儀《詩觀二集》／8
徐　崧《詩風初集》／5；9
王士禎《感舊集》／12
蔣　薰、翁介眉《清詩初集》／1；6；9；11；12

陳奮永
黃傳祖《扶輪廣集》／11
魏　耕、錢价人《今詩粹》
徐　崧、陳濟生《詩南》／9
徐　崧《詩風初集》／14
蔣　薰、翁介眉《清詩初集》／5；9

陳輝璧
顧施楨（禎）《盛朝詩選初集》／12（附）

陳履平

沈德潛《國朝詩別裁集》/ 513

陳履端

吳 藎《名家詩選》/ 3

陳履謙

陶 煊、張 璨《國朝詩的》/ 湖廣 9

彭廷梅《國朝詩選》/ 2; 12

陳謀道

徐 崧《詩風初集》/ 10

陳燕蘭

孫 鋐《皇清詩選》/ 江南

陳樹芳

彭廷梅《國朝詩選》/ 2; 4

陳樹苹

彭廷梅《國朝詩選》/ 2; 4; 8; 12

陳樹菁

彭廷梅《國朝詩選》/ 4; 6

陳學泗

沈德潛《國朝詩別裁集》/ 354

陳學洙

沈德潛《國朝詩別裁集》/ 275

陳學謙

徐 崧《詩風初集》/ 10

陳錦寧

王爾綱《天下名家詩永》/ 10

朱 觀《國朝詩正》/ 1

陶 煊、張 璨《國朝詩的》/ 江南 9

陳錫眼

沈德潛《國朝詩別裁集》/ 183

陳錫嘏

蔣 鑨、翁介眉《清詩初集》/ 2

陶 煊、張 璨《國朝詩的》/ 福建 2

陳龍翔

趙 炎《草閣詩藏》/ 6 五言律

陳濟生

黃傳祖《扶輪廣集》/ 11

魏喬介《觀始集》/ 4

程 棟、施 譚《鼓吹新編》/ 9; 14

魏喬介《清詩溯洄集》/ 4; 8

徐 崧《詩風初集》/ 13

孫 鋐《皇清詩選》/ 江南

王爾綱《天下名家詩永》/ 3

卓爾堪《明遺民詩》/ 5; 14

陳濟亮

程 棟、施 譚《鼓吹新編》/ 10

陳鴻績

顧有孝《驪珠集》/ 9

陳燦雲

沈德潛《國朝詩別裁集》/ 530

陳渝瑄

陶 煊、張 璨《國朝詩的》/ 浙江 8

陳檀禧

程 棟、施 譚《鼓吹新編》/ 5

徐 崧、陳濟生《詩南》/ 2

徐 崧《詩風初集》/ 6

陶 煊、張 璨《國朝詩的》/ 江南 15

陳聯璧

陶 煊、張 璨《國朝詩的》/ 湖廣 5

陳豐陞

陶 煊、張 璨《國朝詩的》/ 福建 2

陳寶綸

顧有孝《驪珠集》/ 9

魏 憲《詩持一集》/ 3

魏 憲《詩持二集》/ 2; 8

魏 憲《詩持三集》/ 1

魏 憲《補石倉詩選》/ 2

魏 憲《皇清百名家詩選》/ 29

徐 崧《詩風初集》/ 12

蔣 鑨、翁介眉《清詩初集》/ 1; 5; 8

综合索引（十一画）

孫　鋐《皇清詩選》／福建
王爾綱《天下名家詩永》／12
顧施楨（禎）《盛朝詩選初集》／5；6
吳元桂《昭代詩針》／4

陳瓊僊

陶　煊、張　璨《國朝詩的》／江西1

陳鵬年

劉　然《國朝詩乘》／2
陶　煊、張　璨《國朝詩的》／湖廣6
陳以剛《國朝詩品》／10
汪　觀《清詩大雅》／4
查　羲、查岐昌《國朝詩因》／4
彭廷梅《國朝詩選》／2；3；6；8；
13；14
沈德潛《國朝詩別裁集》／301

陳鵬章

孫　鋐《皇清詩選》／江南

陳鶴翔

孫　鋐《皇清詩選》／江南

陳鷙年

彭廷梅《國朝詩選》／4

陳鸞章

孫　鋐《皇清詩選》／江南

陰　潤

黃傳祖《扶輪廣集》／10
魏喬介《觀始集》／6；8
姚　佺《詩源》／晉

陰應節

徐　崧《詩風初集》／16

陶　祁

徐　崧《詩風初集》／9

陶　圻

陶　煊、張　璨《國朝詩的》／湖廣8

陶　妢

陶　煊、張　璨《國朝詩的》／湖廣6

陶　忄宗

徐　崧、陳濟生《詩南》／10
蔣　鑨、翁介眉《清詩初集》／7
孫　鋐《皇清詩選》／江南

陶　俞

陶　煊、張　璨《國朝詩的》／盛京1

陶　寅

陶　煊、張　璨《國朝詩的》／浙江4

陶　挺

陶　煊、張　璨《國朝詩的》／湖廣10

陶　煊

汪　觀《清詩大雅二集》／1

陶　嫄

陶　煊、張　璨《國朝詩的》／湖廣8
彭廷梅《國朝詩選》／2

陶　澂

鄧漢儀《詩觀二集》／10
徐　崧《詩風初集》／6
王士禎《感舊集》／14
孫　鋐《皇清詩選》／江南
卓爾堪《明遺民詩》／8
陶　煊、張　璨《國朝詩的》／江南4
沈德潛《國朝詩別裁集》／126

陶　葉

卓爾堪《明遺民詩》／10
陶　煊、張　璨《國朝詩的》／廣東1
彭廷梅《國朝詩選》／4

陶　蔚

倪匡世《振雅堂彙編詩最》／8

陶　庼

陶　煊、張　璨《國朝詩的》／湖廣9
彭廷梅《國朝詩選》／2；10；11
沈德潛《國朝詩別裁集》／268

陶　鑒

汪　觀《清詩大雅二集》／6

陶之采

陶 煊、張 璨《國朝詩的》/ 湖廣 7

陶之典

彭廷梅《國朝詩選》/ 1

陶士章

顧有孝《驪珠集》/ 10

陸次雲《詩平初集》/ 12

陶士侯

彭廷梅《國朝詩選》/ 2; 4; 6; 9; 12

陶士僴

陶 煊、張 璨《國朝詩的》/ 湖廣 10

吳元桂《昭代詩針》/ 13

彭廷梅《國朝詩選》/ 2; 4; 6; 8; 12

陶士儀

陶 煊、張 璨《國朝詩的》/ 湖廣 6

陶士儲

彭廷梅《國朝詩選》/ 4

陶士麟

彭廷梅《國朝詩選》/ 10; 12

陶大雲

陶 煊、張 璨《國朝詩的》/ 湖廣 3

陶文彬

彭廷梅《國朝詩選》/ 9; 11

陶文銳

彭廷梅《國朝詩選》/ 4; 9

陶文鐸

彭廷梅《國朝詩選》/ 8

陶元淳

沈德潛《國朝詩別裁集》/ 290

陶元藻

彭廷梅《國朝詩選》/ 10

陶世濟

馮 舒《懷舊集》下 / 16 下

陶正中

沈德潛《國朝詩別裁集》/ 483

陶汝鼐

魏喬介《觀始集》/ 9; 11

姚 佺《詩源》/ 楚

陳允衡《國雅》/ 53

曾 燦《過日集》/ 5; 8

陳維崧《篋衍集》/ 10

陶 煊、張 璨《國朝詩的》/ 湖廣 1

彭廷梅《國朝詩選》/ 1; 3

陶汝蕭

陶 煊、張 璨《國朝詩的》/ 湖廣 2

陶成瑜

鄧漢儀《天下名家詩觀》/ 9

徐 崧《詩風初集》/ 9

孫 鋐《皇清詩選》/ 盛京

陶孚尹

沈德潛《國朝詩別裁集》/ 353

陶朗雯

曾 燦《過日集》/ 4; 6; 9

陶章煥

彭廷梅《國朝詩選》/ 4; 11

陶善圻

沈德潛《國朝詩別裁集》/ 523

陶開虞

鄧漢儀《天下名家詩觀》/ 11

徐 崧《詩風初集》/ 14

蔣 薰、翁介眉《清詩初集》/ 12

陶 煊、張 璨《國朝詩的》/ 江南 9

陶爾穟

鄧漢儀《詩觀三集》/ 12

孫 鋐《皇清詩選》/ 江南

陶學琦

姚 佺《詩源》/ 越

顧有孝《驪珠集》/ 9

魏 憲《詩持二集》/ 5

徐 崧《诗风初集》／10；11

顾施桢（祯）《盛朝诗选初集》／9

十二畫

曾 旭

陶 煊、张 燦《國朝詩的》／江南14

曾 益

徐 崧、陳濟生《詩南》／5

曾 約

彭廷梅《國朝詩選》／2

曾 畹

黃傳祖《扶輪廣集》／9

陳祚明、韓 詩《國門集》／4；5

魏 耕、錢价人《今詩粹》

魏斎介《清詩湖洞集》／2；4；5；8；9

顧有孝《驪珠集》／6

趙 炎《專閣詩藏》／2 五言律

鄧漢儀《詩觀二集》／1

徐 崧《詩風初集》／2；6；9；11

王士禛《感舊集》／6

席居中《昭代詩存》／12

蔣 鑵、翁介眉《清詩初集》／1；2；4；6；8；11；12

孫 銊《皇清詩選》／陝西

顧施桢（祯）《盛朝詩選初集》／8

陳維崧《篋衍集》／4；5；9

吳 蘐《名家詩選》／4

陶 煊、张 燦《國朝詩的》／陝西1

陳以剛《國朝詩品》／6

吳元桂《昭代詩針》／1

彭廷梅《國朝詩選》／1；8；11

沈德潛《國朝詩別裁集》／84

曾 震

陶 煊、张 燦《國朝詩的》／湖廣10

曾 燦

席居中《昭代詩存》／2

陳維崧《篋衍集》／4；8

卓爾堪《明遺民詩》／6

吳 蘐《名家詩選》／4

陶 煊、张 燦《國朝詩的》／江西1

吳元桂《昭代詩針》／1

彭廷梅《國朝詩選》／1；7

曾王孫

顧有孝《驪珠集》／11

徐 崧《詩風初集》／2；6；18

曾 燦《過日集》／3；7

孫 銊《皇清詩選》／浙江

王爾綱《天下名家詩永》／6

曾天用

吳元桂《昭代詩針》／12

曾日理

彭廷梅《國朝詩選》／4；6

曾必光

席居中《昭代詩存》／7

陶 煊、张 燦《國朝詩的》／江西1

曾世琛

陶 煊、张 燦《國朝詩的》／湖廣6

曾安世

陶 煊、张 燦《國朝詩的》／浙江6

曾先慎

曾 燦《過日集》／4

曾宗周

曾 燦《過日集》／10

曾明新

劉 然《國朝詩乘》／9

曾師庠

曾 燦《過日集》／2

曾孫澜

邓汉仪《诗观二集》/7

曾华盖

顾施桢（桢）《盛朝诗选初集》/3；4；5；7

曾异撰

魏　宪《诗持一集》/1

魏　宪《补石仓诗选》/1

蒋　薰、翁介眉《清诗初集》/1；6；9；12

孙　铨《皇清诗选》/福建

韩纯玉《近诗兼》

卓尔堪《明遗民诗》/12

陶　煊、张　燦《國朝诗的》/福建1

曾傅燈

黄傅祖《扶轮续集》/8

徐　崧、陈济生《诗南》/6

孙　铨《皇清诗选》/江西

曾傅燦

姚　佺《诗源》/豫章

顾有孝《驪珠集》/8；12

徐　崧《诗風初集》/1；9；14

王士禛《感舊集》/8

蒋　薰、翁介眉《清诗初集》/3；6；9

孙　铨《皇清诗选》/江西

王尔綱《天下名家诗永》/1

沈德潜《國朝诗别裁集》/121

曾餘周

邓汉仪《诗观二集》/7

孙　铨《皇清诗选》/福建

王尔綱《天下名家诗永》/4

陶　煊、张　燦《國朝诗的》/福建2

曾懋蔚

蒋　薰、翁介眉《清诗初集》/7

曾燦垣

魏　宪《诗持二集》/5

佟　铜

姚　佺《诗源》/吴

曾　燦《过日集》/9

王尔綱《天下名家诗永》/6

佟　揄

顾施桢（桢）《盛朝诗选初集》/9

佟　摆

王士禛《感舊集》/8

蒋　薰、翁介眉《清诗初集》/3；7

佟世篁

顾施桢（桢）《盛朝诗选初集》/4；7

富鸿基

席居中《昭代诗存》/1

陆次雲《诗平初集》/6；8

蒋　薰、翁介眉《清诗初集》/7；8

富鸿業

赵　炎《尊閒诗藏》/4七言律

童　瑛

蒋　薰、翁介眉《清诗初集》/6

童铨遠

陈以刚《國朝诗品》/16

奥莫克托

陆次雲《诗平初集》/7；12

馮　址

王尔綱《天下名家诗永》/13

馮　宣

王尔綱《天下名家诗永》/10

馮　班

程　棅、施　諲《鼓吹新编》/4

魏　耕、錢价人《今诗粹》

徐　崧、陈济生《诗南》/6；11

顾有孝《驪珠集》/8

徐　崧《诗風初集》/13

综合索引（十二畫）

王士禎《感舊集》／4
曾 燦《過日集》／1；3；9
陳維崧《篋衍集》／5；10；11
卓爾堪《明遺民詩》／8
陶 煊、张 燦《國朝詩的》／江南4
吳元桂《昭代詩針》／2
彭廷梅《國朝詩選》／9；12；13

馮 珩

孫 銓《皇清詩選》／江南

馮 勗

周佑予《清詩鼓吹》／3
沈德潛《國朝詩別裁集》／218

馮 森

馮 舒《懷舊集》上／21下

馮 甡

陸次雲《詩平初集》／6
蔣 鑨、翁介眉《清詩初集》／7

馮 景

陶 煊、张 燦《國朝詩的》／浙江4

馮 溥

魏喬介《觀始集》／8；11
鄧漢儀《詩觀二集》／2
席居中《昭代詩存》／3
陸次雲《詩平初集》／1；2；4；6；8；11；12
蔣 鑨、翁介眉《清詩初集》／1；3；4；6；8；11；12
孫 銓《皇清詩選》／山東
周佑予《清詩鼓吹》／1
陶 煊、张 燦《國朝詩的》／山东2
沈德潛《國朝詩別裁集》／34

馮 瑞

孫 銓《皇清詩選》／江南

馮 寧

王爾綱《天下名家詩永》／10

馮 愿

吳元桂《昭代詩針》／13

馮 樾

程 棟、施 譚《鼓吹新編》／8
魏 憲《詩持三集》／3
趙 炎《尊閣詩藏》／2七言律；3五言律
徐 崧《詩風初集》／12
孫 銓《皇清詩選》／江南
沈德潛《國朝詩別裁集》／257

馮 鏸

程 棟、施 譚《鼓吹新編》／8
魏 耕、錢价人《今詩粹》
徐 崧、陳濟生《詩南》／10
周佑予《清詩鼓吹》／1

馮一第

黃傳祖《扶輪續集》／1；3；11

馮一鵬

彭廷梅《國朝詩選》／8

馮之圖

鄧漢儀《詩觀二集》／1
陶 煊、张 燦《國朝詩的》／湖廣2

馮文昌

顧有孝《曠珠集》／6

馮王琎

陶 煊、张 燦《國朝詩的》／浙江7

馮天球

王爾綱《天下名家詩永》／13

馮世皐

黃傳祖《扶輪新集》／5；8；10

馮守真

魏 憲《詩持三集》／4
趙 炎《尊閣詩藏》／3五言律；3七言律
徐 崧《詩風初集》／10

席居中《昭代詩存》／14

孫　鋐《皇清詩選》／江南

馮名佐

陳　瑚《從遊集》／下

馮如京

黃傳祖《扶輪廣集》／1；10；14

魏裔介《觀始集》／2；6；9；12

陳祚明、韓　詩《國門集》／4；6

鄧漢儀《詩觀二集》／4

鄧漢儀《詩觀三集》／1

王士禛《感舊集》／4

席居中《昭代詩存》／6

孫　鋐《皇清詩選》／山西

王爾綱《天下名家詩永》／3

劉　然《國朝詩乘》／3

陳以剛《國朝詩品》／10

馮廷楷

鄧漢儀《詩觀三集》／10

馮廷櫆

陳維崧《篋衍集》／2；4；8；10

陶　煊、張　璨《國朝詩的》／山東 1

查　羲、查岐昌《國朝詩因》／4

吳元桂《昭代詩針》／3；

沈德潛《國朝詩別裁集》／229

馮延年

卓爾堪《明遺民詩》／15

馮宗周

魏　耕、錢价人《今詩粹》

馮宗異

魏　耕、錢价人《今詩粹》

馮官撰

鄧漢儀《天下名家詩觀》／11

馮京第

黃傳祖《扶輪續集》／6

馮長武

陳　瑚《從遊集》／上

馮尚謙

吳元桂《昭代詩針》／13

馮明期

鄧漢儀《詩觀二集》／1

鄧漢儀《詩觀三集》／1

孫　鋐《皇清詩選》／山西

劉　然《國朝詩乘》／3

陶　煊、張　璨《國朝詩的》／山西 1

馮協一

吳元桂《昭代詩針》／10

馮思馭

徐　崧《詩風初集》／12

孫　鋐《皇清詩選》／江南

馮俞昌

鄧漢儀《詩觀二集》／10

孫　鋐《皇清詩選》／湖廣

陶　煊、張　璨《國朝詩的》／湖廣 7

馮益燴

顧有孝《驪珠集》／4

馮昶世

蔣　薰、翁介眉《清詩初集》／1；5；7；9

彭廷梅《國朝詩選》／9

馮啓舜

王爾綱《天下名家詩永》／5

馮雲驤

魏裔介《觀始集》／3；9；11

陳祚明、韓　詩《國門集》／1；3；4；5

魏　耕、錢价人《今詩粹》

魏裔介《清詩溯洄集》／8

顧有孝《驪珠集》／6；12

魏　意《補石倉詩選》／3

綜合索引（十二畫）

鄧漢儀《詩觀二集》／8

鄧漢儀《詩觀三集》／2

徐 崧《詩風初集》／13；16

席居中《昭代詩存》／9

陸次雲《詩平初集》／1；5；7；9；11；12

蔣 瓘、翁介眉《清詩初集》／1；3；7；9；11；12

孫 銓《皇清詩選》／山西

王爾綱《天下名家詩永》／14

顧施楨（禎）《盛朝詩選初集》／8

劉 然《國朝詩乘》／3

陶 煊、張 璨《國朝詩的》／山西1

陳以剛《國朝詩品》／8

吳元桂《昭代詩針》／6

沈德潛《國朝詩別裁集》／68

馮源濟

陸次雲《詩平初集》／2；6；8

蔣 瓘、翁介眉《清詩初集》／7

馮愷章

姚 佺《詩源》／越

鄧漢儀《天下名家詩觀》／7

馮愷愈

黃傳祖《扶輪廣集》／4

魏 耕、錢价人《今詩粹》

馮瑞振

程 棟、施 誥《鼓吹新編》／10

馮闓京

陶 煊、張 璨《國朝詩的》／山西1

沈德潛《國朝詩別裁集》／536

馮愈昌

席居中《昭代詩存》／4

馮肇杞

鄧漢儀《天下名家詩觀》／9

馮夢龍

黃傳祖《扶輪續集》／2

程 棟、施 誥《鼓吹新編》／1

徐 崧《詩風初集》／7

蔣 瓘、翁介眉《清詩初集》／1

馮熙世

程 棟、施 誥《鼓吹新編》／7

馮鼎延

鄧漢儀《詩觀三集》／8

王爾綱《天下名家詩永》／14

馮蕃大

鄧漢儀《詩觀二集》／13

孫 銓《皇清詩選》／江南

馮葦舒

顧有孝《驪珠集》／4

馮閒若

陳允衡《詩慰續集》

馮翼薇

魏 耕、錢价人《今詩粹》

徐 崧、陳濟生《詩南》／10

徐 崧《詩風初集》／14

馮霈大

倪匡世《振雅堂彙編詩最》／9

遊 基

吳元桂《昭代詩針》／12

遊 藝

王爾綱《天下名家詩永》／14

遊士鳳

蔣 瓘、翁介眉《清詩初集》／7

温 良

卓爾堪《明遺民詩》／14

温 雲

曾 燦《過日集》／9

温先升

曾 燦《過日集》／3；6；10

温自知

黄傳祖《扶輪續集》／6

黄傳祖《扶輪廣集》／3

黄傳祖《扶輪新集》／9

姚 佺《詩源》／秦

温春生

魏 耕、錢价人《今詩粹》

徐 崧《詩風初集》／8

温啓知

黄傳祖《扶輪廣集》／3；11

温秉忱

顧施禎（禛）《盛朝詩選初集》／4

温淵知

姚 佺《詩源》／秦

温睿臨

陶 煊、張 璨《國朝詩的》／浙江4

温養度

鄧漢儀《詩觀三集》／10

陶 煊、張 璨《國朝詩的》／陝西1

温應嘉

曾 燦《過日集》／3

湯 格

姚 佺《詩源》／吴

席居中《昭代詩存》／14

湯 俠

陶 煊、張 璨《國朝詩的》／江西2

湯 倫

吴元桂《昭代詩針》／15

湯 寅

鄧漢儀《詩觀二集》／6

湯 斌

魏 憲《詩持三集》／5

曾 燦《過日集》／3

孫 銧《皇清詩選》／河南

王爾綱《天下名家詩永》／2

顧施禎（禛）《盛朝詩選初集》／9

陳維崧《篋衍集》／9

周佑予《清詩鼓吹》／2

吴 藹《名家詩選》／2

劉 然《國朝詩乘》／11

陶 煊、張 璨《國朝詩的》／河南2

陳以剛《國朝詩品》／8

彭廷梅《國朝詩選》／5；9；13

沈德潛《國朝詩別裁集》／53

湯 準

沈德潛《國朝詩別裁集》／439

湯 聘

魏 憲《詩持二集》／5

湯 潛

卓爾堪《明遺民詩》／14

湯之盤

彭廷梅《國朝詩選》／11

湯永寬

陶 煊、張 璨《國朝詩的》／江西2

湯可宗

趙 炎《尊閱詩藏》／7 五言律

蔣 薰、翁介眉《清詩初集》／9

彭廷梅《國朝詩選》／6

湯右曾

鄧漢儀《詩觀二集》／7

陸次雲《詩平初集》／11；12

王爾綱《天下名家詩永》／13

陶 煊、張 璨《國朝詩的》／浙江4

查 義、查岐昌《國朝詩因》／4

沈德潛《國朝詩別裁集》／282

湯任尹

孫 銧《皇清詩選》／浙江

湯自奇

陶 煊、張 璨《國朝詩的》／江南11

綜合索引（十二畫）

湯來賀

　　曾　燦《過日集》／3

　　卓爾堪《明遺民詩》／4

　　陶　煊、張　璨《國朝詩的》／江西 1

湯松齡

　　王爾綱《天下名家詩永》／12

湯季雲

　　陳允衡《詩慰二集》

湯帝臣

　　鄧漢儀《詩觀二集》／12

湯思孝

　　鄧漢儀《詩觀二集》／8

湯姚琤

　　陶　煊、張　璨《國朝詩的》／浙江 6

湯祖武

　　卓爾堪《明遺民詩》／10

　　陶　煊、張　璨《國朝詩的》／江南 5

湯祖祐

　　卓爾堪《明遺民詩》／14

湯原清

　　魏　憲《詩持三集》／5

湯豹處

　　顧有孝《驪珠集》／9

　　魏　憲《詩持三集》／8

　　徐　崧《詩風初集》／9；17

湯師伯

　　陶　煊、張　璨《國朝詩的》／湖廣 8

湯孫咸

　　徐　崧、陳濟生《詩南》／1；4；11

　　徐　崧《詩風初集》／2

湯清原

　　孫　鋐《皇清詩選》／江南

湯得中

　　魏　耕、錢价人《今詩粹》

湯彭年

　　鄧漢儀《詩觀二集》／7

湯開先

　　王爾綱《天下名家詩永》／1

　　陶　煊、張　璨《國朝詩的》／江西 1

湯道準

　　吳元桂《昭代詩針》／12

湯傳楹

　　黃傳祖《扶輪續集》／9

　　陸次雲《詩平初集》／1；10

　　曾　燦《過日集》／2；8

　　孫　鋐《皇清詩選》／江南

　　陶　煊、張　璨《國朝詩的》／江南 9

湯調鼎

　　魏裔介《觀始集》／2

　　魏　耕、錢价人《今詩粹》

　　顧有孝《驪珠集》／9

　　徐　崧《詩風初集》／16

　　蔣　鑨、翁介眉《清詩初集》／11

　　孫　鋐《皇清詩選》／江南

湯燕生

　　黃傳祖《扶輪廣集》／11

　　魏裔介《觀始集》／8

　　程　棟、施　諲《鼓吹新編》／6

　　姚　佺《詩源》／吳

　　徐　崧、陳濟生《詩南》／9

　　鄧漢儀《詩觀二集》／8

　　鄧漢儀《詩觀三集》／4

　　徐　崧《詩風初集》／9；14

　　曾　燦《過日集》／2

　　倪匡世《振雅堂彙編詩最》／9

　　王爾綱《天下名家詩永》／5

　　卓爾堪《明遺民詩》／1

　　吳　藎《名家詩選》／1

湯懋紳

吳元桂《昭代詩針》／14

湯懋統

吳元桂《昭代詩針》／14

沈德潛《國朝詩別裁集》／516

湯懋綱

吳元桂《昭代詩針》／14

湯續禹

姚 佺《詩源》／吳

徐 崧、陳濟生《詩南》／8

卓爾堪《明遺民詩》／14

勞之辨

席居中《昭代詩存》／1

孫 鋐《皇清詩選》／浙江

顧施楨（楨）《盛朝詩選初集》／4；5；7

陳以剛《國朝詩品》／10

沈德潛《國朝詩別裁集》／154

惲 向

黃傳祖《扶輪續集》／2；5

蔣 鑨、翁介眉《清詩初集》／1

惲 格

程 棟、施 諲《鼓吹新編》／8

魏 耕、錢价人《今詩粹》

徐 崧《詩風初集》／18

蔣 鑨、翁介眉《清詩初集》／4；7；10

曾 燦《過日集》／2

彭廷梅《國朝詩選》／10

沈德潛《國朝詩別裁集》／246

惲 驤

蔣 鑨、翁介眉《清詩初集》／6

惲于邁

魏裔介《清詩漪洞集》／2

鄧漢儀《詩觀二集》／8

蔣 鑨、翁介眉《清詩初集》／2；12

孫 鋐《皇清詩選》／江南

惲日初

程 棟、施 諲《鼓吹新編》／6；14

姚 佺《詩源》／吳

徐 崧、陳濟生《詩南》／8

顧有孝《驪珠集》／4

徐 崧《詩風初集》／10

蔣 鑨、翁介眉《清詩初集》／2

曾 燦《過日集》／8；9

孫 鋐《皇清詩選》／江南

卓爾堪《明遺民詩》／10

沈德潛《國朝詩別裁集》／143

惲本初

黃傳祖《扶輪續集》／10

姚 佺《詩源》／吳

鄧漢儀《詩觀二集》／8

蔣 鑨、翁介眉《清詩初集》／9

卓爾堪《明遺民詩》／12

陶 煊、張 璨《國朝詩的》／江南4

惲源濬

彭廷梅《國朝詩選》／4；6；8；10

華 侗

程 棟、施 諲《鼓吹新編》／11

華 袞

鄧漢儀《天下名家詩觀》／9

徐 崧《詩風初集》／8；16

席居中《昭代詩存》／2；13

陸次雲《詩平初集》／3

蔣 鑨、翁介眉《清詩初集》／7；11

曾 燦《過日集》／4

孫 鋐《皇清詩選》／江南

陶 煊、張 璨《國朝詩的》／江南7

彭廷梅《國朝詩選》／11

華 淑

黃傳祖《扶輪續集》／1；2；5；10

綜合索引（十二畫）

華　黃

鄧漢儀《詩觀三集》／8

王爾綱《天下名家詩永》／9

華　棟

徐　崧《詩風初集》／12

曾　燦《過日集》／3

華希閔

沈德潛《國朝詩別裁集》／422

華長發

程　棟、施　譚《鼓吹新編》／10

魏　耕、錢价人《今詩粹》

徐　崧、陳濟生《詩南》／12

顧有孝《驪珠集》／8

曾　燦《過日集》／3

華時亨

程　棟、施　譚《鼓吹新編》／6

姚　佺《詩源》／吳

徐　崧、陳濟生《詩南》／6；8

華乾龍

程　棟、施　譚《鼓吹新編》／5

華龍翔

沈德潛《國朝詩別裁集》／535

華璜選

顧有孝《驪珠集》／7

越　珺

鄧漢儀《天下名家詩觀》／9

鄧漢儀《詩觀二集》／7

席居中《昭代詩存》／12

孫　鋐《皇清詩選》／貴州

王爾綱《天下名家詩永》／13

陶　煊、張　璨《國朝詩的》／雲南1

彭廷梅《國朝詩選》／2

越　闓

顧有孝《驪珠集》／11

鄧漢儀《天下名家詩觀》／9

徐　崧《詩風初集》／8；16；17

王爾綱《天下名家詩永》／14

彭廷梅《國朝詩選》／1

越其傑

黃傳祖《扶輪續集》／10

姚　佺《詩源》／黔

徐　崧《詩風初集》／16

蔣　籬、翁介眉《清詩初集》／11

孫　鋐《皇清詩選》／貴州

陶　煊、張　璨《國朝詩的》／貴州1

彭廷梅《國朝詩選》／2

越其森

王爾綱《天下名家詩永》／8

彭　大

曾　燦《過日集》／4

彭　年

黃傳祖《扶輪續集》／4；9

鄧漢儀《詩觀二集》／6

蔣　籬、翁介眉《清詩初集》／7

孫　鋐《皇清詩選》／江南

彭　任

曾　燦《過日集》／9

彭　旭

黃傳祖《扶輪廣集》／11

陳祚明、韓　詩《國門集》／5

彭　昕

陶　煊、張　璨《國朝詩的》／江南12

彭　桂

鄧漢儀《詩觀二集》／3

席居中《昭代詩存》／12

曾　燦《過日集》／5；8

王爾綱《天下名家詩永》／3

陶　煊、張　璨《國朝詩的》／江南9

吳元桂《昭代詩針》／4

沈德潛《國朝詩別裁集》／270

彭 理

陶 煊、張 璁《國朝詩的》／江南3

彭 焱

鄧漢儀《詩觀二集》／7

蔣 薰、翁介眉《清詩初集》／3；9；12

孫 銓《皇清詩選》／湖廣

陶 煊、張 璁《國朝詩的》／湖廣5

彭 椅

顧有孝《驪珠集》／11

鄧漢儀《詩觀二集》／5

徐 崧《詩風初集》／14

孫 銓《皇清詩選》／江南

陶 煊、張 璁《國朝詩的》／江南9

彭 極

鄧漢儀《詩觀二集》／3

席居中《昭代詩存》／12

孫 銓《皇清詩選》／江南

陶 煊、張 璁《國朝詩的》／江南9

吳元桂《昭代詩針》／4

彭廷梅《國朝詩選》／9

沈德潛《國朝詩別裁集》／272

彭 源

魏裔介《觀始集》／6

魏裔介《清詩溯洄集》／9；10

徐 崧《詩風初集》／16

孫 銓《皇清詩選》／河南

彭 賓（賓一作"寅"）

黃傳祖《扶輪廣集》／6；10

魏裔介《觀始集》／6

陳祚明、韓 詩《國門集》／5

程 棟、施 譚《鼓吹新編》／6

姚 佺《詩源》／吳

魏 耕、錢价人《今詩粹》

徐 崧、陳濟生《詩南》／4

顧有孝《驪珠集》／7

徐 崧《詩風初集》／11

蔣 薰、翁介眉《清詩初集》／8

卓爾堪《明遺民詩》／2

彭 實

曾 燦《過日集》／5

彭 舉

姚 佺《詩源》／豫章

彭 裹

沈德潛《國朝詩別裁集》／77

彭 瓏

陸次雲《詩平初集》／9

蔣 薰、翁介眉《清詩初集》／8

孫 銓《皇清詩選》／江南

彭 籥

鄧漢儀《詩觀二集》／13

彭一楷

陶 煊、張 璁《國朝詩的》／湖廣9

彭士右

鄧漢儀《詩觀二集》／8

席居中《昭代詩存》／14

孫 銓《皇清詩選》／江南

倪匡世《振雅堂彙編詩最》／2

顧施禎（禎）《盛朝詩選初集》／7

陶 煊、張 璁《國朝詩的》／江南6

彭士商

彭廷梅《國朝詩選》／2

彭士商

彭廷梅《國朝詩選》／2

彭士望

顧有孝《驪珠集》／9

徐 崧《詩風初集》／2

曾 燦《過日集》／5；6；9

孫 銓《皇清詩選》／江西

卓爾堪《明遺民詩》／10

综合索引（十二畫）

陶 煊、張 璨《國朝詩的》／江西 1

吴元桂《昭代詩針》／2

彭文焯

朱 觀《國朝詩正》／4

彭玉振

彭廷梅《國朝詩選》／2；3；11

彭可壯

席居中《昭代詩存》／6

彭而述

黄傳祖《扶輪廣集》／3；6；8；10；14

黄傳祖《扶輪新集》／10

魏裔介《觀始集》／2；4；6；9

陳祚明、韓 詩《國門集》／3；5

姚 佺《詩源》／豫

顧有孝《驪珠集》／5

魏 憲《詩持四集》／1

趙 炎《專閣詩藏》／1 五言律；1 七言律

鄧漢儀《天下名家詩觀》／4

鄧漢儀《詩觀二集》／8

鄧漢儀《詩觀三集》／2

徐 崧《詩風初集》／2；7

席居中《昭代詩存》／11

陸次雲《詩平初集》／9

蔣 鑨、翁介眉《清詩初集》／1；3；4；6；8；10；12

曾 燦《過日集》／1；7；10

孫 銓《皇清詩選》／河南

王爾綱《天下名家詩永》／2

陳維崧《篋衍集》／9

吴 藹《名家詩選》／2

陶 煊、張 璨《國朝詩的》／河南 1

陳以剛《國朝詩品》／8

查 義、查岐昌《國朝詩因》／3

彭廷梅《國朝詩選》／3；11；14

沈德潛《國朝詩別裁集》／27

彭向衡

朱 觀《國朝詩正》／2

彭廷佐

魏 憲《詩持二集》／7

顧施禎（禎）《盛朝詩選初集》／8

陶 煊、張 璨《國朝詩的》／江西 2

彭廷典

陶 煊、張 璨《國朝詩的》／江西 2

彭廷訓

陶 煊、張 璨《國朝詩的》／江西 2

彭廷讓

陶 煊、張 璨《國朝詩的》／江西 2

彭廷梅

陶 煊、張 璨《國朝詩的》／湖廣 10

吴元桂《昭代詩針》／13

彭希周

鄧漢儀《詩觀三集》／12

彭定求

鄧漢儀《詩觀二集》／13

陸次雲《詩平初集》／10

蔣 鑨、翁介眉《清詩初集》／9

孫 銓《皇清詩選》／江南

王爾綱《天下名家詩永》／12

周佑予《清詩鼓吹》／2

吴 藹《名家詩選》／1

陳以剛《國朝詩品》／8

沈德潛《國朝詩別裁集》／180

彭長宜

卓爾堪《明遺民詩》／15

彭始超

蔣 鑨、翁介眉《清詩初集》／7；8；12

王爾綱《天下名家詩永》／10

彭始搏

鄧漢儀《天下名家詩觀》／4

徐 崧《詩風初集》／13

孫 鋐《皇清詩選》／河南

王爾綱《天下名家詩永》／10

顧施楨（楨）《盛朝詩選初集》／10

吳 藎《名家詩選》／2

吳元桂《昭代詩針》／6

彭始奮

鄧漢儀《天下名家詩觀》／4

徐 崧《詩風初集》／6

王士禎《感舊集》／16

蔣 鑨、翁介眉《清詩初集》／4；7；9；11；12

孫 鋐《皇清詩選》／河南

王爾綱《天下名家詩永》／10

吳 藎《名家詩選》／2

吳元桂《昭代詩針》／6

彭廷梅《國朝詩選》／1；4；5

沈德潛《國朝詩別裁集》／268

彭始騫

蔣 鑨、翁介眉《清詩初集》／6

彭彥昭

程 棟、施 諟《鼓吹新編》／3

彭厚德

陶 煊、張 璨《國朝詩的》／江西 1

彭述古

曾 燦《過日集》／10

彭師度

程 棟、施 諟《鼓吹新編》／10

魏 耕、錢价人《今詩粹》

徐 崧、陳濟生《詩南》／4

顧有孝《驪珠集》／8

鄧漢儀《天下名家詩觀》／11

徐 崧《詩風初集》／9；13

蔣 鑨、翁介眉《清詩初集》／7；9

孫 鋐《皇清詩選》／江南

彭師援

王爾綱《天下名家詩永》／9

彭孫詒

孫 鋐《皇清詩選》／浙江

彭孫貽

程 棟、施 諟《鼓吹新編》／5

姚 佺《詩源》／越

魏 耕、錢价人《今詩粹》

徐 崧、陳濟生《詩南》／1；3；6；9；11

顧有孝《驪珠集》／8

鄧漢儀《詩觀二集》／12

徐 崧《詩風初集》／5；9；14；15；16；18

王士禎《感舊集》／1

蔣 鑨、翁介眉《清詩初集》／10；11

陳維崧《篋衍集》／4；5

卓爾堪《明遺民詩》／13

陶 煊、張 璨《國朝詩的》／浙江 1

彭廷梅《國朝詩選》／13

沈德潛《國朝詩別裁集》／119

彭孫適

陳允衡《國雅》／17

顧有孝《驪珠集》／12

魏 憲《詩持一集》／2

魏 憲《詩持四集》／1

趙 炎《尊閣詩藏》／7 五言律

鄧漢儀《天下名家詩觀》／6

鄧漢儀《詩觀三集》／9

徐 崧《詩風初集》／12；18

王士禎《感舊集》／10

席居中《昭代詩存》／10

陸次雲《詩平初集》／3；5；7；9；

综合索引（十二畫）

11；12

蔣 鑨、翁介眉《清詩初集》／3；5；8；11；12

曾 燦《過日集》／4；7；10

孫 鋐《皇清詩選》／浙江

王爾綱《天下名家詩永》／4

顧施禎（禎）《盛朝詩選初集》／3；7

陳維崧《篋衍集》／2；7

陶 煊、張 璨《國朝詩的》／浙江2

陳以剛《國朝詩品》／8

吴元桂《昭代詩針》／3

彭廷梅《國朝詩選》／3；8；10

沈德潛《國朝詩別裁集》／98

彭梧鳳

孫 鋐《皇清詩選》／江南

彭善長

蔣 鑨、翁介眉《清詩初集》／6

彭堯俞

陸次雲《詩平初集》／12

彭堯諭

黃傳祖《扶輪廣集》／2；5

黃傳祖《扶輪新集》／10

顧有孝《驪珠集》／4

徐 崧《詩風初集》／5

孫 鋐《皇清詩選》／河南

彭棟華

朱 觀《國朝詩正》／4

彭開祐

孫 鋐《皇清詩選》／江南

彭舜齡

黃傳祖《扶輪續集》／9

彭椿華

朱 觀《國朝詩正》／4

彭楚伯

魏裔介《觀始集》／2；4；6

魏裔介《清詩溯洄集》／2；4；6；8；9；10

顧有孝《驪珠集》／5

王士禎《感舊集》／12

孫 鋐《皇清詩選》／河南

彭寧求

孫 鋐《皇清詩選》／江南

沈德潛《國朝詩別裁集》／226

彭肇洙

彭廷梅《國朝詩選》／2；4

彭禎源

鄧漢儀《詩觀三集》／10

陶 煊、張 璨《國朝詩的》／江南8

彭熙棟

鄧漢儀《詩觀二集》／8

孫 鋐《皇清詩選》／湖廣

彭維新

陶 煊、張 璨《國朝詩的》／湖廣6

彭端淑

彭廷梅《國朝詩選》／2；4；6；8；10

彭遵泗

彭廷梅《國朝詩選》／4；13

彭鴛愷

朱 觀《國朝詩正》／2

彭錫縵

顧有孝《驪珠集》／4

徐 崧《詩風初集》／11

彭鴻獻

姚 佺《詩源》／豫章

彭鼃躍

黃傳祖《扶輪新集》／10

彭繼華

彭廷梅《國朝詩選》／1；5；7

喜 越

姚 佺《詩源》／吴

博爾都

鄧漢儀《詩觀二集》／7
王爾綱《天下名家詩永》／5
陳維崧《篋衍集》／4
吳 藎《名家詩選》／1
陶 煊、張 璨《國朝詩的》／滿洲 1
汪 觀《清詩大雅》／7
彭廷梅《國朝詩選》／1；5；9；13
沈德潛《國朝詩別裁集》／350

朝 琦

朱 觀《國朝詩正》／7
陶 煊、張 璨《國朝詩的》／滿洲 1

堵 萊

蔣 鑨、翁介眉《清詩初集》／8

堵 㝢

蔣 鑨、翁介眉《清詩初集》／8

堵心霞

倪匡世《振雅堂彙編詩最》／5

堵廷萊

黃傳祖《扶輪續集》／4；7；9
黃傳祖《扶輪廣集》／1；4；11；13
黃傳祖《扶輪新集》／3；6；8；10
魏裔介《清詩溯洄集》／6
顧有孝《驪珠集》／4
徐 崧《詩風初集》／16
蔣 鑨、翁介眉《清詩初集》／1；12
彭廷梅《國朝詩選》／9

堵胤錫

卓爾堪《明遺民詩》／12

堵景濂

黃傳祖《扶輪新集》／4；7
徐 崧、陳濟生《詩南》／5

項 炎

陶 煊、張 璨《國朝詩的》／江南 15

項 玠

陶 煊、張 璨《國朝詩的》／浙江 8

項 宣

朱 觀《國朝詩正》／6

項 奎

陶 煊、張 璨《國朝詩的》／浙江 8

項 睿

曾 燦《過日集》／5

項 綸

陶 煊、張 璨《國朝詩的》／江南 16

項 煦

陶 煊、張 璨《國朝詩的》／江南 16

項以淳

陶 煊、張 璨《國朝詩的》／浙江 8

項玉筍

鄧漢儀《天下名家詩觀》／7
徐 崧《詩風初集》／2；8；9
曾 燦《過日集》／3
孫 鋐《皇清詩選》／浙江
陶 煊、張 璨《國朝詩的》／浙江 2

項邦柱

汪 觀《清詩大雅二集》／3

項始震

黃傳祖《扶輪廣集》／4；9；11；14
黃傳祖《扶輪新集》／1；3；6；10

項起漢

卓爾堪《明遺民詩》／14

項理孝

汪 觀《清詩大雅二集》／3

項善辭

陶 煊、張 璨《國朝詩的》／江南 16

項景行

陶 煊、張 璨《國朝詩的》／浙江 4

項景襄

鄧漢儀《天下名家詩觀》／6

綜合索引（十二畫）

鄂漢儀《詩觀二集》／9
席居中《昭代詩存》／11
陸次雲《詩平初集》／1；2；6；8；12
蔣　鑨、翁介眉《清詩初集》／1；3；
　　5；7；10；12
陶　煊、張　璨《國朝詩的》／浙江 1

項道昬
　　陶　煊、張　璨《國朝詩的》／江南 6

項聖謨
　　徐　崧、陳濟生《詩南》／6

項毓槐
　　程　棟、施　謹《鼓吹新編》／9

項錫胤
　　席居中《昭代詩存》／9

惠　潤
　　孫　鋐《皇清詩選》／江南

惠士奇
　　沈德潛《國朝詩別裁集》／387

惠周惕
　　曾　燦《過日集》／9
　　彭廷梅《國朝詩選》／2
　　沈德潛《國朝詩別裁集》／299

單　顯
　　魏　憲《詩持三集》／5

單獻籙
　　倪匡世《振雅堂彙編詩最》／6
　　陶　煊、張　璨《國朝詩的》／湖廣 9

紫紹炳
　　魏裔介《觀始集》／11

揭人尊
　　陶　煊、張　璨《國朝詩的》／江西 2

揭重熙
　　魏　憲《補石倉詩選》／1

揆　敘
　　陶　煊、張　璨《國朝詩的》／滿洲 1

沈德潛《國朝詩別裁集》／351

景考祥
　　彭廷梅《國朝詩選》／12

單　虹
　　蔣　鑨、翁介眉《清詩初集》／1；3

單　恂
　　程　棟、施　謹《鼓吹新編》／4
　　徐　崧、陳濟生《詩南》／9
　　魏　憲《詩持三集》／9
　　趙　炎《尊閣詩藏》／1 五言古；3 五
言律
　　徐　崧《詩風初集》／8；18
　　蔣　鑨、翁介眉《清詩初集》／5
　　孫　鋐《皇清詩選》／江南
　　卓爾堪《明遺民詩》／14
　　陳以剛《國朝詩品》／4

單玉華
　　程　棟、施　謹《鼓吹新編》／11
　　徐　崧《詩風初集》／9；17

單廷言
　　陶　煊、張　璨《國朝詩的》／浙江 6

單若魯
　　魏裔介《觀始集》／8

單昭禧
　　趙　炎《尊閣詩藏》／3 五言律

單隆周
　　黃傳祖《扶輪新集》／4
　　魏　耕、錢价人《今詩粹》
　　顧有孝《驪珠集》／6
　　徐　崧《詩風初集》／11

單獻籙
　　陶　煊、張　璨《國朝詩的》／湖廣 8

鄂　曾
　　孫　鋐《皇清詩選》／浙江

鄂爾泰

陳以剛《國朝詩品》／11
彭廷梅《國朝詩選》／1
沈德潛《國朝詩別裁集》／322

喀 拜

陶 煊、張 璨《國朝詩的》／滿洲1

喻 指

顧有孝《驪珠集》／9
魏 憲《詩持三集》／9
徐 崧《詩風初集》／10
蔣 鑨、翁介眉《清詩初集》／12
曾 燦《過日集》／9
王爾綱《天下名家詩永》／3
陶 煊、張 璨《國朝詩的》／江西2
吳元桂《昭代詩針》／6
沈德潛《國朝詩別裁集》／111

喻全易

孫 鋡《皇清詩選》／江西
陶 煊、張 璨《國朝詩的》／江西2

喻成龍

鄧漢儀《詩觀二集》／1
曾 燦《過日集》／10
王爾綱《天下名家詩永》／6
吳 藎《名家詩選》／4
陶 煊、張 璨《國朝詩的》／盛京1
查 義、查岐昌《國朝詩因》／4
吳元桂《昭代詩針》／8
彭廷梅《國朝詩選》／2；3；11
沈德潛《國朝詩別裁集》／351

喻宗林

吳 藎《名家詩選》／4

過羽宸

孫 鋡《皇清詩選》／浙江

過春山

沈德潛《國朝詩別裁集》／554

無名氏

王士禎《感舊集》／12
陳維崧《篋衍集》／8
沈德潛《國朝詩別裁集》／409

智 舷

卓爾堪《明遺民詩》／16

程 守

黃傳祖《扶輪廣集》／4；9；11
黃傳祖《扶輪新集》／4；9
姚 佺《詩源》／越
陳允衡《國雅》／56
顧有孝《驪珠集》／10
鄧漢儀《詩觀二集》／2
鄧漢儀《詩觀三集》／3
徐 崧《詩風初集》／10；11
席居中《昭代詩存》／11
曾 燦《過日集》／6
王爾綱《天下名家詩永》／9
吳 藎《名家詩選》／2

程 沄

彭廷梅《國朝詩選》／2；6；8；12

程 壯

倪匡世《振雅堂彙編詩最》／3
朱 觀《國朝詩正》／8
陶 煊、張 璨《國朝詩的》／江南6

程 邑

魏裔介《觀始集》／11
程 棟、施 譚《鼓吹新編》／6
魏 耕、錢价人《今詩粹》
陳允衡《國雅》／21
徐 崧、陳濟生《詩南》／5；10；12
顧有孝《驪珠集》／3
魏 憲《詩持三集》／3
趙 炎《尊閣詩藏》／4五言律
徐 崧《詩風初集》／8；12；17

綜合索引（十二畫）

王士禎《感舊集》／12
席居中《昭代詩存》／12
蔣　鑨、翁介眉《清詩初集》／3；6；
　　8；12
孫　鋐《皇清詩選》／江南
王爾綱《天下名家詩永》／10

程　治
　　徐　崧《詩風初集》／16

程　坦
　　趙　炎《專閫詩藏》／7五言律

程　奇
　　鄧漢儀《天下名家詩觀》／11

程　尚
　　徐　崧《詩風初集》／17

程　岫
　　倪匡世《振雅堂彙編詩最》／3
　　卓爾堪《明遺民詩》／13

程　洪
　　鄧漢儀《詩觀二集》／12
　　曾　燦《過日集》／10
　　陶　煊、張　璨《國朝詩的》／江南9

程　洵
　　彭廷梅《國朝詩選》／6；8

程　祐
　　孫　鋐《皇清詩選》／江南
　　彭廷梅《國朝詩選》／4

程　恊
　　汪　觀《清詩大雅》／10

程　茂
　　彭廷梅《國朝詩選》／2；6；8；10；
　　　　12

程　封
　　黃傳祖《扶輪廣集》／4；9
　　黃傳祖《扶輪新集》／4；7；9
　　姚　佺《詩源》／楚

顧有孝《驪珠集》／9；12
魏　憲《詩持一集》／4
魏　憲《補石倉詩選》／2
趙　炎《專閫詩藏》／4五言律
徐　崧《詩風初集》／5；9；16
王士禎《感舊集》／16
席居中《昭代詩存》／13
蔣　鑨、翁介眉《清詩初集》／1；3；
　　4；6；8；10；11
曾　燦《過日集》／8
孫　鋐《皇清詩選》／湖廣
王爾綱《天下名家詩永》／13
顧施禎（禎）《盛朝詩選初集》／5
吳　蘭《名家詩選》／3
劉　然《國朝詩乘》／3
陶　煊、張　璨《國朝詩的》／湖廣7
吳元桂《昭代詩針》／2
彭廷梅《國朝詩選》／2

程　思
　　魏　憲《詩持三集》／4

程　俊
　　顧有孝《驪珠集》／6

程　紀
　　陶　煊、張　璨《國朝詩的》／江南12
　　彭廷梅《國朝詩選》／9

程　容
　　陶　煊、張　璨《國朝詩的》／廣西1

程　庭
　　吳　蘭《名家詩選》／1
　　陶　煊、張　璨《國朝詩的》／江南11
　　汪　觀《清詩大雅二集》／7

程　兼
　　鄧漢儀《詩觀二集》／10
　　孫　鋐《皇清詩選》／江南

程 浚

吴 藻《名家詩選》／1

吴元桂《昭代詩針》／6

程 珣

孫 鋐《皇清詩選》／江南

陶 煊、張 璨《國朝詩的》／貴州1

程 桂

朱 觀《國朝詩正》／6

程 哲

吴 藻《名家詩選》／1

程 烈

沈德潛《國朝詩別裁集》／512

程 純

彭廷梅《國朝詩選》／4；6

程 浡

黃傳祖《扶輪新集》／3

程 淞

魏裔介《觀始集》／4

魏 耕、錢价人《今詩粹》

徐 崧《詩風初集》／7

蔣 鑨、翁介眉《清詩初集》／1

程 渧

吴 藻《名家詩選》／4

程 基

倪匡世《振雅堂彙編詩最》／3

程 採

彭廷梅《國朝詩選》／4；11

程 焕

姚 佺《詩源》／吴

程 啓

吴 藻《名家詩選》／1

程 盎

吴 藻《名家詩選》／1

彭廷梅《國朝詩選》／8；9

程 焯

王爾綱《天下名家詩永》／7

程 焻

吴 藻《名家詩選》／3

程 雲

程 榛、施 譔《鼓吹新編》／7

魏 憲《補石倉詩選》／2

魏 憲《皇清百名家詩選》／37

朱 觀《國朝詩正》／8

彭廷梅《國朝詩選》／10

程 琬

程 榛、施 譔《鼓吹新編》／11

程 械

程 榛、施 譔《鼓吹新編》／9

程 榛

魏 耕、錢价人《今詩粹》

徐 崧、陳濟生《詩南》／4；12

顧有孝《驪珠集》／8

徐 崧《詩風初集》／8

曾 燦《過日集》／9

程 智

徐 崧《詩風初集》／2

卓爾堪《明遺民詩》／12

程 雄

吴 藻《名家詩選》／3

程 義

曾 燦《過日集》／7；9

程 煥

顧有孝《驪珠集》／4

鄧漢儀《詩觀二集》／12

程 焻

吴 藻《名家詩選》／2

程 雷

彭廷梅《國朝詩選》／2

綜合索引（十二畫）

程 措

吳 藎《名家詩選》／3

程 啻

吳 藎《名家詩選》／1

汪 觀《清詩大雅》／15

程 祿

鄧漢儀《詩觀三集》／5

程 寬

陶 煊、張 璨《國朝詩的》／廣西1

程 棹

鄧漢儀《詩觀二集》／6

鄧漢儀《詩觀三集》／8

程 遙

陶 煊、張 璨《國朝詩的》／江南12

程 鼎

鄧漢儀《詩觀三集》／12

曾 燦《過日集》／5

陶 煊、張 璨《國朝詩的》／江南8

彭廷梅《國朝詩選》／6

程 鳴

吳 藎《名家詩選》／1

吳元桂《昭代詩針》／10

沈德潛《國朝詩別裁集》／505

程 毓

鄧漢儀《天下名家詩觀》／11

曾 燦《過日集》／3

程 謝

吳元桂《昭代詩針》／12

程 樊

彭廷梅《國朝詩選》／6

沈德潛《國朝詩別裁集》／541

程 增

吳 藎《名家詩選》／1

陶 煊、張 璨《國朝詩的》／江南13

汪 觀《清詩大雅二集》／7

程 鋒

倪匡世《振雅堂彙編詩最》／9

陶 煊、張 璨《國朝詩的》／直隸2

程 璣

徐 崧《詩風初集》／12

程 曉

王爾綱《天下名家詩永》／11

程 默

陶 煊、張 璨《國朝詩的》／江南15

程 錡

朱 觀《國朝詩正》／8

程 選

孫 銈《皇清詩選》／江南

程 龍

席居中《昭代詩存》／11

程 謙

鄧漢儀《天下名家詩觀》／11

鄧漢儀《詩觀二集》／7

徐 崧《詩風初集》／9

孫 銈《皇清詩選》／江南

吳 藎《名家詩選》／4

陶 煊、張 璨《國朝詩的》／江南6

吳元桂《昭代詩針》／3

彭廷梅《國朝詩選》／2

程 璐

朱 觀《國朝詩正》／4

程 檀

吳 藎《名家詩選》／3

程 蕭

姚 佺《詩源》／補遺姓氏

程 鑒

吳 藎《名家詩選》／2

程 簡

沈德潛《國朝詩別裁集》／518

程 鑿

陶 煊、張 璨《國朝詩的》／江南 14

程 遼

黃傳祖《扶輪續集》／7；9

黃傳祖《扶輪廣集》／9；11

顧有孝《驪珠集》／5

鄧漢儀《天下名家詩觀》／11

鄧漢儀《詩觀二集》／9

徐 崧《詩風初集》／9；10

席居中《昭代詩存》／2

蔣 薫、翁介眉《清詩初集》／7

孫 鋐《皇清詩選》／江南

王爾綱《天下名家詩永》／3

卓爾堪《明遺民詩》／8

吳 蘀《名家詩選》／1

陶 煊、張 璨《國朝詩的》／江南 5

吳元桂《昭代詩針》／6

程 瀚

王爾綱《天下名家詩永》／12

程 楡

徐 崧《詩風初集》／14

程 瓊

汪 觀《清詩大雅》／5

程 綸

顧有孝《驪珠集》／11

程 驥

顧有孝《驪珠集》／11

程 鑿

吳 蘀《名家詩選》／1

陶 煊、張 璨《國朝詩的》／江南 13

程一中

鄧漢儀《詩觀二集》／6

程之紳

陶 煊、張 璨《國朝詩的》／江南 12

程之瑊

吳元桂《昭代詩針》／12

程之鷙

沈德潛《國朝詩別裁集》／537

程士光

鄧漢儀《詩觀三集》／5

程士芷

鄧漢儀《詩觀三集》／13

程士芹

朱 觀《國朝詩正》／2

程大呂

馬道昕《清詩二集》／2

程大壯

馬道昕《清詩二集》／3

程大皋

馬道昕《清詩二集》／3

陶 煊、張 璨《國朝詩的》／湖廣 5

程大疏

馬道昕《清詩二集》／1

程大獻

汪 觀《清詩大雅》／3

程大戴

馬道昕《清詩二集》／1

劉 然《國朝詩乘》／10

程文正

陶 煊、張 璨《國朝詩的》／江南 14

彭廷梅《國朝詩選》／2；7

沈德潛《國朝詩別裁集》／304

程文彝

陸次雲《詩平初集》／12

孫 鋐《皇清詩選》／江南

程心正

吳 蘀《名家詩選》／3

程天桂

汪 觀《清詩大雅二集》／3

綜合索引（十二畫）

程元善
　鄧漢儀《詩觀三集》／7
程元愈
　吳　讓《名家詩選》／4
程元瑱
　汪　觀《清詩大雅》／14
程五鳳
　倪匡世《振雅堂彙編詩最》／8
程中黃
　倪匡世《振雅堂彙編詩最》／9
程化龍
　顧有孝《驪珠集》／10
　魏　憲《詩持四集》／1
　鄧漢儀《詩觀三集》／5
　蔣　瓘、翁介眉《清詩初集》／6；11；
　12
　孫　鋐《皇清詩選》／江南
　王爾綱《天下名家詩永》／12
　陶　煊、張　璨《國朝詩的》／江南9
　彭廷梅《國朝詩選》／9
程允生
　鄧漢儀《詩觀二集》／13
程玉藻
　朱　觀《國朝詩正》／1
　吳元桂《昭代詩針》／7
程正度
　陶　煊、張　璨《國朝詩的》／浙江6
程正咸
　馬道晊《清詩二集》／2
程正揆
　趙　炎《尊閣詩藏》／4五言律
　鄧漢儀《詩觀二集》／3
　徐　崧《詩風初集》／8
　蔣　瓘、翁介眉《清詩初集》／6
　孫　鋐《皇清詩選》／陝西

王爾綱《天下名家詩永》／2
馬道晊《清詩二集》／4
陶　煊、張　璨《國朝詩的》／湖廣1
陳以剛《國朝詩品》／4
查　義、查岐昌《國朝詩因》／1
程正萃
　鄧漢儀《天下名家詩觀》／8
　馬道晊《清詩二集》／1
　陶　煊、張　璨《國朝詩的》／湖廣4
程正閔
　鄧漢儀《詩觀二集》／10
　孫　鋐《皇清詩選》／陝西
　陶　煊、張　璨《國朝詩的》／陝西1
程正巽
　黃傳祖《扶輪新集》／9
　陶　煊、張　璨《國朝詩的》／湖廣7
程世昌
　王爾綱《天下名家詩永》／1
程世英
　顧有孝《驪珠集》／10
　鄧漢儀《天下名家詩觀》／11
　鄧漢儀《詩觀二集》／5
　徐　崧《詩風初集》／9
　孫　鋐《皇清詩選》／江南
程世統
　鄧漢儀《詩觀三集》／7；13
　吳元桂《昭代詩針》／7
程世經
　鄧漢儀《詩觀三集》／7；13
　倪匡世《振雅堂彙編詩最》／7
　陶　煊、張　璨《國朝詩的》／江南9
程可則
　黃傳祖《扶輪新集》／4；7；9
　陳允衡《國雅》／14
　顧有孝《驪珠集》／3；12

魏 憲《詩持一集》/3

魏 憲《詩持二集》/6

魏 憲《補石倉詩選》/2

魏 憲《皇清百名家詩選》/33

趙 炎《尊閣詩藏》/2七言律；5五

言律；7五言律

鄧漢儀《天下名家詩觀》/7

鄧漢儀《詩觀二集》/3

徐 崧《詩風初集》/2；7；8；13；

15；17

王士禎《感舊集》/10

席居中《昭代詩存》/10

蔣 薰、翁介眉《清詩初集》/1；3；

4；6；8；10；11；12

曾 燦《過日集》/1；4；6；9

孫 銓《皇清詩選》/兩廣

王爾綱《天下名家詩永》/6

顧施楨（禎）《盛朝詩選初集》/3；4；

5；9；11；12

陳維崧《篋衍集》/1；4；7；9

周佑予《清詩鼓吹》/1

吳 藹《名家詩選》/3

劉 然《國朝詩乘》/5

朱 觀《國朝詩正》/7

陶 煊、張 璨《國朝詩的》/廣東1

陳以剛《國朝詩品》/6

吳元桂《昭代詩針》/3

彭廷梅《國朝詩選》/1；5；9

沈德潛《國朝詩別裁集》/54

程用昌

吳 藹《名家詩選》/2

朱 觀《國朝詩正》/1；3；5；7

陶 煊、張 璨《國朝詩的》/江南13

吳元桂《昭代詩針》/8

程式庠

黃傳祖《扶輪新集》/4

程式莊

陶 煊、張 璨《國朝詩的》/江南11

汪 觀《清詩大雅二集》/4

程式琦

陶 煊、張 璨《國朝詩的》/江南12

程光祁

馬道晅《清詩二集》/4

程光奎

陶 煊、張 璨《國朝詩的》/江南續

編1

程光鉅

陳以剛《國朝詩品》/16

程光禮

魏裔介《清詩湖洄集》/3

程先貞

黃傳祖《扶輪新集》/4；7

王士禎《感舊集》/2

席居中《昭代詩存》/14

曾 燦《過日集》/4

程先琦

馬道晅《清詩二集》/3

程先達

鄧漢儀《詩觀三集》/13

程先澤

鄧漢儀《詩觀三集》/9

程仲權

陳允衡《詩慰初集》

程自玉

卓爾堪《明遺民詩》/15

程羽文

黃傳祖《扶輪續集》/9

程羽豐

魏 憲《詩持三集》/9

綜合索引（十二畫）

陶 煊、張 璨《國朝詩的》／江南 8

程良篪

陶 煊、張 璨《國朝詩的》／廣西 1

程良驥

吳 藎《名家詩選》／3

程邦英

彭廷梅《國朝詩選》／4；6；10；12

程邦宰

王爾綱《天下名家詩永》／14

程邦彩

鄧漢儀《詩觀三集》／7

陶 煊、張 璨《國朝詩的》／江南 9

吳元桂《昭代詩針》／7

程志運

吳元桂《昭代詩針》／15

程廷祚

陳以剛《國朝詩品》／16

彭廷梅《國朝詩選》／4；5；7；10；11

程廷棟

彭廷梅《國朝詩選》／2；12

程廷鑑

彭廷梅《國朝詩選》／2；6；8；13

程京萼

陶 煊、張 璨《國朝詩的》／江南 12

彭廷梅《國朝詩選》／3；5；10

程奇男

倪匡世《振雅堂彙編詩最》／3

程春牲

朱 觀《國朝詩正》／4

程春翔

陶 煊、張 璨《國朝詩的》／貴州 1

程尚亮

馬道畔《清詩二集》／2

程祚印

陶 煊、張 璨《國朝詩的》／江南 16

程苗楨

徐 崧、陳濟生《詩南》／12

程高第

吳元桂《昭代詩針》／15

程高著

吳元桂《昭代詩針》／15

程荀龍

彭廷梅《國朝詩選》／10

程起翀

黃傳祖《扶輪廣集》／9

程起騏

曾 燦《過日集》／5

程許遇

吳元桂《昭代詩針》／15

程康莊

陳允衡《國雅》／16

顧有孝《驪珠集》／4

魏 憲《詩持二集》／2

魏 憲《補石倉詩選》／3

徐 崧《詩風初集》／16

王士禎《感舊集》／12

席居中《昭代詩存》／10

蔣 鑨、翁介眉《清詩初集》／6

曾 燦《過日集》／4

孫 銓《皇清詩選》／山西

陳維崧《篋衍集》／1

吳 藎《名家詩選》／4

劉 然《國朝詩乘》／6

陶 煊、張 璨《國朝詩的》／山西 1；陝西 2

程啓朱

魏 憲《補石倉詩選》／2

魏 憲《皇清百名家詩選》／60

程啓瑞

吴　藎《名家詩選》/ 3

吴元桂《昭代詩針》/ 7

程從龍

彭廷梅《國朝詩選》/ 12

程竑時

陶　煊、張　璨《國朝詩的》/ 湖廣 10

程崒生

吴　藎《名家詩選》/ 3

程隆基

陶　煊、張　璨《國朝詩的》/ 浙江 6

程瑞初

鄧漢儀《詩觀三集》/ 5

陶　煊、張　璨《國朝詩的》/ 江南 9

程瑞社

鄧漢儀《詩觀三集》/ 10；13

陶　煊、張　璨《國朝詩的》/ 江南 8

程瑞枋

鄧漢儀《詩觀二集》/ 6

鄧漢儀《詩觀三集》/ 10；13

陶　煊、張　璨《國朝詩的》/ 江南 8

汪　觀《清詩大雅》/ 19

吴元桂《昭代詩針》/ 10

程瑞榆

鄧漢儀《詩觀二集》/ 2

鄧漢儀《詩觀三集》/ 3；13

朱　觀《國朝詩正》/ 3

陶　煊、張　璨《國朝詩的》/ 江南 10

程瑜秀

朱　觀《國朝詩正》/ 4；8

程嗣立

彭廷梅《國朝詩選》/ 4；6；8；10

沈德潛《國朝詩別裁集》/ 545

程嗣真

陶　煊、張　璨《國朝詩的》/ 江南 16

程端德

鄧漢儀《天下名家詩觀》/ 11

鄧漢儀《詩觀二集》/ 2

徐　崧《詩風初集》/ 17

陶　煊、張　璨《國朝詩的》/ 江南 6

程夢星

陶　煊、張　璨《國朝詩的》/ 江南 15

陳以剛《國朝詩品》/ 10

汪　觀《清詩大雅二集》/ 1

吴元桂《昭代詩針》/ 1

彭廷梅《國朝詩選》/ 2；5；10

沈德潛《國朝詩別裁集》/ 405

程夢華

朱　觀《國朝詩正》/ 5

程夢陽

陳允衡《詩慰初集》

程夢瑛

汪　觀《清詩大雅二集》/ 1

程嘉言

吴　藎《名家詩選》/ 3

程嘉燧

黃傳祖《扶輪續集》/ 10

黃傳祖《扶輪廣集》/ 10

黃傳祖《扶輪新集》/ 5；8；10

程　榿、施　諲《鼓吹新編》/ 1

王士禛《感舊集》/ 卷首

蔣　鑨、翁介眉《清詩初集》/ 9；12

程嘉鎮

顧有孝《驪珠集》/ 9

程嘉謨

朱　觀《國朝詩正》/ 8

程維社

馬道昶《清詩二集》/ 3

程震家

吴　藎《名家詩選》/ 2

綜合索引（十二畫）

程樹德
　鄧漢儀《詩觀二集》／12
程應珂
　朱　觀《國朝詩正》／7
　汪　觀《清詩大雅二集》／2
程應鵬
　鄧漢儀《詩觀三集》／9
　倪匡世《振雅堂彙編詩最》／8
　陶　煊、張　璨《國朝詩的》／江南3
程鴻鼎
　鄧漢儀《詩觀三集》／12
程繼朋
　朱　觀《國朝詩正》／4
　陶　煊、張　璨《國朝詩的》／浙江6
程鶴疑
　朱　觀《國朝詩正》／2
程麟德
　陶　煊、張　璨《國朝詩的》／江南11
程觀生
　姚　佺《詩源》／越
程□□（字程臺）
　馬道昉《清詩二集》／2
稀　瑛
　汪　觀《清詩大雅二集》／1
稀永仁
　鄧漢儀《天下名家詩觀》／4
　徐　崧《詩風初集》／8；17
　陸次雲《詩平初集》／12
　彭廷梅《國朝詩選》／5
稀宗孟
　黃傳祖《扶輪續集》／9
　黃傳祖《扶輪廣集》／11
　陳祚明、韓　詩《國門集》／5
　程　樸、施　謹《鼓吹新編》／10
　魏　耕、錢价人《今詩粹》

顧有孝《驪珠集》／10
魏　憲《詩持三集》／9
趙　炎《尊閣詩藏》／4七言律
鄧漢儀《天下名家詩觀》／6
徐　崧《詩風初集》／18
蔣　薊、翁介眉《清詩初集》／9
稀曾筠
　汪　觀《清詩大雅二集》／1
　沈德潛《國朝詩別裁集》／382
喬　寅
　曾　燦《過日集》／1；5；8
喬　湄
　沈德潛《國朝詩別裁集》／529
喬　萊
　鄧漢儀《詩觀二集》／3
　鄧漢儀《詩觀三集》／5
　席居中《昭代詩存》／11
　蔣　薊、翁介眉《清詩初集》／3；7；
　　9；12
　孫　鋐《皇清詩選》／江南
　倪匡世《振雅堂彙編詩最》／8
　陶　煊、張　璨《國朝詩的》／江南5
　陳以剛《國朝詩品》／10
　沈德潛《國朝詩別裁集》／163
喬　缺
　黃傳祖《扶輪廣集》／4；9
　黃傳祖《扶輪新集》／9
　鄧漢儀《天下名家詩觀》／5
　孫　鋐《皇清詩選》／京師
　王爾綱《天下名家詩永》／9
　陶　煊、張　璨《國朝詩的》／直隸2
喬　鉢
　魏裔介《觀始集》／2；6；8；11
　魏裔介《清詩溯洄集》／6
　顧有孝《驪珠集》／6

徐 崧《詩風初集》／14；17

陸次雲《詩平初集》／9

蔣 鑨、翁介眉《清詩初集》／8

孫 鋡《皇清詩選》／河南

喬 肅

沈德潛《國朝詩別裁集》／499

喬 億

彭廷梅《國朝詩選》／2；6

喬 邁

鄧漢儀《天下名家詩觀》／11

鄧漢儀《詩觀二集》／10

徐 崧《詩風初集》／9；18

孫 鋡《皇清詩選》／江南

喬大賓

彭廷梅《國朝詩選》／8

喬出塵

鄧漢儀《詩觀二集》／10

席居中《昭代詩存》／11

孫 鋡《皇清詩選》／江南

倪匡世《振雅堂彙編詩最》／3

陶 煊、張 璨《國朝詩的》／江南7；10

吳元桂《昭代詩針》／6

彭廷梅《國朝詩選》／8；12

喬可聘

鄧漢儀《天下名家詩觀》／11

徐 崧《詩風初集》／9

卓爾堪《明遺民詩》／2

陶 煊、張 璨《國朝詩的》／江南4

彭廷梅《國朝詩選》／4

喬汝翼

徐 崧、陳濟生《詩南》／9；12

喬映伍

姚 佺《詩源》／晉

喬胤壤

徐 崧《詩風初集》／10

喬崇修

沈德潛《國朝詩別裁集》／499

喬崇烈

陶 煊、張 璨《國朝詩的》／山西1

沈德潛《國朝詩別裁集》／384

喬國彥

陶 煊、張 璨《國朝詩的》／山西1

焦 㸌

曾 燦《過日集》／9

焦作新

吳元桂《昭代詩針》／13

焦袁熹

沈德潛《國朝詩別裁集》／315

焦應旂

吳元桂《昭代詩針》／1

傅 山

鄧漢儀《詩觀二集》／4

鄧漢儀《詩觀三集》／10

曾 燦《過日集》／3

孫 鋡《皇清詩選》／山西

陳維崧《篋衍集》／1

卓爾堪《明遺民詩》／1

陶 煊、張 璨《國朝詩的》／山西1

彭廷梅《國朝詩選》／5；9

沈德潛《國朝詩別裁集》／220

傅 宗

程 棅、施 誾《鼓吹新編》／10

魏 耕、錢价人《今詩粹》

徐 崧、陳濟生《詩南》／7；9

顧有孝《驪珠集》／6

徐 崧《詩風初集》／13

傅 奇

鄧漢儀《詩觀二集》／8

孫　鋐《皇清詩選》／浙江
陶　煊、張　璨《國朝詩的》／浙江 5
傅　修
蔣　鑨、翁介眉《清詩初集》／7
傅　眉
曾　燦《過日集》／3
卓爾堪《明遺民詩》／8
傅　扆
黄傳祖《扶輪新集》／9
傅　悌
陶　煊、張　璨《國朝詩的》／湖廣 9
傅　涵
陶　煊、張　璨《國朝詩的》／江西 2
傅　琬
趙　炎《蓴閣詩藏》／4 五言律
徐　崧《詩風初集》／8
孫　鋐《皇清詩選》／福建
傅　愷
陶　煊、張　璨《國朝詩的》／湖廣 9
傅　霖
趙　炎《蓴閣詩藏》／1 五言古；1 七言律；2 五言律；6 五言律
傅　觀
黄傳祖《扶輪廣集》／9
魏裔介《觀始集》／6
傅文炯
魏裔介《觀始集》／2
姚　佺《詩源》／豫
彭廷梅《國朝詩選》／6
傅以漸
陳祚明、韓　詩《國門集》／5
傅而師
黄傳祖《扶輪新集》／4；9
傅仲辰
陶　煊、張　璨《國朝詩的》／浙江 3
傅作楫
彭廷梅《國朝詩選》／4
傅昂霄
曾　燦《過日集》／4
沈德潛《國朝詩別裁集》／165
傅夏器
魏　憲《詩持一集》／2
蔣　鑨、翁介眉《清詩初集》／12
傅振商
鄧漢儀《詩觀二集》／1
陶　煊、張　璨《國朝詩的》／河南 1
傅爲霖
顧有孝《驪珠集》／6
魏　憲《詩持三集》／2；5；10
魏　憲《補石倉詩選》／2
魏　憲《皇清百名家詩選》／36
趙　炎《蓴閣詩藏》／4 五言律
鄧漢儀《天下名家詩觀》／11
徐　崧《詩風初集》／8；10；13
席居中《昭代詩存》／6
王爾綱《天下名家詩永》／12
陶　煊、張　璨《國朝詩的》／福建 1
吴元桂《昭代詩針》／2
傅感丁
陸次雲《詩平初集》／7；8
蔣　鑨、翁介眉《清詩初集》／7；9
王爾綱《天下名家詩永》／6
傅鼎銓
魏裔介《觀始集》／9；11
姚　佺《詩源》／豫章
魏　憲《補石倉詩選》／1
王爾綱《天下名家詩永》／4
卓爾堪《明遺民詩》／3
傅爾都
陳維崧《篋衍集》／8

傅維鱗

黄傳祖《扶輪新集》／5；8
魏裔介《觀始集》／4；5；8；12
魏裔介《清詩溯洄集》／3
顧有孝《驪珠集》／2
趙　炎《尊閣詩藏》／3 五言律
鄧漢儀《天下名家詩觀》／3
徐　崧《詩風初集》／8
蔣　鑨、翁介眉《清詩初集》／6
孫　鉷《皇清詩選》／京師

傅澤洪

吳　藎《名家詩選》／1
陶　煊、張　璨《國朝詩的》／盛京 1
吳元桂《昭代詩針》／7

傅變詞

蔣　鑨、翁介眉《清詩初集》／4；6
彭廷梅《國朝詩選》／7

傅變雕

蔣　鑨、翁介眉《清詩初集》／12

鈕　泌

徐　崧《詩風初集》／6

鈕　琇

顧有孝《驪珠集》／11
沈德潛《國朝詩別裁集》／351

鈕一新

趙　炎《尊閣詩藏》／8 五言律

鈕汝駟

沈德潛《國朝詩別裁集》／523

鈕陸琇

徐　崧《詩風初集》／10；15
陸次雲《詩平初集》／7；10；12

鈕景琦

徐　崧《詩風初集》／10

鈕應斗

卓爾堪《明遺民詩》／15

欽　叙

徐　崧、陳濟生《詩南》／7

欽　揖

徐　崧、陳濟生《詩南》／1

欽　棨

王士禎《感舊集》／16

欽　蘭

魏裔介《觀始集》／2
程　棟、施　譚《鼓吹新編》／10
徐　崧、陳濟生《詩南》／7
王士禎《感舊集》／6

舒　章

陸次雲《詩平初集》／7；9

舒　愨

王爾綱《天下名家詩永》／14

舒　瞻

沈德潛《國朝詩別裁集》／524

舒大成

沈德潛《國朝詩別裁集》／406

舒名臣

王爾綱《天下名家詩永》／13

舒廷詔

姚　佺《詩源》／吳
王爾綱《天下名家詩永》／4

舒忠議

黄傳祖《扶輪續集》／3；8
徐　崧、陳濟生《詩南》／5
徐　崧《詩風初集》／2
曾　燦《過日集》／3；10
沈德潛《國朝詩別裁集》／134

舒若蘭

王爾綱《天下名家詩永》／4

舒逢吉

蔣　鑨、翁介眉《清詩初集》／9
陶　煊、張　璨《國朝詩的》／湖廣 5

综合索引（十二畫）

舒魯直

陳允衡《詩慰二集》

屠 逵

徐 崧《詩風初集》／14

屠 焯

徐 崧《詩風初集》／9

蔣 薰、翁介眉《清詩初集》／8

屠 愷

陶 煊、張 璨《國朝詩的》／浙江8

屠 燦

程 棟、施 諲《鼓吹新編》／5

徐 崧、陳濟生《詩南》／7；10

徐 崧《詩風初集》／12；14

孫 鋐《皇清詩選》／浙江

卓爾堪《明遺民詩》／12

屠廷棋

徐 崧《詩風初集》／2；8；11

陶 煊、張 璨《國朝詩的》／浙江7

賀 宿

徐 崧、陳濟生《詩南》／7

顧有孝《驪珠集》／9

鄧漢儀《天下名家詩觀》／5

鄧漢儀《詩觀二集》／10

徐 崧《詩風初集》／10；12

席居中《昭代詩存》／11

陸次雲《詩平初集》／7；10；12

蔣 薰、翁介眉《清詩初集》／3

孫 鋐《皇清詩選》／江南

彭廷梅《國朝詩選》／6

賀 裳

黃傳祖《扶輪續集》／1；3；6；11

徐 崧、陳濟生《詩南》／2；4

徐 崧《詩風初集》／2；7

陸次雲《詩平初集》／1

蔣 薰、翁介眉《清詩初集》／1

曾 燦《過日集》／4

賀 寬

魏喬介《觀始集》／2；6；9

吳 藎《名家詩選》／2

賀王醇

顧有孝《驪珠集》／11

孫 鋐《皇清詩選》／江南

賀天鈞

王爾綱《天下名家詩永》／11

賀胤昌

朱 觀《國朝詩正》／6

賀振能

顧施楨（禎）《盛朝詩選初集》／10

賀理昭

曾 燦《過日集》／2；9

賀國璘

曾 燦《過日集》／6；10

賀國錦

朱 觀《國朝詩正》／7

賀復徵

徐 崧、陳濟生《詩南》／5

賀撫辰

顧有孝《驪珠集》／11

賀燕徵

曾 燦《過日集》／3

賀應昌

倪匡世《振雅堂彙編詩最》／3

陶 煊、張 璨《國朝詩的》／陝西2

費 來

程 棟、施 諲《鼓吹新編》／11

陳 瑚《從遊集》／下

費 俊

陶 煊、張 璨《國朝詩的》／浙江6

費 密

魏 憲《詩持二集》／7

鄧漢儀《天下名家詩觀》／5

鄧漢儀《詩觀二集》／6

徐　崧《詩風初集》／9；10

王士禎《感舊集》／7

席居中《昭代詩存》／11

蔣　薰、翁介眉《清詩初集》／6；9

孫　鋐《皇清詩選》／四川

王爾綱《天下名家詩永》／14

顧施楨（禎）《盛朝詩選初集》／10

陳維崧《篋衍集》／4

卓爾堪《明遺民詩》／6

吳　藎《名家詩選》／1

陶　煊、張　璨《國朝詩的》／四川1

陳以剛《國朝詩品》／5

吳元桂《昭代詩針》／1

費　參

程　棟、施　諶《鼓吹新編》／14

陳　珀《從遊集》／下

費　誓

程　棟、施　諶《鼓吹新編》／9

徐　崧、陳濟生《詩南》／12

曾　燦《過日集》／4

費　隱

徐　崧、陳濟生《詩南》／12

費之逵

席居中《昭代詩存》／6

費洪學

沈德潛《國朝詩別裁集》／335

費思居

陶　煊、張　璨《國朝詩的》／湖廣4

費經虞

魏　憲《詩持二集》／6

孫　鋐《皇清詩選》／四川

王爾綱《天下名家詩永》／4

卓爾堪《明遺民詩》／1

陶　煊、張　璨《國朝詩的》／四川1

彭廷梅《國朝詩選》／1

費錫琮

沈德潛《國朝詩別裁集》／442

費錫璜

汪　觀《清詩大雅二集》／7

查　義、查岐昌《國朝詩因》／5

吳元桂《昭代詩針》／6

彭廷梅《國朝詩選》／2

沈德潛《國朝詩別裁集》／442

閔　汝

汪　觀《清詩大雅》／11

閔　思

鄧漢儀《詩觀三集》／11

陶　煊、張　璨《國朝詩的》／江南8

閔　衍

姚　佺《詩源》／豫

彭廷梅《國朝詩選》／8；10

閔　峻

程　棟、施　諶《鼓吹新編》／9

魏　耕、錢价人《今詩粹》

徐　崧、陳濟生《詩南》／10

閔　敘

陶　煊、張　璨《國朝詩的》／江南13

沈德潛《國朝詩別裁集》／73

閔　崧

鄧漢儀《詩觀二集》／6

曾　燦《過日集》／9

孫　鋐《皇清詩選》／江南

倪匡世《振雅堂彙編詩最》／9

陶　煊、張　璨《國朝詩的》／江南6

閔　華

汪　觀《清詩大雅二集》／3

閔　瑋

趙　炎《專閱詩藏》／4七言律；7五

综合索引（十三畫）

言律

孫　鋐《皇清詩選》／江南

閔　裘

黃傳祖《扶輪續集》／2；8；10

閔　鼎

卓爾堪《明遺民詩》／14；15

閔　聲

徐　崧《詩風初集》／1；8

閔　鵬

鄧漢儀《天下名家詩觀》／9

徐　崧《詩風初集》／9；16

閔允命

黃傳祖《扶輪續集》／3

閔及申

徐　崧《詩風初集》／8

閔且遇

魏　耕、錢价人《今詩粹》

閔且選

魏　耕、錢价人《今詩粹》

閔亥生

姚　佺《詩源》／越

魏　耕、錢价人《今詩粹》

徐　崧、陳濟生《詩南》／6

徐　崧《詩風初集》／8；14

閔其仕

魏　耕、錢价人《今詩粹》

閔奕祐

陶　煊、張　璨《國朝詩的》／江南12

閔汧魯

姚　佺《詩源》／豫

閔派魯

程　棟、施　運《鼓吹新編》／7

陳允衡《國雅》／55

魏　憲《詩持一集》／2

閔南仲

徐　崧《詩風初集》／8

陶　煊、張　璨《國朝詩的》／浙江8

閔雲祁

魏　耕、錢价人《今詩粹》

閔麟嗣

鄧漢儀《天下名家詩觀》／6

鄧漢儀《詩觀二集》／6

鄧漢儀《詩觀三集》／4；13

徐　崧《詩風初集》／13

王士禎《感舊集》／12

席居中《昭代詩存》／11

陸次雲《詩平初集》／3

曾　燦《過日集》／5

孫　鋐《皇清詩選》／江南

吳　藎《名家詩選》／1

朱　觀《國朝詩正》／7

陶　煊、張　璨《國朝詩的》／江南6

吳元桂《昭代詩針》／7

沈德潛《國朝詩別裁集》／114

强　恂

蔣　鑨、翁介眉《清詩初集》／9

陽應謀

曾　燦《過日集》／10

陰　潤

陳祚明、韓　詩《國門集》／5

十三畫

塞爾赫

彭廷梅《國朝詩選》／8；12

沈德潛《國朝詩別裁集》／543

慎　儐

陶　煊、張　璨《國朝詩的》／江南13

汪　觀《清詩大雅》／8

慎郡王

彭廷梅《國朝詩選》／1；3；5；7；9；11

博爾都

席居中《昭代詩存》／5

陸次雲《詩平初集》／7；10

雷　振

馬道昕《清詩二集》／4

雷　斑

顧有孝《驪珠集》／5

魏　憲《詩持四集》／1

鄧漢儀《詩觀二集》／4

徐　崧《詩風初集》／10；11

席居中《昭代詩存》／12

孫　鋐《皇清詩選》／四川

陶　煊、張　璨《國朝詩的》／四川1

雷　經

黃傳祖《扶輪新集》／4；7

雷士俊

鄧漢儀《詩觀二集》／1

王士禎《感舊集》／8

孫　鋐《皇清詩選》／陝西

卓爾堪《明遺民詩》／14

陶　煊、張　璨《國朝詩的》／陝西1

雷方曉

彭廷梅《國朝詩選》／4；6；10；12；13

雷起劍

黃傳祖《扶輪廣集》／2；8；10

魏喬介《觀始集》／9

徐　崧、陳濟生《詩南》／7；10

鄧漢儀《詩觀二集》／8

陶　煊、張　璨《國朝詩的》／四川1

雷起豐

孫　鋐《皇清詩選》／四川

雷維馨

孫　鋐《皇清詩選》／江南

雷躍龍

陸次雲《詩平初集》／11

達禮善

陶　煊、張　璨《國朝詩的》／滿洲1

賈日近

倪匡世《振雅堂彙編詩最》／9

賈至言

陶　煊、張　璨《國朝詩的》／湖廣4

賈良璧

孫　鋐《皇清詩選》／江南

陶　煊、張　璨《國朝詩的》／江南8

賈國嶼

黃傳祖《扶輪新集》／4；7；9

賈開宗

黃傳祖《扶輪新集》／3

姚　佺《詩源》／豫

魏喬介《清詩溯洄集》／4；6；9

卓爾堪《明遺民詩》／1；15

陶　煊、張　璨《國朝詩的》／河南2

賈爾壽

程　棟、施　譔《鼓吹新編》／4

姚　佺《詩源》／燕

葉　丹

吳　藎《名家詩選》／1

朱　觀《國朝詩正》／6

吳元桂《昭代詩針》／7

葉　松

顧有孝《驪珠集》／11

魏　憲《詩持三集》／6

趙　炎《尊聞詩藏》／2五言古；4五言律；6五言律

徐　崧《詩風初集》／10

席居中《昭代詩存》／14

综合索引（十三畫)

孫 銓《皇清詩選》／江南

葉 昌

曾 燦《過日集》／5

葉 承

陳以剛《國朝詩品》／16

葉 封

顧有孝《驪珠集》／11

鄧漢儀《詩觀二集》／9

席居中《昭代詩存》／12

陸次雲《詩平初集》／3；5；9；12

蔣 鑨、翁介眉《清詩初集》／2；7；

8；11；12

孫 銓《皇清詩選》／浙江

陳維崧《篋衍集》／5

陶 煊、張 璨《國朝詩的》／湖廣7

彭廷梅《國朝詩選》／4

葉 琪

陳以剛《國朝詩品》／18；19

葉 淳

孫 銓《皇清詩選》／江南

葉 混

孫 銓《皇清詩選》／江南

葉 裕

程 棟、施 諲《鼓吹新編》／11

陳 珝《從遊集》／下

葉 珔

王爾綱《天下名家詩永》／7

葉 棠

陳以剛《國朝詩品》／15

葉 側

程 棟、施 諲《鼓吹新編》／10

魏 耕、錢价人《今詩粹》

徐 崧、陳濟生《詩南》／1；7；8

徐 崧《詩風初集》／14

葉 涬

孫 銓《皇清詩選》／江南

葉 楠

趙 炎《專閣詩藏》／7 五言律

孫 銓《皇清詩選》／江南

葉 筠

蔣 鑨、翁介眉《清詩初集》／7

陶 煊、張 璨《國朝詩的》／福建2

葉 榮

鄧漢儀《詩觀二集》／6

徐 崧《詩風初集》／10

席居中《昭代詩存》／1

陸次雲《詩平初集》／4

蔣 鑨、翁介眉《清詩初集》／12

曾 燦《過日集》／10

孫 銓《皇清詩選》／江南

陶 煊、張 璨《國朝詩的》／江南10

吳元桂《昭代詩針》／7

葉 需

趙 炎《專閣詩藏》／3 七言律

曾 燦《過日集》／9

葉 錦

陳以剛《國朝詩品》／17

沈德潛《國朝詩別裁集》／511

葉 襄

黃傳祖《扶輪續集》／7

黃傳祖《扶輪新集》／7

魏裔介《觀始集》／3；11

程 棟、施 諲《鼓吹新編》／5

姚 佺《詩源》／吳

魏 耕、錢价人《今詩粹》

徐 崧、陳濟生《詩南》／1；6；9；

12

顧有孝《驪珠集》／2

魏 憲《補石倉詩選》／1

鄧漢儀《詩觀二集》/1
徐　崧《詩風初集》/13；15
陸次雲《詩平初集》/7
蔣　鑨、翁介眉《清詩初集》/3；4；9；10
曾　燦《過日集》/6
孫　鋐《皇清詩選》/江南
陳維崧《篋衍集》/10
卓爾堪《明遺民詩》/15
陶　煊、張　璨《國朝詩的》/江南5
吴元桂《昭代詩針》/2
彭廷梅《國朝詩選》/5；11；13
葉　燮
鄧漢儀《詩觀二集》/6
鄧漢儀《詩觀三集》/12
王爾綱《天下名家詩永》/8
沈德潛《國朝詩别裁集》/170
葉　燮
顧有孝《驪珠集》/7
徐　崧《詩風初集》/11
孫　鋐《皇清詩選》/江南
葉　闇
徐　崧《詩風初集》/8；12
席居中《昭代詩存》/12
孫　鋐《皇清詩選》/江南
王爾綱《天下名家詩永》/5
顧施禎（禎）《盛朝詩選初集》/5
葉　藩
鄧漢儀《天下名家詩觀》/11
孫　鋐《皇清詩選》/江南
葉　衡
魏　憲《詩持三集》/6
葉　躍
陳以剛《國朝詩品》/16
葉　籓
陶　煊、張　璨《國朝詩的》/江南11
葉一棟
吴元桂《昭代詩針》/13
葉一鵬
徐　崧《詩風初集》/16
葉之林
魏　憲《詩持三集》/6
葉之淇
周佑予《清詩鼓吹》/3
葉之溶
周佑予《清詩鼓吹》/3
葉之叡
蔣　鑨、翁介眉《清詩初集》/7；11
葉士寛
陳以剛《國朝詩品》/13
沈德潛《國朝詩别裁集》/426
葉大緯
魏裔介《清詩溯洄集》/6
蔣　鑨、翁介眉《清詩初集》/7
葉方恒
程　棅、施　諲《鼓吹新編》/7
魏裔介《清詩溯洄集》/5
顧有孝《驪珠集》/9
鄧漢儀《詩觀二集》/8
徐　崧《詩風初集》/1；6；10
席居中《昭代詩存》/6
蔣　鑨、翁介眉《清詩初集》/3；5；7；8；12
孫　鋐《皇清詩選》/江南
彭廷梅《國朝詩選》/8；11
葉方葱
彭廷梅《國朝詩選》/11
葉方蕙
彭廷梅《國朝詩選》/13

綜合索引（十三畫）

葉方藹

程 棅、施 謹《鼓吹新編》／9

葉方藹

程 棅、施 謹《鼓吹新編》／10

顧有孝《驪珠集》／6

魏 憲《詩持一集》／4

趙 炎《尊閣詩藏》／5 五言律

鄧漢儀《詩觀二集》／9

徐 崧《詩風初集》／8；17

王士禛《感舊集》／11

席居中《昭代詩存》／3

陸次雲《詩平初集》／4；9

蔣 鑨、翁介眉《清詩初集》／6；8；12

孫 鋐《皇清詩選》／江南

王爾綱《天下名家詩永》／11

陳維崧《篋衍集》／9

吳 藹《名家詩選》／4

劉 然《國朝詩乘》／11

陳以剛《國朝詩品》／5

吳元桂《昭代詩針》／6

沈德潛《國朝詩別裁集》／96

葉方藹

徐 崧《詩風初集》／13

葉永年

孫 鋐《皇清詩選》／江南

周佑予《清詩鼓吹》／4

沈德潛《國朝詩別裁集》／500

葉永坋

曾 燦《過日集》／4；6

葉永堪

曾 燦《過日集》／4；6

葉世佺

程 棅、施 謹《鼓吹新編》／9

徐 崧、陳濟生《詩南》／12

沈德潛《國朝詩別裁集》／245

葉世佰

程 棅、施 謹《鼓吹新編》／10

徐 崧、陳濟生《詩南》／9

葉令綸

魏喬介《觀始集》／5

葉令樹

魏 憲《詩持三集》／6

孫 鋐《皇清詩選》／江南

葉弘助

徐 崧、陳濟生《詩南》／7

葉弘儒

程 棅、施 謹《鼓吹新編》／11

顧有孝《驪珠集》／8

徐 崧《詩風初集》／8

葉汝龍

姚 佺《詩源》／越

葉有馨

程 棅、施 謹《鼓吹新編》／8

魏 耕、錢价人《今詩粹》

徐 崧、陳濟生《詩南》／6

孫 鋐《皇清詩選》／江南

葉自合

朱 觀《國朝詩正》／1

陶 煊、張 璨《國朝詩的》／浙江8

葉灼棠

陶 煊、張 璨《國朝詩的》／江南8

葉廷秀

魏 憲《詩持三集》／3

孫 鋐《皇清詩選》／山東

陶 煊、張 璨《國朝詩的》／山東2

葉其松

吳元桂《昭代詩針》／14

葉奕苞

程 棅、施 謹《鼓吹新編》／10

徐 崧、陳濟生《詩南》／7

顧有孝《驪珠集》／9

趙 炎《專閣詩藏》／8五言律

鄧漢儀《詩觀二集》／6

孫 鋐《皇清詩選》／江南

王爾綱《天下名家詩永》／8

葉故生

吳元桂《昭代詩針》／6

葉映榴

鄧漢儀《詩觀二集》／2

徐 崧《詩風初集》／10；17

陸次雲《詩平初集》／7；10；12

蔣 薰、翁介眉《清詩初集》／7；9；

12

孫 鋐《皇清詩選》／江南

陳以剛《國朝詩品》／10

沈德潛《國朝詩別裁集》／105

葉重華

程 棟、施 謹《鼓吹新編》／4

徐 崧《詩風初集》／13

葉振玉

陶 煊、張 璨《國朝詩的》／江南續

編 1

葉振廷

孫 鋐《皇清詩選》／江南

葉書胤

蔣 薰、翁介眉《清詩初集》／9

葉國華

黃傳祖《扶輪廣集》／6

徐 崧、陳濟生《詩南》／12

顧有孝《驪珠集》／4

徐 崧《詩風初集》／5；7；8

葉紹芳

陶 煊、張 璨《國朝詩的》／福建 1

葉紹袁

程 棟、施 謹《鼓吹新編》／1

徐 崧、陳濟生《詩南》／10

徐 崧《詩風初集》／8；12

葉舒宗

程 棟、施 謹《鼓吹新編》／10

葉舒胤

程 棟、施 謹《鼓吹新編》／10

魏 耕、錢价人《今詩粹》

徐 崧、陳濟生《詩南》／9；11；12

顧有孝《驪珠集》／8

鄧漢儀《詩觀二集》／8

徐 崧《詩風初集》／10；13；18

陶 煊、張 璨《國朝詩的》／江南 6

葉舒崇

顧有孝《驪珠集》／9

鄧漢儀《天下名家詩觀》／6

徐 崧《詩風初集》／9

陸次雲《詩平初集》／3；7；10；12

蔣 薰、翁介眉《清詩初集》／3；7；

9

孫 鋐《皇清詩選》／江南

沈德潛《國朝詩別裁集》／187

葉舒璐

沈德潛《國朝詩別裁集》／496

葉尋源

趙 炎《專閣詩藏》／7五言律

孫 鋐《皇清詩選》／江南

陳以剛《國朝詩品》／10

葉道復

蔣 薰、翁介眉《清詩初集》／12

葉雷生

程 棟、施 謹《鼓吹新編》／6

魏 耕、錢价人《今詩粹》

徐 崧、陳濟生《詩南》／6；9；11

综合索引（十三畫）

顧有孝《驪珠集》／9
魏　憲《皇清百名家詩選》／8
徐　崧《詩風初集》／6；7；8；14
曾　燦《過日集》／2；8
孫　銓《皇清詩選》／浙江

葉虞封
　陳　珀《從遊集》／下

葉肇梓
　倪匡世《振雅堂彙編詩最》／2
　沈德潛《國朝詩別裁集》／472

葉鳴鸞
　蔣　鑨、翁介眉《清詩初集》／12

葉錫工
　彭廷梅《國朝詩選》／4

葉矯朕
　曾　燦《過日集》／4

葉彌廣
　卓爾堪《明遺民詩》／11

葉繼武
　黃傳祖《扶輪廣集》／12

萬　山
　彭廷梅《國朝詩選》／3

萬　石
　陶　煊、張　璨《國朝詩的》／江南 15

萬　任
　曾　燦《過日集》／8

萬　言
　王爾綱《天下名家詩永》／14

萬　泰
　程　棟、施　譽《鼓吹新編》／5
　姚　佺《詩源》／越
　徐　崧、陳濟生《詩南》／10
　卓爾堪《明遺民詩》／14

萬　荊
　曾　燦《過日集》／10

萬六吉
　黃傳祖《扶輪續集》／1；6
　徐　崧《詩風初集》／7

萬元吉
　魏　憲《補石倉詩選》／1

萬日吉
　黃傳祖《扶輪廣集》／3；8
　魏喬介《觀始集》／5
　程　棟、施　譽《鼓吹新編》／4
　姚　佺《詩源》／楚
　徐　崧、陳濟生《詩南》／7；8
　魏　憲《補石倉詩選》／1
　王爾綱《天下名家詩永》／3
　顧施楨（禎）《盛朝詩選初集》／6
　陶　煊、張　璨《國朝詩的》／湖廣 4

萬引年
　黃傳祖《扶輪廣集》／11
　姚　佺《詩源》／楚

萬世德
　徐　崧《詩風初集》／17

萬代尚
　黃傳祖《扶輪廣集》／11
　魏喬介《觀始集》／9

萬邦榮
　沈德潛《國朝詩別裁集》／422

萬承蒼
　陶　煊、張　璨《國朝詩的》／江西 2

萬茂先
　陳允衡《詩慰初集》

萬時華
　黃傳祖《扶輪續集》／8；10
　黃傳祖《扶輪新集》／3；8
　徐　崧、陳濟生《詩南》／5；9
　魏　憲《補石倉詩選》／1
　王爾綱《天下名家詩永》／1

顧施楨（禎）《盛朝詩選初集》／6
陶 煊、張 璨《國朝詩的》／江西 1

萬斯備
徐 崧《詩風初集》／8
蔣 薰、翁介眉《清詩初集》／6
孫 鋐《皇清詩選》／浙江
陶 煊、張 璨《國朝詩的》／浙江 5

萬斯備
鄧漢儀《天下名家詩觀》／3
鄧漢儀《詩觀二集》／13

萬爾昌
陶 煊、張 璨《國朝詩的》／湖廣 5

萬壽祺
黃傳祖《扶輪續集》／3；8；11
黃傳祖《扶輪廣集》／3
程 棟、施 謹《鼓吹新編》／2
姚 佺《詩源》／吳
魏 耕、錢价人《今詩粹》
徐 崧、陳濟生《詩南》／5；9；12
魏裔介《清詩溯洄集》／2
魏 憲《補石倉詩選》／1
鄧漢儀《詩觀二集》／1
徐 崧《詩風初集》／7；14
王士禎《感舊集》／2
陸次雲《詩平初集》／4
蔣 薰、翁介眉《清詩初集》／1；3；
4；6；8
曾 燦《過日集》／1
孫 鋐《皇清詩選》／江南
王爾綱《天下名家詩永》／3
卓爾堪《明遺民詩》／1
陶 煊、張 璨《國朝詩的》／江南 5
彭廷梅《國朝詩選》／3；6

萬際昌
汪 觀《清詩大雅》／18

萬變輔
沈德潛《國朝詩別裁集》／498

葛 芝
曾 燦《過日集》／2；3

葛 曒
魏 憲《詩持三集》／10
趙 炎《尊閣詩藏》／4 五言律

葛 震
曾 燦《過日集》／1；3；9

葛 鶴
陶 煊、張 璨《國朝詩的》／江南 15
汪 觀《清詩大雅》／1
吳元桂《昭代詩針》／14

葛 麟
徐 崧、陳濟生《詩南》／6

葛一龍
黃傳祖《扶輪續集》／2；8；10
程 棟、施 謹《鼓吹新編》／1
魏 憲《補石倉詩選》／1
鄧漢儀《詩觀二集》／4
王爾綱《天下名家詩永》／4
顧施楨（禎）《盛朝詩選初集》／2
卓爾堪《明遺民詩》／4
彭廷梅《國朝詩選》／3

葛大升
陶 煊、張 璨《國朝詩的》／浙江 6

葛天民
陶 煊、張 璨《國朝詩的》／江南續
編 1

葛雲芝
程 棟、施 謹《鼓吹新編》／7
徐 崧、陳濟生《詩南》／5；8
顧有孝《驪珠集》／6
徐 崧《詩風初集》／13
孫 鋐《皇清詩選》／江南

综合索引（十三畫）

卓爾堪《明遺民詩》／12

董 玄

黃傳祖《扶輪續集》／7

董 玉

魏 耕、錢价人《今詩粹》

董 末

顧有孝《驪珠集》／10

徐 崧《詩風初集》／17

董 含

程 棟、施 譚《鼓吹新編》／9

顧有孝《驪珠集》／9；12

魏 憲《詩持三集》／2

趙 炎《專閫詩藏》／2五言古；2五言律；2七言古；2七言律

徐 崧《詩風初集》／6；7；12；16；17

席居中《昭代詩存》／6

蔣 籜、翁介眉《清詩初集》／1；3；11

曾 燦《過日集》／1

孫 鋐《皇清詩選》／江南

陶 煊、張 璨《國朝詩的》／江南6

彭廷梅《國朝詩選》／6；10；11

沈德潛《國朝詩別裁集》／77

董 朴

顧有孝《驪珠集》／10

孫 鋐《皇清詩選》／江南

董 咸

魏 耕、錢价人《今詩粹》

董 思

顧有孝《驪珠集》／11

董 俞

程 棟、施 譚《鼓吹新編》／11

顧有孝《驪珠集》／7；12

魏 憲《詩持三集》／2

趙 炎《專閫詩藏》／2五言律；2七言律

鄧漢儀《詩觀二集》／8；12

鄧漢儀《詩觀三集》／4

徐 崧《詩風初集》／9；12；17

王士禎《感舊集》／4

席居中《昭代詩存》／9

陸次雲《詩平初集》／1；3；5；7；9；11；12

蔣 籜、翁介眉《清詩初集》／1；3；7；11

曾 燦《過日集》／10

孫 鋐《皇清詩選》／江南

王爾綱《天下名家詩永》／4

周佑予《清詩鼓吹》／1

陶 煊、張 璨《國朝詩的》／江南6

吴元桂《昭代詩針》／4

沈德潛《國朝詩別裁集》／102

董 泰

彭廷梅《國朝詩選》／2

董 柴

吴元桂《昭代詩針》／13

董 客

鄧漢儀《天下名家詩觀》／9

鄧漢儀《詩觀二集》／2

董 訥

鄧漢儀《詩觀二集》／10

席居中《昭代詩存》／13

陸次雲《詩平初集》／7；10；12

蔣 籜、翁介眉《清詩初集》／7；9

孫 鋐《皇清詩選》／山東

王爾綱《天下名家詩永》／2

顧施禎（禎）《盛朝詩選初集》／6；9

陶 煊、張 璨《國朝詩的》／山東1

彭廷梅《國朝詩選》／12

沈德潛《國朝詩別裁集》／159

董 榮

徐 崧《詩風初集》／9

董 黃

黃傳祖《扶輪廣集》／11

魏 耕、錢份人《今詩粹》

徐 崧、陳濟生《詩南》／4；9

顧有孝《驪珠集》／7

鄧漢儀《天下名家詩觀》／6

徐 崧《詩風初集》／13

席居中《昭代詩存》／3

蔣 鑨、翁介眉《清詩初集》／3；11；12

孫 鋐《皇清詩選》／江南

周佑予《清詩鼓吹》／1

陶 煊、張 璨《國朝詩的》／江南6

彭廷梅《國朝詩選》／9

董 瑒

蔣 鑨、翁介眉《清詩初集》／6

董 說

魏 耕、錢份人《今詩粹》

徐 崧《詩風初集》／6；7；9；11

蔣 鑨、翁介眉《清詩初集》／1

曾 燦《過日集》／1；3；8

董 隆

魏 耕、錢份人《今詩粹》

徐 崧《詩風初集》／8

卓爾堪《明遺民詩》／14

董 樵

顧有孝《驪珠集》／10

徐 崧《詩風初集》／12

王士禛《感舊集》／3

卓爾堪《明遺民詩》／1；15

董 衡

魏 耕、錢份人《今詩粹》

徐 崧、陳濟生《詩南》／6

徐 崧《詩風初集》／16

董 閎

顧有孝《驪珠集》／10

趙 炎《尊閒詩藏》／2七言律

徐 崧《詩風初集》／14

陸次雲《詩平初集》／10；12

蔣 鑨、翁介眉《清詩初集》／9

孫 鋐《皇清詩選》／江南

董 閣

沈德潛《國朝詩別裁集》／128

董 罡

姚 佺《詩源》／齊魯

董 蕎

黃傳祖《扶輪新集》／4

董二酉

程 棟、施 譚《鼓吹新編》／6

魏 耕、錢份人《今詩粹》

徐 崧、陳濟生《詩南》／7；10

董于挺

陶 煊、張 璨《國朝詩的》／江南11

董于堦

陶 煊、張 璨《國朝詩的》／江南13

董大倫

吳元桂《昭代詩針》／6

董文漪

程 棟、施 譚《鼓吹新編》／11

董文驥

魏喬介《清詩溯洄集》／1；4

顧有孝《驪珠集》／9

魏 憲《詩持二集》／6

王士禛《感舊集》／10

席居中《昭代詩存》／14

蔣 鑨、翁介眉《清詩初集》／2；5；9；12

綜合索引（十三畫）

王爾綱《天下名家詩永》／6
顧施楨（禎）《盛朝詩選初集》／9
劉　然《國朝詩乘》／12
陶　煊、張　璨《國朝詩的》／江南2
沈德潛《國朝詩別裁集》／48

董元愷

顧有孝《驪珠集》／6
徐　崧《詩風初集》／10；11；17
蔣　鑨、翁介眉《清詩初集》／7；8；12

孫　銓《皇清詩選》／江南

董以寧

黃傳祖《扶輪廣集》／4；9；14
黃傳祖《扶輪新集》／1；4；9
魏裔介《觀始集》／11；12
程　棟、施　譚《鼓吹新編》／7
姚　佺《詩源》／吳
魏　耕、錢价人《今詩粹》
徐　崧、陳清生《詩南》／10
魏裔介《清詩溯洄集》／10
顧有孝《驪珠集》／6
趙　炎《尊閣詩藏》／3 五言律
徐　崧《詩風初集》／2；7；8；14；18

王士禎《感舊集》／12
席居中《昭代詩存》／1
陸次雲《詩平初集》／1；6；12
蔣　鑨、翁介眉《清詩初集》／1；3；4；7；8；10；12
曾　燦《過日集》／2；4；8；9
孫　銓《皇清詩選》／江南
顧施楨（禎）《盛朝詩選初集》／2；6；8

周佑予《清詩鼓吹》／1
陶　煊、張　璨《國朝詩的》／江南2

吳元桂《昭代詩針》／2
彭廷梅《國朝詩選》／6；12
沈德潛《國朝詩別裁集》／122

董允明

陶　煊、張　璨《國朝詩的》／浙江3

董用楨

趙　炎《尊閣詩藏》／8 五言律
鄧漢儀《詩觀二集》／12
孫　銓《皇清詩選》／江南

董守諭

魏裔介《觀始集》／12
姚　佺《詩源》／越
魏　耕、錢价人《今詩粹》

董良槐

曾　燦《過日集》／4；10

董克家

姚　佺《詩源》／吳

董廷榮

倪匡世《振雅堂彙編詩最》／5
陶　煊、張　璨《國朝詩的》／盛京1

董官治

席居中《昭代詩存》／1

董怡曾

彭廷梅《國朝詩選》／10

董其繩

魏　耕、錢价人《今詩粹》

董延祚

陸次雲《詩平初集》／10

董映奎

朱　觀《國朝詩正》／4

董思凝

席居中《昭代詩存》／14
孫　銓《皇清詩選》／山東
沈德潛《國朝詩別裁集》／292

董神駿

魏 耕、錢价人《今詩粹》

徐 崧《詩風初集》／10；11

董師吉

魏 憲《詩持二集》／8

董孫符

魏 憲《詩持二集》／12

孫 鋐《皇清詩選》／浙江

董渠成

徐 崧《詩風初集》／9

董國祥

黃傳祖《扶輪新集》／5

魏喬介《觀始集》／1；4；6

顧有孝《驪珠集》／3

孫 鋐《皇清詩選》／福建

董紹絡

吳元桂《昭代詩針》／14

董期生

曾 燦《過日集》／1

董象鼎

黃傳祖《扶輪新集》／4

董道權

徐 崧《詩風初集》／6；18

蔣 瓏、翁介眉《清詩初集》／5；12

曾 燦《過日集》／8

孫 鋐《皇清詩選》／浙江

卓爾堪《明遺民詩》／10

陶 煊、張 璨《國朝詩的》／浙江 3

沈德潛《國朝詩別裁集》／138

董漢策

黃傳祖《扶輪新集》／4；7

徐 崧、陳濟生《詩南》／9

徐 崧《詩風初集》／1；9；10；14

曾 燦《過日集》／4

孫 鋐《皇清詩選》／浙江

董肇勳

陶 煊、張 璨《國朝詩的》／浙江 8

董養河

魏 憲《詩持三集》／4

孫 鋐《皇清詩選》／福建

董聞京

徐 崧《詩風初集》／10

董穀士

魏 耕、錢价人《今詩粹》

顧有孝《驪珠集》／11

徐 崧《詩風初集》／9

孫 鋐《皇清詩選》／浙江

董德偶

鄧漢儀《詩觀二集》／12

孫 鋐《皇清詩選》／浙江

陶 煊、張 璨《國朝詩的》／浙江 5

董穎佳

魏 耕、錢价人《今詩粹》

顧有孝《驪珠集》／11

徐 崧《詩風初集》／9

董靈預

黃傳祖《扶輪新集》／4

魏 耕、錢价人《今詩粹》

徐 崧《詩風初集》／10；14

靳 器

魏 耕、錢价人《今詩粹》

靳治荊

鄧漢儀《詩觀三集》／8；13

倪匡世《振雅堂彙編詩最》／5

吳 藎《名家詩選》／2

陶 煊、張 璨《國朝詩的》／盛京 1

靳樹春

汪 觀《清詩大雅二集》／2

靳應昇

黃傳祖《扶輪廣集》／9

综合索引（十三畫）

黄傳祖《扶輪新集》/9
魏裔介《觀始集》/6；8
程 棟、施 譶《鼓吹新編》/6
魏 耕、錢价人《今詩粹》
徐 崧、陳濟生《詩南》/4；7；10
鄧漢儀《詩觀二集》/6
徐 崧《詩風初集》/1；8
孫 銓《皇清詩選》/江南
卓爾堪《明遺民詩》/14
陶 煊、張 璨《國朝詩的》/江南9

靳觀光

徐 崧、陳濟生《詩南》/8

敬 韜

陶 煊、張 璨《國朝詩的》/湖廣10

裘應時

陶 煊、張 璨《國朝詩的》/江西2

楊 旦

蔣 鑨、翁介眉《清詩初集》/6

楊 甲

彭廷梅《國朝詩選》/8；10

楊 弘

程 棟、施 譶《鼓吹新編》/6
徐 崧、陳濟生《詩南》/5
顧有孝《驪珠集》/3
徐 崧《詩風初集》/9
蔣 鑨、翁介眉《清詩初集》/7

楊 旭

徐 崧《詩風初集》/11；18

楊 岐

鄧漢儀《詩觀二集》/8
孫 銓《皇清詩選》/四川

楊 杰

汪 觀《清詩大雅二集》/3

楊 坤

鄧漢儀《詩觀二集》/6

楊 知

陶 煊、張 璨《國朝詩的》/浙江4

楊 岳

黄傳祖《扶輪續集》/4；7
姚 佺《詩源》/閩
徐 崧、陳濟生《詩南》/2
徐 崧《詩風初集》/8

楊 延

朱 觀《國朝詩正》/1

楊 岱

魏 憲《詩持二集》/8
鄧漢儀《天下名家詩觀》/9
鄧漢儀《詩觀二集》/7
徐 崧《詩風初集》/8；18
王士禎《感舊集》/16
席居中《昭代詩存》/14
蔣 鑨、翁介眉《清詩初集》/12
孫 銓《皇清詩選》/四川
陳以剛《國朝詩品》/6
吴元桂《昭代詩針》/6
沈德潛《國朝詩別裁集》/257

楊 炤

黄傳祖《扶輪續集》/7
程 棟、施 譶《鼓吹新編》/11
徐 崧、陳濟生《詩南》/7
曾 燦《過日集》/4；9

楊 玠

曾 燦《過日集》/9

楊 枯

徐 崧《詩風初集》/9

楊 晉

彭廷梅《國朝詩選》/10

楊 晟

曾 燦《過日集》/5

楊倬

孫鋐《皇清詩選》／浙江

楊涵

王士禎《感舊集》／8

楊揄

馬道岊《清詩二集》／1

楊悰

魏耕、錢价人《今詩粹》

徐崧、陳濟生《詩南》／9

卓爾堪《明遺民詩》／3

陶煊、張璨《國朝詩的》／江南4

楊補

黃傳祖《扶輪續集》／1；9

程棟、施諲《鼓吹新編》／4

徐崧、陳濟生《詩南》／3；5

徐崧《詩風初集》／6；10；12

王士禎《感舊集》／3

曾燦《過日集》／3；6；9

孫鋐《皇清詩選》／江南

楊森

曾燦《過日集》／2；5；6；9

王爾綱《天下名家詩永》／9

楊榆

蔣鑨、翁介眉《清詩初集》／12

吳藎《名家詩選》／3

楊凱

彭廷梅《國朝詩選》／7

楊崑

孫鋐《皇清詩選》／四川

陶煊、張璨《國朝詩的》／浙江7

楊策

彭廷梅《國朝詩選》／1；11

楊棋

趙炎《尊閩詩藏》／7五言律

楊煊

陶煊、張璨《國朝詩的》／貴州1

楊瑄

陸次雲《詩平初集》／7；10

孫鋐《皇清詩選》／江南

楊瑗

彭廷梅《國朝詩選》／2

楊瑀

黃傳祖《扶輪續集》／4；7；9

程棟、施諲《鼓吹新編》／9

姚佺《詩源》／吳

魏耕、錢价人《今詩粹》

徐崧、陳濟生《詩南》／7；11

魏喬介《清詩溯洄集》／2

徐崧《詩風初集》／7

蔣鑨、翁介眉《清詩初集》／1；3

曾燦《過日集》／3；10

楊楷

蔣鑨、翁介眉《清詩初集》／6；8；11；12

楊幹

陶煊、張璨《國朝詩的》／江南續編1

楊鼎

程棟、施諲《鼓吹新編》／7

徐崧、陳濟生《詩南》／7

楊賓

沈德潛《國朝詩別裁集》／358

楊演

黃傳祖《扶輪廣集》／11

王爾綱《天下名家詩永》／4

楊寬

彭廷梅《國朝詩選》／2

楊綱

鄧漢儀《詩觀三集》／11

综合索引（十三画）

王爾綱《天下名家詩永》／7

陶 煊、張 璨《國朝詩的》／陝西1

楊 綸

查 義、查岐昌《國朝詩因》／5

楊 模

沈德潛《國朝詩別裁集》／360

楊 緒

陶 煊、張 璨《國朝詩的》／湖廣6

楊 燁

徐 崧、陳濟生《詩南》／3；7

楊 靜

卓爾堪《明遺民詩》／7

楊 澄

黃傳祖《扶輪廣集》／9

楊 撰

陶 煊、張 璨《國朝詩的》／浙江6

楊 勳

王爾綱《天下名家詩永》／12

陶 煊、張 璨《國朝詩的》／湖廣4

楊 縉

倪匡世《振雅堂彙編詩最》／9

楊 潛

沈德潛《國朝詩別裁集》／553

楊 瀛

陶 煊、張 璨《國朝詩的》／江南11

楊 蘊

王爾綱《天下名家詩永》／11

楊 彝

卓爾堪《明遺民詩》／5

楊九霞

陶 煊、張 璨《國朝詩的》／江南續編1

楊士元

顧施楨（禎）《盛朝詩選初集》／7

楊士修

徐 崧、陳濟生《詩南》／7

徐 崧《詩風初集》／1；10

楊士凝

吳元桂《昭代詩針》／13

沈德潛《國朝詩別裁集》／414

楊大任

汪 觀《清詩大雅二集》／2

楊大郁

卓爾堪《明遺民詩》／15

陶 煊、張 璨《國朝詩的》／江南5

楊大觀

程 棟、施 譚《鼓吹新編》／10

顧有孝《驪珠集》／5

徐 崧《詩風初集》／10

席居中《昭代詩存》／6

蔣 鑨、翁介眉《清詩初集》／2；5；6；9；12

楊大鲲

彭廷梅《國朝詩選》／8

楊大鶴

蔣 鑨、翁介眉《清詩初集》／1；3；5；7；9；11；12

孫 銥《皇清詩選》／江南

彭廷梅《國朝詩選》／9

楊才璜

趙 炎《尊聞詩藏》／1七言律；7五言律

徐 崧《詩風初集》／12

楊山子

陶 煊、張 璨《國朝詩的》／湖廣4

楊山松

黃傳祖《扶輪新集》／4；9

曾 燦《過日集》／4

王爾綱《天下名家詩永》／14

陶 煊、張 璨《國朝詩的》／湖廣 4

楊山梓

黃傳祖《扶輪新集》／4；9

楊文聰

黃傳祖《扶輪續集》／3

楊文驄

徐 崧、陳濟生《詩南》／5

孫 鋐《皇清詩選》／貴州

王爾綱《天下名家詩永》／2

陳以剛《國朝詩品》／10

楊玉山

陶 煊、張 璨《國朝詩的》／江南 11

楊玉殿

陶 煊、張 璨《國朝詩的》／浙江 8

楊天樞

陶 煊、張 璨《國朝詩的》／盛京 2

楊天寵

陶 煊、張 璨《國朝詩的》／盛京 2

楊中訥

徐 崧《詩風初集》／10；12；16

蔣 蘿、翁介眉《清詩初集》／11

沈德潛《國朝詩別裁集》／301

楊允升

姚 佺《詩源》／吳

楊以成

陶 煊、張 璨《國朝詩的》／湖廣 8

楊以兼

曾 燦《過日集》／4；9

楊以韶

陶 煊、張 璨《國朝詩的》／湖廣 10

楊以歡

曾 燦《過日集》／4

楊永綜

彭廷梅《國朝詩選》／2

楊正中

陸次雲《詩平初集》／6

蔣 蘿、翁介眉《清詩初集》／6

楊正極

陶 煊、張 璨《國朝詩的》／江南續編 1

楊去病

曾 燦《過日集》／10

楊占元

馬道晊《清詩二集》／4

楊弘器

王爾綱《天下名家詩永》／14

楊守知

彭廷梅《國朝詩選》／4；12

沈德潛《國朝詩別裁集》／330

楊汝穀

沈德潛《國朝詩別裁集》／328

楊汝霖

彭廷梅《國朝詩選》／8

楊亦奇

陶 煊、張 璨《國朝詩的》／湖廣 6

楊亦溥

陶 煊、張 璨《國朝詩的》／湖廣 6

楊州彥

魏 憲《補石倉詩選》／3

魏 憲《皇清百名家詩選》／76

陶 煊、張 璨《國朝詩的》／湖廣 5

楊兆傑

魏 憲《詩持二集》／5

孫 鋐《皇清詩選》／湖廣

陶 煊、張 璨《國朝詩的》／湖廣 5

楊兆魯

魏 憲《詩持三集》／10

蔣 蘿、翁介眉《清詩初集》／9；12

綜合索引（十三畫）

楊自牧

鄧漢儀《詩觀三集》／7

席居中《昭代詩存》／14

孫　銓《皇清詩選》／京師

吴元桂《昭代詩針》／4

楊自發

蔣　瓘、翁介眉《清詩初集》／7

楊志遠

陳祚明、韓　詩《國門集》／2；5

姚　佺《詩源》／吴

徐　崧、陳濟生《詩南》／10

顧有孝《驪珠集》／4

楊克讓

顧施楨（禎）《盛朝詩選初集》／12

（附）

楊李玨

王爾綱《天下名家詩永》／13

楊技遠

陶　煊、張　璨《國朝詩的》／江西2

楊廷拆

姚　佺《詩源》／蜀

彭廷梅《國朝詩選》／3

楊廷棟

蔣　瓘、翁介眉《清詩初集》／7；9

楊廷樞

魏　憲《補石倉詩選》／1

楊廷鎮

鄧漢儀《詩觀三集》／12

倪匡世《振雅堂彙編詩最》／6

楊廷璧

陶　煊、張　璨《國朝詩的》／浙江7

楊廷鑑

程　棟、施　諲《鼓吹新編》／4

徐　崧、陳濟生《詩南》／6

席居中《昭代詩存》／5

楊廷顯

鄧漢儀《詩觀三集》／12

陶　煊、張　璨《國朝詩的》／江南8

楊廷麟

黃傳祖《扶輪新集》／8

魏　耕、錢价人《今詩粹》

徐　崧、陳濟生《詩南》／8

鄧漢儀《詩觀三集》／1

王爾綱《天下名家詩永》／1

楊佐國

蔣　瓘、翁介眉《清詩初集》／8

楊作霖

曾　燦《過日集》／3

楊宗發

彭廷梅《國朝詩選》／2；10

楊長世

曾　燦《過日集》／9

楊枝起

程　棟、施　諲《鼓吹新編》／4

楊東生

劉　然《國朝詩乘》／12

楊叔度

陳允衡《詩慰續集》

楊昌言

曾　燦《過日集》／10

楊忠立

孫　銓《皇清詩選》／江南

楊承綜

彭廷梅《國朝詩選》／10

楊春星

孫　銓《皇清詩選》／河南

楊春華

魏　耕、錢价人《今詩粹》

楊思本

魏　憲《皇清百名家詩選》／77

王士禛《感舊集》／3

楊思聖

黃傳祖《扶輪廣集》／3；6；9；11

黃傳祖《扶輪新集》／5；8；10

魏裔介《觀始集》／1；3；5；8；11

陳祚明、韓　詩《國門集》／2；3；4；5；

魏　耕、錢价人《今詩粹》

魏裔介《清詩溯洄集》／1；3；5；6；7

顧有孝《驪珠集》／1

魏　憲《詩持二集》／6

魏　憲《補石倉詩選》／2

魏　憲《皇清百名家詩選》／13

趙　炎《專閱詩藏》／1五言律；1七言律

鄧漢儀《天下名家詩觀》／3

徐　崧《詩風初集》／2；9；12；17

席居中《昭代詩存》／2

陸次雲《詩平初集》／6；8

蔣　鑨、翁介眉《清詩初集》／4；6；9；12

曾　燦《過日集》／4；9

孫　銓《皇清詩選》／京師

王爾綱《天下名家詩永》／4

顧施禎（禎）《盛朝詩選初集》／9

陳維崧《篋衍集》／9

陶　煊、張　璨《國朝詩的》／直隸1

彭廷梅《國朝詩選》／1；5；8

沈德潛《國朝詩別裁集》／31

楊禹甸

卓爾堪《明遺民詩》／8

楊益介

曾　燦《過日集》／7

楊秦淵

王爾綱《天下名家詩永》／13

楊素蘊

鄧漢儀《詩觀三集》／2

蔣　鑨、翁介眉《清詩初集》／3；4；6；8；12

王爾綱《天下名家詩永》／2

陶　煊、張　璨《國朝詩的》／陝西1

吳元桂《昭代詩針》／4

楊振宗

汪　觀《清詩大雅》／12

楊時化

鄧漢儀《詩觀三集》／3

楊時薦

魏裔介《觀始集》／2

楊師亮

蔣　鑨、翁介眉《清詩初集》／8

楊康成

顧有孝《驪珠集》／9

楊惟休

陶　煊、張　璨《國朝詩的》／江西1

楊國柱

姚　佺《詩源》／秦

楊敏芳

曾　燦《過日集》／5；10

楊通久

王士禛《感舊集》／16

楊通俊

鄧漢儀《天下名家詩觀》／9

王士禛《感舊集》／16

陶　煊、張　璨《國朝詩的》／山東2

楊通似

鄧漢儀《天下名家詩觀》／9

王士禛《感舊集》／16

綜合索引（十三畫）

楊通睿

鄧漢儀《天下名家詩觀》／9

王士禎《感舊集》／16

陶　煊、張　璨《國朝詩的》／山東2

楊紹武

徐　崧《詩風初集》／9；17

席居中《昭代詩存》／4

王爾綱《天下名家詩永》／3

楊雲鶴

黃傳祖《扶輪續集》／3；4

姚　佺《詩源》／蜀

陶　煊、張　璨《國朝詩的》／四川1

楊彭齡

曾　燦《過日集》／3

楊雄建

徐　崧《詩風初集》／8

楊景范

曾　燦《過日集》／1；9

楊無咎

顧有孝《驪珠集》／10

曾　燦《過日集》／8；10

孫　銓《皇清詩選》／江南

楊復元

陶　煊、張　璨《國朝詩的》／雲南1

楊雍建

顧有孝《驪珠集》／9

徐　崧《詩風初集》／12；17

席居中《昭代詩存》／2

陸次雲《詩平初集》／2；4；6；9

蔣　鑨、翁介眉《清詩初集》／3；5；

6；8；12

孫　銓《皇清詩選》／浙江

王爾綱《天下名家詩永》／6

吳　謙《名家詩選》／4

陶　煊、張　璨《國朝詩的》／浙江1

楊瑚璉

鄧漢儀《詩觀三集》／10

倪匡世《振雅堂彙編詩最》／2

彭廷梅《國朝詩選》／9

楊聖化

蔣　鑨、翁介眉《清詩初集》／7

楊嗣漢

鄧漢儀《詩觀三集》／9

陶　煊、張　璨《國朝詩的》／江西2

楊嗣震

黃傳祖《扶輪新集》／9

姚　佺《詩源》／楚

楊端本

黃傳祖《扶輪新集》／3

魏　憲《詩持二集》／7

席居中《昭代詩存》／1

顧施禎（禎）《盛朝詩選初集》／8

陶　煊、張　璨《國朝詩的》／陝西2

楊爾楨

倪匡世《振雅堂彙編詩最》／1

楊際會

趙　炎《尊閱詩藏》／3七言律

楊維漢

陶　煊、張　璨《國朝詩的》／江南7

楊詩臣

劉　然《國朝詩乘》／5

楊慧從

姚　佺《詩源》／吳

楊輝斗

魏　憲《補石倉詩選》／3

魏　憲《皇清百名家詩選》／61

楊樹聲

陶　煊、張　璨《國朝詩的》／福建2

楊儒臣

彭廷梅《國朝詩選》／10

楊潛英

陶 煊、張 璨《國朝詩的》／湖廣5

楊還吉

黃傳祖《扶輪新集》／4

鄧漢儀《詩觀三集》／3

楊繩武

沈德潛《國朝詩別裁集》／408

楊繼芳

黃傳祖《扶輪新集》／9

魏裔介《清詩溯洄集》／2；4；6；8；9

魏 憲《詩持三集》／6

蔣 鑨、翁介眉《清詩初集》／7

孫 鋐《皇清詩選》／京師

楊繼經

顧有孝《驪珠集》／7

王士禎《感舊集》／14

蔣 鑨、翁介眉《清詩初集》／2；10

曾 燦《過日集》／5

王爾綱《天下名家詩永》／11

陶 煊、張 璨《國朝詩的》／湖廣2

楊體元

魏裔介《觀始集》／4

雅爾善

彭廷梅《國朝詩選》／6；10；11；13

虞 吉

王爾綱《天下名家詩永》／11

虞黃昊

魏裔介《觀始集》／11

程 棟、施 諲《鼓吹新編》／10

姚 佺《詩源》／越

魏 耕、錢价人《今詩粹》

徐 崧、陳濟生《詩南》／7

顧有孝《驪珠集》／8

徐 崧《詩風初集》／11

王士禎《感舊集》／14

陸次雲《詩平初集》／12

蔣 鑨、翁介眉《清詩初集》／4；12

沈德潛《國朝詩別裁集》／146

虞景星

沈德潛《國朝詩別裁集》／407

路 彩

王爾綱《天下名家詩永》／14

路 邁

姚 佺《詩源》／吳

徐 崧、陳濟生《詩南》／12

路金聲

鄧漢儀《詩觀二集》／13

路雲彰

趙 炎《尊閣詩藏》／2 五言古；2 七言古；4 七言律；7 五言律

孫 鋐《皇清詩選》／江南

路澤農

孫 鋐《皇清詩選》／京師

陶 煊、張 璨《國朝詩的》／直隸2

路澤濃

徐 崧、陳濟生《詩南》／10

徐 崧《詩風初集》／9；18

路鶴徵

程 棟、施 諲《鼓吹新編》／9

趙 炎《尊閣詩藏》／7 五言律

徐 崧《詩風初集》／6

孫 鋐《皇清詩選》／江南

沈德潛《國朝詩別裁集》／144

鄔維新

陶 煊、張 璨《國朝詩的》／江南15

鄔繼思

程 棟、施 諲《鼓吹新編》／7；14

魏 耕、錢价人《今詩粹》

徐 崧、陳濟生《詩南》／3；8；11

綜合索引（十三畫）

顧有孝《驪珠集》／1
徐 崧《詩風初集》／16
陶 煊、張 璨《國朝詩的》／江南15

詹 吉
黃傳祖《扶輪續集》／6

詹士廉
馬道晊《清詩二集》／3

詹士齊
馬道晊《清詩二集》／4

詹士魯
馬道晊《清詩二集》／3

詹士懋
蔣 鑨、翁介眉《清詩初集》／7
馬道晊《清詩二集》／3
陶 煊、張 璨《國朝詩的》／湖廣8

詹大衡
蔣 鑨、翁介眉《清詩初集》／6；9
馬道晊《清詩二集》／3
陶 煊、張 璨《國朝詩的》／湖廣7

詹大衢
蔣 鑨、翁介眉《清詩初集》／12
馬道晊《清詩二集》／2
陶 煊、張 璨《國朝詩的》／湖廣7

詹明章
趙 炎《尊閣詩藏》／6五言律
孫 銓《皇清詩選》／福建

詹鍾玉
魏裔介《觀始集》／2

解 謙
孫 銓《皇清詩選》／江南
吳 蒿《名家詩選》／4
陶 煊、張 璨《國朝詩的》／江南6

解又緗
孫 銓《皇清詩選》／江南

解幾貞
陳祚明、韓 詩《國門集》／4

解鼎基
陶 煊、張 璨《國朝詩的》／江南續
編1

解鼎雲
吳 蒿《名家詩選》／4

鄒 弘
顧有孝《驪珠集》／8

鄒 奇
陶 煊、張 璨《國朝詩的》／江西2

鄒 皋
姚 佺《詩源》／吳

鄒 陞
曾 燦《過日集》／2

鄒 翊
鄧漢儀《天下名家詩觀》／11

鄒 廉
陶 煊、張 璨《國朝詩的》／河南1

鄒 溶
顧有孝《驪珠集》／9
徐 崧《詩風初集》／12
孫 銓《皇清詩選》／江南

鄒 漪
徐 崧、陳濟生《詩南》／12
魏 憲《詩持三集》／9
趙 炎《尊閣詩藏》／3五言律
徐 崧《詩風初集》／8
席居中《昭代詩存》／7
陸次雲《詩平初集》／8
蔣 鑨、翁介眉《清詩初集》／8
孫 銓《皇清詩選》／江南
王爾綱《天下名家詩永》／2

鄒 漣
陶 煊、張 璨《國朝詩的》／浙江8

鄒之麟

姚　佺《詩源》／吳

蔣　籜、翁介眉《清詩初集》／9

鄒元標

魏　憲《補石倉詩選》／1

鄒升恒

沈德潛《國朝詩別裁集》／420

鄒允題

顧有孝《驪珠集》／6

倪匡世《振雅堂彙編詩最》／4

鄒世任

陶　煊、張　璨《國朝詩的》／湖廣6

鄒式金

黃傳祖《扶輪廣集》／3；8；10

黃傳祖《扶輪新集》／8

鄒定周

陶　煊、張　璨《國朝詩的》／湖廣8

鄒奇勳

陸次雲《詩平初集》／7

鄒昌胤

黃傳祖《扶輪廣集》／14

姚　佺《詩源》／滇

彭廷梅《國朝詩選》／4；11

鄒昌徹

孫　鋐《皇清詩選》／浙江

鄒延妃

姚　佺《詩源》／吳

鄒延珏

姚　佺《詩源》／吳

鄒致肅

陶　煊、張　璨《國朝詩的》／湖廣9

鄒祗謨

黃傳祖《扶輪續集》／4

黃傳祖《扶輪廣集》／4；9；14

魏齊介《觀始集》／6；8

程　棟、施　謹《鼓吹新編》／10

魏　耕、錢价人《今詩粹》

陳允衡《國雅》／32

徐　崧、陳濟生《詩南》／10

顧有孝《驪珠集》／12

趙　炎《尊閣詩藏》／3五言律

徐　崧《詩風初集》／10；12

王士禎《感舊集》／11

席居中《昭代詩存》／11

蔣　籜、翁介眉《清詩初集》／3；5；7；9；12

曾　燦《過日集》／4；7；10

孫　鋐《皇清詩選》／江南

王爾綱《天下名家詩永》／12

陳維崧《篋衍集》／94

劉　然《國朝詩乘》／2

陶　煊、張　璨《國朝詩的》／江南3

吳元桂《昭代詩針》／2

沈德潛《國朝詩別裁集》／89

鄒訏謨

姚　佺《詩源》／吳

鄒章周

陶　煊、張　璨《國朝詩的》／湖廣8

鄒隆遠

陶　煊、張　璨《國朝詩的》／江西2

鄒統魯

陶　煊、張　璨《國朝詩的》／湖廣2

鄒登嵩

徐　崧《詩風初集》／10

鄒登巖

蔣　籜、翁介眉《清詩初集》／3

鄒維璉

魏　憲《補石倉詩選》／1

鄒震謙

顧有孝《驪珠集》／9

綜合索引（十四畫）

徐 崧《詩風初集》／6；8；11

席居中《昭代詩存》／4；11

曾 燦《過日集》／8；10

孫 銓《皇清詩選》／江南

王爾綱《天下名家詩永》／13

陶 煊、張 璨《國朝詩的》／江南8

鄒錫昌

陶 煊、張 璨《國朝詩的》／浙江6

十四畫

寧郡王

彭廷梅《國朝詩選》／11

寧 嬄

魏裔介《觀始集》／2

廖 介

席居中《昭代詩存》／8

廖 貞

陳以剛《國朝詩品》／17

廖 燕

陶 煊、張 璨《國朝詩的》／廣東1

沈德潛《國朝詩別裁集》／455

廖 僎

陶 煊、張 璨《國朝詩的》／湖廣9

廖文英

陳允衡《國雅》／11

鄧漢儀《天下名家詩觀》／11

徐 崧《詩風初集》／9

蔣 鑨、翁介眉《清詩初集》／9

孫 銓《皇清詩選》／兩廣

王爾綱《天下名家詩永》／11

陶 煊、張 璨《國朝詩的》／廣東1

廖方遠

陶 煊、張 璨《國朝詩的》／湖廣10

廖元音

陶 煊、張 璨《國朝詩的》／湖廣8

廖元度

曾 燦《過日集》／9

陶 煊、張 璨《國朝詩的》／湖廣6

廖應試

曾 燦《過日集》／4

廖闈芳

吳元桂《昭代詩針》／15

廖騰奎

鄧漢儀《詩觀三集》／4

陶 煊、張 璨《國朝詩的》／福建2

陳以剛《國朝詩品》／10

廖騰煃

顧施楨（禎）《盛朝詩選初集》／7

吳 讓《名家詩選》／2

汪 觀《清詩大雅》／5

齊 治

徐 崧《詩風初集》／5

齊思亮

倪匡世《振雅堂彙編詩最》／4

陶 煊、張 璨《國朝詩的》／江西2

齊維藩

黃傳祖《扶輪續集》／4；6；9

黃傳祖《扶輪廣集》／11

王爾綱《天下名家詩永》／5

端 挺

鄧漢儀《詩觀三集》／10

榮白蠟

彭廷梅《國朝詩選》／2

福 起

陶 煊、張 璨《國朝詩的》／滿洲1

褚 篆

黃傳祖《扶輪廣集》／9

鄧漢儀《詩觀二集》／12

徐 崧《詩風初集》／12

蔣 瓻、翁介眉《清詩初集》／2

陶 煊、張 璨《國朝詩的》／江南9

吳元桂《昭代詩針》／2

沈德潛《國朝詩別裁集》／108

褚有聲

顧施禎（禎）《盛朝詩選初集》／7

褚邦屏

孫 鋐《皇清詩選》／江南

褚廷荇

魏喬介《觀始集》／9

褚廷琦

程 棟、施 謹《鼓吹新編》／3

顧有孝《曠珠集》／10

徐 崧《詩風初集》／14

褚蔚文

徐 崧《詩風初集》／9

褚蔚章

徐 崧《詩風初集》／9

褚蔚業

徐 崧《詩風初集》／14

褚德圭

孫 鋐《皇清詩選》／江南

靜 挺

卓爾堪《明遺民詩》／16

蓁汝梓

魏喬介《觀始集》／6；9

蓁汝舟

魏喬介《觀始集》／11

徐 崧《詩風初集》／16

蔣 瓻、翁介眉《清詩初集》／1

夢 麟

沈德潛《國朝詩別裁集》／525

趙 庚

徐 崧、陳濟生《詩南》／7

卓爾堪《明遺民詩》／15

趙 泃

徐 崧《詩風初集》／13；17

席居中《昭代詩存》／14

曾 燦《過日集》／2；4

孫 鋐《皇清詩選》／浙江

趙 炎

孫 鋐《皇清詩選》／福建

趙 昕

顧有孝《曠珠集》／10

魏 憲《詩持三集》／9

徐 崧《詩風初集》／16

蔣 瓻、翁介眉《清詩初集》／11

曾 燦《過日集》／4

彭廷梅《國朝詩選》／10

趙 泉

吳元桂《昭代詩針》／13

趙 貞

鄧漢儀《天下名家詩觀》／11

徐 崧《詩風初集》／9；16；17

蔣 瓻、翁介眉《清詩初集》／6；11；12

孫 鋐《皇清詩選》／江南

彭廷梅《國朝詩選》／3；11

趙 威

魏 憲《補石倉詩選》／2

魏 憲《皇清百名家詩選》／58

席居中《昭代詩存》／4

彭廷梅《國朝詩選》／9

趙 虹

陶 煊、張 璨《國朝詩的》／江南16

沈德潛《國朝詩別裁集》／517

趙 炳

徐 崧《詩風初集》／18

趙 信

陶 煊、張 璨《國朝詩的》／浙江4

综合索引（十四畫）

趙　修

魏裔介《清詩溯洄集》／4；6；8；9

趙　衍

王爾綱《天下名家詩永》／9

陶　煊、張　璨《國朝詩的》／浙江7

趙　俞

查　羲、查岐昌《國朝詩因》／4

沈德潛《國朝詩別裁集》／288

趙　淡

魏　耕、錢价人《今詩粹》

徐　崧、陳濟生《詩南》／7

徐　崧《詩風初集》／18

趙　朗

徐　崧、陳濟生《詩南》／7；10

顧有孝《驪珠集》／8

徐　崧《詩風初集》／14

趙　島

魏　憲《詩持二集》／6

魏　憲《詩持三集》／10

徐　崧《詩風初集》／8

蔣　鑨、翁介眉《清詩初集》／12

孫　鋐《皇清詩選》／江西

顧施楨（禎）《盛朝詩選初集》／8

卓爾堪《明遺民詩》／12

劉　然《國朝詩乘》／5

陶　煊、張　璨《國朝詩的》／江西2

吴元桂《昭代詩針》／1

趙　陛

黃傳祖《扶輪廣集》／3

趙　淳

陶　煊、張　璨《國朝詩的》／浙江8

趙　庚

徐　崧《詩風初集》／11

趙　晟

魏　憲《詩持三集》／8

趙　湛

魏裔介《觀始集》／6；9

魏裔介《清詩溯洄集》／2；8；9

蔣　鑨、翁介眉《清詩初集》／7

曾　燦《過日集》／5；10

孫　鋐《皇清詩選》／京師

陶　煊、張　璨《國朝詩的》／直隸2

趙　湄

王爾綱《天下名家詩永》／11

趙　煥

黃傳祖《扶輪續集》／4

趙　琳

魏　耕、錢价人《今詩粹》

鄧漢儀《詩觀二集》／4

徐　崧《詩風初集》／8

趙　弱

鄧漢儀《詩觀二集》／6

席居中《昭代詩存》／12

孫　鋐《皇清詩選》／四川

陶　煊、張　璨《國朝詩的》／四川1

趙　蒨

徐　崧《詩風初集》／10

趙　棐

徐　崧《詩風初集》／14

趙　筠

陶　煊、張　璨《國朝詩的》／浙江8

趙　漁

魏裔介《觀始集》／2

趙　潅

徐　崧、陳濟生《詩南》／8

顧有孝《驪珠集》／10

徐　崧《詩風初集》／12；18

趙　賓

黃傳祖《扶輪新集》／5；8；10

魏裔介《觀始集》／2；6；8

魏裔介《清詩溯洄集》／1；5；7；9
顧有孝《驪珠集》／3
趙 炎《專閣詩藏》／2 五言律
鄧漢儀《天下名家詩觀》／3
陸次雲《詩平初集》／2
蔣 鑨、翁介眉《清詩初集》／3；5；7；8
曾 燦《過日集》／4；7
孫 銓《皇清詩選》／河南
王爾綱《天下名家詩永》／10
陳維崧《篋衍集》／9
吳 蘭《名家詩選》／4
陶 煊、張 璨《國朝詩的》／河南1；2
吳元桂《昭代詩針》／6
沈德潛《國朝詩別裁集》／33

趙 寅

陳祚明、韓 詩《國門集》／2；5
魏 耕、錢价人《今詩粹》
趙 炎《專閣詩藏》／1 七言律
徐 崧《詩風初集》／1；6；13；16
蔣 鑨、翁介眉《清詩初集》／10；10；11；12
彭廷梅《國朝詩選》／3；5；11；14

趙 端

顧有孝《驪珠集》／5
魏 憲《詩持三集》／8
徐 崧《詩風初集》／11
席居中《昭代詩存》／14
蔣 鑨、翁介眉《清詩初集》／3；5；7；12

趙 適

陶 煊、張 璨《國朝詩的》／四川1

趙 潛

顧有孝《驪珠集》／6

魏 憲《詩持三集》／3
鄧漢儀《詩觀二集》／6
徐 崧《詩風初集》／6；8；14
席居中《昭代詩存》／2
陸次雲《詩平初集》／3；4；6；11
蔣 鑨、翁介眉《清詩初集》／1；2；5；6；8；10；11
陶 煊、張 璨《國朝詩的》／福建2
彭廷梅《國朝詩選》／8；9；13；14
沈德潛《國朝詩別裁集》／122

趙 渻

徐 崧、陳濟生《詩南》／10
顧有孝《驪珠集》／6
魏 憲《詩持三集》／8
趙 炎《專閣詩藏》／3 五言律
徐 崧《詩風初集》／10；12；18
席居中《昭代詩存》／5
陸次雲《詩平初集》／9
蔣 鑨、翁介眉《清詩初集》／1；7；8；12
曾 燦《過日集》／4
孫 銓《皇清詩選》／江南
王爾綱《天下名家詩永》／6
陶 煊、張 璨《國朝詩的》／江南7
沈德潛《國朝詩別裁集》／103

趙 寬

吳元桂《昭代詩針》／12

趙 璋

朱 觀《國朝詩正》／3

趙 瑾

魏裔介《清詩溯洄集》／2
王士禎《感舊集》／6

趙 澤

程 榛、施 諟《鼓吹新編》／10
魏 耕、錢价人《今詩粹》

综合索引（十四畫）

徐 崧、陳濟生《詩南》／3

趙 憲

彭廷梅《國朝詩選》／4；12

趙 穆

徐 崧《詩風初集》／14

趙 萬

魏喬介《觀始集》／6；9

趙 隨

徐 崧《詩風初集》／10；16

席居中《昭代詩存》／3

陸次雲《詩平初集》／12

蔣 鑨、翁介眉《清詩初集》／11

趙 燧

魏喬介《觀始集》／4；6

趙 韓

卓爾堪《明遺民詩》／12

趙 巋

錢謙益《吾炙集》

鄧漢儀《詩觀二集》／2

席居中《昭代詩存》／5

蔣 鑨、翁介眉《清詩初集》／3；7；8

陶 煊、張 璨《國朝詩的》／江西 1

趙 瀚

程 棟、施 譚《鼓吹新編》／6

魏 耕、錢价人《今詩粹》

徐 崧、陳濟生《詩南》／6；10

顧有孝《驪珠集》／4

徐 崧《詩風初集》／1

王士禎《感舊集》／16

卓爾堪《明遺民詩》／13

趙 獻

魏 憲《詩持三集》／10

吴元桂《昭代詩針》／6

趙 綸

魏喬介《清詩溯洄集》／8

曾 燦《過日集》／4

孫 鋐《皇清詩選》／山東

趙 驥

魏 憲《詩持三集》／7

劉 然《國朝詩乘》／1

趙又昂

陶 煊、張 璨《國朝詩的》／湖廣 10

趙之獻

陶 煊、張 璨《國朝詩的》／湖廣 9

趙三駉

陶 煊、張 璨《國朝詩的》／山西 1

趙三麒

王士禎《感舊集》／12

曾 燦《過日集》／4

趙三麟

孫 鋐《皇清詩選》／山西

趙士完

姚 佺《詩源》／齊魯

彭廷梅《國朝詩選》／11

趙士亮

姚 佺《詩源》／齊魯

王士禎《感舊集》／3

彭廷梅《國朝詩選》／4

趙士柏

王士禎《感舊集》／3

卓爾堪《明遺民詩》／8

沈德潛《國朝詩別裁集》／108

趙士㪟

孫 鋐《皇清詩選》／江南

趙士通

黃傳祖《扶輪新集》／8

蔣 鑨、翁介眉《清詩初集》／6

趙士冕
黃傳祖《扶輪廣集》/ 3；8；10；14
魏裔介《觀始集》/ 11
陳祚明、韓 詩《國門集》/ 4
程 棅、施 諲《鼓吹新編》/ 7
姚 佺《詩源》/ 齊魯
魏 耕、錢价人《今詩粹》
顧有孝《驪珠集》/ 4
曾 燦《過日集》/ 9
孫 鋐《皇清詩選》/ 山東
趙士錦
徐 崧、陳濟生《詩南》/ 5
趙士麟
席居中《昭代詩存》/ 11
陸次雲《詩平初集》/ 2
孫 鋐《皇清詩選》/ 雲南
倪匡世《振雅堂彙編詩最》/ 1
王爾綱《天下名家詩永》/ 4
陶 煊、張 璨《國朝詩的》/ 雲南 1
彭廷梅《國朝詩選》/ 6
沈德潛《國朝詩別裁集》/ 154
趙千里
王爾綱《天下名家詩永》/ 11
趙子瞻
顧有孝《驪珠集》/ 10
趙 炎《蓴閣詩藏》/ 5 五言律
徐 崧《詩風初集》/ 10；11
孫 鋐《皇清詩選》/ 江南
趙文照
陸次雲《詩平初集》/ 3；5；7；9；12
蔣 鑨、翁介眉《清詩初集》/ 2；7；8；12
趙文煚
席居中《昭代詩存》/ 3
孫 鋐《皇清詩選》/ 山東
趙文煦
鄧漢儀《詩觀二集》/ 13
陶 煊、張 璨《國朝詩的》/ 山東 2
趙元樾
吴元桂《昭代詩針》/ 13
趙立堅
顧施楨（禎）《盛朝詩選初集》/ 7
趙永懷
朱 觀《國朝詩正》/ 6
陶 煊、張 璨《國朝詩的》/ 湖廣 6
趙玉森
黃傳祖《扶輪新集》/ 8；10
趙正鏞
陶 煊、張 璨《國朝詩的》/ 浙江 7
趙申祈
魏裔介《觀始集》/ 2；9
顧有孝《驪珠集》/ 9
趙申喬
沈德潛《國朝詩別裁集》/ 169
趙司弦
卓爾堪《明遺民詩》/ 7
趙弘恩
陶 煊、張 璨《國朝詩的》/ 盛京 2
汪 觀《清詩大雅二集》/ 1
彭廷梅《國朝詩選》/ 5
趙充宗
陶 煊、張 璨《國朝詩的》/ 浙江 3
趙吉士
陳允衡《國雅》/ 44
顧有孝《驪珠集》/ 5；12
魏 憲《詩持一集》/ 3
鄧漢儀《詩觀二集》/ 5
鄧漢儀《詩觀三集》/ 7；13
徐 崧《詩風初集》/ 10；15；16；18
席居中《昭代詩存》/ 11

綜合索引（十四畫）

陸次雲《詩平初集》／9；12
蔣　薰、翁介眉《清詩初集》／2；7；11
曾　燦《過日集》／5；7
孫　鋡《皇清詩選》／浙江
吳　藎《名家詩選》／4
陶　煊、張　璨《國朝詩的》／浙江2
吳元桂《昭代詩針》／3
彭廷梅《國朝詩選》／9
沈德潛《國朝詩別裁集》／19

趙有本

孫　鋡《皇清詩選》／江南

趙有成

鄧漢儀《天下名家詩觀》／9
鄧漢儀《詩觀三集》／11
徐　崧《詩風初集》／9
席居中《昭代詩存》／8
蔣　薰、翁介眉《清詩初集》／11
陶　煊、張　璨《國朝詩的》／江南7；8

趙有聲

王爾綱《天下名家詩永》／14

趙而忭

黃傳祖《扶輪續集》／9
黃傳祖《扶輪廣集》／9；11
黃傳祖《扶輪新集》／4；7；9
魏喬介《觀始集》／2；10
陳祚明、韓　詩《國門集》／4
姚　佺《詩源》／楚
鄧漢儀《天下名家詩觀》／5
鄧漢儀《詩觀二集》／8
徐　崧《詩風初集》／13
孫　鋡《皇清詩選》／湖廣
王爾綱《天下名家詩永》／13
陶　煊、張　璨《國朝詩的》／湖廣3

趙而愷

陶　煊、張　璨《國朝詩的》／湖廣7

趙如璧

陸次雲《詩平初集》／7

趙宋臣

顧施楨（禎）《盛朝詩選初集》／6

趙良生

顧施楨（禎）《盛朝詩選初集》／7

趙良樑

陶　煊、張　璨《國朝詩的》／四川1

趙邦俊

陶　煊、張　璨《國朝詩的》／雲南1

趙廷蓮

陸次雲《詩平初集》／7；8

趙廷錫

鄧漢儀《詩觀三集》／3
蔣　薰、翁介眉《清詩初集》／7
陶　煊、張　璨《國朝詩的》／陝西1；2

吳元桂《昭代詩針》／6

趙希階

陶　煊、張　璨《國朝詩的》／江西1

趙其隆

顧有孝《驪珠集》／10
席居中《昭代詩存》／11

趙松紋

汪　觀《清詩大雅二集》／1

趙忠春

陶　煊、張　璨《國朝詩的》／浙江7

趙承旭

魏　憲《詩持一集》／3

趙承煇

顧有孝《驪珠集》／4

趙承輝

徐　崧《詩風初集》／17

趙承煃

蔣 鑨、翁介眉《清詩初集》/ 7

趙承燏

蔣 鑨、翁介眉《清詩初集》/ 12

趙彦復

王爾綱《天下名家詩永》/ 12

趙述先

卓爾堪《明遺民詩》/ 11

趙相如

卓爾堪《明遺民詩》/ 14

吳元桂《昭代詩針》/ 1

彭廷梅《國朝詩選》/ 12

趙南星

魏 憲《補石倉詩選》/ 1

趙香營

顧有孝《驪珠集》/ 11

徐 崧《詩風初集》/ 10

曾 燦《過日集》/ 4

陶 煊、張 璨《國朝詩的》/ 浙江 6

趙信國

孫 鋐《皇清詩選》/ 浙江

趙皇梅

魏齊介《觀始集》/ 9; 11

趙起元

姚 佺《詩源》/ 吳

趙時可

魏 憲《詩持三集》/ 9

趙時棓

蔣 鑨、翁介眉《清詩初集》/ 9

趙庶先

吳元桂《昭代詩針》/ 7

趙執信

陶 煊、張 璨《國朝詩的》/ 山東 2

汪 觀《清詩大雅二集》/ 2

沈德潛《國朝詩別裁集》/ 222

趙執端

彭廷梅《國朝詩選》/ 5

趙國柱

劉 然《國朝詩乘》/ 10

趙國麟

陳以剛《國朝詩品》/ 13

趙善增

蔣 鑨、翁介眉《清詩初集》/ 8

趙雲蟒

陶 煊、張 璨《國朝詩的》/ 浙江 7

趙進美

黃傳祖《扶輪續集》/ 6; 9

黃傳祖《扶輪廣集》/ 3; 6; 8

黃傳祖《扶輪新集》/ 2; 5; 10

魏齊介《觀始集》/ 2; 6

陳祚明、韓 詩《國門集》/ 1; 2; 3;

4; 5; 6

魏 耕、錢价人《今詩粹》

陳允衡《國雅》/ 40

徐 崧、陳濟生《詩南》/ 6

顧有孝《驪珠集》/ 2

魏 憲《詩持四集》/ 1

趙 炎《尊閣詩藏》/ 1 七言律; 2 五

言律; 2 七言古

鄧漢儀《天下名家詩觀》/ 5

鄧漢儀《詩觀三集》/ 5

徐 崧《詩風初集》/ 2; 6; 13

王士禎《感舊集》/ 5

席居中《昭代詩存》/ 6

陸次雲《詩平初集》/ 1; 3; 4; 7; 9;

12

蔣 鑨、翁介眉《清詩初集》/ 1; 2;

4; 6; 8; 11; 12

曾 燦《過日集》/ 1; 5; 7; 10

孫 鋐《皇清詩選》/ 山東

综合索引（十四畫）

王爾綱《天下名家詩永》／4
顧施楨（禎）《盛朝詩選初集》／3；9
陳維崧《篋衍集》／1；9
陶　煊、張　璨《國朝詩的》／山東2
陳以剛《國朝詩品》／5
查　義、查岐昌《國朝詩因》／3
吳元桂《昭代詩針》／4
彭廷梅《國朝詩選》／2
沈德潛《國朝詩別裁集》／26

趙開心

魏　憲《補石倉詩選》／3
孫　鋐《皇清詩選》／湖廣
陶　煊、張　璨《國朝詩的》／湖廣1
彭廷梅《國朝詩選》／1；3

趙開雄

徐　崧《詩風初集》／6

趙開雍

黃傅祖《扶輪新集》／4；9
魏喬介《觀始集》／9
顧有孝《驪珠集》／4
鄧漢儀《天下名家詩觀》／4
徐　崧《詩風初集》／8；17
席居中《昭代詩存》／14
曾　燦《過日集》／4
孫　鋐《皇清詩選》／江南
陶　煊、張　璨《國朝詩的》／江南6
彭廷梅《國朝詩選》／11

趙開興

鄧漢儀《詩觀二集》／2

趙祺映

陶　煊、張　璨《國朝詩的》／廣西1

趙嗣孝

陳以剛《國朝詩品》／17

趙寧靜

彭廷梅《國朝詩選》／12

趙鳴鸞

陶　煊、張　璨《國朝詩的》／江南8
吳元桂《昭代詩針》／7

趙與楣

魏　憲《詩持三集》／7
趙　炎《尊閣詩藏》／4五言律
徐　崧《詩風初集》／8
孫　鋐《皇清詩選》／福建
沈德潛《國朝詩別裁集》／128

趙際逵

徐　崧、陳濟生《詩南》／7；8

趙維烈

孫　鋐《皇清詩選》／江南

趙廣生

徐　崧、陳濟生《詩南》／12

趙錫胤

顧有孝《驪珠集》／9
鄧漢儀《天下名家詩觀》／11
徐　崧《詩風初集》／9
席居中《昭代詩存》／8

趙錫穎

孫　鋐《皇清詩選》／陝西

趙學恕

汪　觀《清詩大雅二集》／4

趙襄國

徐　崧、陳濟生《詩南》／10
徐　崧《詩風初集》／10

趙變夏

蔣　鑨、翁介眉《清詩初集》／6
陶　煊、張　璨《國朝詩的》／江西2

趙鴻鸞

鄧漢儀《詩觀三集》／12

趙關曉

沈德潛《國朝詩別裁集》／515

赫 奕

陶 煊、張 璨《國朝詩的》/ 滿洲 1

臧由琪

彭廷梅《國朝詩選》/ 11

臧眉錫

曾 燦《過日集》/ 5; 10

顧施禎（禎） 《盛朝詩選初集》/ 12

（附）

臧振榮

鄧漢儀《詩觀三集》/ 10

倪匡世《振雅堂集編詩最》/ 3

陶 煊、張 璨《國朝詩的》/ 山東 2

臧裕基

魏 耕、錢价人《今詩粹》

臧羨如

魏 耕、錢价人《今詩粹》

徐 崧《詩風初集》/ 17

臧錫眉

席居中《昭代詩存》/ 8

裴之仙

席居中《昭代詩存》/ 11

裴希度

黃傳祖《扶輪新集》/ 2; 5; 10

陳祚明、韓 詩《國門集》/ 5

團 昇

汪 觀《清詩大雅二集》/ 1

彭廷梅《國朝詩選》/ 5

團 鴻

鄧漢儀《詩觀三集》/ 7

孫 鋐《皇清詩選》/ 江南

陶 煊、張 璨《國朝詩的》/ 江南 9

圖 納

陶 煊、張 璨《國朝詩的》/ 滿洲 1

管 搶

陶 煊、張 璨《國朝詩的》/ 江南 15

沈德潛《國朝詩別裁集》/ 352

管 楡

彭廷梅《國朝詩選》/ 8

管 騤

魏裔介《觀始集》/ 6

程 棟、施 譚《鼓吹新編》/ 10

姚 佺《詩源》/ 吳

孫 鋐《皇清詩選》/ 江南

管弘進

陶 煊、張 璨《國朝詩的》/ 江南 16

管正傳

黃傳祖《扶輪續集》/ 1; 3; 6; 11

管正儀

顧有孝《驪珠集》/ 8

卓爾堪《明遺民詩》/ 12

聞人楷

彭廷梅《國朝詩選》/ 6

聞子將

陳允衡《詩慰初集》

聞文爐

孫 鋐《皇清詩選》/ 浙江

聞性道

魏裔介《觀始集》/ 11

翟 汾

彭廷梅《國朝詩選》/ 4; 10

翟賜履

陶 煊、張 璨《國朝詩的》/ 江南 11

熊 本

彭廷梅《國朝詩選》/ 8; 10; 11

熊 林

徐 崧、陳濟生《詩南》/ 7

熊 悅

陶 煊、張 璨《國朝詩的》/ 江西 1

熊 釗

鄧漢儀《詩觀二集》/ 13

综合索引（十四畫）

孫　銧《皇清詩選》／江西

陶　煊、張　璨《國朝詩的》／江西1

熊　棨

汪　觀《清詩大雅》／18

熊　僎

鄧漢儀《天下名家詩觀》／6

孫　銧《皇清詩選》／江西

陶　煊、張　璨《國朝詩的》／江西2

熊　與

姚　佺《詩源》／豫

熊一瀟

陶　煊、張　璨《國朝詩的》／江西1

熊人霖

黃傳祖《扶輪廣集》／1；3；6；13

徐　崧《詩風初集》／7

蔣　鑨、翁介眉《清詩初集》／1

王爾綱《天下名家詩永》／5

熊文舉

黃傳祖《扶輪續集》／8

黃傳祖《扶輪廣集》／2；5；8；12；14

黃傳祖《扶輪新集》／10

魏裔介《觀始集》／2；9；11

陳祚明、韓　詩《國門集》／1；2；3；4；5；6

姚　佺《詩源》／豫章

魏　耕、錢价人《今詩粹》

陳允衡《國雅》／3

魏裔介《清詩湖洄集》／1

顧有孝《驪珠集》／1

魏　憲《詩持三集》／7

趙　炎《專閣詩藏》／2五言律

鄧漢儀《天下名家詩觀》／5

徐　崧《詩風初集》／5；10；12；18

王士禎《感舊集》／3

席居中《昭代詩存》／7

陸次雲《詩平初集》／8；11；12

蔣　鑨、翁介眉《清詩初集》／5；6；8；11；12

曾　燦《過日集》／3；9

孫　銧《皇清詩選》／江西

王爾綱《天下名家詩永》／1

顧施禎（禎）《盛朝詩選初集》／2

陶　煊、張　璨《國朝詩的》／江西1

陳以剛《國朝詩品》／4

查　義、查岐昌《國朝詩因》／1

彭廷梅《國朝詩選》／1；5；11

熊日馮

劉　然《國朝詩乘》／3

熊正笏

蔣　鑨、翁介眉《清詩初集》／3；7；9；10；11；12

陶　煊、張　璨《國朝詩的》／湖廣8

熊如瀚

徐　崧、陳濟生《詩南》／7

熊良霏

沈德潛《國朝詩別裁集》／511

熊志仁

馬道晦《清詩二集》／4

熊廷弼

魏　憲《補石倉詩選》／1

熊伯龍

黃傳祖《扶輪新集》／10

顧有孝《驪珠集》／4

魏　憲《詩持二集》／7

蔣　鑨、翁介眉《清詩初集》／2；4；6；8；11

孫　銧《皇清詩選》／湖廣

王爾綱《天下名家詩永》／2

陶　煊、張　璨《國朝詩的》／湖廣2

陳以剛《國朝詩品》/ 4

熊明遇

魏　憲《補石倉詩選》/ 1

熊飛渭

蔣　鑨、翁介眉《清詩初集》/ 10

熊國璽

汪　觀《清詩大雅》/ 13

熊敏慧

陶　煊、張　璨《國朝詩的》/ 江南 15

彭廷梅《國朝詩選》/ 6

熊渭徵

陶　煊、張　璨《國朝詩的》/ 山東 2

熊開元

徐　崧、陳清生《詩南》/ 5

陶　煊、張　璨《國朝詩的》/ 湖廣 2

熊業華

曾　燦《過日集》/ 4；10

熊壽眉

倪匡世《振雅堂彙編詩最》/ 3

熊爾瑗

孫　鋐《皇清詩選》/ 江南

熊肅鎮

陶　煊、張　璨《國朝詩的》/ 江西 2

熊維寬

劉　然《國朝詩乘》/ 3

熊維熊

鄧漢儀《詩觀二集》/ 8

陶　煊、張　璨《國朝詩的》/ 江南續

編 1

熊賜履

席居中《昭代詩存》/ 2

劉　然《國朝詩乘》/ 2

陶　煊、張　璨《國朝詩的》/ 湖廣 7

十五畫

鄭　江

彭廷梅《國朝詩選》/ 6；9

沈德潛《國朝詩別裁集》/ 419

鄭　亨

周佑予《清詩鼓吹》/ 2

鄭　性

陶　煊、張　璨《國朝詩的》/ 浙江 6

鄭　昂

鄧漢儀《詩觀三集》/ 9

倪匡世《振雅堂彙編詩最》/ 6

陶　煊、張　璨《國朝詩的》/ 江南 13

鄭　昱

曾　燦《過日集》/ 10

鄭　茂

魏裔介《清詩漪洞集》/ 5；8；9

顧有孝《驪珠集》/ 6

徐　崧《詩風初集》/ 10

鄭　星

黃傳祖《扶輪續集》/ 4

魏　耕、錢价人《今詩粹》

鄭　重

顧有孝《驪珠集》/ 5

魏　憲《詩持三集》/ 6

趙　炎《尊閣詩藏》/ 1 七言律；3 五

言律；8 五言律

徐　崧《詩風初集》/ 2

席居中《昭代詩存》/ 12

陸次雲《詩平初集》/ 3；7；9；12

蔣　鑨、翁介眉《清詩初集》/ 7；9

曾　燦《過日集》/ 5

孫　鋐《皇清詩選》/ 福建

倪匡世《振雅堂彙編詩最》/ 1

綜合索引（十五畫）

顧施楨（禎）《盛朝詩選初集》／4；5；7；10

吳 藎《名家詩選》／3

陶 煊、張 璨《國朝詩的》／福建 2

鄭 叙

姚 佺《詩源》／齊魯

鄭 袞

吳 藎《名家詩選》／2

鄭 圖

周佑予《清詩鼓吹》／2

鄭 牡

蔣 鑨、翁介眉《清詩初集》／11

彭廷梅《國朝詩選》／10

鄭 梁

陶 煊、張 璨《國朝詩的》／浙江 7

查 義、查岐昌《國朝詩因》／4

鄭 基

朱 觀《國朝詩正》／3

陶 煊、張 璨《國朝詩的》／江南 16

鄭 培

顧有孝《驪珠集》／9

曾 燦《過日集》／9

陶 煊、張 璨《國朝詩的》／浙江 5

鄭 裘

吳 藎《名家詩選》／2

鄭 廉

鄧漢儀《天下名家詩觀》／9

徐 崧《詩風初集》／2

曾 燦《過日集》／4

孫 銓《皇清詩選》／河南

鄭 鈺

吳元桂《昭代詩針》／7

沈德潛《國朝詩別裁集》／467

鄭 琰

朱 觀《國朝詩正》／8

鄭 濂

鄧漢儀《詩觀三集》／8

王爾綱《天下名家詩永》／7

鄭 煸

彭廷梅《國朝詩選》／4

鄭 燦

程 棟、施 諲《鼓吹新編》／14

鄭 燕

鄧漢儀《詩觀三集》／10

徐 崧《詩風初集》／12

倪匡世《振雅堂彙編詩最》／4

朱 觀《國朝詩正》／4

陶 煊、張 璨《國朝詩的》／江南 8

吳元桂《昭代詩針》／6

鄭 鎬

陶 煊、張 璨《國朝詩的》／浙江 6

鄭一鳴

鄧漢儀《天下名家詩觀》／11

鄭之玄

徐 崧、陳濟生《詩南》／11

鄭之僑

姚 佺《詩源》／齊魯

鄭三俊

姚 佺《詩源》／吳

魏 憲《補石倉詩選》／1

王爾綱《天下名家詩永》／1

顧施楨（禎）《盛朝詩選初集》／9

鄭三晉

陶 煊、張 璨《國朝詩的》／浙江 8

鄭三謨

王爾綱《天下名家詩永》／1

鄭大倫

劉 然《國朝詩乘》／9

鄭大雅

曾 燦《過日集》／4

鄭文本

蔣　鑨、翁介眉《清詩初集》／11

鄭方坤

彭廷梅《國朝詩選》／2；6

鄭元晟

陶　煊、張　璨《國朝詩的》／江南 12

鄭元慶

陶　煊、張　璨《國朝詩的》／浙江 7

鄭元數

黃傳祖《扶輪續集》／3；11

鄭元勳

魏　憲《補石倉詩選》／1

鄧漢儀《詩觀二集》／12

鄭友玄

黃傳祖《扶輪續集》／2

姚　佺《詩源》／楚

鄭不群

魏　耕、錢份人《今詩粹》

鄭日奎

陳允衡《國雅》／47

顧有孝《驪珠集》／10

魏　憲《詩持一集》／3

魏　憲《補石倉詩選》／3

徐　崧《詩風初集》／16

王士禎《感舊集》／12

席居中《昭代詩存》／5

陸次雲《詩平初集》／3；7；9；12

蔣　鑨、翁介眉《清詩初集》／3；11

曾　燦《過日集》／3；6；9

孫　鋐《皇清詩選》／江西

劉　然《國朝詩乘》／6

陶　煊、張　璨《國朝詩的》／江西 1

沈德潛《國朝詩別裁集》／100

鄭以偉

魏　憲《補石倉詩選》／1

鄭允迪

王爾綱《天下名家詩永》／7

鄭玉珩

沈德潛《國朝詩別裁集》／498

鄭世元

陶　煊、張　璨《國朝詩的》／浙江 8

沈德潛《國朝詩別裁集》／422

鄭司助

姚　佺《詩源》／吳

鄭吉士

鄧漢儀《天下名家詩觀》／11

鄧漢儀《詩觀二集》／12

席居中《昭代詩存》／13

鄭先慶

王爾綱《天下名家詩永》／6

鄭任論

沈德潛《國朝詩別裁集》／383

鄭克永

汪　觀《清詩大雅》／13

鄭宗玄

黃傳祖《扶輪廣集》／9

鄭宗圭

顧有孝《驪珠集》／8

徐　崧《詩風初集》／10；18

鄭叔元

席居中《昭代詩存》／14

鄭南陽

王爾綱《天下名家詩永》／2

鄭思旦

王爾綱《天下名家詩永》／4

鄭思昱

王爾綱《天下名家詩永》／4

鄭胤駿

程　棟、施　譚《鼓吹新編》／14

綜合索引（十五畫）

鄭祖第

王爾綱《天下名家詩永》／10

陶　煊、張　璨《國朝詩的》／江南14

鄭時晰

陶　煊、張　璨《國朝詩的》／江南14

鄭晉德

鄧漢儀《詩觀三集》／5

吳　藎《名家詩選》／2

陶　煊、張　璨《國朝詩的》／江南9

彭廷梅《國朝詩選》／2

鄭師漈

曾　燦《過日集》／9

鄭惟厲

曾　燦《過日集》／9

鄭從諫

鄧漢儀《詩觀三集》／5

倪匡世《振雅堂彙編詩最》／6

朱　觀《國朝詩正》／5

陶　煊、張　璨《國朝詩的》／江南9

鄭雲錦

王爾綱《天下名家詩永》／5

鄭爲霖

姚　佺《詩源》／吳

鄭登明

姚　佺《詩源》／閩

鄭道寧

程　棟、施　譚《鼓吹新編》／11

顧有孝《驪珠集》／11

徐　崧《詩風初集》／14

鄭熙績

鄧漢儀《詩觀二集》／12

鄧漢儀《詩觀三集》／6

席居中《昭代詩存》／8

倪匡世《振雅堂彙編詩最》／2

陶　煊、張　璨《國朝詩的》／江南9

鄭維厲

蔣　鑨、翁介眉《清詩初集》／6

鄧漢儀《詩觀二集》／10

鄭敷教

徐　崧、陳濟生《詩南》／7

鄭德璜

朱　觀《國朝詩正》／8

鄭履謙

黃傳祖《扶輪廣集》／11

鄭履聲

姚　佺《詩源》／吳

魏裔介《清詩溯洄集》／4

鄭澐成

魏裔介《觀始集》／11

姚　佺《詩源》／吳

鄭樹珪

魏　憲《詩持一集》／4

鄭學海

陶　煊、張　璨《國朝詩的》／浙江8

鄭嫗新

魏　憲《補石倉詩選》／2

鄧漢儀《天下名家詩觀》／9

席居中《昭代詩存》／7

孫　鋐《皇清詩選》／福建

顧施楨（禎）《盛朝詩選初集》／9

陶　煊、張　璨《國朝詩的》／福建1

彭廷梅《國朝詩選》／1；3

鄭纘緒

魏　憲《詩持三集》／6

趙　炎《專閱詩藏》／5五言律

徐　崧《詩風初集》／14

孫　鋐《皇清詩選》／福建

潘　江

黃傳祖《扶輪廣集》／9

顧有孝《驪珠集》／6

徐　崧《詩風初集》／17
曾　燦《過日集》／5；7
孫　鋐《皇清詩選》／江南
王爾綱《天下名家詩永》／10
顧施楨（楨）《盛朝詩選初集》／9
劉　然《國朝詩乘》／2
陶　煊、張　璨《國朝詩的》／江南6
吳元桂《昭代詩針》／9

潘　末

顧有孝《驪珠集》／9
鄧漢儀《詩觀二集》／7
鄧漢儀《詩觀三集》／3
徐　崧《詩風初集》／1；12；17；18
王士禛《感舊集》／15
席居中《昭代詩存》／8
蔣　鑨、翁介眉《清詩初集》／8
曾　燦《過日集》／3；8
孫　鋐《皇清詩選》／江南
王爾綱《天下名家詩永》／9
陳維崧《篋衍集》／2；3；8
吳　藎《名家詩選》／4
陶　煊、張　璨《國朝詩的》／江南7
陳以剛《國朝詩品》／8
沈德潛《國朝詩別裁集》／202

潘　松

朱　觀《國朝詩正》／4

潘　果

沈德潛《國朝詩別裁集》／482

潘　姑

鄧漢儀《詩觀二集》／12
孫　鋐《皇清詩選》／江南
汪　觀《清詩大雅》／9
吳元桂《昭代詩針》／14

潘　眉

蔣　鑨、翁介眉《清詩初集》／11

潘　浣

席居中《昭代詩存》／3

潘　班

顧施楨（楨）《盛朝詩選初集》／6

潘　章

卓爾堪《明遺民詩》／14

潘　高

鄧漢儀《詩觀二集》／8
徐　崧《詩風初集》／2
王士禛《感舊集》／16
孫　鋐《皇清詩選》／江南
韓純玉《近詩兼》
陳維崧《篋衍集》／2；4；8；10；11
陶　煊、張　璨《國朝詩的》／江南7
吳元桂《昭代詩針》／7
沈德潛《國朝詩別裁集》／142

潘　陸

黃傳祖《扶輪續集》／9
黃傳祖《扶輪廣集》／9
程　棟、施　謹《鼓吹新編》／7
魏　耕、錢价人《今詩粹》
徐　崧、陳濟生《詩南》／1；3；6；9
顧有孝《驪珠集》／1
鄧漢儀《詩觀二集》／4
徐　崧《詩風初集》／1；8；18
王士禛《感舊集》／4
席居中《昭代詩存》／8
卓爾堪《明遺民詩》／9
陶　煊、張　璨《國朝詩的》／江南5

潘　紋

卓爾堪《明遺民詩》／10

潘　象

汪　觀《清詩大雅》／13

潘　琮

彭廷梅《國朝詩選》／2；12

綜合索引（十五畫）

潘 琳

顧有孝《驪珠集》／10

潘 鼎

鄧漢儀《詩觀三集》／12

潘 銃

鄧漢儀《詩觀三集》／8

陶 煊、張 璨《國朝詩的》／江南3

潘 激

鄧漢儀《詩觀三集》／12

倪匡世《振雅堂彙編詩最》／3

陶 煊、張 璨《國朝詩的》／浙江3

潘 適

彭廷梅《國朝詩選》／4

潘 塪

朱 觀《國朝詩正》／4

陶 煊、張 璨《國朝詩的》／浙江6

潘 鑷

徐 崧《詩風初集》／12

曾 燦《過日集》／4；7

沈德潛《國朝詩別裁集》／269

潘 懿

顧有孝《驪珠集》／8

孫 鋡《皇清詩選》／江南

潘一桂

黃傳祖《扶輪續集》／8

魏 憲《補石倉詩選》／1

徐 崧《詩風初集》／11

潘之安

姚 佺《詩源》／吳

潘士璜

黃傳祖《扶輪續集》／7

潘子訓

蔣 籜、翁介眉《清詩初集》／6

潘中臨

魏 耕、錢价人《今詩粹》

潘允恭

陶 煊、張 璨《國朝詩的》／江南9

潘永祚

蔣 籜、翁介眉《清詩初集》／1；11

陶 煊、張 璨《國朝詩的》／湖廣9

彭廷梅《國朝詩選》／3

潘玉衡

吳 蘄《名家詩選》／4

潘世球

陶 煊、張 璨《國朝詩的》／浙江8

潘古琳

魏 耕、錢价人《今詩粹》

徐 崧《詩風初集》／13

潘仕靖

馬道畊《清詩二集》／4

潘再美

汪 觀《清詩大雅》／3

潘西鳳

陶 煊、張 璨《國朝詩的》／浙江8

潘有甫

倪匡世《振雅堂彙編詩最》／2

潘廷章

程 棟、施 誌《鼓吹新編》／5

魏 耕、錢价人《今詩粹》

徐 崧、陳濟生《詩南》／2

鄧漢儀《詩觀二集》／7

徐 崧《詩風初集》／6；7；9；12

韓純玉《近詩兼》

潘廷樟

孫 鋡《皇清詩選》／浙江

潘廷勳

沈德潛《國朝詩別裁集》／562

潘宗虬

孫 鋡《皇清詩選》／江南

潘宗洛

孙 鋐《皇清詩選》／江南

潘其燦

沈德潛《國朝詩別裁集》／414

潘尚仁

陶 煊、張 璨《國朝詩的》／浙江 7

潘金支

孙 鋐《皇清詩選》／江南

潘居貞

黄傳祖《扶輪廣集》／4；14

程 棟、施 諲《鼓吹新編》／8

程 棟、施 諲《鼓吹新編》／10

姚 佺《詩源》／越

魏 耕、錢价人《今詩粹》

徐 崧、陳濟生《詩南》／6；9

顧有孝《驪珠集》／9

魏 憲《詩持三集》／8

徐 崧《詩風初集》／2

曾 燦《過日集》／4

潘彥登

卓爾堪《明遺民詩》／15

潘恪如

孙 鋐《皇清詩選》／江南

潘重康

彭廷梅《國朝詩選》／11

潘衍祚

蔣 籬、翁介眉《清詩初集》／6

陶 煊、張 璨《國朝詩的》／湖廣 9

潘時升

黄傳祖《扶輪廣集》／9

徐 崧、陳濟生《詩南》／5；9

潘書馨

劉 然《國朝詩乘》／12

潘訪岳

曾 燦《過日集》／3

潘國祚

蔣 籬、翁介眉《清詩初集》／7；9

陶 煊、張 璨《國朝詩的》／湖廣 9

汪 觀《清詩大雅》／12

吴元桂《昭代詩針》／6

彭廷梅《國朝詩選》／2；3；5；7；9；11

潘問奇

鄧漢儀《詩觀二集》／13

席居中《昭代詩存》／13

孙 鋐《皇清詩選》／浙江

顧施楨（楨）《盛朝詩選初集》／7

陳維崧《篋衍集》／4；10；11

卓爾堪《明遺民詩》／6

陶 煊、張 璨《國朝詩的》／浙江 1

汪 觀《清詩大雅》／5

吴元桂《昭代詩針》／2

彭廷梅《國朝詩選》／2；3；11

潘尊貴

姚 佺《詩源》／吴

潘曾省

徐 崧《詩風初集》／18

潘曾綬

魏 耕、錢价人《今詩粹》

潘雲龍

陶 煊、張 璨《國朝詩的》／江南 14

潘景昇

陳允衡《詩慰初集》

潘肇振

孙 鋐《皇清詩選》／江南

潘爾彪

徐 崧《詩風初集》／17

潘際會

姚 佺《詩源》／越

綜合索引（十五畫）

潘鼎祚

蒋　鑨、翁介眉《清詩初集》／11

潘廣福

徐　崧《詩風初集》／11；18

潘履祥

孫　鋐《皇清詩選》／江南

潘奮祥

王爾綱《天下名家詩永》／12

潘錫晉

魏　耕、錢价人《今詩粹》

徐　崧《詩風初集》／10；12

蒋　鑨、翁介眉《清詩初集》／9

潘釐章

程　棟、施　誾《鼓吹新編》／8；14

魏　耕、錢价人《今詩粹》

徐　崧、陳濟生《詩南》／2；4；9；11

韓純玉《近詩兼》

吳元桂《昭代詩針》／6

潘麟生

顧施楨（禎）《盛朝詩選初集》／3；4；7

潘鐘麟

陶　煊、張　璨《國朝詩的》／江南11

潘顯圻

陶　煊、張　璨《國朝詩的》／浙江8

談　遷

卓爾堪《明遺民詩》／13

談　嚴

顧施楨（禎）《盛朝詩選初集》／6；9

談九乾

彭廷梅《國朝詩選》／7

談允謙

黃傳祖《扶輪續集》／2

黃傳祖《扶輪新集》／3；6；8

姚　佺《詩源》／吳

徐　崧、陳濟生《詩南》／11

顧有孝《驪珠集》／2；12

鄧漢儀《天下名家詩觀》／5

徐　崧《詩風初集》／2；6；8

蒋　鑨、翁介眉《清詩初集》／2

曾　燦《過日集》／4

孫　鋐《皇清詩選》／江南

王爾綱《天下名家詩永》／3

卓爾堪《明遺民詩》／8

陶　煊、張　璨《國朝詩的》／江南4

吳元桂《昭代詩針》／2

彭廷梅《國朝詩選》／11

談長益

卓爾堪《明遺民詩》／11

談若人

姚　佺《詩源》／楚

談起行

彭廷梅《國朝詩選》／11

談獻徵

徐　崧、陳濟生《詩南》／12

蔣　伊

程　棟、施　誾《鼓吹新編》／11

魏裔介《清詩溯洄集》／2

顧有孝《驪珠集》／5

趙　炎《尊閣詩藏》／1五言古；2七言古；8五言律

徐　崧《詩風初集》／8；13；17

席居中《昭代詩存》／6

陸次雲《詩平初集》／7；10；12

蒋　鑨、翁介眉《清詩初集》／5；6；8；10；12

孫　鋐《皇清詩選》／江南

王爾綱《天下名家詩永》／9

蒋 苣

顧有孝《驪珠集》／10

蒋 薌、翁介眉《清詩初集》／6；12

蒋 忻

徐 崧《詩風初集》／8

蒋 注

徐 崧《詩風初集》／14

蒋 薌、翁介眉《清詩初集》／5；9

卓爾堪《明遺民詩》／10

沈德潛《國朝詩別裁集》／140

蒋 玠

蒋 薌、翁介眉《清詩初集》／1

彭廷梅《國朝詩選》／9

蒋 易

黃傳祖《扶輪續集》／9

席居中《昭代詩存》／3

孫 鋐《皇清詩選》／江南

韓純玉《近詩兼》

卓爾堪《明遺民詩》／9

吳 藹《名家詩選》／4

陶 煊、張 璨《國朝詩的》／江南6

吳元桂《昭代詩針》／1

蒋 宣

蒋 薌、翁介眉《清詩初集》／7

蒋 柑

蒋 薌、翁介眉《清詩初集》／1；11

蒋 宸

鄧漢儀《詩觀二集》／4

蒋 珽

姚 佺《詩源》／越

蒋 枓

蒋 薌、翁介眉《清詩初集》／7

蒋 深

沈德潛《國朝詩別裁集》／438

蒋 清

姚 佺《詩源》／吳

蒋 埴

徐 崧《詩風初集》／11

席居中《昭代詩存》／11

蒋 薌、翁介眉《清詩初集》／9

孫 鋐《皇清詩選》／江南

蒋 詔

蒋 薌、翁介眉《清詩初集》／12

蒋 萊

程 棟、施 諲《鼓吹新編》／4

蒋 超

黃傳祖《扶輪廣集》／6

魏喬介《觀始集》／4

程 棟、施 諲《鼓吹新編》／7

魏 耕、錢价人《今詩粹》

陳允衡《國雅》／41

顧有孝《驪珠集》／3

魏 憲《詩持三集》／3

鄧漢儀《天下名家詩觀》／11

徐 崧《詩風初集》／7；8；17

王士禎《感舊集》／6

蒋 薌、翁介眉《清詩初集》／2；5；

6；9；12

曾 燦《過日集》／5；10

孫 鋐《皇清詩選》／江南

王爾綱《天下名家詩永》／3

陳維崧《篋衍集》／9；11

沈德潛《國朝詩別裁集》／39

蒋 斐

徐 崧、陳濟生《詩南》／4

蒋 陽

陶 煊、張 璨《國朝詩的》／江南2

蒋 薄

沈德潛《國朝詩別裁集》／494

综合索引（十五畫）

蒋 獻

蒋 鑨、翁介眉《清詩初集》／7

蒋 葵

倪匡世《振雅堂彙編詩最》／9

蒋 枯

徐 崧、陳濟生《詩南》／6

顧有孝《驪珠集》／11；12

徐 崧《詩風初集》／9；14

沈德潛《國朝詩別裁集》／358

蒋 銈

魏 耕、錢价人《今詩粹》

徐 崧、陳濟生《詩南》／1；3；5；11

徐 崧《詩風初集》／14；16

曾 燦《過日集》／6

蒋 漣

汪 觀《清詩大雅二集》／6

蒋 瑤

吳元桂《昭代詩針》／9

蒋 琮

魏喬介《觀始集》／11

魏 耕、錢价人《今詩粹》

顧有孝《驪珠集》／9

徐 崧《詩風初集》／5

王士禎《感舊集》／12

蒋 鑨、翁介眉《清詩初集》／11

曾 燦《過日集》／2

蒋 賓（賓一作"賓"）

趙 炎《尊閣詩藏》／8五言律

徐 崧《詩風初集》／8；14

孫 銓《皇清詩選》／江南

蒋 墳

黃傳祖《扶輪續集》／1；9

程 棅、施 誾《鼓吹新編》／9

姚 佺《詩源》／吳

徐 崧、陳濟生《詩南》／10

徐 崧《詩風初集》／9

蒋 鑨、翁介眉《清詩初集》／1；2；5；7；9

蒋 鳴

顧有孝《驪珠集》／11

蒋 綱

陶 煊、張 璨《國朝詩的》／廣西1

彭廷梅《國朝詩選》／1

沈德潛《國朝詩別裁集》／383

蒋 淜

顧有孝《驪珠集》／10

蒋 璋

陶 煊、張 璨《國朝詩的》／江南15

蒋 德

彭廷梅《國朝詩選》／6

蒋 蕙

倪匡世《振雅堂彙編詩最》／9

陶 煊、張 璨《國朝詩的》／江南12

蒋 衡

蒋 鑨、翁介眉《清詩初集》／9

蒋 鍊

蒋 鑨、翁介眉《清詩初集》／8

蒋 薰

徐 崧、陳濟生《詩南》／7

徐 崧《詩風初集》／18

蒋 鑌

程 棅、施 誾《鼓吹新編》／1

蒋 鑨

鄧漢儀《詩觀三集》／10

陸次雲《詩平初集》／12

蒋 鑨、翁介眉《清詩初集》／1；3；5；6；9；10；11；12

倪匡世《振雅堂彙編詩最》／7

陳維崧《篋衍集》／2

蒋之紋

徐 崧《詩風初集》／8

蔣 鑨、翁介眉《清詩初集》／6

蔣之萃

陶 煊、張 璨《國朝詩的》／湖廣5

蔣之翹

黃傳祖《扶輪廣集》／9

程 榛、施 諲《鼓吹新編》／4

魏 耕、錢价人《今詩粹》

徐 崧、陳濟生《詩南》／3；6；10；11

顧有孝《驪珠集》／8

鄧漢儀《詩觀二集》／12

蔣 鑨、翁介眉《清詩初集》／6

孫 銓《皇清詩選》／浙江

陶 煊、張 璨《國朝詩的》／浙江1

蔣山年

彭廷梅《國朝詩選》／2；4；10；11

蔣文運

姚 佺《詩源》／燕

蔣元娘

徐 崧《詩風初集》／9

蔣元欽

蔣 鑨、翁介眉《清詩初集》／9

蔣元鑑

蔣 鑨、翁介眉《清詩初集》／7

蔣日成

曾 燦《過日集》／10

孫 銓《皇清詩選》／江南

王爾綱《天下名家詩永》／10

陶 煊、張 璨《國朝詩的》／江南9

蔣仁錫

沈德潛《國朝詩別裁集》／396

蔣平階

魏 耕、錢价人《今詩粹》

顧有孝《驪珠集》／7

鄧漢儀《詩觀二集》／8

徐 崧《詩風初集》／8；14；15

蔣 鑨、翁介眉《清詩初集》／10；12

曾 燦《過日集》／7

陳維崧《篋衍集》／5；10；11

沈德潛《國朝詩別裁集》／117

蔣玉立

陳祚明、韓 詩《國門集》／5

程 榛、施 諲《鼓吹新編》／10

魏 耕、錢价人《今詩粹》

徐 崧、陳濟生《詩南》／10

鄧漢儀《天下名家詩觀》／6

徐 崧《詩風初集》／8；11

蔣 鑨、翁介眉《清詩初集》／1；7；9

孫 銓《皇清詩選》／浙江

陶 煊、張 璨《國朝詩的》／浙江2

蔣玉章

黃傳祖《扶輪廣集》／14

程 榛、施 諲《鼓吹新編》／10；14

姚 佺《詩源》／越

徐 崧、陳濟生《詩南》／4；10

鄧漢儀《天下名家詩觀》／6

孫 銓《皇清詩選》／浙江

陶 煊、張 璨《國朝詩的》／浙江2

蔣世紀

卓爾堪《明遺民詩》／10

蔣世楠

黃傳祖《扶輪續集》／4

蔣本生

陳維崧《篋衍集》／2

陶 煊、張 璨《國朝詩的》／湖廣7

蔣本發

王爾綱《天下名家詩永》／9

綜合索引（十五畫）

蔣永修

蔣　鑨、翁介眉《清詩初集》／4；6；8；11；12

蔣永恂

孫　鋐《皇清詩選》／江南

蔣弘度

陶　煊、張　璨《國朝詩的》／江南續編 1

蔣弘道

鄧漢儀《詩觀二集》／9

陸次雲《詩平初集》／8

陶　煊、張　璨《國朝詩的》／直隸 2

蔣守大

徐　崧《詩風初集》／10

孫　鋐《皇清詩選》／江南

陶　煊、張　璨《國朝詩的》／江南 9

蔣守誠

蔣　鑨、翁介眉《清詩初集》／5

蔣守敬

鄧漢儀《詩觀二集》／3

蔣兆蕭

蔣　鑨、翁介眉《清詩初集》／7

蔣如荃

吳元桂《昭代詩針》／14

蔣祁復

席居中《昭代詩存》／12

蔣志昂

吳元桂《昭代詩針》／12

蔣廷銓

蔣　鑨、翁介眉《清詩初集》／12

蔣廷鉉

沈德潛《國朝詩別裁集》／452

蔣廷錫

馬道晊《清詩二集》／2

吳　藹《名家詩選》／3

陶　煊、張　璨《國朝詩的》／江南 15

汪　觀《清詩大雅》／9

查　義、查岐昌《國朝詩因》／5

沈德潛《國朝詩別裁集》／341

蔣仨（佇）昌

陶　煊、張　璨《國朝詩的》／湖廣 9

蔣延齡

趙　炎《專閱詩藏》／2 七言律；6 五言律

徐　崧《詩風初集》／8

席居中《昭代詩存》／14

孫　鋐《皇清詩選》／兩廣

蔣金式

蔣　鑨、翁介眉《清詩初集》／11

蔣庥復

蔣　鑨、翁介眉《清詩初集》／7；11

蔣奕芳

魏　憲《詩持三集》／2

徐　崧《詩風初集》／13

蔣胤睿

陳維崧《篋衍集》／1；10

蔣宸銓

蔣　鑨、翁介眉《清詩初集》／12

蔣師恒

黃傅祖《扶輪續集》／4

蔣恭棐

沈德潛《國朝詩別裁集》／433

蔣常尊

陶　煊、張　璨《國朝詩的》／湖廣 8

蔣國祚

彭廷梅《國朝詩選》／1；5；9；11

蔣紹謚

陸次雲《詩平初集》／10

蔣陳錫

蔣　鑨、翁介眉《清詩初集》／4

蔣尊訓

蔣 薌、翁介眉《清詩初集》/9

蔣曾沂

程 棟、施 謹《鼓吹新編》/10

蔣斯行

鄧漢儀《天下名家詩觀》/11

蔣景祁

鄧漢儀《詩觀三集》/11

蔣 薌、翁介眉《清詩初集》/2；5；7；9；10；11；12

孫 鋐《皇清詩選》/江南

陳維崧《篋衍集》/2；8

陶 煊、張 璨《國朝詩的》/江南 11

陳以剛《國朝詩品》/7

沈德潛《國朝詩別裁集》/370

蔣道弘

孫 鋐《皇清詩選》/京師

蔣會貞

徐 崧《詩風初集》/5

蔣漢紀

陸次雲《詩平初集》/10；12

蔣 薌、翁介眉《清詩初集》/1；5；7；9；10；11；12

曾 燦《過日集》/2；3

王爾綱《天下名家詩永》/12

彭廷梅《國朝詩選》/9

蔣賓坊

蔣 薌、翁介眉《清詩初集》/1；3；4；6；8；10；11

蔣瑤芝

王爾綱《天下名家詩永》/13

蔣嘉會

倪匡世《振雅堂彙編詩最》/8

蔣嘉慶

徐 崧、陳濟生《詩南》/7；8

蔣夢蘭

沈德潛《國朝詩別裁集》/509

蔣舜日

徐 崧、陳濟生《詩南》/7

蔣鳴玉

黃傳祖《扶輪廣集》/3；6

程 棟、施 謹《鼓吹新編》/4

魏 耕、錢价人《今詩粹》

徐 崧、陳濟生《詩南》/2；5；10；12

顧有孝《驪珠集》/2

蔣調元

陶 煊、張 璨《國朝詩的》/江南 7

蔣德璟

黃傳祖《扶輪廣集》/1

魏 憲《補石倉詩選》/1

蔣遵路

黃傳祖《扶輪續集》/4；7；9

程 棟、施 謹《鼓吹新編》/10

王士禎《感舊集》/16

蔣 薌、翁介眉《清詩初集》/1；3；4；7；9；11；12

蔣錫震

周佑予《清詩鼓吹》/3

沈德潛《國朝詩別裁集》/492

蔣龍光

席居中《昭代詩存》/6

蔣應仔

姚 佺《詩源》/燕

蔣繼軾

鄧漢儀《詩觀三集》/12

蔡 辰

汪 觀《清詩大雅》/7

蔡 受

陶 煊、張 璨《國朝詩的》/江西 1

综合索引（十五畫）

蔡　佩

鄧漢儀《詩觀二集》／13

蔡　柏

汪　觀《清詩大雅二集》／4

蔡　振

黃傳祖《扶輪廣集》／13

蔡　堅

鄧漢儀《詩觀二集》／4

曾　燦《過日集》／9

王爾綱《天下名家詩永》／7

劉　然《國朝詩乘》／12

陶　煊、張　璨《國朝詩的》／江南12

汪　觀《清詩大雅》／17

沈德潛《國朝詩別裁集》／334

蔡　梅

吳元桂《昭代詩針》／11

蔡　崙

陶　煊、張　璨《國朝詩的》／貴州1

蔡　湘

王士禎《感舊集》／15

蔡　殉

吳元桂《昭代詩針》／15

蔡　嵩

劉　然《國朝詩乘》／2

蔡　瑤

鄧漢儀《詩觀二集》／12

曾　燦《過日集》／5；6

蔡　翁

黃傳祖《扶輪續集》／3

蔡一珏

陶　煊、張　璨《國朝詩的》／江南7

蔡文炳

孫　鋐《皇清詩選》／江南

蔡方炘

徐　崧、陳濟生《詩南》／11

蔡方炳

程　棟、施　譚《鼓吹新編》／10

徐　崧、陳濟生《詩南》／12

徐　崧《詩風初集》／16

席居中《昭代詩存》／1

陸次雲《詩平初集》／9

蔣　鑨、翁介眉《清詩初集》／11

曾　燦《過日集》／5

孫　鋐《皇清詩選》／江南

王爾綱《天下名家詩永》／8

吳　藎《名家詩選》／3

陳以剛《國朝詩品》／10

陶　煊、張　璨《國朝詩的》／江南10

蔡元粹

鄧漢儀《天下名家詩觀》／9

孫　鋐《皇清詩選》／江南

蔡元翼

鄧漢儀《天下名家詩觀》／9

孫　鋐《皇清詩選》／江南

蔡升元

陳以剛《國朝詩品》／15

查　義、查岐昌《國朝詩因》／4

蔡世英

陶　煊、張　璨《國朝詩的》／江南12

蔡四輔

魏　耕、錢价人《今詩粹》

曾　燦《過日集》／5

蔡兆豐

魏　憲《詩持一集》／3

魏　憲《補石倉詩選》／2

曾　燦《過日集》／1；3；7

蔡仲光

魏　耕、錢价人《今詩粹》

顧有孝《驪珠集》／6

徐　崧《詩風初集》／7；11

曾 燦《過日集》／2；6；10

蔡孕環

鄧漢儀《天下名家詩觀》／9

鄧漢儀《詩觀二集》／13

席居中《昭代詩存》／8

孫 鋐《皇清詩選》／江南

蔡含靈

魏裔介《觀始集》／6

蔡含靈

魏裔介《清詩湖洄集》／1；5；8

蔡柏秀

陶 煊、張 璨《國朝詩的》／江南 15

蔡祖庚

魏 憲《詩持二集》／6

席居中《昭代詩存》／14

顧施楨（禎）《盛朝詩選初集》／9

劉 然《國朝詩乘》／12

蔡泰嘉

曾 燦《過日集》／10

蔡時豫

彭廷梅《國朝詩選》／2

蔡寅斗

沈德潛《國朝詩別裁集》／526

蔡啓傳

孫 鋐《皇清詩選》／浙江

蔡書升

沈德潛《國朝詩別裁集》／519

蔡詒來

魏 耕、錢价人《今詩粹》

蔡翔紫

孫 鋐《皇清詩選》／江南

蔡景定

鄧漢儀《詩觀二集》／8

席居中《昭代詩存》／14

陶 煊、張 璨《國朝詩的》／江西 2

蔡復一

魏 憲《補石倉詩選》／1

蔡道憲

魏 憲《補石倉詩選》／1

蔡爾趾

鄧漢儀《天下名家詩觀》／6

蔡秦春

姚 佺《詩源》／吳

曾 燦《過日集》／1；4；7

蔡維城

孫 鋐《皇清詩選》／江南

蔡維寧

徐 崧《詩風初集》／1；14；17

蔡德烈

鄧漢儀《詩觀二集》／13

徐 崧《詩風初集》／10；14；16

曾 燦《過日集》／10

孫 鋐《皇清詩選》／江南

吳元桂《昭代詩針》／4

蔡學沫

劉 然《國朝詩乘》／8

蔡鸞序

孫 鋐《皇清詩選》／江南

蔡驥德

徐 崧《詩風初集》／17

陶 煊、張 璨《國朝詩的》／湖廣 5

樊 庶

倪匡世《振雅堂彙編詩最》／5

樊 經

陶 煊、張 璨《國朝詩的》／江南 13

汪 觀《清詩大雅》／9

樊 瑩

陶 煊、張 璨《國朝詩的》／江南 16

吳元桂《昭代詩針》／11

綜合索引（十五畫）

樊大經

倪匡世《振雅堂彙編詩最》／6

樊維師

蔣 鑨、翁介眉《清詩初集》／11

樓 銳

王爾綱《天下名家詩永》／13

樓 綺

沈德潛《國朝詩別裁集》／561

屬 岑

彭廷梅《國朝詩選》／11

屬 鷗

彭廷梅《國朝詩選》／12

沈德潛《國朝詩別裁集》／424

歐 白

席居中《昭代詩存》／3

蔣 鑨、翁介眉《清詩初集》／7

陶 煊、張 璨《國朝詩的》／廣東1

彭廷梅《國朝詩選》／2

歐延珂

陶 煊、張 璨《國朝詩的》／廣西1

歐延班

陶 煊、張 璨《國朝詩的》／廣西1

黎 漆

陶 煊、張 璨《國朝詩的》／江南15

黎 騫

蔣 鑨、翁介眉《清詩初集》／10

彭廷梅《國朝詩選》／14

黎 璜

陶 煊、張 璨《國朝詩的》／湖廣10

黎士弘

陳允衡《國雅》／54

魏 憲《詩持二集》／5

趙 炎《尊閣詩藏》／2五言律

鄧漢儀《天下名家詩觀》／5

徐 崧《詩風初集》／9；11；13；17

席居中《昭代詩存》／4

陸次雲《詩平初集》／1；12

蔣 鑨、翁介眉 《清詩初集》／2；6；

9；12

曾 燦《過日集》／1；4；6

孫 銓《皇清詩選》／福建

顧施禎（禎）《盛朝詩選初集》／3；8

陶 煊、張 璨《國朝詩的》／福建1

吳元桂《昭代詩針》／7

彭廷梅《國朝詩選》／2；3

黎士宏

陳維崧《篋衍集》／9

沈德潛《國朝詩別裁集》／61

黎士毅

鄧漢儀《天下名家詩觀》／5

徐 崧《詩風初集》／13

黎元寬

黃傳祖《扶輪廣集》／2；5；10

姚 佺《詩源》／豫章

徐 崧《詩風初集》／6

蔣 鑨、翁介眉《清詩初集》／8

陶 煊、張 璨《國朝詩的》／江西2

黎允中

趙 炎《尊閣詩藏》／2七言律

黎民貴

黃傳祖《扶輪廣集》／9

黎志遠

沈德潛《國朝詩別裁集》／397

黎東昂

陶 煊、張 璨《國朝詩的》／江南13

黎雨稼

陶 煊、張 璨《國朝詩的》／江南15

黎美周

陳允衡《詩慰初集》

黎美夏

陶 煊、張 璨《國朝詩的》／湖廣7

黎家全

陶 煊、張 璨《國朝詩的》／福建2

黎祖功

姚 佺《詩源》／豫章

魏喬介《清詩溯洄集》／10

孫 鋐《皇清詩選》／江西

陶 煊、張 璨《國朝詩的》／江西1

黎耑爾

陳允衡《詩慰初集》

黎遂球

黃傳祖《扶輪續集》／1；6

程 棟、施 諲《鼓吹新編》／2

魏 憲《補石倉詩選》／1

徐 崧《詩風初集》／5

王爾綱《天下名家詩永》／1

顧施楨（楨）《盛朝詩選初集》／9

卓爾堪《明遺民詩》／2

陶 煊、張 璨《國朝詩的》／廣東1

黎緒遠

陶 煊、張 璨《國朝詩的》／福建2

黎維翰

蔣 薰、翁介眉《清詩初集》／7

陶 煊、張 璨《國朝詩的》／江西2

黎際皥

顧有孝《驪珠集》／6

魏 憲《詩持一集》／3

徐 崧《詩風初集》／9

蔣 薰、翁介眉《清詩初集》／12

曾 燦《過日集》／4；6；9

陶 煊、張 璨《國朝詩的》／陝西1

稽宗孟

徐 崧、陳濟生《詩南》／6

陸次雲《詩平初集》／9

蔣 薰、翁介眉《清詩初集》／6

孫 鋐《皇清詩選》／江南

王爾綱《天下名家詩永》／11

德 普

沈德潛《國朝詩別裁集》／543

德 齡

彭廷梅《國朝詩選》／5；12

德格勒

顧施楨（楨）《盛朝詩選初集》／12

衛廷璞

彭廷梅《國朝詩選》／2

衛貞元

黃傳祖《扶輪廣集》／3

魏喬介《觀始集》／1

魯 直

王爾綱《天下名家詩永》／7

魯 釗

蔣 薰、翁介眉《清詩初集》／1

魯 超

蔣 薰、翁介眉《清詩初集》／12

曾 燦《過日集》／10

孫 鋐《皇清詩選》／浙江

陶 煊、張 璨《國朝詩的》／浙江5

魯 晚

黃傳祖《扶輪新集》／4；9

魯 録

蔣 薰、翁介眉《清詩初集》／9

魯 瀾

鄧漢儀《天下名家詩觀》／9

鄧漢儀《詩觀二集》／12

徐 崧《詩風初集》／18

席居中《昭代詩存》／11

孫 鋐《皇清詩選》／江南

魯逢年

王爾綱《天下名家詩永》／9

綜合索引（十五畫）

魯紹連

黃傳祖《扶輪新集》／9

魯曾煜

沈德潛《國朝詩別裁集》／436

魯傳燦

黃傳祖《扶輪新集》／4；9

遲維墳

陶　煊、張　璨《國朝詩的》／盛京2

劉　丁

陳以剛《國朝詩品》／11

劉　凡

鄧漢儀《詩觀三集》／10

陶　煊、張　璨《國朝詩的》／江南3

吳元桂《昭代詩針》／7

劉　升

彭廷梅《國朝詩選》／1；6；10；11

劉　汋

卓爾堪《明遺民詩》／14

劉　坊

吳元桂《昭代詩針》／7

劉　佑（字孟孚）

趙　炎《專閣詩藏》／2七言律；5五

言律

鄧漢儀《天下名家詩觀》／4

鄧漢儀《詩觀二集》／7

徐　崧《詩風初集》／9

孫　銓《皇清詩選》／京師

王爾綱《天下名家詩永》／11

陶　煊、張　璨《國朝詩的》／直隸1

劉　佑（字伯啟）

孫　銓《皇清詩選》／河南

劉　伸

馬道畊《清詩二集》／4

劉　炘

倪匡世《振雅堂彙編詩最》／3

陶　煊、張　璨《國朝詩的》／江南6

劉　坤

倪匡世《振雅堂彙編詩最》／9

劉　昉

魏裔介《觀始集》／8

劉　易

卓爾堪《明遺民詩》／9

陶　煊、張　璨《國朝詩的》／江南5

劉　侗

黃傳祖《扶輪續集》／4；11

黃傳祖《扶輪廣集》／1；2；5；8；

10；14

鄧漢儀《天下名家詩觀》／12

徐　崧《詩風初集》／7

劉　洞

陶　煊、張　璨《國朝詩的》／湖廣8

劉　柱

陳以剛《國朝詩品》／19

劉　述

彭廷梅《國朝詩選》／10

劉　城

黃傳祖《扶輪續集》／1；2；5；10

黃傳祖《扶輪廣集》／5；8

黃傳祖《扶輪新集》／2；8；10

魏　憲《補石倉詩選》／1

徐　崧《詩風初集》／7

王士禎《感舊集》／3

蔣　瓘、翁介眉《清詩初集》／1

曾　燦《過日集》／2；4

孫　銓《皇清詩選》／江南

王爾綱《天下名家詩永》／1

卓爾堪《明遺民詩》／5

陶　煊、張　璨《國朝詩的》／江南5

劉　浦

陶　煊、張　璨《國朝詩的》／湖廣10

劉 珩

彭廷梅《國朝詩選》／11

劉 侗

姚 佺《詩源》／楚

劉 傲

彭廷梅《國朝詩選》／4；10；12

劉 寅

吳元桂《昭代詩針》／14

劉 康

魏裔介《觀始集》／9

陶 煊、張 璨《國朝詩的》／湖廣7

劉 梓

朱 觀《國朝詩正》／3

劉 彬

倪匡世《振雅堂彙編詩最》／8

陶 煊、張 璨《國朝詩的》／江南16

劉 培

劉 然《國朝詩乘》／12

劉 湛

朱 觀《國朝詩正》／7

劉 湘

趙 炎《尊聞詩藏》／8五言律

劉 雲

魏裔介《觀始集》／2

姚 佺《詩源》／吳

魏 耕、錢价人《今詩粹》

魏裔介《清詩湖洞集》／2；6

劉 然

王爾綱《天下名家詩永》／14

劉 然《國朝詩乘》／12

劉 慎

倪匡世《振雅堂彙編詩最》／7

陶 煊、張 璨《國朝詩的》／山東2

劉 瑞

汪 觀《清詩大雅二集》／3

劉 達

黃傳祖《扶輪新集》／5；8

魏裔介《觀始集》／6；9；11

魏裔介《清詩湖洞集》／7

顧有孝《驪珠集》／3

鄧漢儀《詩觀二集》／9

劉 樺

陶 煊、張 璨《國朝詩的》／湖廣9

劉 楷

陳以剛《國朝詩品》／11

劉 暖

姚 佺《詩源》／吳

劉 榛

孫 鋐《皇清詩選》／河南

劉 蓀

汪 觀《清詩大雅》／14

劉 銓

陶 煊、張 璨《國朝詩的》／湖廣10

彭廷梅《國朝詩選》／11

劉 肅

陶 煊、張 璨《國朝詩的》／江西2

劉 慶

曾 燦《過日集》／4；9

陳以剛《國朝詩品》／11

劉 震

陶 煊、張 璨《國朝詩的》／江南14

沈德潛《國朝詩別裁集》／469

劉 銳

彭廷梅《國朝詩選》／6

劉 澤

陶 煊、張 璨《國朝詩的》／山西1

劉 璜

王爾綱《天下名家詩永》／12

劉 槭

魏 憲《詩持一集》／4

綜合索引（十五畫）

陶 煊、張 璨《國朝詩的》／河南 1

彭廷梅《國朝詩選》／6

劉 曉

曾 燦《過日集》／4；7

劉 衡

顧有孝《驪珠集》／8

劉 蕭

黃傳祖《扶輪續集》／9

劉 甫

顧施楨（禎）《盛朝詩選初集》／6

劉 臨

吳 藎《名家詩選》／1

劉 璽

陳祚明、韓 詩《國門集》／2

劉 曙

程 棟、施 譚《鼓吹新編》／4

劉 鎬

陶 煊、張 璨《國朝詩的》／湖廣 10

曾 燦《過日集》／5

劉 熹

陳以剛《國朝詩品》／18

劉 擴

黃傳祖《扶輪廣集》／11

姚 佺《詩源》／滇

王爾綱《天下名家詩永》／11

陶 煊、張 璨《國朝詩的》／雲南 1

劉 瀛

陳以剛《國朝詩品》／18

劉 璽

魏 耕、錢价人《今詩粹》

徐 崧《詩風初集》／5

劉 巖

劉 然《國朝詩乘》／12

陶 煊、張 璨《國朝詩的》／江南 14

查 義、查岐昌《國朝詩因》／5

沈德潛《國朝詩別裁集》／339

劉 觀

彭廷梅《國朝詩選》／11

劉一梧

姚 佺《詩源》／豫章

曾 燦《過日集》／10

劉人琰

陳 珝《從遊集》／下

劉之彥

陶 煊、張 璨《國朝詩的》／雲南 1

劉之玠

王爾綱《天下名家詩永》／8

劉之湛

鄧漢儀《詩觀二集》／8

孫 銓《皇清詩選》／江南

劉于蒂

陶 煊、張 璨《國朝詩的》／盛京 2

劉士達

彭廷梅《國朝詩選》／10

劉大申

陶 煊、張 璨《國朝詩的》／浙江 8

劉大任

陶 煊、張 璨《國朝詩的》／浙江 8

劉大成

王爾綱《天下名家詩永》／8

劉大臨

陶 煊、張 璨《國朝詩的》／浙江 8

劉大櫆

陳以剛《國朝詩品》／19

劉上騏

陶 煊、張 璨《國朝詩的》／江南 15

劉小雅

鄧漢儀《詩觀三集》／12

陶 煊、張 璨《國朝詩的》／浙江 1

劉子壯

姚 佺《詩源》／楚

王爾綱《天下名家詩永》／2

陶 煊、張 璨《國朝詩的》／湖廣8

陳以剛《國朝詩品》／5

劉六德

魏 憲《皇清百名家詩選》／49

劉文伶

趙 炎《尊閣詩藏》／6 五言律

劉文炤

鄧漢儀《詩觀二集》／13

卓爾堪《明遺民詩》／6

陶 煊、張 璨《國朝詩的》／直隸1

吳元桂《昭代詩針》／1

彭廷梅《國朝詩選》／4

劉文煊

彭廷梅《國朝詩選》／6；10

劉文照

鄧漢儀《詩觀三集》／1

孫 銓《皇清詩選》／京師

劉文鼎

姚 佺《詩源》／楚

劉天如

倪匡世《振雅堂彙編詩最》／6

劉元吉

王爾綱《天下名家詩永》／9

劉元命

姚 佺《詩源》／楚

劉元釗

姚 佺《詩源》／豫章

徐 崧《詩風初集》／9；10

陶 煊、張 璨《國朝詩的》／江西1

劉元徵

顧有孝《驪珠集》／5

魏 憲《補石倉詩選》／3

趙 炎《尊閣詩藏》／5 五言律

徐 崧《詩風初集》／11

孫 銓《皇清詩選》／京師

劉元勳

陶 煊、張 璨《國朝詩的》／陝西2

劉元徽

魏 憲《皇清百名家詩選》／75

劉元鎬

陳以剛《國朝詩品》／12

劉友光

魏 憲《補石倉詩選》／3

魏 憲《皇清百名家詩選》／68

王士禎《感舊集》／14

蔣 鑨、翁介眉《清詩初集》／1；10

陶 煊、張 璨《國朝詩的》／湖廣2

彭廷梅《國朝詩選》／1；3；11；13；14

劉日謙

陳以剛《國朝詩品》／11

劉中柱

鄧漢儀《天下名家詩觀》／11

鄧漢儀《詩觀三集》／12

徐 崧《詩風初集》／16

陸次雲《詩平初集》／11

曾 燦《過日集》／4

孫 銓《皇清詩選》／江南

陶 煊、張 璨《國朝詩的》／江南8

吳元桂《昭代詩針》／4

彭廷梅《國朝詩選》／10；12

劉公畋

陳允衡《國雅》／22

劉孔中

黃傳祖《扶輪新集》／3；6；8

鄧漢儀《天下名家詩觀》／9

孫 銓《皇清詩選》／山東

綜合索引（十五畫）

陶 煊、張 璨《國朝詩的》／山東 2

劉孔和

黃傳祖《扶輪新集》／4；7；9
鄧漢儀《天下名家詩觀》／9
徐 崧《詩風初集》／18
王士禎《感舊集》／5
蔣 鑨、翁介眉《清詩初集》／11
孫 銓《皇清詩選》／山東
陶 煊、張 璨《國朝詩的》／山東 2

劉孔秀

陳以剛《國朝詩品》／17

劉必暉

陶 煊、張 璨《國朝詩的》／江南 16

劉玉栗

顧有孝《驪珠集》／4

劉正宗

黃傳祖《扶輪廣集》／2；5；8；10；12
黃傳祖《扶輪新集》／2；5；8；10
魏裔介《觀始集》／1；3；5；7；8
陳祚明、韓 詩《國門集》／1；2；3；4；5；6
姚 佺《詩源》／齊魯
魏 耕、錢价人《今詩粹》
徐 崧、陳濟生《詩南》／7
顧有孝《驪珠集》／2
趙 炎《草閣詩藏》／2 五言古
鄧漢儀《詩觀二集》／8
徐 崧《詩風初集》／1
蔣 鑨、翁介眉《清詩初集》／6
曾 燦《過日集》／4
孫 銓《皇清詩選》／山東
王爾綱《天下名家詩永》／1
陳維崧《篋衍集》／4
陶 煊、張 璨《國朝詩的》／山東 1；2

彭廷梅《國朝詩選》／2

劉正實

陶 煊、張 璨《國朝詩的》／江南 15

劉正誼

陶 煊、張 璨《國朝詩的》／浙江 8
沈德潛《國朝詩別裁集》／512

劉正學

黃傳祖《扶輪新集》／9
顧有孝《驪珠集》／8
蔣 鑨、翁介眉《清詩初集》／6

劉世斗

黃傳祖《扶輪廣集》／11
姚 佺《詩源》／楚

劉世坡

陶 煊、張 璨《國朝詩的》／湖廣 8
彭廷梅《國朝詩選》／2；4；6；12

劉世重

陶 煊、張 璨《國朝詩的》／廣東 1

劉世垣

陶 煊、張 璨《國朝詩的》／湖廣 8

劉世貴

陶 煊、張 璨《國朝詩的》／浙江 8

劉世燿

魏裔介《清詩淵洄集》／2；4；8

劉世鯤

徐 崧、陳濟生《詩南》／8

劉在朝

陶 煊、張 璨《國朝詩的》／湖廣 5

劉石齡

沈德潛《國朝詩別裁集》／375

劉生潔

汪 觀《清詩大雅》／20

劉弘振

陳以剛《國朝詩品》／16

劉弘道

倪匡世《振雅堂彙編詩最》／5

朱　觀《國朝詩正》／8

劉永吉

徐　崧《詩風初集》／14

劉有光

蔣　薰、翁介眉《清詩初集》／6

劉兆雍

陶　煊、張　璨《國朝詩的》／湖廣8

彭廷梅《國朝詩選》／12

劉兆麟

陶　煊、張　璨《國朝詩的》／盛京1

劉自弦

魏裔介《觀始集》／4

劉自焜

黃傳祖《扶輪續集》／9

劉自燁

黃傳祖《扶輪廣集》／4

劉名芳

汪　觀《清詩大雅二集》／5

彭廷梅《國朝詩選》／2；4；5

劉如超

陳以剛《國朝詩品》／17

劉如璣

陶　煊、張　璨《國朝詩的》／湖廣8

劉良玉

陳祚明、韓　詩《國門集》／3；4

魏　耕、錢价人《今詩粹》

曾　燦《過日集》／1；3；9

劉克生

鄧漢儀《詩觀三集》／11

吳元桂《昭代詩針》／7

劉克家

黃傳祖《扶輪廣集》／10

顧有孝《驪珠集》／5

劉作樑

徐　崧《詩風初集》／8

劉作霖

顧有孝《驪珠集》／4

徐　崧《詩風初集》／14

劉廷俊

魏　耕、錢价人《今詩粹》

劉廷桂

彭廷梅《國朝詩選》／6

劉廷傳

徐　崧《詩風初集》／2；7

蔣　薰、翁介眉《清詩初集》／11

孫　鋐《皇清詩選》／河南

陶　煊、張　璨《國朝詩的》／河南1

劉廷廣

曾　燦《過日集》／6；10

王爾綱《天下名家詩永》／9

劉廷鋐

曾　燦《過日集》／10

王爾綱《天下名家詩永》／9

劉廷璣

王爾綱《天下名家詩永》／13

吳　蒿《名家詩選》／4

朱　觀《國朝詩正》／5

陶　煊、張　璨《國朝詩的》／盛京2

陳以剛《國朝詩品》／10

吳元桂《昭代詩針》／7

沈德潛《國朝詩別裁集》／492

劉廷鑒

魏裔介《觀始集》／8

姚　佺《詩源》／吳

劉廷羅

陶　煊、張　璨《國朝詩的》／河南2

劉廷獻

陶　煊、張　璨《國朝詩的》／江西1；

綜合索引（十五畫）

江南 11

劉廷鑾

姚 佺《詩源》／吴

蔣 薫、翁介眉《清詩初集》／9

曾 燦《過日集》／4

王爾綱《天下名家詩永》／2

劉佐臨

鄧漢儀《詩觀二集》／12

陶 煊、張 璨《國朝詩的》／河南 1

劉伯宗

陳允衡《詩慰初集》

劉壯國

鄧漢儀《詩觀二集》／12

孫 鋐《皇清詩選》／河南

陶 煊、張 璨《國朝詩的》／河南 1

劉宗典

卓爾堪《明遺民詩》／14

劉宗周

魏 憲《補石倉詩選》／1

劉宗需

陶 煊、張 璨《國朝詩的》／江南 16

沈德潛《國朝詩別裁集》／514

劉祈年

朱 觀《國朝詩正》／3

劉青芝

沈德潛《國朝詩別裁集》／488

劉青藜

沈德潛《國朝詩別裁集》／380

劉長發

鄧漢儀《詩觀二集》／12

陶 煊、張 璨《國朝詩的》／江南 9

劉芳洪

鄧漢儀《詩觀三集》／9

劉芳獻

鄧漢儀《詩觀三集》／10

陶 煊、張 璨《國朝詩的》／陝西 1

吳元桂《昭代詩針》／7

劉芳節

程 棟、施 譚《鼓吹新編》／12

劉芳聲

黃傳祖《扶輪新集》／6；8

魏 耕、錢价人《今詩粹》

魏喬介《清詩溯洄集》／5

劉芳顯

卓爾堪《明遺民詩》／13

劉枝桂

孫 鋐《皇清詩選》／江南

劉昌運

倪匡世《振雅堂彙編詩最》／1

劉明遇

姚 佺《詩源》／蜀

劉命赤

黃傳祖《扶輪新集》／9

曾 燦《過日集》／9

劉承愈

彭廷梅《國朝詩選》／12

劉承綬

王爾綱《天下名家詩永》／6

劉始昌

王爾綱《天下名家詩永》／9

劉首拔

鄧漢儀《詩觀三集》／10

陶 煊、張 璨《國朝詩的》／江西 2

劉彦初

鄧漢儀《詩觀二集》／12

劉彦淑

姚 佺《詩源》／吳

劉帶薰

馬道畊《清詩二集》／3

劉述年

陳以剛《國朝詩品》／17

劉胤祚

鄧漢儀《天下名家詩觀》／4

徐　崧《詩風初集》／9

陶　煊、張　璨《國朝詩的》／江南6；7

劉容裕

吳元桂《昭代詩針》／15

劉家珍

鄧漢儀《詩觀三集》／12

陶　煊、張　璨《國朝詩的》／江南8

劉效曾

蔣　瓻、翁介眉《清詩初集》／6；8；12

劉庭羅

劉　然《國朝詩乘》／12

劉祖啓

沈德潛《國朝詩別裁集》／455

劉祚遠

陳祚明、韓　詩《國門集》／6

徐　崧《詩風初集》／9

蔣　瓻、翁介眉《清詩初集》／7

孫　鋐《皇清詩選》／山東

王爾綱《天下名家詩永》／4

陶　煊、張　璨《國朝詩的》／山東2

劉起汧

陳以剛《國朝詩品》／11

劉起堯

汪　觀《清詩大雅二集》／5

劉振鐸

蔣　瓻、翁介眉《清詩初集》／6；9；12

劉師恕

彭廷梅《國朝詩選》／6

沈德潛《國朝詩別裁集》／336

劉師峻

魏　憲《補石倉詩選》／2

劉純熙

卓爾堪《明遺民詩》／12

劉康祉

程　棟、施　譔《鼓吹新編》／1

劉康祚

徐　崧《詩風初集》／6

鄧漢儀《天下名家詩觀》／11

劉梁楨

孫　鋐《皇清詩選》／山西

陶　煊、張　璨《國朝詩的》／山西1

劉梁嵩

程　棟、施　譔《鼓吹新編》／11

姚　佺《詩源》／吳

徐　崧、陳濟生《詩南》／8

魏裔介《清詩溯洄集》／2；5；9

鄧漢儀《詩觀二集》／2

徐　崧《詩風初集》／2；7

席居中《昭代詩存》／14

陸次雲《詩平初集》／1

蔣　瓻、翁介眉《清詩初集》／1；2；11；12

孫　鋐《皇清詩選》／河南

陶　煊、張　璨《國朝詩的》／江南6

沈德潛《國朝詩別裁集》／156

劉清玫

鄧漢儀《詩觀三集》／12

陶　煊、張　璨《國朝詩的》／山西1

吳元桂《昭代詩針》／4

劉淑頤

沈德潛《國朝詩別裁集》／257

劉球英

孫　鋐《皇清詩選》／福建

綜合索引（十五畫）

劉球瑛
　　魏　憲《詩持三集》／8
劉敉仁
　　黃傳祖《扶輪續集》／10
劉培元
　　彭廷梅《國朝詩選》／10
劉授易
　　朱　觀《國朝詩正》／4
　　陶　煊、張　璨《國朝詩的》／湖廣6
劉崧年
　　陳以剛《國朝詩品》／10
劉逢源
　　魏裔介《清詩漸洎集》／8；9
　　鄧漢儀《詩觀二集》／7
　　王士禎《感舊集》／4
　　席居中《昭代詩存》／12
　　蔣　鑨、翁介眉《清詩初集》／3；7；11
　　孫　鋐《皇清詩選》／京師
　　陶　煊、張　璨《國朝詩的》／直隸1；2
　　彭廷梅《國朝詩選》／6
　　沈德潛《國朝詩別裁集》／113
劉紹權
　　陳以剛《國朝詩品》／11
劉湘客
　　徐　崧、陳濟生《詩南》／10
劉雲鋒
　　倪匡世《振雅堂彙編詩最》／6
　　陶　煊、張　璨《國朝詩的》／江西2
劉斯寅
　　倪匡世《振雅堂彙編詩最》／6
　　陶　煊、張　璨《國朝詩的》／江西1
劉斯槐
　　陳以剛《國朝詩品》／12

劉堯枝
　　王爾綱《天下名家詩永》／10
劉揚俊
　　蔣　鑨、翁介眉《清詩初集》／12
劉景曾
　　陶　煊、張　璨《國朝詩的》／江西2
劉景榮
　　魏　憲《詩持二集》／7
劉道開
　　鄧漢儀《詩觀二集》／6
　　孫　鋐《皇清詩選》／四川
　　卓爾堪《明遺民詩》／3；11
　　陶　煊、張　璨《國朝詩的》／四川1
劉敬祖
　　陳以剛《國朝詩品》／17
劉雷恒
　　黃傳祖《扶輪續集》／4
　　魏　耕、錢价人《今詩粹》
　　顧有孝《驪珠集》／7
　　徐　崧《詩風初集》／10
　　王士禎《感舊集》／8
　　蔣　鑨、翁介眉《清詩初集》／8
劉嵩梁
　　黃傳祖《扶輪續集》／9
劉寧漢
　　王爾綱《天下名家詩永》／10
劉夢金
　　彭廷梅《國朝詩選》／1
劉禕沛
　　陶　煊、張　璨《國朝詩的》／湖廣9
劉漢系
　　姚　佺《詩源》／吳
　　鄧漢儀《詩觀二集》／7
　　王士禎《感舊集》／16
　　蔣　鑨、翁介眉《清詩初集》／8

王爾綱《天下名家詩永》／10

劉漢客

陳祚明、韓 詩《國門集》／4；5

劉漢綏

王爾綱《天下名家詩永》／13

劉漢藜

魏裔介《清詩溯洄集》／4

孫 鋐《皇清詩選》／河南

劉端星

程 棟、施 諲《鼓吹新編》／10

姚 佺《詩源》／秦

劉肇國

黃傳祖《扶輪廣集》／6；10

黃傳祖《扶輪新集》／8；10

陳祚明、韓 詩《國門集》／3

席居中《昭代詩存》／14

蔣 薰、翁介眉《清詩初集》／1；9；10；12

陶 煊、張 璨《國朝詩的》／湖廣 2

劉夢芳

陶 煊、張 璨《國朝詩的》／江南續編 1

劉蒸芳

彭廷梅《國朝詩選》／6

劉睿貯

陳以剛《國朝詩品》／19

劉晴澤

彭廷梅《國朝詩選》／2；8；10

劉鼎文

蔣 薰、翁介眉《清詩初集》／12

劉鼎臣

陶 煊、張 璨《國朝詩的》／江南 13

劉維禎

魏 憲《補石倉詩選》／3

魏 憲《皇清百名家詩選》／78

顧施楨（禎）《盛朝詩選初集》／4；5；7；10

劉養貞

卓爾堪《明遺民詩》／12

陶 煊、張 璨《國朝詩的》／四川 1

劉敷仁

黃傳祖《扶輪新集》／3

姚 佺《詩源》／楚

劉蔚其

朱 觀《國朝詩正》／8

劉增琳

倪匡世《振雅堂彙編詩最》／6

劉醇翼

黃傳祖《扶輪續集》／4

劉醇驥

黃傳祖《扶輪新集》／7

魏裔介《觀始集》／8；11

蔣 薰、翁介眉《清詩初集》／5

陶 煊、張 璨《國朝詩的》／湖廣 3

劉儀恕

鄧漢儀《詩觀二集》／12

席居中《昭代詩存》／12

孫 鋐《皇清詩選》／陝西

陶 煊、張 璨《國朝詩的》／陝西 2

劉德弘

王爾綱《天下名家詩永》／14

顧施楨（禎）《盛朝詩選初集》／9

劉德新

鄧漢儀《詩觀三集》／5

席居中《昭代詩存》／14

王爾綱《天下名家詩永》／14

陶 煊、張 璨《國朝詩的》／盛京 2

吴元桂《昭代詩針》／2

彭廷梅《國朝詩選》／3

综合索引（十五画）

劉餘祐

魏裔介《觀始集》／6；9

劉餘清

陳祚明、韓　詩《國門集》／2

徐　崧《詩風初集》／1

劉餘霖

蔣　鑨、翁介眉《清詩初集》／11

劉餘謨

顧有孝《驪珠集》／6

劉澤芳

顧有孝《驪珠集》／6

劉澤溥

黃傳祖《扶輪廣集》／4

陳祚明、韓　詩《國門集》／2

劉霖恒

黃傳祖《扶輪續集》／4

黃傳祖《扶輪新集》／4

程　棟、施　譚《鼓吹新編》／9

魏　耕、錢价人《今詩粹》

徐　崧、陳濟生《詩南》／9

顧有孝《驪珠集》／8

徐　崧《詩風初集》／7；14

蔣　鑨、翁介眉《清詩初集》／1

劉默存

陳以剛《國朝詩品》／17

劉錫名

黃傳祖《扶輪續集》／5；8；10

黃傳祖《扶輪廣集》／8

徐　崧、陳濟生《詩南》／5

劉興聘

陶　煊、張　璨《國朝詩的》／直隸2

劉鴻儒

徐　崧《詩風初集》／10

劉襄祚

姚　佺《詩源》／吴

劉應第

陶　煊、張　璨《國朝詩的》／湖廣9

劉應期

卓爾堪《明遺民詩》／15

劉應熙

陳以剛《國朝詩品》／15

劉應麟

孫　鋐《皇清詩選》／江南

陶　煊、張　璨《國朝詩的》／江南9

劉謙吉

曾　燦《過日集》／5

劉懋夏

陶　煊、張　璨《國朝詩的》／湖廣5

劉懋勛

鄧漢儀《天下名家詩觀》／7

徐　崧《詩風初集》／2

孫　鋐《皇清詩選》／江南

劉懋賢

黃傳祖《扶輪廣集》／11

姚　佺《詩源》／吴

劉懋贊

魏裔介《觀始集》／8

程　棟、施　譚《鼓吹新編》／8

姚　佺《詩源》／吴

鄧漢儀《天下名家詩觀》／4

徐　崧《詩風初集》／9

孫　鋐《皇清詩選》／江南

劉懋賓

陶　煊、張　璨《國朝詩的》／江南6

劉臨孫

陳祚明、韓　詩《國門集》／6

劉學詩

吴元桂《昭代詩針》／15

劉徵之

魏　耕、錢价人《今詩粹》

徐 崧、陳濟生《詩南》／4
顧有孝《驪珠集》／9
趙 炎《專閱詩藏》／6五言律
徐 崧《詩風初集》／9
曾 燦《過日集》／7

劉翼明

顧施楨（楨）《盛朝詩選初集》／12；12（附）

劉瞻榕

沈德潛《國朝詩別裁集》／535

劉馥永

黃傳祖《扶輪續集》／6

劉獻廷

沈德潛《國朝詩別裁集》／108

劉獻靖

馬道畊《清詩二集》／2

劉覽鉉

王爾綱《天下名家詩永》／3
陶 煊、張 璨《國朝詩的》／江西2

劉覽玄

姚 佺《詩源》／補遺姓氏

劉體仁

黃傳祖《扶輪廣集》／4
黃傳祖《扶輪新集》／3；6
顧有孝《驪珠集》／12
鄧漢儀《天下名家詩觀》／7
鄧漢儀《詩觀二集》／1
徐 崧《詩風初集》／2；7；9；11；16
王士禎《感舊集》／10
蔣 薰、翁介眉《清詩初集》／1；3；7
孫 鋐《皇清詩選》／河南
王爾綱《天下名家詩永》／11
陶 煊、張 璨《國朝詩的》／江南10

陳以剛《國朝詩品》／11
沈德潛《國朝詩別裁集》／71

練貞吉

顧有孝《驪珠集》／11
蔣 薰、翁介眉《清詩初集》／11
孫 鋐《皇清詩選》／河南

樂 楓

陶 煊、張 璨《國朝詩的》／江西2

樂第成

馬道畊《清詩二集》／3

鄧 旭

魏喬介《觀始集》／1
姚 佺《詩源》／吴
魏 憲《詩持三集》／4
趙 炎《專閱詩藏》／7五言律
鄧漢儀《天下名家詩觀》／2
鄧漢儀《詩觀二集》／6
徐 崧《詩風初集》／8
蔣 薰、翁介眉《清詩初集》／6
孫 鋐《皇清詩選》／江南
沈德潛《國朝詩別裁集》／40

鄧 汶

徐 崧《詩風初集》／10；13

鄧 堅

彭廷梅《國朝詩選》／4；6；12

鄧 斌

魏 憲《詩持二集》／6

鄧之仲

吴 蒿《名家詩選》／4

鄧士傑

魏 憲《詩持二集》／4

鄧子儀

鄧漢儀《詩觀二集》／8
孫 鋐《皇清詩選》／四川

综合索引（十五畫）

鄧世謙

彭廷梅《國朝詩選》／12

鄧弘文

彭廷梅《國朝詩選》／11

鄧光汧

魏　憲《詩持三集》／7

孫　鋐《皇清詩選》／福建

鄧邦英

王爾綱《天下名家詩永》／10

鄧孝威

陳以剛《國朝詩品》／10

鄧廷羅

黃傳祖《扶輪新集》／7；9

姚　佺《詩源》／吴

魏　憲《詩持二集》／6

趙　炎《尊閣詩藏》／2 五言律

鄧漢儀《天下名家詩觀》／2

鄧漢儀《詩觀二集》／6；12

徐　崧《詩風初集》／8

席居中《昭代詩存》／11

陸次雲《詩平初集》／4；7；10；12

蔣　鑨、翁介眉《清詩初集》／4；6；

8；12

孫　鋐《皇清詩選》／江南

王爾綱《天下名家詩永》／9

顧施楨（禎）《盛朝詩選初集》／9

鄧勗榮

鄧漢儀《天下名家詩觀》／11

孫　鋐《皇清詩選》／江南

鄧性天

陸次雲《詩平初集》／10

鄧林尹

蔣　鑨、翁介眉《清詩初集》／7；8；

11

孫　鋐《皇清詩選》／京師

陶　煊、張　璨《國朝詩的》／直隸 2

鄧林梓

程　棟、施　誕《鼓吹新編》／11

顧有孝《驪珠集》／9

徐　崧《詩風初集》／11

王爾綱《天下名家詩永》／12

鄧庭羅

徐　崧《詩風初集》／18

鄧勛采

鄧漢儀《天下名家詩觀》／11

王爾綱《天下名家詩永》／14

鄧晶采

孫　鋐《皇清詩選》／江南

鄧漢儀

黃傳祖《扶輪廣集》／4；9；11

黃傳祖《扶輪新集》／1；4；7；9

魏裔介《觀始集》／8

錢謙益《吾炙集》

陳祚明、韓　詩《國門集》／5

魏　耕、錢价人《今詩粹》

徐　崧、陳濟生《詩南》／9

顧有孝《驪珠集》／3

魏　憲《詩持一集》／4

魏　憲《詩持四集》／1

趙　炎《尊閣詩藏》／4 七言律

徐　崧《詩風初集》／14；16；17

王士禎《感舊集》／14

席居中《昭代詩存》／1

陸次雲《詩平初集》／8；12

蔣　鑨、翁介眉《清詩初集》／8；11；

12

孫　鋐《皇清詩選》／江南

王爾綱《天下名家詩永》／5

顧施楨（禎）　《盛朝詩選初集》／12

（附）

陳維崧《廢衍集》／11

吳 藎《名家詩選》／1

陶 煊、張 璨《國朝詩的》／江南10

吳元桂《昭代詩針》／3

沈德潛《國朝詩別裁集》／219

鄧勗相

鄧漢儀《天下名家詩觀》／11

孫 鋐《皇清詩選》／江南

鄧增桐

陶 煊、張 璨《國朝詩的》／廣西1

鄧應隆

陶 煊、張 璨《國朝詩的》／湖廣10

鄧勗秀

孫 鋐《皇清詩選》／江南

鄧鶴在

鄧漢儀《詩觀三集》／12

陶 煊、張 璨《國朝詩的》／江南8

鄧獻璋

彭廷梅《國朝詩選》／2

鄧□□（字蘇崖）

馬道眸《清詩二集》／4

十六畫

遂寶奇

魏 憲《皇清百名家詩選》／45

龍 光

陸次雲《詩平初集》／10

蔣 鑨、翁介眉《清詩初集》／7；9；12

王爾綱《天下名家詩永》／6

陶 煊、張 璨《國朝詩的》／江南9

龍 燮

曾 燦《過日集》／8

王爾綱《天下名家詩永》／12

龍人儼

陶 煊、張 璨《國朝詩的》／湖廣4

龍文玉

陶 煊、張 璨《國朝詩的》／湖廣8

彭廷梅《國朝詩選》／10

龍孔然

陶 煊、張 璨《國朝詩的》／湖廣5

龍可旌

馬道眸《清詩二集》／2

龍爲紀

馬道眸《清詩二集》／2

龍資麟

陶 煊、張 璨《國朝詩的》／江南11

龍際時

陶 煊、張 璨《國朝詩的》／湖廣2

龍際盛

馬道眸《清詩二集》／1

諸 錦

陶 煊、張 璨《國朝詩的》／浙江6

諸 豫

黃傳祖《扶輪廣集》／3；11

魏喬介《觀始集》／9

陳祚明、韓 詩《國門集》／5

諸 諟

孫 鋐《皇清詩選》／江南

諸九鼎

王士禎《感舊集》／8

蔣 鑨、翁介眉《清詩初集》／2；9；11；12

陶 煊、張 璨《國朝詩的》／浙江3

諸士儼

顧有孝《驪珠集》／10

徐 崧《詩風初集》／11；18

諸匡鼎

蔣 鑨、翁介眉《清詩初集》／7；8；

綜合索引（十六畫）

11

孫　銓《皇清詩選》／浙江

諸定遠

蔣　鑨、翁介眉《清詩初集》／12

諸原仁

孫　銓《皇清詩選》／江南

諸紹禹

孫　銓《皇清詩選》／江南

諸葛苞

孫　銓《皇清詩選》／四川

諸葛麒

鄧漢儀《詩觀二集》／8

孫　銓《皇清詩選》／浙江

陶　煊、張　璨《國朝詩的》／浙江5

諸嗣郢

顧有孝《驪珠集》／8；12

趙　炎《專閱詩藏》／5五言律

徐　崧《詩風初集》／5；17；18

蔣　鑨、翁介眉《清詩初集》／12

孫　銓《皇清詩選》／江南

諸鶴年

顧有孝《驪珠集》／9

駱雲程

顧有孝《驪珠集》／2

徐　崧《詩風初集》／18

駱復旦

程　棟、施　譚《鼓吹新編》／9

徐　崧、陳濟生《詩南》／10

顧有孝《驪珠集》／7

趙　炎《專閱詩藏》／3五言律

徐　崧《詩風初集》／14

席居中《昭代詩存》／10

蔣　鑨、翁介眉《清詩初集》／3；7；8；11

曾　燦《過日集》／3；8

孫　銓《皇清詩選》／浙江

蕭　荃

魏　耕、錢价人《今詩粹》

蕭　晨

席居中《昭代詩存》／5

蕭　琦

黃傳祖《扶輪廣集》／3；11

陳祚明、韓　詩《國門集》／4；5

姚　佺《詩源》／滇

鄧漢儀《天下名家詩觀》／6

徐　崧《詩風初集》／9；10

孫　銓《皇清詩選》／雲南

王爾綱《天下名家詩永》／7

陶　煊、張　璨《國朝詩的》／雲南1

陳以剛《國朝詩品》／11

彭廷梅《國朝詩選》／5

蕭　瑄

姚　佺《詩源》／滇

蕭　賜

陶　煊、張　璨《國朝詩的》／江南12

蕭　詩

沈德潛《國朝詩別裁集》／121

蕭　說

鄧漢儀《詩觀三集》／5

陶　煊、張　璨《國朝詩的》／江南9

蕭　蔚

陸次雲《詩平初集》／10

蕭　震

黃傳祖《扶輪廣集》／12

魏裔介《觀始集》／2；10

魏　憲《詩持二集》／2

趙　炎《專閱詩藏》／3五言律；4七言律

徐 崧《詩風初集》／12

彭廷梅《國朝詩選》／9；11

蕭一鸞

曾 燦《過日集》／9

蕭于濂

彭廷梅《國朝詩選》／11

蕭中素

徐 崧《詩風初集》／9；14

孫 鋐《皇清詩選》／江南

韓純玉《近詩兼》

蕭廷珅

卓爾堪《明遺民詩》／15

蕭芷匡

卓爾堪《明遺民詩》／13

蕭松齡

魏 憲《詩持二集》／6

蔣 鑨、翁介眉《清詩初集》／7

顧施楨（禎）《盛朝詩選初集》／9

蕭來鸞

顧有孝《驪珠集》／9

蕭衍守

彭廷梅《國朝詩選》／12

蕭家憲

姚 佺《詩源》／豫

蕭從守

彭廷梅《國朝詩選》／10

蕭象韶

蔣 鑨、翁介眉《清詩初集》／9

蕭雲從

魏裔介《觀始集》／8

程 棟、施 譚《鼓吹新編》／7

姚 佺《詩源》／吳

徐 崧、陳濟生《詩南》／8

王士禛《感舊集》／3

王爾綱《天下名家詩永》／3

卓爾堪《明遺民詩》／14

吳元桂《昭代詩針》／1

蕭嗣奇

魏 耕、錢价人《今詩粹》

蕭夢蘭

姚 佺《詩源》／吳

蕭趙琰

沈德潛《國朝詩別裁集》／474

蕭廣昭

蔣 鑨、翁介眉《清詩初集》／9

蕭錫祚

彭廷梅《國朝詩選》／4；5；8

蕭繼昌

陶 煊、張 璨《國朝詩的》／雲南1

霍叔瑾

魏裔介《觀始集》／6

魏裔介《清詩溯洄集》／8

孫 鋐《皇清詩選》／山西

霍映秀

鄧漢儀《詩觀二集》／8

孫 鋐《皇清詩選》／京師

霍師棋

王爾綱《天下名家詩永》／13

賴 修

彭廷梅《國朝詩選》／6

賴 韋

曾 燦《過日集》／5；6

盧 生

卓爾堪《明遺民詩》／15

盧 治

鄧漢儀《詩觀三集》／11

陶 煊、張 璨《國朝詩的》／湖廣7

盧 第

曾 燦《過日集》／6；9

综合索引（十六畫）

盧 遊
　　姚 佺《詩源》／粵
盧 渤
　　孫 鋐《皇清詩選》／江南
盧 祺
　　黃傳祖《扶輪廣集》／13
　　姚 佺《詩源》／吳
　　魏裔介《清詩湖洞集》／9
盧 棋
　　彭廷梅《國朝詩選》／9
盧 凱
　　吳元桂《昭代詩針》／14
盧 壵
　　席居中《昭代詩存》／5
盧 傳
　　魏裔介《清詩湖洞集》／4；8
盧 綖
　　鄧漢儀《詩觀三集》／11
　　陶 煊、張 璨《國朝詩的》／湖廣 5
　　吳元桂《昭代詩針》／7
盧 綋
　　顧有孝《驪珠集》／3
　　魏 憲《詩持三集》／7
　　趙 炎《專閱詩藏》／4 五言律
　　徐 崧《詩風初集》／10
　　陸次雲《詩平初集》／5
　　蔣 鑨、翁介眉《清詩初集》／5；9
　　曾 燦《過日集》／2
　　孫 鋐《皇清詩選》／湖廣
　　陶 煊、張 璨《國朝詩的》／湖廣 7
　　彭廷梅《國朝詩選》／8
　　沈德潛《國朝詩別裁集》／51
盧 畫
　　徐 崧《詩風初集》／14

盧 震
　　陶 煊、張 璨《國朝詩的》／盛京 1
盧 勛
　　鄧漢儀《詩觀三集》／9
盧 績
　　鄧漢儀《詩觀三集》／6
　　陶 煊、張 璨《國朝詩的》／湖廣 10
盧 憲
　　魏裔介《觀始集》／9
　　陳祚明、韓 詩《國門集》／4；5；6
　　程 棟、施 譔《鼓吹新編》／6
　　徐 崧、陳濟生《詩南》／10
　　徐 崧《詩風初集》／14
盧 璣
　　孫 鋐《皇清詩選》／江南
盧之玟
　　吳元桂《昭代詩針》／11
盧之範
　　吳元桂《昭代詩針》／11
盧士厚
　　魏 憲《詩持二集》／4
盧元昌
　　程 棟、施 譔《鼓吹新編》／10
　　徐 崧、陳濟生《詩南》／10
　　顧有孝《驪珠集》／8
　　魏 憲《詩持三集》／8
　　趙 炎《專閱詩藏》／1 五言古；2 七言古；4 七言律；5 五言律
　　鄧漢儀《詩觀二集》／9
　　徐 崧《詩風初集》／14
　　席居中《昭代詩存》／9
　　孫 鋐《皇清詩選》／江南
　　王爾綱《天下名家詩永》／2
　　劉 然《國朝詩乘》／12
　　沈德潛《國朝詩別裁集》／147

盧世佐

馬道昕《清詩二集》／4

盧世淮

黃傳祖《扶輪新集》／2；5；10

徐　崧、陳濟生《詩南》／5；12

顧有孝《驪珠集》／2

王士禎《感舊集》／2

盧世權

查　義、查岐昌《國朝詩因》／1

盧光許

陶　煊、張　璨《國朝詩的》／浙江7

盧自伯

席居中《昭代詩存》／9

盧見曾

彭廷梅《國朝詩選》／4

盧廷簡

鄧漢儀《詩觀二集》／10

席居中《昭代詩存》／9

孫　鋐《皇清詩選》／江南

陶　煊、張　璨《國朝詩的》／江南5

彭廷梅《國朝詩選》／4

盧崇峻

顧施楨（禎）《盛朝詩選初集》／9

盧崇興

蔣　鑨、翁介眉《清詩初集》／9

盧國瑱

曾　燦《過日集》／4

盧傳來

姚　佺《詩源》／楚

盧道悅

沈德潛《國朝詩別裁集》／173

盧奪錦

吳元桂《昭代詩針》／15

穆　修

魏裔介《觀始集》／9

興　機

卓爾堪《明遺民詩》／16

衛　忠

彭廷梅《國朝詩選》／4

衛既濟

徐　崧《詩風初集》／8

孫　鋐《皇清詩選》／山西

錢　升

魏　憲《詩持二集》／2

徐　崧《詩風初集》／14

孫　鋐《皇清詩選》／京師

陶　煊、張　璨《國朝詩的》／直隸2

錢　可

黃傳祖《扶輪續集》／1；3；6；9

錢　庚

朱　觀《國朝詩正》／4

陶　煊、張　璨《國朝詩的》／浙江6

錢　受

陶　煊、張　璨《國朝詩的》／浙江3

錢　岳

鄧漢儀《天下名家詩觀》／9

鄧漢儀《詩觀三集》／5

錢　珂

孫　鋐《皇清詩選》／江南

錢　珩

孫　鋐《皇清詩選》／江南

錢　夏

顧有孝《驪珠集》／5

錢　琹

程　棟、施　諶《鼓吹新編》／10

錢　理

程　棟、施　諶《鼓吹新編》／11

錢　捷

魏　耕、錢价人《今詩粹》

蔣　鑨、翁介眉《清詩初集》／6；8

综合索引（十六畫）

錢 鉝

曾 燦《過日集》／5

錢 曾

錢謙益《吾炙集》

程 棟、施 閏《鼓吹新編》／11

曾 燦《過日集》／5；6

沈德潛《國朝詩別裁集》／150

錢 琦

彭廷梅《國朝詩選》／4；6；8

錢 琩

吳元桂《昭代詩針》／11

錢 棟

黃傳祖《扶輪續集》／4；6；9

曾 燦《過日集》／6

錢 煥

徐 崧、陳濟生《詩南》／10；12

錢 個

程 棟、施 閏《鼓吹新編》／11

徐 崧《詩風初集》／14

錢 匯

卓爾堪《明遺民詩》／8

錢 荃

黃傳祖《扶輪續集》／1；4

黃傳祖《扶輪廣集》／11

黃傳祖《扶輪新集》／7

魏裔介《觀始集》／3；9；11；12

徐 崧、陳濟生《詩南》／1；5；11；12

魏裔介《清詩溯洄集》／6

趙 炎《專閫詩藏》／1 七言律；2 五言古；5 五言律

徐 崧《詩風初集》／5

孫 鋐《皇清詩選》／浙江

陳以剛《國朝詩品》／8

錢 澄

趙 炎《專閫詩藏》／6 五言律

鄧漢儀《詩觀二集》／5

錢 庹

魏 耕、錢价人《今詩粹》

錢 穀

趙 炎《專閫詩藏》／2 七言律；5 五言律

鄧漢儀《詩觀二集》／4

孫 鋐《皇清詩選》／江南

王爾綱《天下名家詩永》／10

錢 眼

陳 瑚《從遊集》／上

顧有孝《驪珠集》／11

鄧漢儀《詩觀三集》／10

徐 崧《詩風初集》／9

曾 燦《過日集》／9

陶 煊、張 璨《國朝詩的》／江南 3

錢 峻

鄧漢儀《詩觀三集》／8

錢 樟

陶 煊、張 璨《國朝詩的》／浙江 7

錢 標

陶 煊、張 璨《國朝詩的》／浙江 7

錢 需

徐 崧《詩風初集》／14

錢 嶸

周佑予《清詩鼓吹》／4

錢 霍

程 棟、施 閏《鼓吹新編》／11

魏 耕、錢价人《今詩粹》

徐 崧、陳濟生《詩南》／5

鄧漢儀《天下名家詩觀》／7

鄧漢儀《詩觀二集》／13

徐 崧《詩風初集》／12；14

曾 燦《過日集》／1；5
孫 銓《皇清詩選》／浙江
陶 煊、張 璨《國朝詩的》／浙江5
吳元桂《昭代詩針》／2

錢 璜

蔣 鑨、翁介眉《清詩初集》／6
曾 燦《過日集》／9

錢 叡

徐 崧《詩風初集》／14

錢 點

顧有孝《驪珠集》／4
鄧漢儀《天下名家詩觀》／11
孫 銓《皇清詩選》／浙江
陶 煊、張 璨《國朝詩的》／浙江3

錢 鍊

鄧漢儀《詩觀三集》／9

錢 嫌

徐 崧、陳濟生《詩南》／7；12
徐 崧《詩風初集》／5；10

錢 觀

鄧漢儀《天下名家詩觀》／11
席居中《昭代詩存》／14

錢 鎬

陶 煊、張 璨《國朝詩的》／浙江8

錢 煲

程 棟、施 誾《鼓吹新編》／5

錢 鑄

魏裔介《觀始集》／4；6；8
魏 耕、錢价人《今詩粹》

錢 耀

顧有孝《驪珠集》／11
徐 崧《詩風初集》／14
孫 銓《皇清詩選》／江南

錢 墨

程 棟、施 誾《鼓吹新編》／14

顧有孝《驪珠集》／10
徐 崧《詩風初集》／16；17
席居中《昭代詩存》／11
孫 銓《皇清詩選》／江南

錢 □

卓爾堪《明遺民詩》／12

錢又選

王爾綱《天下名家詩永》／10

錢之青（字鳳文）

沈德潛《國朝詩別裁集》／493

錢之青（字恭李）

沈德潛《國朝詩別裁集》／520

錢之選

王爾綱《天下名家詩永》／13
朱 觀《國朝詩正》／3

錢三錫

顧施楨（禎）《盛朝詩選初集》／5；7；9

錢士升

徐 崧、陳濟生《詩南》／8

錢士鵬

劉 然《國朝詩乘》／11

錢士貴

徐 崧、陳濟生《詩南》／12
趙 炎《尊閣詩藏》／2 五言古；3 七言律；5 五言律
徐 崧《詩風初集》／10
孫 銓《皇清詩選》／浙江

錢士馨

鄧漢儀《詩觀二集》／12
卓爾堪《明遺民詩》／14
陶 煊、張 璨《國朝詩的》／浙江5

錢王桓

程 棟、施 誾《鼓吹新編》／11

綜合索引（十六畫）

錢元昌

陶 煊、張 璨《國朝詩的》／浙江4

錢元修

曾 燦《過日集》／10

錢元經

吳 薌《名家詩選》／3

錢元綏

吳 薌《名家詩選》／3

錢元勛

魏 耕、錢价人《今詩粹》

徐 崧《詩風初集》／8

錢元穎

魏 耕、錢价人《今詩粹》

錢元龍

徐 崧《詩風初集》／1

錢中樞

沈德潛《國朝詩別裁集》／493

錢中諧

黃傳祖《扶輪新集》／9

陳祚明、韓 詩《國門集》／4；5；6

顧有孝《驪珠集》／7

鄧漢儀《天下名家詩觀》／6

鄧漢儀《詩觀三集》／5

徐 崧《詩風初集》／12；16

蔣 鑨、翁介眉《清詩初集》／9

曾 燦《過日集》／3；6；10

孫 鋐《皇清詩選》／江南

王爾綱《天下名家詩永》／12

陶 煊、張 璨《國朝詩的》／江南9

陳以剛《國朝詩品》／15

吳元桂《昭代詩針》／2

彭廷梅《國朝詩選》／12

沈德潛《國朝詩別裁集》／91

錢以垣

趙 炎《尊閣詩藏》／4七言律

錢以塏

查 義、查岐昌《國朝詩因》／4

錢永基

孫 鋐《皇清詩選》／浙江

錢永禧

吳元桂《昭代詩針》／14

錢世名

吳元桂《昭代詩針》／1

錢世禛

彭廷梅《國朝詩選》／12

錢本一

顧有孝《驪珠集》／4

徐 崧《詩風初集》／5；10

蔣 鑨、翁介眉《清詩初集》／7

錢弘煲

顧有孝《驪珠集》／10

錢有煌

魏 耕、錢价人《今詩粹》

錢汝邁

徐 崧《詩風初集》／8；18

錢光繡

黃傳祖《扶輪續集》／4；7；9

程 榪、施 諲《鼓吹新編》／9

姚 佺《詩源》／越

徐 崧、陳濟生《詩南》／6；11

顧有孝《驪珠集》／10

鄧漢儀《詩觀三集》／4

徐 崧《詩風初集》／1；7；16；18

陸次雲《詩平初集》／12

蔣 鑨、翁介眉《清詩初集》／1；11；12

孫 鋐《皇清詩選》／浙江

陶 煊、張 璨《國朝詩的》／浙江5

錢价人

程 榪、施 諲《鼓吹新編》／10

徐 崧、陳濟生《詩南》／12

陶 煊、張 璨《國朝詩的》／浙江4

錢名世

馬道昕《清詩二集》／1

吳 薗《名家詩選》／2

陶 煊、張 璨《國朝詩的》／江南 11；15

查 義、查岐昌《國朝詩因》／4

沈德潛《國朝詩別裁集》／339

錢良擇

沈德潛《國朝詩別裁集》／459

錢志焯

魏 耕、錢价人《今詩粹》

錢志熙

魏 耕、錢价人《今詩粹》

錢志遹

吳 薗《名家詩選》／3

錢志嶨

徐 崧、陳濟生《詩南》／9

錢志瑛

程 棟、施 譚《鼓吹新編》／9

錢克治

徐 崧《詩風初集》／18

錢邦芑

黃傳祖《扶輪續集》／9

程 棟、施 譚《鼓吹新編》／4

魏 耕、錢价人《今詩粹》

徐 崧、陳濟生《詩南》／8

趙 炎《專閱詩藏》／4七言律

鄧漢儀《詩觀二集》／4

曾 燦《過日集》／1；3；9

卓爾堪《明遺民詩》／9

錢邦寅

程 棟、施 譚《鼓吹新編》／8；14

徐 崧、陳濟生《詩南》／8

曾 燦《過日集》／5；7

劉 然《國朝詩乘》／6

陶 煊、張 璨《國朝詩的》／江南7

錢廷銑

顧有孝《驪珠集》／10

錢宗聖

王爾綱《天下名家詩永》／3

錢青選

陶 煊、張 璨《國朝詩的》／江南續編1

彭廷梅《國朝詩選》／10

錢其恒

程 棟、施 譚《鼓吹新編》／10

姚 佺《詩源》／越

錢芳標

顧有孝《驪珠集》／9

趙 炎《專閱詩藏》／5五言律

鄧漢儀《詩觀二集》／8

徐 崧《詩風初集》／6；17

王士禎《感舊集》／4

陸次雲《詩平初集》／5；7；12

蔣 鑨、翁介眉《清詩初集》／4；7

孫 鋐《皇清詩選》／江南

彭廷梅《國朝詩選》／7

沈德潛《國朝詩別裁集》／157

錢金甫

趙 炎《專閱詩藏》／7五言律

徐 崧《詩風初集》／6

蔣 鑨、翁介眉《清詩初集》／8

孫 鋐《皇清詩選》／江南

沈德潛《國朝詩別裁集》／216

錢秉鐙

黃傳祖《扶輪續集》／4

黃傳祖《扶輪新集》／7

錢謙益《吾炙集》

综合索引（十六画）

程 棟、施 譔《鼓吹新编》／9

徐 崧、陈清生《诗南》／1

徐 崧《诗风初集》／7；10；13

蒋 鑨、翁介眉《清诗初集》／1；2；4；6；9

曾 燦《过日集》／1；4；7；9

孙 鋐《皇清诗选》／江南

王爾綱《天下名家诗永》／7

韩纯玉《近诗兼》

陈维崧《篋衍集》／1；7

卓爾堪《明遗民诗》／4

刘 然《国朝诗乘》／11

陶 煊、张 璨《国朝诗的》／江南4

吴元桂《昭代诗针》／1

彭廷梅《国朝诗选》／3；5；8

钱施清

魏 耕、钱价人《今诗粹》

曾 燦《过日集》／5

孙 鋐《皇清诗选》／浙江

钱柏龄（一爲"栢龄"）

鄧漢儀《诗观三集》／12

陈维崧《篋衍集》／2；8

陶 煊、张 璨《国朝诗的》／江南8

沈德潜《国朝诗别裁集》／254

钱思初

陶 煊、张 璨《国朝诗的》／浙江8

钱建松

陶 煊、张 璨《国朝诗的》／浙江7

钱起龍

程 棟、施 譔《鼓吹新编》／5

钱振先

黄傳祖《扶轮广集》／5

钱孙艾

馮 舒《懷舊集》下／8上

钱惟寅

吴元桂《昭代诗针》／7

钱陸燦（燦一作"篡"）

魏 憲《诗持二集》／6

鄧漢儀《天下名家诗观》／7

徐 崧《诗风初集》／13；18

王士禛《感舊集》／4

陸次雲《诗平初集》／12

蒋 鑨、翁介眉《清诗初集》／5；7；9

曾 燦《过日集》／4

孙 鋐《皇清诗选》／江南

王爾綱《天下名家诗永》／9

陈维崧《篋衍集》／7

吴 藎《名家诗选》／3

刘 然《国朝诗乘》／12

吴元桂《昭代诗针》／2

沈德潜《国朝诗别裁集》／79

钱陈群

陈以剛《国朝诗品》／21

钱湟吉

黄傳祖《扶轮續集》／9

黄傳祖《扶轮广集》／9

钱朝鼎

黄傳祖《扶轮新集》／3；10

魏裔介《清诗溯洄集》／2

顧有孝《驪珠集》／3

魏 憲《诗持一集》／4

魏 憲《補石倉诗选》／2

赵 炎《尊闻诗藏》／6五言律

鄧漢儀《天下名家诗观》／6

徐 崧《诗风初集》／12；13；17

蒋 鑨、翁介眉《清诗初集》／3；7；9

孙 鋐《皇清诗选》／江南

陶 煊、張 璨《國朝詩的》／江南6

錢景朗

陶 煊、張 璨《國朝詩的》／浙江6

錢晶仍

吳元桂《昭代詩針》／9

錢程煥

鄧漢儀《詩觀三集》／7

陶 煊、張 璨《國朝詩的》／江南3

錢開宗

黃傳祖《扶輪廣集》／6

錢源來

沈德潛《國朝詩別裁集》／553

錢源逢

陳以剛《國朝詩品》／16

錢瑞琪

魏 耕、錢价人《今詩粹》

錢瑞徵

陶 煊、張 璨《國朝詩的》／浙江6

錢嵩期

沈德潛《國朝詩別裁集》／477

錢爾復

陶 煊、張 璨《國朝詩的》／浙江7

錢鼎瑞

程 棟、施 誾《鼓吹新編》／7

徐 崧、陳濟生《詩南》／10

鄧漢儀《天下名家詩觀》／6

陶 煊、張 璨《國朝詩的》／江南6

錢嘉徵

魏 耕、錢价人《今詩粹》

錢肅圖

鄧漢儀《詩觀二集》／6

錢肅潤

程 棟、施 誾《鼓吹新編》／8；14

姚 佺《詩源》／吳

魏 耕、錢价人《今詩粹》

徐 崧、陳濟生《詩南》／1；5

顧有孝《驪珠集》／4

鄧漢儀《詩觀二集》／10

徐 崧《詩風初集》／11；17

王士禎《感舊集》／16

席居中《昭代詩存》／14

陸次雲《詩平初集》／3；5；7；8

蔣 薰、翁介眉《清詩初集》／3；4；

7；9；12

曾 燦《過日集》／2；3；6；9

孫 鋐《皇清詩選》／江南

彭廷梅《國朝詩選》／11

錢維人

魏 耕、錢价人《今詩粹》

錢廣居

黃傳祖《扶輪續集》／11

黃傳祖《扶輪廣集》／8

錢澄之

黃傳祖《扶輪續集》／4

黃傳祖《扶輪新集》／7

錢謙益《吾炙集》

程 棟、施 誾《鼓吹新編》／9

徐 崧、陳濟生《詩南》／1

徐 崧《詩風初集》／7；10；13

蔣 薰、翁介眉《清詩初集》／1；2；

4；6；9

曾 燦《過日集》／1；4；7；9

孫 鋐《皇清詩選》／江南

王爾綱《天下名家詩永》／7

韓純玉《近詩兼》

陳維崧《篋衍集》／1；7

卓爾堪《明遺民詩》／4

劉 然《國朝詩乘》／11

陶 煊、張 璨《國朝詩的》／江南4

吳元桂《昭代詩針》／1

綜合索引（十六畫）

彭廷梅《國朝詩選》／3；5；8

錢澄知

顧有孝《驪珠集》／5

錢輝祖

陶 煊、張 璨《國朝詩的》／浙江 8

錢德振

姚 佺《詩源》／越

錢德震

黃傳祖《扶輪廣集》／11；12；14

徐 崧、陳濟生《詩南》／10

顧有孝《驪珠集》／7

魏 憲《詩持三集》／8

趙 炎《尊閣詩藏》／1 五言古；2 七言律；3 五言律

徐 崧《詩風初集》／15；17

王士禎《感舊集》／4

曾 燦《過日集》／1；3

孫 銊《皇清詩選》／江南

卓爾堪《明遺民詩》／9

陶 煊、張 璨《國朝詩的》／浙江 1

錢錦城

王爾綱《天下名家詩永》／13

沈德潛《國朝詩別裁集》／473

錢鴻績

吳元桂《昭代詩針》／11

錢謙孝

程 棟、施 譔《鼓吹新編》／10

錢謙貞

馮 舒《懷舊集》下／1 上

錢謙益

魏裔介《觀始集》／3；5；8

程 棟、施 譔《鼓吹新編》／1

魏 耕、錢价人《今詩粹》

顧有孝《驪珠集》／1

魏 憲《詩持三集》／1

魏 憲《補石倉詩選》／2

魏 憲《皇清百名家詩選》／7

趙 炎《尊閣詩藏》／1 五言古；1 五言律；1 七言律

鄧漢儀《天下名家詩觀》／1

徐 崧《詩風初集》／1；15；17

王士禎《感舊集》／卷首

席居中《昭代詩存》／10

陸次雲《詩平初集》／2；4；6；8；12

蔣 灘、翁介眉《清詩初集》／12

曾 燦《過日集》／1；4；6；9

孫 銊《皇清詩選》／江南

倪匡世《振雅堂彙編詩最》／1

王爾綱《天下名家詩永》／2

顧施楨（禎）《盛朝詩選初集》／5；6；9；11

韓純玉《近詩兼》

陳維崧《饒衍集》／3；6；9；11

周佑予《清詩鼓吹》／1

吳 藎《名家詩選》／1

劉 然《國朝詩乘》／9

陳以剛《國朝詩品》／3

查 義、查岐昌《國朝詩因》／2

彭廷梅《國朝詩選》／3；5；11；13

沈德潛《國朝詩別裁集》／7

錢龍惕

程 棟、施 譔《鼓吹新編》／8

錢繼章

黃傳祖《扶輪續集》／3；4；8

徐 崧、陳濟生《詩南》／1；3；8；11；12

趙 炎《尊閣詩藏》／2 五言古；2 七言律；5 五言律

徐 崧《詩風初集》／11；17

蔣 灘、翁介眉《清詩初集》／9

孙　鋐《皇清诗选》／浙江

钱继登

徐　崧、陈济生《诗南》／10

赵　炎《专阁诗藏》／1 七言律；2 五

言古；2 五言律；5 五言律

徐　崧《诗风初集》／8；10；16

蒋　薰、翁介眉《清诗初集》／7；11

孙　鋐《皇清诗选》／浙江

钱续曾

魏裔介《觀始集》／2

程　棅、施　諲《鼓吹新编》／9

姚　佺《诗源》／越

魏　耕、钱价人《今诗粹》

徐　崧、陈济生《诗南》／2；6；9

孙　鋐《皇清诗选》／浙江

鲍　城

汪　觀《清诗大雅二集》／3

鲍　皋

汪　觀《清诗大雅二集》／2

彭廷梅《國朝诗选》／4

鲍　鈊

汪　觀《清诗大雅二集》／5

沈德潜《國朝诗别裁集》／544

鲍　楹

曾　燦《过日集》／10

鲍　龄

吴　蕚《名家诗选》／3

鲍士骥

陶　煊、张　璨《國朝诗的》／江南 12

鲍元方

陶　煊、张　璨《國朝诗的》／江南 12

鲍允治

徐　崧《诗风初集》／17

鲍孔年

陶　煊、张　璨《國朝诗的》／江南 13

彭廷梅《國朝诗选》／10

鲍宗勒

孙　鋐《皇清诗选》／江南

鲍忠勒

鄧漢儀《诗觀二集》／8

鲍倚玉

彭廷梅《國朝诗选》／5

鲍裕禄

吴　蕚《名家诗选》／3

鲍雲際

陶　煊、张　璨《國朝诗的》／江南 12

吴元桂《昭代诗针》／11

鲍開宗

鄧漢儀《诗觀三集》／8

陶　煊、张　璨《國朝诗的》／江南 3

吴元桂《昭代诗针》／3

鲍鼎銓

顧有孝《驪珠集》／11

席居中《昭代诗存》／11

蒋　薰、翁介眉《清诗初集》／7

孙　鋐《皇清诗选》／江南

鲍變生

鄧漢儀《天下名家诗觀》／11

徐　崧《诗风初集》／7；8

席居中《昭代诗存》／7

蒋　薰、翁介眉《清诗初集》／11

曾　燦《过日集》／3；6

孙　鋐《皇清诗选》／江南

鲍瀛海

彭廷梅《國朝诗选》／7

閔　詠

鄧漢儀《诗觀三集》／12

閔中寬

鄧漢儀《诗觀三集》／12

綜合索引（十六畫）

閻公銃

彭廷梅《國朝詩選》／2

閻允命

黃傳祖《扶輪續集》／9

閻世科

魏　憲《詩持二集》／1

孫　鋐《皇清詩選》／江南

閻兆鳳

吴元桂《昭代詩針》／4

閻忍辱

姚　佺《詩源》／吴

閻明鐸

程　棟、施　譚《鼓吹新編》／6

閻若琚

曾　燦《過日集》／4；9

孫　鋐《皇清詩選》／山西

閻若琛

陸次雲《詩平初集》／3

閻若璩

魏裔介《觀始集》／10

顧有孝《驪珠集》／10

鄧漢儀《詩觀二集》／12

鄧漢儀《詩觀三集》／11

曾　燦《過日集》／9

閻修齡

程　棟、施　譚《鼓吹新編》／11

姚　佺《詩源》／吴

徐　崧、陳濟生《詩南》／10

顧有孝《驪珠集》／11

徐　崧《詩風初集》／9

卓爾堪《明遺民詩》／2

陶　煊、張　璨《國朝詩的》／山西1

閻脩齡

魏　耕、錢价人《今詩粹》

閻場次

孫　鋐《皇清詩選》／山西

閻爾枚

顧施禎（禎）《盛朝詩選初集》／8；

12；12（附）

閻爾梅

黃傳祖《扶輪續集》／11

黃傳祖《扶輪廣集》／10

程　棟、施　譚《鼓吹新編》／2

魏　耕、錢价人《今詩粹》

徐　崧、陳濟生《詩南》／4；7；8

顧有孝《驪珠集》／5

鄧漢儀《詩觀二集》／1

鄧漢儀《詩觀三集》／1；13

徐　崧《詩風初集》／12

王士禎《感舊集》／4

席居中《昭代詩存》／8

陸次雲《詩平初集》／8

蔣　籬、翁介眉《清詩初集》／8；12

曾　燦《過日集》／10

孫　鋐《皇清詩選》／江南

倪匡世《振雅堂彙編詩最》／1

王爾綱《天下名家詩永》／3

韓純玉《近詩兼》

陳維崧《篋衍集》／9；11

卓爾堪《明遺民詩》／3

陳以剛《國朝詩品》／5

查　義、查岐昌《國朝詩因》／1

彭廷梅《國朝詩選》／1；3

閻篤古

黃傳祖《扶輪廣集》／4；11

閻興邦

陶　煊、張　璨《國朝詩的》／山西1

閻興祖

鄧漢儀《詩觀三集》／5

陸次雲《詩平初集》／7；9；12

吳元桂《昭代詩針》／7

十七畫

謝　革

陶　煊、張　璨《國朝詩的》／江南2

賽明德

謝　泰

陶　煊、張　璨《國朝詩的》／滿洲1

魏喬介《觀始集》／9

賽音布

謝　晉

彭廷梅《國朝詩選》／1；4

程　棟、施　謹《鼓吹新編》／7

沈德潛《國朝詩別裁集》／491

徐　崧、陳濟生《詩南》／2

濮　宗

謝　恩

孫　鋐《皇清詩選》／浙江

汪　觀《清詩大雅》／8

濮　淙

謝　陞

顧有孝《驪珠集》／9

吳元桂《昭代詩針》／11

徐　崧《詩風初集》／9；14

謝　淳

席居中《昭代詩存》／8

孫　鋐《皇清詩選》／浙江

曾　燦《過日集》／3

謝　琦

沈德潛《國朝詩別裁集》／358

陳以剛《國朝詩品》／17

濮　惊

謝　進

蔣　鑨、翁介眉《清詩初集》／5；7；

曾　燦《過日集》／6

9；11；12

謝　槙

陶　煊、張　璨《國朝詩的》／山西1

孫　鋐《皇清詩選》／江南

彭廷梅《國朝詩選》／8

謝　峯

濮　整

陳以剛《國朝詩品》／19

趙　炎《尊閣詩藏》／6五言律

謝　銓

濮陽錦

顧施楨（楨）《盛朝詩選初集》／9

孫　鋐《皇清詩選》／江南

謝　適

應　撝

曾　燦《過日集》／4；9

卓爾堪《明遺民詩》／13

陶　煊、張　璨《國朝詩的》／江西2

應振聲

謝　瑛

吳元桂《昭代詩針》／12

黃傳祖《扶輪續集》／5

應撝謙

謝　燕

蔣　鑨、翁介眉《清詩初集》／2

吳　藎《名家詩選》／3

彭廷梅《國朝詩選》／6

朱　觀《國朝詩正》／3

謝　芳

謝　樹

劉　然《國朝詩乘》／10

王爾綱《天下名家詩永》／7

陶　煊、張　璨《國朝詩的》／江南3

綜合索引（十七畫）

謝 遷
　卓爾堪《明遺民詩》／12
謝 璞
　黃傳祖《扶輪續集》／3
謝 巖
　曾 燦《過日集》／9
謝于京
　彭廷梅《國朝詩選》／6；10；11
謝大蕃
　曾 燦《過日集》／3
謝文洧
　曾 燦《過日集》／4
　卓爾堪《明遺民詩》／12
　陶 煊、張 璨《國朝詩的》／江西1
謝方琦
　沈德潛《國朝詩別裁集》／316
謝天樞
　顧有孝《曬珠集》／7
　魏 憲《詩持二集》／8
　趙 炎《尊閣詩藏》／2五言古；4五
　　言律
　鄧漢儀《天下名家詩觀》／5
　徐 崧《詩風初集》／2；14
　王士禎《感舊集》／12
　陸次雲《詩平初集》／9
　蔣 鑨、翁介眉《清詩初集》／7；9；
　　10
　孫 鋐《皇清詩選》／福建
　陶 煊、張 璨《國朝詩的》／福建1
　顧施楨（禎）《盛朝詩選初集》／5
謝天壁
　陶 煊、張 璨《國朝詩的》／湖廣9
謝天錦
　鄧漢儀《天下名家詩觀》／11
　鄧漢儀《詩觀二集》／10

孫 鋐《皇清詩選》／陝西
　陶 煊、張 璨《國朝詩的》／廣西1
謝元汴
　曾 燦《過日集》／9
謝元昌
　陶 煊、張 璨《國朝詩的》／湖廣9
　彭廷梅《國朝詩選》／3
謝日升
　陶 煊、張 璨《國朝詩的》／廣西1
謝允復
　陶 煊、張 璨《國朝詩的》／廣西1
謝弘儀
　黃傳祖《扶輪續集》／2；10
　黃傳祖《扶輪廣集》／5
　徐 崧《詩風初集》／5
謝志發
　徐 崧《詩風初集》／8；14
　沈德潛《國朝詩別裁集》／364
謝良琦
　黃傳祖《扶輪新集》／4；7；9
　陳怍明、韓 詩《國門集》／2；4；5
　顧有孝《曬珠集》／5
　趙 炎《尊閣詩藏》／2五言律
　鄧漢儀《詩觀二集》／12
　徐 崧《詩風初集》／10；11；13；16
　王士禎《感舊集》／3
　席居中《昭代詩存》／12
　蔣 鑨、翁介眉《清詩初集》／1；5；
　　6；8；12
　曾 燦《過日集》／4；10
　孫 鋐《皇清詩選》／湖廣
　孫 鋐《皇清詩選》／兩廣
　王爾綱《天下名家詩永》／8
　陳維崧《篋衍集》／9
　劉 然《國朝詩乘》／3

陶 煌、張 璨《國朝詩的》／廣西 1

汪 觀《清詩大雅》／1

吳元桂《昭代詩針》／5

彭廷梅《國朝詩選》／8

謝良瑜

鄧漢儀《詩觀三集》／5

陶 煌、張 璨《國朝詩的》／江南 9

謝良瑾

陶 煌、張 璨《國朝詩的》／廣西 1

謝邦祐

吳元桂《昭代詩針》／13

謝廷柱

陶 煌、張 璨《國朝詩的》／湖廣 10

謝君采

陳允衡《詩慰初集》

謝芳連

陳以剛《國朝詩品》／15

彭廷梅《國朝詩選》／10；12

沈德潛《國朝詩別裁集》／510

謝茂秦

陳允衡《詩慰初集》

謝重輪

蔣 鑨、翁介眉《清詩初集》／3

謝重輝

鄧漢儀《詩觀二集》／9

鄧漢儀《詩觀三集》／7

陸次雲《詩平初集》／3；7；9；11；12

蔣 鑨、翁介眉《清詩初集》／7；12

孫 鋐《皇清詩選》／山東

陳維崧《篋衍集》／2

陶 煌、張 璨《國朝詩的》／山東 2

沈德潛《國朝詩別裁集》／236

謝家樹

鄧漢儀《詩觀三集》／6

倪匡世《振雅堂彙編詩最》／6

謝泰宗

魏裔介《觀始集》／7

謝起秀

黃傳祖《扶輪廣集》／4；9；14

徐 崧、陳濟生《詩南》／10

魏裔介《清詩溯洄集》／2

王士禎《感舊集》／12

謝淞洲

沈德潛《國朝詩別裁集》／548

謝啓秀

姚 佺《詩源》／吳

謝禹霖

鄧漢儀《天下名家詩觀》／9

徐 崧《詩風初集》／5

孫 鋐《皇清詩選》／浙江

謝開寵

鄧漢儀《詩觀三集》／4

吳 蒿《名家詩選》／3

陶 煌、張 璨《國朝詩的》／江南 10

謝道承

沈德潛《國朝詩別裁集》／431

謝嵩齡

蔣 鑨、翁介眉《清詩初集》／12

謝鼎鎮

陶 煌、張 璨《國朝詩的》／廣西 1

謝肇浙

徐 崧《詩風初集》／11

謝肇淍

徐 崧《詩風初集》／8

謝夢連

徐 崧《詩風初集》／8

謝鳳毛

吳元桂《昭代詩針》／4

综合索引（十七畫）

謝德溥

彭廷梅《國朝詩選》／10

謝遷王

沈德潛《國朝詩別裁集》／410

謝濟世

彭廷梅《國朝詩選》／2

謝懋樹

鄧漢儀《天下名家詩觀》／6

孫　鋐《皇清詩選》／江南

陶　煊、張　璨《國朝詩的》／江南6

謝櫃齡

席居中《昭代詩存》／13

孫　鋐《皇清詩選》／山西

陶　煊、張　璨《國朝詩的》／山西1

謝簡捷

陸次雲《詩平初集》／7；10

禪　岱

陶　煊、張　璨《國朝詩的》／滿洲1

璣　案

魏齊介《觀始集》／9

璣　培

曾　燦《過日集》／4；9

戴　仁

陳以剛《國朝詩品》／17

戴　祁

蔣　鑨、翁介眉《清詩初集》／2；4；7；10；12

陶　煊、張　璨《國朝詩的》／湖廣7

戴　妍

魏　耕、錢价人《今詩粹》

徐　崧、陳濟生《詩南》／10

徐　崧《詩風初集》／10

孫　鋐《皇清詩選》／江南

戴　易

徐　崧《詩風初集》／8

卓爾堪《明遺民詩》／10；15

陶　煊、張　璨《國朝詩的》／浙江2

戴　冠

汪　觀《清詩大雅》／7

戴　重

黃傳祖《扶輪續集》／9

鄧漢儀《詩觀二集》／13

王士禎《感舊集》／4

孫　鋐《皇清詩選》／江南

卓爾堪《明遺民詩》／4

陶　煊、張　璨《國朝詩的》／江南2

戴　玘

鄧漢儀《詩觀三集》／13

戴　梓

沈德潛《國朝詩別裁集》／239

戴　笠

程　棟、施　譚《鼓吹新編》／8

徐　崧、陳濟生《詩南》／12

顧有孝《驪珠集》／9

徐　崧《詩風初集》／9

卓爾堪《明遺民詩》／12

吳　藎《名家詩選》／1

戴　琪

汪　觀《清詩大雅二集》／3

戴　程

劉　然《國朝詩乘》／11

吳元桂《昭代詩針》／7

戴　源

汪　觀《清詩大雅二集》／6

戴　城

徐　崧《詩風初集》／14；18

戴　翰

吳元桂《昭代詩針》／11

戴　興

倪匡世《振雅堂彙編詩最》／6

戴 瀚

陶 煊、張 璨《國朝詩的》／江南12

戴 鑑

沈德潛《國朝詩別裁集》／473

戴大戴

吳 蒿《名家詩選》／2

戴文柱

鄧漢儀《詩觀二集》／7

鄧漢儀《詩觀三集》／7；13

陶 煊、張 璨《國朝詩的》／江南9

吳元桂《昭代詩針》／7

戴文桂

倪匡世《振雅堂集編詩最》／5

戴文敏

鄧漢儀《詩觀三集》／7

陶 煊、張 璨《國朝詩的》／江南3

吳元桂《昭代詩針》／7

戴王綸

黃傳祖《扶輪新集》／9

魏裔介《觀始集》／6

陳祚明、韓 詩《國門集》／4；6

魏 耕、錢价人《今詩粹》

鄧漢儀《天下名家詩觀》／6

鄧漢儀《詩觀二集》／9

鄧漢儀《詩觀三集》／5

徐 崧《詩風初集》／9

蔣 鑨、翁介眉《清詩初集》／7

孫 鋐《皇清詩選》／京師

王爾綱《天下名家詩永》／6

陶 煊、張 璨《國朝詩的》／直隸2

吳元桂《昭代詩針》／3

戴王縉

黃傳祖《扶輪新集》／9

魏裔介《觀始集》／6

陳祚明、韓 詩《國門集》／4

魏 憲《詩持二集》／6

鄧漢儀《天下名家詩觀》／6

鄧漢儀《詩觀二集》／6

徐 崧《詩風初集》／9；12

席居中《昭代詩存》／12

蔣 鑨、翁介眉《清詩初集》／6；9

孫 鋐《皇清詩選》／京師

王爾綱《天下名家詩永》／14

顧施楨（楨）《盛朝詩選初集》／9

陶 煊、張 璨《國朝詩的》／直隸2

吳元桂《昭代詩針》／3

戴天澤

孫 鋐《皇清詩選》／江南

戴元琛

鄧漢儀《詩觀三集》／12

戴元慧

陶 煊、張 璨《國朝詩的》／江南續編1

戴世敵

鄧漢儀《詩觀三集》／7

陶 煊、張 璨《國朝詩的》／江南9

戴本孝

鄧漢儀《天下名家詩觀》／5

鄧漢儀《詩觀二集》／13

徐 崧《詩風初集》／2

王士禎《感舊集》／13

席居中《昭代詩存》／6

蔣 鑨、翁介眉《清詩初集》／6

王爾綱《天下名家詩永》／9

韓純玉《近詩兼》

卓爾堪《明遺民詩》／7

吳 蒿《名家詩選》／2

劉 然《國朝詩乘》／12

陶 煊、張 璨《國朝詩的》／江南13

彭廷梅《國朝詩選》／9

综合索引（十七画）

沈德潜《国朝诗别裁集》／120

戴本長

吴 藎《名家诗选》／3

戴本裕

赵 炎《尊闻诗藏》／4 七言律；7 五言律

戴弘烈

徐 崧、陈濟生《诗南》／10

戴汝理

孙 鋐《皇清诗选》／江南

戴其員

魏 憲《补石仓诗选》／3

魏 憲《皇清百名家诗选》／69

戴明説

黄傳祖《扶輪廣集》／2；8；10；12；13；14

黄傳祖《扶輪新集》／2；5；8；10

魏喬介《觀始集》／1；3；5；7；8；11

陳祥明、韓 詩《國門集》／2；3；4；5；6

顧有孝《驪珠集》／2

魏 憲《诗持一集》／3

魏 憲《补石仓诗选》／3

魏 憲《皇清百名家诗选》／14

鄧漢儀《天下名家诗觀》／4

徐 崧《诗風初集》／11；16；17

席居中《昭代诗存》／7

蔣 籬、翁介眉《清诗初集》／4；8；11；12

曾 燦《過日集》／9

孙 鋐《皇清诗选》／京師

王爾綱《天下名家诗永》／1

陳維崧《篋衍集》／11

陶 煊、張 璨《國朝诗的》／直隸 2

查 義、查岐昌《國朝诗因》／1

彭廷梅《國朝诗选》／9；11

戴洪烈

魏 耕、錢价人《今诗粹》

戴茂隆

孙 鋐《皇清诗选》／江南

戴思孝

王爾綱《天下名家诗永》／12

戴胤變

黄傳祖《扶輪廣集》／9

魏 憲《诗持二集》／2

戴移孝（又作"迻孝"）

姚 佺《诗源》／吴

鄧漢儀《天下名家诗觀》／5

鄧漢儀《诗觀二集》／5

徐 崧《诗風初集》／2

王士禎《感舊集》／16

席居中《昭代诗存》／1

曾 燦《過日集》／2；8

孙 鋐《皇清诗选》／江南

王爾綱《天下名家诗永》／9

韓純玉《近诗兼》

吴 藎《名家诗选》／2

陶 煊、張 璨《國朝诗的》／江南 13

陳以剛《國朝诗品》／10

彭廷梅《國朝诗选》／6

沈德潜《國朝诗別裁集》／120

戴敬夫

陳允衡《诗慰初集》

戴緩年

彭廷梅《國朝诗选》／4；6；10

戴劉涼

鄧漢儀《诗觀三集》／12

戴蕃嵩

陶 煊、張 璨《國朝诗的》／廣西 1

戴應淳

汪 觀《清詩大雅二集》／4

戴鏡曾

卓爾堪《明遺民詩》／14

薛 耳

黃傳祖《扶輪新集》／10

程 棟、施 譚《鼓吹新編》／10；14

徐 崧、陳濟生《詩南》／9

顧有孝《驪珠集》／4

鄧漢儀《天下名家詩觀》／5

徐 崧《詩風初集》／9；11

席居中《昭代詩存》／10

蔣 鑨、翁介眉《清詩初集》／3；4；7；10；12

孫 鋐《皇清詩選》／江南

薛 芬

倪匡世《振雅堂彙編詩最》／3

薛 岡

黃傳祖《扶輪續集》／2

薛 牧

陶 煊、張 璨《國朝詩的》／福建2

薛 宷

程 棟、施 譚《鼓吹新編》／4

姚 佺《詩源》／吳

魏 耕、錢份人《今詩粹》

徐 崧、陳濟生《詩南》／2；3；6；8；11

顧有孝《驪珠集》／3

徐 崧《詩風初集》／10

蔣 鑨、翁介眉《清詩初集》／12

卓爾堪《明遺民詩》／9

陶 煊、張 璨《國朝詩的》／江南5

薛 雪

彭廷梅《國朝詩選》／9；14

薛 開

鄧漢儀《天下名家詩觀》／11

薛 鈞

彭廷梅《國朝詩選》／4

薛 瑄

孫 鋐《皇清詩選》／江南

薛 熹

程 棟、施 譚《鼓吹新編》／11

徐 崧、陳濟生《詩南》／9

薛 薈

程 棟、施 譚《鼓吹新編》／11

薛 薎

徐 崧、陳濟生《詩南》／7；12

徐 崧《詩風初集》／10；13

薛 懷

彭廷梅《國朝詩選》／11

薛千仞

陳允衡《詩慰二集》

薛天錫

朱 觀《國朝詩正》／8

薛不倚

彭廷梅《國朝詩選》／11

薛所蘊

黃傳祖《扶輪廣集》／2；5；8；10；12

黃傳祖《扶輪新集》／2；5；8；10

魏裔介《觀始集》／1；3；5；7；8；11

陳祚明、韓 詩《國門集》／2；3；4；5；

魏裔介《清詩溯洄集》／5

顧有孝《驪珠集》／1

趙 炎《尊聞詩藏》／2五言律

鄧漢儀《詩觀二集》／3

徐 崧《詩風初集》／5；8；11；17

綜合索引（十七畫）

蔣 鑱、翁介眉《清詩初集》／3；7；8；12

曾 燦《過日集》／1；4；7；10

孫 鋐《皇清詩選》／河南

王爾綱《天下名家詩永》／1

顧施楨（禎）《盛朝詩選初集》／9

陶 煊、張 璨《國朝詩的》／河南1

查 義、查岐昌《國朝詩因》／1

彭廷梅《國朝詩選》／3；11

薛始亨

趙 炎《尊閣詩藏》／6五言律

孫 鋐《皇清詩選》／兩廣

薛信辰

顧有孝《驪珠集》／9

魏 憲《補石倉詩選》／2

鄧漢儀《詩觀二集》／7

徐 崧《詩風初集》／13；17

蔣 鑱、翁介眉《清詩初集》／12

薛信宸

陶 煊、張 璨《國朝詩的》／江南6

薛清來

彭廷梅《國朝詩選》／5；10

薛爾賓

黃傳祖《扶輪新集》／9

徐 崧《詩風初集》／14

薛奮生

黃傳祖《扶輪廣集》／9

魏喬介《觀始集》／2

蔚過庭

韓純玉《近詩兼》

檀 嚴

王爾綱《天下名家詩永》／3

檀之堅

王爾綱《天下名家詩永》／1

檀光燧

王爾綱《天下名家詩永》／11

檀長齡

王爾綱《天下名家詩永》／13

勵 鄯

陶 煊、張 璨《國朝詩的》／浙江4

勵杜訥

王爾綱《天下名家詩永》／14

彭廷梅《國朝詩選》／13

勵廷儀

查 義、查岐昌《國朝詩因》／4

彭廷梅《國朝詩選》／6

韓 田

卓爾堪《明遺民詩》／12

韓 宏

魏喬介《觀始集》／11

魏喬介《清詩溯洄集》／9

孫 鋐《皇清詩選》／京師

韓 奕

陶 煊、張 璨《國朝詩的》／盛京2

韓 洽

徐 崧《詩風初集》／2

蔣 鑱、翁介眉《清詩初集》／2

曾 燦《過日集》／3；8

卓爾堪《明遺民詩》／12

韓 范

程 棟、施 譚《鼓吹新編》／7

韓 畐

黃傳祖《扶輪新集》／7

姚 佺《詩源》／燕

魏 憲《詩持二集》／2

趙 炎《尊閣詩藏》／4五言律；7五言律

徐 崧《詩風初集》／2；10；12；14；16；18

王士禛《感舊集》／7
陸次雲《詩平初集》／11
蔣　薰、翁介眉《清詩初集》／3；4；
　　6；8；11；12
孫　鋐《皇清詩選》／京師
顧施楨（禎）《盛朝詩選初集》／6
陳維崧《篋衍集》／4
卓爾堪《明遺民詩》／6
陶　煊、張　璨《國朝詩的》／直隸1
吳元桂《昭代詩針》／1
彭廷梅《國朝詩選》／3；5；8；9；11
沈德潛《國朝詩別裁集》／150

韓　章

姚　佺《詩源》／楚

韓　毫

陶　煊、張　璨《國朝詩的》／山西1

韓　雲

陶　煊、張　璨《國朝詩的》／浙江8

韓　菼

鄧漢儀《詩觀二集》／6
鄧漢儀《詩觀三集》／1
陸次雲《詩平初集》／6
蔣　薰、翁介眉《清詩初集》／6
曾　燦《過日集》／10
孫　鋐《皇清詩選》／江南
吳　蕚《名家詩選》／3
劉　然《國朝詩乘》／1
陶　煊、張　璨《國朝詩的》／江南7
陳以剛《國朝詩品》／8
吳元桂《昭代詩針》／6
沈德潛《國朝詩別裁集》／174

韓　銑

顧施楨（禎）《盛朝詩選初集》／7；10

韓　葑

鄧漢儀《天下名家詩觀》／11

韓　詩

黃傳祖《扶輪續集》／7
黃傳祖《扶輪廣集》／4；9；11；14
黃傳祖《扶輪新集》／1；4；7；9
魏喬介《觀始集》／2；4；6；8
陳祚明、韓　詩《國門集》／1；2；3；
　　4；5；6
程　棟、施　諲《鼓吹新編》／6
姚　佺《詩源》／秦
魏　耕、錢份人《今詩粹》
徐　崧、陳濟生《詩南》／12
顧有孝《驪珠集》／2
魏　憲《詩持三集》／2
趙　炎《尊閣詩藏》／1五言律
鄧漢儀《天下名家詩觀》／9
徐　崧《詩風初集》／7；13；18
王士禛《感舊集》／5
陸次雲《詩平初集》／4；9
蔣　薰、翁介眉《清詩初集》／1；9
曾　燦《過日集》／4
孫　鋐《皇清詩選》／陝西
王爾綱《天下名家詩永》／13
陶　煊、張　璨《國朝詩的》／廣西1

韓　裴

鄧漢儀《天下名家詩觀》／6
徐　崧《詩風初集》／12
孫　鋐《皇清詩選》／浙江

韓　震

倪匡世《振雅堂彙編詩最》／7

韓　霖

姚　佺《詩源》／晉

韓　爌

王爾綱《天下名家詩永》／10

韓　錦

汪　觀《清詩大雅》／6

綜合索引（十七畫）

韓 駟

沈德潛《國朝詩別裁集》／540

韓 魏

鄧漢儀《天下名家詩觀》／3

鄧漢儀《詩觀二集》／7

徐 崧《詩風初集》／17

席居中《昭代詩存》／9

陸次雲《詩平初集》／7；12

蔣 鑨、翁介眉《清詩初集》／3

孫 鋐《皇清詩選》／山西

王爾綱《天下名家詩永》／7

陶 煊、張 璨《國朝詩的》／山西1

吳元桂《昭代詩針》／3

彭廷梅《國朝詩選》／3；5；11

韓 寵

王爾綱《天下名家詩永》／14

韓 獻

蔣 鑨、翁介眉《清詩初集》／12

孫 鋐《皇清詩選》／浙江

韓文元

陶 煊、張 璨《國朝詩的》／江南16

韓玄起

徐 崧《詩風初集》／11

韓永芳

吳 藹《名家詩選》／3

韓玉房

鄧漢儀《詩觀二集》／8

韓世琦

顧施楨（禎）《盛朝詩選初集》／9

韓四維

黃傳祖《扶輪續集》／2；8

黃傳祖《扶輪廣集》／1；2；8

姚 佺《詩源》／燕

韓作棟

曾 燦《過日集》／9

韓則裕

王爾綱《天下名家詩永》／13

韓則愈

蔣 鑨、翁介眉《清詩初集》／8

韓祇德

徐 崧《詩風初集》／10

韓純玉

黃傳祖《扶輪廣集》／1；9；14

魏喬介《觀始集》／6

程 棟、施 譚《鼓吹新編》／10

姚 佺《詩源》／越

魏 耕、錢价人《今詩粹》

徐 崧、陳濟生《詩南》／6；9

顧有孝《驪珠集》／9

鄧漢儀《詩觀二集》／4

徐 崧《詩風初集》／5；9

孫 鋐《皇清詩選》／浙江

卓爾堪《明遺民詩》／15

陶 煊、張 璨《國朝詩的》／浙江1

沈德潛《國朝詩別裁集》／132

韓曾駒

黃傳祖《扶輪廣集》／11；14

姚 佺《詩源》／越

魏 耕、錢价人《今詩粹》

徐 崧《詩風初集》／1；11

卓爾堪《明遺民詩》／12

韓象起

馬道畊《清詩二集》／3

韓演麟

陳祚明、韓 詩《國門集》／5

韓嘉賓

陶 煊、張 璨《國朝詩的》／江南16

彭廷梅《國朝詩選》／12

韓廣業

黃傳祖《扶輪續集》／7

黄傅祖《扶輪廣集》／11

韓繹祖

程 棟、施 譔《鼓吹新編》／4
魏 耕、錢价人《今詩粹》
徐 崧、陳濟生《詩南》／5；9
卓爾堪《明遺民詩》／13

韓騰芳

程 棟、施 譔《鼓吹新編》／11

鞠 珣

陸次雲《詩平初集》／2

儲 振

蔣 鑨、翁介眉《清詩初集》／6

儲 渟

倪匡世《振雅堂集編詩最》／7

儲大文

沈德潛《國朝詩別裁集》／431

儲國楨

卓爾堪《明遺民詩》／14

儲雄文

沈德潛《國朝詩別裁集》／437

鍾 旦

趙 炎《尊閣詩藏》／4 七言律；8 五言律

孫 鋐《皇清詩選》／福建

鍾 岱

鄧漢儀《詩觀二集》／8
席居中《昭代詩存》／8
孫 鋐《皇清詩選》／盛京
吳元桂《昭代詩針》／7

鍾 俞

韓純玉《近詩兼》

鍾 崶

鄧漢儀《詩觀二集》／8
席居中《昭代詩存》／10
蔣 鑨、翁介眉《清詩初集》／11

孫 鋐《皇清詩選》／盛京

陶 煊、張 璨《國朝詩的》／盛京 1

吳元桂《昭代詩針》／7

鍾 謀

徐 崧、陳濟生《詩南》／11

鍾 諫

黄傅祖《扶輪續集》／1；9
黄傅祖《扶輪廣集》／14

鍾 靈

彭廷梅《國朝詩選》／5；11

鍾允諧

席居中《昭代詩存》／12

鍾期賓

趙 炎《尊閣詩藏》／2 五言古；2 七言古；3 七言律；5 五言律

孫 鋐《皇清詩選》／江南

鍾淵映

魏 耕、錢价人《今詩粹》
顧有孝《驪珠集》／11
鄧漢儀《詩觀二集》／10
王士禎《感舊集》／15
曾 燦《過日集》／1；4；7；10
孫 鋐《皇清詩選》／浙江
陶 煊、張 璨《國朝詩的》／浙江 3；5

沈德潛《國朝詩別裁集》／247

鍾嘉生

王爾綱《天下名家詩永》／6

鍾嵸立

徐 崧《詩風初集》／12；17
卓爾堪《明遺民詩》／14

鍾興璸

王爾綱《天下名家詩永》／13

經 沅

黄傅祖《扶輪廣集》／3；6；8；10

綜合索引（十八畫）

吳　藎《名家詩選》／3
陶　煊、張　璨《國朝詩的》／江南15
查　義、查岐昌《國朝詩因》／5
吳元桂《昭代詩針》／1
沈德潛《國朝詩別裁集》／384

經　彤

顧有孝《驪珠集》／6
鄧漢儀《詩觀二集》／2
席居中《昭代詩存》／14
陸次雲《詩平初集》／10
蔣　鑨、翁介眉《清詩初集》／6；8
孫　鋐《皇清詩選》／江南
王爾綱《天下名家詩永》／11
吳　藎《名家詩選》／4
陳以剛《國朝詩品》／8
沈德潛《國朝詩別裁集》／158

經　湘

彭廷梅《國朝詩選》／3

經　尊

鄧漢儀《天下名家詩觀》／11

經　謩

沈德潛《國朝詩別裁集》／494

經日芑

沈德潛《國朝詩別裁集》／482

經允鎮

汪　觀《清詩大雅二集》／6

經永謀

程　棟、施　譔《鼓吹新編》／11
魏　耕、錢价人《今詩粹》
徐　崧、陳濟生《詩南》／9
顧有孝《驪珠集》／8
徐　崧《詩風初集》／16
蔣　鑨、翁介眉《清詩初集》／2；11
曾　燦《過日集》／4；8
卓爾堪《明遺民詩》／14

經希雍

程　棟、施　譔《鼓吹新編》／14

經宗儀

沈德潛《國朝詩別裁集》／533

經其器

徐　崧《詩風初集》／8
曾　燦《過日集》／3

經泰徵

曾　燦《過日集》／10

經振先

曾　燦《過日集》／5；8

經肇甲

鄧漢儀《詩觀二集》／13
鄧漢儀《詩觀三集》／12
席居中《昭代詩存》／13
倪匡世《振雅堂集編詩最》／4
王爾綱《天下名家詩永》／8
陶　煊、張　璨《國朝詩的》／江南8

經肇祺

鄧漢儀《詩觀三集》／13

經慧遠

沈德潛《國朝詩別裁集》／40

經樹中

曾　燦《過日集》／10

經錦宣

王爾綱《天下名家詩永》／11

十八畫

顏　埏

姚　佺《詩源》／豫章

顏不疑

陶　煊、張　璨《國朝詩的》／江南16

顏永圖

姚　佺《詩源》／吳

顏永閻
黄傳祖《扶輪續集》／4
顏光祚
席居中《昭代詩存》／7
蔣　鑨、翁介眉《清詩初集》／10
倪匡世《振雅堂彙編詩最》／8
陶　煊、張　璨《國朝詩的》／山東2
顏光敏
鄧漢儀《詩觀二集》／7
鄧漢儀《詩觀三集》／7
王士禎《感舊集》／7
席居中《昭代詩存》／9
陸次雲《詩平初集》／10；12
蔣　鑨、翁介眉《清詩初集》／9；12
曾　燦《過日集》／5；8；10
孫　鋐《皇清詩選》／山東
王爾綱《天下名家詩永》／6
陳維崧《篋衍集》／4
陶　煊、張　璨《國朝詩的》／山東1
沈德潛《國朝詩別裁集》／161
顏光猷
席居中《昭代詩存》／1
顏廷榘
魏　憲《詩持一集》／2
顏伯珣
王士禎《感舊集》／7
陸次雲《詩平初集》／7
顏長愉
倪匡世《振雅堂彙編詩最》／3
顏佩芳
徐　崧、陳濟生《詩南》／10
顏俊彦
卓爾堪《明遺民詩》／15
顏泰飈
魏　耕、錢价人《今詩粹》
魏裔介《清詩溯洄集》／6；8
顧有孝《驪珠集》／6
顏張翼
陶　煊、張　璨《國朝詩的》／浙江8
顏堯揆
魏　憲《詩持三集》／8
趙　炎《蓴閣詩藏》／4五言律；4七言律
鄧漢儀《天下名家詩觀》／7
蔣　鑨、翁介眉《清詩初集》／6；12
孫　鋐《皇清詩選》／福建
吴元桂《昭代詩針》／2
顏鼎受
徐　崧《詩風初集》／9
曾　燦《過日集》／7
鄺　露
王士禎《感舊集》／3
陶　煊、張　璨《國朝詩的》／廣東1
鄺日晉
顧有孝《驪珠集》／4
孫　鋐《皇清詩選》／兩廣
藍　漣
陶　煊、張　璨《國朝詩的》／福建2
藍啓肅
沈德潛《國朝詩別裁集》／278
薩哈岱
彭廷梅《國朝詩選》／2；8；10；12；14
聶　先
程　棅、施　諲《鼓吹新編》／14
聶　芳
吴元桂《昭代詩針》／2
聶　源
黄傳祖《扶輪新集》／5

聶　燾
彭廷梅《國朝詩選》／8
聶是彝
孫　鋐《皇清詩選》／江南
聶聖謨
馬道畊《清詩二集》／4
聶聯甲
馬道畊《清詩二集》／1
叢　澍
孫　鋐《皇清詩選》／江南
劉　然《國朝詩乘》／11
叢大爲
王爾綱《天下名家詩永》／5
瞿　涵
顧有孝《驪珠集》／10
魏　憲《詩持一集》／4
魏　憲《詩持三集》／9
徐　崧《詩風初集》／18
孫　鋐《皇清詩選》／江南
劉　然《國朝詩乘》／3
瞿　謙
蔣　鑨、翁介眉《清詩初集》／7
瞿　駿
陶　煊、張　璨《國朝詩的》／江南 11
瞿之衡
趙　炎《蓴閣詩藏》／4 七言律
瞿天淏
孫　鋐《皇清詩選》／江南
瞿天潢
孫　鋐《皇清詩選》／江南
瞿玄錫
徐　崧、陳濟生《詩南》／6
瞿式耜
馮　舒《懷舊集》下／13 下
程　棅、施　諲《鼓吹新編》／14
魏　耕、錢价人《今詩粹》
徐　崧、陳濟生《詩南》／8
魏　憲《補石倉詩選》／1
王爾綱《天下名家詩永》／5
瞿共美
陳　瑚《離憂集》／上
瞿有仲
陳　瑚《從遊集》／上
鄧漢儀《詩觀二集》／12
孫　鋐《皇清詩選》／江南
瞿良士
倪匡世《振雅堂彙編詩最》／9
瞿宣美
陳　瑚《離憂集》／下
瞿時行
鄧漢儀《詩觀二集》／10
陶　煊、張　璨《國朝詩的》／山西 1
吴元桂《昭代詩針》／3
瞿師周
陳　瑚《從遊集》／上
瞿師瑾
馬道畊《清詩二集》／4
瞿然恭
孫　鋐《皇清詩選》／江南
瞿源洙
彭廷梅《國朝詩選》／6
瞿鉉錫
鄧漢儀《詩觀二集》／8
瞿龍躍
蔣　鑨、翁介眉《清詩初集》／12
陶　煊、張　璨《國朝詩的》／湖廣 4
簡　上
劉　然《國朝詩乘》／12
簡　能
陶　煊、張　璨《國朝詩的》／湖廣 6

簡廷佐

陶 煊、張 璨《國朝詩的》／湖廣 8

簡徐芳

陶 煊、張 璨《國朝詩的》／湖廣 4

魏 沖

馮 舒《懷舊集》上／17 上

魏 京

席居中《昭代詩存》／14

倪匡世《振雅堂彙編詩最》／6

魏 卷

陳 珝《離憂集》／下

魏 坤

趙 炎《尊閣詩藏》／3 七言律；6 五言律

鄧漢儀《詩觀二集》／13

曾 燦《過日集》／3；7；10

孫 銓《皇清詩選》／浙江

沈德潛《國朝詩別裁集》／325

魏 畊

魏喬介《觀始集》／6

程 棟、施 諲《鼓吹新編》／6

姚 佺《詩源》／越

徐 崧、陳濟生《詩南》／4；9

魏 耕

徐 崧、陳濟生《詩南》／1；7；12

韓純玉《近詩兼》

魏 書

曾 燦《過日集》／1；3；8

魏 覃

倪匡世《振雅堂彙編詩最》／7

魏 僖

鄧漢儀《天下名家詩觀》／11

陸次雲《詩平初集》／4

蔣 鑨、翁介眉《清詩初集》／5

彭廷梅《國朝詩選》／7

魏 羽

鄧漢儀《詩觀二集》／2

孫 銓《皇清詩選》／江南

魏 閔

蔣 鑨、翁介眉《清詩初集》／1；2；9

魏 衍

席居中《昭代詩存》／12

卓爾堪《明遺民詩》／7

魏 憲

顧有孝《曠珠集》／10

魏 憲《皇清百名家詩選》／89

趙 炎《尊閣詩藏》／5 五言律

徐 崧《詩風初集》／7；9；12；13；14；18

席居中《昭代詩存》／8

蔣 鑨、翁介眉《清詩初集》／1；3；5；6；9；11；12

曾 燦《過日集》／2

孫 銓《皇清詩選》／福建

王爾綱《天下名家詩永》／12

陳維崧《篋衍集》／4

卓爾堪《明遺民詩》／3

吳 藎《名家詩選》／2

劉 然《國朝詩乘》／6

陶 煊、張 璨《國朝詩的》／福建 1；2

吳元桂《昭代詩針》／1

魏 蕃

陶 煊、張 璨《國朝詩的》／江南續編 1

魏 禧

鄧漢儀《詩觀二集》／7

徐 崧《詩風初集》／2；9；17

席居中《昭代詩存》／12

綜合索引（十八畫）

蔣 鑨、翁介眉《清詩初集》／2
曾 燦《過日集》／1；5；7；9
孫 鋐《皇清詩選》／江西
卓爾堪《明遺民詩》／3
吳 藎《名家詩選》／3
劉 然《國朝詩乘》／9
陶 煊、張 璨《國朝詩的》／江西 1
陳以剛《國朝詩品》／7
吳元桂《昭代詩針》／1

魏 禮

鄧漢儀《詩觀二集》／7
徐 崧《詩風初集》／16；17
席居中《昭代詩存》／14
蔣 鑨、翁介眉《清詩初集》／11
曾 燦《過日集》／1；5；8；9
孫 鋐《皇清詩選》／江西
王爾綱《天下名家詩永》／12
陳維崧《篋衍集》／1
卓爾堪《明遺民詩》／8
吳 藎《名家詩選》／3
陶 煊、張 璨《國朝詩的》／江西 1
吳元桂《昭代詩針》／1
彭廷梅《國朝詩選》／2

魏 勷

鄧漢儀《詩觀二集》／2
席居中《昭代詩存》／11
陸次雲《詩平初集》／7；10
蔣 鑨、翁介眉《清詩初集》／6
孫 鋐《皇清詩選》／京師
陶 煊、張 璨《國朝詩的》／直隸 1
吳元桂《昭代詩針》／3

魏一鰲

魏裔介《觀始集》／2；5
魏裔介《清詩溯洄集》／8

魏力仁

鄧漢儀《詩觀二集》／9

魏之佳

魏裔介《清詩溯洄集》／6

魏之驥

馬道畉《清詩二集》／3

魏大復

魏 耕、錢价人《今詩粹》

魏文烱

魏 憲《詩持一集》／1
陶 煊、張 璨《國朝詩的》／福建 2

魏方炳

黃傳祖《扶輪續集》／4
姚 佺《詩源》／越
魏裔介《清詩溯洄集》／2
卓爾堪《明遺民詩》／14

魏天申

魏 憲《詩持二集》／5
徐 崧《詩風初集》／17
孫 鋐《皇清詩選》／福建

魏元樞

吳元桂《昭代詩針》／11

魏允札

程 棟、施 譚《鼓吹新編》／10
魏 耕、錢价人《今詩粹》
徐 崧《詩風初集》／10
王士禎《感舊集》／12
孫 鋐《皇清詩選》／浙江

魏允枚

魏 耕、錢价人《今詩粹》
徐 崧、陳濟生《詩南》／10
顧有孝《驪珠集》／6
徐 崧《詩風初集》／5；10；12
王士禎《感舊集》／12

魏允迪

彭廷梅《國朝詩選》／12；13

魏允枏

程 棟、施 譚《鼓吹新編》／9

魏 耕、錢份人《今詩粹》

徐 崧、陳濟生《詩南》／2；3；9

魏裔介《清詩溯洄集》／8

顧有孝《驪珠集》／4

鄧漢儀《天下名家詩觀》／6

徐 崧《詩風初集》／5；9

王士禎《感舊集》／12

蔣 鑨、翁介眉《清詩初集》／8

孫 鋐《皇清詩選》／浙江

卓爾堪《明遺民詩》／14

陶 煊、張 璨《國朝詩的》／浙江2

魏世佺

曾 燦《過日集》／3；9

陶 煊、張 璨《國朝詩的》／江西1

魏世傑

席居中《昭代詩存》／14

曾 燦《過日集》／5；6；10

陶 煊、張 璨《國朝詩的》／江西1

彭廷梅《國朝詩選》／10

魏杏祥

魏裔介《清詩溯洄集》／5；8

魏浣初

馮 舒《懷舊集》 上／12下

魏荔彤

馬道昕《清詩二集》／1

汪 觀《清詩大雅》／17

吳元桂《昭代詩針》／1

沈德潛《國朝詩別裁集》／438

魏晉封

黃傳祖《扶輪續集》／7

黃傳祖《扶輪新集》／7

魏裔介《觀始集》／4

魏時傑

卓爾堪《明遺民詩》／11

魏康孫

曾 燦《過日集》／10

王爾綱《天下名家詩永》／13

魏敏祺

鄧漢儀《詩觀二集》／12

孫 鋐《皇清詩選》／河南

陶 煊、張 璨《國朝詩的》／河南1

魏善長

鄧漢儀《詩觀三集》／9

曾 燦《過日集》／10

王爾綱《天下名家詩永》／10

陶 煊、張 璨《國朝詩的》／江南3

魏象樞

黃傳祖《扶輪廣集》／6；9；11

黃傳祖《扶輪新集》／2；5；8；10

魏裔介《觀始集》／1；3；5；8；11

陳祚明、韓 詩《國門集》／3；4；5

魏 耕、錢份人《今詩粹》

魏裔介《清詩溯洄集》／6；7

顧有孝《驪珠集》／2

魏 憲《詩持四集》／1

魏 憲《補石倉詩選》／3

鄧漢儀《詩觀二集》／9

席居中《昭代詩存》／2；11

陸次雲《詩平初集》／2；4；6；9；12

蔣 鑨、翁介眉《清詩初集》／2；4；8；12

孫 鋐《皇清詩選》／山西

王爾綱《天下名家詩永》／2

顧施禎（禎）《盛朝詩選初集》／7

吳 藎《名家詩選》／2

綜合索引（十八畫）

陶煊、張璨《國朝詩的》／山西 1
陳以剛《國朝詩品》／4
汪觀《清詩大雅》／1
彭廷梅《國朝詩選》／6
沈德潛《國朝詩別裁集》／32

魏皙嗣

趙炎《專閣詩藏》／3 七言律；5 五言律
徐崧《詩風初集》／12；15
孫鋐《皇清詩選》／浙江

魏裔介

黃傳祖《扶輪廣集》／3；6；9；11
黃傳祖《扶輪新集》／2；5；8；10
陳祚明、韓詩《國門集》／2；4；5；
程棟、施謹《鼓吹新編》／4
魏耕、錢价人《今詩粹》
陳允衡《國雅》／1
魏裔介《清詩溯洄集》／2；4；6；8；9；10
顧有孝《驪珠集》／1
魏憲《詩持一集》／1
魏憲《詩持二集》／2
魏憲《詩持四集》／1
魏憲《補石倉詩選》／2
魏憲《皇清百名家詩選》／1
趙炎《專閣詩藏》／1 五言古；1 五言律；1 七言律
鄧漢儀《天下名家詩觀》／3
鄧漢儀《詩觀二集》／2；9
徐崧《詩風初集》／1；8；10
席居中《昭代詩存》／1；4
陸次雲《詩平初集》／1；2；6；8；12
蔣釴、翁介眉《清詩初集》／1；2；4；6；8；11；12
曾燦《過日集》／1；4；7；9

孫鋐《皇清詩選》／京師
王爾綱《天下名家詩永》／3
顧施楨（禎）《盛朝詩選初集》／6；12
馬道晊《清詩二集》／2
吳藎《名家詩選》／4
劉然《國朝詩乘》／1
陶煊、張璨《國朝詩的》／直隸 1
陳以剛《國朝詩品》／5
汪觀《清詩大雅》／5
彭廷梅《國朝詩選》／1；5
沈德潛《國朝詩別裁集》／32

魏裔訥

魏裔介《觀始集》／6；9
魏裔介《清詩溯洄集》／1；3；5；7；9；10
顧有孝《驪珠集》／7
趙炎《專閣詩藏》／2 五言古
徐崧《詩風初集》／16
席居中《昭代詩存》／14
蔣釴、翁介眉《清詩初集》／3

魏裔愨

魏裔介《觀始集》／4
顧有孝《驪珠集》／7

魏裔魯

魏裔介《觀始集》／3；9
魏裔介《清詩溯洄集》／5；7；9
顧有孝《驪珠集》／3
魏憲《詩持二集》／4
魏憲《補石倉詩選》／3
魏憲《皇清百名家詩選》／1
席居中《昭代詩存》／14
陶煊、張璨《國朝詩的》／直隸 2

魏嗣多

馬道晊《清詩二集》／1

魏嘉琦

倪匡世《振雅堂彙編詩最》/8

魏嘉琬

陶煊、張璨《國朝詩的》/江南續編 1

魏廣齡

蔣薰、翁介眉《清詩初集》/3

魏壽期

鄧漢儀《詩觀三集》/12

王爾綱《天下名家詩永》/14

吳蕊《名家詩選》/4

劉然《國朝詩乘》/9

魏際瑞

徐崧《詩風初集》/18

席居中《昭代詩存》/14

曾燦《過日集》/1；5；8；10

孫鋐《皇清詩選》/江西

陶煊、張璨《國朝詩的》/江西 1

沈德潛《國朝詩別裁集》/132

魏錫祚

陶煊、張璨《國朝詩的》/山東 1

魏學沖

黃傳祖《扶輪續集》/11

魏憲《補石倉詩選》/1

魏學渠

魏耕、錢价人《今詩粹》

魏裔介《清詩溯洄集》/5

顧有孝《驪珠集》/4

魏憲《詩持二集》/6

魏憲《補石倉詩選》/2

趙炎《尊閣詩藏》/2 五言律；4 七言律

徐崧《詩風初集》/8；14；16

蔣薰、翁介眉《清詩初集》/1；3；4；7；9；11；12

曾燦《過日集》/5；8

孫鋐《皇清詩選》/浙江

顧施楨（禎）《盛朝詩選初集》/9

陶煊、張璨《國朝詩的》/浙江 7

陳以剛《國朝詩品》/7

魏學濂

黃傳祖《扶輪廣集》/9

王爾綱《天下名家詩永》/1

魏應星

陳瑚《離憂集》/下

程棟、施譔《鼓吹新編》/8

徐崧、陳濟生《詩南》/10；11

徐崧《詩風初集》/9；11

卓爾堪《明遺民詩》/6

陶煊、張璨《國朝詩的》/江南 5

魏應堦

曾燦《過日集》/10

魏廖徵

魏憲《詩持四集》/1

沈德潛《國朝詩別裁集》/159

魏繩德

徐崧《詩風初集》/10

魏繼宗

陶煊、張璨《國朝詩的》/湖廣 8

魏麟徵

魏憲《詩持一集》/3

魏憲《補石倉詩選》/2

鄧漢儀《詩觀二集》/7

席居中《昭代詩存》/9

孫鋐《皇清詩選》/江南

陶煊、張璨《國朝詩的》/江南 6

歸梁

顧施楨（禎）《盛朝詩選初集》/10

综合索引（十九畫）

归 莊

程 棟、施 譔《鼓吹新编》／6

姚 佺《詩源》／吴

徐 崧、陳濟生《詩南》／1；9

顧有孝《驪珠集》／6

鄧漢儀《天下名家詩觀》／11

徐 崧《詩風初集》／2；6；12；15；17

席居中《昭代詩存》／14

蔣 鑨、翁介眉《清詩初集》／3；4；

10；11；12

曾 燦《過日集》／3；8

孫 鋐《皇清詩選》／江南

王爾綱《天下名家詩永》／14

韓純玉《近詩兼》

陶 煊、張 璨《國朝詩的》／江南5

歸 瑪

徐 崧《詩風初集》／8

程 棟、施 譔《鼓吹新编》／8

歸允肅

席居中《昭代詩存》／11

陸次雲《詩平初集》／2；7；10

蔣 鑨、翁介眉《清詩初集》／3；9；

12

孫 鋐《皇清詩選》／江南

王爾綱《天下名家詩永》／11

關士琦

陶 煊、張 璨《國朝詩的》／湖廣2

十九畫

麗 載

彭廷梅《國朝詩選》／4

麗 塽

鄧漢儀《詩觀三集》／7

席居中《昭代詩存》／11

陸次雲《詩平初集》／10

孫 鋐《皇清詩選》／京師

王爾綱《天下名家詩永》／13

顧施楨（禎）《盛朝詩選初集》／6

陶 煊、張 璨《國朝詩的》／直隸1

陳以剛《國朝詩品》／11

彭廷梅《國朝詩選》／3

沈德潛《國朝詩別裁集》／202

麗 鳴

沈德潛《國朝詩別裁集》／272

麗 鴻

程 棟、施 譔《鼓吹新编》／11

顧有孝《驪珠集》／10

鄧漢儀《天下名家詩觀》／11

麗克慎

鄧漢儀《詩觀三集》／7

麗景芳

陳以剛《國朝詩品》／17

麗蕙纕

倪匡世《振雅堂彙編詩最》／9

譚 宗

鄧漢儀《詩觀三集》／6

王士禎《感舊集》／2

孫 鋐《皇清詩選》／浙江

卓爾堪《明遺民詩》／9

陶 煊、張 璨《國朝詩的》／浙江1

譚 瑄

席居中《昭代詩存》／7

曾 燦《過日集》／7

譚 篆

魏 憲《詩持四集》／1

魏 憲《補石倉詩選》／3

鄧漢儀《天下名家詩觀》／7

徐 崧《詩風初集》／9

席居中《昭代詩存》／6

蒋 鑨、翁介眉《清诗初集》／1；2；5；6；9；11；12

孙 铣《皇清诗选》／湖广

陶 煊、张 璨《国朝诗的》／湖广3

譚 籛

蒋 鑨、翁介眉《清诗初集》／3；11；12

譚 巖

姚 佺《诗源》／吴

曾 燦《过日集》／5；6；9

譚之炎

陶 煊、张 璨《国朝诗的》／湖广6

譚于堀

程 棟、施 諲《鼓吹新编》／5

顧有孝《曠珠集》／8

譚元亮

黄傅祖《扶輪續集》／1；9

姚 佺《诗源》／楚

陶 煊、张 璨《国朝诗的》／湖广3

譚元禮

黄傅祖《扶輪續集》／8

譚友夏

陳允衡《诗慰初集》

譚弘憲

鄧漢儀《诗觀二集》／3

譚吉璲

徐 崧《诗風初集》／5

沈德潛《國朝詩別裁集》／149

譚吉璁

徐 崧《诗風初集》／14

蒋 鑨、翁介眉《清诗初集》／9；12

王爾綱《天下名家詩永》／11

陶 煊、张 璨《国朝诗的》／浙江6

彭廷梅《國朝詩選》／12

譚尚篁

彭廷梅《國朝詩選》／2

譚金聲

魏裔介《觀始集》／11

譚貞良

魏 憲《補石倉詩選》／1

卓爾堪《明遺民詩》／15

譚貞默

鄧漢儀《诗觀二集》／12

徐 崧《诗風初集》／10

曾 燦《过日集》／1；7

孫 铣《皇清诗选》／浙江

陶 煊、张 璨《国朝诗的》／浙江1

譚紹琬

陶 煊、张 璨《国朝诗的》／湖广7

譚鳳祥

蒋 鑨、翁介眉《清诗初集》／9

懷應聘

姚 佺《诗源》／越

羅 坤

鄧漢儀《诗觀二集》／5

鄧漢儀《诗觀三集》／5

徐 崧《诗風初集》／9；17

席居中《昭代詩存》／13

陸次雲《诗平初集》／1；5；9

蒋 鑨、翁介眉《清诗初集》／1；5；7；8

顧施禎（禛）《盛朝詩選初集》／10

陶 煊、张 璨《国朝诗的》／江南5；浙江3

羅 昆

彭廷梅《國朝詩選》／10

羅 忠

吴 藎《名家詩選》／3

羅 牧

陶 煊、张 璨《国朝诗的》／江西1

綜合索引（十九畫）

羅　俊

　　鄧漢儀《詩觀三集》／3

　　蔣　鑨、翁介眉《清詩初集》／6

　　陶　煊、張　璨《國朝詩的》／湖廣 6

　　吳元桂《昭代詩針》／4

羅　泰

　　彭廷梅《國朝詩選》／2；6；10

羅　瞻

　　陶　煊、張　璨《國朝詩的》／滿洲 1

羅人琮

　　陸次雲《詩平初集》／1；3；5；7；

　　　10；11；12

　　蔣　鑨、翁介眉《清詩初集》／1；3；

　　　5；7；12

　　陶　煊、張　璨《國朝詩的》／湖廣 5

　　彭廷梅《國朝詩選》／9

羅士僑

　　馬道畊《清詩二集》／1

羅天緒

　　陶　煊、張　璨《國朝詩的》／湖廣 9

羅弘備

　　陶　煊、張　璨《國朝詩的》／湖廣 5

羅世珍

　　魏　憲《詩持四集》／1

　　鄧漢儀《天下名家詩觀》／9

　　徐　崧《詩風初集》／13；18

　　蔣　鑨、翁介眉《清詩初集》／2；5；

　　　7；9；11

　　王爾綱《天下名家詩永》／10

　　顧施植（禎）《盛朝詩選初集》／5；8

　　陶　煊、張　璨《國朝詩的》／湖廣 7

羅永祚

　　徐　崧《詩風初集》／6

羅存毅

　　曾　燦《過日集》／10

羅光朴

　　劉　然《國朝詩乘》／10

羅光忻

　　魏　憲《詩持二集》／4

　　劉　然《國朝詩乘》／8

　　陶　煊、張　璨《國朝詩的》／江西 2

羅光益

　　陶　煊、張　璨《國朝詩的》／江南 13

羅自觀

　　孫　鋐《皇清詩選》／江南

羅孚尹

　　魏　憲《詩持二集》／6

　　孫　鋐《皇清詩選》／江南

　　王爾綱《天下名家詩永》／13

　　顧施植（禎）《盛朝詩選初集》／1

羅承祚

　　鄧漢儀《天下名家詩觀》／4

　　鄧漢儀《詩觀二集》／7

　　席居中《昭代詩存》／4

　　孫　鋐《皇清詩選》／江南

羅時升

　　黃傳祖《扶輪新集》／4

　　陶　煊、張　璨《國朝詩的》／湖廣 4

羅教善

　　鄧漢儀《詩觀二集》／7

　　鄧漢儀《詩觀三集》／5

　　陶　煊、張　璨《國朝詩的》／江南 6

羅捧日

　　吳元桂《昭代詩針》／6

羅國珠

　　彭廷梅《國朝詩選》／2

羅萬象

　　姚　佺《詩源》／豫章

　　卓爾堪《明遺民詩》／12

　　陶　煊、張　璨《國朝詩的》／江西 1

羅爲廣

徐 崧《詩風初集》／9

羅攀日

姚 佺《詩源》／吳

羅霈章

顧有孝《驪珠集》／7

徐 崧《詩風初集》／12

羅餘社

倪匡世《振雅堂彙編詩最》／8

羅憲汶

魏喬介《觀始集》／9

姚 佺《詩源》／豫章

劉 然《國朝詩乘》／8

羅憲藻

姚 佺《詩源》／楚

羅興仁

陶 煊、張 璨《國朝詩的》／江南 15

邊汝元

鄧漢儀《詩觀三集》／7

陶 煊、張 璨《國朝詩的》／直隸 2

邊維祺

吳元桂《昭代詩針》／12

關 鍵

姚 佺《詩源》／越

孫 鋐《皇清詩選》／浙江

關廷讓

吳元桂《昭代詩針》／12

關鱗如

孫 鋐《皇清詩選》／河南

二十畫

寶 耳

彭廷梅《國朝詩選》／2

竇克勤

顧施禎（禎）《盛朝詩選初集》／7；10

竇遜奇

顧有孝《驪珠集》／5

魏 憲《補石倉詩選》／3

趙 炎《尊閣詩藏》／5 五言律

孫 鋐《皇清詩選》／山東

彭廷梅《國朝詩選》／2

蘇 卓

鄧漢儀《詩觀三集》／10

蘇 峒

鄧漢儀《詩觀三集》／10

陶 煊、張 璨《國朝詩的》／直隸 2

吳元桂《昭代詩針》／7

蘇 嵋

鄧漢儀《詩觀三集》／10

吳元桂《昭代詩針》／7

蘇 溥

鄧漢儀《詩觀三集》／10

蘇 淵

顧有孝《驪珠集》／4

徐 崧《詩風初集》／9；14

蘇 瑋

孫 鋐《皇清詩選》／貴州

王爾綱《天下名家詩永》／13

蘇 震

程 棟、施 諶《鼓吹新編》／4

顧有孝《驪珠集》／11

鄧漢儀《詩觀二集》

陶 煊、張 璨《國朝詩的》／江南 6

蘇 曙

朱 觀《國朝詩正》／3

蘇 鐸

魏 憲《詩持三集》／8

趙　炎《尊閣詩藏》／5 五言律
徐　崧《詩風初集》／14
蘇本眉
黄傳祖《扶輪新集》／7
姚　佺《詩源》／齊魯
顧有孝《驪珠集》／6
徐　崧《詩風初集》／14
蘇仝許
陶　煊、張　璨《國朝詩的》／江南 15
蘇汝霖
王爾綱《天下名家詩永》／3
蘇良嗣
鄧漢儀《詩觀三集》／6
蔣　鑨、翁介眉《清詩初集》／7；9
陶　煊、張　璨《國朝詩的》／盛京 1
蘇章阿
彭廷梅《國朝詩選》／4；10
蘇掄臺
陶　煊、張　璨《國朝詩的》／滿洲 1
蘇毓眉
姚　佺《詩源》／齊魯
蘇劍龍
王爾綱《天下名家詩永》／12
蘇應稚
鄧漢儀《詩觀三集》／8
王爾綱《天下名家詩永》／12
嚴　元
陶　煊、張　璨《國朝詩的》／江南 14
嚴　沆
黄傳祖《扶輪新集》／3；6；9
魏裔介《觀始集》／8
陳祚明、韓　詩《國門集》／2；3；4；5；6
姚　佺《詩源》／越
魏　耕、錢价人《今詩粹》
魏裔介《清詩溯洄集》／3；5；6；7；9
顧有孝《驪珠集》／4
魏　憲《詩持二集》／4
魏　憲《補石倉詩選》／2
魏　憲《皇清百名家詩選》／21
趙　炎《尊閣詩藏》／1 五言律；2 七言古
鄧漢儀《天下名家詩觀》／3
鄧漢儀《詩觀二集》／9
徐　崧《詩風初集》／14
王士禎《感舊集》／14
席居中《昭代詩存》／2
陸次雲《詩平初集》／2；4；6；9；11；12
蔣　鑨、翁介眉《清詩初集》／3；4；6；8；10；11；12
曾　燦《過日集》／7；10
孫　鋐《皇清詩選》／浙江
王爾綱《天下名家詩永》／3
劉　然《國朝詩乘》／11
陶　煊、張　璨《國朝詩的》／浙江 2
陳以剛《國朝詩品》／5
彭廷梅《國朝詩選》／11
沈德潛《國朝詩別裁集》／68
嚴　始
魏　憲《詩持三集》／5
孫　鋐《皇清詩選》／江南
嚴　津
黄傳祖《扶輪廣集》／4
鄧漢儀《天下名家詩觀》／9
徐　崧《詩風初集》／13；18
王士禎《感舊集》／14
孫　鋐《皇清詩選》／浙江

嚴炳

程棟、施譔《鼓吹新編》／14

嚴倫

魏憲《詩持三集》／10

嚴敉

黃傳祖《扶輪續集》／2；10

嚴榮

魏耕、錢价人《今詩粹》

嚴熊

顧有孝《驪珠集》／9

王士禎《感舊集》／12

卓爾堪《明遺民詩》／5

嚴臨

顧有孝《驪珠集》／6

嚴爵

彭廷梅《國朝詩選》／10

嚴士貴

孫鋐《皇清詩選》／江南

嚴天佑

陶煊、張璨《國朝詩的》／江南14

汪觀《清詩大雅》／20

嚴允肇

王士禎《感舊集》／16

陸次雲《詩平初集》／3；10；12

蔣釴、翁介眉《清詩初集》／3；7；

9；11；12

沈德潛《國朝詩別裁集》／93

嚴以方

黃傳祖《扶輪續集》／7

嚴正矩

黃傳祖《扶輪廣集》／3；4；10

陳祚明、韓詩《國門集》／2；3；4；

5；6

魏裔介《清詩溯洄集》／1；5；7；9

鄧漢儀《天下名家詩觀》／6

徐崧《詩風初集》／6

蔣釴、翁介眉《清詩初集》／2；5；

6；8；10；11；12

曾燦《過日集》／3；6

孫鋐《皇清詩選》／湖廣

馬道畊《清詩二集》／1

陶煊、張璨《國朝詩的》／湖廣7

查義、查岐昌《國朝詩因》／3

嚴印持

陳允衡《詩慰二集》

嚴有穀

程棟、施譔《鼓吹新編》／4

魏耕、錢价人《今詩粹》

徐崧《詩風初集》／13

嚴我斯

魏耕、錢价人《今詩粹》

魏憲《詩持二集》／5

魏憲《補石倉詩選》／3

趙炎《尊閣詩藏》／5五言律

鄧漢儀《詩觀二集》／9

徐崧《詩風初集》／9；13；16

席居中《昭代詩存》／4

陸次雲《詩平初集》／3；5；7；9；

11；12

蔣釴、翁介眉《清詩初集》／2；5；

6；9；11

曾燦《過日集》／9

孫鋐《皇清詩選》／浙江

王爾綱《天下名家詩永》／7

顧施禎（禎）《盛朝詩選初集》／10

陶煊、張璨《國朝詩的》／浙江4

沈德潛《國朝詩別裁集》／151

嚴泓曾

王士禎《感舊集》／16

曾燦《過日集》／4

綜合索引（二十畫）

嚴武順

黃傳祖《扶輪續集》／2

嚴佳明

徐　崧《詩風初集》／16

嚴首昇

蔣　鑨、翁介眉《清詩初集》／1；6；8；11

王爾綱《天下名家詩永》／6

顧施楨（楨）《盛朝詩選初集》／12

陶　煊、張　璨《國朝詩的》／湖廣3

嚴祇敬

姚　佺《詩源》／吳

徐　崧、陳濟生《詩南》／10

顧有孝《驪珠集》／6

嚴胤肇

魏　憲《詩持一集》／4

徐　崧《詩風初集》／9；18

曾　燦《過日集》／9

陶　煊、張　璨《國朝詩的》／浙江3

嚴啓煜

沈德潛《國朝詩別裁集》／441

嚴啓隆

卓爾堪《明遺民詩》／12

嚴曾渠

黃傳祖《扶輪新集》／9

魏裔介《清詩溯洄集》／4

顧有孝《驪珠集》／7

魏　憲《詩持一集》／4

魏　憲《補石倉詩選》／2

魏　憲《皇清百名家詩選》／38

趙　炎《尊閣詩藏》／3五言律

鄧漢儀《天下名家詩觀》／4

徐　崧《詩風初集》／14

席居中《昭代詩存》／6

陸次雲《詩平初集》／7；9

蔣　鑨、翁介眉《清詩初集》／7；9

孫　鋐《皇清詩選》／浙江

王爾綱《天下名家詩永》／8

陶　煊、張　璨《國朝詩的》／浙江2

陳以剛《國朝詩品》／8

嚴虞峰

沈德潛《國朝詩別裁集》／318

嚴肇鼎

陶　煊、張　璨《國朝詩的》／廣西1

嚴調燮

黃傳祖《扶輪續集》／2

嚴錫命

黃傳祖《扶輪廣集》／14

魏裔介《觀始集》／6

陸次雲《詩平初集》／12

王爾綱《天下名家詩永》／2

嚴穎肇

孫　鋐《皇清詩選》／浙江

嚴繩孫

徐　崧、陳濟生《詩南》／10

顧有孝《驪珠集》／6

鄧漢儀《詩觀三集》／3

徐　崧《詩風初集》／9；12；17

王士禎《感舊集》／5；13

席居中《昭代詩存》／11

陸次雲《詩平初集》／2；5；6；8；12

蔣　鑨、翁介眉《清詩初集》／2；5；7；8；12

曾　燦《過日集》／4；7

孫　鋐《皇清詩選》／江南

王爾綱《天下名家詩永》／11

陳維崧《篋衍集》／11

陶　煊、張　璨《國朝詩的》／江南13

陳以剛《國朝詩品》／6

吳元桂《昭代詩針》／4

沈德潛《國朝詩別裁集》／202

嚴顧陵

魏　耕、錢价人《今詩粹》

二十一畫

顧　苓

顧有孝《驪珠集》／8

鄧漢儀《詩觀二集》／4

卓爾堪《明遺民詩》／11

陶　煊、張　璨《國朝詩的》／江南 6

顧　宸

黃傳祖《扶輪續集》／9

黃傳祖《扶輪廣集》／11；14

魏喬介《觀始集》／11

陳祚明、韓　詩《國門集》／5

顧有孝《驪珠集》／2

魏　憲《詩持一集》／2

趙　炎《尊閣詩藏》／5 五言律

鄧漢儀《天下名家詩觀》／6

徐　崧《詩風初集》／17

蔣　籬、翁介眉《清詩初集》／7；8

孫　鋐《皇清詩選》／江南

王爾綱《天下名家詩永》／2

吳　藎《名家詩選》／4

陶　煊、張　璨《國朝詩的》／江南 5

顧　珵

趙　炎《尊閣詩藏》／6 五言律

顧　彩

鄧漢儀《天下名家詩觀》／9

鄧漢儀《詩觀三集》／4

蔣　籬、翁介眉《清詩初集》／11

吳　藎《名家詩選》／4

陶　煊、張　璨《國朝詩的》／江南 11

吳元桂《昭代詩針》／7

沈德潛《國朝詩別裁集》／460

顧　偉

徐　崧《詩風初集》／9

顧　紳

顧有孝《驪珠集》／7

顧　扑

黃傳祖《扶輪續集》／2；5；8；10

黃傳祖《扶輪續集》／2

徐　崧、陳濟生《詩南》／5

卓爾堪《明遺民詩》／12

顧　朴

蔣　籬、翁介眉《清詩初集》／7

顧　采

魏　憲《詩持三集》／7

徐　崧《詩風初集》／14

顧　昊

黃傳祖《扶輪續集》／7

程　棟、施　譚《鼓吹新編》／2

王爾綱《天下名家詩永》／1

顧　昌

孫　鋐《皇清詩選》／浙江

顧　易

沈德潛《國朝詩別裁集》／493

顧　岱

顧有孝《驪珠集》／11

鄧漢儀《詩觀二集》／5

曾　燦《過日集》／5

孫　鋐《皇清詩選》／江南

陶　煊、張　璨《國朝詩的》／江南 9

彭廷梅《國朝詩選》／4

沈德潛《國朝詩別裁集》／296

顧　恬

陶　煊、張　璨《國朝詩的》／浙江 6

綜合索引（二十一畫）

顧 湄

陳 瑚《從遊集》／上

徐 崧、陳濟生《詩南》／9

魏喬介《清詩溯洄集》／8

顧有孝《驪珠集》／9

魏 憲《詩持三集》／8

趙 炎《尊聞詩藏》／4五言律

徐 崧《詩風初集》／18

王士禎《感舊集》／7

席居中《昭代詩存》／11

蔣 鑨、翁介眉《清詩初集》／10；12

曾 燦《過日集》／5；10

孫 鋐《皇清詩選》／江南

王爾綱《天下名家詩永》／13

陶 煊、張 璨《國朝詩的》／江南7

沈德潛《國朝詩別裁集》／241

顧 翔

程 棟、施 譔《鼓吹新編》／9

顧 寒

陶 煊、張 璨《國朝詩的》／江南7

顧 悰

席居中《昭代詩存》／14

陶 煊、張 璨《國朝詩的》／江南12

顧 琮

彭廷梅《國朝詩選》／1

顧 超

曾 燦《過日集》／1；5；7

卓爾堪《明遺民詩》／14

顧 復

孫 鋐《皇清詩選》／江南

顧 鉄

黃傳祖《扶輪新集》／9

顧 歆

卓爾堪《明遺民詩》／14

顧 靖

程 棟、施 譔《鼓吹新編》／11

顧 煜

黃傳祖《扶輪廣集》／4；9；11；14

顧 焯

顧有孝《驪珠集》／10

鄧漢儀《天下名家詩觀》／11

顧 瑁

王爾綱《天下名家詩永》／12

顧 絳

徐 崧《詩風初集》／12

顧 銓

陶 煊、張 璨《國朝詩的》／浙江8

顧 緒

孫 鋐《皇清詩選》／河南

顧 静

顧有孝《驪珠集》／11

徐 崧《詩風初集》／7

顧 潤

陸次雲《詩平初集》／10

顧 緜

黃傳祖《扶輪續集》／4；6；9

顧 煒

王爾綱《天下名家詩永》／6

顧 樨

黃傳祖《扶輪續集》／9

黃傳祖《扶輪廣集》／4；9

程 棟、施 譔《鼓吹新編》／8

魏 耕、錢价人《今詩粹》

徐 崧、陳濟生《詩南》／2；4；6；8；11

顧有孝《驪珠集》／7

徐 崧《詩風初集》／8；13

席居中《昭代詩存》／8

蔣 鑨、翁介眉《清詩初集》／1；12

曾 燦《過日集》/3；7
孫 鋐《皇清詩選》/江南
王爾綱《天下名家詩水》/14
陳維崧《篋衍集》/10
卓爾堪《明遺民詩》/12
吳 藎《名家詩選》/3
彭廷梅《國朝詩選》/11；12
沈德潛《國朝詩別裁集》/241

顧 衡

孫 鋐《皇清詩選》/江南

顧 隱

曾 燦《過日集》/3

顧 贊

顧有孝《驪珠集》/3
曾 燦《過日集》/9
孫 鋐《皇清詩選》/江南

顧 鋪

黃傳祖《扶輪續集》/4
黃傳祖《扶輪新集》/10
曾 燦《過日集》/4

顧 彧

陶 煊、張 璨《國朝詩的》/江南5

顧 藻

席居中《昭代詩存》/4

顧人龍

蔣 薰、翁介眉《清詩初集》/1

顧九銘

鄧漢儀《天下名家詩觀》/11

顧九錫

鄧漢儀《天下名家詩觀》/2
鄧漢儀《詩觀二集》/8
徐 崧《詩風初集》/7；17
席居中《昭代詩存》/12
陸次雲《詩平初集》/1；3；8；11
蔣 薰、翁介眉《清詩初集》/1；11

曾 燦《過日集》/10
孫 鋐《皇清詩選》/江南
倪匡世《振雅堂集編詩最》/9
陳維崧《篋衍集》/10
陶 煊、張 璨《國朝詩的》/江南6
彭廷梅《國朝詩選》/9

顧之瑜

魏裔介《清詩溯洄集》/6

顧于觀

彭廷梅《國朝詩選》/4；5；10

顧士吉

卓爾堪《明遺民詩》/12

顧大申

黃傳祖《扶輪新集》/3；8
魏裔介《觀始集》/9
魏 耕、錢价人《今詩粹》
陳允衡《國雅》/20
魏裔介《清詩溯洄集》/1；4；7；9；10
顧有孝《驪珠集》/4
魏 憲《詩持三集》/6
魏 憲《補石倉詩選》/2
魏 憲《皇清百名家詩選》/39
趙 炎《專聞詩藏》/1七言律；2五言律；6五言律
鄧漢儀《天下名家詩觀》/4
徐 崧《詩風初集》/13；17
王士禎《感舊集》/14
席居中《昭代詩存》/3
陸次雲《詩平初集》/8
蔣 薰、翁介眉《清詩初集》/1；3；6；9；10；11
曾 燦《過日集》/2；6；9
孫 鋐《皇清詩選》/江南
陶 煊、張 璨《國朝詩的》/江南6

綜合索引（二十一畫）

沈德潛《國朝詩別裁集》／56

顧大武

馮　舒《懷舊集》上／25下

顧大善

黃傳祖《扶輪廣集》／14

姚　佺《詩源》／吳

顧文淵

汪　森《華及堂視昔編》／7

彭廷梅《國朝詩選》／13

沈德潛《國朝詩別裁集》／440

顧文煒

汪　觀《清詩大雅二集》／3

顧元標

倪匡世《振雅堂彙編詩最》／9

顧元鎧

徐　崧、陳濟生《詩南》／6

顧予咸

顧有孝《驪珠集》／3

顧永年

陸次雲《詩平初集》／6；10

孫　鋐《皇清詩選》／浙江

顧玉麒

彭廷梅《國朝詩選》／2；10

顧正陽

王爾綱《天下名家詩永》／12

顧在王

顧有孝《驪珠集》／9

顧有年

蔣　䥧、翁介眉《清詩初集》／9

孫　鋐《皇清詩選》／浙江

顧有孝

黃傳祖《扶輪廣集》／4

陳　瑚《離憂集》／上

程　棟、施　諲《鼓吹新編》／8

姚　佺《詩源》／吳

魏　耕、錢价人《今詩粹》

徐　崧、陳濟生《詩南》／2；4；6；8；12

魏　憲《詩持三集》／7

魏　憲《詩持四集》／1

趙　炎《尊閣詩藏》／1七言律

鄧漢儀《天下名家詩觀》／6

徐　崧《詩風初集》／13

席居中《昭代詩存》／14

蔣　䥧、翁介眉《清詩初集》／9；12

孫　鋐《皇清詩選》／江南

王爾綱《天下名家詩永》／4

陳維崧《篋衍集》／10

卓爾堪《明遺民詩》／6；13

吳　蘐《名家詩選》／3

陶　煊、張　璨《國朝詩的》／江南5

陳以剛《國朝詩品》／8

吳元桂《昭代詩針》／1

沈德潛《國朝詩別裁集》／241

顧自俊

鄧漢儀《詩觀二集》／6

陸次雲《詩平初集》／7；10；11

顧自愓

孫　鋐《皇清詩選》／江南

顧如華

黃傳祖《扶輪新集》／3；6；8

魏裔介《清詩溯洄集》／1；7

顧有孝《驪珠集》／7

魏　憲《詩持四集》／1

徐　崧《詩風初集》／16

蔣　䥧、翁介眉《清詩初集》／1；3；6；11

孫　鋐《皇清詩選》／湖廣

顧我錡

陳以剛《國朝詩品》／17

沈德潛《國朝詩別裁集》／505

顧伯宿

蔣 薰、翁介眉《清詩初集》／1

孫 鋐《皇清詩選》／江南

顧宗瑋

王士禎《感舊集》／12

顧炎武

王士禎《感舊集》／5

蔣 薰、翁介眉《清詩初集》／8

曾 燦《過日集》／7；9

陳維崧《篋衍集》／2；4；5；10；11

卓爾堪《明遺民詩》／5

陶 煊、張 璨《國朝詩的》／江南5

陳以剛《國朝詩品》／10

吳元桂《昭代詩針》／2

顧昌洛

顧施楨（禎） 《盛朝詩選初集》／6；

12；12（附）

顧采麟

孫 鋐《皇清詩選》／江南

顧和鼎

孫 鋐《皇清詩選》／江南

顧貞觀

徐 崧《詩風初集》／8

王士禎《感舊集》／16

蔣 薰、翁介眉《清詩初集》／7；8

孫 鋐《皇清詩選》／江南

陳維崧《篋衍集》／11

吳元桂《昭代詩針》／6

沈德潛《國朝詩別裁集》／173

顧俊籛

彭廷梅《國朝詩選》／8；10；12

顧祖禹

曾 燦《過日集》／3

卓爾堪《明遺民詩》／2

陶 煊、張 璨《國朝詩的》／江南4

顧耿臣

魏 憲《補石倉詩選》／3

顧豹文

黃傳祖《扶輪廣集》／13

魏裔介《清詩溯洄集》／2；6；8；10

顧有孝《驪珠集》／5

徐 崧《詩風初集》／16

陸次雲《詩平初集》／7

蔣 薰、翁介眉《清詩初集》／3；7；11

孫 鋐《皇清詩選》／浙江

顧華之

魏 耕、錢价人《今詩粹》

顧華文

徐 崧、陳濟生《詩南》／10

顧理美

魏 耕、錢价人《今詩粹》

顧有孝《驪珠集》／8

魏 憲《詩持三集》／9

趙 炎《專閣詩藏》／2 七言古；3 七言律

徐 崧《詩風初集》／6；9；10；13

蔣 薰、翁介眉《清詩初集》／1；7；9

孫 鋐《皇清詩選》／浙江

顧國泰

彭廷梅《國朝詩選》／2

顧符稹

吳 藎《名家詩選》／3

顧陳垿

沈德潛《國朝詩別裁集》／410

顧紹美

鄧漢儀《詩觀二集》／13

倪匡世《振雅堂彙編詩最》／2

顧紹敏

陶 煊、張 璨《國朝詩的》／江南16

综合索引（二十一畫）

沈德潛《國朝詩別裁集》／462

顧雲鴻

馮　舒《懷舊集》上／1 上

顧景文

黃傳祖《扶輪新集》／7

徐　崧、陳濟生《詩南》／9

顧有孝《驪珠集》／8

徐　崧《詩風初集》／13

蔣　籜、翁介眉《清詩初集》／11

孫　鋐《皇清詩選》／江南

陶　煊、張　璨《國朝詩的》／江南 3

顧景星

趙　炎《尊閣詩藏》／7 五言律

鄧漢儀《詩觀二集》／1

鄧漢儀《詩觀三集》／3

蔣　籜、翁介眉《清詩初集》／1；2；6；8；10；11；12

曾　燦《過日集》／3；7；10

孫　鋐《皇清詩選》／湖廣

陳維崧《篋衍集》／2；3；8

陶　煊、張　璨《國朝詩的》／湖廣 5

吳元桂《昭代詩針》／1

彭廷梅《國朝詩選》／1；3；5；7

沈德潛《國朝詩別裁集》／266

顧開雄

徐　崧《詩風初集》／11

顧開雍

黃傳祖《扶輪廣集》／3；6；10

陳祚明、韓　詩《國門集》／5

程　棟、施　諶《鼓吹新編》／7

魏　耕、錢价人《今詩粹》

徐　崧、陳濟生《詩南》／1；9；12

顧有孝《驪珠集》／7

魏　憲《詩持三集》／7

趙　炎《尊閣詩藏》／4 五言律

王士禎《感舊集》／3

陸次雲《詩平初集》／2

蔣　籜、翁介眉《清詩初集》／3；8

曾　燦《過日集》／4

孫　鋐《皇清詩選》／江南

王爾綱《天下名家詩永》／10

陳以剛《國朝詩品》／8

顧開離

趙　炎《尊閣詩藏》／1 五言古

顧道含

鄧漢儀《詩觀二集》／12

鄧漢儀《詩觀三集》／12

顧萬祺

黃傳祖《扶輪續集》／4

程　棟、施　諶《鼓吹新編》／9

魏　耕、錢价人《今詩粹》

徐　崧、陳濟生《詩南》／7；10

顧有孝《驪珠集》／7

魏　憲《詩持三集》／8

徐　崧《詩風初集》／1；8

王士禎《感舊集》／12

席居中《昭代詩存》／4

蔣　籜、翁介眉《清詩初集》／8；11

彭廷梅《國朝詩選》／10

沈德潛《國朝詩別裁集》／147

顧瑞廖

彭廷梅《國朝詩選》／4；12

顧嗣立

馬道賦《清詩二集》／1

吳　藎《名家詩選》／2

陶　煊、張　璨《國朝詩的》／江南 11

陳以剛《國朝詩品》／10

查　義、查岐昌《國朝詩因》／5

吳元桂《昭代詩針》／1

彭廷梅《國朝詩選》／6；12；13

沈德潛《國朝詩別裁集》／402

顧嗣協

曾 燦《過日集》／3；7；9

查 義、查岐昌《國朝詩因》／5

沈德潛《國朝詩別裁集》／371

顧嗣曾

顧有孝《驪珠集》／8

席居中《昭代詩存》／14

顧筆維

吳元桂《昭代詩針》／11

顧夢遊

黃傳祖《扶輪續集》／3；4；8；11

黃傳祖《扶輪廣集》／3；8

黃傳祖《扶輪新集》／9

魏喬介《觀始集》／2

程 棟、施 諲《鼓吹新編》／2

姚 佺《詩源》／吳

徐 崧、陳濟生《詩南》／1；5；8

顧有孝《驪珠集》／3

魏 憲《詩持二集》／1

魏 憲《補石倉詩選》／3

趙 炎《尊閣詩藏》／2 五言律

鄧漢儀《天下名家詩觀》／5

徐 崧《詩風初集》／5；13

王士禎《感舊集》／6

席居中《昭代詩存》／14

陸次雲《詩平初集》／4

蔣 鑨、翁介眉《清詩初集》／2；4；7；8；11

曾 燦《過日集》／9

孫 鋐《皇清詩選》／江南

王爾綱《天下名家詩永》／4

顧施禎（禎）《盛朝詩選初集》／6；9

卓爾堪《明遺民詩》／1

吳 藎《名家詩選》／4

劉 然《國朝詩乘》／5

吳元桂《昭代詩針》／1

彭廷梅《國朝詩選》／1

顧夢遊

陳以剛《國朝詩品》／11

顧夢廖

曾 燦《過日集》／10

顧夢麟

黃傳祖《扶輪續集》／2；5；8；10

黃傳祖《扶輪廣集》／2；12

程 棟、施 諲《鼓吹新編》／14

姚 佺《詩源》／吳

徐 崧、陳濟生《詩南》／5；9；12

鄧漢儀《詩觀二集》／5

徐 崧《詩風初集》／2

蔣 鑨、翁介眉《清詩初集》／3

孫 鋐《皇清詩選》／江南

王爾綱《天下名家詩永》／1

卓爾堪《明遺民詩》／8

陶 煊、張 璨《國朝詩的》／江南 4

吳元桂《昭代詩針》／1

彭廷梅《國朝詩選》／5

顧瑤光

顧施禎（禎）《盛朝詩選初集》／2

陶 煊、張 璨《國朝詩的》／江南 12

顧嘉譽

周佑子《清詩鼓吹》／4

沈德潛《國朝詩別裁集》／534

顧圖河

鄧漢儀《詩觀三集》／5

陳維崧《篋衍集》／8

陶 煊、張 璨《國朝詩的》／江南 11

查 義、查岐昌《國朝詩因》／4

吳元桂《昭代詩針》／9

沈德潛《國朝詩別裁集》／304

綜合索引（二十二畫）

顧鳳彩

鄧漢儀《詩觀三集》／13

顧慶延

徐　崧、陳濟生《詩南》／6

顧震省

鄧漢儀《天下名家詩觀》／6

陸次雲《詩平初集》／7

顧璟芳

徐　崧《詩風初集》／16

顧學遷

倪匡世《振雅堂集編詩最》／8

王爾綱《天下名家詩永》／13

顧龍文

魏裔介《清詩溯洄集》／2；6

顧麟書

陶煊、張　璨《國朝詩的》／浙江2

饒　眉

鄧漢儀《詩觀二集》／7

吳元桂《昭代詩針》／3

饒　璟

趙　炎《專閣詩藏》／8五言律

饒宇櫃

顧施楨（禎）《盛朝詩選初集》／12

饒宇樓

鄧漢儀《詩觀二集》／7

孫　鋐《皇清詩選》／江西

顧施楨（禎）《盛朝詩選初集》／12

陶　煊、張　璨《國朝詩的》／江西2

饒萬鑑

彭廷梅《國朝詩選》／2

二十二畫

龔　章

劉　然《國朝詩乘》／3

吳元桂《昭代詩針》／8

彭廷梅《國朝詩選》／13

龔　策

魏裔介《觀始集》／6

龔　賢

黃傳祖《扶輪續集》／9

黃傳祖《扶輪广集》／9；11

黃傳祖《扶輪新集》／9

魏　耕、錢价人《今詩粹》

徐　崧、陳濟生《詩南》／6

顧有孝《驪珠集》／5

魏　憲《詩持二集》／2

趙　炎《專閣詩藏》／1五言律

徐　崧《詩風初集》／2；10；12；18

王士禎《感舊集》／7

陸次雲《詩平初集》／3；6；12

蔣　鑨、翁介眉《清詩初集》／2；7；

9；12

曾　燦《過日集》／9

孫　鋐《皇清詩選》／江南

王爾綱《天下名家詩永》／7

顧施楨（禎）《盛朝詩選初集》／6

陳維崧《篋衍集》／4

卓爾堪《明遺民詩》／8

吳　藎《名家詩選》／4

朱　觀《國朝詩正》／5

陶　煊、張　璨《國朝詩的》／江南4

吳元桂《昭代詩針》／1

龔　誠

吳元桂《昭代詩針》／15

沈德潛《國朝詩別裁集》／506

龔　翰

魏　憲《詩持二集》／5

徐　崧《詩風初集》／10；11

孫　鋐《皇清詩選》／江南

王爾綱《天下名家詩永》／14

顧施楨（禎）《盛朝詩選初集》／6

劉　然《國朝詩乘》／3

彭廷梅《國朝詩選》／1

龔　嶸

顧施楨（禎）《盛朝詩選初集》／12；12（附）

龔　鐸

劉　然《國朝詩乘》／12

龔　觀

顧施楨（禎）《盛朝詩選初集》／7

龔士萬

鄧漢儀《天下名家詩觀》／11

鄧漢儀《詩觀二集》／8

蔣　薰、翁介眉《清詩初集》／9；12

龔汝賓

陶　煊、張　璨《國朝詩的》／浙江6

汪　觀《清詩大雅二集》／19

吳元桂《昭代詩針》／10

龔百朋

蔣　薰、翁介眉《清詩初集》／1；3

孫　銓《皇清詩選》／江南

龔百藥

顧有孝《驪珠集》／7

鄧漢儀《天下名家詩觀》／6

席居中《昭代詩存》／12

蔣　薰、翁介眉《清詩初集》／7；9

曾　燦《過日集》／3；9

孫　銓《皇清詩選》／江南

龔志旦

王爾綱《天下名家詩永》／14

龔志益

曾　燦《過日集》／9

王爾綱《天下名家詩永》／14

龔志皋

曾　燦《過日集》／9

王爾綱《天下名家詩永》／14

龔志變

王爾綱《天下名家詩永》／14

龔孚肅

黃傳祖《扶輪續集》／2；5；10

黃傳祖《扶輪廣集》／2；5；10；12

徐　崧《詩風初集》／5

龔松寧

朱　觀《國朝詩正》／4

龔孫寅

陶　煊、張　璨《國朝詩的》／江南12

龔張峯

陳　珮《從遊集》／下

龔翔麟

鄧漢儀《詩觀二集》／6

龔雲起

顧有孝《驪珠集》／3

徐　崧《詩風初集》／10；17

蔣　薰、翁介眉《清詩初集》／6；8；11；12

龔雲從

程　棟、施　誕《鼓吹新編》／11

徐　崧、陳濟生《詩南》／8

鄧漢儀《天下名家詩觀》／6

徐　崧《詩風初集》／13

龔雲衢

蔣　薰、翁介眉《清詩初集》／8；12

龔鼎孳

黃傳祖《扶輪廣集》／2；5；8；10；12；14

黃傳祖《扶輪新集》／2；5；8；10

魏裔介《觀始集》／1；3；5；8

錢謙益《吾炙集》

陳祚明、韓 詩《國門集》/ 2；3；4；

5；6

姚 佺《詩源》/ 吳

魏 耕、錢价人《今詩粹》

陳允衡《國雅》/ 2

徐 崧、陳濟生《詩南》/ 10

魏裔介《清詩溯洄集》/ 1；3；5；7；

9

顧有孝《驪珠集》/ 1；12

魏 憲《詩持二集》/ 1

魏 憲《詩持三集》/ 1

魏 憲《補石倉詩選》/ 2

魏 憲《皇清百名家詩選》/ 4

趙 炎《尊閣詩藏》/ 1 五言古；1 五

言律；1 七言律

鄧漢儀《天下名家詩觀》/ 2

徐 崧《詩風初集》/ 1；8；11；15；

17

王士禎《感舊集》/ 2

席居中《昭代詩存》/ 2

陸次雲《詩平初集》/ 2；4；6；8；12

蔣 鑨、翁介眉《清詩初集》/ 2；4；

6；8；10；12

曾 燦《過日集》/ 4；6；9；10

孫 鋐《皇清詩選》/ 江南

倪匡世《振雅堂彙編詩最》/ 1

王爾綱《天下名家詩永》/ 3

顧施楨（禎）《盛朝詩選初集》/ 2；3；

4；6；8；11；12（附）

陳維崧《篋衍集》/ 5；6；11

周佑予《清詩鼓吹》/ 1

吳 藎《名家詩選》/ 1

劉 然《國朝詩乘》/ 9

陳以剛《國朝詩品》/ 2

查 義、查岐昌《國朝詩因》/ 1

彭廷梅《國朝詩選》/ 1；5；11

沈德潛《國朝詩別裁集》/ 20

鄺蠖煌

趙 炎《尊閣詩藏》/ 2 五言古；2 七

言古；2 七言律；6 五言律

孫 鋐《皇清詩選》/ 浙江

二十五畫

觀 保

吳元桂《昭代詩針》/ 13

僧 道 尼

一 畫

一 導

汪 觀《清詩大雅》/ 8

二 畫

二 日

陶 煊、張 璨《國朝詩的》/ 方外 2

三 畫

大 汕

曾 燦《過日集》／2；5；8
孫 銓《皇清詩選》／方外
顧施楨（禎）《盛朝詩選初集》／10
陶 煊、張 璨《國朝詩的》／方外2
彭廷梅《國朝詩選》／1；4
沈德潛《國朝詩別裁集》／591

大 成

陶 煊、張 璨《國朝詩的》／方外1
彭廷梅《國朝詩選》／7
沈德潛《國朝詩別裁集》／587

大 均

魏 憲《詩持二集》／2
顧施楨（禎）《盛朝詩選初集》／6

大 依

顧有孝《驪珠集》／12
魏 憲《詩持二集》／2
魏 憲《皇清百名家詩選》／87
鄧漢儀《天下名家詩觀》／9
孫 銓《皇清詩選》／方外
韓純玉《近詩兼》
卓爾堪《明遺民詩》／16
陶 煊、張 璨《國朝詩的》／方外2

大 寂

馮 舒《懷舊集》 下／17上

大 章

王爾綱《天下名家詩永》／16

大 瓠

沈德潛《國朝詩別裁集》／585

大 健

魏 憲《詩持二集》／8
鄧漢儀《天下名家詩觀》／1

鄧漢儀《詩觀二集》／12
孫 銓《皇清詩選》／方外
卓爾堪《明遺民詩》／16
陶 煊、張 璨《國朝詩的》／方外1
陳以剛《國朝詩品》／方外
吳元桂《昭代詩針》／16方外
沈德潛《國朝詩別裁集》／587

大 雲

鄧漢儀《詩觀二集》／6
陶 煊、張 璨《國朝詩的》／方外1
陳以剛《國朝詩品》／方外
吳元桂《昭代詩針》／16方外

大 寧（字石湖）

孫 銓《皇清詩選》／方外
彭廷梅《國朝詩選》／10
沈德潛《國朝詩別裁集》／590

大 寧（字石潮）

魏 憲《詩持二集》／3
曾 燦《過日集》／5
陶 煊、張 璨《國朝詩的》／方外1
沈德潛《國朝詩別裁集》／585

大 潛

黃傳祖《扶輪新集》／4；9

大 燈

沈德潛《國朝詩別裁集》／585

大 瑱

程 棟、施 諲《鼓吹新編》／12

大育頭陀

錢謙益《吾炙集》

上 世

馬道畊《清詩二集》／4

上 旨

鄧漢儀《詩觀二集》／8
陶 煊、張 璨《國朝詩的》／方外2
陳以剛《國朝詩品》／方外

综合索引（僧道尼）

吴元桂《昭代诗针》／16 方外

上　明

周佑子《清诗鼓吹》／4

上　思

邓汉仪《诗观三集》／9

倪匡世《振雅堂彙编诗最》／10

吴元桂《昭代诗针》／16 方外

吴元桂《昭代诗针》／16 方外

上　施

周佑子《清诗鼓吹》／4

上　崇

倪匡世《振雅堂彙编诗最》／10

上　智

孙鋐《皇清诗选》／方外

上　寧

邓汉仪《诗观三集》／13

上　歷

陶煊、张璨《国朝诗的》／方外 2

上　續

倪匡世《振雅堂彙编诗最》／10

四　畫

文　惺

陶煊、张璨《国朝诗的》／方外 2

王來庭

陶煊、张璨《国朝诗的》／方外 2

天　定

陶煊、张璨《国朝诗的》／方外 1

彭廷梅《国朝诗选》／12

沈德潜《国朝诗别裁集》／587

元　立

陶煊、张璨《国朝诗的》／方外 2

元　弘

陈以刚《国朝诗品》／方外

元　志

陶煊、张璨《国朝诗的》／方外 1；2

元　度

彭廷梅《国朝诗选》／2；11

元　祚

沈德潜《国朝诗别裁集》／595

元　栢

王爾綱《天下名家诗永》／16

元　塐

孙鋐《皇清诗选》／方外

元　智

吴藎《名家诗选》／1

朱觀《国朝诗正》／7

陶煊、张璨《国朝诗的》／方外 1

彭廷梅《国朝诗选》／10

元　爽

邓汉仪《诗观三集》／13

元　瑛

黄傅祖《扶轮新集》／9

元　璟

沈德潜《国朝诗别裁集》／590

元　龍

沈德潜《国朝诗别裁集》／590

元　濟

陶煊、张璨《国朝诗的》／方外 2

木　畫

陈以刚《国朝诗品》／方外

支　可

王爾綱《天下名家诗永》／16

尤　埭

沈德潜《国朝诗别裁集》／595

止　岩

沈德潜《国朝诗别裁集》／582

仁　惠

陳以剛《國朝詩品》／方外2

今　無

鄧漢儀《詩觀二集》／12

王爾綱《天下名家詩永》／16

韓純玉《近詩兼》

陶　煊、張　璨《國朝詩的》／方外2

今　釋

程　棟、施　譚《鼓吹新編》／4

徐　崧、陳濟生《詩南》／5

鄧漢儀《詩觀二集》／8

孫　銓《皇清詩選》／方外

王爾綱《天下名家詩永》／3

韓純玉《近詩兼》

陶　煊、張　璨《國朝詩的》／浙江1；方外1

陳以剛《國朝詩品》／方外

幻　住

錢謙益《吾炙集》

五　畫

玄　弼

程　棟、施　譚《鼓吹新編》／12

正　玉

鄧漢儀《詩觀二集》／9

正　見

程　棟、施　譚《鼓吹新編》／12

正　岊

程　棟、施　譚《鼓吹新編》／12

顧有孝《驪珠集》／12

正　嘉

鄧漢儀《詩觀二集》／8

孫　銓《皇清詩選》／方外

陶　煊、張　璨《國朝詩的》／方外1

吳元桂《昭代詩針》／16方外

正　興

陶　煊、張　璨《國朝詩的》／方外1

正　儼

王爾綱《天下名家詩永》／16

本　月

魏　憲《詩持三集》／5

孫　銓《皇清詩選》／方外

王爾綱《天下名家詩永》／16

陶　煊、張　璨《國朝詩的》／方外1

本　畫

鄧漢儀《詩觀二集》／12

孫　銓《皇清詩選》／方外

倪匡世《振雅堂彙編詩最》／10

王爾綱《天下名家詩永》／16

陶　煊、張　璨《國朝詩的》／方外1；2

吳元桂《昭代詩針》／16方外

本　罩

魏　耕、钱价人《今詩粹》

本　源

曾　燦《過日集》／5；8

沈德潛《國朝詩別裁集》／585

本　照

倪匡世《振雅堂彙編詩最》／10

本　圓

顧施楨（禎）《盛朝詩選初集》／12（附）

本　僧

魏　耕、钱价人《今詩粹》

陶　煊、張　璨《國朝詩的》／方外1

石　濤

王爾綱《天下名家詩永》／16

古　樊

沈德潛《國朝詩別裁集》／588

綜合索引（僧道尼）

古　淵

魏　憲《詩持三集》／5

印　正

馬道騤《清詩二集》／4

印　叢

陳以剛《國朝詩品》／方外 2

印　耀

彭廷梅《國朝詩選》／2；10

弘　仁

鄧漢儀《詩觀二集》／6

曾　燦《過日集》／2

陶　煊、張　璨《國朝詩的》／方外 1

陳以剛《國朝詩品》／方外

吳元桂《昭代詩針》／16 方外

弘　秀

曾　燦《過日集》／5

弘　修

吳元桂《昭代詩針》／16 方外

弘　悟

曾　燦《過日集》／5

弘　智

曾　燦《過日集》／5；8

吳元桂《昭代詩針》／16 方外

弘　濟

陶　煊、張　璨《國朝詩的》／方外 1

吳元桂《昭代詩針》／16 方外

弘　儲

黃傳祖《扶輪新集》／1；9

程　棟、施　諲《鼓吹新編》／12

魏　耕、钱价人《今诗粹》

徐　崧、陳濟生《詩南》／11

曾　燦《過日集》／2

陶　煊、張　璨《國朝詩的》／方外 1

六　畫

安　吉

黃傳祖《扶輪新集》／4

江之翰

王爾綱《天下名家詩永》／16

同　揆

沈德潛《國朝詩別裁集》／584

因　文

陶　煊、張　璨《國朝詩的》／方外 2

彭廷梅《國朝詩選》／4

自　安

鄧漢儀《詩觀三集》／5

陶　煊、張　璨《國朝詩的》／方外 2

陳以剛《國朝詩品》／方外

自　肩

黃傳祖《扶輪續集》／4

自　扃

黃傳祖《扶輪續集》／7；9

姚　佺《詩源》／袖子

自　彥

王爾綱《天下名家詩永》／16

陶　煊、張　璨《國朝詩的》／方外 2

行　弘

鄧漢儀《詩觀二集》／6

倪匡世《振雅堂彙編詩最》／10

陶　煊、張　璨《國朝詩的》／方外 1

吳元桂《昭代詩針》／16 方外

行　如

陶　煊、張　璨《國朝詩的》／方外 1

行　法

顧有孝《驪珠集》／12

行　洌

魏　耕、钱价人《今诗粹》

顧有孝《驪珠集》／12

行　定

倪匡世《振雅堂彙編詩最》／10

行　岳

魏　耕、钱价人《今诗粹》

行　前

徐　崧、陳濟生《詩南》／6

行　昱

吳　藎《名家詩選》／4

陶　煊、張　璨《國朝詩的》／方外2

行　悦

鄧漢儀《天下名家詩觀》／7

陶　煊、張　璨《國朝詩的》／方外1

陳以剛《國朝詩品》／方外

吳元桂《昭代詩針》／16方外

行　荃

黃傳祖《扶輪續集》／9

程　棟、施　諲《鼓吹新編》／12

顧有孝《驪珠集》／12

行　雪

魏　耕、钱价人《今诗粹》

行　登

姚　佺《詩源》／衲子

行　探

程　棟、施　諲《鼓吹新編》／12

魏　耕、钱价人《今诗粹》

行　偏

倪匡世《振雅堂彙編詩最》／10

行　溥

倪匡世《振雅堂彙編詩最》／10

行　皙

魏　耕、钱价人《今诗粹》

曾　燦《過日集》／5

行　聖

朱　觀《國朝詩正》／1

陶　煊、張　璨《國朝詩的》／方外1

行　照

倪匡世《振雅堂彙編詩最》／10

行　廣

魏　耕、钱价人《今诗粹》

行　犇

陳以剛《國朝詩品》／方外2

彭廷梅《國朝詩選》／3；7；11

行　遠

黃傳祖《扶輪新集》／4

行　滿

顧有孝《驪珠集》／12

行　濬

鄧漢儀《詩觀三集》／11

倪匡世《振雅堂彙編詩最》／10

吳元桂《昭代詩針》／16方外

行　潤

鄧漢儀《天下名家詩觀》／7

孫　鋐《皇清詩選》／方外

行　導

曾　燦《過日集》／5

行　謙

魏　憲《詩持二集》／5

孫　鋐《皇清詩選》／方外

顧施楨（楨）《盛朝詩選初集》／12

陶　煊、張　璨《國朝詩的》／方外1

行　韜

程　棟、施　諲《鼓吹新編》／12

行　濂

陶　煊、張　璨《國朝詩的》／方外1

行　鑑

陶　煊、張　璨《國朝詩的》／方外2

全　賢

陶　煊、張　璨《國朝詩的》／方外2

综合索引（僧道尼）

如 全

魏 憲《詩持三集》／10

七 畫

宏 仁

吴元桂《昭代詩針》／16 方外

宏 倫

孫 鋐《皇清詩選》／方外

宏 暢

鄧漢儀《詩觀二集》／9

序 棺

陶 煊、張 璨《國朝詩的》／方外 1

陳以剛《國朝詩品》／方外

沈一誠

陶 煊、張 璨《國朝詩的》／方外 2

戒 顯

孫 鋐《皇清詩選》／方外

王爾綱《天下名家詩永》／16

陶 煊、張 璨《國朝詩的》／方外 1；2

汪 觀《清詩大雅》／2

吴元桂《昭代詩針》／16 方外

彭廷梅《國朝詩選》／3

沈德潛《國朝詩別裁集》／582

成 智

彭廷梅《國朝詩選》／2；4

成 傳

彭廷梅《國朝詩選》／6；9

成 聚

彭廷梅《國朝詩選》／4

成 磊

陶 煊、張 璨《國朝詩的》／方外 2

成 緒

吴 藎《名家詩選》／2

朱 觀《國朝詩正》／4

陶 煊、張 璨《國朝詩的》／方外 2

吴元桂《昭代詩針》／16 方外

成 禧

陶 煊、張 璨《國朝詩的》／方外 1

成 鷲

沈德潛《國朝詩別裁集》／586

克 仁

顧有孝《驪珠集》／12

克 諤

馬道旽《清詩二集》／4

岑 霈

沈德潛《國朝詩別裁集》／592

佛 乘

彭廷梅《國朝詩選》／11

佛 賜

鄧漢儀《詩觀二集》／12

孫 鋐《皇清詩選》／方外

陳以剛《國朝詩品》／方外

吴元桂《昭代詩針》／16 方外

沈德潛《國朝詩別裁集》／593

佛 誠

彭廷梅《國朝詩選》／10

佛 緑

彭廷梅《國朝詩選》／6

佛 慧

朱 觀《國朝詩正》／2

陶 煊、張 璨《國朝詩的》／方外 1

佛 睿

陶 煊、張 璨《國朝詩的》／方外 1

妙 光

陶 煊、張 璨《國朝詩的》／方外 2

妙 信

倪匡世《振雅堂彙編詩最》／10

妙 復

陶 煊、張 璨《國朝詩的》/ 方外 2

沈德潛《國朝詩別裁集》/ 594

妙 觀

黃傅祖《扶輪續集》/ 9

八 畫

空 是

鄧漢儀《天下名家詩觀》/ 3

孫 銓《皇清詩選》/ 方外

空 是

陶 煊、張 璨《國朝詩的》/ 方外 1

空 焱

彭廷梅《國朝詩選》/ 11

宗 元

汪 觀《清詩大雅》/ 3

宗 炳

鄧漢儀《天下名家詩觀》/ 11

鄧漢儀《詩觀二集》/ 12

孫 銓《皇清詩選》/ 方外

陳以剛《國朝詩品》/ 方外

宗 渭

魏 憲《詩持三集》/ 6

鄧漢儀《詩觀二集》/ 12

孫 銓《皇清詩選》/ 方外

沈德潛《國朝詩別裁集》/ 589

宗 智

倪匡世《振雅堂彙編詩最》/ 10

宗 蓮

鄧漢儀《天下名家詩觀》/ 2

孫 銓《皇清詩選》/ 方外

宗 璞

陶 煊、張 璨《國朝詩的》/ 方外 2

定 列

陶 煊、張 璨《國朝詩的》/ 方外 1

定 嵩

王爾綱《天下名家詩永》/ 16

净 宗

魏 憲《詩持二集》/ 2

孫 銓《皇清詩選》/ 方外

陶 煊、張 璨《國朝詩的》/ 方外 2

净 挺

鄧漢儀《天下名家詩觀》/ 2

陶 煊、張 璨《國朝詩的》/ 方外 1

净 溥

陶 煊、張 璨《國朝詩的》/ 方外 2

法 能

姚 佺《詩源》/ 袖子

法 融

陶 煊、張 璨《國朝詩的》/ 方外 1

法 藏

陶 煊、張 璨《國朝詩的》/ 方外 2

性 月

魏 耕、钱价人《今詩粹》

曾 燦《過日集》/ 5

性 本

鄧漢儀《詩觀二集》/ 13

性 休

沈德潛《國朝詩別裁集》/ 588

性 枝

魏 憲《詩持二集》/ 8

王爾綱《天下名家詩永》/ 16

陶 煊、張 璨《國朝詩的》/ 方外 2

長 水

彭廷梅《國朝詩選》/ 5

來 嚴

陶 煊、張 璨《國朝詩的》/ 方外 2

綜合索引（僧道尼）

旻　鼎

　顧施楨（楨）《盛朝詩選初集》／9

果　昌

　倪匡世《振雅堂彙編詩最》／10

昌　白

　王爾綱《天下名家詩永》／16

明　巳

　黃傳祖《扶輪續集》／9

明　印

　沈德潛《國朝詩別裁集》／595

明　河

　黃傳祖《扶輪續集》／4

　程　棟、施　譶《鼓吹新編》／12

明　孟

　黃傳祖《扶輪新集》／4

明　昊

　汪　觀《清詩大雅二集》／5

明　建

　陶　煊、張　璨《國朝詩的》／方外1

明　宣

　陶　煊、張　璨《國朝詩的》／方外1

明　炳

　彭廷梅《國朝詩選》／6

明　律

　彭廷梅《國朝詩選》／11

明　哲

　彭廷梅《國朝詩選》／2

明　遲

　魏　憲《詩持二集》／8

　陶　煊、張　璨《國朝詩的》／方外1

明　馨

　周佑予《清詩鼓吹》／4

周大炳

　陶　煊、張　璨《國朝詩的》／方外2

函　可

　黃傳祖《扶輪新集》／7

　陳祚明、韓　詩《國門集》／2；4；5

　程　棟、施　譶《鼓吹新編》／12

　魏　憲《詩持二集》／8

　鄧漢儀《天下名家詩觀》／5

　孫　鋐《皇清詩選》／方外

　王爾綱《天下名家詩永》／16

　韓純玉《近詩兼》

　卓爾堪《明遺民詩》／16

　陶　煊、張　璨《國朝詩的》／方外2

　陳以剛《國朝詩品》／方外

　吳元桂《昭代詩針》／16 方外

　彭廷梅《國朝詩選》／4

　沈德潛《國朝詩別裁集》／585

函　星

　卓爾堪《明遺民詩》／16

　陶　煊、張　璨《國朝詩的》／方外2

　吳元桂《昭代詩針》／16 方外

居　易

　黃傳祖《扶輪廣集》／14

　黃傳祖《扶輪新集》／9

九　畫

音　緯

　姚　佺《詩源》／袾子

宣　性

　彭廷梅《國朝詩選》／9

洪　熹

　陶　煊、張　璨《國朝詩的》／方外2

浄　周

　魏　耕、钱价人《今詩粹》

恒　慎

　陶　煊、張　璨《國朝詩的》／方外2

契 愍

程 棅、施 譶《鼓吹新编》／12

南 潜

鄧漢儀《詩觀二集》／4

曾 燦《過日集》／2；5；8

王爾綱《天下名家詩永》／16

陶 煊、張 璨《國朝詩的》／方外1

吴元桂《昭代詩針》／16方外

沈德潛《國朝詩別裁集》／582

修 堯

陳以剛《國朝詩品》／方外2

彭廷梅《國朝詩選》／4

修 道

陳以剛《國朝詩品》／方外2

汪 觀《清詩大雅》／13

俞 桐

沈德潛《國朝詩別裁集》／596

律 然

汪 觀《清詩大雅》／16

沈德潛《國朝詩別裁集》／594

十 畫

益 誠

馬道昕《清詩二集》／4

祥 璽

彭廷梅《國朝詩選》／2

祖 庭

黃傳祖《扶輪新集》／4

陳祚明、韓 詩《國門集》／2；

曾 燦《過日集》／5

祖 敏

彭廷梅《國朝詩選》／10

祖 琴

鄧漢儀《詩觀三集》／12

陶 煊、張 璨《國朝詩的》／方外1

陳以剛《國朝詩品》／方外

祖 琳

陶 煊、張 璨《國朝詩的》／方外2

祖 瑱

陶 煊、張 璨《國朝詩的》／方外2

祖 燦

王爾綱《天下名家詩永》／16

海 印

魏 憲《詩持三集》／10

孫 鋐《皇清詩選》／方外

海 明

倪匡世《振雅堂彙編詩最》／10

陶 煊、張 璨《國朝詩的》／方外2

海 岳

陶 煊、張 璨《國朝詩的》／方外1

陳以剛《國朝詩品》／方外

汪 觀《清詩大雅》／20

沈德潛《國朝詩別裁集》／587

海 朗

倪匡世《振雅堂彙編詩最》／10

海 源

魏 耕、钱价人《今诗粹》

顧有孝《驪珠集》／12

孫 鋐《皇清詩選》／方外

海 遐

魏 憲《詩持三集》／7

沈德潛《國朝詩別裁集》／584

海 禄

孫 鋐《皇清詩選》／方外

陶 煊、張 璨《國朝詩的》／方外1

陳以剛《國朝詩品》／方外

海 與

倪匡世《振雅堂彙編詩最》／10

綜合索引（僧道尼）

海 嶽

吴 藻《名家詩選》／1

朱 觀《國朝詩正》／5

海 鷗

顧施楨（楨）《盛朝詩選初集》／9

悟 一

王爾綱《天下名家詩永》／16

悟 乾

陶 煊、張 璨《國朝詩的》／方外2

素 交

陶 煊、張 璨《國朝詩的》／方外2

素 侯

程 棟、施 譚《鼓吹新編》／13 女道

士

起 煜

魏 憲《詩持三集》／5

破 門

彭廷梅《國朝詩選》／11

真 承

魏 憲《詩持三集》／10

孫 鋐《皇清詩選》／方外

真 常

黃傳祖《扶輪續集》／7；9

真 詮

姚 佺《詩源》／衲子

真 鈺

陶 煊、張 璨《國朝詩的》／方外2

真 諦

陶 煊、張 璨《國朝詩的》／方外2

原 志

鄧漢儀《詩觀二集》／13

孫 鋐《皇清詩選》／方外

吴元桂《昭代詩針》／16 方外

原 諸

孫 鋐《皇清詩選》／方外

振 愚

彭廷梅《國朝詩選》／6

晉 因

鄧漢儀《詩觀二集》／9

陳以剛《國朝詩品》／方外

時 思

汪 觀《清詩大雅二集》／3

徐鳳來

王爾綱《天下名家詩永》／16

能 印

曾 燦《過日集》／8

孫 鋐《皇清詩選》／方外

十一畫

寂 仁

魏 耕、钱价人《今詩粹》

寂 吾

黃傳祖《扶輪續集》／9

寂 定

陶 煊、張 璨《國朝詩的》／方外2

寂 呆

陶 煊、張 璨《國朝詩的》／方外1

寂 宮

王士禎《感舊集》／2

寂 訓

陶 煊、張 璨《國朝詩的》／方外2

寂 解

陶 煊、張 璨《國朝詩的》／方外2

寂 燈

卓爾堪《明遺民詩》／16

陶 煊、張 璨《國朝詩的》／方外1

深 仁

陶 煊、張 璨《國朝詩的》／方外2

清一

周佑予《清詩鼓吹》/ 4

涵 可

彭廷梅《國朝詩選》/ 2

常 岫

鄧漢儀《詩觀二集》/ 12

孫 鋐《皇清詩選》/ 方外

陶 煊、張 璨《國朝詩的》/ 方外 1

陳以剛《國朝詩品》/ 方外

野 桷

王爾綱《天下名家詩永》/ 16

通 岸

沈德潛《國朝詩別裁集》/ 588

通 門

倪匡世《振雅堂彙編詩最》/ 10

陶 煊、張 璨《國朝詩的》/ 方外 1

通 容

倪匡世《振雅堂彙編詩最》/ 10

通 問

程 棟、施 譔《鼓吹新編》/ 12

鄧漢儀《詩觀二集》/ 13

通 復

徐 崧、陳濟生《詩南》/ 5; 9

卓爾堪《明遺民詩》/ 16

陶 煊、張 璨《國朝詩的》/ 方外 1

通 潤

王士禎《感舊集》/ 4

通 賢

倪匡世《振雅堂彙編詩最》/ 10

通 燦

王爾綱《天下名家詩永》/ 16

通 鑑

魏 憲《詩持三集》/ 10

通 巖

王爾綱《天下名家詩永》/ 16

陸 輪

周佑予《清詩鼓吹》/ 4

陳志能

程 棟、施 譔《鼓吹新編》/ 13 丘仙

絞 屺

陶 煊、張 璨《國朝詩的》/ 方外 2

十二畫

童 珍

陶 煊、張 璨《國朝詩的》/ 方外 2

普 明

姚 佺《詩源》/ 衲子

普 潤

程 棟、施 譔《鼓吹新編》/ 12

普 醇

黃傳祖《扶輪續集》/ 9

黃傳祖《扶輪新集》/ 9

湛 復

倪匡世《振雅堂彙編詩最》/ 10

雲 岫

陶 煊、張 璨《國朝詩的》/ 方外 1

雲 巖

陶 煊、張 璨《國朝詩的》/ 方外 1

琛 大

鄧漢儀《詩觀二集》/ 12

孫 鋐《皇清詩選》/ 方外

王爾綱《天下名家詩永》/ 16

陶 煊、張 璨《國朝詩的》/ 方外 1

陳以剛《國朝詩品》/ 方外

堯 南

倪匡世《振雅堂彙編詩最》/ 10

超 凡

朱 觀《國朝詩正》/ 1

陶 煊、張 璨《國朝詩的》/ 方外 1

综合索引（僧道尼）

超　立

陶　煊、张　璨《國朝詩的》／方外2

超　泰

倪匡世《振雅堂彙編詩最》／10

超　華

吴元桂《昭代詩針》／16方外

超　普

鄧漢儀《詩觀三集》／11

倪匡世《振雅堂彙編詩最》／10

陳以剛《國朝詩品》／方外

吴元桂《昭代詩針》／16方外

超　淵

吴　藹《名家詩選》／1

陶　煊、张　璨《國朝詩的》／方外1

汪　觀《清詩大雅》／9

超　源

沈德潛《國朝詩別裁集》／594

超　瑋

陶　煊、张　璨《國朝詩的》／方外2

超　榕

魏　憲《詩持三集》／10

孫　銓《皇清詩選》／方外

王爾綱《天下名家詩永》／16

超　睿

倪匡世《振雅堂彙編詩最》／10

超　節

陶　煊、张　璨《國朝詩的》／方外2

超　暮

倪匡世《振雅堂彙編詩最》／10

超　遠

魏　憲《詩持三集》／10

沈德潛《國朝詩別裁集》／588

超　際

鄧漢儀《詩觀二集》／9

孫　銓《皇清詩選》／方外

陶　煊、张　璨《國朝詩的》／方外1

陳以剛《國朝詩品》／方外

超　潭

孫　銓《皇清詩選》／方外

超　蕉

馬道昕《清詩二集》／4

超　遞

朱　觀《國朝詩正》／2

陶　煊、张　璨《國朝詩的》／方外2

超　熾

倪匡世《振雅堂彙編詩最》／10

超　嶼

汪　觀《清詩大雅二集》／7

超　鐸

魏　憲《詩持二集》／5

顧施楨（禎）《盛朝詩選初集》／12

陶　煊、张　璨《國朝詩的》／方外1

彭廷梅《國朝詩選》／10

焚　昶

程　棟、施　譶《鼓吹新編》／14方外

雄　實

汪　觀《清詩大雅二集》／6

等　可

陈允衡《詩慰二集》

等　戒

程　棟、施　譶《鼓吹新編》／14方外

等　乘

顧施楨（禎）　《盛朝詩選初集》／12（附）

智　一

陶　煊、张　璨《國朝詩的》／方外2

陳以剛《國朝詩品》／方外2

智　刃

程　棟、施　譶《鼓吹新編》／12

智 朴

陶 煊、張 璨《國朝詩的》/ 方外 1

沈德潛《國朝詩別裁集》/ 589

智 旭

姚 佺《詩源》/ 衲子

智 林

顧施楨（禎）《盛朝詩選初集》/ 10

智 昱

魏 憲《詩持三集》/ 10

智 勛

陶 煊、張 璨《國朝詩的》/ 方外 1

智 舷

程 棟、施 諟《鼓吹新編》/ 12

魏 耕、钱份人《今詩粹》

智 易

朱 觀《國朝詩正》/ 4

智 勝

魏 憲《詩持三集》/ 10

智 栻

魏 憲《詩持三集》/ 10

智 焯

吳元桂《昭代詩針》/ 16 方外

智 劍

姚 佺《詩源》/ 衲子

智 閬

陶 煊、張 璨《國朝詩的》/ 方外 2

智 操

顧有孝《驪珠集》/ 12

魏 憲《詩持三集》/ 10

孫 銓《皇清詩選》/ 方外

智 樵

陶 煊、張 璨《國朝詩的》/ 方外 2

智 髹

魏 憲《詩持二集》/ 4

魏 憲《詩持三集》/ 10

孫 銓《皇清詩選》/ 方外

陶 煊、張 璨《國朝詩的》/ 方外 1

無 文

程 棟、施 諟《鼓吹新編》/ 12

復 懿

彭廷梅《國朝詩選》/ 3

然 修

陶 煊、張 璨《國朝詩的》/ 方外 2

彭廷梅《國朝詩選》/ 4

沈德潛《國朝詩別裁集》/ 592

閒 潭

鄧漢儀《詩觀三集》/ 10

王爾綱《天下名家詩永》/ 16

發 一

馬道昕《清詩二集》/ 4

隆 律

馬道昕《清詩二集》/ 4

隆 滐

黃傳祖《扶輪新集》/ 9

隆 敦

彭廷梅《國朝詩選》/ 11

十三畫

義 果

陶 煊、張 璨《國朝詩的》/ 方外 2

彭廷梅《國朝詩選》/ 6; 10

褚 弘

彭廷梅《國朝詩選》/ 4

道 玄

程 棟、施 諟《鼓吹新編》/ 13 方外

魏 耕、錢份人《今詩粹》

道 白

魏 耕、钱份人《今詩粹》

曾 燦《過日集》/ 5

綜合索引（僧道尼）

道㥞

姚 佺《詩源》／袛子

倪匡世《振雅堂彙編詩最》／10

陶 煊、張 璨《國朝詩的》／方外2

彭廷梅《國朝詩選》／11

道 果

周佑子《清詩鼓吹》／4

道 研

姚 佺《詩源》／袛子

道 盛

姚 佺《詩源》／袛子

陶 煊、張 璨《國朝詩的》／方外2

道 愃

王爾綱《天下名家詩永》／16

道 源

王士禎《感舊集》／3

道 衡

馮 舒《懷舊集》下／19上

慈 昉

卓爾堪《明遺民詩》／16

陶 煊、張 璨《國朝詩的》／方外2

慈 蕙

倪匡世《振雅堂彙編詩最》／10

溥 良

彭廷梅《國朝詩選》／9

溥 映

程 棟、施 譔《鼓吹新編》／12

溥 晼

彭廷梅《國朝詩選》／3；9；11

沈德潛《國朝詩別裁集》／590

溥 閑

程 棟、施 譔《鼓吹新編》／12

顧有孝《驪珠集》／12

源 際

黃傳祖《扶輪續集》／9

詮 脩

曾 燦《過日集》／5

萬 清

彭廷梅《國朝詩選》／4

達 旦

黃傳祖《扶輪續集》／9

達 剛

倪匡世《振雅堂彙編詩最》／10

達 輪

周佑子《清詩鼓吹》／4

頑 石

程 棟、施 譔《鼓吹新編》／12

楚 琛

魏 憲《詩持三集》／10

鄧漢儀《詩觀二集》／12

沈德潛《國朝詩別裁集》／590

照 正

陶 煊、張 璨《國朝詩的》／方外1

彭廷梅《國朝詩選》／6

照 白

程 棟、施 譔《鼓吹新編》／14方外

照 宗

曾 燦《過日集》／8

照 音

程 棟、施 譔《鼓吹新編》／12

顧有孝《驪珠集》／12

孫 銓《皇清詩選》／方外

照 調

倪匡世《振雅堂彙編詩最》／10

照 影

程 棟、施 譔《鼓吹新編》／12

顧有孝《驪珠集》／12

照 融

魏 憲《詩持三集》／10

孫 銓《皇清詩選》／方外

照　覺

黃傳祖《扶輪續集》/ 9

圓　生

黃傳祖《扶輪續集》/ 9

黃傳祖《扶輪新集》/ 9

程　棟、施　譚《鼓吹新編》/ 12

姚　佺《詩源》/ 祧子

鄧漢儀《天下名家詩觀》/ 5

孫　鋐《皇清詩選》/ 方外

陳以剛《國朝詩品》/ 方外

圓　星

彭廷梅《國朝詩選》/ 11

圓　信

卓爾堪《明遺民詩》/ 16

陶　煊、張　璨《國朝詩的》/ 方外 1

吳元桂《昭代詩針》/ 16 方外

圓　悟

陶　煊、張　璨《國朝詩的》/ 方外 1

傳　悟

陶　煊、張　璨《國朝詩的》/ 方外 2

傳　莞

倪匡世《振雅堂彙編詩最》/ 10

傳　略

彭廷梅《國朝詩選》/ 3

傳　暑

陳以剛《國朝詩品》/ 方外 2

傳　彝

陳以剛《國朝詩品》/ 方外 2

彭廷梅《國朝詩選》/ 1; 3; 7

微　緒

陶　煊、張　璨《國朝詩的》/ 方外 2

十四畫

實　正

陶　煊、張　璨《國朝詩的》/ 方外 1

實　印

黃傳祖《扶輪續集》/ 9

程　棟、施　譚《鼓吹新編》/ 12

實　訪

沈德潛《國朝詩別裁集》/ 582

實　閑

周佑予《清詩鼓吹》/ 4

實　照

彭廷梅《國朝詩選》/ 5

實　徵

彭廷梅《國朝詩選》/ 10

慶　珠

黃傳祖《扶輪續集》/ 9

榮　漣

陶　煊、張　璨《國朝詩的》/ 方外 2

静　挺

孫　鋐《皇清詩選》/ 方外

陳以剛《國朝詩品》/ 方外

吳元桂《昭代詩針》/ 16 方外

嘗　延

黃傳祖《扶輪新集》/ 4

嘗　默

曾　燦《過日集》/ 5

睿　□

沈德潛《國朝詩別裁集》/ 592

僧　依

黃傳祖《扶輪新集》/ 4; 7; 9

僧　殘

魏　憲《詩持二集》/ 3

孫　鋐《皇清詩選》/ 方外

沈德潛《國朝詩別裁集》/ 587

僧 慕

魏 耕、錢价人《今詩粹》

僧 叡

黃傳祖《扶輪續集》/ 4

與 道

陶 煊、張 璨《國朝詩的》/ 方外 2

銘 起

鄧漢儀《詩觀二集》/ 3

陳以剛《國朝詩品》/ 方外

銘 超

鄧漢儀《天下名家詩觀》/ 9

陶 煊、張 璨《國朝詩的》/ 方外 1

際 時

顧有孝《驪珠集》/ 12

際 能

王爾綱《天下名家詩永》/ 16

際 蓮

彭廷梅《國朝詩選》/ 2; 5

際 曉

彭廷梅《國朝詩選》/ 6

際 瞻

黃傳祖《扶輪續集》/ 9

十五畫

澄 翰

姚 佺《詩源》/ 袖子

廣 育

黃傳祖《扶輪續集》/ 9

廣 登

彭廷梅《國朝詩選》/ 4

廣 蓮

陶 煊、張 璨《國朝詩的》/ 方外 1

廣 緣

黃傳祖《扶輪續集》/ 4; 9

程 棟、施 譶《鼓吹新編》/ 12

廣 燈

彭廷梅《國朝詩選》/ 9

廣 濟

吳 藎《名家詩選》/ 3

朱 觀《國朝詩正》/ 8

慧 泓

陶 煊、張 璨《國朝詩的》/ 方外 2

慧 海

馬道畊《清詩二集》/ 4

慧 晟

陶 煊、張 璨《國朝詩的》/ 方外 1

彭廷梅《國朝詩選》/ 12

慧 鋒

陶 煊、張 璨《國朝詩的》/ 方外 1

慧 鴻

倪匡世《振雅堂彙編詩最》/ 10

慧 覺

鄧漢儀《詩觀三集》/ 9

孫 鋐《皇清詩選》/ 方外

陳以剛《國朝詩品》/ 方外

徹 源

陶 煊、張 璨《國朝詩的》/ 方外 2

德 山

陶 煊、張 璨《國朝詩的》/ 方外 2

德 元

彭廷梅《國朝詩選》/ 1

沈德潛《國朝詩別裁集》/ 588

德 永

王爾綱《天下名家詩永》/ 16

德 玉

陶 煊、張 璨《國朝詩的》/ 方外 2

陳以剛《國朝詩品》/ 方外

德 孚
　鄧漢儀《天下名家詩觀》／11
德 岱
　彭廷梅《國朝詩選》／8
德 亮
　沈德潛《國朝詩別裁集》／593
德 珠
　彭廷梅《國朝詩選》／4；10
德 峻
　陶 煊、張 璨《國朝詩的》／方外2
德 淳
　黃傳祖《扶輪續集》／9
　程 棟、施 譔《鼓吹新編》／12
德 清
　程 棟、施 譔《鼓吹新編》／12
德 基
　鄧漢儀《詩觀三集》／10
　王爾綱《天下名家詩永》／16
德 溥
　陶 煊、張 璨《國朝詩的》／方外1
德 暉
　沈德潛《國朝詩別裁集》／593
德 淵
　黃傳祖《扶輪續集》／9
　黃傳祖《扶輪廣集》／9
　程 棟、施 譔《鼓吹新編》／12
　徐 崧、陳濟生《詩南》／5
德 廣
　程 棟、施 譔《鼓吹新編》／14 方
　　外
德 瑩
　彭廷梅《國朝詩選》／6
德 器
　魏 耕、钱价人《今詩粹》

盤 銘
　王爾綱《天下名家詩永》／16

十六畫

燈 岱
　汪 觀《清詩大雅》／9
翰 著
　倪匡世《振雅堂彙編詩最》／10
機 質
　朱 觀《國朝詩正》／6
　陶 煊、張 璨《國朝詩的》／方外2
曉 青
　程 棟、施 譔《鼓吹新編》／12 釋
　氏
　魏 耕、钱价人《今詩粹》
　陶 煊、張 璨《國朝詩的》／方外2
曉 音
　沈德潛《國朝詩別裁集》／588
曉 堂
　陶 煊、張 璨《國朝詩的》／方外1
曉 圓
　黃傳祖《扶輪新集》／4
興 正
　鄧漢儀《詩觀二集》／8
　陳以剛《國朝詩品》／方外
興 卉
　陶 煊、張 璨《國朝詩的》／方外1
興 斧
　王爾綱《天下名家詩永》／16
興 球
　魏 憲《詩持二集》／3
　孫 銓《皇清詩選》／方外
　陶 煊、張 璨《國朝詩的》／方外2

綜合索引（僧道尼）

興　源

孫　銓《皇清詩選》／方外

陶　煊、張　璨《國朝詩的》／方外 2

吳元桂《昭代詩針》／16 方外

彭廷梅《國朝詩選》／3

興　義

魏　憲《詩持三集》／10

王爾綱《天下名家詩永》／16

興　賢

吳元桂《昭代詩針》／16 方外

興　徹

程　棟、施　譔《鼓吹新編》／14 方外

興　機

陶　煊、張　璨《國朝詩的》／方外 2

隱　明

吳元桂《昭代詩針》／16 方外

十七畫

濟　志

周佑予《清詩鼓吹》／4

濟　乘

倪匡世《振雅堂彙編詩最》／10

濟　衡

黃傳祖《扶輪續集》／4

龍　隱

程　棟、施　譔《鼓吹新編》／13 方外

檀道人

程　棟、施　譔《鼓吹新編》／12

十九畫

證　牲

王爾綱《天下名家詩永》／16

願　光

沈德潛《國朝詩別裁集》／590

二十畫

寶　印

黃傳祖《扶輪續集》／7

釋　弘

陶　煊、張　璨《國朝詩的》／方外 2

釋　牧

陶　煊、張　璨《國朝詩的》／方外 2

釋　海

陶　煊、張　璨《國朝詩的》／方外 1

釋　殘

陶　煊、張　璨《國朝詩的》／方外 1

釋　智

陶　煊、張　璨《國朝詩的》／方外 1

釋　際

陳以剛《國朝詩品》／方外 2

覺　印

魏　耕、錢价人《今詩粹》

覺　清

王爾綱《天下名家詩永》／16

鐙　溥

鄧漢儀《詩觀二集》／13

陶　煊、張　璨《國朝詩的》／方外 2

繼　舜

朱　觀《國朝詩正》／8

陶　煊、張　璨《國朝詩的》／方外 1

二十一畫

續　弘

陳以剛《國朝詩品》／方外 2

彭廷梅《國朝詩選》／12

清初詩選五十六種引得

續 燈

陶 煊、張 璨《國朝詩的》／方外2

彭廷梅《國朝詩選》／5

二十二畫

讀 徹

黃傳祖《扶輪續集》／4；9

程 棟、施 譚《鼓吹新編》／12

姚 佺《詩源》／袛子

徐 崧、陳清生《詩南》／3；5

顧有孝《驪珠集》／12

魏 憲《補石倉詩選》／2

魏 憲《皇清百名家詩選》／88

鄧漢儀《詩觀二集》／1

王士禎《感舊集》／3

曾 燦《過日集》／2

孫 銓《皇清詩選》／方外

王爾綱《天下名家詩永》／16

卓爾堪《明遺民詩》／16

陶 煊、張 璨《國朝詩的》／方外2

吳元桂《昭代詩針》／16 方外

二十三畫

顯 明

倪匡世《振雅堂彙編詩最》／10

顯 聞

黃傳祖《扶輪續集》／9

顯 讓

沈德潛《國朝詩別裁集》／583

顯 應

倪匡世《振雅堂彙編詩最》／10

體 源

陶 煊、張 璨《國朝詩的》／方外2

二十四畫

靈 檀

顧有孝《驪珠集》／12

閨 媛

二 畫

丁 瑜

沈德潛《國朝詩別裁集》／568

四 畫

卞 氏

陶 煊、張 璨《國朝詩的》／閨秀2

彭廷梅《國朝詩選》／4 閨秀；6 閨秀

卞荊璞

黃傳祖《扶輪續集》／9

卞夢珏

程 棟、施 譚《鼓吹新編》／13 閨秀

方 氏

吳元桂《昭代詩針》／16

方 京

沈德潛《國朝詩別裁集》／575

综合索引（闺媛）

方琬

陶 煊、张 璨《国朝诗的》／闺秀1

沈德潜《国朝诗别裁集》／565

方孟式

程 棟、施 諲《鼓吹新编》／13 闺秀

方维儀

程 棟、施 諲《鼓吹新编》／13 闺秀

姚 佺《诗源》／列女

王爾綱《天下名家诗永》／15

彭廷梅《國朝诗選》／10 闺秀

沈德潜《国朝诗别裁集》／563

王 正

鄧漢儀《诗觀三集》／闺秀别卷

吴 藎《名家诗選》／闺秀

陶 煊、张 璨《国朝诗的》／闺秀1

王 琛

黄傅祖《扶輪廣集》／14

王 焯

沈德潜《国朝诗别裁集》／570

王 微

程 棟、施 諲《鼓吹新编》／13 闺秀

魏 耕、錢价人《今诗粹》

王 慧

沈德潜《国朝诗别裁集》／567

王汝琛

彭廷梅《國朝诗選》／8 闺秀；10 闺

秀；12 闺秀

王芳與

程 棟、施 諲《鼓吹新编》／13 闺秀

王耐因

王爾綱《天下名家诗永》／15

王素音

王爾綱《天下名家诗永》／15

王倩娘

王爾綱《天下名家诗永》／15

王淑卿

鄧漢儀《诗觀二集》／闺秀别卷

陶 煊、张 璨《国朝诗的》／闺秀1

王端淑

黄傅祖《扶輪新集》／7

程 棟、施 諲《鼓吹新编》／13 闺秀

姚 佺《诗源》／列女

魏 耕、錢价人《今诗粹》

陶 煊、张 璨《国朝诗的》／闺秀2

王瑶湘

陶 煊、张 璨《国朝诗的》／闺秀2

沈德潜《国朝诗别裁集》／570

王鳳嫺

陶 煊、张 璨《国朝诗的》／闺秀1

王鳳嫻

姚 佺《诗源》／列女

王蘭若

陶 煊、张 璨《国朝诗的》／闺秀2

毛秀惠

沈德潜《国朝诗别裁集》／578

尹 氏

鄧漢儀《诗觀三集》／闺秀别卷

尹劭榮

程 棟、施 諲《鼓吹新编》／13 闺秀

尹瓊華

沈德潜《国朝诗别裁集》／580

孔傳蓮

沈德潜《国朝诗别裁集》／576

五 畫

平陽女子

鄧漢儀《诗觀二集》／闺秀别卷

白 氏

鄧漢儀《诗觀二集》／闺秀别卷

陶 煊、張 璨《國朝詩的》/ 閨秀 1

白挽月

鄧漢儀《詩觀二集》/ 閨秀別卷

六 畫

朱 氏

鄧漢儀《詩觀二集》/ 閨秀別卷

朱中楣

鄧漢儀《詩觀二集》/ 閨秀別卷

王爾綱《天下名家詩永》/ 15

陶 煊、張 璨《國朝詩的》/ 閨秀 1

朱柔則

陶 煊、張 璨《國朝詩的》/ 閨秀 1

沈德潛《國朝詩別裁集》/ 570

朱雪英

鄧漢儀《詩觀二集》/ 閨秀別卷

陶 煊、張 璨《國朝詩的》/ 閨秀 2

朱德蓉

黃傳祖《扶輪廣集》/ 14

程 棟、施 譚《鼓吹新編》/ 13 閨秀

魏 耕、錢价人《今詩粹》

陶 煊、張 璨《國朝詩的》/ 閨秀 2

仲 氏

程 棟、施 譚《鼓吹新編》/ 14 閨秀

舟中女

彭廷梅《國朝詩選》/ 12 閨秀

羽 觴

程 棟、施 譚《鼓吹新編》/ 13 閨秀

七 畫

宋凌雲

沈德潛《國朝詩別裁集》/ 580

宋憲湘

黃傳祖《扶輪廣集》/ 14

王爾綱《天下名家詩永》/ 15

陶 煊、張 璨《國朝詩的》/ 閨秀 2

汪 是

吳元桂《昭代詩針》/ 16

汪 瑤

沈德潛《國朝詩別裁集》/ 579

汪 璀

沈德潛《國朝詩別裁集》/ 581

汪夢燕

吳 藎《名家詩選》/ 閨秀

陶 煊、張 璨《國朝詩的》/ 閨秀 1

沈 雅

陶 煊、張 璨《國朝詩的》/ 閨秀 1

沈宜修

程 棟、施 譚《鼓吹新編》/ 13 閨秀

沈紉蘭

程 棟、施 譚《鼓吹新編》/ 13 閨秀

沈智瑤

程 棟、施 譚《鼓吹新編》/ 13 閨秀

沈德順

陶 煊、張 璨《國朝詩的》/ 閨秀 2

沈憲英

程 棟、施 譚《鼓吹新編》/ 13 閨秀

沈憲玉

沈德潛《國朝詩別裁集》/ 576

沈樹榮

沈德潛《國朝詩別裁集》/ 572

沈璧娘

程 棟、施 譚《鼓吹新編》/ 13 閨秀

李 因

程 棟、施 譚《鼓吹新編》/ 13 閨秀

陳以剛《國朝詩品》/ 閨門 1; 閨門 2

彭廷梅《國朝詩選》/ 12 閨秀

综合索引（闺媛）

李　妍

　　鄧漢儀《詩觀三集》／閨秀別卷

　　吳　藎《名家詩選》／閨秀

　　陶　煊、張　璨《國朝詩的》／閨秀1

李　源

　　徐　崧《詩風初集》／9

李　蕊

　　鄧漢儀《詩觀三集》／閨秀別卷

　　陶　煊、張　璨《國朝詩的》／閨秀2

李　瓊

　　彭廷梅《國朝詩選》／10 閨秀

李玉照

　　程　棟、施　譔《鼓吹新編》／13 閨秀

李季嫻

　　鄧漢儀《詩觀三集》／閨秀別卷

　　吳　藎《名家詩選》／閨秀

　　陶　煊、張　璨《國朝詩的》／閨秀1

李徐氏

　　彭廷梅《國朝詩選》／12 閨秀

李國梅

　　吳　藎《名家詩選》／閨秀

　　陶　煊、張　璨《國朝詩的》／閨秀1

杜小英

　　陶　煊、張　璨《國朝詩的》／閨秀2

　　彭廷梅《國朝詩選》／12 閨秀

杜瓊枝

　　程　棟、施　譔《鼓吹新編》／13 閨秀

吳　山

　　程　棟、施　譔《鼓吹新編》／13 閨秀

　　陶　煊、張　璨《國朝詩的》／閨秀2

　　陳以剛《國朝詩品》／閩門1；閩門2

　　彭廷梅《國朝詩選》／2 閨秀；4 閨秀；

　　　6 閨秀；8 閨秀；10 閨秀；12 閨秀

吳　氏

　　陶　煊、張　璨《國朝詩的》／閨秀1；

2

吳元桂《昭代詩針》／16

沈德潛《國朝詩別裁集》／565

吳　吳

　　鄧漢儀《詩觀二集》／閨秀別卷

　　陶　煊、張　璨《國朝詩的》／閨秀2

吳　琪

　　程　棟、施　譔《鼓吹新編》／13 閨秀

　　陶　煊、張　璨《國朝詩的》／閨秀2

　　陳以剛《國朝詩品》／閩門1；閩門2

　　彭廷梅《國朝詩選》／2 閨秀；4 閨秀；

　　　8 閨秀；12 閨秀

沈德潛《國朝詩別裁集》／564

吳　異

　　沈德潛《國朝詩別裁集》／577

吳　緒

　　程　棟、施　譔《鼓吹新編》／13 閨秀

　　陶　煊、張　璨《國朝詩的》／閨秀2

　　陳以剛《國朝詩品》／閩門1；閩門2

　　彭廷梅《國朝詩選》／12 閨秀

　　沈德潛《國朝詩別裁集》／564

吳　蕙

　　陶　煊、張　璨《國朝詩的》／閨秀2

吳　靜

　　陶　煊、張　璨《國朝詩的》／閨秀2

吳氏女

　　王爾綱《天下名家詩永》／15

吳永和

　　陶　煊、張　璨《國朝詩的》／閨秀1

　　沈德潛《國朝詩別裁集》／568

吳宗潛

　　徐　崧《詩風初集》／8

吳定香

　　馬道畊《清詩二集》／4

吴若耶

黄傅祖《扶輪續集》/8；9

吴若華

沈德潛《國朝詩別裁集》/579

吴坤元

鄧漢儀《詩觀二集》/閨秀別卷

王爾綱《天下名家詩永》/15

陶 煊、張 璨《國朝詩的》/閨秀1

吴雯華

沈德潛《國朝詩別裁集》/576

吴緑蘭

吳 蘭《名家詩選》/閨秀

陶 煊、張 璨《國朝詩的》/閨秀1

吴霈娘

陶 煊、張 璨《國朝詩的》/閨秀2

呂 氏

鄧漢儀《詩觀三集》/閨秀別卷

佟素衡

吴元桂《昭代詩針》/16

余子玉

鄧漢儀《詩觀二集》/閨秀別卷

余性淳

陶 煊、張 璨《國朝詩的》/閨秀2

八 畫

祁德茞

程 棟、施 譓《鼓吹新編》/13 閨秀

祁德蕊

陶 煊、張 璨《國朝詩的》/閨秀2

祁德淵

陳以剛《國朝詩品》/閩門1；閩門2

祁德瓊

程 棟、施 譓《鼓吹新編》/13 閨秀

陶 煊、張 璨《國朝詩的》/閨秀2

邯鄲女史

彭廷梅《國朝詩選》/12 閨秀

林 氏

魏 憲《詩持二集》/7

劉 然《國朝詩乘》/11

吴元桂《昭代詩針》/16

林文貞

鄧漢儀《詩觀二集》/閨秀別卷

陶 煊、張 璨《國朝詩的》/閨秀2

彭廷梅《國朝詩選》/6 閨秀

林以寧

陶 煊、張 璨《國朝詩的》/閨秀1

汪 觀《清詩大雅》/4

沈德潛《國朝詩別裁集》/574

易慕昭

陶 煊、張 璨《國朝詩的》/閨秀1

季 嫺

黄傅祖《扶輪續集》/8

程 棟、施 譓《鼓吹新編》/13 閨秀

金 氏

沈德潛《國朝詩別裁集》/570

金 順

沈德潛《國朝詩別裁集》/581

金如式

陶 煊、張 璨《國朝詩的》/閨秀2

金貞琬

程 棟、施 譓《鼓吹新編》/13 閨秀

周 文

程 棟、施 譓《鼓吹新編》/13 閨秀

周 姓

陶 煊、張 璨《國朝詩的》/閨秀1

周 異

沈德潛《國朝詩別裁集》/579

周 禮

程 棟、施 譓《鼓吹新編》/13 閨秀

綜合索引（閨媛）

魏　耕、錢价人《今詩粹》
周　瓊
　　程　棟、施　譚《鼓吹新編》／14 閨秀
　　陶　煊、張　璨《國朝詩的》／閨秀2
　　陳以剛《國朝詩品》／閨門1；閨門2
周　瑸
　　彭廷梅《國朝詩選》／4 閨秀
周玉昭
　　程　棟、施　譚《鼓吹新編》／13 閨秀
周志薰
　　沈德潛《國朝詩別裁集》／570
周貞媛
　　鄧漢儀《詩觀三集》／閨秀別卷
　　吴　藎《名家詩選》／閨秀
　　陶　煊、張　璨《國朝詩的》／閨秀1
　　彭廷梅《國朝詩選》／6 閨秀
周姑媛
　　陶　煊、張　璨《國朝詩的》／閨秀2
周致柔
　　王爾綱《天下名家詩永》／15
周淑媛
　　彭廷梅《國朝詩選》／10 閨秀
　　沈德潛《國朝詩別裁集》／572
周淑履
　　沈德潛《國朝詩別裁集》／577

九　畫

范　妹
　　陶　煊、張　璨《國朝詩的》／閨秀2
范　姝
　　鄧漢儀《詩觀二集》／閨秀別卷
　　陳以剛《國朝詩品》／閨門1；閨門2
　　彭廷梅《國朝詩選》／2 閨秀；10 閨
　　　秀；12 閨秀

沈德潛《國朝詩別裁集》／565
范　雲
　　王爾綱《天下名家詩永》／15
范淑鍾
　　陶　煊、張　璨《國朝詩的》／閨秀2
　　沈德潛《國朝詩別裁集》／568
范滿珠
　　鄧漢儀《詩觀二集》／閨秀別卷
　　陶　煊、張　璨《國朝詩的》／閨秀2
　　吴元桂《昭代詩針》／16
茅玉媛
　　黃傳祖《扶輪廣集》／14
胡介妻
　　鄧漢儀《詩觀二集》／閨秀別卷
　　陶　煊、張　璨《國朝詩的》／閨秀2
胡惟寧
　　陶　煊、張　璨《國朝詩的》／閨秀1
胡崇娘
　　姚　佺《詩源》／列女
柳　因
　　鄧漢儀《詩觀二集》／閨秀別卷
　　陶　煊、張　璨《國朝詩的》／閨秀1
柳　是
　　魏　耕、錢价人《今詩粹》
柳　隱
　　程　棟、施　譚《鼓吹新編》／13 閨秀
柴靜儀
　　陶　煊、張　璨《國朝詩的》／閨秀1
　　沈德潛《國朝詩別裁集》／566
冒德娟
　　鄧漢儀《詩觀三集》／閨秀別卷
思　栢
　　彭廷梅《國朝詩選》／10 閨秀
侯承恩
　　沈德潛《國朝詩別裁集》／572

侯懷風

鄧漢儀《詩觀二集》／閨秀別卷

陶 煊、張 璨《國朝詩的》／閨秀 1

沈德潛《國朝詩別裁集》／565

俞 氏

鄧漢儀《詩觀二集》／閨秀別卷

陶 煊、張 璨《國朝詩的》／閨秀 1

姚世鑑

沈德潛《國朝詩別裁集》／577

姚映淮

沈德潛《國朝詩別裁集》／563

姚益敬

沈德潛《國朝詩別裁集》／577

姚瑛玉

吳元桂《昭代詩針》／16

紀映淮

姚 佺《詩源》／列女

十 畫

馬 氏

程 棟、施 譔《鼓吹新編》／13 閨秀

馬士琪

彭廷梅《國朝詩選》／12 閨秀

沈德潛《國朝詩別裁集》／571

秦 曼

鄧漢儀《詩觀三集》／閨秀別卷

吳 藎《名家詩選》／閨秀

陶 煊、張 璨《國朝詩的》／閨秀 1

秦昭奴

鄧漢儀《詩觀三集》／閨秀別卷

袁 機

沈德潛《國朝詩別裁集》／581

袁 鑾

鄧漢儀《詩觀二集》／閨秀別卷

袁九嫕

陶 煊、張 璨《國朝詩的》／閨秀 2

陳以剛《國朝詩品》／閨門 1；閨門 2

彭廷梅《國朝詩選》／6 閨秀；10 閨秀

沈德潛《國朝詩別裁集》／574

袁蘭婉

王爾綱《天下名家詩永》／15

璨莊女

彭廷梅《國朝詩選》／12 閨秀

夏惠姑

程 棟、施 譔《鼓吹新編》／13 閨秀

魏 耕、錢价人《今詩粹》

倪 瑞

程 棟、施 譔《鼓吹新編》／13 閨秀

姚 佺《詩源》／列女

魏 耕、錢价人《今詩粹》

王爾綱《天下名家詩永》／15

倪仁吉

沈德潛《國朝詩別裁集》／565

倪瑞璿

沈德潛《國朝詩別裁集》／573

徐 氏

沈德潛《國朝詩別裁集》／568

徐 燦

沈德潛《國朝詩別裁集》／563

徐安吉

黃傳祖《扶輪新集》／9

程 棟、施 譔《鼓吹新編》／13 閨秀

徐昭華

沈德潛《國朝詩別裁集》／569

徐淑秀

王爾綱《天下名家詩永》／15

陶 煊、張 璨《國朝詩的》／閨秀 2

徐惠文

陳以剛《國朝詩品》／閨門 2

綜合索引（閨媛）

徐暗香

陶 煊、張 璨《國朝詩的》／閨秀2

徐德音

陶 煊、張 璨《國朝詩的》／閨秀1；2

彭廷梅《國朝詩選》／8 閨秀；12 閨秀

徐橫波

彭廷梅《國朝詩選》／4 閨秀

孫 淑

沈德潛《國朝詩別裁集》／570

孫旭姣

汪 觀《清詩大雅二集》／3

孫思姙

陳以剛《國朝詩品》／閩門2

孫瑤華

程 棟、施 謙《鼓吹新編》／13 閨秀

魏 耕、錢价人《今詩粹》

孫蘭媛

黃傅祖《扶輪廣集》／14

十一畫

章有淑

程 棟、施 謙《鼓吹新編》／13 閨秀

章有湘

程 棟、施 謙《鼓吹新編》／13 閨秀

魏 耕、錢价人《今詩粹》

陶 煊、張 璨《國朝詩的》／閨秀2

陳以剛《國朝詩品》／閩門1；閩門2

沈德潛《國朝詩別裁集》／564

章有渭

程 棟、施 謙《鼓吹新編》／13 閨秀

魏 耕、錢价人《今詩粹》

商景蘭

程 棟、施 謙《鼓吹新編》／13 閨秀

魏 耕、錢价人《今詩粹》

陶 煊、張 璨《國朝詩的》／閨秀2

淡 亭

彭廷梅《國朝詩選》／10

許 權

沈德潛《國朝詩別裁集》／580

許心澧

鄧漢儀《詩觀二集》／閨秀別卷

王爾綱《天下名家詩永》／15

許孟昭

沈德潛《國朝詩別裁集》／578

許飛雲

陶 煊、張 璨《國朝詩的》／閨秀1

沈德潛《國朝詩別裁集》／578

許楚畹

沈德潛《國朝詩別裁集》／578

郭 矽

陶 煊、張 璨《國朝詩的》／閨秀1

黃之柔

鄧漢儀《詩觀三集》／閨秀別卷

黃克異

陶 煊、張 璨《國朝詩的》／閨秀2

黃淑貞

鄧漢儀《詩觀三集》／閨秀別卷

吳 藎《名家詩選》／閨秀

陶 煊、張 璨《國朝詩的》／閨秀1

黃淑媛

陶 煊、張 璨《國朝詩的》／閨秀1

黃媛介

黃傅祖《扶輪續集》／7；8

黃傅祖《扶輪新集》／9

程 棟、施 謙《鼓吹新編》／13 閨秀

姚 佺《詩源》／列女

魏 耕、錢价人《今詩粹》

陶 煊、張 璨《國朝詩的》／閨秀1

彭廷梅《國朝詩選》／8 閨秀

黃德貞

程 棟、施 諲《鼓吹新編》／13 閨秀

曹延齡

陳以剛《國朝詩品》／閨門1；閨門2

曹椿齡

陳以剛《國朝詩品》／閨門1；閨門2

婁 異

陶 煊、張 璨《國朝詩的》／閨秀2

畢 著

沈德潛《國朝詩別裁集》／563

張 于

程 棟、施 諲《鼓吹新編》／13 閨秀

張 氏

陶 煊、張 璨《國朝詩的》／閨秀2

沈德潛《國朝詩別裁集》／568

張 氏

沈德潛《國朝詩別裁集》／573

張 昊

王爾綱《天下名家詩永》／15

彭廷梅《國朝詩選》／12 閨秀

張 瑛

陶 煊、張 璨《國朝詩的》／閨秀1

張 棻

陶 煊、張 璨《國朝詩的》／閨秀2

陳以剛《國朝詩品》／閨門1；閨門2

彭廷梅《國朝詩選》／10 閨秀

張 潮

鄧漢儀《詩觀二集》／閨秀別卷

王爾綱《天下名家詩永》／15

陶 煊、張 璨《國朝詩的》／閨秀2

張 瑩

陳以剛《國朝詩品》／閨門2

張 繁

沈德潛《國朝詩別裁集》／572

張引元

程 棟、施 諲《鼓吹新編》／13 閨秀

姚 佺《詩源》／列女

彭廷梅《國朝詩選》／10 閨秀

張引慶

姚 佺《詩源》／列女

張令儀

陳以剛《國朝詩品》／閨門1；閨門2

吴元桂《昭代詩針》／16

沈德潛《國朝詩別裁集》／569

張妞誼

陳以剛《國朝詩品》／閨門1；閨門2

張凌仙

沈德潛《國朝詩別裁集》／571

張嗣謝

陳以剛《國朝詩品》／閨門2

張德蕙

程 棟、施 諲《鼓吹新編》／13 閨秀

魏 耕、錢价人《今詩粹》

陶 煊、張 璨《國朝詩的》／閨秀2

張學典

沈德潛《國朝詩別裁集》／571

陸 氏

陳以剛《國朝詩品》／閨門1；閨門2

陳 氏

陶 煊、張 璨《國朝詩的》／閨秀1

陳 珮

汪 觀《清詩大雅二集》／3

彭廷梅《國朝詩選》／2 閨秀；6 閨秀；10 閨秀

沈德潛《國朝詩別裁集》／574

陳 契

陶 煊、張 璨《國朝詩的》／閨秀2

彭廷梅《國朝詩選》／6 閨秀；10 閨秀

陳 瑗

鄧漢儀《詩觀二集》／閨秀別卷

陳士安

陶 煊、張 璨《國朝詩的》／閨秀 2

陳士更

陶 煊、張 璨《國朝詩的》／閨秀 2

陳士興

陶 煊、張 璨《國朝詩的》／閨秀 2

陳氏女

王爾綱《天下名家詩永》／15

陳玉瑛

彭廷梅《國朝詩選》／4 閨秀

陳奇芳

沈德潛《國朝詩別裁集》／579

陳崑璧

陶 煊、張 璨《國朝詩的》／閨秀 2

陳皖永

陶 煊、張 璨《國朝詩的》／閨秀 1

陳毓嗣

陶 煊、張 璨《國朝詩的》／閨秀 2

陳蘭修

程 棟、施 譶《鼓吹新編》／13 閨秀

陶文柔

陳以剛《國朝詩品》／閨門 1；閨門 2

十二畫

曾素蓮

馬道胛《清詩二集》／4

湘揚女子

陶 煊、張 璨《國朝詩的》／閨秀 2

湯 萊

鄧漢儀《詩觀二集》／閨秀別卷

陶 煊、張 璨《國朝詩的》／閨秀 1

湯 朝

彭廷梅《國朝詩選》／4 閨秀；8 閨秀

湯淑英

鄧漢儀《詩觀二集》／閨秀別卷

陶 煊、張 璨《國朝詩的》／閨秀 2

彭 氏

鄧漢儀《詩觀三集》／閨秀別卷

吳 藎《名家詩選》／閨秀

陶 煊、張 璨《國朝詩的》／閨秀 1

沈德潛《國朝詩別裁集》／570

彭 淑

鄧漢儀《詩觀三集》／閨秀別卷

彭孫婧

鄧漢儀《詩觀二集》／閨秀別卷

陶 煊、張 璨《國朝詩的》／閨秀 2

彭孫媛

王爾綱《天下名家詩永》／15

彭啟芷

彭廷梅《國朝詩選》／8 閨秀

項 珮

程 棟、施 譶《鼓吹新編》／13 閨秀

項蘭貞

程 棟、施 譶《鼓吹新編》／13 閨秀

盛 氏

吳元桂《昭代詩針》／16

盛鏡鸞

陶 煊、張 璨《國朝詩的》／閨秀 1

程 淑

鄧漢儀《詩觀二集》／閨秀別卷

陶 煊、張 璨《國朝詩的》／閨秀 2

程 雲

陶 煊、張 璨《國朝詩的》／閨秀 1

程瑜秀

陶 煊、張 璨《國朝詩的》／閨秀 1

十三畫

葉 棻

沈德潛《國朝詩別裁集》/ 572

葉小紈

程 棟、施 諲《鼓吹新編》/ 13 閨秀

魏 耕、錢价人《今詩粹》

葉小鸞

程 棟、施 諲《鼓吹新編》/ 13 閨秀

葉子眉

陶 煊、張 璨《國朝詩的》/ 閨秀 2

楊 李

陶 煊、張 璨《國朝詩的》/ 閨秀 1

楊 宛

程 棟、施 諲《鼓吹新編》/ 13 閨秀

楊克恭

沈德潛《國朝詩別裁集》/ 581

楊珊珊

沈德潛《國朝詩別裁集》/ 576

十四畫

榮 氏

鄧漢儀《詩觀二集》/ 閨秀別卷

陶 煊、張 璨《國朝詩的》/ 閨秀 2

褚 梅

王爾綱《天下名家詩永》/ 15

瑯琊女子

沈德潛《國朝詩別裁集》/ 572

趙弼文

黃傳祖《扶輪新集》/ 4

趙雪華

陶 煊、張 璨《國朝詩的》/ 閨秀 2

熊 湄

沈德潛《國朝詩別裁集》/ 565

十五畫

蔣 葵

鄧漢儀《詩觀二集》/ 閨秀別卷

陶 煊、張 璨《國朝詩的》/ 閨秀 2

陳以剛《國朝詩品》/ 閩門 1; 閩門 2

彭廷梅《國朝詩選》/ 4 閨秀

蔣 蕙

鄧漢儀《詩觀二集》/ 閨秀別卷

陶 煊、張 璨《國朝詩的》/ 閨秀 2

蔣月英

王爾綱《天下名家詩永》/ 15

蔡 琬

沈德潛《國朝詩別裁集》/ 575

劉氏女

陶 煊、張 璨《國朝詩的》/ 閨秀 2

劉世坤

彭廷梅《國朝詩選》/ 4 閨秀

劉淑秀

吳 藹《名家詩選》/ 閨秀

陶 煊、張 璨《國朝詩的》/ 閨秀 1

鄧 氏

程 棟、施 諲《鼓吹新編》/ 13 閨秀

陶 煊、張 璨《國朝詩的》/ 閨秀 2

彭廷梅《國朝詩選》/ 12 閨秀

十六畫

龍 循

陶 煊、張 璨《國朝詩的》/ 閨秀 2

蕭 氏

王爾綱《天下名家詩永》/ 15

霍　雙

彭廷梅《國朝詩選》／10 閨秀；12 閨秀

錢令暉

陶　煊、張　璨《國朝詩的》／閨秀2

錢令嫻

陶　煊、張　璨《國朝詩的》／閨秀2

錢令嫦

陳以剛《國朝詩品》／閨門1；閨門2

錢紉惠

沈德潛《國朝詩別裁集》／578

錢雅真

陶　煊、張　璨《國朝詩的》／閨秀2

錢敬淑

沈德潛《國朝詩別裁集》／564

錢鳳綸

陶　煊、張　璨《國朝詩的》／閨秀1

沈德潛《國朝詩別裁集》／563

鍾嶮立

徐　崧《詩風初集》／8

十八畫

顏　氏

程　棟、施　譔《鼓吹新編》／13 閨秀

顏佩芳

程　棟、施　譔《鼓吹新編》／13 閨秀

顏晚思

程　棟、施　譔《鼓吹新編》／13 閨秀

十九畫

龐　琬

沈德潛《國朝詩別裁集》／568

龐薰鑣

程　棟、施　譔《鼓吹新編》／13 閨秀

魏　耕、錢份人《今詩粹》

鄧漢儀《詩觀二集》／閨秀別卷

王爾綱《天下名家詩永》／15

陶　煊、張　璨《國朝詩的》／閨秀2

十七畫

薛　瓊

沈德潛《國朝詩別裁集》／572

戴　圂

鄧漢儀《詩觀二集》／閨秀別卷

吳元桂《昭代詩針》／16

戴文英

陶　煊、張　璨《國朝詩的》／閨秀2

戴文蓮

陶　煊、張　璨《國朝詩的》／閨秀2

韓　張

陶　煊、張　璨《國朝詩的》／閨秀1

韓韞玉

沈德潛《國朝詩別裁集》／581

二十畫

嚴孟淑

馬道晊《清詩二集》／4

二十一畫

顧　英

沈德潛《國朝詩別裁集》／572

二十二畫

龔静照

鄧漢儀《詩觀三集》／閨秀別卷

陶 煊、張 璨《國朝詩的》／閨秀2

外 國

王明佐（琉球）

王爾綱《天下名家詩永》／16

毛知傳（琉球）

王爾綱《天下名家詩永》／16

李廷龜（朝鮮）

王爾綱《天下名家詩永》／16

李春英（朝鮮）

孫 鋐《皇清詩選》／朝鮮

金 鑿（朝鮮）

王爾綱《天下名家詩永》／16

朝鮮蒹谷

程 棟、施 謹《鼓吹新編》／12

魏 耕、錢价人《今詩粹》

鄭弘良（琉球）

王爾綱《天下名家詩永》／16

蔡應瑞（琉球）

王爾綱《天下名家詩永》／16

羽 士

李 樸

程 棟、施 謹《鼓吹新編》／12

何規中

孫 鋐《皇清詩選》／方外

周弘教

程 棟、施 謹《鼓吹新編》／12

曹 昉

孫 鋐《皇清詩選》／方外

杂 号

仙山行者

程 棟、施 謹《鼓吹新編》／12

洞庭噉者

卓爾堪《明遺民詩》／15

壺山古樵

程 棟、施 謹《鼓吹新編》／12

蔣山傭

程 棟、施 謹《鼓吹新編》／12

闕 名

王士禎《感舊集》／5

人名索引

二 畫

丁	……………………………………………	6
丁 介	…………………………………	6
丁 弘	…………………………………	6
丁 彦	…………………………………	6
丁 昔	…………………………………	6
丁 泰	…………………………………	6
丁 倬	…………………………………	6
丁 彪	…………………………………	6
丁 焯	…………………………………	6
丁 煌	…………………………………	6
丁 澎	…………………………………	6
丁 璜	…………………………………	7
丁 濬	…………………………………	7
丁 漾	…………………………………	7
丁 謐	…………………………………	7
丁 瀚	…………………………………	7
丁 爐	…………………………………	7
丁 灝	…………………………………	7
丁一燕	…………………………………	7
丁文策	…………………………………	7
丁文衡	…………………………………	7
丁元登	…………………………………	7
丁元會	…………………………………	7
丁日乾	…………………………………	7
丁永烈	…………………………………	8
丁世隆	…………………………………	8
丁弘諤	…………………………………	8
丁有煜	…………………………………	8
丁行乾	…………………………………	8
丁舟巏	…………………………………	8
丁孕軋	…………………………………	8
丁宏海	…………………………………	8
丁克振	…………………………………	8
丁克懋	…………………………………	8
丁孚乾	…………………………………	8
丁其錫	…………………………………	8
丁思孔	…………………………………	8
丁胤洤	…………………………………	8
丁胤焯	…………………………………	8
丁胤煒	…………………………………	8
丁胤繡	…………………………………	8
丁浴初	…………………………………	8
丁啟相	…………………………………	8
丁裕初	…………………………………	8
丁棠發	…………………………………	8
丁象輝	…………………………………	8
丁景鴻	…………………………………	9

丁聖斌 ……………………………… 9
丁腹松 ……………………………… 9
丁傳元 ……………………………… 9
丁德明 ……………………………… 9
丁龍受 ……………………………… 9
丁駿聲 ……………………………… 9
丁曜元 ……………………………… 9
丁耀元 ……………………………… 9
卜 ……………………………………… 9
卜 煥 ……………………………… 9
卜 謙 ……………………………… 9
卜陳彝 ……………………………… 9
卜舜年 ……………………………… 9
九 ……………………………………… 9
九 重 ……………………………… 9
刁 ……………………………………… 9
刁 琰 ……………………………… 9

三 畫

于 ……………………………………… 9
于 卣 ……………………………… 9
于 佶 ……………………………… 9
于 振 ……………………………… 10
于 宋 ……………………………… 10
于 嘉 ……………………………… 10
于 璜 ……………………………… 10
于 濆 ……………………………… 10
于 瑤 ……………………………… 10
于 顗 ……………………………… 10
于 蕭 ……………………………… 10
于 蘺 ……………………………… 10
于 鑒 ……………………………… 10
于元凱 ……………………………… 10
于王臣 ……………………………… 10

于王庭 ……………………………… 10
于王棟 ……………………………… 10
于世華 ……………………………… 10
于司直 ……………………………… 10
于成龍 ……………………………… 10
于宗堯 ……………………………… 10
于東泉 ……………………………… 10
于朋來 ……………………………… 10
于奕正 ……………………………… 10
于重寅 ……………………………… 11
于棟如 ……………………………… 11
于鼎元 ……………………………… 11
于養志 ……………………………… 11
于銘磬 ……………………………… 11
于鑒之 ……………………………… 11
于懋榮 ……………………………… 11
于覺世 ……………………………… 11

四 畫

卞 ……………………………………… 11
卞 巖 ……………………………… 11
卞之鑰 ……………………………… 11
卞三元 ……………………………… 11
卞士弘 ……………………………… 11
卞元彪 ……………………………… 11
卞永吉 ……………………………… 11
卞永式 ……………………………… 11
卞永譽 ……………………………… 11
卞占五 ……………………………… 11
卞汾陽 ……………………………… 11
卞國柱 ……………………………… 11
卞善述 ……………………………… 11
卞懋中 ……………………………… 11
文 ……………………………………… 11

人名索引（四畫）

文 伸	11	方 惟	13
文 果	11	方 將	13
文 柚	11	方 授	13
文 昭	11	方 琢	13
文 拯	12	方 朝	13
文 軾	12	方 鈞	13
文 熊	12	方 喧	13
文 點	12	方 盟	13
文在茲	12	方 熊	13
文行遠	12	方 漢	13
文秉灝	12	方 廣	13
文祖堯	12	方 閣	14
文師侃（侃一作"汶"）	12	方 嶠	14
文啟元	12	方 憲	14
文肇祉	12	方 熺	14
文震亨	12	方 錄	14
文震孟	12	方 選	14
文德翼	12	方 觀	14
元	12	方 燕	14
元九疇	12	方 簡	14
方	12	方 璜	14
方 山	12	方士瑄	14
方 文	12	方士穎	14
方 艾	12	方大獻	14
方 辰	13	方大輿	14
方 伸	13	方大謨	14
方 芬	13	方大禮	14
方 來	13	方元成	14
方 炳	13	方元亮	14
方 苞	13	方元鹿	14
方 思	13	方元禮	14
方 耕	13	方元蘑	14
方 夏	13	方中通	14
方 挺	13	方中發	14
方 淳	13	方中德	14

清初詩選五十六種引得

方中履	14	方膏茂	17
方以智	15	方肇變	17
方孔炤	15	方鳴夏	17
方玄成	15	方維岳	17
方正珏	15	方維嶽	17
方正耘	15	方廣德	17
方正瑗	15	方履咸	17
方正瑾	15	方願瑛	17
方正瑜	15	方麟時	17
方正堪	15	王	17
方正觀	15	王　心	17
方世玉	15	王　玄	17
方式濟	15	王　仍	17
方兆及	15	王　令	17
方兆宓	15	王　民	17
方兆曾	15	王　召	17
方兆瑋	15	王　吉	17
方亨咸	15	王　舟	17
方孝標	15	王　旭	17
方廷侯	15	王　言	17
方育盛	16	王　汶	17
方其義	16	王　辰	18
方牧民	16	王　忱	18
方念祖	16	王　扑	18
方奕箴	16	王　吳	18
方貞觀	16	王　爻	18
方直之	16	王　系	18
方拱乾	16	王　定	18
方淇蓋	16	王　泓	18
方都秦	16	王　治	18
方都韓	16	王　武	18
方從偉	16	王　矸	18
方象瑛	16	王　拔	18
方象璜	16	王　昊	18
方登峄	17	王　易	18
方殿元	17		

人名索引（四畫）

王 典	19	王 閒	21
王 佑	19	王 斌	21
王 倍	19	王 焯	21
王 郊	19	王 雲	21
王 度	19	王 琛	21
王 格	19	王 萃	21
王 苹	19	王 撰	21
王 封	19	王 開	21
王 勅	19	王 雅	21
王 待	19	王 搢	21
王 屋	19	王 睎	22
王 紀	19	王 皞	22
王 庭	19	王 棠	22
王 宸	20	王 鉅	22
王 珣	20	王 道	22
王 咸	20	王 獻	22
王 原	20	王 源	22
王 烈	20	王 準	22
王 翊	20	王 試	22
王 挺	20	王 堃	22
王 哲	20	王 煒	22
王 峻	20	王 瑛	22
王 隼	20	王 瑞	22
王 皋	20	王 瑀	22
王 倪	20	王 截	22
王 恕	20	王 敬	22
王 清	20	王 聖	22
王 訪	20	王 楨	22
王 理	21	王 棐	22
王 梅	21	王 略	22
王 培	21	王 鉢	22
王 敞	21	王 賓	22
王 撥	21	王 滿	23
王 晨	21	王 誥	23
王 崇	21	王 蓁	23

清初詩選五十六種引得

王 緊	…………………………………… 23	王 善	…………………………………… 25
王 肇	…………………………………… 23	王 簡	…………………………………… 25
王 遠	…………………………………… 23	王 鵬	…………………………………… 25
王 穀	…………………………………… 23	王 攄	…………………………………… 25
王 著	…………………………………… 23	王 瀚	…………………………………… 26
王 熙	…………………………………… 23	王 璣	…………………………………… 26
王 戩	…………………………………… 23	王 騏	…………………………………… 26
王 碩	…………………………………… 24	王 籛	…………………………………… 26
王 睿	…………………………………… 24	王 藻	…………………………………… 26
王 僩	…………………………………… 24	王 瓏	…………………………………… 26
王 銓	…………………………………… 24	王 巖	…………………………………… 26
王 幟	…………………………………… 24	王 鑄	…………………………………… 26
王 綱	…………………………………… 24	王 鐸	…………………………………… 26
王 潔	…………………………………… 24	王 鶴	…………………………………… 26
王 漬	…………………………………… 24	王 鑣	…………………………………… 26
王 淳	…………………………………… 24	王 權	…………………………………… 27
王 蔚	…………………………………… 24	王 巘	…………………………………… 27
王 璋	…………………………………… 24	王 壑	…………………………………… 27
王 樓	…………………………………… 24	王 灝	…………………………………… 27
王 醇	…………………………………… 25	王 讓	…………………………………… 27
王 範	…………………………………… 25	王 鑮	…………………………………… 27
王 撰	…………………………………… 25	王 薹	…………………………………… 27
王 璜	…………………………………… 25	王 驥	…………………………………… 27
王 穀	…………………………………… 25	王 一 楷	…………………………………… 27
王 蟬	…………………………………… 25	王 一 萄	…………………………………… 27
王 鋮	…………………………………… 25	王 人 鑑	…………………………………… 27
王 錫	…………………………………… 25	王 九 寧	…………………………………… 27
王 錦	…………………………………… 25	王 九 徵	…………………………………… 27
王 銳	…………………………………… 25	王 九 齡	…………………………………… 27
王 濤	…………………………………… 25	王 又 旦	…………………………………… 28
王 檔	…………………………………… 25	王 又 樸	…………………………………… 28
王 璲	…………………………………… 25	王 之 圻	…………………………………… 28
王 環	…………………………………… 25	王 之 珂	…………………………………… 28
王 翼	…………………………………… 25	王 之 进	…………………………………… 28
王 鑿	…………………………………… 25	王 之 傳	…………………………………… 28

人名索引（四画）

王之瑚 ………………………………… 28		王天佑 ………………………………… 30
王之桢 ………………………………… 28		王天庚 ………………………………… 30
王之醇 ………………………………… 28		王天萨 ………………………………… 30
王之锜 ………………………………… 28		王天选 ………………………………… 31
王于玉 ………………………………… 28		王天翼 ………………………………… 31
王士弘 ………………………………… 28		王天鑑 ………………………………… 31
王士枯 ………………………………… 28		王天骥 ………………………………… 31
王士祐 ………………………………… 28		王天骥 ………………………………… 31
王士真 ………………………………… 28		王元初 ………………………………… 31
王士纯 ………………………………… 28		王元度 ………………………………… 31
王士禄 ………………………………… 29		王元埙 ………………………………… 31
王士祯（祯一作"禎"） ………… 29		王元晋 ………………………………… 31
王士禧 ………………………………… 30		王元翊 ………………………………… 31
王士瀚 ………………………………… 30		王元曦 ………………………………… 31
王士骥 ………………………………… 30		王无咎 ………………………………… 31
王士馨 ………………………………… 30		王日上 ………………………………… 31
王大仍 ………………………………… 30		王日祥 ………………………………… 31
王大初 ………………………………… 30		王日葵 ………………………………… 31
王大壮 ………………………………… 30		王日讲 ………………………………… 31
王大作 ………………………………… 30		王日藻 ………………………………… 31
王大捷 ………………………………… 30		王日高 ………………………………… 31
王大椿 ………………………………… 30		王日曾 ………………………………… 31
王大选 ………………………………… 30		王日琪 ………………………………… 32
王上训 ………………………………… 30		王中立 ………………………………… 32
王文治 ………………………………… 30		王介锡 ………………………………… 32
王文南 ………………………………… 30		王仁灏 ………………………………… 32
王文奎 ………………………………… 30		王化明 ………………………………… 32
王文师 ………………………………… 30		王丹林 ………………………………… 32
王文清 ………………………………… 30		王丹庆 ………………………………… 32
王文潜 ………………………………… 30		王玄度 ………………………………… 32
王文柜 ………………………………… 30		王永吉 ………………………………… 32
王文范 ………………………………… 30		王永年 ………………………………… 32
王文谟 ………………………………… 30		王永积 ………………………………… 32
王方岐 ………………………………… 30		王永馨 ………………………………… 32
王方毅 ………………………………… 30		王玉玑 ………………………………… 32

清初詩選五十六種引得

王玉藻 ………………………………… 32		王仲儒 ………………………………… 34	
王世淳 ………………………………… 32		王仲儒 ………………………………… 34	
王世琛 ………………………………… 32		王企靖 ………………………………… 34	
王正色 ………………………………… 32		王如琮 ………………………………… 34	
王田年 ………………………………… 32		王邦畿 ………………………………… 34	
王四留 ………………………………… 32		王孝詠 ………………………………… 34	
王仕雲 ………………………………… 32		王孝演 ………………………………… 34	
王全高 ………………………………… 32		王材升 ………………………………… 34	
王令樹 ………………………………… 32		王材任 ………………………………… 34	
王民皞 ………………………………… 32		王夯來 ………………………………… 34	
王弘文 ………………………………… 32		王廷相 ………………………………… 34	
王弘祚 ………………………………… 32		王廷宰 ………………………………… 34	
王弘緒 ………………………………… 32		王廷銓 ………………………………… 35	
王弘撰 ………………………………… 33		王廷章 ………………………………… 35	
王亦房 ………………………………… 33		王廷壁 ………………………………… 35	
王亦臨 ………………………………… 33		王廷璣 ………………………………… 35	
王汝弼 ………………………………… 33		王廷璧 ………………………………… 35	
王汝弼 ………………………………… 33		王位中 ………………………………… 35	
王汝驥 ………………………………… 33		王含光 ………………………………… 35	
王吉人 ………………………………… 33		王余高 ………………………………… 35	
王吉武 ………………………………… 33		王宗蔚 ………………………………… 35	
王有馮 ………………………………… 33		王宗灘 ………………………………… 35	
王式丹 ………………………………… 33		王定一 ………………………………… 35	
王式古 ………………………………… 33		王治皞 ………………………………… 35	
王而农 ………………………………… 33		王青選 ………………………………… 35	
王臣蓋 ………………………………… 33		王者埴 ………………………………… 35	
王成命 ………………………………… 33		王者璜 ………………………………… 35	
王光昇 ………………………………… 33		王奇遇 ………………………………… 35	
王光洵 ………………………………… 33		王林宗 ………………………………… 35	
王光承 ………………………………… 33		王林曾 ………………………………… 35	
王光魯 ………………………………… 34		王來庭 ………………………………… 35	
王朱玉 ………………………………… 34		王來儀 ………………………………… 35	
王自省 ………………………………… 34		王昌嗣 ………………………………… 35	
王自超 ………………………………… 34		王明德 ………………………………… 36	
王自新 ………………………………… 34		王秉乘 ………………………………… 36	

人名索引 （四畫）

王金高 …………………………… 36	王孫驌 …………………………… 37
王命策 …………………………… 36	王清臣 …………………………… 37
王承時 …………………………… 36	王啟淙 …………………………… 37
王彥泓 …………………………… 36	王啟敘 …………………………… 37
王炳昆 …………………………… 36	王琦瑜 …………………………… 37
王若之 …………………………… 36	王基仁 …………………………… 38
王若桂 …………………………… 36	王基寬 …………………………… 38
王封濬 …………………………… 36	王連瑛 …………………………… 38
王相業 …………………………… 36	王崇炳 …………………………… 38
王相說 …………………………… 36	王崇謙 …………………………… 38
王拱辰 …………………………… 36	王崇簡 …………………………… 38
王思任 …………………………… 36	王國炳 …………………………… 38
王思忠 …………………………… 36	王國陞 …………………………… 38
王思訓 …………………………… 36	王國璽 …………………………… 38
王禹臣 …………………………… 36	王逢禧 …………………………… 38
王修玉 …………………………… 36	王逢奇 …………………………… 38
王俊臣 …………………………… 36	王張浩 …………………………… 38
王衍治 …………………………… 36	王紹貞 …………………………… 38
王俞異 …………………………… 36	王曾斌 …………………………… 38
王紀昭 …………………………… 36	王尊素 …………………………… 39
王家符 …………………………… 37	王雲鶴 …………………………… 39
王家槐 …………………………… 37	王彭澤 …………………………… 39
王祚昌 …………………………… 37	王喆生 …………………………… 39
王祚明 …………………………… 37	王朝棟 …………………………… 39
王泰際 …………………………… 37	王朝幹 …………………………… 39
王晉公 …………………………… 37	王朝藩 …………………………… 39
王時敏 …………………………… 37	王朝篪 …………………………… 39
王時翔 …………………………… 37	王棟如 …………………………… 39
王時憲 …………………………… 37	王紫綬 …………………………… 39
王追駿 …………………………… 37	王景琦 …………………………… 39
王純仁 …………………………… 37	王貴一 …………………………… 39
王孫茂 …………………………… 37	王貴之 …………………………… 39
王孫晉 …………………………… 37	王爲壤 …………………………… 39
王孫曾 …………………………… 37	王無回 …………………………… 39
王孫蔚 …………………………… 37	王無憂 …………………………… 39

清初詩選五十六種引得

王無咎 ………………………………… 39	王穀韋 ………………………………… 41
王無荒 ………………………………… 39	王奪标 ………………………………… 41
王無逸 ………………………………… 39	王鳴雷 ………………………………… 41
王傲通 ………………………………… 39	王圖炳 ………………………………… 42
王復珪 ………………………………… 39	王緒旦 ………………………………… 42
王復陽 ………………………………… 40	王鳳閣 ………………………………… 42
王異俞 ………………………………… 40	王鳳鼎 ………………………………… 42
王發祥 ………………………………… 40	王與堅 ………………………………… 42
王新命 ………………………………… 40	王與襄 ………………………………… 42
王鳶来 ………………………………… 40	王肇順 ………………………………… 42
王雍鎬 ………………………………… 40	王嘉仕 ………………………………… 42
王道新 ………………………………… 40	王壽徵 ………………………………… 42
王道壇 ………………………………… 40	王維坤 ………………………………… 42
王獻定 ………………………………… 40	王維城 ………………………………… 42
王萬齡 ………………………………… 40	王維藩 ………………………………… 42
王項齡 ………………………………… 40	王維墾 ………………………………… 42
王瑞國 ………………………………… 40	王賓國 ………………………………… 42
王載寧 ………………………………… 41	王廣心 ………………………………… 42
王嗣槐 ………………………………… 41	王潤民 ………………………………… 42
王嗣爽 ………………………………… 41	王蔭槐 ………………………………… 42
王僎服 ………………………………… 41	王篤興 ………………………………… 42
王經方 ………………………………… 41	王德普 ………………………………… 43
王夢鯨 ………………………………… 41	王履吉 ………………………………… 43
王爾梅 ………………………………… 41	王履同 ………………………………… 43
王爾祿 ………………………………… 41	王履青 ………………………………… 43
王爾經 ………………………………… 41	王履和 ………………………………… 43
王爾銓 ………………………………… 41	王履貞 ………………………………… 43
王爾綸 ………………………………… 41	王遵坦 ………………………………… 43
王爾綱 ………………………………… 41	王遵訓 ………………………………… 43
王爾瑋 ………………………………… 41	王龍文 ………………………………… 43
王爾績 ………………………………… 41	王澤弘 ………………………………… 43
王蒼璧 ………………………………… 41	王澤孚 ………………………………… 43
王僧岱 ………………………………… 41	王澤鴻 ………………………………… 43
王毓任 ………………………………… 41	王熹儒 ………………………………… 43
王毓芝 ………………………………… 41	王錫袞 ………………………………… 43

人名索引（四畫）

王錫璋 ………………………… 43
王錫闌 ………………………… 43
王豫嘉 ………………………… 43
王鴻緒 ………………………… 43
王鴻藻 ………………………… 44
王應斗 ………………………… 44
王應元 ………………………… 44
王應奎 ………………………… 44
王應佩 ………………………… 44
王應琥 ………………………… 44
王懋忠 ………………………… 44
王懋竑 ………………………… 44
王懋齡 ………………………… 44
王翼武 ………………………… 44
王曜升 ………………………… 44
王颺昌 ………………………… 44
王瀛彥 ………………………… 44
王繩曾 ………………………… 44
王蘭谷 ………………………… 44
王譽昌 ………………………… 44
王體健 ………………………… 44
井 ……………………………… 44
　井遇王 ……………………… 44
支 ……………………………… 44
　支遵范 ……………………… 44
尤 ……………………………… 44
　尤　怡 ……………………… 44
　尤　侗 ……………………… 44
　尤　珍 ……………………… 45
　尤　乘 ……………………… 45
　尤　舫 ……………………… 45
　尤　渝 ……………………… 45
　尤大臣 ……………………… 45
　尤秉元 ……………………… 45
　尤貞恒 ……………………… 45

尤徵遠 ……………………… 45
戈 ……………………………… 45
　戈　汕 ……………………… 45
　戈元顯 ……………………… 45
　戈金湯 ……………………… 45
　戈國楨 ……………………… 45
扎 ……………………………… 45
　扎　海 ……………………… 45
毛 ……………………………… 45
　毛　序 ……………………… 45
　毛　表 ……………………… 45
　毛　褒 ……………………… 45
　毛　桓 ……………………… 45
　毛　晉 ……………………… 45
　毛　牲 ……………………… 46
　毛　捷 ……………………… 46
　毛　湛 ……………………… 46
　毛　逵（江西人）…………… 46
　毛　逵（山東人）…………… 46
　毛　褒 ……………………… 46
　毛　蕃 ……………………… 46
　毛　驌 ……………………… 46
　毛士鷺 ……………………… 46
　毛大周 ……………………… 46
　毛天麒 ……………………… 46
　毛元棻 ……………………… 46
　毛升芳 ……………………… 46
　毛今鳳 ……………………… 46
　毛以煜 ……………………… 47
　毛世楷 ……………………… 47
　毛可相 ……………………… 47
　毛先舒 ……………………… 47
　毛羽宸 ……………………… 47
　毛如瑜 ……………………… 47
　毛志皋 ……………………… 47

毛宗旦 ………………………………… 47
毛奇龄 ………………………………… 47
毛映斗 ………………………………… 47
毛重倬 ………………………………… 47
毛振翮 ………………………………… 48
毛師柱 ………………………………… 48
毛師彬 ………………………………… 48
毛乾乾 ………………………………… 48
毛張健 ………………………………… 48
毛舒先 ………………………………… 48
毛萬齡 ………………………………… 48
毛會建 ………………………………… 48
毛漢祿 ………………………………… 48
毛漪秀 ………………………………… 48
毛遠公 ………………………………… 48
毛鳴岐 ………………………………… 48
毛際可 ………………………………… 48
毛燕若 ………………………………… 49
毛錫繁 ………………………………… 49
毛穎美 ………………………………… 49
毛翻鳳 ………………………………… 49
牛 ……………………………………… 49
牛 姓 ………………………………… 49
牛 奐 ………………………………… 49
牛 樞 ………………………………… 49
牛 鴻 ………………………………… 49
牛 彝 ………………………………… 49
牛裕范 ………………………………… 49
牛運震 ………………………………… 49
仇 ……………………………………… 49
仇兆鰲 ………………………………… 49
今 ……………………………………… 49
今 種（見屈大均）……………… 49
爻 ……………………………………… 49
爻 訥 ………………………………… 49
爻丹生 ………………………………… 49
爻行訥 ………………………………… 49
尹 ……………………………………… 49
尹 伸 ………………………………… 49
尹 甸 ………………………………… 49
尹 珩 ………………………………… 49
尹 愉 ………………………………… 49
尹 禮 ………………………………… 49
尹民興 ………………………………… 49
尹長祥 ………………………………… 50
尹延英 ………………………………… 50
尹劭蒙 ………………………………… 50
尹源進 ………………………………… 50
尹會一 ………………………………… 50
巴 ……………………………………… 50
巴一昊 ………………………………… 50
允 ……………………………………… 50
允 禧 ………………………………… 50
孔 ……………………………………… 50
孔 鼎 ………………………………… 50
孔 邇 ………………………………… 50
孔自來 ………………………………… 50
孔尚大 ………………………………… 50
孔尚任 ………………………………… 50
孔尚坤 ………………………………… 50
孔尚格 ………………………………… 50
孔尚益 ………………………………… 50
孔尚萃 ………………………………… 50
孔尚豫 ………………………………… 50
孔貞時 ………………………………… 50
孔貞得 ………………………………… 50
孔貞運 ………………………………… 50
孔貞會 ………………………………… 50
孔衍越（越一作"樾"）………… 50
孔衍麟 ………………………………… 50

人名索引（五畫）

孔衍儀	50	左　史	51
孔衍霍	50	左　宮	52
孔衍錫	51	左　楨	52
孔衍鄴	51	左　衡	52
孔衍櫂	51	左士望	52
孔衍樾	51	左國材	52
孔胤機	51	左國治	52
孔傳志	51	左國斌	52
孔傳鐸	51	左國棟	52
孔毓書	51	左維垣	52
孔毓禎	51	左懋第	52
孔興恂	51	古	52
孔興釺	51	古　松	52
孔興紹	51	古　易	52
孔興荃	51	古　典	52
孔興僩	51	古之琦	52
孔顯越	51	古之濬	52
		古風邵	52

五　畫

		古風采	52
		古風唐	52
永	51	古風盛	52
永　清	51	古夢符	52
永　慧	51	石	52
永　齡	51	石　文	52
平	51	石　申	52
平　章	51	石　年	52
甘	51	石　采	52
甘　京	51	石　淨	52
甘　表	51	石　朗	52
甘　韋	51	石　參	53
甘日懋	51	石　湘	53
甘貞旭	51	石　薩	53
札	51	石　璜	53
札　海	51	石　鯨	53
左	51	石永寧	53

石函玉 ………………………………… 53
石爲崧 ………………………………… 53
布 ………………………………………… 53
布達世 ………………………………… 53
术 ………………………………………… 53
术翼宗 ………………………………… 53
田 ………………………………………… 53
田　佐 ………………………………… 53
田　治 ………………………………… 53
田　林 ………………………………… 53
田　金 ………………………………… 53
田　珂 ………………………………… 53
田　祖 ………………………………… 53
田　庶 ………………………………… 53
田　雯 ………………………………… 53
田　登 ………………………………… 53
田　綸 ………………………………… 53
田　徹 ………………………………… 53
田　鉷 ………………………………… 53
田　璜 ………………………………… 54
田　霢 ………………………………… 54
田于邠 ………………………………… 54
田于郉 ………………………………… 54
田于隆 ………………………………… 54
田文潤 ………………………………… 54
田甘霖 ………………………………… 54
田同之 ………………………………… 54
田作澤 ………………………………… 54
田茂遇 ………………………………… 54
田從典 ………………………………… 54
田逢吉 ………………………………… 54
田雲鶴 ………………………………… 54
田舜年 ………………………………… 54
田實發 ………………………………… 54
田種玉 ………………………………… 54
申 ………………………………………… 54
申　薦 ………………………………… 54
申佳胤 ………………………………… 55
申涵光 ………………………………… 55
申涵盼 ………………………………… 55
申涵煜 ………………………………… 55
申涵聘 ………………………………… 55
申紹芳 ………………………………… 56
申陶憲 ………………………………… 56
申綬祚 ………………………………… 56
申維翰 ………………………………… 56
申嘉胤 ………………………………… 56
申繼揆 ………………………………… 56
史 ………………………………………… 56
史　元 ………………………………… 56
史　立 ………………………………… 56
史　玄（见史弱翁）……………… 56
史　伸 ………………………………… 56
史　周 ………………………………… 56
史　許 ………………………………… 56
史　載 ………………………………… 56
史　範 ………………………………… 56
史　籍 ………………………………… 56
史　夔 ………………………………… 56
史大成 ………………………………… 56
史可程 ………………………………… 57
史申義 ………………………………… 57
史光顯 ………………………………… 57
史克欽 ………………………………… 57
史求忠 ………………………………… 57
史宗班 ………………………………… 57
史秉中 ………………………………… 57
史秉直 ………………………………… 57
史宣綸 ………………………………… 57
史流馨 ………………………………… 57

人名索引（五畫）

史夏隆 ………………………………… 57	丘履程（丘一作"邱"） ………… 59
史弱翁 ………………………………… 57	丘維屏（丘一作"邱"） ………… 59
史惟玄 ……………………………… 57	白 ……………………………………… 59
史惟圓 ………………………………… 57	白　玗 ……………………………… 59
史國柱 ………………………………… 57	白　采 ……………………………… 59
史國瑜 ………………………………… 57	白　英 ……………………………… 59
史逸孫 ………………………………… 57	白　眉 ……………………………… 59
史鳳輝 ………………………………… 57	白　銘 ……………………………… 59
史樹駿 ………………………………… 57	白　謙 ……………………………… 59
史騏生 ………………………………… 57	白乃建 ……………………………… 59
史翼經 ………………………………… 57	白王綸 ……………………………… 59
史繼燧 ………………………………… 57	白良琦 ……………………………… 59
史鑑宗 ……………………………… 58	白長庚 ……………………………… 59
冉 ……………………………………… 58	白孟鼎 ……………………………… 59
冉覲祖 ………………………………… 58	白彥良 ……………………………… 59
失 ……………………………………… 58	白彥質 ……………………………… 59
失　名 ……………………………… 58	白胤謙 ……………………………… 59
丘 ……………………………………… 58	白鹿岩 ……………………………… 60
丘　岳 ……………………………… 58	白登明 ……………………………… 60
丘　眺 ……………………………… 58	白夢鼎 ……………………………… 60
丘　儉（丘一作"邱"） ………… 58	白夢鼎 ……………………………… 60
丘　園 ……………………………… 58	白德馨 ……………………………… 60
丘　嶼（丘一作"邱"） ………… 58	白顒謙 ……………………………… 60
丘上儀（丘一作"邱"） ………… 58	白顧俊 ……………………………… 60
丘元武（丘一作"邱"） ………… 58	司马 ……………………………………… 60
丘元復（丘一作"邱"） ………… 58	司馬斌 ……………………………… 60
丘石常（丘一作"邱"） ………… 58	司徒 ……………………………………… 60
丘同升（丘一作"邱"） ………… 58	司徒珍 ……………………………… 60
丘柯邦（丘一作"邱"） ………… 58	包 ……………………………………… 60
丘俊孫 ………………………………… 58	包　咸 ……………………………… 60
丘象升（丘一作"邱"） ………… 58	包　振 ……………………………… 60
丘象益 ………………………………… 58	包　彬 ……………………………… 60
丘象隨（丘一作"邱"） ………… 59	包　斌 ……………………………… 60
丘象隨 ………………………………… 59	包　捷 ……………………………… 60
丘象豫 ………………………………… 59	包　銛 ……………………………… 61

包　變 …………………………………… 61

包爾庚 …………………………………… 61

包鴻起 …………………………………… 61

台 …………………………………………… 61

台汝礪 …………………………………… 61

台延周 …………………………………… 61

弘 …………………………………………… 61

弘　旬 …………………………………… 61

弘　昂 …………………………………… 61

弘　晙 …………………………………… 61

弘　曕 …………………………………… 61

六　畫

羊 …………………………………………… 61

羊　璜 …………………………………… 61

米 …………………………………………… 61

米元個 …………………………………… 61

米漢倬 …………………………………… 61

米漢雯 …………………………………… 61

米壽都 …………………………………… 61

安 …………………………………………… 61

安　夏 …………………………………… 61

安　期 …………………………………… 62

安廣生 …………………………………… 62

江 …………………………………………… 62

江　任 …………………………………… 62

江　邦 …………………………………… 62

江　杏 …………………………………… 62

江　注 …………………………………… 62

江　表 …………………………………… 62

江　佩 …………………………………… 62

江　昱 …………………………………… 62

江　迴 …………………………………… 62

江　桓 …………………………………… 62

江　桐 …………………………………… 62

江　梅 …………………………………… 62

江　挺 …………………………………… 62

江　皋 …………………………………… 62

江　晉 …………………………………… 62

江　祥 …………………………………… 62

江　湘 …………………………………… 62

江　斌 …………………………………… 62

江　棟 …………………………………… 62

江　椿 …………………………………… 62

江　園 …………………………………… 62

江　遠 …………………………………… 62

江　廣 …………………………………… 62

江　聲 …………………………………… 62

江　濤 …………………………………… 62

江　閶 …………………………………… 62

江　顚 …………………………………… 63

江　鵬 …………………………………… 63

江　鑑 …………………………………… 63

江　觀 …………………………………… 63

江一淫 …………………………………… 63

江一經 …………………………………… 63

江之汜 …………………………………… 63

江之漣 …………………………………… 63

江士銓 …………………………………… 63

江士諤 …………………………………… 63

江天一 …………………………………… 63

江元琦 …………………………………… 63

江五岳 …………………………………… 63

江允沛 …………………………………… 63

江世棟 …………………………………… 63

江有溶 …………………………………… 63

江有龍 …………………………………… 63

江羽青 …………………………………… 63

江宏文 …………………………………… 63

人名索引（六畫）

江芝封 ………………………………… 63	朱 祐 ………………………………… 64
江奇相 ………………………………… 63	朱 祜 ………………………………… 64
江承謨 ………………………………… 63	朱 袞 ………………………………… 65
江注崑 ………………………………… 63	朱 泰 ………………………………… 65
江溢燦 ………………………………… 63	朱 軒 ………………………………… 65
江接芹 ………………………………… 63	朱 筠 ………………………………… 65
江國茂 ………………………………… 63	朱 書 ………………………………… 65
江朝宗 ………………………………… 64	朱 陵 ………………………………… 65
江運昌 ………………………………… 64	朱 淇 ………………………………… 65
江萬里 ………………………………… 64	朱 崧 ………………………………… 65
江毓妃 ………………………………… 64	朱 鈇 ………………………………… 65
江龍震 ………………………………… 64	朱 絃 ………………………………… 65
江應晟 ………………………………… 64	朱 絞 ………………………………… 65
艾 …………………………………………… 64	朱 扉 ………………………………… 65
艾之駿 ………………………………… 64	朱 雯（嘉興人）……………… 65
艾元徵 ………………………………… 64	朱 雯（紹興人）……………… 65
艾紹衣 ………………………………… 64	朱 斐 ………………………………… 65
戎 …………………………………………… 64	朱 崶 ………………………………… 65
戎駿聲 ………………………………… 64	朱 冕 ………………………………… 65
曲 …………………………………………… 64	朱 智 ………………………………… 65
曲允斌 ………………………………… 64	朱 復 ………………………………… 65
年 …………………………………………… 64	朱 綱 ………………………………… 65
年羹堯 ………………………………… 64	朱 絲 ………………………………… 65
朱 …………………………………………… 64	朱 溶 ………………………………… 65
朱 心 ………………………………… 64	朱 溥 ………………………………… 65
朱 升 ………………………………… 64	朱 慎 ………………………………… 65
朱 卉 ………………………………… 64	朱 葵 ………………………………… 66
朱 沖 ………………………………… 64	朱 瑄 ………………………………… 66
朱 治 ………………………………… 64	朱 暢 ………………………………… 66
朱 直 ………………………………… 64	朱 嵩 ………………………………… 66
朱 昇 ………………………………… 64	朱 傳 ………………………………… 66
朱 洵 ………………………………… 64	朱 經 ………………………………… 66
朱 珏 ………………………………… 64	朱 綬 ………………………………… 66
朱 相 ………………………………… 64	朱 隤 ………………………………… 66
朱 虹 ………………………………… 64	朱 裴 ………………………………… 66

清初詩選五十六種引得

朱 鳳	66	朱士稚	68
朱 湛	66	朱士傑	68
朱 葉	66	朱士綬	68
朱 蔚	66	朱大年	68
朱 琰	66	朱大夏	68
朱 裔	66	朱大復	68
朱 曉	66	朱文心	68
朱 穆	66	朱天瑛	68
朱 錡	66	朱天麟	68
朱 錦	66	朱元英	68
朱 璐	66	朱元鎮	68
朱 椎	66	朱太筌	68
朱 豫	67	朱心硯	68
朱 謙	67	朱永聰	68
朱 襄	67	朱丕戩	68
朱 霞	67	朱用純	68
朱 臨	67	朱用調	68
朱 徽	67	朱用礦	68
朱 瞻	67	朱在鎮	69
朱 曙	67	朱有章	69
朱 璽	67	朱存標	69
朱 鑛	67	朱光畲	69
朱 驥	67	朱光巒	69
朱 灝	67	朱合明	69
朱 觀	67	朱克生	69
朱一昱	67	朱克明	69
朱一是	67	朱克簡	69
朱之臣	67	朱甫鈴	69
朱之赤	68	朱廷會	69
朱之佐	68	朱廷鉉	69
朱之俊	68	朱廷鋐	69
朱之弼	68	朱廷燦	69
朱士全	68	朱泗潘	69
朱士曾	68	朱東啟	69
朱士尊	68	朱明德	69

人名索引（六畫）

朱明鑑 ……………………………… 69	朱萬仰 ……………………………… 71
朱枝秀 ……………………………… 69	朱萬禧 ……………………………… 71
朱受新 ……………………………… 69	朱揖璉 ……………………………… 71
朱芾煌 ……………………………… 69	朱毅元 ……………………………… 71
朱茂昉 ……………………………… 69	朱載震 ……………………………… 71
朱茂晰 ……………………………… 69	朱嗣美 ……………………………… 71
朱茂暉 ……………………………… 70	朱賓穎 ……………………………… 71
朱茂晚 ……………………………… 70	朱肇璜 ……………………………… 71
朱茂曙 ……………………………… 70	朱爾邁 ……………………………… 71
朱茂曜 ……………………………… 70	朱睿煌 ……………………………… 71
朱尚雲 ……………………………… 70	朱嘉徵 ……………………………… 71
朱奕恂 ……………………………… 70	朱夢彪 ……………………………… 71
朱厚章 ……………………………… 70	朱夢漣 ……………………………… 71
朱奎楊 ……………………………… 70	朱鼎鉉 ……………………………… 71
朱星渚 ……………………………… 70	朱鳳台 ……………………………… 71
朱柔則 ……………………………… 70	朱維熊 ……………………………… 71
朱家瑞 ……………………………… 70	朱潮遠 ……………………………… 71
朱庭柏 ……………………………… 70	朱德滋 ……………………………… 71
朱崔齡 ……………………………… 70	朱履泰 ……………………………… 71
朱淑熹 ……………………………… 70	朱學淡 ……………………………… 71
朱渚健 ……………………………… 70	朱適成 ……………………………… 72
朱盛澤 ……………………………… 70	朱鍾仁 ……………………………… 72
朱國柱 ……………………………… 70	朱繩角 ……………………………… 72
朱國是 ……………………………… 70	朱蘊鈝 ……………………………… 72
朱國琦 ……………………………… 70	朱彝政 ……………………………… 72
朱國楨 ……………………………… 70	朱彝尊 ……………………………… 72
朱國漢 ……………………………… 70	朱耀先 ……………………………… 72
朱逢泰 ……………………………… 70	朱鶴齡 ……………………………… 72
朱紹鳳 ……………………………… 70	朱驥元 ……………………………… 72
朱陶唐 ……………………………… 70	朱觀寶 ……………………………… 73
朱陶堂 ……………………………… 70	先 ………………………………………… 73
朱雲渭 ……………………………… 70	先　著 ……………………………… 73
朱朝瑛 ……………………………… 70	伍 ………………………………………… 73
朱堪注 ……………………………… 70	伍　柳 ……………………………… 73
朱集璜 ……………………………… 70	伍　起 ……………………………… 73

清初詩選五十六種引得

伍　鉅	…………………………………… 73	任端書	……………………………………	74
伍　蓮	…………………………………… 73	任繩魄	……………………………………	74
伍澤梁	…………………………………… 73	任蘭枝	……………………………………	74
伍龍雲	…………………………………… 73	仰	…………………………………………	74
仲	………………………………………… 73	仰聖禧	……………………………………	74
仲　育	…………………………………… 73	伊	…………………………………………	74
仲弘道	…………………………………… 73	伊　嶨	……………………………………	74
仲蘊繁	…………………………………… 73	伊天楣	……………………………………	74
任	………………………………………… 73	行	…………………………………………	74
任　玥	…………………………………… 73	行　悅	……………………………………	74
任　阜	…………………………………… 73	行　登	……………………………………	74
任　埃	…………………………………… 73	向	…………………………………………	74
任　琪	…………………………………… 73	向　逵	……………………………………	74
任　堡	…………………………………… 73	向　陽	……………………………………	74
任　楓	…………………………………… 73	向在江	……………………………………	74
任　墊	…………………………………… 73	向兆麟	……………………………………	74
任　潢	…………………………………… 73	向維時	……………………………………	74
任　璣	…………………………………… 73	危	…………………………………………	74
任　衡	…………………………………… 73	危士時	……………………………………	74
任　鑄	…………………………………… 73	危映璧	……………………………………	74
任　鵬	…………………………………… 73	色	…………………………………………	74
任文儀	…………………………………… 73	色　冷	……………………………………	74
任天成	…………………………………… 73	牟	…………………………………………	74
任元祥	…………………………………… 73	牟欽元	……………………………………	74
任以貞	…………………………………… 73		
任世紓	…………………………………… 74	**七　畫**	
任弘嘉	…………………………………… 74		
任西邑	…………………………………… 74	宋	…………………………………………	74
任光復	…………………………………… 74	宋　申	……………………………………	74
任辰旦	…………………………………… 74	宋　至	……………………………………	75
任奕鑒	…………………………………… 74	宋　汶	……………………………………	75
任禹臣	…………………………………… 74	宋　俠	……………………………………	75
任紹壙	…………………………………… 74	宋　炘	……………………………………	75
任道立	…………………………………… 74	宋　炳	……………………………………	75
任虞臣	…………………………………… 74	宋　玫	……………………………………	75

人名索引 (七畫)

宋 和	75	宋思玉	78
宋 祐	75	宋祖年	78
宋 恒	75	宋祖晟	78
宋 珏	75	宋真儒	78
宋 昱	75	宋敏求	78
宋 致	75	宋敏道	78
宋 涵	75	宋聚業	78
宋 曹	75	宋與之	78
宋 翔	75	宋際亨	78
宋 琬	75	宋實穎	78
宋 琦	76	宋慶長	79
宋 崧	76	宋慶遠	79
宋 暻	76	宋德宏	79
宋 犖	76	宋德宜	79
宋 照	76	宋德宸	79
宋 端	77	宋徵與	79
宋 際	77	宋徵輿	79
宋 樂	77	宋徵壁	80
宋 儒	77	宋徵璧	80
宋 衡	77	宋儒醇	80
宋 權	77	宋繩祖	80
宋 顯	77	宋鑑齡	80
宋之盛	77	宋繼澄	80
宋之普	77	冷	80
宋之繩	77	冷士嵋	80
宋文炤	77	冷時中	80
宋元徵	77	汪	80
宋太麓	77	汪 价	80
宋公玉	77	汪 舟	80
宋玉藻	77	汪 沉	80
宋存標	77	汪 沅	80
宋匡業	78	汪 沘	80
宋如辰	78	汪 辰	80
宋李顯	78	汪 玕	80
宋廷璋	78	汪 宣	80

清初詩選五十六種引得

汪 度	81	汪 楷	83
汪 洋	81	汪 鉉	83
汪 沐	81	汪 逸	83
汪 祉	81	汪 漢	83
汪 若	81	汪 韶	83
汪 晟	81	汪 銘	83
汪 俊	81	汪 湜	83
汪 玠	81	汪 漢	83
汪 荃	81	汪 誼	83
汪 起	81	汪 標	83
汪 倜	81	汪 撰	83
汪 清	81	汪 澤	83
汪 淇	81	汪 蕃	83
汪 淶	81	汪 衡	83
汪 堂	81	汪 錞	83
汪 曾	81	汪 穎	83
汪 湄	81	汪 膺	83
汪 琮	81	汪 薇	83
汪 琬	81	汪 燧	83
汪 琦	82	汪 霞	83
汪 琳	82	汪 鑄	83
汪 森	82	汪 繹	83
汪 棟	82	汪 蘅	83
汪 棣	82	汪 齡	83
汪 奭	82	汪 鑲	83
汪 崑	82	汪 鑰	83
汪 蛟	82	汪 灝	84
汪 勛	82	汪之順	84
汪 順	82	汪之蛟	84
汪 傑	82	汪士通	84
汪 偉	82	汪士裕	84
汪 弼	82	汪士鉉	84
汪 煜	82	汪士楨	84
汪 煒	82	汪士鋐	84
汪 榛	82	汪士選	84

人名索引 (七畫)

汪文栢	84	汪志仁	85
汪文桂	84	汪志道	85
汪文孫	84	汪志葇	85
汪文萊	84	汪志遠	85
汪文雄	84	汪作霖	86
汪文楨	84	汪泓澄	86
汪文輝	84	汪宗周	86
汪文璧	84	汪宜晉	86
汪天興	84	汪來許	86
汪元達	85	汪倍實	86
汪元幹	85	汪居鯤	86
汪元暉	85	汪美基	86
汪元緩	85	汪洋度	86
汪元璋	85	汪洪度	86
汪五玉	85	汪柯玥	86
汪中柱	85	汪思廻	86
汪中清	85	汪修文	86
汪中嚴	85	汪修武	86
汪以淳	85	汪起龍	86
汪允讓	85	汪起鴻	86
汪立正	85	汪時敏	86
汪玉珩	85	汪純仁	86
汪玉櫃	85	汪梁敢	86
汪正名	85	汪淳修	86
汪弘澄	85	汪惟熙	86
汪世卿	85	汪梓琴	86
汪由憲	85	汪國軾	86
汪汝謙	85	汪從晉	86
汪有折	85	汪紹煃	86
汪有典	85	汪黃贊	87
汪成高	85	汪堯臣	87
汪光祥	85	汪朝極	87
汪如龍	85	汪爲熹	87
汪良茶	85	汪榮祖	87
汪良箋	85	汪嘉樹	87

汪維寧 ………………………………… 87
汪蔚然 ………………………………… 87
汪穀詒 ………………………………… 87
汪徵遠 ………………………………… 87
汪曆賢 ………………………………… 87
汪樹琪 ………………………………… 87
汪學誠 ………………………………… 87
汪魯望 ………………………………… 87
汪應庚 ………………………………… 87
汪應銓 ………………………………… 87
汪應鶴 ………………………………… 87
汪鴻瑾 ………………………………… 87
汪懋勤 ………………………………… 87
汪懋麟 ………………………………… 87
汪耀麟 ………………………………… 88
汪獻文 ………………………………… 88
汪鶴孫 ………………………………… 88
沈 ……………………………………… 88
沈　中 ………………………………… 88
沈　白 ………………………………… 88
沈　安 ………………………………… 88
沈　存 ………………………………… 88
沈　志 ………………………………… 88
沈　折 ………………………………… 88
沈　求 ………………………………… 88
沈　虹 ………………………………… 88
沈　育 ………………………………… 88
沈　泌 ………………………………… 88
沈　泓 ………………………………… 88
沈　定 ………………………………… 88
沈　卷 ………………………………… 88
沈　芳 ………………………………… 89
沈　果 ………………………………… 89
沈　珍 ………………………………… 89
沈　昀 ………………………………… 89
沈　岳 ………………………………… 89
沈　洪 ………………………………… 89
沈　亮 ………………………………… 89
沈　炯 ………………………………… 89
沈　垣 ………………………………… 89
沈　湧 ………………………………… 89
沈　玠 ………………………………… 89
沈　荣 ………………………………… 89
沈　荃 ………………………………… 89
沈　珣 ………………………………… 90
沈　起 ………………………………… 90
沈　桓 ………………………………… 90
沈　晟 ………………………………… 90
沈　堃 ………………………………… 90
沈　淀 ………………………………… 90
沈　淵 ………………………………… 90
沈　涵 ………………………………… 90
沈　案 ………………………………… 90
沈　迪 ………………………………… 90
沈　漢 ………………………………… 90
沈　津 ………………………………… 90
沈　湛 ………………………………… 90
沈　斌 ………………………………… 90
沈　琰 ………………………………… 90
沈　馭 ………………………………… 90
沈　棟 ………………………………… 90
沈　雄 ………………………………… 90
沈　畯 ………………………………… 90
沈　進 ………………………………… 90
沈　傲 ………………………………… 90
沈　源 ………………………………… 90
沈　捷 ………………………………… 90
沈　煌 ………………………………… 91
沈　楣 ………………………………… 91
沈　塤 ………………………………… 91

人名索引（七畫）

沈　逸	91	沈大約	92
沈　禎	91	沈大艑	92
沈　寬	91	沈上墉	92
沈　寧	91	沈文術	92
沈　端	91	沈文璋	92
沈　誌	91	沈天寶	93
沈　榮	91	沈元滄	93
沈　璇	91	沈五棻	93
沈　葊	91	沈日星	93
沈　賦	91	沈中畏	93
沈　磐	91	沈中震	93
沈　謙	91	沈允范	93
沈　鑑	91	沈允煒	93
沈　邁	91	沈永仁	93
沈　奧	91	沈永令	93
沈　翼	91	沈永圻	93
沈　藩	92	沈永信	93
沈　駿	92	沈永啓	93
沈　攀	92	沈永隆	93
沈　鐄	92	沈永溢	93
沈　顯	92	沈永義	93
沈　權	92	沈永禔	93
沈　麟	92	沈永謐	93
沈　彪	92	沈永禮	93
沈　鄺	92	沈永馨	93
沈　讚	92	沈世奕	93
沈　轉	92	沈世栻	93
沈一撰	92	沈世漴	93
沈二聞	92	沈功宗	94
沈丁昌	92	沈可一	94
沈卜琦	92	沈左宜	94
沈九如	92	沈用濟	94
沈三曾	92	沈亦孟	94
沈士柱	92	沈光裕	94
沈士尊	92	沈仲貞	94

清初詩選五十六種引得

沈兆昌	94	沈奕瑛	96
沈自友	94	沈春澤	96
沈自東	94	沈思倫	96
沈自昌	94	沈思綸	96
沈自南	94	沈修齡	96
沈自炳	94	沈禹錫	96
沈自堃	94	沈衍之	96
沈自然	94	沈胤范	96
沈自鑄	94	沈胤范	96
沈休明	94	沈宸荃	96
沈名蓀	95	沈家恒	96
沈旭初	95	沈浩然	96
沈宋圻	95	沈祖申	96
沈汧晉	95	沈祖孝	96
沈廷楊	95	沈起元	96
沈廷勛	95	沈起治	96
沈希孟	95	沈聘開	96
沈希亮	95	沈純中	96
沈宗叙	95	沈商書	96
沈宗敬	95	沈紹姬	97
沈宜銓	95	沈曾成	97
沈其江	95	沈雁汀	97
沈圻如	95	沈朝初	97
沈青崖	95	沈無咎	97
沈林英	95	沈喬生	97
沈叔培	95	沈復曾	97
沈叔斌	95	沈欽圻	97
沈季友	95	沈隆卿	97
沈延銘	95	沈道映	97
沈受宏	95	沈道曎	97
沈受宜	95	沈獻遠	97
沈受祐	95	沈聖昭	97
沈佳胤	95	沈嗣選	97
沈彦章	95	沈會霖	97
沈奕琛	96	沈傳弓	97

人名索引（七畫）

沈榮僑	97	沙　鼎	99
沈榮簡	97	沙張白	99
沈壽民	97	沙敬業	99
沈壽客	97	沙應桐	99
沈壽國	97	沙鍾珍	99
沈嘉植	98	辛	99
沈嘉徵	98	辛　民	99
沈嘉衡	98	辛嗣順	99
沈嘉燕	98	辛廣恩	99
沈裘年	98	辛霜翊	99
沈爾煜	98	邢	99
沈爾燝	98	邢　防	99
沈緒延	98	邢　祥	100
沈際亨	98	邢孟貞	100
沈際淳	98	李	100
沈廣興	98	李　目	100
沈調元	98	李　弘	100
沈賓初	98	李　旭	100
沈億年	98	李　沂	100
沈德泰	98	李　孝	100
沈德符	98	李　折	100
沈德潛	98	李　更	100
沈履祥	98	李　佐	100
沈履曾	98	李　伸	100
沈憲纘	98	李　京	100
沈樹本	98	李　法	100
沈懋華	98	李　沛	100
沈鍾彥	98	李　炆	100
沈碑日	98	李　芳	100
沈豐垣	98	李　芥	100
沈蘭先	99	李　杰	100
沈蘭先	99	李　東	101
沈權之	99	李　坤	101
沙	99	李　卓	101
沙　白	99	李　昇	101

李　果 …… 101
李　昕 …… 101
李　岩 …… 101
李　郊 …… 101
李　炳 …… 101
李　珏 …… 101
李　珍 …… 101
李　芨 …… 101
李　柟 …… 101
李　柏 …… 101
李　勑 …… 101
李　是 …… 101
李　昞 …… 101
李　衍 …… 101
李　勉 …… 101
李　浡 …… 101
李　涇 …… 101
李　浩 …… 101
李　訒 …… 101
李　珪 …… 101
李　時 …… 102
李　恕 …… 102
李　寅 …… 102
李　清 …… 102
李　淦 …… 102
李　基 …… 102
李　堅 …… 102
李　崧 …… 102
李　符 …… 102
李　紱 …… 102
李　滋 …… 102
李　湘 …… 102
李　黄 …… 102
李　雯 …… 102
李　琬 …… 103
李　琪 …… 103
李　琇 …… 103
李　棟 …… 103
李　捷 …… 103
李　覝 …… 103
李　開 …… 103
李　暘 …… 103
李　棠 …… 103
李　喬 …… 103
李　進 …… 103
李　溶 …… 103
李　源 …… 103
李　滙 …… 103
李　煃 …… 103
李　煜 …… 103
李　煥 …… 103
李　煒 …… 103
李　達 …… 103
李　蓁 …… 103
李　蒸 …… 103
李　載 …… 103
李　敬 …… 104
李　葉 …… 104
李　聘 …… 104
李　楠 …… 104
李　暎 …… 104
李　稔 …… 104
李　鈴 …… 104
李　漁 …… 104
李　榧 …… 104
李　葂 …… 104
李　槐 …… 104
李　實 …… 104
李　楷（字仲木） …… 104
李　楷（字叔則） …… 104

人名索引（七畫）

李　銘	……………………………	104	李　譚	……………………………	106
李　濟	……………………………	104	李　藹	……………………………	106
李　潤	……………………………	105	李　鏡	……………………………	107
李　震	……………………………	105	李　蘅	……………………………	107
李　蔚	……………………………	105	李　蘭	……………………………	107
李　薩	……………………………	105	李　蘇	……………………………	107
李　蓮	……………………………	105	李　櫸	……………………………	107
李　模	……………………………	105	李　顯	……………………………	107
李　確	……………………………	105	李　鑑	……………………………	107
李　標	……………………………	105	李　鑿	……………………………	107
李　憲	……………………………	105	李　驥	……………………………	107
李　盤	……………………………	105	李　灝	……………………………	107
李　德	……………………………	105	李　鑲	……………………………	107
李　魏	……………………………	105	李一貞	……………………………	107
李　墊	……………………………	105	李一清	……………………………	107
李　禪	……………………………	105	李之世	……………………………	107
李　歐	……………………………	105	李之秀	……………………………	107
李　曉	……………………………	105	李之駒	……………………………	107
李　穎	……………………………	105	李于堅	……………………………	107
李　穎	……………………………	105	李士淳	……………………………	107
李　鴻	……………………………	105	李士端	……………………………	107
李　漢	……………………………	105	李士模	……………………………	107
李　燧	……………………………	105	李士徵	……………………………	107
李　禧	……………………………	105	李士衡	……………………………	107
李　懋	……………………………	106	李大春	……………………………	107
李　鍼	……………………………	106	李才貴	……………………………	107
李　澄	……………………………	106	李上德	……………………………	108
李　燿	……………………………	106	李子變	……………………………	108
李　嶼	……………………………	106	李文秀	……………………………	108
李　蟠	……………………………	106	李文胤	……………………………	108
李　觀	……………………………	106	李文純	……………………………	108
李　錯	……………………………	106	李文達	……………………………	108
李　鎧	……………………………	106	李方绿	……………………………	108
李　璧	……………………………	106	李心怡	……………………………	108
李　瀚	……………………………	106	李心映	……………………………	108

李心葵 ……………………………… 108
李王睟 ……………………………… 108
李王燁 ……………………………… 108
李天柱 ……………………………… 108
李天根 ……………………………… 108
李天植 ……………………………… 108
李天策 ……………………………… 108
李天爵 ……………………………… 108
李天馥 ……………………………… 108
李元柱 ……………………………… 109
李元貞 ……………………………… 109
李元鼎 ……………………………… 109
李元傑 ……………………………… 109
李少白 ……………………………… 109
李日芳 ……………………………… 109
李日焜 ……………………………… 109
李日燿 ……………………………… 109
李日馥 ……………………………… 109
李中素 ……………………………… 109
李中黃 ……………………………… 109
李化麟 ……………………………… 109
李化鱗 ……………………………… 109
李公挂 ……………………………… 109
李以篤 ……………………………… 109
李以籍 ……………………………… 109
李允諧 ……………………………… 110
李孔昭 ……………………………… 110
李必先 ……………………………… 110
李必界 ……………………………… 110
李必果 ……………………………… 110
李必恒 ……………………………… 110
李永周 ……………………………… 110
李永茂 ……………………………… 110
李永祺 ……………………………… 110
李永翼 ……………………………… 110
李正心 ……………………………… 110
李世昌 ……………………………… 110
李世洽 ……………………………… 110
李世格 ……………………………… 110
李世熊 ……………………………… 110
李世蔚 ……………………………… 110
李本樟 ……………………………… 110
李可汧 ……………………………… 110
李可植 ……………………………… 110
李可楨 ……………………………… 110
李仙春 ……………………………… 110
李仙原 ……………………………… 110
李令哲 ……………………………… 111
李亦文 ……………………………… 111
李汝儉 ……………………………… 111
李守仁 ……………………………… 111
李有藻 ……………………………… 111
李式玉 ……………………………… 111
李光堯 ……………………………… 111
李妃瞻 ……………………………… 111
李因篤 ……………………………… 111
李同節 ……………………………… 111
李先春 ……………………………… 111
李向中 ……………………………… 111
李向辰 ……………………………… 111
李如泓 ……………………………… 111
李如芳 ……………………………… 111
李如梓 ……………………………… 111
李良年 ……………………………… 111
李更生 ……………………………… 112
李呈祥 ……………………………… 112
李吳滋 ……………………………… 112
李孚良 ……………………………… 112
李孚青 ……………………………… 112
李廷樞 ……………………………… 112

人名索引（七畫）

李何煌	……………………………	112	李明睿	……………………………	114
李希稷	……………………………	112	李昂技	……………………………	114
李希膺	……………………………	112	李受恒	……………………………	114
李宗孔	……………………………	112	李念兹	……………………………	114
李宗仙	……………………………	112	李念慈	……………………………	114
李宗袞	……………………………	112	李舍渭	……………………………	114
李宗震	……………………………	112	李承銓	……………………………	114
李宜之	……………………………	112	李彦瑁	……………………………	114
李法遠	……………………………	112	李奕韓	……………………………	114
李長祚	……………………………	112	李恒楣	……………………………	114
李長科	……………………………	112	李政圻	……………………………	114
李長祥	……………………………	112	李咸有	……………………………	114
李長康	……………………………	113	李則友	……………………………	115
李長順	……………………………	113	李星巖	……………………………	115
李長敷	……………………………	113	李思訓	……………………………	115
李長燁	……………………………	113	李重華	……………………………	115
李芳莎	……………………………	113	李信芳	……………………………	115
李芳椿	……………………………	113	李胤懿	……………………………	115
李芳廣	……………………………	113	李裒燦	……………………………	115
李其凝	……………………………	113	李流芳	……………………………	115
李東櫃	……………………………	113	李夏盛	……………………………	115
李東檬	……………………………	113	李夏器	……………………………	115
李枝芃	……………………………	113	李振宗	……………………………	115
李枝桂	……………………………	113	李振裕	……………………………	115
李枝蓀	……………………………	113	李振聲	……………………………	115
李枝翹	……………………………	113	李時蕃	……………………………	115
李杖供	……………………………	113	李時燦	……………………………	115
李奇玉	……………………………	113	李師穆	……………………………	115
李來泰	……………………………	113	李盈坤	……………………………	115
李來章	……………………………	113	李孫偉	……………………………	115
李拔供	……………………………	113	李孫煌	……………………………	115
李拔卿	……………………………	113	李能哲	……………………………	116
李昌祚	……………………………	113	李基和	……………………………	116
李昌垣	……………………………	114	李國宋	……………………………	116
李明敔	……………………………	114	李國鍾	……………………………	116

李崇橦 ……………………………… 116
李得梁 ……………………………… 116
李善樹 ……………………………… 116
李琪枝 ……………………………… 116
李景福 ……………………………… 116
李景龍 ……………………………… 116
李景麟 ……………………………… 116
李爲極 ……………………………… 116
李爲霖 ……………………………… 116
李猶龍 ……………………………… 116
李森先 ……………………………… 116
李開生 ……………………………… 116
李開鄰 ……………………………… 116
李開熙 ……………………………… 116
李新枝 ……………………………… 116
李葵生 ……………………………… 116
李瑞和 ……………………………… 117
李萱孫 ……………………………… 117
李載可 ……………………………… 117
李聖芝 ……………………………… 117
李勤墉 ……………………………… 117
李嵩陽 ……………………………… 117
李肇亨 ……………………………… 117
李瑤枝 ……………………………… 117
李聚五 ……………………………… 117
李夢庚 ……………………………… 117
李夢熊 ……………………………… 117
李夢鷺 ……………………………… 117
李嘉胤 ……………………………… 117
李嘉穎 ……………………………… 117
李壽愷 ……………………………… 117
李嘗之 ……………………………… 117
李銓僊 ……………………………… 117
李毓珠 ……………………………… 117
李鳳雛 ……………………………… 117
李維貞 ……………………………… 117
李維楓 ……………………………… 117
李維璽 ……………………………… 117
李遜之 ……………………………… 117
李潛蛟 ……………………………… 117
李澄中 ……………………………… 117
李調鼎 ……………………………… 118
李蓺棠 ……………………………… 118
李震生 ……………………………… 118
李儀鴻 ……………………………… 118
李德成 ……………………………… 118
李嶟端（端一作"瑞"）………… 118
李緩山 ……………………………… 118
李鄴嗣 ……………………………… 118
李興祖 ……………………………… 118
李錫麒 ……………………………… 118
李鴻霆 ……………………………… 118
李録予 ……………………………… 118
李鵬程 ……………………………… 118
李攀麟 ……………………………… 118
李贊元 ……………………………… 118
李藻先 ……………………………… 119
李鍾庚 ……………………………… 119
李騰蛟 ……………………………… 119
李繩遠 ……………………………… 119
李繼白 ……………………………… 119
李繼貞 ……………………………… 119
李體鋅 ……………………………… 119
李麟友 ……………………………… 119
杜 …………………………………… 119
杜　芳 ……………………………… 119
杜　芥（芥一作"芧"）………… 119
杜　韶 ……………………………… 119
杜　越 ……………………………… 119
杜　濬 ……………………………… 119

人名索引（七画）

杜 榛	……………………………	119	成 德	……………………………	122
杜 臻	……………………………	119	成 藩	……………………………	122
杜 濬	……………………………	119	成一篑	……………………………	122
杜 镇	……………………………	120	成文昭	……………………………	122
杜之丛	……………………………	120	成永健	……………………………	122
杜仁俊	……………………………	120	成世杰	……………………………	122
杜立德	……………………………	120	成克肇	……………………………	122
杜世捷	……………………………	120	成克巩	……………………………	122
杜世厦	……………………………	120	吴	……………………………………	122
杜世農	……………………………	120	吴 山	……………………………	122
杜守中	……………………………	120	吴 岱	……………………………	122
杜光先	……………………………	120	吴 旦	……………………………	122
杜同春	……………………………	121	吴 甲	……………………………	122
杜迪功	……………………………	121	吴 光	……………………………	122
杜秉琳	……………………………	121	吴 兆	……………………………	123
杜恒燦	……………………………	121	吴 宏	……………………………	123
杜首昌	……………………………	121	吴 初	……………………………	123
杜庭珠	……………………………	121	吴 岐	……………………………	123
杜祝进	……………………………	121	吴 系	……………………………	123
杜致遠	……………………………	121	吴 佐	……………………………	123
杜逢春	……………………………	121	吴 林	……………………………	123
杜紹凱	……………………………	121	吴 奇	……………………………	123
杜登春	……………………………	121	吴 炎	……………………………	123
杜肇勳	……………………………	121	吴 沛	……………………………	123
杜鸿轩	……………………………	121	吴 芳	……………………………	123
巫	……………………………………	121	吴 昱	……………………………	123
巫之鑿	……………………………	121	吴 昕	……………………………	123
車	……………………………………	121	吴 易	……………………………	123
車以遵	……………………………	121	吴 非	……………………………	123
車萬育	……………………………	121	吴 周	……………………………	123
車鼎元	……………………………	121	吴 始	……………………………	123
成	……………………………………	121	吴 彦	……………………………	123
成 光	……………………………	121	吴 度	……………………………	123
成 性	……………………………	122	吴 洽	……………………………	123
成 梁	……………………………	122	吴 洵	……………………………	124

清初詩選五十六種引得

吴 炯	…………………………	124	吴 雯	…………………………	125
吴 珊	…………………………	124	吴 雲	…………………………	125
吴 苑	…………………………	124	吴 菘	…………………………	126
吴 柯	…………………………	124	吴 軫	…………………………	126
吴 拭	…………………………	124	吴 崑	…………………………	126
吴 昴	…………………………	124	吴 閎	…………………………	126
吴 易	…………………………	124	吴 閒	…………………………	126
吴 昕	…………………………	124	吴 鉅	…………………………	126
吴 拜	…………………………	124	吴 循	…………………………	126
吴 秋	…………………………	124	吴 敞	…………………………	126
吴 肘	…………………………	124	吴 溢	…………………………	126
吴 建	…………………………	124	吴 淵	…………………………	126
吴 茎	…………………………	124	吴 逵	…………………………	126
吴 茹	…………………………	124	吴 煊	…………………………	126
吴 夏	…………………………	124	吴 詡	…………………………	126
吴 晉	…………………………	124	吴 瑛	…………………………	126
吴 牲	…………………………	124	吴 瑞	…………………………	126
吴 倫	…………………………	124	吴 瑋	…………………………	126
吴 寅	…………………………	124	吴 嵩	…………………………	126
吴 淇	…………………………	125	吴 暄	…………………………	126
吴 翊	…………………………	125	吴 遇	…………………………	126
吴 堃	…………………………	125	吴 御	…………………………	126
吴 炯	…………………………	125	吴 鉏	…………………………	126
吴 夐	…………………………	125	吴 緒	…………………………	126
吴 崧	…………………………	125	吴 適	…………………………	126
吴 崙	…………………………	125	吴 粹	…………………………	126
吴 晟	…………………………	125	吴 蒙	…………………………	126
吴 陞	…………………………	125	吴 榖	…………………………	126
吴 湛	…………………………	125	吴 権	…………………………	127
吴 愉	…………………………	125	吴 鹹	…………………………	127
吴 焱	…………………………	125	吴 綺	…………………………	127
吴 琪	…………………………	125	吴 潰	…………………………	127
吴 琦	…………………………	125	吴 瑾	…………………………	127
吴 達	…………………………	125	吴 蓮	…………………………	127
吴 超	…………………………	125	吴 選	…………………………	127

人名索引（七畫）

吳 潔	……………………………	127		吳 鎭	……………………………	129
吳 寬	……………………………	127		吳 鎬	……………………………	129
吳 震	……………………………	127		吳 藹	……………………………	129
吳 僧	……………………………	127		吳 鍾	……………………………	129
吳 磐	……………………………	127		吳 蘭	……………………………	129
吳 遷	……………………………	127		吳 鷲	……………………………	130
吳 瀠	……………………………	127		吳 驥	……………………………	130
吳 璟	……………………………	127		吳一元	……………………………	130
吳 葉	……………………………	128		吳一畫	……………………………	130
吳 歷	……………………………	128		吳卜雄	……………………………	130
吳 曉	……………………………	128		吳人寶	……………………………	130
吳 錢	……………………………	128		吳九思	……………………………	130
吳 錦	……………………………	128		吳之文	……………………………	130
吳 顈	……………………………	128		吳之紀	……………………………	130
吳 穎	……………………………	128		吳之烈	……………………………	130
吳 曠	……………………………	128		吳之振	……………………………	130
吳 濤	……………………………	128		吳之器	……………………………	130
吳 襄	……………………………	128		吳之聯	……………………………	130
吳 燧	……………………………	128		吳之駰	……………………………	130
吳 燭	……………………………	128		吳之驥	……………………………	130
吳 澂	……………………………	128		吳千績	……………………………	130
吳 繁	……………………………	128		吳士玉	……………………………	130
吳 聰	……………………………	128		吳士弘	……………………………	131
吳 嶽	……………………………	128		吳士龍	……………………………	131
吳 瞫	……………………………	128		吳士緯	……………………………	131
吳 騅	……………………………	128		吳大木	……………………………	131
吳 璋	……………………………	129		吳山秀	……………………………	131
吳 雙	……………………………	129		吳山濤	……………………………	131
吳 鏡	……………………………	129		吳文炳	……………………………	131
吳 甯	……………………………	129		吳文炯	……………………………	131
吳 繩	……………………………	129		吳文燦	……………………………	131
吳 翻	……………………………	129		吳元宗	……………………………	131
吳 翻	……………………………	129		吳天木	……………………………	131
吳 鷹	……………………………	129		吳天放	……………………………	131
吳 翻	……………………………	129		吳元奎	……………………………	131

清初詩選五十六種引得

吳元庚	……………………………… 131	吳弘雋	……………………………… 133
吳元桂	……………………………… 131	吳弘謨	……………………………… 133
吳元龍	……………………………… 131	吳加紀	……………………………… 133
吳元麟	……………………………… 131	吳亦高	……………………………… 133
吳太冲	……………………………… 131	吳亦堂	……………………………… 133
吳屯侯	……………………………… 131	吳江偉	……………………………… 133
吳日光	……………………………… 131	吳汝亮	……………………………… 133
吳日煥	……………………………… 131	吳宇升	……………………………… 133
吳中奇	……………………………… 132	吳百朋	……………………………… 133
吳升東	……………………………… 132	吳有涯	……………………………… 133
吳化龍	……………………………… 132	吳光裕	……………………………… 133
吳允誠	……………………………… 132	吳光錫	……………………………… 133
吳允嘉	……………………………… 132	吳同仁	……………………………… 133
吳允謙	……………………………… 132	吳兆元	……………………………… 133
吳玄石	……………………………… 132	吳兆宮	……………………………… 133
吳玄冲	……………………………… 132	吳兆寬	……………………………… 133
吳永治	……………………………… 132	吳兆賢	……………………………… 133
吳永和	……………………………… 132	吳兆騫	……………………………… 133
吳永迪	……………………………… 132	吳竹蒼	……………………………… 134
吳玉度	……………………………… 132	吳自惺	……………………………… 134
吳玉藻	……………………………… 132	吳自蕭	……………………………… 134
吳玉麟	……………………………… 132	吳任臣	……………………………… 134
吳正名	……………………………… 132	吳全融	……………………………… 134
吳正治	……………………………… 132	吳名鑒	……………………………… 134
吳正炳	……………………………… 132	吳如升	……………………………… 134
吳甘來	……………………………… 132	吳如恒	……………………………… 134
吳世杰	……………………………… 132	吳如晦	……………………………… 134
吳世尚	……………………………… 132	吳良祚	……………………………… 134
吳世基	……………………………… 132	吳良瑛	……………………………… 134
吳世睿	……………………………… 132	吳志仁	……………………………… 134
吳本泰	……………………………… 132	吳奇鹿	……………………………… 134
吳本萬	……………………………… 132	吳見思	……………………………… 134
吳可封	……………………………… 132	吳邦治	……………………………… 134
吳弘訓	……………………………… 132	吳邦屏	……………………………… 134
吳弘绅	……………………………… 132	吳廷華	……………………………… 134

人名索引 (七畫)

吳廷撰	……………………………	134		吳秋士	……………………………	136
吳廷彌	……………………………	134		吳秋華	……………………………	136
吳廷楨	……………………………	134		吳映芝	……………………………	136
吳伯喬	……………………………	134		吳映簡	……………………………	136
吳君鄰	……………………………	134		吳映蘖	……………………………	136
吳宗信	……………………………	134		吳家吳	……………………………	136
吳宗烈	……………………………	135		吳家紀	……………………………	136
吳宗渭	……………………………	135		吳家騏	……………………………	136
吳宗漢	……………………………	135		吳祖命	……………………………	136
吳宗潛	……………………………	135		吳祖修	……………………………	136
吳定璋	……………………………	135		吳起鴛	……………………………	136
吳長吉	……………………………	135		吳振宗	……………………………	136
吳長庚	……………………………	135		吳振飛	……………………………	136
吳長春	……………………………	135		吳振鵬	……………………………	136
吳枚卜	……………………………	135		吳振蘭	……………………………	136
吳坤釜	……………………………	135		吳晉昌	……………………………	136
吳昌祺	……………………………	135		吳晉趾	……………………………	136
吳晉德	……………………………	135		吳晉蕃	……………………………	136
吳秉謙	……………………………	135		吳晉錫	……………………………	136
吳物榮	……………………………	135		吳剛思	……………………………	136
吳周瑾	……………………………	135		吳時德	……………………………	137
吳金鱗	……………………………	135		吳書元	……………………………	137
吳承泰	……………………………	135		吳書香	……………………………	137
吳孟堅	……………………………	135		吳書魁	……………………………	137
吳彦芳	……………………………	135		吳能謙	……………………………	137
吳亮中	……………………………	135		吳孫祥	……………………………	137
吳炤吉	……………………………	135		吳康侯	……………………………	137
吳珂鳴	……………………………	136		吳惟垣	……………………………	137
吳若梅	……………………………	136		吳啟元	……………………………	137
吳南岳	……………………………	136		吳啟昆	……………………………	137
吳貞度	……………………………	136		吳啟思	……………………………	137
吳南岱	……………………………	136		吳啟鵬	……………………………	137
吳晉惠	……………………………	136		吳啟瀛	……………………………	137
吳拱宸	……………………………	136		吳理禎	……………………………	137
吳重暉	……………………………	136		吳培源	……………………………	137

清初詩選五十六種引得

吳培縯	……………………………	137	吳道合	……………………………	139
吳盛藻	……………………………	137	吳道配	……………………………	140
吳崇先	……………………………	137	吳道新	……………………………	140
吳野人	……………………………	137	吳道凝	……………………………	140
吳國玕	……………………………	137	吳資生	……………………………	140
吳國對	……………………………	137	吳源出	……………………………	140
吳國龍	……………………………	138	吳源岵	……………………………	140
吳國縉	……………………………	138	吳源達	……………………………	140
吳國鐸	……………………………	138	吳詩成	……………………………	140
吳敏文	……………………………	138	吳喬之	……………………………	140
吳偉業	……………………………	138	吳煜吉	……………………………	140
吳從信	……………………………	138	吳農祥	……………………………	140
吳從殷	……………………………	138	吳葦度	……………………………	140
吳從龍	……………………………	138	吳敬儀	……………………………	140
吳欲燃	……………………………	138	吳萬胤	……………………………	140
吳貫勉	……………………………	138	吳聖苗	……………………………	140
吳逢辰	……………………………	139	吳聖窗	……………………………	140
吳參成	……………………………	139	吳端木	……………………………	140
吳紹奇	……………………………	139	吳端撰	……………………………	140
吳紹端	……………………………	139	吳與湛	……………………………	140
吳紹熹	……………………………	139	吳龍祥	……………………………	140
吳陳琰	……………………………	139	吳龍章	……………………………	140
吳尊周	……………………………	139	吳龍錫	……………………………	140
吳孝昌	……………………………	139	吳肅公	……………………………	140
吳琪滋	……………………………	139	吳間啟	……………………………	140
吳雯清	……………………………	139	吳寧詢	……………………………	140
吳雯烱	……………………………	139	吳夢暘	……………………………	140
吳斯洛	……………………………	139	吳毓珍	……………………………	141
吳棠楨	……………………………	139	吳嘉紀	……………………………	141
吳景壹	……………………………	139	吳嘉禎	……………………………	141
吳景鄴	……………………………	139	吳嘉稷	……………………………	141
吳卿槇	……………………………	139	吳嘉驥	……………………………	141
吳統持	……………………………	139	吳壽潛	……………………………	141
吳萬春	……………………………	139	吳稚圭	……………………………	141
吳慈蒨	……………………………	139	吳爾升	……………………………	141

人名索引 (七畫)

吳爾康	……………………………	141		吳謙牧	……………………………	143
吳爾瑚	……………………………	141		吳霞举	……………………………	143
吳銘義	……………………………	141		吳聲夏	……………………………	143
吳銘道	……………………………	141		吳懋俊	……………………………	143
吳維翰	……………………………	141		吳懋謙	……………………………	143
吳調元	……………………………	141		吳繁昌	……………………………	143
吳調鼎	……………………………	141		吳瞻泰	……………………………	143
吳蕃昌	……………………………	141		吳瞻淇	……………………………	143
吳震方	……………………………	141		吳鍾美	……………………………	143
吳儀一	……………………………	142		吳藩昌	……………………………	143
吳德求	……………………………	142		吳鏡源	……………………………	144
吳德照	……………………………	142		吳關思	……………………………	144
吳德操	……………………………	142		吳繼澄	……………………………	144
吳履泰	……………………………	142		吳齋徵	……………………………	144
吳遵晦	……………………………	142		吳讓木	……………………………	144
吳樹誠	……………………………	142		吳麟徵	……………………………	144
吳樹聲	……………………………	142		吳觀垣	……………………………	144
吳奮鵬	……………………………	142		呂	……………………………………	144
吳錫朋	……………………………	142		呂 旦	……………………………	144
吳學尹	……………………………	142		呂 珂	……………………………	144
吳學仲	……………………………	142		呂 宮	……………………………	144
吳學炯	……………………………	142		呂 愨	……………………………	144
吳學烔	……………………………	142		呂 清	……………………………	144
吳學濂	……………………………	142		呂 著	……………………………	144
吳學謙	……………………………	142		呂 陽	……………………………	144
吳興祚	……………………………	142		呂 楠	……………………………	144
吳應台	……………………………	142		呂 煇	……………………………	144
吳應辰	……………………………	143		呂 潛	……………………………	144
吳應庚	……………………………	143		呂 潜	……………………………	144
吳應萊	……………………………	143		呂 確	……………………………	144
吳應筌	……………………………	143		呂 蟾	……………………………	144
吳應夢	……………………………	143		呂士鴻	……………………………	144
吳應魁	……………………………	143		呂士駿	……………………………	144
吳應箕	……………………………	143		呂士鶴	……………………………	144
吳應簊	……………………………	143		呂大器	……………………………	145

呂日旦	……………………………	145		何 初	……………………………	146
呂守曾	……………………………	145		何 法	……………………………	146
呂光輪	……………………………	145		何 林	……………………………	146
呂兆龍	……………………………	145		何 坦	……………………………	146
呂自咸	……………………………	145		何 采	……………………………	146
呂法曾	……………………………	145		何 絜	……………………………	147
呂泗洲	……………………………	145		何 杕	……………………………	147
呂尚宮	……………………………	145		何 淇	……………………………	147
呂祚德	……………………………	145		何 琪	……………………………	147
呂洪烈	……………………………	145		何 梅	……………………………	147
呂振之	……………………………	145		何 斌	……………………………	147
呂師濂	……………………………	145		何 焯	……………………………	147
呂留良	……………………………	145		何 雲	……………………………	147
呂章成	……………………………	145		何 棟	……………………………	147
呂莊頤	……………………………	145		何 集	……………………………	147
呂胤佳	……………………………	145		何 綘	……………………………	147
呂梁洪	……………………………	146		何 煜	……………………………	147
呂符蕙	……………………………	146		何 焜	……………………………	147
呂泰字	……………………………	146		何 經	……………………………	147
呂翁如	……………………………	146		何 遠	……………………………	147
呂象恒	……………………………	146		何 鳴	……………………………	147
呂復恒	……………………………	146		何 鎭	……………………………	147
呂履恒	……………………………	146		何 鼎	……………………………	147
呂謙恒	……………………………	146		何 鑒	……………………………	147
呂翼高	……………………………	146		何 邁	……………………………	147
呂耀曾	……………………………	146		何 瀹	……………………………	147
呂績祖	……………………………	146		何 讓	……………………………	147
岑	……………………………………	146		何一化	……………………………	148
岑 溶	……………………………	146		何之杰	……………………………	148
岑 徵	……………………………	146		何于海	……………………………	148
岑 嶽	……………………………	146		何士域	……………………………	148
吞	……………………………………	146		何士震	……………………………	148
吞 珠	……………………………	146		何士壎	……………………………	148
何	……………………………………	146		何大成	……………………………	148
何 序	……………………………	146		何大觀	……………………………	148

人名索引（七畫）

何文魁	……………………………	148		何經方	……………………………	149
何文煒	……………………………	148		何嘉延	……………………………	149
何天復	……………………………	148		何嘉迪	……………………………	149
何天寵	……………………………	148		何嘉琳	……………………………	149
何天衢	……………………………	148		何嘉頤	……………………………	150
何元英	……………………………	148		何毓秀	……………………………	150
何五雲	……………………………	148		何儒顯	……………………………	150
何中輝	……………………………	148		何龍文	……………………………	150
何以達	……………………………	148		何操敬	……………………………	150
何允謙	……………………………	148		何興祚	……………………………	150
何永紹	……………………………	148		何霈雲	……………………………	150
何永圖	……………………………	148		佟	……………………………………	150
何永齡	……………………………	148		佟　揚	……………………………	150
何永濬	……………………………	148		佟　藺	……………………………	150
何可化	……………………………	148		佟世佑	……………………………	150
何石蓮	……………………………	148		佟世南	……………………………	150
何弘仁	……………………………	148		佟世思	……………………………	150
何安世	……………………………	148		佟世臨	……………………………	150
何良球	……………………………	149		佟法海	……………………………	150
何吾騶	……………………………	149		佟國器	……………………………	150
何其偉	……………………………	149		佟國鼎	……………………………	150
何金驥	……………………………	149		佟國雍	……………………………	150
何延年	……………………………	149		佟國瑝	……………………………	150
何亮功	……………………………	149		佟寧年	……………………………	150
何述皋	……………………………	149		佟鳳采	……………………………	150
何述稷	……………………………	149		佟鳳彩	……………………………	150
何負圖	……………………………	149		佟耀年	……………………………	151
何家延	……………………………	149		谷	……………………………………	151
何起貴	……………………………	149		谷士珂	……………………………	151
何振玉	……………………………	149		谷文光	……………………………	151
何純子	……………………………	149		谷長春	……………………………	151
何喬雲	……………………………	149		谷應泰	……………………………	151
何源濬	……………………………	149		余	……………………………………	151
何園客	……………………………	149		余　垐	……………………………	151
何經文	……………………………	149		余　勇	……………………………	151

清初詩選五十六種引得

佘 棋	151	余天茂	153
佘 璜	151	余元甲	153
佘心傳	151	余日發	153
佘克美	151	余永楷	153
佘廷燝	151	余正垣	153
佘儀曾	151	余光全	153
佘錫繩	151	余光灵	153
余	151	余其仁	153
余 价	151	余金鼎	153
余 京	151	余思復	153
余 杰	151	余家璜	153
余 昂	151	余敏紳	153
余 佺	151	余國柱	153
余 洋	151	余國楣	153
余 恂	151	余國賢	153
余 英	151	余國檜	153
余 垐	152	余國譜	153
余 崶	152	余雲祚	153
余 雯	152	余賓碩	153
余 蓋	152	余增遠	154
余 經	152	余儀曾	154
余 鈿	152	余鵬翔	154
余 綬	152	余蘭碩	154
余 標	152	狄	154
余 飈	152	狄 敬	154
余 懷	152	那	154
余 騰	152	那 邁	154
余 櫱	152	阮	154
余 鑄	152	阮旻錫	154
余 讓	153	阮述芳	154
余大浩	153	阮爾詢	154
余大觀	153		
余小星	153	**八 畫**	
余心蕖	153		
余之徵	153	弦	154

人名索引（八畫）

宏胥麗	154	房可壯	156
宗	154	房廷楨	156
宗 止	154	武	156
宗 乘	154	武之烈	156
宗 觀	154	武士豪	156
宗元鼎	154	武全文	156
宗元豫	155	武承謨	156
宗挾藻	155	武振洪	156
宗學曾	155	武鼎升	156
宛	155	武際飛	156
宛 達	155	長	157
官	155	長 海	157
官于宣	155	芮	157
官純滋	155	芮 城	157
官偉繆	155	芮 嶼	157
法	155	芮國行	157
法 良	155	芮國珩	157
法 葆	155	花	157
法若真	155	花 色	157
性	155	東	157
性 德	155	東蔭商	157
怡	155	奈	157
怡賢親王	155	奈 曼	157
祁	156	來	157
祁文友	156	來 寅	157
祁夐佳	156	來 蕃	157
祁班孫	156	來孫謀	157
祁理孫	156	來集之	157
祁彪佳	156	林	157
祁誠孫	156	林 芃	157
祁德茞	156	林 辰	157
祁駿佳	156	林 昇	157
祁鴻孫	156	林 佶	157
房	156	林 堃	157
房天驥	156	林 勉	158

林　偉	……………………………	158		林宸書	……………………………	159
林　棟	……………………………	158		林時益	……………………………	160
林　嵋	……………………………	158		林時躍	……………………………	160
林　銓	……………………………	158		林崇孚	……………………………	160
林　薰	……………………………	158		林逢震	……………………………	160
林　謀	……………………………	158		林尊賓	……………………………	160
林　襄	……………………………	158		林雲從	……………………………	160
林　濤	……………………………	158		林雲鳳	……………………………	160
林　鴻	……………………………	158		林華昌	……………………………	160
林　曙	……………………………	158		林堯光	……………………………	160
林九棘	……………………………	158		林堯英	……………………………	160
林之華	……………………………	158		林搏雲	……………………………	160
林之蕃	……………………………	158		林嗣環	……………………………	160
林子威	……………………………	158		林賓王	……………………………	160
林子卿	……………………………	158		林鼎復	……………………………	160
林子寧	……………………………	158		林銘璜	……………………………	161
林子襄	……………………………	158		林鳳岡	……………………………	161
林方颺	……………………………	158		林鳳儀	……………………………	161
林友王	……………………………	158		林增志	……………………………	161
林日盛	……………………………	158		林徵材	……………………………	161
林正芳	……………………………	159		林瑞客	……………………………	161
林世俊	……………………………	159		林應琮	……………………………	161
林古度	……………………………	159		林麟焻	……………………………	161
林弘珪	……………………………	159		杭　…………………………………	161
林有本	……………………………	159		杭　楡	……………………………	161
林仲達	……………………………	159		杭　葦	……………………………	161
林向哲	……………………………	159		杭世駿	……………………………	161
林全復	……………………………	159		杭必成	……………………………	161
林企忠	……………………………	159		奔　…………………………………	161
林企佩	……………………………	159		奔　太	……………………………	161
林初文	……………………………	159		尚　…………………………………	161
林叔學	……………………………	159		尚　友	……………………………	161
林杭學	……………………………	159		卓　…………………………………	161
林明倫	……………………………	159		卓　禹	……………………………	161
林佳璣	……………………………	159		卓　基	……………………………	161

人名索引（八畫）

卓　域	……………………………	161	季步騑	……………………………	163
卓　舜	……………………………	161	季振宜	……………………………	163
卓人月	……………………………	161	季堪倫	……………………………	163
卓人皋	……………………………	161	季開生	……………………………	163
卓天寅	……………………………	161	季載可	……………………………	163
卓允基	……………………………	161	岳	……………………………………	163
卓汝立	……………………………	161	岳　淮	……………………………	163
卓胤域	……………………………	162	岳　端	……………………………	163
卓胤基	……………………………	162	岳宏譽	……………………………	163
卓發之	……………………………	162	岳東瞻	……………………………	163
卓爾堪	……………………………	162	岳虞譽	……………………………	163
卓穎基	……………………………	162	岳鑒圖	……………………………	163
果	……………………………………	162	邱	……………………………………	163
果毅親王	……………………………	162	邱　迴	……………………………	163
易	……………………………………	162	金	……………………………………	164
易　東	……………………………	162	金　佐	……………………………	164
易之炯	……………………………	162	金　松	……………………………	164
易宗洛	……………………………	162	金　旻	……………………………	164
易宗淇	……………………………	162	金　佩	……………………………	164
易宗瀛	……………………………	162	金　倫	……………………………	164
易祖杖	……………………………	162	金　梧	……………………………	164
易祖愉	……………………………	162	金　笵	……………………………	164
易學實	……………………………	162	金　遂	……………………………	164
呼	……………………………………	162	金　登	……………………………	164
呼　谷	……………………………	162	金　貢	……………………………	164
和	……………………………………	162	金　敞	……………………………	164
和　羹	……………………………	162	金　集	……………………………	164
季	……………………………………	162	金　堡	……………………………	164
季　才	……………………………	162	金　鉉	……………………………	164
季　煌	……………………………	162	金　經	……………………………	164
季　静	……………………………	162	金　銓	……………………………	164
季　嬰	……………………………	162	金　銘	……………………………	164
季公琦	……………………………	162	金　潮	……………………………	164
季永珍	……………………………	163	金　標	……………………………	164
季式祖	……………………………	163	金　甌	……………………………	164

清初詩選五十六種引得

金 震	……………………………	164	金廷珩	……………………………	166
金 銓	……………………………	164	金廷韶	……………………………	166
金 衡	……………………………	164	金廷燦	……………………………	166
金 聲	……………………………	164	金廷襄	……………………………	166
金 闈	……………………………	164	金宗范	……………………………	166
金 簡	……………………………	164	金長興	……………………………	166
金 鑒	……………………………	165	金尚憲	……………………………	166
金 鎭	……………………………	165	金始純	……………………………	166
金 璧	……………………………	165	金垣生	……………………………	166
金 鑄	……………………………	165	金是崑	……………………………	166
金 鏡	……………………………	165	金是瀛	……………………………	166
金 鏗	……………………………	165	金昭鑑	……………………………	166
金 齡	……………………………	165	金俊明	……………………………	166
金 鱗	……………………………	165	金祖誠	……………………………	166
金 灝	……………………………	165	金起士	……………………………	167
金一白	……………………………	165	金時芳	……………………………	167
金人瑞	……………………………	165	金時翔	……………………………	167
金之恂	……………………………	165	金時蘭	……………………………	167
金之俊	……………………………	165	金堯年	……………………………	167
金之鵬	……………………………	165	金達盛	……………………………	167
金之麟	……………………………	165	金義植	……………………………	167
金大成	……………………………	165	金敬致（又作金致敬）	…………	167
金上震	……………………………	165	金敬數	……………………………	167
金上觀	……………………………	165	金虞廷	……………………………	167
金天裔	……………………………	165	金漸皋	……………………………	167
金玉式	……………………………	165	金漸雕	……………………………	167
金世仁	……………………………	165	金夢先	……………………………	167
金世泰	……………………………	166	金維寧	……………………………	167
金世鎭	……………………………	166	金德開	……………………………	167
金世鑑	……………………………	166	金德嘉	……………………………	167
金石麟	……………………………	166	金鳳綸	……………………………	167
金司農	……………………………	166	金鋐度	……………………………	167
金行遠	……………………………	166	金澤茂	……………………………	167
金志章	……………………………	166	金學重	……………………………	167
金成棟	……………………………	166	金憲孫	……………………………	167

人名索引（八畫）

金蘭孫	……………………………	167		周	紹	……………………………	169
金懋乘	……………………………	168		周	焯	……………………………	169
金懋禧	……………………………	168		周	斯	……………………………	169
金蘭莊	……………………………	168		周	准	……………………………	169
周	……………………………	168		周	偉	……………………………	169
周 申	……………………………	168		周	溶	……………………………	169
周 弘	……………………………	168		周	瑄	……………………………	169
周 安	……………………………	168		周	損	……………………………	169
周 忱	……………………………	168		周	筠	……………………………	169
周 岐	……………………………	168		周	肇	……………………………	169
周 治	……………………………	168		周	誠	……………………………	170
周 京	……………………………	168		周	端	……………………………	170
周 初	……………………………	168		周	遠	……………………………	170
周 杭	……………………………	168		周	榕	……………………………	170
周 芳	……………………………	168		周	碩	……………………………	170
周 昊	……………………………	168		周	鼎	……………………………	170
周 易	……………………………	168		周	銘	……………………………	170
周 采	……………………………	168		周	綸	……………………………	170
周 和	……………………………	168		周	蔚	……………………………	170
周 岳	……………………………	168		周	篁	……………………………	170
周 枯	……………………………	168		周	儀	……………………………	170
周 珂	……………………………	168		周	魯	……………………………	170
周 南	……………………………	168		周	隨	……………………………	170
周 侯	……………………………	168		周	戲	……………………………	170
周 容	……………………………	168		周	誡	……………………………	170
周 朗	……………………………	169		周	裴	……………………………	170
周 挺	……………………………	169		周	質	……………………………	170
周 烈	……………………………	169		周	燦	……………………………	171
周 梁	……………………………	169		周	薇	……………………………	171
周 訥	……………………………	169		周	禮	……………………………	171
周 馭	……………………………	169		周	嬰	……………………………	171
周 揚	……………………………	169		周	膺	……………………………	171
周 珽	……………………………	169		周	璋	……………………………	171
周 規	……………………………	169		周	蕭	……………………………	171
周 崗	……………………………	169		周	藩	……………………………	171

周 鎬	……………………………	171	周在建	……………………………	173
周 舜	……………………………	171	周在浚	……………………………	173
周 疆	……………………………	171	周在都	……………………………	173
周 篁	……………………………	171	周在圖	……………………………	173
周 繢	……………………………	171	周而衍	……………………………	173
周 霈	……………………………	171	周名世	……………………………	173
周 璣	……………………………	171	周宏藻	……………………………	173
周 鑑	……………………………	171	周邦光	……………………………	173
周之祿	……………………………	171	周邦彬	……………………………	173
周之與	……………………………	171	周邦鼎	……………………………	173
周之嶧	……………………………	171	周孝學	……………………………	173
周之瑛	……………………………	171	周扶櫺	……………………………	173
周士章	……………………………	171	周廷英	……………………………	173
周士彬	……………………………	171	周廷徵	……………………………	173
周士儀	……………………………	171	周廷禧	……………………………	173
周乃來	……………………………	172	周廷鑨	……………………………	174
周天藻	……………………………	172	周宗儒	……………………………	174
周公勳	……………………………	172	周定鼎	……………………………	174
周公贊	……………………………	172	周沛生	……………………………	174
周公璣	……………………………	172	周芬斗	……………………………	174
周以忠	……………………………	172	周芬佩	……………………………	174
周允師	……………………………	172	周季琬	……………………………	174
周立勳	……………………………	172	周和溥	……………………………	174
周宁儀	……………………………	172	周金然	……………………………	174
周永年	……………………………	172	周命佐	……………………………	174
周永言	……………………………	172	周亮工	……………………………	174
周永肩	……………………………	172	周亮公	……………………………	175
周永銓	……………………………	172	周茂源	……………………………	175
周必勃	……………………………	172	周茂蕓	……………………………	175
周世臣	……………………………	172	周茂藻	……………………………	175
周旦齡	……………………………	172	周茂蘭	……………………………	175
周令樹	……………………………	172	周垣綜	……………………………	175
周再助	……………………………	172	周拱辰	……………………………	175
周在昇	……………………………	172	周貞媛	……………………………	175
周在延	……………………………	173	周迪吉	……………………………	175

人名索引（八畫）

周愛諴	……………………………	175		周綜垣	……………………………	177
周禹吉	……………………………	175		周維柜	……………………………	177
周衍喬	……………………………	175		周夢恤	……………………………	177
周建昌	……………………………	175		周撫辰	……………………………	177
周姑媛	……………………………	175		周撫宸	……………………………	177
周宸藻	……………………………	175		周龍甲	……………………………	177
周祚新	……………………………	176		周龍光	……………………………	177
周起辛	……………………………	176		周龍舒	……………………………	177
周起渭	……………………………	176		周龍藻	……………………………	177
周振采	……………………………	176		周積忠	……………………………	177
周振瑗	……………………………	176		周積賢	……………………………	177
周振璜	……………………………	176		周應遇	……………………………	177
周振藻	……………………………	176		周韓起	……………………………	177
周晉臣	……………………………	176		周穆廉	……………………………	177
周清原	……………………………	176		周繼皐	……………………………	177
周淑媛	……………………………	176		周繼濂	……………………………	177
周啓萬	……………………………	176		周躍龍	……………………………	178
周勒卣	……………………………	176		周蘭森	……………………………	178
周國廷	……………………………	176		周體觀	……………………………	178
周雲駿	……………………………	176		周鑲齡	……………………………	178
周彭年	……………………………	176		周□□（字晉山）	………………	178
周斯盛	……………………………	176		阿	……………………………………	178
周萊臣	……………………………	176		阿　林	……………………………	178
周靖公	……………………………	176		阿爾泰	……………………………	178
周福柱	……………………………	176		邵	……………………………………	178
周聖楷	……………………………	176		邵　庚	……………………………	178
周敬傳	……………………………	176		邵　旻	……………………………	178
周經才	……………………………	176		邵　岷	……………………………	178
周端舉	……………………………	177		邵　泰	……………………………	178
周齊曾	……………………………	177		邵　晃	……………………………	178
周榮光	……………………………	177		邵　崑	……………………………	178
周榮起	……………………………	177		邵　笠	……………………………	178
周嘉模	……………………………	177		邵　陵	……………………………	178
周鼎望	……………………………	177		邵　祿	……………………………	178
周僧度	……………………………	177		邵　潛	……………………………	178

邵 濂	179	孟稱舜	181
邵 瓊	179		
邵 璨	179	**九 畫**	
邵 龍	179		
邵大潛	179	冼	181
邵弘堂	179	冼國幹	181
邵似歐	179	姜	181
邵言珪	179	姜 圻	181
邵志晉	179	姜 垍	181
邵志謙	179	姜 埰	181
邵吳遠	179	姜 烈	181
邵長蘅	179	姜 展	181
邵曾訓	179	姜 採	181
邵遠平	179	姜 梗	181
邵錫申	179	姜 堯	181
邵錫榮	179	姜 遹	182
邵錫蔭	179	姜 諒	182
邵錦潮	179	姜 鴻	182
邵懷棠	179	姜 璋	182
屈	179	姜大申	182
屈 復	179	姜文登	182
屈大均	179	姜文燦	182
屈景賢	180	姜天樞	182
孟	180	姜元衡	182
孟 登	180	姜日廣	182
孟 瑤	180	姜公銓	182
孟 遠	180	姜生齊	182
孟 瀟	180	姜安節	182
孟 觀	180	姜臣在	182
孟九錄	180	姜任修	182
孟世維	180	姜希轍	182
孟弘秩	180	姜廷悟	182
孟亮揆	180	姜廷梧	182
孟康侯	180	姜廷餘	182
孟乾德	180	姜廷幹	182

人名索引（九畫）

姜宸英	……………………………	182	洪圖光	……………………………	184
姜晉珪	……………………………	183	洪德璟	……………………………	184
姜培顯	……………………………	183	宣	……………………………………	184
姜越僑	……………………………	183	宣奇胤	……………………………	184
姜陽琪	……………………………	183	宣奇顯	……………………………	185
姜實節	……………………………	183	計	……………………………………	185
姜圖南	……………………………	183	計　名	……………………………	185
姜燮鼎	……………………………	183	計　旭	……………………………	185
姜鶴儕	……………………………	183	計　東	……………………………	185
洪	……………………………………	183	計　炳	……………………………	185
洪　昇	……………………………	183	計　能	……………………………	185
洪　玠	……………………………	183	計　善	……………………………	185
洪　琮	……………………………	184	計　僑	……………………………	185
洪　鉝	……………………………	184	計　默	……………………………	185
洪　銘	……………………………	184	計　濬	……………………………	185
洪　聲	……………………………	184	計元坊	……………………………	185
洪　瀛	……………………………	184	計南陽	……………………………	185
洪　瀾	……………………………	184	施	……………………………………	185
洪之杰	……………………………	184	施　男	……………………………	185
洪士銘	……………………………	184	施　炳	……………………………	185
洪元怡	……………………………	184	施　咸	……………………………	186
洪玄賞	……………………………	184	施　悅	……………………………	186
洪必元	……………………………	184	施　清	……………………………	186
洪必韜	……………………………	184	施　理	……………………………	186
洪有守	……………………………	184	施　琦	……………………………	186
洪如葛	……………………………	184	施　達	……………………………	186
洪如蒲	……………………………	184	施　臧	……………………………	186
洪成晉	……………………………	184	施　諄	……………………………	186
洪周祿	……………………………	184	施　鴻	……………………………	186
洪承疇	……………………………	184	施　藏	……………………………	186
洪度汪	……………………………	184	施　鑄	……………………………	186
洪宮譜	……………………………	184	施　譽	……………………………	186
洪理順	……………………………	184	施一濱	……………………………	186
洪景行	……………………………	184	施士愷	……………………………	186
洪嘉植	……………………………	184	施大年	……………………………	186

施文炳	……………………………	186	宮純顯	……………………………	188
施世綸	……………………………	186	宮象宗	……………………………	188
施外黃	……………………………	186	宮偉鏐	……………………………	188
施廷瑞	……………………………	186	宮超凡	……………………………	189
施廷錦	……………………………	186	宮夢仁	……………………………	189
施何牧	……………………………	186	宮鴻烈	……………………………	189
施邵生	……………………………	187	宮鴻營	……………………………	189
施洪烈	……………………………	187	宮鴻儀	……………………………	189
施彥格	……………………………	187	宮鴻歷	……………………………	189
施重熙	……………………………	187	宮鴻曆	……………………………	189
施振鐸	……………………………	187	宮懋教	……………………………	189
施惟明	……………………………	187	宮懋德	……………………………	189
施埏光	……………………………	187	宮繼蘭	……………………………	189
施埏量	……………………………	187	范	………………………………	189
施琒寶	……………………………	187	范　召	……………………………	189
施埏寶	……………………………	187	范　沛	……………………………	189
施雲蒸	……………………………	187	范　良	……………………………	189
施雲標	……………………………	187	范　京	……………………………	189
施閏章	……………………………	187	范　叔	……………………………	189
施敬先	……………………………	188	范　周	……………………………	189
施端教	……………………………	188	范　晶	……………………………	189
施輔袞	……………………………	188	范　超	……………………………	189
施鳳翼	……………………………	188	范　逸	……………………………	190
施維翰	……………………………	188	范　路	……………………………	190
施震銓	……………………………	188	范　萊	……………………………	190
施震鐸	……………………………	188	范　策	……………………………	190
施謹先	……………………………	188	范　溶	……………………………	190
施澤厚	……………………………	188	范　寬	……………………………	190
施譽宣	……………………………	188	范　愷	……………………………	190
恒	………………………………	188	范　遇	……………………………	190
恒　仁	……………………………	188	范　魏	……………………………	190
宮	………………………………	188	范　龍	……………………………	190
宮　鏐	……………………………	188	范　勳	……………………………	190
宮昌宗	……………………………	188	范　韓	……………………………	190
宮家璧	……………………………	188	范　韻	……………………………	190

人名索引（九畫）

范 鑄	……………………………	190		范輝祖	……………………………	192
范 鑽	……………………………	190		英	……………………………………	192
范 驤	……………………………	190		英 廉	……………………………	192
范又鑫	……………………………	190		苗	……………………………………	192
范士楩	……………………………	190		苗君稷	……………………………	192
范大士	……………………………	190		苧	……………………………………	192
范大本	……………………………	190		苧鳳馨	……………………………	192
范文成	……………………………	190		苧薦馨	……………………………	192
范文光	……………………………	191		茅	……………………………………	192
范文芙	……………………………	191		茅 映	……………………………	192
范文錦	……………………………	191		茅 維	……………………………	192
范日階	……………………………	191		茅 熙	……………………………	193
范必英	……………………………	191		茅 默	……………………………	193
范正脈	……………………………	191		茅 廖	……………………………	193
范用賓	……………………………	191		茅 藩	……………………………	193
范光文	……………………………	191		茅士藻	……………………………	193
范邦瞻	……………………………	191		茅兆治	……………………………	193
范廷瑞	……………………………	191		茅兆儒	……………………………	193
范廷謨	……………………………	191		茅衡廣	……………………………	193
范廷璋	……………………………	191		涂	……………………………………	193
范彤弧	……………………………	191		涂 贊	……………………………	193
范秉秀	……………………………	191		胡	……………………………………	193
范念慈	……………………………	191		胡 大	……………………………	193
范承烈	……………………………	191		胡 山	……………………………	193
范承斌	……………………………	191		胡 介	……………………………	193
范承謨	……………………………	192		胡 江	……………………………	193
范宣詔	……………………………	192		胡 旨	……………………………	193
范宣銓	……………………………	192		胡 阮	……………………………	193
范風仁	……………………………	192		胡 奇	……………………………	193
范淑鍾	……………………………	192		胡 恒	……………………………	193
范從徹	……………………………	192		胡 浩	……………………………	193
范國祿	……………………………	192		胡 海	……………………………	194
范雲鴻	……………………………	192		胡 基	……………………………	194
范景文	……………………………	192		胡 梅	……………………………	194
范鳳翼	……………………………	192		胡 第	……………………………	194

清初詩選五十六種引得

胡　湘	……………………………… 194	胡任興	……………………………… 195
胡　廉	……………………………… 194	胡如瑞	……………………………… 195
胡　銓	……………………………… 194	胡如蘭	……………………………… 195
胡　裘	……………………………… 194	胡廷璣	……………………………… 195
胡　澈	……………………………… 194	胡佑申	……………………………… 195
胡　蔚	……………………………… 194	胡作柄	……………………………… 195
胡　震	……………………………… 194	胡作梅	……………………………… 196
胡　徵	……………………………… 194	胡作傳	……………………………… 196
胡　願	……………………………… 194	胡宗緒	……………………………… 196
胡　遹	……………………………… 194	胡奉衡	……………………………… 196
胡　閎	……………………………… 194	胡其毅	……………………………… 196
胡　鑄	……………………………… 194	胡尚毅	……………………………… 196
胡　鑒	……………………………… 194	胡延年	……………………………… 196
胡　觀	……………………………… 194	胡周鼎	……………………………… 196
胡　驥	……………………………… 194	胡周蕭	……………………………… 196
胡又蔚	……………………………… 194	胡承詔	……………………………… 196
胡之太	……………………………… 194	胡承諾	……………………………… 196
胡之杰	……………………………… 194	胡承諾	……………………………… 196
胡士星	……………………………… 194	胡春生	……………………………… 196
胡士瑾	……………………………… 194	胡貞開	……………………………… 196
胡文煥	……………………………… 194	胡則安	……………………………… 196
胡文熙	……………………………… 194	胡映日	……………………………… 196
胡文蔚	……………………………… 194	胡香昊	……………………………… 196
胡文學	……………………………… 195	胡香顥	……………………………… 196
胡天桂	……………………………… 195	胡胤瑗	……………………………… 196
胡介祉	……………………………… 195	胡師周	……………………………… 196
胡以溫	……………………………… 195	胡師曾	……………………………… 197
胡永亨	……………………………… 195	胡師聖	……………………………… 197
胡玉昆	……………………………… 195	胡國柱	……………………………… 197
胡世安	……………………………… 195	胡國棟	……………………………… 197
胡亦堂	……………………………… 195	胡得古	……………………………… 197
胡在恪	……………………………… 195	胡從中	……………………………… 197
胡光朝	……………………………… 195	胡雲客	……………………………… 197
胡同夏	……………………………… 195	胡期孝	……………………………… 197
胡兆龍	……………………………… 195	胡期真	……………………………… 197

人名索引（九畫）

胡期恒	……………………………	197		查爲仁	……………………………	198
胡期慎	……………………………	197		查慎行	……………………………	198
胡景曾	……………………………	197		查嗣珣	……………………………	198
胡欽華	……………………………	197		查嗣瑮	……………………………	198
胡統虞	……………………………	197		查嗣瑱	……………………………	199
胡道南	……………………………	197		查嗣韓	……………………………	199
胡溶時	……………………………	197		查學禮	……………………………	199
胡虔逸	……………………………	197		查彌訥	……………………………	199
胡虔賓	……………………………	197		查魏旭	……………………………	199
胡舜岳	……………………………	197		查繼佐	……………………………	199
胡裏煥	……………………………	197		查繼培	……………………………	199
胡會恩	……………………………	197		柯	……………………………………	199
胡爾愷	……………………………	197		柯 炤	……………………………	199
胡鳴鳳	……………………………	197		柯 炳	……………………………	199
胡寧濬	……………………………	198		柯 棟	……………………………	199
胡聞仁	……………………………	198		柯 誠	……………………………	199
胡維成	……………………………	198		柯 嵩	……………………………	199
胡德邁	……………………………	198		柯 煜	……………………………	199
胡餘祿	……………………………	198		柯 煥	……………………………	199
胡澤生	……………………………	198		柯 聲	……………………………	199
胡學汪	……………………………	198		柯士麟	……………………………	199
胡學望	……………………………	198		柯日東	……………………………	199
胡懋新	……………………………	198		柯日乾	……………………………	199
胡麒生	……………………………	198		柯永新	……………………………	199
胡繩祖	……………………………	198		柯用俉	……………………………	199
胡獻徵	……………………………	198		柯用楫	……………………………	200
查	……………………………………	198		柯弘本	……………………………	200
查 昇	……………………………	198		柯自遂	……………………………	200
查 容	……………………………	198		柯剛燦	……………………………	200
查士标	……………………………	198		柯崇樸	……………………………	200
查弘道	……………………………	198		柯維則	……………………………	200
查吉芳	……………………………	198		柯維楨	……………………………	200
查克敬	……………………………	198		柯際盛	……………………………	200
查廷璐	……………………………	198		柯鄭梁	……………………………	200
查崧繼	……………………………	198		柯鄂枚	……………………………	200

清初詩選五十六種引得

柏	………………………………………	200	冒丹書	……………………………… 202
柏 古	…………………………………	200	冒禾書	……………………………… 202
柏立本	…………………………………	200	冒起宗	……………………………… 202
柳	………………………………………	200	冒起英	……………………………… 202
柳 文	…………………………………	200	冒起霞	……………………………… 202
柳 星	…………………………………	200	冒嘉德	……………………………… 202
柳 清	…………………………………	200	冒嘉穗	……………………………… 202
柳 埴	…………………………………	200	哈	……………………………………… 202
柳 煊	…………………………………	200	哈蘭泰	……………………………… 202
柳 葵	…………………………………	200	尙	……………………………………… 202
柳 槐	…………………………………	200	尙正儀	……………………………… 202
柳 穎	…………………………………	201	尙重望	……………………………… 202
柳寅東	…………………………………	201	迳	……………………………………… 202
柳應芳	…………………………………	201	迳 俊	……………………………… 202
咸	………………………………………	201	禹	……………………………………… 202
咸 默	…………………………………	201	禹之鼎	……………………………… 202
郁	………………………………………	201	保	……………………………………… 202
郁 田	…………………………………	201	保 祿	……………………………… 202
郁 江	…………………………………	201	保 疆	……………………………… 202
郁 法	…………………………………	201	保玉躬	……………………………… 202
郁 植	…………………………………	201	保培基	……………………………… 202
郁汝章	…………………………………	201	保培源	……………………………… 202
郁揚勛	…………………………………	201	皇甫	……………………………… 203
南	………………………………………	201	皇甫欽	……………………………… 203
南 潘	…………………………………	201	侯	……………………………………… 203
南廷鉉	…………………………………	201	侯 汸	……………………………… 203
南洙源	…………………………………	201	侯 泓	……………………………… 203
是	………………………………………	201	侯 性	……………………………… 203
是 名	…………………………………	201	侯 恂	……………………………… 203
冒	………………………………………	201	侯 珏	……………………………… 203
冒 書	…………………………………	201	侯 烜	……………………………… 203
冒 綸	…………………………………	201	侯 涵	……………………………… 203
冒 褒	…………………………………	201	侯 靖	……………………………… 203
冒 豪	…………………………………	201	侯 榮（見侯開國）	…………… 203
冒 襄	…………………………………	201	侯 演	……………………………… 203

人名索引（九畫）

侯 銓 ………………………………… 203	俞 ……………………………………… 205
侯 繁 ………………………………… 203	俞 苫 ………………………………… 205
侯 藏 ………………………………… 203	俞 相 ………………………………… 205
侯 瀠 ………………………………… 203	俞 指 ………………………………… 205
侯之桓 ………………………………… 203	俞 泰 ………………………………… 205
侯于唐 ………………………………… 203	俞 荔 ………………………………… 205
侯方岳 ………………………………… 203	俞 昱 ………………………………… 205
侯方域 ………………………………… 203	俞 梅 ………………………………… 205
侯方通 ………………………………… 204	俞 森 ………………………………… 205
侯方曾 ………………………………… 204	俞 瑒 ………………………………… 205
侯方潔 ………………………………… 204	俞 琨 ………………………………… 205
侯方鎭 ………………………………… 204	俞 棻 ………………………………… 205
侯方巖 ………………………………… 204	俞 暠 ………………………………… 205
侯玄泓 ………………………………… 204	俞 瑞 ………………………………… 205
侯世淮 ………………………………… 204	俞 楷 ………………………………… 205
侯良賜 ………………………………… 204	俞 綬 ………………………………… 205
侯克昌 ………………………………… 204	俞 嶸 ………………………………… 205
侯京曾 ………………………………… 204	俞 濬 ………………………………… 206
侯宗太 ………………………………… 204	俞 燕 ………………………………… 206
侯其源 ………………………………… 204	俞士彪 ………………………………… 206
侯秉仁 ………………………………… 204	俞士璉 ………………………………… 206
侯峒曾 ………………………………… 204	俞玉局 ………………………………… 206
侯開國 ………………………………… 204	俞汝言 ………………………………… 206
侯維屏 ………………………………… 204	俞汝霖 ………………………………… 206
段 ……………………………………… 204	俞而介 ………………………………… 206
段 昕 ………………………………… 204	俞兆晟 ………………………………… 206
段元文 ………………………………… 204	俞廷瑞 ………………………………… 206
段鼎臣 ………………………………… 204	俞南史 ………………………………… 206
段維荃 ………………………………… 204	俞南藩 ………………………………… 206
段維修 ………………………………… 205	俞星留 ………………………………… 206
段陞雲 ………………………………… 205	俞國賢 ………………………………… 206
段樹綸 ………………………………… 205	俞維植 ………………………………… 206
帥 ……………………………………… 205	俞嘉客 ………………………………… 206
帥 我 ………………………………… 205	俞錫齡 ………………………………… 206
帥念祖 ………………………………… 205	後 ……………………………………… 207

清初詩選五十六種引得

後 杓	…………………………… 207	姚 駿	…………………………… 208
侯	…………………………………… 207	姚一溥	…………………………… 208
侯 汸	…………………………… 207	姚士在	…………………………… 208
侯 涵	…………………………… 207	姚士封	…………………………… 208
侯 榮	…………………………… 207	姚士陛	…………………………… 208
侯 藏	…………………………… 207	姚士陞	…………………………… 208
侯方岳	…………………………… 207	姚士基	…………………………… 208
昝	…………………………………… 207	姚士堅	…………………………… 208
昝 章	…………………………… 207	姚士墅	…………………………… 208
昝菇芝	…………………………… 207	姚士壁	…………………………… 208
昝菇穎	…………………………… 207	姚士蕃	…………………………… 208
胄	…………………………………… 207	姚士賁	…………………………… 208
胄廷清	…………………………… 207	姚子莊	…………………………… 208
胄庭清	…………………………… 207	姚文焱	…………………………… 209
胄時變	…………………………… 207	姚文然	…………………………… 209
姚	…………………………………… 207	姚文熊	…………………………… 209
姚 升	…………………………… 207	姚文慶	…………………………… 209
姚 安	…………………………… 207	姚文勳	…………………………… 209
姚 秉	…………………………… 207	姚文燕	…………………………… 209
姚 佺	…………………………… 207	姚文燮	…………………………… 209
姚 恭	…………………………… 207	姚文燧	…………………………… 209
姚 康	…………………………… 207	姚文繁	…………………………… 209
姚 深	…………………………… 207	姚支莘	…………………………… 209
姚 琅	…………………………… 207	姚孔銓	…………………………… 209
姚 球	…………………………… 207	姚孔鋅	…………………………… 209
姚 曼	…………………………… 208	姚孔鑄	…………………………… 209
姚 湘	…………………………… 208	姚孔鐵	…………………………… 209
姚 黃	…………………………… 208	姚孔鋼	…………………………… 209
姚 楨	…………………………… 208	姚孔鎮	…………………………… 209
姚 寧	…………………………… 208	姚永昌	…………………………… 209
姚 潛	…………………………… 208	姚世鈞	…………………………… 209
姚 瑩	…………………………… 208	姚世鈺	…………………………… 209
姚 熙	…………………………… 208	姚弘緒	…………………………… 209
姚 韞	…………………………… 208	姚有編	…………………………… 209
姚 辯	…………………………… 208	姚年晉	…………………………… 209

人名索引（十畫）

姚克家	……………………………	209
姚拔龍	……………………………	210
姚宗昌	……………………………	210
姚宗典	……………………………	210
姚宗衡	……………………………	210
姚東明	……………………………	210
姚延啟	……………………………	210
姚奕芳	……………………………	210
姚思孝	……………………………	210
姚飛熊	……………………………	210
姚孫森	……………………………	210
姚孫棨	……………………………	210
姚淳顯	……………………………	210
姚啓聖	……………………………	210
姚啟聖	……………………………	210
姚景明	……………………………	210
姚景皋	……………………………	210
姚景崇	……………………………	210
姚景詹	……………………………	210
姚榮湖	……………………………	210
姚夢熊	……………………………	210
姚締虞	……………………………	211
姚譚昉	……………………………	211
姚□□（字福山）	………………	211
韋	……………………………………	211
韋 甄	……………………………	211
韋人鳳	……………………………	211
韋人龍	……………………………	211
韋成賢	……………………………	211
韋克濟	……………………………	211
韋弦佩	……………………………	211
韋德浩	……………………………	211
紀	……………………………………	211
紀 灵	……………………………	211
紀 愷	……………………………	211
紀 愈	……………………………	211
紀文斌	……………………………	211
紀映鍾	……………………………	211
紀堯典	……………………………	212
紀遠宜	……………………………	212
紀應鍾	……………………………	212

十 畫

宰	……………………………………	212
宰 禎	……………………………	212
浦	……………………………………	212
浦 舟	……………………………	212
浦爲琛	……………………………	212
海	……………………………………	212
海 明	……………………………	212
海 寶	……………………………	212
海門潔	……………………………	212
涂	……………………………………	212
涂 酉	……………………………	212
涂 始	……………………………	212
涂士任	……………………………	212
涂大西	……………………………	212
涂允陵	……………………………	212
涂遠靖	……………………………	212
涂鍾續	……………………………	212
高	……………………………………	212
高 永	……………………………	212
高 兆	……………………………	212
高 岑	……………………………	212
高 阜	……………………………	213
高 炳	……………………………	213
高 珩	……………………………	213
高 寅	……………………………	213
高 望	……………………………	213

清初詩選五十六種引得

高　採	……………………………… 213		高玉桂	……………………………… 215
高　彪	……………………………… 213		高世泰	……………………………… 215
高　斌	……………………………… 213		高世觀	……………………………… 215
高　景	……………………………… 213		高本孝	……………………………… 215
高　詠	……………………………… 213		高必達	……………………………… 215
高　達	……………………………… 213		高自鏡	……………………………… 215
高　晫	……………………………… 213		高孝本	……………………………… 215
高　登	……………………………… 214		高佑釒己	……………………………… 215
高　溶	……………………………… 214		高長灝	……………………………… 215
高　喬	……………………………… 214		高其悰	……………………………… 215
高　銓	……………………………… 214		高述明	……………………………… 215
高　潤	……………………………… 214		高拱樞	……………………………… 215
高　翔	……………………………… 214		高思忠	……………………………… 215
高　蔚	……………………………… 214		高承堃	……………………………… 215
高　曜	……………………………… 214		高啟晉	……………………………… 216
高　簡	……………………………… 214		高雲龍	……………………………… 216
高　騫	……………………………… 214		高登雲	……………………………… 216
高一珩	……………………………… 214		高陽生	……………………………… 216
高士奇	……………………………… 214		高道素	……………………………… 216
高士望	……………………………… 214		高輔辰	……………………………… 216
高山啟	……………………………… 214		高鳳翰	……………………………… 216
高斗魁	……………………………… 214		高維楨	……………………………… 216
高斗權	……………………………… 214		高蓮生	……………………………… 216
高文济	……………………………… 214		高層雲	……………………………… 216
高文奎	……………………………… 214		高緝睿	……………………………… 216
高文清	……………………………… 214		高攀桂	……………………………… 216
高文涵	……………………………… 215		高鬱蘭	……………………………… 216
高文溥	……………………………… 215		袁	……………………………… 216
高天佑	……………………………… 215		袁于令	……………………………… 216
高不騫	……………………………… 215		席	……………………………… 216
高日新	……………………………… 215		席　鑄	……………………………… 216
高以永	……………………………… 215		席居中	……………………………… 216
高以正	……………………………… 215		席教事	……………………………… 216
高以位	……………………………… 215		唐	……………………………… 216
高以照	……………………………… 215		唐　佐	……………………………… 216

人名索引（十畫）

唐　奇	……………………………	216	唐時淵	……………………………	218
唐　采	……………………………	217	唐納脁	……………………………	218
唐　岱	……………………………	217	唐孫華	……………………………	218
唐　英	……………………………	217	唐裕功	……………………………	218
唐　泰	……………………………	217	唐煇辰	……………………………	218
唐　訪	……………………………	217	唐堯勳	……………………………	218
唐　深	……………………………	217	唐景宋	……………………………	218
唐　堂	……………………………	217	唐開先	……………………………	218
唐　琦	……………………………	217	唐進賢	……………………………	218
唐　靖	……………………………	217	唐階泰	……………………………	218
唐　瑗	……………………………	217	唐夢賚	……………………………	218
唐　瑀	……………………………	217	唐廣堯	……………………………	218
唐　璟	……………………………	217	唐應麟	……………………………	218
唐　鴻	……………………………	217	唐繼祖	……………………………	219
唐　燊	……………………………	217	唐麟翔	……………………………	219
唐九經	……………………………	217	郎	……………………………………	219
唐之栢	……………………………	217	郎　才	……………………………	219
唐于辰	……………………………	217	郎　封	……………………………	219
唐大陶	……………………………	217	郎　遂	……………………………	219
唐元廸	……………………………	217	郎光裡	……………………………	219
唐元迪	……………………………	217	郎廷槐	……………………………	219
唐元鎔	……………………………	217	郎應徵	……………………………	219
唐允甲	……………………………	217	祖	……………………………………	219
唐永貞	……………………………	217	祖應世	……………………………	219
唐世徵	……………………………	218	祝	……………………………………	219
唐弘基	……………………………	218	祝　祺	……………………………	219
唐宇昭	……………………………	218	祝　潘	……………………………	219
唐宇泰	……………………………	218	祝洵文	……………………………	219
唐廷伯	……………………………	218	祝善久	……………………………	219
唐廷謨	……………………………	218	祝維諾	……………………………	219
唐季蘄	……………………………	218	祝應瑞	……………………………	219
唐念祖	……………………………	218	祝應端	……………………………	219
唐建中	……………………………	218	祝翼變	……………………………	219
唐祖命	……………………………	218	班	……………………………………	219
唐時用	……………………………	218	班達禮	……………………………	219

清初詩選五十六種引得

敖	…………………………………	219	夏尚憲 ………………………………	220
敖 臮	………………………………	219	夏洪基 ………………………………	220
敖 璠	………………………………	219	夏時傳 ………………………………	221
栢	…………………………………	219	夏荀慈 ………………………………	221
栢 古	………………………………	219	夏惟敬 ………………………………	221
栢廷植	………………………………	219	夏乾御 ………………………………	221
夏	…………………………………	219	夏期昱 ………………………………	221
夏 弘	………………………………	219	夏貽典 ………………………………	221
夏 林	………………………………	219	夏誠善 ………………………………	221
夏 昱	………………………………	219	夏慎楣 ………………………………	221
夏 清	………………………………	219	夏熙臣 ………………………………	221
夏 基	………………………………	219	夏聞善 ………………………………	221
夏 琮	………………………………	220	夏遵志 ………………………………	221
夏 煜	………………………………	220	夏模肖 ………………………………	221
夏 煒	………………………………	220	夏錫祚 ………………………………	221
夏 維	………………………………	220	馬 …………………………………	221
夏 緜	………………………………	220	馬 位 ………………………………	221
夏 澄	………………………………	220	馬 星 ………………………………	221
夏 璟	………………………………	220	馬 眉 ………………………………	221
夏 騏	………………………………	220	馬 振 ………………………………	221
夏 聲	………………………………	220	馬 翀 ………………………………	221
夏九叙	………………………………	220	馬 岱 ………………………………	221
夏九敍	………………………………	220	馬 萬 ………………………………	221
夏九敏	………………………………	220	馬 蒨 ………………………………	221
夏之章	………………………………	220	馬 馴 ………………………………	221
夏士驥	………………………………	220	馬 瑞 ………………………………	221
夏允彝	………………………………	220	馬 頊 ………………………………	221
夏世澤	………………………………	220	馬 潛 ………………………………	222
夏光白	………………………………	220	馬 澄 ………………………………	222
夏光斐	………………………………	220	馬 駿 ………………………………	222
夏羽儀	………………………………	220	馬 驌 ………………………………	222
夏完淳	………………………………	220	馬 鑒 ………………………………	222
夏志源	………………………………	220	馬之軺 ………………………………	222
夏克咸	………………………………	220	馬之圖 ………………………………	222
夏宗周	………………………………	220	馬之駱 ………………………………	222

人名索引（十畫）

馬之瓊	……………………………	222		馬嘉楨	……………………………	223
馬之鵬	……………………………	222		馬鳴鑾	……………………………	223
馬之驦	……………………………	222		馬維翰	……………………………	223
馬之驌	……………………………	222		馬遵道	……………………………	223
馬三奇	……………………………	222		馬樸臣	……………………………	223
馬士芳	……………………………	222		馬燁曾	……………………………	224
馬日浩	……………………………	222		馬熠曾	……………………………	224
馬日琯	……………………………	222		馬騰龍	……………………………	224
馬日璐	……………………………	222		馬嘉植	……………………………	224
馬必達	……………………………	222	秦		……………………………	224
馬正午	……………………………	222		秦　汧	……………………………	224
馬世杰	……………………………	222		秦　浩	……………………………	224
馬世奇	……………………………	222		秦　桂	……………………………	224
馬世俊	……………………………	222		秦　悼	……………………………	224
馬世隆	……………………………	223		秦　鉞	……………………………	224
馬世勛	……………………………	223		秦　鴻	……………………………	224
馬成龍	……………………………	223		秦　鑑	……………………………	224
馬光啟	……………………………	223		秦文超	……………………………	224
馬兆鰲	……………………………	223		秦日新	……………………………	224
馬宏道	……………………………	223		秦汝霖	……………………………	224
馬廷相	……………………………	223		秦年錫	……………………………	224
馬長海	……………………………	223		秦定遠	……………………………	224
馬侍韋	……………………………	223		秦松齡	……………………………	224
馬禹錫	……………………………	223		秦保寅	……………………………	225
馬胤璜	……………………………	223		秦祖襄	……………………………	225
馬振飛	……………………………	223		秦時昌	……………………………	225
馬振楷	……………………………	223		秦雲爽	……………………………	225
馬書思	……………………………	223		秦道然	……………………………	225
馬教思	……………………………	223		秦嘉銓	……………………………	225
馬紹愉	……………………………	223		秦維楨	……………………………	225
馬紹曾	……………………………	223		秦衛周	……………………………	225
馬朝桂	……………………………	223		秦應陽	……………………………	225
馬幾先	……………………………	223	袁		……………………………	225
馬榮祖	……………………………	223		袁　元	……………………………	225
馬壽殼	……………………………	223		袁　佑	……………………………	225

清初詩選五十六種引得

袁　定	…………………………	225	耿	……………………………… 227
袁　枚	…………………………	225	耿世際	………………………… 227
袁　奐	…………………………	225	耿兆組	………………………… 227
袁　株	…………………………	225	耿宗填	………………………… 227
袁　晉	…………………………	225	耿雲嶠	………………………… 227
袁　紡	…………………………	225	耿遇房	………………………… 227
袁　煥	…………………………	226	耿興行	………………………… 227
袁　瑛	…………………………	226	耿愿魯	………………………… 227
袁　滙	…………………………	226	耿願魯	………………………… 227
袁　綃	…………………………	226	郝	……………………………… 227
袁　綬	…………………………	226	郝　浴	………………………… 227
袁　徵	…………………………	226	郝　煜	………………………… 227
袁　衡	…………………………	226	郝　璧	………………………… 227
袁　藩	…………………………	226	郝士儀	………………………… 227
袁　鰲	…………………………	226	郝明龍	………………………… 227
袁于令	…………………………	226	郝惟訥	………………………… 227
袁卞玉	…………………………	226	郝鴻圖	………………………… 227
袁世英	…………………………	226	柴	……………………………… 227
袁弘道	…………………………	226	柴　琦	………………………… 227
袁弘毅	…………………………	226	柴廷選	………………………… 227
袁祈年	…………………………	226	柴國柱	………………………… 227
袁時中	…………………………	226	柴紹炳	………………………… 227
袁啟旭	…………………………	226	晏	……………………………… 228
袁國梓	…………………………	226	晏芳生	………………………… 228
袁國鳳	…………………………	226	時	……………………………… 228
袁彭年	…………………………	226	時　炳	………………………… 228
袁雲上	…………………………	226	時　啟	………………………… 228
袁景星	…………………………	226	閔	……………………………… 228
袁載錫	…………………………	226	閔仲儼	………………………… 228
袁爾萃	…………………………	226	翁	……………………………… 228
袁爾贐	…………………………	226	翁　白	………………………… 228
袁應詔	…………………………	227	翁　荃	………………………… 228
袁懋功	…………………………	227	翁　渭	………………………… 228
袁懋年	…………………………	227	翁　照	………………………… 228
袁鍾嶽	…………………………	227	翁　諾	………………………… 228

人名索引（十画）

翁 澍	……………………………	228	倪 傑	……………………………	230
翁 燧	……………………………	228	倪 煊	……………………………	230
翁 遂	……………………………	228	倪 濂	……………………………	230
翁 曆	……………………………	228	倪 遐	……………………………	230
翁人龍	……………………………	228	倪之釬	……………………………	230
翁大中	……………………………	228	倪之煌	……………………………	230
翁文杼	……………………………	228	倪三錫	……………………………	230
翁文樓	……………………………	228	倪士煒	……………………………	230
翁介眉	……………………………	229	倪元善	……………………………	230
翁立址	……………………………	229	倪元璐	……………………………	230
翁世庸	……………………………	229	倪田玉	……………………………	230
翁世衡	……………………………	229	倪匡世	……………………………	230
翁世績	……………………………	229	倪長圩	……………………………	230
翁志琦	……………………………	229	倪承茂	……………………………	230
翁長庸	……………………………	229	倪洽情	……………………………	230
翁叔元	……………………………	229	倪嘉慶	……………………………	230
翁祖望	……………………………	229	徐	……………………………………	230
翁是平	……………………………	229	徐 仇	……………………………	230
翁胤春	……………………………	229	徐 介	……………………………	230
翁富業	……………………………	229	徐 白	……………………………	230
翁嵩年	……………………………	229	徐 令	……………………………	231
翁遠業	……………………………	229	徐 行	……………………………	231
奚	……………………………………	229	徐 汧	……………………………	231
奚 自	……………………………	229	徐 汾	……………………………	231
奚 囊	……………………………	229	徐 波	……………………………	231
奚 濤	……………………………	229	徐 夜	……………………………	231
奚 藩	……………………………	229	徐 芳	……………………………	231
奚禄詒	……………………………	229	徐 來	……………………………	231
郜	……………………………………	229	徐 枋	……………………………	231
郜焕元	……………………………	229	徐 奇	……………………………	231
郜瑞麟	……………………………	229	徐 易	……………………………	231
倪	……………………………………	229	徐 岱	……………………………	231
倪 岳	……………………………	229	徐 前	……………………………	231
倪 炳	……………………………	229	徐 亭	……………………………	231
倪 粲（粲一作"燦"）	…………	229	徐 郊	……………………………	232

清初詩選五十六種引得

徐 格	…………………………… 232		徐 寧	…………………………… 234
徐 柯	…………………………… 232		徐 賓	…………………………… 234
徐 栩	…………………………… 232		徐 遠	…………………………… 234
徐 島	…………………………… 232		徐 熙	…………………………… 234
徐 珠	…………………………… 232		徐 鳳	…………………………… 234
徐 耿	…………………………… 232		徐 潮	…………………………… 234
徐 晟	…………………………… 232		徐 燉	…………………………… 234
徐 倣	…………………………… 232		徐 賁	…………………………… 235
徐 倬	…………………………… 232		徐 增	…………………………… 235
徐 鉱	…………………………… 232		徐 頴	…………………………… 235
徐 宋	…………………………… 233		徐 緘	…………………………… 235
徐 章	…………………………… 233		徐 誠	…………………………… 235
徐 深	…………………………… 233		徐 煒	…………………………… 235
徐 悚	…………………………… 233		徐 璣	…………………………… 235
徐 烱	…………………………… 233		徐 璜	…………………………… 235
徐 廷	…………………………… 233		徐 衡	…………………………… 235
徐 梅	…………………………… 233		徐 穎	…………………………… 235
徐 梅	…………………………… 233		徐 鴻	…………………………… 235
徐 崧	…………………………… 233		徐 駿	…………………………… 235
徐 善	…………………………… 233		徐 錡	…………………………… 235
徐 斌	…………………………… 233		徐 禧	…………………………… 235
徐 惺	…………………………… 233		徐 嶸	…………………………… 235
徐 菁	…………………………… 234		徐 瀨	…………………………… 236
徐 馮	…………………………… 234		徐 燦	…………………………… 236
徐 爲	…………………………… 234		徐 縮	…………………………… 236
徐 然	…………………………… 234		徐 鯤	…………………………… 236
徐 發	…………………………… 234		徐 變	…………………………… 236
徐 湊	…………………………… 234		徐 敦	…………………………… 236
徐 雍	…………………………… 234		徐 蘭	…………………………… 236
徐 煊	…………………………… 234		徐 覽	…………………………… 236
徐 楡	…………………………… 234		徐 鑛	…………………………… 236
徐 翊	…………………………… 234		徐 麟	…………………………… 236
徐 嵩	…………………………… 234		徐 觀	…………………………… 236
徐 愈	…………………………… 234		徐 驤	…………………………… 236
徐 經	…………………………… 234		徐之陵	…………………………… 236

人名索引（十畫）

徐之瑞	……………………………	236	徐永澄	……………………………	238
徐士俊	……………………………	236	徐去泰	……………………………	238
徐士蘭	……………………………	236	徐正國	……………………………	238
徐大枚	……………………………	236	徐世溥	……………………………	238
徐大業	……………………………	236	徐本仙	……………………………	238
徐山松	……………………………	236	徐功懋	……………………………	238
徐文治	……………………………	236	徐可久	……………………………	238
徐文亮	……………………………	237	徐可先	……………………………	238
徐文烜	……………………………	237	徐用錫	……………………………	238
徐天秩	……………………………	237	徐光運	……………………………	238
徐天稽	……………………………	237	徐同貞	……………………………	238
徐元文	……………………………	237	徐兆慶	……………………………	238
徐元正	……………………………	237	徐行達	……………………………	238
徐元琪	……………………………	237	徐名胎	……………………………	238
徐元夢	……………………………	237	徐旭旦	……………………………	238
徐元灝	……………………………	237	徐旭齡	……………………………	238
徐日炯	……………………………	237	徐志巖	……………………………	239
徐日章	……………………………	237	徐孚遠	……………………………	239
徐日煊	……………………………	237	徐廷宗	……………………………	239
徐日暄	……………………………	237	徐廷訓	……………………………	239
徐日薰	……………………………	237	徐廷幹	……………………………	239
徐日贊	……………………………	237	徐作庸	……………………………	239
徐介提	……………………………	237	徐宗健	……………………………	239
徐允定	……………………………	237	徐宗達	……………………………	239
徐允貞	……………………………	237	徐宗道	……………………………	239
徐允哲	……………………………	237	徐宗麟	……………………………	239
徐以升	……………………………	237	徐芳霖	……………………………	239
徐弘昕	……………………………	238	徐芳聲	……………………………	239
徐弘炯	……………………………	238	徐林鴻	……………………………	239
徐弘烔	……………………………	238	徐枝芳	……………………………	239
徐必昇	……………………………	238	徐來庭	……………………………	239
徐必遴	……………………………	238	徐昌麟	……………………………	239
徐永宣	……………………………	238	徐昂發	……………………………	239
徐永貞	……………………………	238	徐忠振	……………………………	239
徐永基	……………………………	238	徐秉義	……………………………	239

清初詩選五十六種引得

徐延昊	……………………………… 240	徐雲彰	……………………………… 241
徐延壽	……………………………… 240	徐堯章	……………………………… 242
徐念蕭	……………………………… 240	徐揚高	……………………………… 242
徐洪基	……………………………… 240	徐紫芝	……………………………… 242
徐洪鈞	……………………………… 240	徐無能	……………………………… 242
徐洪錫	……………………………… 240	徐無爲	……………………………… 242
徐亮采	……………………………… 240	徐象婒	……………………………… 242
徐柏齡	……………………………… 240	徐象麟	……………………………… 242
徐是訓	……………………………… 240	徐葆光	……………………………… 242
徐是做	……………………………… 240	徐開任	……………………………… 242
徐軋學	……………………………… 240	徐開禧	……………………………… 242
徐泰時	……………………………… 240	徐暘鳳	……………………………… 242
徐起霖	……………………………… 240	徐煜興	……………………………… 242
徐起鴻	……………………………… 240	徐節徵	……………………………… 242
徐耿震	……………………………… 240	徐爾鉉	……………………………… 242
徐振芳	……………………………… 240	徐鳳文	……………………………… 242
徐挺吳	……………………………… 240	徐鳳垣	……………………………… 242
徐致章	……………………………… 240	徐維楨	……………………………… 242
徐致遠	……………………………… 240	徐嘉炎	……………………………… 242
徐致愨	……………………………… 241	徐與岡	……………………………… 242
徐致覺	……………………………… 241	徐與庭	……………………………… 242
徐剛振	……………………………… 241	徐與喬	……………………………… 242
徐時允	……………………………… 241	徐與儀	……………………………… 242
徐時勉	……………………………… 241	徐綸錫	……………………………… 243
徐時盛	……………………………… 241	徐遷湯	……………………………… 243
徐奭茎	……………………………… 241	徐徵麟	……………………………… 243
徐乾學	……………………………… 241	徐履忱	……………………………… 243
徐國章	……………………………… 241	徐遵湯	……………………………… 243
徐逢吉	……………………………… 241	徐興公	……………………………… 243
徐逢年	……………………………… 241	徐燉禧	……………………………… 243
徐紹第	……………………………… 241	徐樹本	……………………………… 243
徐陶璋	……………………………… 241	徐樹丕	……………………………… 243
徐善建	……………………………… 241	徐樹屏	……………………………… 243
徐翔鵬	……………………………… 241	徐樹敏	……………………………… 243
徐尊顯	……………………………… 241	徐樹穀	……………………………… 243

人名索引（十畫）

徐樹聲	…………………………… 243	孫　宏	…………………………… 245
徐鼎鉉	…………………………… 243	孫　治	…………………………… 245
徐豫貞	…………………………… 243	孫　炘	…………………………… 245
徐濟忠	…………………………… 243	孫　玠	…………………………… 245
徐錫祚	…………………………… 243	孫　卓	…………………………… 245
徐應雷	…………………………… 243	孫　昌	…………………………… 245
徐鍾震	…………………………… 243	孫　延	…………………………… 245
徐蕎煌	…………………………… 243	孫　郁	…………………………… 245
徐獻科	…………………………… 243	孫　益	…………………………… 245
徐鶴徵	…………………………… 243	孫　浴	………………………… .245
徐繼恩	…………………………… 243	孫　晉	…………………………… 245
徐騰暉	…………………………… 244	孫　淳	…………………………… 245
徐騰蛟	…………………………… 244	孫　章	…………………………… 245
徐麟趾	…………………………… 244	孫　彬	…………………………… 245
徐觀光	…………………………… 244	孫　琮	…………………………… 245
殷	…………………………… 244	孫　鈞	…………………………… 245
殷　麗	…………………………… 244	孫　甌	…………………………… 245
殷　岳	…………………………… 244	孫　楩	…………………………… 245
殷　陞	…………………………… 244	孫　暘	…………………………… 245
殷　淵	…………………………… 244	孫　鉷	…………………………… 246
殷　衡	…………………………… 244	孫　鈴	…………………………… 246
殷　曙	…………………………… 244	孫　棨	…………………………… 246
殷　礎	…………………………… 244	孫　鉞	…………………………… 246
殷四端	…………………………… 244	孫　銘	…………………………… 246
殷再巡	…………………………… 244	孫　棗	…………………………… 246
殷廷弼	…………………………… 244	孫　穀	…………………………… 246
殷國相	…………………………… 244	孫　璧	…………………………… 246
殷維蕃	…………………………… 244	孫　模	…………………………… 246
殷譽慶	…………………………… 244	孫　崎	…………………………… 246
殷觀願	…………………………… 244	孫　鉉	…………………………… 246
桑	…………………………… 244	孫　謀	…………………………… 246
桑　芳	…………………………… 244	孫　燻	…………………………… 246
桑調元	…………………………… 244	孫　蕙	…………………………… 246
孫	…………………………… 244	孫　璜	…………………………… 246
孫　介	…………………………… 244	孫　默	…………………………… 246

清初詩選五十六種引得

孫 錞	…………………………… 247	孫永烈	…………………………… 248
孫 鍇	…………………………… 247	孫芝瑞	…………………………… 248
孫 鍃	…………………………… 247	孫西琳	…………………………… 248
孫 篪	…………………………… 247	孫西灝	…………………………… 248
孫 錦	…………………………… 247	孫在豐	…………………………… 248
孫 濟	…………………………… 247	孫百蕃	…………………………… 248
孫 邁	…………………………… 247	孫光杞	…………………………… 248
孫 臨	…………………………… 247	孫光熙	…………………………… 248
孫 鑠	…………………………… 247	孫兆祥	…………………………… 249
孫 鍵	…………………………… 247	孫廷鉏	…………………………… 249
孫 讓	…………………………… 247	孫廷銓	…………………………… 249
孫 鋪	…………………………… 247	孫廷鐸	…………………………… 249
孫 鑰	…………………………… 247	孫自式	…………………………… 249
孫一致	…………………………… 247	孫自成	…………………………… 249
孫人俊	…………………………… 247	孫自益	…………………………… 249
孫人龍	…………………………… 247	孫如蘭	…………………………… 249
孫又玠	…………………………… 247	孫汧如	…………………………… 249
孫弓安	…………………………… 247	孫志喬	…………………………… 249
孫元恒	…………………………… 247	孫佳文	…………………………… 249
孫元衡	…………………………… 247	孫伯炎	…………………………… 249
孫日宣	…………………………… 247	孫宗元	…………………………… 249
孫日注	…………………………… 247	孫宗彝	…………………………… 249
孫日高	…………………………… 247	孫枝蔚	…………………………… 250
孫日超	…………………………… 247	孫枝蕃	…………………………… 250
孫日繩	…………………………… 247	孫來鴻	…………………………… 250
孫日書	…………………………… 248	孫叔詒	…………………………… 250
孫中岳	…………………………… 248	孫叔貽	…………………………… 250
孫中象	…………………………… 248	孫昌齡	…………………………… 250
孫中鳳	…………………………… 248	孫奇逢	…………………………… 250
孫中麟	…………………………… 248	孫秉銓	…………………………… 250
孫中薆	…………………………… 248	孫岳頒	…………………………… 250
孫允恭	…………………………… 248	孫金礪	…………………………… 250
孫允登	…………………………… 248	孫承宗	…………………………… 250
孫允觀	…………………………… 248	孫承恩	…………………………… 250
孫永祚	…………………………… 248	孫承澤	…………………………… 250

人名索引 (十一畫)

孫奕弘	……………………………	250
孫胤伽	……………………………	250
孫胤槐	……………………………	251
孫建勳	……………………………	251
孫起龍	……………………………	251
孫根深	……………………………	251
孫致彌	……………………………	251
孫紹祖	……………………………	251
孫陸簡	……………………………	251
孫雯鏡	……………………………	251
孫雲朋	……………………………	251
孫朝廳	……………………………	251
孫朝慶	……………………………	251
孫景璐	……………………………	251
孫貽武	……………………………	251
孫復焯	……………………………	251
孫循紋	……………………………	251
孫循綽	……………………………	251
孫循綬	……………………………	251
孫循綿	……………………………	251
孫循繩	……………………………	251
孫陽順	……………………………	251
孫源文	……………………………	251
孫瑞顯	……………………………	251
孫聖蘭	……………………………	251
孫照龍	……………………………	251
孫嘉績	……………………………	251
孫爾玕	……………………………	251
孫爾玠	……………………………	251
孫維祺	……………………………	251
孫誕華	……………………………	251
孫穀貽	……………………………	251
孫錫珩	……………………………	251
孫錫蕃	……………………………	252
孫學隊	……………………………	252
孫履亨	……………………………	252
孫應時	……………………………	252
孫寶侗	……………………………	252
孫繼登	……………………………	252
孫續祖	……………………………	252

十一畫

章	……………………………………	252
章　貞	……………………………	252
章　埃	……………………………	252
章　美	……………………………	252
章　昉	……………………………	252
章　詔	……………………………	252
章　溥	……………………………	252
章　節	……………………………	252
章　澄	……………………………	252
章　霖	……………………………	252
章　曠	……………………………	252
章　鍾	……………………………	252
章　簡	……………………………	252
章　黯	……………………………	253
章大來	……………………………	253
章王桓	……………………………	253
章日蹄	……………………………	253
章永祚	……………………………	253
章世德	……………………………	253
章本成	……………………………	253
章台鼎	……………………………	253
章汝爲	……………………………	253
章汝翼	……………………………	253
章汝聽	……………………………	253
章在茲	……………………………	253
章光祚	……………………………	253
章廷鑑	……………………………	253

章金牧 …………………………… 253
章金礪 …………………………… 253
章函貞 …………………………… 253
章耿光 …………………………… 253
章時習 …………………………… 253
章國佐 …………………………… 253
章象先 …………………………… 253
章傳道 …………………………… 253
章嘉選 …………………………… 253
章夢易 …………………………… 253
章靜宜 …………………………… 253
章義民 …………………………… 253
章應奇 …………………………… 253
章應新 …………………………… 253
章巏高 …………………………… 254
章藻功 …………………………… 254
商 …………………………………… 254
商 盤 …………………………… 254
商家梅 …………………………… 254
商徵説 …………………………… 254
麻 …………………………………… 254
麻三雍 …………………………… 254
麻乾齡 …………………………… 254
康 …………………………………… 254
康 瑄 …………………………… 254
康乃心 …………………………… 254
康弘勛 …………………………… 254
康孟侯 …………………………… 254
康范生 …………………………… 254
康若生 …………………………… 254
鹿 …………………………………… 254
鹿化麟 …………………………… 254
清 …………………………………… 254
清涼也 …………………………… 254
凌 …………………………………… 254
凌 录 …………………………… 254
凌 雲 …………………………… 254
凌一飛 …………………………… 254
凌元鼎 …………………………… 254
凌元蕭 …………………………… 254
凌天翰 …………………………… 254
凌文然 …………………………… 255
凌世韶 …………………………… 255
凌必正 …………………………… 255
凌如恒 …………………………… 255
凌如煥 …………………………… 255
凌思勳 …………………………… 255
凌孫有 …………………………… 255
凌容默 …………………………… 255
凌起潛 …………………………… 255
凌啟蒙 …………………………… 255
凌淇仁 …………………………… 255
凌景熙 …………………………… 255
凌義康 …………………………… 255
凌義渠 …………………………… 255
凌應曾 …………………………… 255
凌應雲 …………………………… 255
凌應龍 …………………………… 255
凌應蘭 …………………………… 255
凌璋玉 …………………………… 255
凌繼曾 …………………………… 255
郭 …………………………………… 255
郭 同 …………………………… 255
郭 泓 …………………………… 255
郭 岱 …………………………… 255
郭 恒 …………………………… 255
郭 焻 …………………………… 255
郭 瑛 …………………………… 255
郭 菜 …………………………… 255
郭 聘 …………………………… 256

人名索引（十一畫）

郭　萬	……………………………	256	郭襄圖	……………………………	257
郭　經	……………………………	256	梁	……………………………………	257
郭　演	……………………………	256	梁　弓	……………………………	257
郭　廣	……………………………	256	梁　份	……………………………	257
郭　碟	……………………………	256	梁　舟	……………………………	257
郭　礎	……………………………	256	梁　洪	……………………………	258
郭　麗	……………………………	256	梁　雍	……………………………	258
郭　勸	……………………………	256	梁　瑛	……………………………	258
郭九有	……………………………	256	梁　逸	……………………………	258
郭之奇	……………………………	256	梁　槐	……………………………	258
郭士璟	……………………………	256	梁　震	……………………………	258
郭元釬	……………………………	256	梁　稷	……………………………	258
郭元龍	……………………………	256	梁　銓	……………………………	258
郭永豐	……………………………	256	梁　鏡	……………………………	258
郭世純	……………………………	256	梁于涘	……………………………	258
郭兆驥	……………………………	256	梁于埃	……………………………	258
郭宗鼎	……………………………	256	梁文浚	……………………………	258
郭金門	……………………………	256	梁化鳳	……………………………	258
郭金臺	……………………………	256	梁以柟	……………………………	258
郭奎光	……………………………	257	梁以樟	……………………………	258
郭奎先	……………………………	257	梁允植	……………………………	258
郭威釗	……………………………	257	梁延年	……………………………	259
郭昭封	……………………………	257	梁佩蘭	……………………………	259
郭起元	……………………………	257	梁奕文	……………………………	259
郭振基	……………………………	257	梁珮蘭	……………………………	259
郭展經	……………………………	257	梁清寬	……………………………	259
郭都賢	……………………………	257	梁清遠	……………………………	259
郭野臣	……………………………	257	梁清標	……………………………	260
郭從先	……………………………	257	梁善長	……………………………	260
郭彭齡	……………………………	257	梁殿華	……………………………	260
郭景曒	……………………………	257	梁嘉稷	……………………………	260
郭登龍	……………………………	257	梁維樞	……………………………	260
郭鼎京	……………………………	257	梁魯望	……………………………	260
郭維寧	……………………………	257	梁簡芳	……………………………	260
郭際南	……………………………	257	許	……………………………………	260

清初詩選五十六種引得

許　山	……………………………	260	許　濰	……………………………	262
許　友	……………………………	260	許　緩	……………………………	262
許　召	……………………………	260	許　潛	……………………………	262
許　旭	……………………………	260	許　邁	……………………………	262
許　虬	……………………………	261	許之溥	……………………………	262
許　昉	……………………………	261	許之漸	……………………………	263
許　炳	……………………………	261	許士佐	……………………………	263
許　珌	……………………………	261	許大就	……………………………	263
許　風	……………………………	261	許大儒	……………………………	263
許　宸	……………………………	261	許大潛	……………………………	263
許　容	……………………………	261	許心宸	……………………………	263
許　茹	……………………………	261	許王儼	……………………………	263
許　煥	……………………………	261	許天麒	……………………………	263
許　湄	……………………………	261	許元方	……………………………	263
許　琪	……………………………	261	許元功	……………………………	263
許　嶨	……………………………	261	許日琛	……………………………	263
許　蛟	……………………………	262	許玉森	……………………………	263
許　焜	……………………………	262	許世孝	……………………………	263
許　復	……………………………	262	許世昌	……………………………	263
許　準	……………………………	262	許世忠	……………………………	263
許　逵	……………………………	262	許汝都	……………………………	263
許　煥	……………………………	262	許汝霖	……………………………	263
許　瑛	……………………………	262	許安國	……………………………	263
許　楚	……………………………	262	許先甲	……………………………	263
許　經	……………………………	262	許自俊	……………………………	263
許　寧	……………………………	262	許全治	……………………………	264
許　暢	……………………………	262	許名胤	……………………………	264
許　箴	……………………………	262	許志進	……………………………	264
許　綸	……………………………	262	許作梅	……………………………	264
許　潤	……………………………	262	許廷鑠	……………………………	264
許　賓	……………………………	262	許來光	……………………………	264
許　徹	……………………………	262	許昌齡	……………………………	264
許　毅	……………………………	262	許延勳	……………………………	264
許　璣	……………………………	262	許延邵	……………………………	264
許　錦	……………………………	262	許佩璜	……………………………	264

人名索引（十一畫）

許迎年	……………………………	264		粘本盛	……………………………	266
許承宣	……………………………	264		莫	……………………………………	266
許承家	……………………………	264		莫　莛	……………………………	266
許承欽	……………………………	264		莫　鑿	……………………………	266
許祖期	……………………………	265		莫大勳	……………………………	266
許信瑞	……………………………	265		莫玉文	……………………………	266
許修來	……………………………	265		莫秉清	……………………………	266
許建華	……………………………	265		莫與先	……………………………	266
許家駒	……………………………	265		莊	……………………………………	267
許振先	……………………………	265		莊　土	……………………………	267
許振光	……………………………	265		莊　采	……………………………	267
許納陞	……………………………	265		莊　容	……………………………	267
許孫茎	……………………………	265		莊　銛	……………………………	267
許孫蔭	……………………………	265		莊　嚴	……………………………	267
許訪陞	……………………………	265		莊文煥	……………………………	267
許惟杖	……………………………	265		莊天錦	……………………………	267
許堯章	……………………………	265		莊永言	……………………………	267
許朝礎	……………………………	265		莊永祚	……………………………	267
許朝遴	……………………………	265		莊同生	……………………………	267
許欽堯	……………………………	265		莊令興	……………………………	267
許喬蕃	……………………………	265		莊自重	……………………………	267
許嗣隆	……………………………	265		莊岡生	……………………………	267
許夢麟	……………………………	266		莊祖誼	……………………………	267
許鼎臣	……………………………	266		莊振徽	……………………………	267
許維祚	……………………………	266		莊泰生	……………………………	267
許維楨	……………………………	266		莊徵麟	……………………………	267
許維樞	……………………………	266		曹	……………………………………	267
許維棻	……………………………	266		曹　孔	……………………………	267
許儒龍	……………………………	266		曹　禾	……………………………	267
許錫齡	……………………………	266		曹　璜	……………………………	267
許鑄韻	……………………………	266		曹　兒	……………………………	267
許顧虬	……………………………	266		曹　林	……………………………	268
許譽卿	……………………………	266		曹　風	……………………………	268
許續曾	……………………………	266		曹　荃	……………………………	268
粘	……………………………………	266		曹　琪	……………………………	268

曹 埃	…………………………… 268	曹廷棟	…………………………… 270
曹 釗	…………………………… 268	曹宜溥	…………………………… 270
曹 純	…………………………… 268	曹奇齡	…………………………… 270
曹 寅	…………………………… 268	曹垂燦	…………………………… 270
曹 基	…………………………… 268	曹垂璨	…………………………… 270
曹 晟	…………………………… 268	曹秀先	…………………………… 270
曹 紳	…………………………… 268	曹延懿	…………………………… 271
曹 斌	…………………………… 268	曹亮武	…………………………… 271
曹 鈖	…………………………… 268	曹炳曾	…………………………… 271
曹 溶	…………………………… 268	曹封祖	…………………………… 271
曹 漢	…………………………… 269	曹思遴	…………………………… 271
曹 溍	…………………………… 269	曹重曜	…………………………… 271
曹 鉻	…………………………… 269	曹胤昌	…………………………… 271
曹 勳	…………………………… 269	曹貞吉	…………………………… 271
曹 繡	…………………………… 269	曹庭棟	…………………………… 271
曹 鑒	…………………………… 269	曹庭樞	…………………………… 271
曹 黏	…………………………… 269	曹泰曾	…………………………… 271
曹一士	…………………………… 269	曹國柄	…………………………… 271
曹之璜	…………………………… 269	曹國渠	…………………………… 271
曹大漢	…………………………… 269	曹國維	…………………………… 271
曹文慧	…………………………… 269	曹國模	…………………………… 272
曹王雲	…………………………… 269	曹偉謨	…………………………… 272
曹天錫	…………………………… 269	曹森桂	…………………………… 272
曹日瑛	…………………………… 269	曹傳燦	…………………………… 272
曹以顯	…………………………… 270	曹新里	…………………………… 272
曹玉珂	…………………………… 270	曹煜曾	…………………………… 272
曹本榮	…………………………… 270	曹瑛曾	…………………………… 272
曹申吉	…………………………… 270	曹爾坊	…………………………… 272
曹汝謨	…………………………… 270	曹爾垻	…………………………… 272
曹有爲	…………………………… 270	曹爾垣	…………………………… 272
曹式金	…………………………… 270	曹爾壇	…………………………… 272
曹光昇	…………………………… 270	曹爾堪	…………………………… 272
曹自天	…………………………… 270	曹爾堪	…………………………… 272
曹志周	…………………………… 270	曹鼎望	…………………………… 273
曹廷昇	…………………………… 270	曹鳴遠	…………………………… 273

人名索引（十一畫）

曹鳴鶴	……………………………	273		梅文鼎	……………………………	275
曹廣端	……………………………	273		梅文壁	……………………………	275
曹廣憲	……………………………	273		梅立宗	……………………………	276
曹燕懷	……………………………	273		梅廷楨	……………………………	276
曹學佺	……………………………	273		梅枝鳳	……………………………	276
曹錫端	……………………………	273		梅勉叔	……………………………	276
曹錫寶	……………………………	273		梅朗中	……………………………	276
曹錫齡	……………………………	273		梅閱秀	……………………………	276
曹穎昌	……………………………	273		梅調元	……………………………	276
曹應鵬	……………………………	273		麥	……………………………………	276
曹耀珩	……………………………	274		麥　郊	……………………………	276
曹繼參	……………………………	274		戚	……………………………………	276
曹鑒平	……………………………	274		戚　沈	……………………………	276
曹鑒年	……………………………	274		戚　珅	……………………………	276
曹鑒倫	……………………………	274		戚　懋	……………………………	276
曹鑒章	……………………………	274		戚　藩	……………………………	276
曹鑒徵	……………………………	274		戚希瑗	……………………………	276
曹鑑平	……………………………	274		戚綬珥	……………………………	276
曹鑑倫	……………………………	274		盛	……………………………………	276
曹鑑章	……………………………	274		盛　葉	……………………………	276
曹鑑徵	……………………………	274		盛　晉	……………………………	276
梅	……………………………………	274		盛　楓	……………………………	276
梅　庚	……………………………	274		盛　遠	……………………………	276
梅　林	……………………………	274		盛　慶	……………………………	276
梅　枚	……………………………	275		盛　錦	……………………………	276
梅　素	……………………………	275		盛　謩	……………………………	276
梅　清	……………………………	275		盛　藻	……………………………	276
梅　情	……………………………	275		盛大鑄	……………………………	276
梅　喆	……………………………	275		盛民譽	……………………………	277
梅　鉞	……………………………	275		盛廷林	……………………………	277
梅　細	……………………………	275		盛符升	……………………………	277
梅　磊	……………………………	275		盛傳敏	……………………………	277
梅之珩	……………………………	275		盛傳敬	……………………………	277
梅子魁	……………………………	275		黃	……………………………………	277
梅文珍	……………………………	275		黃　人	……………………………	277

清初詩選五十六種引得

黃 又	…………………………… 277		黃 基	…………………………… 279
黃 立	…………………………… 277		黃 晞	…………………………… 279
黃 玄	…………………………… 277		黃 湘	…………………………… 279
黃 永	…………………………… 277		黃 雲	…………………………… 279
黃 甲	…………………………… 277		黃 琮	…………………………… 279
黃 生	…………………………… 277		黃 琨	…………………………… 279
黃 机	…………………………… 277		黃 逵	…………………………… 279
黃 任	…………………………… 277		黃 越	…………………………… 279
黃 羽	…………………………… 278		黃 健	…………………………… 279
黃 沈	…………………………… 278		黃 鈍	…………………………… 279
黃 社	…………………………… 278		黃 畧	…………………………… 279
黃 芝	…………………………… 278		黃 照	…………………………… 279
黃 伸	…………………………… 278		黃 瑾	…………………………… 279
黃 京	…………………………… 278		黃 緒	…………………………… 280
黃 玢	…………………………… 278		黃 裳	…………………………… 280
黃 果	…………………………… 278		黃 對	…………………………… 280
黃 秀	…………………………… 278		黃 銃	…………………………… 280
黃 夾	…………………………… 278		黃 澍	…………………………… 280
黃 侍	…………………………… 278		黃 瑾	…………………………… 280
黃 始	…………………………… 278		黃 輔	…………………………… 280
黃 昶	…………………………… 278		黃 鼎	…………………………… 280
黃 河	…………………………… 278		黃 稼	…………………………… 280
黃 封	…………………………… 278		黃 儀	…………………………… 280
黃 柏	…………………………… 278		黃 層	…………………………… 280
黃 律	…………………………… 278		黃 濬	…………………………… 280
黃 衍	…………………………… 278		黃 璟	…………………………… 280
黃 俞	…………………………… 278		黃 翰	…………………………… 280
黃 容	…………………………… 278		黃 機	…………………………… 280
黃 庭	…………………………… 278		黃 霖	…………………………… 280
黃 祐	…………………………… 278		黃 濤	…………………………… 280
黃 素	…………………………… 279		黃 謙	…………………………… 280
黃 珮	…………………………… 279		黃 鍾	…………………………… 280
黃 時	…………………………… 279		黃 鎭	…………………………… 280
黃 倫	…………………………… 279		黃 鎧	…………………………… 280
黃 理	…………………………… 279		黃 瀚	…………………………… 280

人名索引（十一畫）

黃　勤	…………………………… 281	黃甲高	…………………………… 282
黃　鐘	…………………………… 281	黃仍憲	…………………………… 282
黃　□	…………………………… 281	黃汝良	…………………………… 282
黃一鶴	…………………………… 281	黃吉迪	…………………………… 282
黃九河	…………………………… 281	黃耳鼎	…………………………… 282
黃九洛	…………………………… 281	黃而輝	…………………………… 282
黃九落	…………………………… 281	黃百穀	…………………………… 282
黃之雋	…………………………… 281	黃光昇	…………………………… 282
黃之琮	…………………………… 281	黃兆杼	…………………………… 282
黃之裳	…………………………… 281	黃兆琮	…………………………… 282
黃之鼎	…………………………… 281	黃兆隆	…………………………… 283
黃之翰	…………………………… 281	黃廷鳳	…………………………… 283
黃士瑋	…………………………… 281	黃廷璧	…………………………… 283
黃士埙	…………………………… 281	黃廷寵	…………………………… 283
黃大洪	…………………………… 281	黃利通	…………………………… 283
黃子雲	…………………………… 281	黃位中	…………………………… 283
黃子錫	…………………………… 281	黃佑銓	…………………………… 283
黃文煥	…………………………… 281	黃宗炎	…………………………… 283
黃文瑗	…………………………… 281	黃宗會	…………………………… 283
黃天溥	…………………………… 281	黃宗羲	…………………………… 283
黃天嗣	…………………………… 281	黃河澄	…………………………… 283
黃元治	…………………………… 282	黃叔琳	…………………………… 283
黃元埂	…………………………… 282	黃叔璥	…………………………… 283
黃元瑤	…………………………… 282	黃知白	…………………………… 283
黃友均	…………………………… 282	黃金鑑	…………………………… 283
黃中珏	…………………………… 282	黃周星	…………………………… 283
黃中堅	…………………………… 282	黃居中	…………………………… 283
黃仍緒	…………………………… 282	黃承兹	…………………………… 283
黃日朔	…………………………… 282	黃承聖	…………………………… 283
黃以寧	…………………………… 282	黃承憲	…………………………… 284
黃立成	…………………………… 282	黃若庸	…………………………… 284
黃永年	…………………………… 282	黃官檀	…………………………… 284
黃正色	…………………………… 282	黃思憲	…………………………… 284
黃正超	…………………………… 282	黃家舒	…………………………… 284
黃甲先	…………………………… 282	黃泰來	…………………………… 284

清初詩選五十六種引得

黄振超	…………………………… 284	黄藎若	…………………………… 286
黄晉良	…………………………… 284	黄夢麟	…………………………… 286
黄師正	…………………………… 284	黄端伯	…………………………… 286
黄師先	…………………………… 284	黄毓祺	…………………………… 286
黄師晟	…………………………… 284	黄與堅	…………………………… 286
黄師憲	…………………………… 284	黄維翰	…………………………… 287
黄師瓊	…………………………… 284	黄澍綸	…………………………… 287
黄習遠	…………………………… 284	黄澂之	…………………………… 287
黄孫馨	…………………………… 284	黄楣臣	…………………………… 287
黄淳耀	…………………………… 284	黄德溢	…………………………… 287
黄啓祚	…………………………… 285	黄龍官	…………………………… 287
黄菡若	…………………………… 285	黄龍宮	…………………………… 287
黄國琦	…………………………… 285	黄燁玠	…………………………… 287
黄彩鳳	…………………………… 285	黄樹穀	…………………………… 287
黄張美	…………………………… 285	黄錫袞	…………………………… 287
黄滋中	…………………………… 285	黄學謙	…………………………… 287
黄斯盛	…………………………… 285	黄騤若	…………………………… 287
黄朝美	…………………………… 285	黄翼聖	…………………………… 287
黄朝暉	…………………………… 285	黄鸞來	…………………………… 287
黄景昉	…………………………… 285	黄體璜	…………………………… 287
黄喬年	…………………………… 285	黄績曾	…………………………… 287
黄陽生	…………………………… 285	黄鸞祥	…………………………… 287
黄陽陞	…………………………… 285	常	…………………………………… 287
黄道周	…………………………… 285	常　生	…………………………… 287
黄道炫	…………………………… 285	常　安	…………………………… 287
黄道開	…………………………… 285	常　岫	…………………………… 287
黄遂昌	…………………………… 285	常　瑨	…………………………… 287
黄運泰	…………………………… 286	常廷璧	…………………………… 287
黄敬璜	…………………………… 286	常建極	…………………………… 288
黄敬機	…………………………… 286	崇	…………………………………… 288
黄雲泰	…………………………… 286	崇三台	…………………………… 288
黄雲師	…………………………… 286	崔	…………………………………… 288
黄裳胤	…………………………… 286	崔　華（字蓮生）	……………… 288
黄虞稷	…………………………… 286	崔　華（字蘊玉）	……………… 288
黄傳祖	…………………………… 286	崔　棨	…………………………… 288

人名索引（十一畫）

崔千城	……………………………	288		巢震林	……………………………	289
崔子忠	……………………………	288		張	……………………………………	289
崔岱齊	……………………………	288		張　中	……………………………	289
崔鳴鸞	……………………………	288		張　丹	……………………………	289
崔誼之	……………………………	288		張　丑	……………………………	289
崔徵璧	……………………………	288		張　旦	……………………………	289
崔龍雲	……………………………	288		張　弘	……………………………	289
眭	……………………………………	288		張　守	……………………………	289
眭　本	……………………………	288		張　吉	……………………………	289
眭文煥	……………………………	288		張　汧	……………………………	289
眭明永	……………………………	288		張　忭	……………………………	290
畢	……………………………………	288		張　杉	……………………………	290
畢三復	……………………………	288		張　杞	……………………………	290
畢映辰	……………………………	288		張　伸	……………………………	290
畢振午	……………………………	288		張　劬	……………………………	290
畢振姬	……………………………	288		張　庚	……………………………	290
畢榮佐	……………………………	288		張　定	……………………………	290
畢熙暘	……………………………	289		張　怡	……………………………	290
畢際有	……………………………	289		張　玲	……………………………	290
畢緯前	……………………………	289		張　玠	……………………………	290
畢應辰	……………………………	289		張　芳	……………………………	290
婁	……………………………………	289		張　芬	……………………………	290
婁賦會	……………………………	289		張　杰	……………………………	290
婁鎮遠	……………………………	289		張　奇	……………………………	290
笪	……………………………………	289		張　抽	……………………………	290
笪　迴	……………………………	289		張　昉	……………………………	290
笪重光	……………………………	289		張　昊	……………………………	290
符	……………………………………	289		張　采	……………………………	290
符　曾	……………………………	289		張　岱	……………………………	290
符兆昌	……………………………	289		張　音	……………………………	290
符夢駒	……………………………	289		張　度	……………………………	290
巢	……………………………………	289		張　恂	……………………………	290
巢可托	……………………………	289		張　宮	……………………………	291
巢振林	……………………………	289		張　茂	……………………………	291
巢鳴盛	……………………………	289		張　英	……………………………	291

清初詩選五十六種引得

張	恒	……………………………	291	張	紳	……………………………	293
張	垓	……………………………	291	張	陸	……………………………	293
張	貞	……………………………	291	張	斌	……………………………	293
張	員	……………………………	291	張	雲	……………………………	293
張	星	……………………………	291	張	超	……………………………	293
張	昭	……………………………	291	張	栞	……………………………	293
張	胆	……………………………	291	張	琴	……………………………	293
張	風	……………………………	291	張	琮	……………………………	293
張	紀	……………………………	291	張	瑀	……………………………	293
張	宰	……………………………	291	張	琪	……………………………	293
張	宸	……………………………	291	張	琦	……………………………	293
張	宸	……………………………	292	張	喆	……………………………	293
張	泰	……………………………	292	張	植	……………………………	293
張	夏	……………………………	292	張	棠	……………………………	293
張	埃	……………………………	292	張	嵋	……………………………	293
張	烈	……………………………	292	張	愈	……………………………	294
張	晉	……………………………	292	張	集	……………………………	294
張	晟	……………………………	292	張	偉	……………………………	294
張	留	……………………………	292	張	逸	……………………………	294
張	純	……………………………	292	張	幾	……………………………	294
張	淑	……………………………	292	張	溥	……………………………	294
張	琿	……………………………	292	張	渾	……………………………	294
張	莊	……………………………	292	張	新	……………………………	294
張	函	……………………………	292	張	慎	……………………………	294
張	梯	……………………………	292	張	蓋	……………………………	294
張	彬	……………………………	292	張	楗	……………………………	294
張	梧	……………………………	292	張	照	……………………………	294
張	培	……………………………	292	張	榮	……………………………	294
張	塤	……………………………	292	張	筠	……………………………	294
張	搶	……………………………	292	張	愷	……………………………	294
張	晨	……………………………	292	張	雋	……………………………	294
張	第	……………………………	293	張	階	……………………………	294
張	釺	……………………………	293	張	彙	……………………………	294
張	僉	……………………………	293	張	漢	……………………………	294
張	陞	……………………………	293	張	禎	……………………………	294

人名索引（十一畫）

張	瑞	……………………………	294		張	膽	……………………………	296
張	遠	……………………………	294		張	錫	……………………………	296
張	壽	……………………………	294		張	鍵	……………………………	296
張	蓋	……………………………	295		張	翼	……………………………	296
張	楷	……………………………	295		張	璋	……………………………	297
張	睿	……………………………	295		張	鎮	……………………………	297
張	銓	……………………………	295		張	瀛	……………………………	297
張	維	……………………………	295		張	韻	……………………………	297
張	適	……………………………	295		張	燮	……………………………	297
張	潛	……………………………	295		張	爵	……………………………	297
張	潮	……………………………	295		張	繹	……………………………	297
張	廣	……………………………	295		張	鑒	……………………………	297
張	瑾	……………………………	295		張	曠	……………………………	297
張	慧	……………………………	295		張	鵬	……………………………	297
張	嘉	……………………………	295		張	藻	……………………………	297
張	標	……………………………	295		張	雕	……………………………	297
張	憲	……………………………	295		張	儐	……………………………	297
張	澤	……………………………	295		張	璜（字廷須）	………………	297
張	霆	……………………………	295		張	璜（字公執）	………………	297
張	翱	……………………………	295		張	巖	……………………………	297
張	霈	……………………………	296		張	鑑	……………………………	297
張	壇	……………………………	296		張	騫	……………………………	297
張	遺	……………………………	296		張	飄	……………………………	297
張	穆	……………………………	296		張	驥	……………………………	297
張	銘	……………………………	296		張	廩	……………………………	297
張	樞	……………………………	296		張	一如	……………………………	297
張	濟	……………………………	296		張	一鶴	……………………………	297
張	廉	……………………………	296		張	二嚴	……………………………	298
張	變	……………………………	296		張	九徵	……………………………	298
張	謙	……………………………	296		張	三異	……………………………	298
張	襄	……………………………	296		張	士茂	……………………………	298
張	燦（燦一作"璨"）	…………	296		張	士楷	……………………………	298
張	邁	……………………………	296		張	士甄	……………………………	298
張	壙	……………………………	296		張	大年	……………………………	298
張	巍	……………………………	296		張	大有	……………………………	298

張大法 ……………………………… 298 | 張永貞 ……………………………… 300
張大受 ……………………………… 298 | 張永祺 ……………………………… 300
張大純 ……………………………… 298 | 張永澂 ……………………………… 300
張大翃 ……………………………… 298 | 張玉書 ……………………………… 300
張大復 ……………………………… 298 | 張玉裁 ……………………………… 300
張大緒 ……………………………… 298 | 張玉載 ……………………………… 301
張大廉 ……………………………… 298 | 張玉藻 ……………………………… 301
張子寅 ……………………………… 298 | 張正茂 ……………………………… 301
張文光 ……………………………… 298 | 張世定 ……………………………… 301
張文秀 ……………………………… 299 | 張世英 ……………………………… 301
張文炳 ……………………………… 299 | 張世源 ……………………………… 301
張文蒔 ……………………………… 299 | 張世爵 ……………………………… 301
張文娃 ……………………………… 299 | 張世鵬 ……………………………… 301
張天士 ……………………………… 299 | 張可度 ……………………………… 301
張天中 ……………………………… 299 | 張北授 ……………………………… 301
張天保 ……………………………… 299 | 張仕可 ……………………………… 301
張天秩 ……………………………… 299 | 張仍煌 ……………………………… 301
張天球 ……………………………… 299 | 張用良 ……………………………… 301
張天植 ……………………………… 299 | 張民表 ……………………………… 301
張天機 ……………………………… 299 | 張弘保 ……………………………… 301
張元坊 ……………………………… 299 | 張弘敏 ……………………………… 301
張元彪 ……………………………… 299 | 張台柱 ……………………………… 301
張元琪 ……………………………… 299 | 張幼學 ……………………………… 301
張元進 ……………………………… 299 | 張安茂 ……………………………… 301
張元嘉 ……………………………… 300 | 張安國 ……………………………… 301
張元標 ……………………………… 300 | 張安絃 ……………………………… 301
張元觀 ……………………………… 300 | 張汝瑚 ……………………………… 301
張日炘 ……………………………… 300 | 張汝潤 ……………………………… 301
張日近 ……………………………… 300 | 張汝霖 ……………………………… 302
張中發 ……………………………… 300 | 張汝興 ……………………………… 302
張內含 ……………………………… 300 | 張次仲 ……………………………… 302
張內裕 ……………………………… 300 | 張圻授 ……………………………… 302
張仁熙 ……………………………… 300 | 張百程 ……………………………… 302
張以同 ……………………………… 300 | 張有譽 ……………………………… 302
張立廉 ……………………………… 300 | 張光祁 ……………………………… 302

人名索引（十一畫）

張光昌	……………………………	302	張宗蒼	……………………………	303
張光鴻	……………………………	302	張宗緒	……………………………	303
張同甲	……………………………	302	張宗觀	……………………………	303
張同敞	……………………………	302	張定陽	……………………………	303
張先岻	……………………………	302	張注慶	……………………………	303
張自白	……………………………	302	張初袷	……………………………	303
張自烈	……………………………	302	張初煒	……………………………	303
張自超	……………………………	302	張其善	……………………………	303
張兆鉉	……………………………	302	張其緒	……………………………	303
張羽军	……………………………	302	張其澄	……………………………	304
張羽皇	……………………………	302	張奇英	……………………………	304
張羽鵬	……………………………	302	張尚瑗	……………………………	304
張完臣	……………………………	302	張叔琬	……………………………	304
張孝述	……………………………	302	張吳曼	……………………………	304
張克生	……………………………	302	張昌胤	……………………………	304
張李定	……………………………	302	張昌齡	……………………………	304
張李鼎	……………………………	302	張明弼	……………………………	304
張吾瑾	……………………………	302	張明焜	……………………………	304
張辰櫃	……………………………	303	張昂之	……………………………	304
張邦伊	……………………………	303	張迪貞	……………………………	304
張步瀛	……………………………	303	張秀璧	……………………………	304
張岐若	……………………………	303	張秉均	……………………………	304
張我樸	……………………………	303	張秉鈞	……………………………	304
張廷玉	……………………………	303	張秉軾	……………………………	304
張廷樂	……………………………	303	張秉鉞	……………………………	304
張廷璐	……………………………	303	張秉彝	……………………………	304
張廷璣	……………………………	303	張延祺	……………………………	304
張廷瑑	……………………………	303	張延鑑	……………………………	304
張廷璣	……………………………	303	張念祖	……………………………	304
張希良	……………………………	303	張金度	……………………………	304
張希聖	……………………………	303	張迎楔	……………………………	304
張宗仁	……………………………	303	張彥之	……………………………	304
張宗英	……………………………	303	張炳潛	……………………………	305
張宗乾	……………………………	303	張炳璋	……………………………	305
張宗禎	……………………………	303	張若震	……………………………	305

張若義	……………………………	305	張習孔	……………………………	306
張若麒	……………………………	305	張純熙	……………………………	306
張若麟	……………………………	305	張能鱗	……………………………	306
張若騫	……………………………	305	張深道	……………………………	306
張茂枝	……………………………	305	張惟赤	……………………………	306
張茂稷	……………………………	305	張理志	……………………………	306
張奎鸞	……………………………	305	張異卿	……………………………	306
張拱宸	……………………………	305	張偉烈	……………………………	306
張拱乾	……………………………	305	張萬松	……………………………	306
張拱機	……………………………	305	張紫文	……………………………	306
張星櫃	……………………………	305	張紫泥	……………………………	306
張思任	……………………………	305	張問達	……………………………	306
張思昱	……………………………	305	張陳鼎	……………………………	307
張思信	……………………………	305	張紹良	……………………………	307
張思晟	……………………………	305	張紹祖	……………………………	307
張思教	……………………………	305	張湛然	……………………………	307
張思齊	……………………………	305	張淵懿	……………………………	307
張思潛	……………………………	305	張敦復	……………………………	307
張映室	……………………………	305	張斯晟	……………………………	307
張品邁	……………………………	305	張雲蒸	……………………………	307
張胤復	……………………………	305	張雲翰	……………………………	307
張柔嘉	……………………………	305	張雲翮	……………………………	307
張家玉	……………………………	306	張雲翼	……………………………	307
張家珍	……………………………	306	張雲鵬	……………………………	307
張祖詠	……………………………	306	張華錫	……………………………	307
張泰來	……………………………	306	張瑝若	……………………………	307
張致中	……………………………	306	張貢孫	……………………………	307
張時英	……………………………	306	張惠可	……………………………	307
張時泰	……………………………	306	張雅度	……………………………	307
張皋謨	……………………………	306	張景蒼	……………………………	307
張師孔	……………………………	306	張景蔚	……………………………	308
張師孟	……………………………	306	張智錫	……………………………	308
張晉彥	……………………………	306	張象櫃	……………………………	308
張晉棋	……………………………	306	張奠崗	……………………………	308
張卿雲	……………………………	306	張鉅孫	……………………………	308

人名索引（十一畫）

張登舉	……………………………	308		張廣奏	……………………………	310
張道直	……………………………	308		張篤慶	……………………………	310
張道听	……………………………	308		張德純	……………………………	310
張道岸	……………………………	308		張德盛	……………………………	310
張遂辰	……………………………	308		張緯武	……………………………	310
張慎言	……………………………	308		張豫章	……………………………	310
張新標	……………………………	308		張隰吉	……………………………	310
張瑞芝	……………………………	308		張澤孚	……………………………	310
張瑞徵	……………………………	308		張澤復	……………………………	310
張勤望	……………………………	308		張澤燊	……………………………	310
張逸少	……………………………	308		張錢表	……………………………	310
張溯顏	……………………………	308		張辨徵	……………………………	310
張肇坊	……………………………	308		張縉彥	……………………………	310
張肇均	……………………………	308		張錫敬	……………………………	310
張聖佐	……………………………	308		張錫愷	……………………………	310
張聖錫	……………………………	308		張龍文	……………………………	310
張嘉元	……………………………	308		張應桂	……………………………	311
張嘉玲	……………………………	308		張應徵	……………………………	311
張嘉炳	……………………………	308		張應錫	……………………………	311
張嘉胤	……………………………	309		張應薇	……………………………	311
張嘉瑛	……………………………	309		張戴緒	……………………………	311
張熙紳	……………………………	309		張鴻文	……………………………	311
張爾奎	……………………………	309		張鴻佑	……………………………	311
張爾韜	……………………………	309		張鴻烈	……………………………	311
張榕端	……………………………	309		張鴻道	……………………………	311
張鳴鐸	……………………………	309		張鴻業	……………………………	311
張鳳翔	……………………………	309		張鴻漸	……………………………	311
張幾錫	……………………………	309		張鴻磐	……………………………	311
張維赤	……………………………	309		張鴻盤	……………………………	311
張綱孫	……………………………	309		張鴻儀	……………………………	311
張養重	……………………………	309		張鴻遠	……………………………	311
張實居	……………………………	310		張懋京	……………………………	311
張實錄	……………………………	310		張懋建	……………………………	311
張廣薦	……………………………	310		張縫彥	……………………………	311
張慶注	……………………………	310		張璩若	……………………………	311

張瑗若	……………………………	311	陸 荩	……………………………	313
張鏡心	……………………………	311	陸 萊	……………………………	313
張鵬翀	……………………………	311	陸 增	……………………………	314
張鵬翮	……………………………	311	陸 畧	……………………………	314
張競光	……………………………	312	陸 愚	……………………………	314
張繼鎭	……………………………	312	陸 倩	……………………………	314
張顧鑑	……………………………	312	陸 鉞	……………………………	314
張體銓	……………………………	312	陸 瑤	……………………………	314
張麟書	……………………………	312	陸 毅	……………………………	314
張纘孫	……………………………	312	陸 實	……………………………	314
陸	……………………………………	312	陸 瑱	……………………………	314
陸 平	……………………………	312	陸 震	……………………………	314
陸 吉	……………………………	312	陸 墊	……………………………	314
陸 沅	……………………………	312	陸 銘	……………………………	314
陸 折	……………………………	312	陸 翻	……………………………	314
陸 泓	……………………………	312	陸 緯	……………………………	314
陸 枚	……………………………	312	陸 襄	……………………………	314
陸 坦	……………………………	312	陸 鴻	……………………………	314
陸 來	……………………………	312	陸 燧	……………………………	314
陸 珂	……………………………	312	陸 輿	……………………………	314
陸 品	……………………………	312	陸 翼	……………………………	314
陸 海	……………………………	312	陸 璋	……………………………	314
陸 挺	……………………………	313	陸 寶	……………………………	314
陸 師	……………………………	313	陸 鑄	……………………………	314
陸 寅	……………………………	313	陸 韜	……………………………	314
陸 淹	……………………………	313	陸 鑒	……………………………	314
陸 淮	……………………………	313	陸 鑑	……………………………	314
陸 基	……………………………	313	陸又深	……………………………	314
陸 培	……………………………	313	陸士煒	……………………………	314
陸 堞	……………………………	313	陸大珩	……………………………	314
陸 進	……………………………	313	陸文銘	……………………………	315
陸 舜	……………………………	313	陸文霈	……………………………	315
陸 朝	……………………………	313	陸王道	……………………………	315
陸 喩	……………………………	313	陸天錫	……………………………	315
陸 御	……………………………	313	陸元泓	……………………………	315

人名索引（十一畫）

陸元輔	……………………………	315	陸祖錫	……………………………	317
陸允純	……………………………	315	陸祖葊	……………………………	317
陸引年	……………………………	315	陸泰徵	……………………………	317
陸世恒	……………………………	315	陸振芬	……………………………	317
陸世楷	……………………………	315	陸時杰	……………………………	317
陸世儀	……………………………	315	陸時隆	……………………………	317
陸世鎔	……………………………	315	陸啟浤	……………………………	317
陸本徵	……………………………	315	陸敏樹	……………………………	317
陸弘定	……………………………	315	陸張翮	……………………………	317
陸汝忠	……………………………	315	陸曾禹	……………………………	317
陸次雲	……………………………	315	陸琰卓	……………………………	317
陸光旭	……………………………	316	陸朝瑛	……………………………	317
陸自震	……………………………	316	陸貽典	……………………………	317
陸良瑾	……………………………	316	陸翔華	……………………………	317
陸志熙	……………………………	316	陸漾波	……………………………	317
陸志奧	……………………………	316	陸蒼培	……………………………	317
陸求可	……………………………	316	陸嘉□	……………………………	317
陸廷搶	……………………………	316	陸嘉觀	……………………………	317
陸希僡	……………………………	316	陸嘉淑	……………………………	317
陸君弼	……………………………	316	陸嘉顯	……………………………	318
陸宗灘	……………………………	316	陸壽名	……………………………	318
陸昌禧	……………………………	316	陸鳴珂	……………………………	318
陸彥龍	……………………………	316	陸鳴球	……………………………	318
陸洽原	……………………………	316	陸榮柜	……………………………	318
陸炸蕃	……………………………	316	陸榮程	……………………………	318
陸奎勳	……………………………	316	陸榮登	……………………………	318
陸信徵	……………………………	317	陸箕永	……………………………	318
陸倬垂	……………………………	317	陸與齡	……………………………	318
陸胤安	……………………………	317	陸鳳儀	……………………………	318
陸胤驥	……………………………	317	陸慶裕	……………………………	318
陸宸鑰	……………………………	317	陸慶曾	……………………………	318
陸祖修	……………………………	317	陸慶臻	……………………………	318
陸祖倫	……………………………	317	陸德元	……………………………	318
陸祖彬	……………………………	317	陸義賓	……………………………	318
陸祖琳	……………………………	317	陸奮飛	……………………………	318

清初詩選五十六種引得

陸樹駿	…… 318	陳　弦	…… 320
陸謙吉	…… 318	陳　度	…… 320
陸應揚	…… 318	陳　協	…… 320
陸繁弨	…… 318	陳　兹	…… 320
陸鍾輝	…… 318	陳　炳	…… 320
陸叢桂	…… 318	陳　若	…… 320
陸瞻淇	…… 319	陳　珏	…… 320
陸寶書	…… 319	陳　泉	…… 320
陸瀛薯	…… 319	陳　衍	…… 320
陸巍烈	…… 319	陳　祚	…… 320
陸釋麟	…… 319	陳　茹	…… 320
陸潛睿	…… 319	陳　做	…… 320
陳	…… 319	陳　素	…… 320
陳　元	…… 319	陳　恭	…… 320
陳　史	…… 319	陳　桃	…… 320
陳　式	…… 319	陳　倫	…… 320
陳　帆	…… 319	陳　留	…… 320
陳　舟	…… 319	陳　陛	…… 320
陳　份	…… 319	陳　寅	…… 320
陳　忱	…… 319	陳　悚	…… 320
陳　灼	…… 319	陳　章	…… 320
陳　佑	…… 319	陳　康	…… 320
陳　治	…… 319	陳　梁	…… 320
陳　泓	…… 319	陳　英	…… 320
陳　表	…… 319	陳　聘	…… 321
陳　坦	…… 319	陳　梅	…… 321
陳　枋	…… 319	陳　梧	…… 321
陳　協	…… 319	陳　常	…… 321
陳　坤	…… 319	陳　造	…… 321
陳　昌	…… 319	陳　符	…… 321
陳　易	…… 319	陳　釬	…… 321
陳　昂	…… 319	陳　紹	…… 321
陳　秉	…… 319	陳　琪	…… 321
陳　周	…… 319	陳　參	…… 321
陳　恂	…… 320	陳　焯	…… 321

人名索引（十一畫）

陳 萃	……………………………	321	陳 衡	……………………………	323
陳 菁	……………………………	321	陳 裏	……………………………	323
陳 莛	……………………………	321	陳 鴻	……………………………	323
陳 舜	……………………………	321	陳 潘	……………………………	323
陳 舒	……………………………	321	陳 謙	……………………………	323
陳 愷	……………………………	321	陳 鍊	……………………………	323
陳 溥	……………………………	321	陳 鍊	……………………………	323
陳 道	……………………………	321	陳 鑄	……………………………	323
陳 瑚	……………………………	321	陳 翼	……………………………	323
陳 軾	……………………………	322	陳 讓	……………………………	323
陳 暉	……………………………	322	陳 瓊	……………………………	323
陳 盟	……………………………	322	陳 璟	……………………………	323
陳 鈺	……………………………	322	陳 贊	……………………………	323
陳 銑	……………………………	322	陳 聰	……………………………	323
陳 群	……………………………	322	陳 燦	……………………………	324
陳 誠	……………………………	322	陳 犖	……………………………	324
陳 嵩	……………………………	322	陳 騤	……………………………	324
陳 琮	……………………………	322	陳 慶	……………………………	324
陳 蕃	……………………………	322	陳 麟	……………………………	324
陳 億	……………………………	322	陳 鑒	……………………………	324
陳 愈	……………………………	322	陳 鑑	……………………………	324
陳 綬	……………………………	322	陳 論	……………………………	324
陳 遂	……………………………	322	陳九皋	……………………………	324
陳 潤	……………………………	322	陳之彪	……………………………	324
陳 震	……………………………	322	陳之琰	……………………………	324
陳 璋	……………………………	322	陳之群	……………………………	324
陳 邃	……………………………	322	陳之駒	……………………………	324
陳 確	……………………………	322	陳之龍	……………………………	324
陳 撰	……………………………	322	陳之遴	……………………………	324
陳 銳	……………………………	322	陳三島	……………………………	324
陳 誡	……………………………	322	陳于王	……………………………	324
陳 辨	……………………………	323	陳于鼎	……………………………	325
陳 璜	……………………………	323	陳士淳	……………………………	325
陳 翰	……………………………	323	陳士望	……………………………	325
陳 默	……………………………	323	陳士偉	……………………………	325

清初詩選五十六種引得

陳士業	…………………………… 325	陳仁錫	…………………………… 326
陳士潛	…………………………… 325	陳公祿	…………………………… 326
陳士鑛	…………………………… 325	陳丹裏	…………………………… 326
陳大化	…………………………… 325	陳允衡	…………………………… 326
陳大成	…………………………… 325	陳允衡	…………………………… 326
陳大佐	…………………………… 325	陳允錫	…………………………… 327
陳大章	…………………………… 325	陳以明	…………………………… 327
陳大讓	…………………………… 325	陳以剛	…………………………… 327
陳上年	…………………………… 325	陳以槱	…………………………… 327
陳上善	…………………………… 325	陳必謙	…………………………… 327
陳千知	…………………………… 325	陳玉裁	…………………………… 327
陳子升	…………………………… 325	陳玉齊	…………………………… 327
陳子廷	…………………………… 325	陳玉琪	…………………………… 327
陳子威	…………………………… 325	陳正容	…………………………… 327
陳子欽	…………………………… 325	陳正偁	…………………………… 327
陳子龍	…………………………… 325	陳世珍	…………………………… 327
陳六奇	…………………………… 326	陳世昊	…………………………… 327
陳文安	…………………………… 326	陳世祥	…………………………… 327
陳文沂	…………………………… 326	陳世章	…………………………… 328
陳文烺	…………………………… 326	陳本鼎	…………………………… 328
陳文會	…………………………… 326	陳仕銓	…………………………… 328
陳文燦	…………………………… 326	陳台孫	…………………………… 328
陳文鸞	…………………………… 326	陳弘緒（弘一作"宏"）………… 328
陳王陞	…………………………… 326	陳弘勳	…………………………… 328
陳王獻	…………………………… 326	陳汝亨	…………………………… 328
陳王榮	…………………………… 326	陳汝亭	…………………………… 328
陳元素	…………………………… 326	陳至言	…………………………… 328
陳元龍	…………………………… 326	陳光龍	…………………………… 328
陳元鍾	…………………………… 326	陳兆曾	…………………………… 328
陳元禮	…………………………… 326	陳名夏	…………………………… 328
陳元鑑	…………………………… 326	陳如鑒	…………………………… 328
陳五玉	…………………………… 326	陳旭照	…………………………… 328
陳五典	…………………………… 326	陳沂配	…………………………… 328
陳五聚	…………………………… 326	陳沂震	…………………………… 328
陳日煇	…………………………… 326	陳忭若	…………………………… 328

人名索引（十一畫）

陳志紀	…………………………… 328	陳函輝	…………………………… 330
陳志遹	…………………………… 329	陳奕昌	…………………………… 330
陳志謐	…………………………… 329	陳奕培	…………………………… 331
陳志襄	…………………………… 329	陳奕禧	…………………………… 331
陳志繹	…………………………… 329	陳洪綬	…………………………… 331
陳孝逸	…………………………… 329	陳祈明	…………………………… 331
陳邦楨	…………………………… 329	陳美發	…………………………… 331
陳邦禎	…………………………… 329	陳相綬	…………………………… 331
陳見龍	…………………………… 329	陳重光	…………………………… 331
陳廷搢	…………………………… 329	陳食花	…………………………… 331
陳廷煒	…………………………… 329	陳衍虞	…………………………… 331
陳廷敬	…………………………… 329	陳待舉	…………………………… 331
陳廷會	…………………………… 329	陳容永	…………………………… 331
陳廷樂	…………………………… 329	陳衷胐	…………………………… 331
陳廷機	…………………………… 329	陳祖生	…………………………… 331
陳伯壎	…………………………… 329	陳祖法	…………………………… 331
陳希昌	…………………………… 330	陳祖范	…………………………… 331
陳希櫻	…………………………… 330	陳祖虞	…………………………… 331
陳宗之	…………………………… 330	陳柞明	…………………………… 331
陳宗石	…………………………… 330	陳容水	…………………………… 331
陳治安	…………………………… 330	陳班仰	…………………………… 331
陳治行	…………………………… 330	陳起敬	…………………………… 331
陳治策	…………………………… 330	陳恭尹	…………………………… 331
陳治循	…………………………… 330	陳哲庸	…………………………… 332
陳泓昌	…………………………… 330	陳晉明	…………………………… 332
陳怍明	…………………………… 330	陳時清	…………………………… 332
陳其名	…………………………… 330	陳牲成	…………………………… 332
陳其棟	…………………………… 330	陳師泰	…………………………… 332
陳昌國	…………………………… 330	陳卿茂	…………………………… 332
陳忠靖	…………………………… 330	陳孫惠	…………………………… 332
陳秉鈞	…………………………… 330	陳淑思	…………………………… 332
陳秉樞	…………………………… 330	陳許廷	…………………………… 332
陳金篆	…………………………… 330	陳啟孟	…………………………… 332
陳周政	…………………………… 330	陳啟貞	…………………………… 332
陳函暉	…………………………… 330	陳啟淙	…………………………… 332

陳啟源 …………………………… 332
陳廷章 …………………………… 332
陳披臣 …………………………… 332
陳堂謀 …………………………… 332
陳常夏 …………………………… 332
陳國政 …………………………… 332
陳國祝 …………………………… 333
陳國棠 …………………………… 333
陳基燿 …………………………… 333
陳培脈 …………………………… 333
陳陸坤 …………………………… 333
陳陸興 …………………………… 333
陳紹文 …………………………… 333
陳紹址 …………………………… 333
陳富极 …………………………… 333
陳喆倫 …………………………… 333
陳愨榮 …………………………… 333
陳朝典 …………………………… 333
陳堯勳 …………………………… 333
陳堯列 …………………………… 333
陳雅琛 …………………………… 333
陳紫椿 …………………………… 333
陳景元 …………………………… 333
陳景鍾 …………………………… 333
陳凱永 …………………………… 333
陳開虞 …………………………… 333
陳結璘 …………………………… 333
陳陽長 …………………………… 333
陳暉吉 …………………………… 333
陳棋芳 …………………………… 333
陳瑞聲 …………………………… 333
陳葉筠 …………………………… 333
陳載華 …………………………… 333
陳豐陞 …………………………… 334
陳運亨 …………………………… 334
陳筠姜 …………………………… 334
陳殿桂 …………………………… 334
陳殿楨 …………………………… 334
陳肇昌 …………………………… 334
陳肇曾 …………………………… 334
陳肇復 …………………………… 334
陳瑤发 …………………………… 334
陳瑤僎 …………………………… 334
陳睿思 …………………………… 334
陳敔永 …………………………… 334
陳維石 …………………………… 334
陳維松 …………………………… 334
陳維岳 …………………………… 334
陳維岱 …………………………… 334
陳維國 …………………………… 334
陳維崧 …………………………… 334
陳維蝣 …………………………… 335
陳維嶽 …………………………… 335
陳養元 …………………………… 335
陳澄心 …………………………… 335
陳震生 …………………………… 335
陳嘉德 …………………………… 335
陳嘉璧 …………………………… 335
陳毅正 …………………………… 335
陳增新 …………………………… 335
陳奮永 …………………………… 335
陳輝璧 …………………………… 335
陳履平 …………………………… 336
陳履端 …………………………… 336
陳履謙 …………………………… 336
陳謀道 …………………………… 336
陳燕蘭 …………………………… 336
陳樹芳 …………………………… 336
陳樹莘 …………………………… 336
陳樹薦 …………………………… 336

人名索引（十二畫）

陳學泗	……………………………	336		陶 澂	……………………………	337
陳學洙	……………………………	336		陶 葉	……………………………	337
陳學謙	……………………………	336		陶 蔚	……………………………	337
陳錦寧	……………………………	336		陶 廣	……………………………	337
陳錫根	……………………………	336		陶 鑒	……………………………	337
陳錫晴	……………………………	336		陶之采	……………………………	338
陳龍翔	……………………………	336		陶之典	……………………………	338
陳濟生	……………………………	336		陶土章	……………………………	338
陳濟亮	……………………………	336		陶土偲	……………………………	338
陳鴻績	……………………………	336		陶土慎	……………………………	338
陳燦雲	……………………………	336		陶土儀	……………………………	338
陳渝瑄	……………………………	336		陶土儲	……………………………	338
陳檀禧	……………………………	336		陶土麟	……………………………	338
陳聯璧	……………………………	336		陶大雲	……………………………	338
陳豐陞	……………………………	336		陶文彬	……………………………	338
陳寶鑰	……………………………	336		陶文銳	……………………………	338
陳瓊僊	……………………………	337		陶文繹	……………………………	338
陳鵬年	……………………………	337		陶元淳	……………………………	338
陳鵬章	……………………………	337		陶元藻	……………………………	338
陳鶴翔	……………………………	337		陶世濟	……………………………	338
陳鶴年	……………………………	337		陶正中	……………………………	338
陳鷺章	……………………………	337		陶汝鼐	……………………………	338
陰	……………………………	337		陶汝蕭	……………………………	338
陰 潤	……………………………	337		陶成瑜	……………………………	338
陰應節	……………………………	337		陶孚尹	……………………………	338
陶	……………………………	337		陶朗雯	……………………………	338
陶 祁	……………………………	337		陶章煥	……………………………	338
陶 炘	……………………………	337		陶善圻	……………………………	338
陶 炤	……………………………	337		陶開慶	……………………………	338
陶 悻	……………………………	337		陶爾樵	……………………………	338
陶 俞	……………………………	337		陶學琦	……………………………	338
陶 寅	……………………………	337				
陶 姃	……………………………	337		**十二畫**		
陶 煊	……………………………	337				
陶 端	……………………………	337		曾	……………………………	339

曾 旭 ……………………………… 339 | 奥 ……………………………………… 340
曾 益 ……………………………… 339 | 奥莫克托 …………………………… 340
曾 钧 ……………………………… 339 | 馮 ……………………………………… 340
曾 畹 ……………………………… 339 | 馮 址 ……………………………… 340
曾 震 ……………………………… 339 | 馮 宣 ……………………………… 340
曾 燦 ……………………………… 339 | 馮 班 ……………………………… 340
曾王孫 ……………………………… 339 | 馮 珩 ……………………………… 341
曾天用 ……………………………… 339 | 馮 勗 ……………………………… 341
曾日理 ……………………………… 339 | 馮 森 ……………………………… 341
曾必光 ……………………………… 339 | 馮 甡 ……………………………… 341
曾世琮 ……………………………… 339 | 馮 景 ……………………………… 341
曾安世 ……………………………… 339 | 馮 溥 ……………………………… 341
曾先慎 ……………………………… 339 | 馮 瑞 ……………………………… 341
曾宗周 ……………………………… 339 | 馮 寧 ……………………………… 341
曾明新 ……………………………… 339 | 馮 愿 ……………………………… 341
曾師庠 ……………………………… 339 | 馮 樾 ……………………………… 341
曾孫瀾 ……………………………… 340 | 馮 鑑 ……………………………… 341
曾華蓋 ……………………………… 340 | 馮一第 ……………………………… 341
曾異撰 ……………………………… 340 | 馮一鵬 ……………………………… 341
曾傳燈 ……………………………… 340 | 馮之圖 ……………………………… 341
曾傳燦 ……………………………… 340 | 馮文昌 ……………………………… 341
曾餘周 ……………………………… 340 | 馮王珢 ……………………………… 341
曾懋蔚 ……………………………… 340 | 馮天球 ……………………………… 341
曾燦垣 ……………………………… 340 | 馮世翠 ……………………………… 341
甯 ……………………………………… 340 | 馮守真 ……………………………… 341
甯 峒 ……………………………… 340 | 馮名佐 ……………………………… 342
甯 捡 ……………………………… 340 | 馮如京 ……………………………… 342
甯 擢 ……………………………… 340 | 馮廷楷 ……………………………… 342
甯世簪 ……………………………… 340 | 馮廷懋 ……………………………… 342
富 ……………………………………… 340 | 馮延年 ……………………………… 342
富鴻基 ……………………………… 340 | 馮宗周 ……………………………… 342
富鴻業 ……………………………… 340 | 馮宗異 ……………………………… 342
童 ……………………………………… 340 | 馮官撰 ……………………………… 342
童 瑛 ……………………………… 340 | 馮京第 ……………………………… 342
童鉷遠 ……………………………… 340 | 馮長武 ……………………………… 342

人名索引（十二畫）

馮尚謙	……………………………	342	温某忱	……………………………	344
馮明期	……………………………	342	温淵知	……………………………	344
馮協一	……………………………	342	温睿臨	……………………………	344
馮思馭	……………………………	342	温養度	……………………………	344
馮俞昌	……………………………	342	温應嵩	……………………………	344
馮益焯	……………………………	342	湯	……………………………	344
馮昶世	……………………………	342	湯　格	……………………………	344
馮啓舜	……………………………	342	湯　俊	……………………………	344
馮雲驤	……………………………	342	湯　倫	……………………………	344
馮源清	……………………………	343	湯　寅	……………………………	344
馮愷章	……………………………	343	湯　斌	……………………………	344
馮愷愈	……………………………	343	湯　準	……………………………	344
馮瑞振	……………………………	343	湯　聘	……………………………	344
馮嗣京	……………………………	343	湯　潛	……………………………	344
馮愈昌	……………………………	343	湯之盤	……………………………	344
馮肇杞	……………………………	343	湯永寬	……………………………	344
馮夢龍	……………………………	343	湯可宗	……………………………	344
馮熙世	……………………………	343	湯右曾	……………………………	344
馮鼎延	……………………………	343	湯任尹	……………………………	344
馮蕃大	……………………………	343	湯自奇	……………………………	344
馮蓀舒	……………………………	343	湯來賀	……………………………	345
馮閣若	……………………………	343	湯松齡	……………………………	345
馮翼薇	……………………………	343	湯季雲	……………………………	345
馮霈大	……………………………	343	湯帝臣	……………………………	345
遊	……………………………	343	湯思孝	……………………………	345
遊　基	……………………………	343	湯姚璁	……………………………	345
遊　藝	……………………………	343	湯祖武	……………………………	345
遊士鳳	……………………………	343	湯祖祐	……………………………	345
温	……………………………	343	湯原清	……………………………	345
温　良	……………………………	343	湯豹處	……………………………	345
温　雲	……………………………	343	湯師伯	……………………………	345
温先升	……………………………	343	湯孫咸	……………………………	345
温自知	……………………………	344	湯清原	……………………………	345
温春生	……………………………	344	湯得中	……………………………	345
温啓知	……………………………	344	湯彭年	……………………………	345

清初詩選五十六種引得

湯開先	345	越其森	347
湯道準	345	彭	347
湯傳楣	345	彭　大	347
湯調鼎	345	彭　年	347
湯燕生	345	彭　任	347
湯懋紳	346	彭　旭	347
湯懋統	346	彭　昕	347
湯懋綱	346	彭　桂	347
湯續禹	346	彭　理	348
勞	346	彭　焱	348
勞之辨	346	彭　椅	348
惲	346	彭　極	348
惲　向	346	彭　源	348
惲　格	346	彭　賓（賓一作"寳"）	348
惲　騤	346	彭　實	348
惲于邁	346	彭　翠	348
惲日初	346	彭　襄	348
惲本初	346	彭　瓏	348
惲源濬	346	彭　鑨	348
華	346	彭一楷	348
華　佃	346	彭士右	348
華　袞	346	彭士商	348
華　淑	346	彭士商	348
華　黃	347	彭士望	348
華　棟	347	彭文煒	349
華希閔	347	彭玉振	349
華長發	347	彭可壯	349
華時亨	347	彭而述	349
華乾龍	347	彭向衡	349
華龍翔	347	彭廷佐	349
華璜選	347	彭廷典	349
越	347	彭廷訓	349
越　珅	347	彭廷謩	349
越　閣	347	彭廷梅	349
越其傑	347	彭希周	349

人名索引（十二畫）

彭定求	……………………………	349
彭長宜	……………………………	349
彭始超	……………………………	349
彭始搏	……………………………	350
彭始奮	……………………………	350
彭始騫	……………………………	350
彭彦昭	……………………………	350
彭厚德	……………………………	350
彭述古	……………………………	350
彭師度	……………………………	350
彭師援	……………………………	350
彭孫詒	……………………………	350
彭孫貽	……………………………	350
彭孫遹	……………………………	350
彭梧鳳	……………………………	351
彭善長	……………………………	351
彭堯俞	……………………………	351
彭堯諭	……………………………	351
彭棟華	……………………………	351
彭開祐	……………………………	351
彭舜齡	……………………………	351
彭椿華	……………………………	351
彭楚伯	……………………………	351
彭寧求	……………………………	351
彭肇洙	……………………………	351
彭禎源	……………………………	351
彭熙棟	……………………………	351
彭維新	……………………………	351
彭端淑	……………………………	351
彭遵泗	……………………………	351
彭篤愷	……………………………	351
彭錫縷	……………………………	351
彭鴻獻	……………………………	351
彭鯤躍	……………………………	351
彭繼華	……………………………	351
喜	……………………………………	351
喜　越	……………………………	351
博	……………………………………	352
博爾都	……………………………	352
朝	……………………………………	352
朝　琦	……………………………	352
堵	……………………………………	352
堵　萊	……………………………	352
堵　鬷	……………………………	352
堵心霞	……………………………	352
堵廷萊	……………………………	352
堵胤錫	……………………………	352
堵景濂	……………………………	352
項	……………………………………	352
項　炎	……………………………	352
項　玠	……………………………	352
項　宣	……………………………	352
項　奎	……………………………	352
項　睿	……………………………	352
項　綸	……………………………	352
項　煜	……………………………	352
項以淳	……………………………	352
項玉筍	……………………………	352
項邦柱	……………………………	352
項始震	……………………………	352
項起漢	……………………………	352
項理孝	……………………………	352
項善辭	……………………………	352
項景行	……………………………	352
項景襄	……………………………	352
項道皡	……………………………	353
項聖謨	……………………………	353
項毓槐	……………………………	353
項錫胤	……………………………	353
惠	……………………………………	353

惠　潤 ……………………………… 353
惠士奇 ……………………………… 353
惠周惕 ……………………………… 353
單 ……………………………………… 353
單　顥 ……………………………… 353
單獻籙 ……………………………… 353
紫 ……………………………………… 353
紫紹炳 ……………………………… 353
揭 ……………………………………… 353
揭人尊 ……………………………… 353
揭重熙 ……………………………… 353
撰 ……………………………………… 353
撰　敘 ……………………………… 353
景 ……………………………………… 353
景考祥 ……………………………… 353
單 ……………………………………… 353
單　虹 ……………………………… 353
單　恂 ……………………………… 353
單玉華 ……………………………… 353
單廷言 ……………………………… 353
單若魯 ……………………………… 353
單昭禧 ……………………………… 353
單隆周 ……………………………… 353
單獻籙 ……………………………… 353
鄂 ……………………………………… 353
鄂　曾 ……………………………… 353
鄂爾泰 ……………………………… 354
喀 ……………………………………… 354
喀　拜 ……………………………… 354
喻 ……………………………………… 354
喻　指 ……………………………… 354
喻全易 ……………………………… 354
喻成龍 ……………………………… 354
喻宗林 ……………………………… 354
過 ……………………………………… 354
過羽宸 ……………………………… 354
過春山 ……………………………… 354
無 ……………………………………… 354
無名氏 ……………………………… 354
智 ……………………………………… 354
智　舷 ……………………………… 354
程 ……………………………………… 354
程　守 ……………………………… 354
程　沅 ……………………………… 354
程　壯 ……………………………… 354
程　邑 ……………………………… 354
程　治 ……………………………… 355
程　坦 ……………………………… 355
程　奇 ……………………………… 355
程　尚 ……………………………… 355
程　岫 ……………………………… 355
程　洪 ……………………………… 355
程　洵 ……………………………… 355
程　祐 ……………………………… 355
程　協 ……………………………… 355
程　茂 ……………………………… 355
程　封 ……………………………… 355
程　思 ……………………………… 355
程　俊 ……………………………… 355
程　紀 ……………………………… 355
程　容 ……………………………… 355
程　庭 ……………………………… 355
程　兼 ……………………………… 355
程　浚 ……………………………… 356
程　珣 ……………………………… 356
程　桂 ……………………………… 356
程　哲 ……………………………… 356
程　烈 ……………………………… 356
程　純 ……………………………… 356
程　浡 ……………………………… 356

人名索引 (十二畫)

程 淑	…………………………… 356	程 錡	…………………………… 357
程 渠	…………………………… 356	程 選	…………………………… 357
程 基	…………………………… 356	程 龍	…………………………… 357
程 採	…………………………… 356	程 謙	…………………………… 357
程 煥	…………………………… 356	程 璐	…………………………… 357
程 啓	…………………………… 356	程 檻	…………………………… 357
程 盗	…………………………… 356	程 蕭	…………………………… 357
程 惇	…………………………… 356	程 整	…………………………… 357
程 焯	…………………………… 356	程 簡	…………………………… 357
程 雲	…………………………… 356	程 墊	…………………………… 358
程 琬	…………………………… 356	程 遠	…………………………… 358
程 械	…………………………… 356	程 瀚	…………………………… 358
程 棣	…………………………… 356	程 楡	…………………………… 358
程 智	…………………………… 356	程 瓊	…………………………… 358
程 雄	…………………………… 356	程 綸	…………………………… 358
程 義	…………………………… 356	程 驥	…………………………… 358
程 煥	…………………………… 356	程 鑿	…………………………… 358
程 焯	…………………………… 356	程一中	…………………………… 358
程 雷	…………………………… 356	程之紳	…………………………… 358
程 揖	…………………………… 357	程之連	…………………………… 358
程 啟	…………………………… 357	程之鷄	…………………………… 358
程 祿	…………………………… 357	程士光	…………………………… 358
程 寬	…………………………… 357	程士芷	…………………………… 358
程 禎	…………………………… 357	程士芹	…………………………… 358
程 遙	…………………………… 357	程大旦	…………………………… 358
程 鼎	…………………………… 357	程大壯	…………………………… 358
程 鳴	…………………………… 357	程大皋	…………………………… 358
程 毅	…………………………… 357	程大疏	…………………………… 358
程 澍	…………………………… 357	程大獻	…………………………… 358
程 樊	…………………………… 357	程大戴	…………………………… 358
程 增	…………………………… 357	程文正	…………………………… 358
程 鋒	…………………………… 357	程文彝	…………………………… 358
程 璣	…………………………… 357	程心正	…………………………… 358
程 曉	…………………………… 357	程天桂	…………………………… 358
程 默	…………………………… 357	程元善	…………………………… 359

清初詩選五十六種引得

程元愈	……………………………	359	程良驥	……………………………	361
程元瑾	……………………………	359	程邦英	……………………………	361
程五鳳	……………………………	359	程邦宰	……………………………	361
程中菸	……………………………	359	程邦彩	……………………………	361
程化龍	……………………………	359	程志運	……………………………	361
程允生	……………………………	359	程廷祚	……………………………	361
程玉藻	……………………………	359	程廷棟	……………………………	361
程正度	……………………………	359	程廷鑰	……………………………	361
程正威	……………………………	359	程京萼	……………………………	361
程正揆	……………………………	359	程奇男	……………………………	361
程正萃	……………………………	359	程春牡	……………………………	361
程正閏	……………………………	359	程春翔	……………………………	361
程正異	……………………………	359	程尚亮	……………………………	361
程世昌	……………………………	359	程炸印	……………………………	361
程世英	……………………………	359	程苗楨	……………………………	361
程世統	……………………………	359	程高第	……………………………	361
程世經	……………………………	359	程高著	……………………………	361
程可則	……………………………	359	程葡龍	……………………………	361
程用昌	……………………………	360	程起翻	……………………………	361
程式庠	……………………………	360	程起騊	……………………………	361
程式莊	……………………………	360	程許遇	……………………………	361
程式琦	……………………………	360	程康莊	……………………………	361
程光祁	……………………………	360	程啓朱	……………………………	361
程光奎	……………………………	360	程啓瑞	……………………………	362
程光鉅	……………………………	360	程從龍	……………………………	362
程光稷	……………………………	360	程紘時	……………………………	362
程先貞	……………………………	360	程崑生	……………………………	362
程先琦	……………………………	360	程隆基	……………………………	362
程先達	……………………………	360	程瑞初	……………………………	362
程先澤	……………………………	360	程瑞社	……………………………	362
程仲權	……………………………	360	程瑞枋	……………………………	362
程自玉	……………………………	360	程瑞愉	……………………………	362
程羽文	……………………………	360	程瑜秀	……………………………	362
程羽豐	……………………………	360	程嗣立	……………………………	362
程良篪	……………………………	361	程嗣真	……………………………	362

人名索引（十二畫）

程端德	……………………………	362	喬出塵	……………………………	364
程夢星	……………………………	362	喬可聘	……………………………	364
程夢華	……………………………	362	喬汝翼	……………………………	364
程夢陽	……………………………	362	喬映伍	……………………………	364
程夢瑛	……………………………	362	喬胤燦	……………………………	364
程嘉言	……………………………	362	喬崇修	……………………………	364
程嘉嬡	……………………………	362	喬崇烈	……………………………	364
程嘉績	……………………………	362	喬國彥	……………………………	364
程嘉謨	……………………………	362	焦	……………………………………	364
程維社	……………………………	362	焦 燿	……………………………	364
程震家	……………………………	362	焦作新	……………………………	364
程樹德	……………………………	363	焦袁熹	……………………………	364
程應珂	……………………………	363	焦應旐	……………………………	364
程應鵬	……………………………	363	傅	……………………………………	364
程鴻鼎	……………………………	363	傅 山	……………………………	364
程繼朋	……………………………	363	傅 宗	……………………………	364
程鶴巘	……………………………	363	傅 奇	……………………………	364
程麟德	……………………………	363	傅 修	……………………………	365
程觀生	……………………………	363	傅 眉	……………………………	365
程□□（字程臺）	……………	363	傅 宸	……………………………	365
稀	……………………………………	363	傅 悌	……………………………	365
稀 瑛	……………………………	363	傅 涵	……………………………	365
稀永仁	……………………………	363	傅 琬	……………………………	365
稀宗孟	……………………………	363	傅 愷	……………………………	365
稀曾筠	……………………………	363	傅 霖	……………………………	365
喬	……………………………………	363	傅 觀	……………………………	365
喬 寅	……………………………	363	傅文烟	……………………………	365
喬 混	……………………………	363	傅以漸	……………………………	365
喬 萊	……………………………	363	傅而師	……………………………	365
喬 鉢	……………………………	363	傅仲辰	……………………………	365
喬 鉢	……………………………	363	傅作楫	……………………………	365
喬 肅	……………………………	364	傅昂霄	……………………………	365
喬 億	……………………………	364	傅夏器	……………………………	365
喬 邁	……………………………	364	傅振商	……………………………	365
喬大貴	……………………………	364	傅爲霖	……………………………	365

傅感丁	……………………………	365		屠 燝	……………………………	367
傅鼎銓	……………………………	365		屠廷楫	……………………………	367
傅爾都	……………………………	365		賀	……………………………………	367
傅維鱗	……………………………	366		賀 宿	……………………………	367
傅澤洪	……………………………	366		賀 裳	……………………………	367
傅燮調	……………………………	366		賀 寬	……………………………	367
傅燮雍	……………………………	366		賀王醇	……………………………	367
鈕	……………………………………	366		賀天銓	……………………………	367
鈕 泌	……………………………	366		賀胤昌	……………………………	367
鈕 琇	……………………………	366		賀振能	……………………………	367
鈕一新	……………………………	366		賀理昭	……………………………	367
鈕汝驥	……………………………	366		賀國璘	……………………………	367
鈕陸琇	……………………………	366		賀國錦	……………………………	367
鈕景琦	……………………………	366		賀復徵	……………………………	367
鈕應斗	……………………………	366		賀撫辰	……………………………	367
欽	……………………………………	366		賀燕徵	……………………………	367
欽 敍	……………………………	366		賀應昌	……………………………	367
欽 揖	……………………………	366		費	……………………………………	367
欽 棅	……………………………	366		費 來	……………………………	367
欽 蘭	……………………………	366		費 俊	……………………………	367
舒	……………………………………	366		費 密	……………………………	367
舒 章	……………………………	366		費 參	……………………………	368
舒 懋	……………………………	366		費 誓	……………………………	368
舒 瞻	……………………………	366		費 隱	……………………………	368
舒大成	……………………………	366		費之達	……………………………	368
舒名臣	……………………………	366		費洪學	……………………………	368
舒廷詔	……………………………	366		費思居	……………………………	368
舒忠讜	……………………………	366		費經虞	……………………………	368
舒若蘭	……………………………	366		費錫琮	……………………………	368
舒逢吉	……………………………	366		費錫璜	……………………………	368
舒魯直	……………………………	367		閔	……………………………………	368
屠	……………………………………	367		閔 汶	……………………………	368
屠 達	……………………………	367		閔 思	……………………………	368
屠 焯	……………………………	367		閔 衍	……………………………	368
屠 愷	……………………………	367		閔 峻	……………………………	368

人名索引（十三畫）

閔　敘	……………………………	368	博爾都	……………………………	370
閔　柗	……………………………	368	雷	……………………………………	370
閔　華	……………………………	368	雷　振	……………………………	370
閔　瑋	……………………………	368	雷　珽	……………………………	370
閔　裴	……………………………	369	雷　經	……………………………	370
閔　鼎	……………………………	369	雷士俊	……………………………	370
閔　聲	……………………………	369	雷方曉	……………………………	370
閔　鵬	……………………………	369	雷起劍	……………………………	370
閔允命	……………………………	369	雷起豐	……………………………	370
閔及申	……………………………	369	雷維馨	……………………………	370
閔旦遇	……………………………	369	雷躍龍	……………………………	370
閔旦選	……………………………	369	達	……………………………………	370
閔亥生	……………………………	369	達禮善	……………………………	370
閔其仕	……………………………	369	賈	……………………………………	370
閔奕祐	……………………………	369	賈日近	……………………………	370
閔汎魯	……………………………	369	賈至言	……………………………	370
閔派魯	……………………………	369	賈良璧	……………………………	370
閔南仲	……………………………	369	賈國樾	……………………………	370
閔雲祁	……………………………	369	賈開宗	……………………………	370
閔麟嗣	……………………………	369	賈爾壽	……………………………	370
强	……………………………………	369	葉	……………………………………	370
强　恂	……………………………	369	葉　丹	……………………………	370
陽	……………………………………	369	葉　松	……………………………	370
陽應謀	……………………………	369	葉　昌	……………………………	371
陸	……………………………………	369	葉　承	……………………………	371
陸　潤	……………………………	369	葉　封	……………………………	371
			葉　琪	……………………………	371
十三畫			葉　淳	……………………………	371
			葉　湜	……………………………	371
塞	……………………………………	369	葉　裕	……………………………	371
塞爾赫	……………………………	369	葉　盛	……………………………	371
慎	……………………………………	369	葉　棠	……………………………	371
慎　傯	……………………………	369	葉　倓	……………………………	371
慎郡王	……………………………	370	葉　淶	……………………………	371
博	……………………………………	370	葉　楠	……………………………	371

清初詩選五十六種引得

葉 筠	…………………………… 371	葉汝龍	…………………………… 373
葉 榮	…………………………… 371	葉有馨	…………………………… 373
葉 霈	…………………………… 371	葉自合	…………………………… 373
葉 錦	…………………………… 371	葉灼棠	…………………………… 373
葉 襄	…………………………… 371	葉廷秀	…………………………… 373
葉 變	…………………………… 372	葉其松	…………………………… 373
葉 燮	…………………………… 372	葉奕苞	…………………………… 373
葉 闇	…………………………… 372	葉故生	…………………………… 374
葉 藩	…………………………… 372	葉映榴	…………………………… 374
葉 �薊	…………………………… 372	葉重華	…………………………… 374
葉 躍	…………………………… 372	葉振玉	…………………………… 374
葉 籛	…………………………… 372	葉振珽	…………………………… 374
葉一棟	…………………………… 372	葉書胤	…………………………… 374
葉一鵬	…………………………… 372	葉國華	…………………………… 374
葉之林	…………………………… 372	葉紹芳	…………………………… 374
葉之淇	…………………………… 372	葉紹袁	…………………………… 374
葉之溶	…………………………… 372	葉舒宗	…………………………… 374
葉之敖	…………………………… 372	葉舒胤	…………………………… 374
葉士寬	…………………………… 372	葉舒崇	…………………………… 374
葉大綏	…………………………… 372	葉舒璐	…………………………… 374
葉方恒	…………………………… 372	葉尋源	…………………………… 374
葉方蒽	…………………………… 372	葉道復	…………………………… 374
葉方蕙	…………………………… 372	葉雷生	…………………………… 374
葉方蔚	…………………………… 373	葉虞封	…………………………… 375
葉方藹	…………………………… 373	葉肇梓	…………………………… 375
葉方靄	…………………………… 373	葉鳴鸞	…………………………… 375
葉永年	…………………………… 373	葉錫工	…………………………… 375
葉永垣	…………………………… 373	葉矯朕	…………………………… 375
葉永堪	…………………………… 373	葉彌廣	…………………………… 375
葉世佺	…………………………… 373	葉繼武	…………………………… 375
葉世倬	…………………………… 373	萬	…………………………… 375
葉令綸	…………………………… 373	萬 山	…………………………… 375
葉令樹	…………………………… 373	萬 石	…………………………… 375
葉弘勗	…………………………… 373	萬 任	…………………………… 375
葉弘儒	…………………………… 373	萬 言	…………………………… 375

人名索引（十三畫）

萬　泰	……………………………	375	董　思	……………………………	377
萬　荊	……………………………	375	董　俞	……………………………	377
萬六吉	……………………………	375	董　泰	……………………………	377
萬元吉	……………………………	375	董　柴	……………………………	377
萬日吉	……………………………	375	董　容	……………………………	377
萬引年	……………………………	375	董　訢	……………………………	377
萬世德	……………………………	375	董　榮	……………………………	378
萬代尚	……………………………	375	董　黃	……………………………	378
萬邦榮	……………………………	375	董　瑒	……………………………	378
萬承蒼	……………………………	375	董　説	……………………………	378
萬茂先	……………………………	375	董　隧	……………………………	378
萬時華	……………………………	375	董　樵	……………………………	378
萬斯備	……………………………	376	董　衡	……………………………	378
萬斯傳	……………………………	376	董　閎	……………………………	378
萬爾昌	……………………………	376	董　閬	……………………………	378
萬壽棋	……………………………	376	董　罵	……………………………	378
萬際昌	……………………………	376	董　蕎	……………………………	378
萬變輔	……………………………	376	董二酉	……………………………	378
葛	……………………………	376	董于廷	……………………………	378
葛　芝	……………………………	376	董于堦	……………………………	378
葛　晈	……………………………	376	董大倫	……………………………	378
葛　震	……………………………	376	董文滿	……………………………	378
葛　鶴	……………………………	376	董文驥	……………………………	378
葛　麟	……………………………	376	董元愷	……………………………	379
葛一龍	……………………………	376	董以寧	……………………………	379
葛大升	……………………………	376	董允明	……………………………	379
葛天民	……………………………	376	董用楨	……………………………	379
葛雲芝	……………………………	376	董守諭	……………………………	379
董	……………………………	377	董良楠	……………………………	379
董　玄	……………………………	377	董克家	……………………………	379
董　玉	……………………………	377	董廷榮	……………………………	379
董　未	……………………………	377	董官治	……………………………	379
董　含	……………………………	377	董怡曾	……………………………	379
董　忭	……………………………	377	董其繩	……………………………	379
董　咸	……………………………	377	董延祚	……………………………	379

清初詩選五十六種引得

董映奎	…………………………… 379	楊 杰	…………………………… 381
董思凝	…………………………… 379	楊 坤	…………………………… 381
董神駿	…………………………… 380	楊 知	…………………………… 381
董師吉	…………………………… 380	楊 岳	…………………………… 381
董孫符	…………………………… 380	楊 延	…………………………… 381
董渠成	…………………………… 380	楊 岱	…………………………… 381
董國祥	…………………………… 380	楊 炤	…………………………… 381
董紹絡	…………………………… 380	楊 珅	…………………………… 381
董期生	…………………………… 380	楊 枯	…………………………… 381
董象鼎	…………………………… 380	楊 晉	…………………………… 381
董道權	…………………………… 380	楊 晟	…………………………… 381
董漢策	…………………………… 380	楊 倓	…………………………… 382
董肇勳	…………………………… 380	楊 涵	…………………………… 382
董善河	…………………………… 380	楊 淪	…………………………… 382
董聞京	…………………………… 380	楊 焯	…………………………… 382
董穀士	…………………………… 380	楊 補	…………………………… 382
董德偶	…………………………… 380	楊 森	…………………………… 382
董穎佳	…………………………… 380	楊 楡	…………………………… 382
董靈頂	…………………………… 380	楊 凱	…………………………… 382
靳	…………………………… 380	楊 崑	…………………………… 382
靳 器	…………………………… 380	楊 策	…………………………… 382
靳治荊	…………………………… 380	楊 棋	…………………………… 382
靳樹春	…………………………… 380	楊 煊	…………………………… 382
靳應昇	…………………………… 380	楊 瑄	…………………………… 382
靳觀光	…………………………… 381	楊 瑗	…………………………… 382
敬	…………………………… 381	楊 瑀	…………………………… 382
敬 霍	…………………………… 381	楊 楷	…………………………… 382
裘	…………………………… 381	楊 幹	…………………………… 382
裘應時	…………………………… 381	楊 鼎	…………………………… 382
楊	…………………………… 381	楊 賓	…………………………… 382
楊 旦	…………………………… 381	楊 演	…………………………… 382
楊 甲	…………………………… 381	楊 寬	…………………………… 382
楊 弘	…………………………… 381	楊 綱	…………………………… 382
楊 旭	…………………………… 381	楊 綸	…………………………… 383
楊 岐	…………………………… 381	楊 模	…………………………… 383

人名索引（十三畫）

楊　緒	……………………………	383	楊以敬	……………………………	384
楊　燁	……………………………	383	楊永綜	……………………………	384
楊　靜	……………………………	383	楊正中	……………………………	384
楊　澄	……………………………	383	楊正極	……………………………	384
楊　撰	……………………………	383	楊去病	……………………………	384
楊　勳	……………………………	383	楊占元	……………………………	384
楊　縉	……………………………	383	楊弘器	……………………………	384
楊　濬	……………………………	383	楊守知	……………………………	384
楊　瀛	……………………………	383	楊汝穀	……………………………	384
楊　蘊	……………………………	383	楊汝霖	……………………………	384
楊　犇	……………………………	383	楊亦奇	……………………………	384
楊九霞	……………………………	383	楊亦溥	……………………………	384
楊士元	……………………………	383	楊州彥	……………………………	384
楊士修	……………………………	383	楊兆傑	……………………………	384
楊士凝	……………………………	383	楊兆魯	……………………………	384
楊大任	……………………………	383	楊自牧	……………………………	385
楊大郁	……………………………	383	楊自發	……………………………	385
楊大鯤	……………………………	383	楊志遠	……………………………	385
楊大縈	……………………………	383	楊克讓	……………………………	385
楊大鶴	……………………………	383	楊李珏	……………………………	385
楊才璜	……………………………	383	楊技遠	……………………………	385
楊山子	……………………………	383	楊廷揆	……………………………	385
楊山松	……………………………	383	楊廷棟	……………………………	385
楊山梓	……………………………	384	楊廷櫃	……………………………	385
楊文聰	……………………………	384	楊廷鎭	……………………………	385
楊文驄	……………………………	384	楊廷璧	……………………………	385
楊玉山	……………………………	384	楊廷鑑	……………………………	385
楊玉殿	……………………………	384	楊廷顯	……………………………	385
楊天極	……………………………	384	楊廷麟	……………………………	385
楊天寵	……………………………	384	楊佐國	……………………………	385
楊中訥	……………………………	384	楊作霖	……………………………	385
楊允升	……………………………	384	楊宗發	……………………………	385
楊以成	……………………………	384	楊長世	……………………………	385
楊以兼	……………………………	384	楊枝起	……………………………	385
楊以韶	……………………………	384	楊東生	……………………………	385

清初詩選五十六種引得

楊叔度	385	楊嗣震	387
楊昌言	385	楊端本	387
楊忠立	385	楊爾楨	387
楊承綜	385	楊際會	387
楊春星	385	楊維漢	387
楊春華	385	楊靜臣	387
楊思本	385	楊慧從	387
楊思聖	386	楊輝斗	387
楊禹甸	386	楊樹聲	387
楊益介	386	楊儒臣	387
楊秦淵	386	楊濬英	388
楊素蘊	386	楊還吉	388
楊振宗	386	楊繩武	388
楊時化	386	楊繼芳	388
楊時薦	386	楊繼經	388
楊師亮	386	楊體元	388
楊康成	386	雅	388
楊惟休	386	雅爾善	388
楊國柱	386	虞	388
楊敏芳	386	虞 吉	388
楊通久	386	虞黃昊	388
楊通俊	386	虞景星	388
楊通俶	386	路	388
楊通睿	387	路 彩	388
楊紹武	387	路 邁	388
楊雲鶴	387	路金聲	388
楊彭齡	387	路雲彪	388
楊雄建	387	路澤農	388
楊景范	387	路澤濃	388
楊無咎	387	路鶴徵	388
楊復元	387	鄔	388
楊雍建	387	鄔維新	388
楊瑚璉	387	鄔繼思	388
楊聖化	387	詹	389
楊嗣漢	387	詹 吉	389

人名索引 (十四畫)

詹士廉	……………………………	389	鄒延玠	……………………………	390
詹士齊	……………………………	389	鄒致麟	……………………………	390
詹士魯	……………………………	389	鄒祗謨	……………………………	390
詹士鸇	……………………………	389	鄒訏謨	……………………………	390
詹大衢	……………………………	389	鄒章周	……………………………	390
詹大衡	……………………………	389	鄒隆遠	……………………………	390
詹明章	……………………………	389	鄒統魯	……………………………	390
詹鍾玉	……………………………	389	鄒登嘉	……………………………	390
解	……………………………………	389	鄒登嚴	……………………………	390
解　謙	……………………………	389	鄒維璉	……………………………	390
解又縉	……………………………	389	鄒震謙	……………………………	390
解幾貞	……………………………	389	鄒錫昌	……………………………	391
解鼎基	……………………………	389			
解鼎雲	……………………………	389	**十四畫**		
鄒	……………………………………	389			
鄒　弘	……………………………	389	寧	…………………………………	391
鄒　奇	……………………………	389	寧郡王	……………………………	391
鄒　星	……………………………	389	嫠	…………………………………	391
鄒　陞	……………………………	389	嫠　燧	……………………………	391
鄒　翊	……………………………	389	廖	…………………………………	391
鄒　廉	……………………………	389	廖　介	……………………………	391
鄒　溶	……………………………	389	廖　貞	……………………………	391
鄒　滿	……………………………	389	廖　燕	……………………………	391
鄒　漼	……………………………	389	廖　儼	……………………………	391
鄒之麟	……………………………	390	廖文英	……………………………	391
鄒元標	……………………………	390	廖方遠	……………………………	391
鄒升恒	……………………………	390	廖元音	……………………………	391
鄒允颺	……………………………	390	廖元度	……………………………	391
鄒世任	……………………………	390	廖應試	……………………………	391
鄒式金	……………………………	390	廖國芳	……………………………	391
鄒定周	……………………………	390	廖膺奎	……………………………	391
鄒奇勳	……………………………	390	廖膺煌	……………………………	391
鄒昌胤	……………………………	390	齊	…………………………………	391
鄒昌徹	……………………………	390	齊　治	……………………………	391
鄒延妃	……………………………	390	齊思亮	……………………………	391

清初詩選五十六種引得

齊維藩	…………………………… 391	趙 修	…………………………… 393
端	…………………………………… 391	趙 衍	…………………………… 393
端 揆	…………………………… 391	趙 俞	…………………………… 393
榮	…………………………………… 391	趙 洪	…………………………… 393
榮白蠟	…………………………… 391	趙 朗	…………………………… 393
福	…………………………………… 391	趙 島	…………………………… 393
福 起	…………………………… 391	趙 陛	…………………………… 393
褚	…………………………………… 391	趙 淳	…………………………… 393
褚 篆	…………………………… 391	趙 庚	…………………………… 393
褚有聲	…………………………… 392	趙 晟	…………………………… 393
褚邦屏	…………………………… 392	趙 湛	…………………………… 393
褚廷萊	…………………………… 392	趙 澗	…………………………… 393
褚廷琯	…………………………… 392	趙 煥	…………………………… 393
褚蔚文	…………………………… 392	趙 琳	…………………………… 393
褚蔚章	…………………………… 392	趙 弼	…………………………… 393
褚蔚業	…………………………… 392	趙 荷	…………………………… 393
褚德圭	…………………………… 392	趙 楫	…………………………… 393
靜	…………………………………… 392	趙 筠	…………………………… 393
靜 挺	…………………………… 392	趙 漁	…………………………… 393
蓁	…………………………………… 392	趙 滿	…………………………… 393
蓁汝棋	…………………………… 392	趙 賓	…………………………… 393
蓁汝舟	…………………………… 392	趙 寅	…………………………… 394
夢	…………………………………… 392	趙 端	…………………………… 394
夢 麟	…………………………… 392	趙 適	…………………………… 394
趙	…………………………………… 392	趙 潛	…………………………… 394
趙 庚	…………………………… 392	趙 溱	…………………………… 394
趙 泗	…………………………… 392	趙 寬	…………………………… 394
趙 炎	…………………………… 392	趙 璋	…………………………… 394
趙 昕	…………………………… 392	趙 瑾	…………………………… 394
趙 泉	…………………………… 392	趙 澤	…………………………… 394
趙 貞	…………………………… 392	趙 憲	…………………………… 395
趙 威	…………………………… 392	趙 穆	…………………………… 395
趙 虹	…………………………… 392	趙 萬	…………………………… 395
趙 炳	…………………………… 392	趙 隨	…………………………… 395
趙 信	…………………………… 392	趙 燧	…………………………… 395

人名索引（十四畫）

趙 韓	…………………………… 395	趙有本	…………………………… 397
趙 巂	…………………………… 395	趙有成	…………………………… 397
趙 瀚	…………………………… 395	趙有聲	…………………………… 397
趙 獻	…………………………… 395	趙而忭	…………………………… 397
趙 綸	…………………………… 395	趙而愷	…………………………… 397
趙 驥	…………………………… 395	趙如璧	…………………………… 397
趙又昂	…………………………… 395	趙宋臣	…………………………… 397
趙之獻	…………………………… 395	趙良生	…………………………… 397
趙三駉	…………………………… 395	趙良棲	…………………………… 397
趙三麒	…………………………… 395	趙邦俊	…………………………… 397
趙三麟	…………………………… 395	趙廷蓮	…………………………… 397
趙士完	…………………………… 395	趙廷錫	…………………………… 397
趙士亮	…………………………… 395	趙希階	…………………………… 397
趙士柏	…………………………… 395	趙其隆	…………………………… 397
趙士玟	…………………………… 395	趙松紋	…………………………… 397
趙士通	…………………………… 395	趙忠春	…………………………… 397
趙士晃	…………………………… 396	趙承旭	…………………………… 397
趙士錦	…………………………… 396	趙承煇	…………………………… 397
趙士麟	…………………………… 396	趙承輝	…………………………… 397
趙千里	…………………………… 396	趙承燧	…………………………… 398
趙子瞻	…………………………… 396	趙承燥	…………………………… 398
趙文照	…………………………… 396	趙彥復	…………………………… 398
趙文哭	…………………………… 396	趙述先	…………………………… 398
趙文煦	…………………………… 396	趙相如	…………………………… 398
趙元懋	…………………………… 396	趙南星	…………………………… 398
趙立堅	…………………………… 396	趙香營	…………………………… 398
趙永懷	…………………………… 396	趙信國	…………………………… 398
趙玉森	…………………………… 396	趙皇梅	…………………………… 398
趙正鑄	…………………………… 396	趙起元	…………………………… 398
趙申祈	…………………………… 396	趙時可	…………………………… 398
趙申喬	…………………………… 396	趙時棡	…………………………… 398
趙司弦	…………………………… 396	趙庶先	…………………………… 398
趙弘恩	…………………………… 396	趙執信	…………………………… 398
趙充宗	…………………………… 396	趙執端	…………………………… 398
趙吉士	…………………………… 396	趙國柱	…………………………… 398

趙國麟	……………………………	398		圖	……………………………………	400
趙善增	……………………………	398		圖 昇	……………………………	400
趙雲蟠	……………………………	398		圖 鴻	……………………………	400
趙進美	……………………………	398		圖	……………………………………	400
趙開心	……………………………	399		圖 納	……………………………	400
趙開雄	……………………………	399		管	……………………………………	400
趙開雍	……………………………	399		管 揄	……………………………	400
趙開興	……………………………	399		管 楡	……………………………	400
趙祺映	……………………………	399		管 騤	……………………………	400
趙嗣孝	……………………………	399		管弘進	……………………………	400
趙寧静	……………………………	399		管正傳	……………………………	400
趙鳴鸞	……………………………	399		管正儀	……………………………	400
趙與楏	……………………………	399		聞	……………………………………	400
趙際達	……………………………	399		聞人楷	……………………………	400
趙維烈	……………………………	399		聞子將	……………………………	400
趙廣生	……………………………	399		聞文燧	……………………………	400
趙錫胐	……………………………	399		聞性道	……………………………	400
趙錫穎	……………………………	399		翟	……………………………………	400
趙學恕	……………………………	399		翟 汾	……………………………	400
趙襄國	……………………………	399		翟賜履	……………………………	400
趙變夏	……………………………	399		熊	……………………………………	400
趙鴻鸞	……………………………	399		熊 本	……………………………	400
趙闡曉	……………………………	399		熊 林	……………………………	400
赫	……………………………………	400		熊 悅	……………………………	400
赫 奕	……………………………	400		熊 釗	……………………………	400
臧	……………………………………	400		熊 棨	……………………………	401
臧由琪	……………………………	400		熊 僎	……………………………	401
臧眉錫	……………………………	400		熊 與	……………………………	401
臧振榮	……………………………	400		熊一瀟	……………………………	401
臧裕基	……………………………	400		熊人霖	……………………………	401
臧貢如	……………………………	400		熊文舉	……………………………	401
臧錫眉	……………………………	400		熊日馮	……………………………	401
裴	……………………………………	400		熊正笏	……………………………	401
裴之仙	……………………………	400		熊如灝	……………………………	401
裴希度	……………………………	400		熊良翠	……………………………	401

人名索引（十五畫）

熊志仁	……………………………	401		鄭 裘	……………………………	403
熊廷弼	……………………………	401		鄭 廉	……………………………	403
熊伯龍	……………………………	401		鄭 鈺	……………………………	403
熊明遇	……………………………	402		鄭 璋	……………………………	403
熊飛渭	……………………………	402		鄭 濂	……………………………	403
熊國圍	……………………………	402		鄭 樊	……………………………	403
熊敏慧	……………………………	402		鄭 燦	……………………………	403
熊渭徵	……………………………	402		鄭 燕	……………………………	403
熊開元	……………………………	402		鄭 鎬	……………………………	403
熊業華	……………………………	402		鄭一鳴	……………………………	403
熊壽眉	……………………………	402		鄭之玄	……………………………	403
熊爾瑗	……………………………	402		鄭之僑	……………………………	403
熊蕭鎮	……………………………	402		鄭三俊	……………………………	403
熊維寬	……………………………	402		鄭三晉	……………………………	403
熊維熊	……………………………	402		鄭三謨	……………………………	403
熊賜履	……………………………	402		鄭大倫	……………………………	403
				鄭大雅	……………………………	403

十五畫

				鄭文本	……………………………	404
				鄭方坤	……………………………	404
鄭	……………………………………	402		鄭元烴	……………………………	404
鄭 江	……………………………	402		鄭元慶	……………………………	404
鄭 亨	……………………………	402		鄭元敕	……………………………	404
鄭 性	……………………………	402		鄭元勳	……………………………	404
鄭 昂	……………………………	402		鄭友玄	……………………………	404
鄭 昱	……………………………	402		鄭不群	……………………………	404
鄭 茂	……………………………	402		鄭日奎	……………………………	404
鄭 星	……………………………	402		鄭以偉	……………………………	404
鄭 重	……………………………	402		鄭允迪	……………………………	404
鄭 叙	……………………………	403		鄭玉珩	……………………………	404
鄭 袞	……………………………	403		鄭世元	……………………………	404
鄭 圖	……………………………	403		鄭司勛	……………………………	404
鄭 牲	……………………………	403		鄭吉士	……………………………	404
鄭 梁	……………………………	403		鄭先慶	……………………………	404
鄭 基	……………………………	403		鄭任論	……………………………	404
鄭 培	……………………………	403		鄭克永	……………………………	404

鄭宗玄	……………………………	404	潘 浣	……………………………	406
鄭宗圭	……………………………	404	潘 班	……………………………	406
鄭叔元	……………………………	404	潘 章	……………………………	406
鄭南陽	……………………………	404	潘 高	……………………………	406
鄭思旦	……………………………	404	潘 陸	……………………………	406
鄭思昱	……………………………	404	潘 絨	……………………………	406
鄭胤駿	……………………………	404	潘 象	……………………………	406
鄭祖第	……………………………	405	潘 琛	……………………………	406
鄭時雨	……………………………	405	潘 琳	……………………………	407
鄭晉德	……………………………	405	潘 鼎	……………………………	407
鄭師濂	……………………………	405	潘 銃	……………………………	407
鄭惟趾	……………………………	405	潘 澈	……………………………	407
鄭從諫	……………………………	405	潘 適	……………………………	407
鄭雲錦	……………………………	405	潘 逵	……………………………	407
鄭爲霖	……………………………	405	潘 鑣	……………………………	407
鄭登明	……………………………	405	潘 鷙	……………………………	407
鄭道寧	……………………………	405	潘一桂	……………………………	407
鄭熙績	……………………………	405	潘之安	……………………………	407
鄭維趾	……………………………	405	潘士璜	……………………………	407
鄭數教	……………………………	405	潘子訓	……………………………	407
鄭德璜	……………………………	405	潘中臨	……………………………	407
鄭履謙	……………………………	405	潘允恭	……………………………	407
鄭履聲	……………………………	405	潘永祚	……………………………	407
鄭澄成	……………………………	405	潘玉衡	……………………………	407
鄭樹珪	……………………………	405	潘世球	……………………………	407
鄭學海	……………………………	405	潘古琳	……………………………	407
鄭嫠新	……………………………	405	潘仕靖	……………………………	407
鄭續緒	……………………………	405	潘再美	……………………………	407
潘	……………………………………	405	潘西鳳	……………………………	407
潘 江	……………………………	405	潘有甬	……………………………	407
潘 未	……………………………	406	潘廷章	……………………………	407
潘 松	……………………………	406	潘廷樟	……………………………	407
潘 果	……………………………	406	潘廷勳	……………………………	407
潘 岵	……………………………	406	潘宗虬	……………………………	407
潘 眉	……………………………	406	潘宗洛	……………………………	408

人名索引（十五畫）

潘其燦	…………………………… 408	談長益	…………………………… 409
潘尚仁	…………………………… 408	談若人	…………………………… 409
潘金支	…………………………… 408	談起行	…………………………… 409
潘居貞	…………………………… 408	談獻徵	…………………………… 409
潘彥登	…………………………… 408	蔣	…………………………… 409
潘格如	…………………………… 408	蔣　伊	…………………………… 409
潘重康	…………………………… 408	蔣　芑	…………………………… 410
潘衍祚	…………………………… 408	蔣　妍	…………………………… 410
潘時升	…………………………… 408	蔣　泩	…………………………… 410
潘書馨	…………………………… 408	蔣　玢	…………………………… 410
潘訪岳	…………………………… 408	蔣　易	…………………………… 410
潘國祚	…………………………… 408	蔣　宜	…………………………… 410
潘問奇	…………………………… 408	蔣　柑	…………………………… 410
潘尊貴	…………………………… 408	蔣　宸	…………………………… 410
潘曾省	…………………………… 408	蔣　堤	…………………………… 410
潘曾綬	…………………………… 408	蔣　梒	…………………………… 410
潘雲龍	…………………………… 408	蔣　深	…………………………… 410
潘景昇	…………………………… 408	蔣　清	…………………………… 410
潘肇振	…………………………… 408	蔣　堧	…………………………… 410
潘爾彪	…………………………… 408	蔣　韶	…………………………… 410
潘際會	…………………………… 408	蔣　萊	…………………………… 410
潘鼎祚	…………………………… 409	蔣　超	…………………………… 410
潘廣福	…………………………… 409	蔣　斐	…………………………… 410
潘履祥	…………………………… 409	蔣　陽	…………………………… 410
潘蕃祥	…………………………… 409	蔣　溥	…………………………… 410
潘錫晉	…………………………… 409	蔣　獻	…………………………… 411
潘櫂章	…………………………… 409	蔣　葵	…………………………… 411
潘麒生	…………………………… 409	蔣　桔	…………………………… 411
潘鐘麟	…………………………… 409	蔣　鉞	…………………………… 411
潘顯圻	…………………………… 409	蔣　漣	…………………………… 411
談	…………………………… 409	蔣　瑤	…………………………… 411
談　遷	…………………………… 409	蔣　璟	…………………………… 411
談　巖	…………………………… 409	蔣　賓（賓一作"寳"）	………… 411
談九乾	…………………………… 409	蔣　墳	…………………………… 411
談允謙	…………………………… 409	蔣　鳴	…………………………… 411

清初詩選五十六種引得

蔣 綱	411	蔣如莖	413
蔣 澍	411	蔣祁復	413
蔣 璋	411	蔣志昂	413
蔣 德	411	蔣廷銓	413
蔣 憲	411	蔣廷銑	413
蔣 衡	411	蔣廷錫	413
蔣 鎔	411	蔣伈（僴）昌	413
蔣 薰	411	蔣延齡	413
蔣 鑨	411	蔣金式	413
蔣 鑰	411	蔣庥復	413
蔣之紋	412	蔣奕芳	413
蔣之萊	412	蔣胤睿	413
蔣之翹	412	蔣宸銓	413
蔣山年	412	蔣師恒	413
蔣文運	412	蔣恭棐	413
蔣元烺	412	蔣常尊	413
蔣元欽	412	蔣國祚	413
蔣元鑑	412	蔣紹謂	413
蔣日成	412	蔣陳錫	413
蔣仁錫	412	蔣尊謂	414
蔣平階	412	蔣曾沂	414
蔣玉立	412	蔣斯行	414
蔣玉章	412	蔣景祁	414
蔣世紀	412	蔣道弘	414
蔣世楠	412	蔣會貞	414
蔣本生	412	蔣漢紀	414
蔣本發	412	蔣賓坊	414
蔣永修	413	蔣瑤芝	414
蔣永脩	413	蔣嘉會	414
蔣弘度	413	蔣嘉慶	414
蔣弘道	413	蔣夢蘭	414
蔣守大	413	蔣舜日	414
蔣守誠	413	蔣鳴玉	414
蔣守敬	413	蔣調元	414
蔣兆蕭	413	蔣德璟	414

人名索引（十五畫）

蔣遵路	414	蔡泰嘉	416
蔣錫震	414	蔡時豫	416
蔣龍光	414	蔡寅斗	416
蔣應仔	414	蔡啓傅	416
蔣繼軾	414	蔡書升	416
蔡	414	蔡詒來	416
蔡　辰	414	蔡翔紫	416
蔡　受	414	蔡景定	416
蔡　佩	415	蔡復一	416
蔡　柏	415	蔡道憲	416
蔡　振	415	蔡爾趾	416
蔡　堅	415	蔡葵春	416
蔡　梅	415	蔡維城	416
蔡　楨	415	蔡維寧	416
蔡　湘	415	蔡德烈	416
蔡　琇	415	蔡學洙	416
蔡　萬	415	蔡鸞序	416
蔡　瑤	415	蔡驥德	416
蔡　蕃	415	樊	416
蔡一珏	415	樊　庶	416
蔡文炳	415	樊　經	416
蔡方炘	415	樊　瑩	416
蔡方炳	415	樊大經	417
蔡元粹	415	樊維師	417
蔡元翼	415	樓	417
蔡升元	415	樓　銳	417
蔡世英	415	樓　綺	417
蔡四輔	415	廣	417
蔡兆豐	415	廣　岑	417
蔡仲光	415	廣　鸛	417
蔡孕環	416	歐	417
蔡含靈	416	歐　白	417
蔡含靈	416	歐延珂	417
蔡柏秀	416	歐延珽	417
蔡祖庚	416	黎	417

黎 漆	…………………………… 417	魯 錄	…………………………… 418
黎 養	…………………………… 417	魯 瀾	…………………………… 418
黎 璜	…………………………… 417	魯逢年	…………………………… 418
黎士弘	…………………………… 417	魯紹連	…………………………… 419
黎士宏	…………………………… 417	魯曾煜	…………………………… 419
黎士毅	…………………………… 417	魯傳燦	…………………………… 419
黎元寬	…………………………… 417	遲	…………………………… 419
黎允中	…………………………… 417	遲維墳	…………………………… 419
黎民貴	…………………………… 417	劉	…………………………… 419
黎志遠	…………………………… 417	劉 丁	…………………………… 419
黎東昂	…………………………… 417	劉 凡	…………………………… 419
黎雨稀	…………………………… 417	劉 升	…………………………… 419
黎美周	…………………………… 417	劉 汧	…………………………… 419
黎美夏	…………………………… 418	劉 坊	…………………………… 419
黎家全	…………………………… 418	劉 佑（字孟孚）	……………… 419
黎祖功	…………………………… 418	劉 佑（字伯啟）	……………… 419
黎耆爾	…………………………… 418	劉 伸	…………………………… 419
黎遂球	…………………………… 418	劉 妡	…………………………… 419
黎緒遠	…………………………… 418	劉 坤	…………………………… 419
黎維翰	…………………………… 418	劉 昉	…………………………… 419
黎際暐	…………………………… 418	劉 易	…………………………… 419
稽	…………………………… 418	劉 侗	…………………………… 419
稽宗孟	…………………………… 418	劉 洞	…………………………… 419
德	…………………………… 418	劉 柱	…………………………… 419
德 普	…………………………… 418	劉 述	…………………………… 419
德 齡	…………………………… 418	劉 城	…………………………… 419
德格勒	…………………………… 418	劉 浦	…………………………… 419
衛	…………………………… 418	劉 珩	…………………………… 420
衛廷璞	…………………………… 418	劉 倓	…………………………… 420
衛貞元	…………………………… 418	劉 做	…………………………… 420
魯	…………………………… 418	劉 寅	…………………………… 420
魯 直	…………………………… 418	劉 康	…………………………… 420
魯 釗	…………………………… 418	劉 梓	…………………………… 420
魯 超	…………………………… 418	劉 彬	…………………………… 420
魯 皖	…………………………… 418	劉 培	…………………………… 420

人名索引（十五畫）

劉 湛	…………………………… 420	劉人琮	…………………………… 421
劉 湘	…………………………… 420	劉之彦	…………………………… 421
劉 雲	…………………………… 420	劉之珩	…………………………… 421
劉 然	…………………………… 420	劉之湛	…………………………… 421
劉 慎	…………………………… 420	劉于蕃	…………………………… 421
劉 瑞	…………………………… 420	劉士達	…………………………… 421
劉 達	…………………………… 420	劉大申	…………………………… 421
劉 榛	…………………………… 420	劉大任	…………………………… 421
劉 楷	…………………………… 420	劉大成	…………………………… 421
劉 暖	…………………………… 420	劉大臨	…………………………… 421
劉 榛	…………………………… 420	劉大櫆	…………………………… 421
劉 蓁	…………………………… 420	劉上騏	…………………………… 421
劉 銓	…………………………… 420	劉小雅	…………………………… 421
劉 肅	…………………………… 420	劉子壯	…………………………… 422
劉 廙	…………………………… 420	劉六德	…………………………… 422
劉 震	…………………………… 420	劉文伶	…………………………… 422
劉 銳	…………………………… 420	劉文炤	…………………………… 422
劉 澤	…………………………… 420	劉文煊	…………………………… 422
劉 璟	…………………………… 420	劉文照	…………………………… 422
劉 槩	…………………………… 420	劉文鼎	…………………………… 422
劉 曉	…………………………… 421	劉天如	…………………………… 422
劉 衡	…………………………… 421	劉元吉	…………………………… 422
劉 蕭	…………………………… 421	劉元命	…………………………… 422
劉 蒲	…………………………… 421	劉元釗	…………………………… 422
劉 臨	…………………………… 421	劉元徵	…………………………… 422
劉 璽	…………………………… 421	劉元勳	…………………………… 422
劉 曙	…………………………… 421	劉元徽	…………………………… 422
劉 鎬	…………………………… 421	劉元鎬	…………………………… 422
劉 燊	…………………………… 421	劉友光	…………………………… 422
劉 撝	…………………………… 421	劉日謙	…………………………… 422
劉 瀛	…………………………… 421	劉中柱	…………………………… 422
劉 璽	…………………………… 421	劉公戢	…………………………… 422
劉 巖	…………………………… 421	劉孔中	…………………………… 422
劉 觀	…………………………… 421	劉孔和	…………………………… 423
劉一梧	…………………………… 421	劉孔秀	…………………………… 423

清初詩選五十六種引得

劉必暉	…………………………… 423	劉廷傳	…………………………… 424
劉玉栗	…………………………… 423	劉廷厥	…………………………… 424
劉正宗	…………………………… 423	劉廷鑒	…………………………… 424
劉正實	…………………………… 423	劉廷璣	…………………………… 424
劉正誼	…………………………… 423	劉廷鑫	…………………………… 424
劉正學	…………………………… 423	劉廷羅	…………………………… 424
劉世斗	…………………………… 423	劉廷獻	…………………………… 424
劉世坡	…………………………… 423	劉廷鑑	…………………………… 425
劉世重	…………………………… 423	劉佐臨	…………………………… 425
劉世埏	…………………………… 423	劉伯宗	…………………………… 425
劉世貴	…………………………… 423	劉壯國	…………………………… 425
劉世燧	…………………………… 423	劉宗典	…………………………… 425
劉世鯤	…………………………… 423	劉宗周	…………………………… 425
劉在朝	…………………………… 423	劉宗需	…………………………… 425
劉石齡	…………………………… 423	劉祈年	…………………………… 425
劉生潔	…………………………… 423	劉青芝	…………………………… 425
劉弘振	…………………………… 423	劉青藜	…………………………… 425
劉弘道	…………………………… 424	劉長發	…………………………… 425
劉永吉	…………………………… 424	劉芳洪	…………………………… 425
劉有光	…………………………… 424	劉芳獻	…………………………… 425
劉兆雍	…………………………… 424	劉芳節	…………………………… 425
劉兆麟	…………………………… 424	劉芳聲	…………………………… 425
劉自弦	…………………………… 424	劉芳顯	…………………………… 425
劉自堤	…………………………… 424	劉枝桂	…………………………… 425
劉自燁	…………………………… 424	劉昌運	…………………………… 425
劉名芳	…………………………… 424	劉明遇	…………………………… 425
劉如超	…………………………… 424	劉命赤	…………………………… 425
劉如璜	…………………………… 424	劉承愈	…………………………… 425
劉良玉	…………………………… 424	劉承綬	…………………………… 425
劉克垕	…………………………… 424	劉始昌	…………………………… 425
劉克家	…………………………… 424	劉首拔	…………………………… 425
劉作棻	…………………………… 424	劉彦初	…………………………… 425
劉作霖	…………………………… 424	劉彦淑	…………………………… 425
劉廷俊	…………………………… 424	劉帶蕙	…………………………… 425
劉廷桂	…………………………… 424	劉述年	…………………………… 426

人名索引（十五畫）

劉胤祚	…………………………… 426	劉道開	…………………………… 427
劉容裕	…………………………… 426	劉敬祖	…………………………… 427
劉家珍	…………………………… 426	劉雷恒	…………………………… 427
劉效曾	…………………………… 426	劉嵩梁	…………………………… 427
劉庭羅	…………………………… 426	劉寧漢	…………………………… 427
劉祖啓	…………………………… 426	劉夢金	…………………………… 427
劉祚遠	…………………………… 426	劉禎沛	…………………………… 427
劉起汗	…………………………… 426	劉漢系	…………………………… 427
劉起堯	…………………………… 426	劉漢客	…………………………… 428
劉振鐸	…………………………… 426	劉漢緯	…………………………… 428
劉師恕	…………………………… 426	劉漢藜	…………………………… 428
劉師峻	…………………………… 426	劉端星	…………………………… 428
劉純熙	…………………………… 426	劉肇國	…………………………… 428
劉康祉	…………………………… 426	劉夢芳	…………………………… 428
劉康祥	…………………………… 426	劉蒹芳	…………………………… 428
劉梁楨	…………………………… 426	劉睿貯	…………………………… 428
劉梁嵩	…………………………… 426	劉暐澤	…………………………… 428
劉清玫	…………………………… 426	劉鼎文	…………………………… 428
劉淑願	…………………………… 426	劉鼎臣	…………………………… 428
劉球英	…………………………… 426	劉維禎	…………………………… 428
劉球瑛	…………………………… 427	劉養貞	…………………………… 428
劉敖仁	…………………………… 427	劉敷仁	…………………………… 428
劉培元	…………………………… 427	劉蔚其	…………………………… 428
劉授易	…………………………… 427	劉增琳	…………………………… 428
劉崧年	…………………………… 427	劉醇翼	…………………………… 428
劉逢源	…………………………… 427	劉醇驥	…………………………… 428
劉紹權	…………………………… 427	劉儀恕	…………………………… 428
劉湘客	…………………………… 427	劉德弘	…………………………… 428
劉雲鋒	…………………………… 427	劉德新	…………………………… 428
劉斯寅	…………………………… 427	劉餘祐	…………………………… 429
劉斯槐	…………………………… 427	劉餘清	…………………………… 429
劉堯枝	…………………………… 427	劉餘霖	…………………………… 429
劉揚俊	…………………………… 427	劉餘謨	…………………………… 429
劉景曾	…………………………… 427	劉澤芳	…………………………… 429
劉景榮	…………………………… 427	劉澤溥	…………………………… 429

劉霖恒 ……………………………… 429　　鄧　堅 ……………………………… 430

劉默存 ……………………………… 429　　鄧　城 ……………………………… 430

劉錫名 ……………………………… 429　　鄧之仲 ……………………………… 430

劉興聘 ……………………………… 429　　鄧士傑 ……………………………… 430

劉鴻儒 ……………………………… 429　　鄧子儀 ……………………………… 430

劉襄炸 ……………………………… 429　　鄧世謙 ……………………………… 431

劉應第 ……………………………… 429　　鄧弘文 ……………………………… 431

劉應期 ……………………………… 429　　鄧光汗 ……………………………… 431

劉應熙 ……………………………… 429　　鄧邦英 ……………………………… 431

劉應麟 ……………………………… 429　　鄧孝威 ……………………………… 431

劉謙吉 ……………………………… 429　　鄧廷羅 ……………………………… 431

劉懋夏 ……………………………… 429　　鄧劦榮 ……………………………… 431

劉懋勛 ……………………………… 429　　鄧性天 ……………………………… 431

劉懋賢 ……………………………… 429　　鄧林尹 ……………………………… 431

劉懋贊 ……………………………… 429　　鄧林梓 ……………………………… 431

劉懋賁 ……………………………… 429　　鄧庭羅 ……………………………… 431

劉臨孫 ……………………………… 429　　鄧勛采 ……………………………… 431

劉學詩 ……………………………… 429　　鄧易采 ……………………………… 431

劉徽之 ……………………………… 429　　鄧漢儀 ……………………………… 431

劉翼明 ……………………………… 430　　鄧勛相 ……………………………… 432

劉瞻榕 ……………………………… 430　　鄧增桐 ……………………………… 432

劉馥永 ……………………………… 430　　鄧應隆 ……………………………… 432

劉獻廷 ……………………………… 430　　鄧勵秀 ……………………………… 432

劉獻靖 ……………………………… 430　　鄧鶴在 ……………………………… 432

劉覽鉉 ……………………………… 430　　鄧獻璋 ……………………………… 432

劉覽玄 ……………………………… 430　　鄧□□（字蘇崖）……………… 432

劉體仁 ……………………………… 430

練 …………………………………… 430　　**十六畫**

練貞吉 ……………………………… 430

樂 …………………………………… 430　　遲 …………………………………… 432

樂　楓 ……………………………… 430　　遲寶奇 ……………………………… 432

樂第成 ……………………………… 430　　龍 …………………………………… 432

鄧 …………………………………… 430　　龍　光 ……………………………… 432

鄧　旭 ……………………………… 430　　龍　燮 ……………………………… 432

鄧　汶 ……………………………… 430　　龍人儼 ……………………………… 432

人名索引（十六畫）

龍文玉	432	蕭于濂	434
龍孔然	432	蕭中素	434
龍可陞	432	蕭廷珄	434
龍爲紀	432	蕭茌匡	434
龍資麟	432	蕭松齡	434
龍際時	432	蕭來驥	434
龍際盛	432	蕭衍守	434
諸	**432**	蕭家憲	434
諸　錦	432	蕭從守	434
諸　豫	432	蕭象韶	434
諸　誥	432	蕭雲從	434
諸九鼎	432	蕭嗣奇	434
諸士徽	432	蕭夢蘭	434
諸匡鼎	432	蕭趙琰	434
諸定遠	433	蕭廣昭	434
諸原仁	433	蕭錫祚	434
諸紹禹	433	蕭繼昌	434
諸葛苞	433	**霍**	**434**
諸葛麒	433	霍叔瑾	434
諸嗣郢	433	霍映玠	434
諸鶴年	433	霍師棐	434
駱	**433**	**賴**	**434**
駱雲程	433	賴　修	434
駱復旦	433	賴　韋	434
蕭	**433**	**盧**	**434**
蕭　茎	433	盧　生	434
蕭　晨	433	盧　洽	434
蕭　琄	433	盧　第	434
蕭　瑄	433	盧　遊	435
蕭　賜	433	盧　渤	435
蕭　詩	433	盧　棋	435
蕭　説	433	盧　棋	435
蕭　蔚	433	盧　凱	435
蕭　震	433	盧　壅	435
蕭一鷗	434	盧　傳	435

盧 綖	435	錢 庚	436
盧 紘	435	錢 受	436
盧 薈	435	錢 岳	436
盧 震	435	錢 珂	436
盧 勗	435	錢 珩	436
盧 績	435	錢 夏	436
盧 憲	435	錢 琩	436
盧 璣	435	錢 理	436
盧之玟	435	錢 捷	436
盧之範	435	錢 飲	437
盧士厚	435	錢 曾	437
盧元昌	435	錢 琦	437
盧世佐	436	錢 瑃	437
盧世淮	436	錢 棻	437
盧世權	436	錢 煊	437
盧光許	436	錢 個	437
盧自伯	436	錢 匯	437
盧見曾	436	錢 荇	437
盧廷簡	436	錢 澄	437
盧崇峻	436	錢 廣	437
盧崇興	436	錢 穀	437
盧國璜	436	錢 椒	437
盧傳來	436	錢 崧	437
盧道悅	436	錢 樟	437
盧奪錦	436	錢 標	437
穆	436	錢 需	437
穆 修	436	錢 麟	437
興	436	錢 霈	437
興 機	436	錢 璜	438
衛	436	錢 叡	438
衛 忠	436	錢 點	438
衛既濟	436	錢 鍊	438
錢	436	錢 爐	438
錢 升	436	錢 觀	438
錢 可	436	錢 鑑	438

人名索引（十六畫）

錢 燮	438	錢份人	439
錢 鉌	438	錢名世	440
錢 耀	438	錢良擇	440
錢 墨	438	錢志悼	440
錢 □	438	錢志熙	440
錢又選	438	錢志遷	440
錢之青（字鳳文）	438	錢志嶨	440
錢之青（字恭李）	438	錢志璵	440
錢之選	438	錢克治	440
錢三錫	438	錢邦芑	440
錢士升	438	錢邦寅	440
錢士鵬	438	錢廷銑	440
錢士貫	438	錢宗聖	440
錢士馨	438	錢青選	440
錢王桓	438	錢其恒	440
錢元昌	439	錢芳標	440
錢元修	439	錢金甫	440
錢元經	439	錢秉鐙	440
錢元綬	439	錢施清	441
錢元勛	439	錢柏齡（一爲"栢齡"）	441
錢元顒	439	錢思初	441
錢元龍	439	錢建松	441
錢中樞	439	錢起龍	441
錢中諧	439	錢振先	441
錢以塤	439	錢孫艾	441
錢以增	439	錢惟寅	441
錢永基	439	錢陸燦（燦一作"案"）	441
錢永禧	439	錢陳群	441
錢世名	439	錢湛吉	441
錢世祿	439	錢朝鼎	441
錢本一	439	錢景朗	442
錢弘燊	439	錢易仍	442
錢有煌	439	錢程煥	442
錢汝邁	439	錢開宗	442
錢光繡	439	錢源來	442

錢源逢 …………………………… 442　　鮑宗勗 …………………………… 444

錢瑞棋 …………………………… 442　　鮑忠勗 …………………………… 444

錢瑞徵 …………………………… 442　　鮑倚玉 …………………………… 444

錢嵩期 …………………………… 442　　鮑裕祿 …………………………… 444

錢爾復 …………………………… 442　　鮑雲際 …………………………… 444

錢鼎瑞 …………………………… 442　　鮑開宗 …………………………… 444

錢嘉徵 …………………………… 442　　鮑鼎銓 …………………………… 444

錢肅圖 …………………………… 442　　鮑變生 …………………………… 444

錢肅潤 …………………………… 442　　鮑瀛海 …………………………… 444

錢維人 …………………………… 442　　閻 …………………………………… 444

錢廣居 …………………………… 442　　　閻　詠 …………………………… 444

錢澄之 …………………………… 442　　　閻中寬 …………………………… 444

錢澄知 …………………………… 443　　　閻公銑 …………………………… 445

錢輝祖 …………………………… 443　　　閻允命 …………………………… 445

錢德振 …………………………… 443　　　閻世科 …………………………… 445

錢德震 …………………………… 443　　　閻兆鳳 …………………………… 445

錢錦城 …………………………… 443　　　閻忍辱 …………………………… 445

錢鴻績 …………………………… 443　　　閻明鐸 …………………………… 445

錢謙孝 …………………………… 443　　　閻若璩 …………………………… 445

錢謙貞 …………………………… 443　　　閻若琛 …………………………… 445

錢謙益 …………………………… 443　　　閻若璠 …………………………… 445

錢龍惕 …………………………… 443　　　閻修齡 …………………………… 445

錢繼章 …………………………… 443　　　閻脩齡 …………………………… 445

錢繼登 …………………………… 444　　　閻場次 …………………………… 445

錢續曾 …………………………… 444　　　閻爾枚 …………………………… 445

鮑 …………………………………… 444　　　閻爾梅 …………………………… 445

　鮑　城 …………………………… 444　　　閻篤古 …………………………… 445

　鮑　皋 …………………………… 444　　　閻興邦 …………………………… 445

　鮑　珍 …………………………… 444　　　閻興甼 …………………………… 445

　鮑　楹 …………………………… 444

　鮑　齡 …………………………… 444　　　　　　十七畫

　鮑士聰 …………………………… 444

　鮑元方 …………………………… 444　　賽 …………………………………… 446

　鮑允治 …………………………… 444　　　賽明德 …………………………… 446

　鮑孔年 …………………………… 444　　　賽音布 …………………………… 446

人名索引（十七畫）

濮	……………………………………	446	謝天琿	……………………………	447
濮　宗	……………………………	446	謝天錦	……………………………	447
濮　淙	……………………………	446	謝元汴	……………………………	447
濮　惊	……………………………	446	謝元昌	……………………………	447
濮　鑒	……………………………	446	謝日升	……………………………	447
濮陽錦	……………………………	446	謝允復	……………………………	447
應	……………………………………	446	謝弘儀	……………………………	447
應　珣	……………………………	446	謝志發	……………………………	447
應振聲	……………………………	446	謝良琦	……………………………	447
應損謙	……………………………	446	謝良瑜	……………………………	448
謝	……………………………………	446	謝良瑾	……………………………	448
謝　芳	……………………………	446	謝邦祐	……………………………	448
謝　革	……………………………	446	謝廷柱	……………………………	448
謝　泰	……………………………	446	謝君采	……………………………	448
謝　晉	……………………………	446	謝芳連	……………………………	448
謝　恩	……………………………	446	謝茂秦	……………………………	448
謝　陞	……………………………	446	謝重輪	……………………………	448
謝　淳	……………………………	446	謝重輝	……………………………	448
謝　琦	……………………………	446	謝家樹	……………………………	448
謝　進	……………………………	446	謝泰宗	……………………………	448
謝　楨	……………………………	446	謝起秀	……………………………	448
謝　崢	……………………………	446	謝淞洲	……………………………	448
謝　銓	……………………………	446	謝啓秀	……………………………	448
謝　適	……………………………	446	謝爲霖	……………………………	448
謝　璜	……………………………	446	謝開寵	……………………………	448
謝　燕	……………………………	446	謝道承	……………………………	448
謝　樹	……………………………	446	謝嵩齡	……………………………	448
謝　遷	……………………………	447	謝鼎鎭	……………………………	448
謝　璣	……………………………	447	謝肇淛	……………………………	448
謝　巖	……………………………	447	謝肇瀾	……………………………	448
謝于京	……………………………	447	謝夢連	……………………………	448
謝大蕃	……………………………	447	謝鳳毛	……………………………	448
謝文洊	……………………………	447	謝德溥	……………………………	449
謝方琦	……………………………	447	謝遷王	……………………………	449
謝天樞	……………………………	447	謝濟世	……………………………	449

謝懋樹 ………………………… 449
謝櫃齡 ………………………… 449
謝簡捷 ………………………… 449
禪 ………………………………… 449
禪 岱 ………………………… 449
璸 ………………………………… 449
璸 宋 ………………………… 449
璸 培 ………………………… 449
戴 ………………………………… 449
戴 仁 ………………………… 449
戴 祁 ………………………… 449
戴 妍 ………………………… 449
戴 易 ………………………… 449
戴 冠 ………………………… 449
戴 重 ………………………… 449
戴 珩 ………………………… 449
戴 梓 ………………………… 449
戴 笠 ………………………… 449
戴 琪 ………………………… 449
戴 程 ………………………… 449
戴 源 ………………………… 449
戴 城 ………………………… 449
戴 翰 ………………………… 449
戴 奧 ………………………… 449
戴 瀚 ………………………… 450
戴 鑑 ………………………… 450
戴大戴 ………………………… 450
戴文柱 ………………………… 450
戴文桂 ………………………… 450
戴文敏 ………………………… 450
戴王綸 ………………………… 450
戴王縉 ………………………… 450
戴天澤 ………………………… 450
戴元琛 ………………………… 450
戴元慧 ………………………… 450
戴世敬 ………………………… 450
戴本孝 ………………………… 450
戴本長 ………………………… 451
戴本裕 ………………………… 451
戴弘烈 ………………………… 451
戴汝理 ………………………… 451
戴其員 ………………………… 451
戴明説 ………………………… 451
戴洪烈 ………………………… 451
戴茂隆 ………………………… 451
戴思孝 ………………………… 451
戴胤變 ………………………… 451
戴移孝（又作"逵孝"）………… 451
戴敬夫 ………………………… 451
戴綬年 ………………………… 451
戴劉涼 ………………………… 451
戴蕃嵩 ………………………… 451
戴應淳 ………………………… 452
戴鏡曾 ………………………… 452
薛 ………………………………… 452
薛 耳 ………………………… 452
薛 芬 ………………………… 452
薛 岡 ………………………… 452
薛 牧 ………………………… 452
薛 宋 ………………………… 452
薛 雪 ………………………… 452
薛 開 ………………………… 452
薛 鈞 ………………………… 452
薛 瑄 ………………………… 452
薛 熹 ………………………… 452
薛 荃 ………………………… 452
薛 薈 ………………………… 452
薛 懷 ………………………… 452
薛千仞 ………………………… 452
薛天錫 ………………………… 452

人名索引（十七畫）

薛不倚	……………………………	452		韓 霖	……………………………	454
薛所蘊	……………………………	452		韓 爌	……………………………	454
薛始亨	……………………………	453		韓 錦	……………………………	454
薛信辰	……………………………	453		韓 駟	……………………………	455
薛信宸	……………………………	453		韓 魏	……………………………	455
薛清來	……………………………	453		韓 寵	……………………………	455
薛爾賓	……………………………	453		韓 獻	……………………………	455
薛奮生	……………………………	453		韓文元	……………………………	455
薊	……………………………	453		韓玄起	……………………………	455
薊過庭	……………………………	453		韓永芳	……………………………	455
檀	……………………………	453		韓玉房	……………………………	455
檀 巖	……………………………	453		韓世琦	……………………………	455
檀之堅	……………………………	453		韓四維	……………………………	455
檀光燧	……………………………	453		韓作棟	……………………………	455
檀長齡	……………………………	453		韓則裕	……………………………	455
勵	……………………………	453		韓則愈	……………………………	455
勵 駉	……………………………	453		韓祇德	……………………………	455
勵杜訥	……………………………	453		韓純玉	……………………………	455
勵廷儀	……………………………	453		韓曾駒	……………………………	455
韓	……………………………	453		韓象起	……………………………	455
韓 田	……………………………	453		韓演麟	……………………………	455
韓 宏	……………………………	453		韓嘉賓	……………………………	455
韓 奕	……………………………	453		韓廣業	……………………………	455
韓 治	……………………………	453		韓繹祖	……………………………	456
韓 范	……………………………	453		韓騰芳	……………………………	456
韓 畐	……………………………	453		鞠	……………………………	456
韓 章	……………………………	454		鞠 珣	……………………………	456
韓 羔	……………………………	454		儲	……………………………	456
韓 雲	……………………………	454		儲 振	……………………………	456
韓 英	……………………………	454		儲 渟	……………………………	456
韓 銳	……………………………	454		儲大文	……………………………	456
韓 蕭	……………………………	454		儲國楨	……………………………	456
韓 詩	……………………………	454		儲雄文	……………………………	456
韓 裴	……………………………	454		鍾	……………………………	456
韓 震	……………………………	454		鍾 旦	……………………………	456

清初詩選五十六種引得

鍾 岱	…………………………… 456	顏 埃	……………………………… 457
鍾 俞	…………………………… 456	顏不疑	……………………………… 457
鍾 蝃	…………………………… 456	顏永圖	……………………………… 457
鍾 諫	…………………………… 456	顏永閎	……………………………… 458
鍾 諫	…………………………… 456	顏光祚	……………………………… 458
鍾 靈	…………………………… 456	顏光敏	……………………………… 458
鍾允諧	…………………………… 456	顏光獻	……………………………… 458
鍾期賓	…………………………… 456	顏廷榘	……………………………… 458
鍾淵映	…………………………… 456	顏伯珣	……………………………… 458
鍾嘉生	…………………………… 456	顏長愉	……………………………… 458
鍾嵌立	…………………………… 456	顏佩芳	……………………………… 458
鍾興琪	…………………………… 456	顏俊彥	……………………………… 458
繆	…………………………………… 456	顏泰颺	……………………………… 458
繆 沅	…………………………… 456	顏張翼	……………………………… 458
繆 彤	…………………………… 457	顏堯揆	……………………………… 458
繆 湘	…………………………… 457	顏鼎受	……………………………… 458
繆 尊	…………………………… 457	鄺	……………………………………… 458
繆 謨	…………………………… 457	鄺 露	……………………………… 458
繆日芑	…………………………… 457	鄺日晉	……………………………… 458
繆允鎮	…………………………… 457	藍	……………………………………… 458
繆永謀	…………………………… 457	藍 漣	……………………………… 458
繆希雍	…………………………… 457	藍啓蘭	……………………………… 458
繆宗儼	…………………………… 457	薩	……………………………………… 458
繆其器	…………………………… 457	薩哈岱	……………………………… 458
繆泰徵	…………………………… 457	聶	……………………………………… 458
繆振先	…………………………… 457	聶 先	……………………………… 458
繆肇甲	…………………………… 457	聶 芳	……………………………… 458
繆肇祺	…………………………… 457	聶 源	……………………………… 458
繆慧遠	…………………………… 457	聶 薰	……………………………… 459
繆樹中	…………………………… 457	聶是彝	……………………………… 459
繆錦宣	…………………………… 457	聶聖謨	……………………………… 459
		聶聯甲	……………………………… 459
十八畫		叢	……………………………………… 459
		叢 澍	……………………………… 459
顏	…………………………………… 457	叢大爲	……………………………… 459

人名索引（十八畫）

瞿	…………………………………… 459	魏 罄	…………………………… 460
瞿 涵	…………………………… 459	魏 閱	…………………………… 460
瞿 謙	…………………………… 459	魏 衛	…………………………… 460
瞿 駿	…………………………… 459	魏 憲	…………………………… 460
瞿之衡	…………………………… 459	魏 蕃	…………………………… 460
瞿天溪	…………………………… 459	魏 禧	…………………………… 460
瞿天漬	…………………………… 459	魏 禮	…………………………… 461
瞿玄錫	…………………………… 459	魏 勸	…………………………… 461
瞿式耜	…………………………… 459	魏一鰲	…………………………… 461
瞿共美	…………………………… 459	魏力仁	…………………………… 461
瞿有仲	…………………………… 459	魏之佳	…………………………… 461
瞿良士	…………………………… 459	魏之驥	…………………………… 461
瞿宣美	…………………………… 459	魏大復	…………………………… 461
瞿時行	…………………………… 459	魏文煒	…………………………… 461
瞿師周	…………………………… 459	魏方炳	…………………………… 461
瞿師瑾	…………………………… 459	魏天申	…………………………… 461
瞿然恭	…………………………… 459	魏元樞	…………………………… 461
瞿源沐	…………………………… 459	魏允札	…………………………… 461
瞿鉉錫	…………………………… 459	魏允枚	…………………………… 461
瞿龍躍	…………………………… 459	魏允迪	…………………………… 462
簡	…………………………………… 459	魏允栟	…………………………… 462
簡 上	…………………………… 459	魏世勛	…………………………… 462
簡 能	…………………………… 459	魏世傑	…………………………… 462
簡廷佐	…………………………… 460	魏杏祥	…………………………… 462
簡徐芳	…………………………… 460	魏浣初	…………………………… 462
魏	…………………………………… 460	魏荔彤	…………………………… 462
魏 冲	…………………………… 460	魏晉封	…………………………… 462
魏 京	…………………………… 460	魏時傑	…………………………… 462
魏 卷	…………………………… 460	魏康孫	…………………………… 462
魏 坤	…………………………… 460	魏敏琪	…………………………… 462
魏 畊	…………………………… 460	魏善長	…………………………… 462
魏 耕	…………………………… 460	魏象樞	…………………………… 462
魏 書	…………………………… 460	魏暫嗣	…………………………… 463
魏 罩	…………………………… 460	魏裔介	…………………………… 463
魏 愼	…………………………… 460	魏裔訥	…………………………… 463

魏裔悳 ……………………………… 463
魏裔魯 ……………………………… 463
魏嗣多 ……………………………… 463
魏嘉琦 ……………………………… 464
魏嘉琬 ……………………………… 464
魏廣齡 ……………………………… 464
魏壽期 ……………………………… 464
魏際瑞 ……………………………… 464
魏錫祚 ……………………………… 464
魏學渠 ……………………………… 464
魏學栗 ……………………………… 464
魏學濂 ……………………………… 464
魏應星 ……………………………… 464
魏應堦 ……………………………… 464
魏廉徵 ……………………………… 464
魏繩德 ……………………………… 464
魏繼宗 ……………………………… 464
魏麟徵 ……………………………… 464
歸 ……………………………………… 464
歸　梁 ……………………………… 464
歸　莊 ……………………………… 465
歸　瑁 ……………………………… 465
歸允肅 ……………………………… 465
闞 ……………………………………… 465
闞士琦 ……………………………… 465

十九畫

麗 ……………………………………… 465
麗　截 ……………………………… 465
麗　堉 ……………………………… 465
麗　鳴 ……………………………… 465
麗　鴻 ……………………………… 465
麗克慎 ……………………………… 465
麗景芳 ……………………………… 465
麗憲縉 ……………………………… 465
譚 ……………………………………… 465
譚　宗 ……………………………… 465
譚　瑄 ……………………………… 465
譚　篆 ……………………………… 465
譚　籍 ……………………………… 466
譚　巖 ……………………………… 466
譚之炎 ……………………………… 466
譚于珺 ……………………………… 466
譚元亮 ……………………………… 466
譚元禮 ……………………………… 466
譚友夏 ……………………………… 466
譚弘憲 ……………………………… 466
譚吉瑄 ……………………………… 466
譚吉璁 ……………………………… 466
譚尚篪 ……………………………… 466
譚金聲 ……………………………… 466
譚貞良 ……………………………… 466
譚貞默 ……………………………… 466
譚紹琬 ……………………………… 466
譚鳳祥 ……………………………… 466
懷 ……………………………………… 466
懷應聘 ……………………………… 466
羅 ……………………………………… 466
羅　坤 ……………………………… 466
羅　昆 ……………………………… 466
羅　忠 ……………………………… 466
羅　牧 ……………………………… 466
羅　俊 ……………………………… 467
羅　泰 ……………………………… 467
羅　贍 ……………………………… 467
羅人琮 ……………………………… 467
羅士儒 ……………………………… 467
羅天緒 ……………………………… 467
羅弘信 ……………………………… 467

人名索引（二十畫）

羅世珍	……………………………	467		蘇	……………………………………	468
羅永祚	……………………………	467		蘇　卓	……………………………	468
羅存毅	……………………………	467		蘇　峒	……………………………	468
羅光忄午	……………………………	467		蘇　帽	……………………………	468
羅光忻	……………………………	467		蘇　溥	……………………………	468
羅光益	……………………………	467		蘇　淵	……………………………	468
羅自觀	……………………………	467		蘇　瑋	……………………………	468
羅孚尹	……………………………	467		蘇　璋	……………………………	468
羅承祚	……………………………	467		蘇　震	……………………………	468
羅時升	……………………………	467		蘇　曙	……………………………	468
羅教善	……………………………	467		蘇　鐸	……………………………	468
羅捧日	……………………………	467		蘇本眉	……………………………	469
羅國珠	……………………………	467		蘇全許	……………………………	469
羅萬象	……………………………	467		蘇汝霖	……………………………	469
羅爲廣	……………………………	468		蘇良嗣	……………………………	469
羅舉日	……………………………	468		蘇章阿	……………………………	469
羅霞章	……………………………	468		蘇搶臺	……………………………	469
羅餘社	……………………………	468		蘇毓眉	……………………………	469
羅憲汶	……………………………	468		蘇劍龍	……………………………	469
羅憲藻	……………………………	468		蘇應穗	……………………………	469
羅興仁	……………………………	468		嚴	……………………………………	469
邊	……………………………………	468		嚴　元	……………………………	469
邊汝元	……………………………	468		嚴　沉	……………………………	469
邊維祺	……………………………	468		嚴　始	……………………………	469
關	……………………………………	468		嚴　津	……………………………	469
關　鍵	……………………………	468		嚴　炳	……………………………	470
關廷謨	……………………………	468		嚴　倫	……………………………	470
關麟如	……………………………	468		嚴　敕	……………………………	470
				嚴　榮	……………………………	470
二十畫				嚴　熊	……………………………	470
				嚴　臨	……………………………	470
寶	……………………………………	468		嚴　爵	……………………………	470
寶　耳	……………………………	468		嚴士貴	……………………………	470
寶克勤	……………………………	468		嚴天佑	……………………………	470
寶邁奇	……………………………	468		嚴允肇	……………………………	470
				嚴以方	……………………………	470

嚴正矩 …………………………… 470　　顧　彩 …………………………… 472

嚴印持 …………………………… 470　　顧　偉 …………………………… 472

嚴有穀 …………………………… 470　　顧　紳 …………………………… 472

嚴我斯 …………………………… 470　　顧　湄 …………………………… 473

嚴泓曾 …………………………… 470　　顧　翔 …………………………… 473

嚴武順 …………………………… 471　　顧　寒 …………………………… 473

嚴佳明 …………………………… 471　　顧　惺 …………………………… 473

嚴首昇 …………………………… 471　　顧　琮 …………………………… 473

嚴祇敬 …………………………… 471　　顧　超 …………………………… 473

嚴胤肇 …………………………… 471　　顧　復 …………………………… 473

嚴啓煜 …………………………… 471　　顧　鉄 …………………………… 473

嚴啓隆 …………………………… 471　　顧　歆 …………………………… 473

嚴曾榘 …………………………… 471　　顧　靖 …………………………… 473

嚴虞嶂 …………………………… 471　　顧　煜 …………………………… 473

嚴肇鼎 …………………………… 471　　顧　煒 …………………………… 473

嚴調禦 …………………………… 471　　顧　瑚 …………………………… 473

嚴錫命 …………………………… 471　　顧　綵 …………………………… 473

嚴顎肇 …………………………… 471　　顧　銓 …………………………… 473

嚴繩孫 …………………………… 471　　顧　緒 …………………………… 473

嚴願陵 …………………………… 472　　顧　静 …………………………… 473

　　　　　　　　　　　　　　　　　　顧　澗 …………………………… 473

二十一畫

　　　　　　　　　　　　　　　　　　顧　緗 …………………………… 473

　　　　　　　　　　　　　　　　　　顧　燝 …………………………… 473

顧　　…………………………… 472　　顧　樵 …………………………… 473

　顧　卞 …………………………… 472　　顧　衡 …………………………… 474

　顧　朴 …………………………… 472　　顧　隄 …………………………… 474

　顧　采 …………………………… 472　　顧　贄 …………………………… 474

　顧　昊 …………………………… 472　　顧　鑄 …………………………… 474

　顧　昌 …………………………… 472　　顧　彝 …………………………… 474

　顧　易 …………………………… 472　　顧　藻 …………………………… 474

　顧　岱 …………………………… 472　　顧人龍 …………………………… 474

　顧　恬 …………………………… 472　　顧九銘 …………………………… 474

　顧　苓 …………………………… 472　　顧九錫 …………………………… 474

　顧　宸 …………………………… 472　　顧之瑜 …………………………… 474

　顧　理 …………………………… 472　　顧于觀 …………………………… 474

人名索引（二十一畫）

顧士吉	474	顧陳垶	476
顧大申	474	顧紹美	476
顧大武	475	顧紹敏	476
顧大善	475	顧雲鴻	477
顧文淵	475	顧景文	477
顧文煒	475	顧景星	477
顧元標	475	顧開雄	477
顧元鎧	475	顧開雍	477
顧予咸	475	顧開雕	477
顧永年	475	顧道含	477
顧玉麒	475	顧萬祺	477
顧正陽	475	顧瑞慶	477
顧在王	475	顧嗣立	477
顧有年	475	顧嗣協	478
顧有孝	475	顧嗣曾	478
顧自俊	475	顧肇維	478
顧自愧	475	顧夢遊	478
顧如華	475	顧夢游	478
顧我錡	475	顧夢慶	478
顧伯宿	476	顧夢麟	478
顧宗瑋	476	顧瑤光	478
顧炎武	476	顧嘉譽	478
顧昌洛	476	顧圖河	478
顧采麟	476	顧鳳彩	479
顧和鼎	476	顧慶延	479
顧貞觀	476	顧震省	479
顧俊籛	476	顧環芳	479
顧祖禹	476	顧學遷	479
顧耿臣	476	顧龍文	479
顧豹文	476	顧麟書	479
顧華之	476	饒	479
顧華文	476	饒　眉	479
顧琮美	476	饒　瓌	479
顧國泰	476	饒宇櫃	479
顧符稹	476	饒宇樓	479

饒萬鑑 ……………………………… 479

二十二畫

龔 ……………………………………… 479

龔　章 ……………………………… 479
龔　策 ……………………………… 479
龔　賢 ……………………………… 479
龔　誠 ……………………………… 479
龔　翰 ……………………………… 479
龔　燧 ……………………………… 480
龔　鐸 ……………………………… 480
龔　觀 ……………………………… 480
龔士薦 ……………………………… 480
龔汝賓 ……………………………… 480
龔百朋 ……………………………… 480
龔百藥 ……………………………… 480
龔志旦 ……………………………… 480
龔志益 ……………………………… 480

龔志皋 ……………………………… 480
龔志變 ……………………………… 480
龔孚廟 ……………………………… 480
龔松寧 ……………………………… 480
龔孫寅 ……………………………… 480
龔張嶸 ……………………………… 480
龔翔麟 ……………………………… 480
龔雲起 ……………………………… 480
龔雲從 ……………………………… 480
龔雲衢 ……………………………… 480
龔鼎孳 ……………………………… 480

鄺 ……………………………………… 481

鄺畫煌 ……………………………… 481

二十五畫

觀 ……………………………………… 481

觀　保 ……………………………… 481

僧 道 尼

一 畫

一　導 ……………………………… 481

二 畫

二　日 ……………………………… 481

三 畫

大　汕 ……………………………… 482
大　成 ……………………………… 482
大　均 ……………………………… 482
大　依 ……………………………… 482
大　寂 ……………………………… 482
大　章 ……………………………… 482
大　瓢 ……………………………… 482

人名索引（僧道尼）

大　健	……………………………………	482	元　龍	……………………………………	483
大　雲	……………………………………	482	元　濟	……………………………………	483
大　寧（字石湖）	…………………	482	木　畫	……………………………………	483
大　寧（字石潮）	…………………	482	支　可	……………………………………	483
大　潛	……………………………………	482	尤　採	……………………………………	483
大　燈	……………………………………	482	止　岩	……………………………………	483
大　瓊	……………………………………	482	仁　惠	……………………………………	484
大育頭陀	……………………………………	482	今　無	……………………………………	484
上　世	……………………………………	482	今　釋	……………………………………	484
上　旨	……………………………………	482	幻　住	……………………………………	484
上　明	……………………………………	483			
上　思	……………………………………	483	**五　畫**		
上　施	……………………………………	483			
上　崇	……………………………………	483	玄　弱	……………………………………	484
上　智	……………………………………	483	正　玉	……………………………………	484
上　寧	……………………………………	483	正　見	……………………………………	484
上　歷	……………………………………	483	正　畾	……………………………………	484
上　續	……………………………………	483	正　嵩	……………………………………	484
			正　興	……………………………………	484
四　畫			正　僊	……………………………………	484
			本　月	……………………………………	484
文　惺	……………………………………	483	本　畫	……………………………………	484
王來庭	……………………………………	483	本　覃	……………………………………	484
天　定	……………………………………	483	本　源	……………………………………	484
元　立	……………………………………	483	本　照	……………………………………	484
元　弘	……………………………………	483	本　圓	……………………………………	484
元　志	……………………………………	483	本　僊	……………………………………	484
元　度	……………………………………	483	石　濤	……………………………………	484
元　祚	……………………………………	483	古　樊	……………………………………	484
元　栢	……………………………………	483	古　淵	……………………………………	485
元　堅	……………………………………	483	印　正	……………………………………	485
元　智	……………………………………	483	印　叢	……………………………………	485
元　爽	……………………………………	483	印　耀	……………………………………	485
元　璟	……………………………………	483	弘　仁	……………………………………	485
元　璞	……………………………………	483	弘　秀	……………………………………	485

清初詩選五十六種引得

弘 修	485	行 舉	486
弘 恬	485	行 遠	486
弘 智	485	行 滿	486
弘 濟	485	行 濬	486
弘 儲	485	行 潤	486
		行 導	486

六 畫

		行 謙	486
		行 韜	486
安 吉	485	行 濯	486
江之翰	485	行 鑑	486
同 撰	485	全 賢	486
因 文	485	如 全	487
自 安	485		
自 肩	485	**七 畫**	
自 扇	485		
自 彥	485	宏 仁	487
行 弘	485	宏 倫	487
行 如	485	宏 幬	487
行 法	485	序 櫃	487
行 渤	485	沈一誠	487
行 定	486	戒 顯	487
行 岳	486	成 智	487
行 前	486	成 傳	487
行 昱	486	成 聚	487
行 悅	486	成 磊	487
行 荃	486	成 緒	487
行 雪	486	成 禧	487
行 登	486	成 鷲	487
行 琛	486	克 仁	487
行 偏	486	克 詩	487
行 溥	486	岑 霽	487
行 暫	486	佛 乘	487
行 聖	486	佛 暎	487
行 照	486	佛 誠	487
行 廣	486	佛 緣	487

人名索引（僧道尼）

佛 慧	…………………………………… 487	明 巳	…………………………………… 488
佛 睿	…………………………………… 487	明 印	…………………………………… 488
妙 光	…………………………………… 487	明 河	…………………………………… 489
妙 信	…………………………………… 487	明 盂	…………………………………… 489
妙 復	…………………………………… 488	明 果	…………………………………… 489
妙 觀	…………………………………… 488	明 建	…………………………………… 489
		明 宣	…………………………………… 489
		明 炳	…………………………………… 489
		明 律	…………………………………… 489

八 畫

空 星	…………………………………… 488	明 哲	…………………………………… 489
空 是	…………………………………… 488	明 遹	…………………………………… 489
空 焱	…………………………………… 488	明 馨	…………………………………… 489
宗 元	…………………………………… 488	周大炳	…………………………………… 489
宗 炳	…………………………………… 488	函 可	…………………………………… 489
宗 渭	…………………………………… 488	函 星	…………………………………… 489
宗 智	…………………………………… 488	居 易	…………………………………… 489
宗 蓮	…………………………………… 488		
宗 璞	…………………………………… 488	**九 畫**	
定 列	…………………………………… 488		
定 嵩	…………………………………… 488	音 綽	…………………………………… 489
净 宗	…………………………………… 488	宣 性	…………………………………… 489
净 挺	…………………………………… 488	洪 燕	…………………………………… 489
净 溥	…………………………………… 488	净 周	…………………………………… 489
法 能	…………………………………… 488	恒 慎	…………………………………… 489
法 融	…………………………………… 488	契 惠	…………………………………… 490
法 藏	…………………………………… 488	南 潛	…………………………………… 490
性 月	…………………………………… 488	修 堯	…………………………………… 490
性 本	…………………………………… 488	修 道	…………………………………… 490
性 休	…………………………………… 488	俞 桐	…………………………………… 490
性 枝	…………………………………… 488	律 然	…………………………………… 490
長 水	…………………………………… 488		
來 嚴	…………………………………… 488	**十 畫**	
旻 鼎	…………………………………… 488		
果 昌	…………………………………… 488	益 誠	…………………………………… 490
昌 白	…………………………………… 488	祥 璽	…………………………………… 490

祖 庭 …………………………… 490
祖 敏 …………………………… 490
祖 琴 …………………………… 490
祖 琳 …………………………… 490
祖 瑨 …………………………… 490
祖 燦 …………………………… 490
海 印 …………………………… 490
海 明 …………………………… 490
海 岳 …………………………… 490
海 朗 …………………………… 490
海 源 …………………………… 490
海 遐 …………………………… 490
海 祿 …………………………… 490
海 與 …………………………… 490
海 嶽 …………………………… 491
海 鷗 …………………………… 491
悟 一 …………………………… 491
悟 乾 …………………………… 491
素 交 …………………………… 491
素 庵 …………………………… 491
起 煜 …………………………… 491
破 門 …………………………… 491
真 承 …………………………… 491
真 常 …………………………… 491
真 詮 …………………………… 491
真 鈺 …………………………… 491
真 諦 …………………………… 491
原 志 …………………………… 491
原 詰 …………………………… 491
振 愚 …………………………… 491
晉 因 …………………………… 491
時 思 …………………………… 491
徐鳳來 …………………………… 491
能 印 …………………………… 491

十一畫

寂 仁 …………………………… 491
寂 吾 …………………………… 491
寂 定 …………………………… 491
寂 昊 …………………………… 491
寂 宮 …………………………… 491
寂 訓 …………………………… 491
寂 解 …………………………… 491
寂 燈 …………………………… 491
深 仁 …………………………… 491
清 一 …………………………… 492
涵 可 …………………………… 492
常 岫 …………………………… 492
野 桐 …………………………… 492
通 岸 …………………………… 492
通 門 …………………………… 492
通 容 …………………………… 492
通 閒 …………………………… 492
通 復 …………………………… 492
通 潤 …………………………… 492
通 賢 …………………………… 492
通 燦 …………………………… 492
通 鑑 …………………………… 492
通 巖 …………………………… 492
陸 輪 …………………………… 492
陳志能 …………………………… 492
絞 屺 …………………………… 492

十二畫

童 珍 …………………………… 492
普 明 …………………………… 492
普 潤 …………………………… 492

人名索引（僧道尼）

普 醇	…………………………………	492
湛 復	…………………………………	492
雲 岫	…………………………………	492
雲 巖	…………………………………	492
琛 大	…………………………………	492
堯 南	…………………………………	492
超 凡	…………………………………	492
超 立	…………………………………	493
超 泰	…………………………………	493
超 華	…………………………………	493
超 普	…………………………………	493
超 淵	…………………………………	493
超 源	…………………………………	493
超 瑋	…………………………………	493
超 榕	…………………………………	493
超 睿	…………………………………	493
超 節	…………………………………	493
超 慕	…………………………………	493
超 遠	…………………………………	493
超 際	…………………………………	493
超 潭	…………………………………	493
超 蕉	…………………………………	493
超 遲	…………………………………	493
超 熾	…………………………………	493
超 嶼	…………………………………	493
超 繹	…………………………………	493
焚 昶	…………………………………	493
雄 寶	…………………………………	493
等 可	…………………………………	493
等 戒	…………………………………	493
等 乘	…………………………………	493
智 一	…………………………………	493
智 刃	…………………………………	493
智 朴	…………………………………	494
智 旭	…………………………………	494
智 林	…………………………………	494
智 昱	…………………………………	494
智 勗	…………………………………	494
智 舷	…………………………………	494
智 晶	…………………………………	494
智 勝	…………………………………	494
智 棋	…………………………………	494
智 煌	…………………………………	494
智 劍	…………………………………	494
智 閑	…………………………………	494
智 操	…………………………………	494
智 樵	…………………………………	494
智 韜	…………………………………	494
無 文	…………………………………	494
復 懿	…………………………………	494
然 修	…………………………………	494
開 潭	…………………………………	494
發 一	…………………………………	494
隆 律	…………………………………	494
隆 溪	…………………………………	494
隆 敦	…………………………………	494

十三畫

義 果	…………………………………	494
褚 弘	…………………………………	494
道 玄	…………………………………	494
道 白	…………………………………	494
道 忞	…………………………………	495
道 果	…………………………………	495
道 研	…………………………………	495
道 盛	…………………………………	495
道 愃	…………………………………	495
道 源	…………………………………	495
道 衡	…………………………………	495

慈 昹 ………………………… 495
慈 蕙 ………………………… 495
溥 良 ………………………… 495
溥 映 ………………………… 495
溥 晚 ………………………… 495
溥 聞 ………………………… 495
源 際 ………………………… 495
詮 脩 ………………………… 495
萬 清 ………………………… 495
達 旦 ………………………… 495
達 剛 ………………………… 495
達 輪 ………………………… 495
頑 石 ………………………… 495
楚 琛 ………………………… 495
照 正 ………………………… 495
照 白 ………………………… 495
照 宗 ………………………… 495
照 音 ………………………… 495
照 調 ………………………… 495
照 影 ………………………… 495
照 融 ………………………… 495
照 覺 ………………………… 496
圓 生 ………………………… 496
圓 星 ………………………… 496
圓 信 ………………………… 496
圓 悟 ………………………… 496
傳 悟 ………………………… 496
傳 莞 ………………………… 496
傳 略 ………………………… 496
傳 暑 ………………………… 496
傳 彝 ………………………… 496
微 緒 ………………………… 496

十四畫

實 正 ………………………… 496
實 印 ………………………… 496
實 訥 ………………………… 496
實 聞 ………………………… 496
實 照 ………………………… 496
實 徵 ………………………… 496
慶 珠 ………………………… 496
榮 漣 ………………………… 496
靜 挺 ………………………… 496
嘗 延 ………………………… 496
嘗 默 ………………………… 496
睿 □ ………………………… 496
僧 依 ………………………… 496
僧 殘 ………………………… 496
僧 慕 ………………………… 497
僧 叡 ………………………… 497
與 道 ………………………… 497
銘 起 ………………………… 497
銘 超 ………………………… 497
際 時 ………………………… 497
際 能 ………………………… 497
際 蓮 ………………………… 497
際 曉 ………………………… 497
際 瞻 ………………………… 497

十五畫

澄 瀚 ………………………… 497
廣 育 ………………………… 497
廣 登 ………………………… 497
廣 蓮 ………………………… 497
廣 緣 ………………………… 497

人名索引（僧道尼）

廣　燈	……………………………………	497
廣　濟	……………………………………	497
慧　泓	……………………………………	497
慧　海	……………………………………	497
慧　晟	……………………………………	497
慧　鋒	……………………………………	497
慧　鴻	……………………………………	497
慧　覺	……………………………………	497
徹　源	……………………………………	497
德　山	……………………………………	497
德　元	……………………………………	497
德　永	……………………………………	497
德　玉	……………………………………	497
德　孚	……………………………………	498
德　岱	……………………………………	498
德　亮	……………………………………	498
德　珠	……………………………………	498
德　峻	……………………………………	498
德　淳	……………………………………	498
德　清	……………………………………	498
德　基	……………………………………	498
德　溥	……………………………………	498
德　暉	……………………………………	498
德　淵	……………………………………	498
德　廣	……………………………………	498
德　瑩	……………………………………	498
德　器	……………………………………	498
盤　銘	……………………………………	498

十六畫

燈　岱	……………………………………	498
翰　著	……………………………………	498
機　質	……………………………………	498
曉　青	……………………………………	498
曉　音	……………………………………	498
曉　堂	……………………………………	498
曉　圓	……………………………………	498
興　正	……………………………………	498
興　卉	……………………………………	498
興　斧	……………………………………	498
興　球	……………………………………	498
興　源	……………………………………	499
興　義	……………………………………	499
興　賢	……………………………………	499
興　徹	……………………………………	499
興　機	……………………………………	499
隱　明	……………………………………	499

十七畫

濟　志	……………………………………	499
濟　乘	……………………………………	499
濟　衡	……………………………………	499
龍　隱	……………………………………	499
檀道人	……………………………………	499

十九畫

證　性	……………………………………	499
願　光	……………………………………	499

二十畫

寶　印	……………………………………	499
釋　弘	……………………………………	499
釋　牧	……………………………………	499
釋　海	……………………………………	499
釋　殘	……………………………………	499
釋　智	……………………………………	499

釋　際 ……………………………… 499

覺　印 ……………………………… 499

覺　清 ……………………………… 499

鑑　溥 ……………………………… 499

繼　舜 ……………………………… 499

二十一畫

續　弘 ……………………………… 499

續　燈 ……………………………… 500

二十二畫

讀　徹 ……………………………… 500

二十三畫

顯　明 ……………………………… 500

顯　聞 ……………………………… 500

顯　讓 ……………………………… 500

顯　應 ……………………………… 500

體　源 ……………………………… 500

二十四畫

靈　檀 ……………………………… 500

閨 媛

二 畫

丁　瑜 ……………………………… 500

四 畫

卞　氏 ……………………………… 500

卞荊璞 ……………………………… 500

卞夢珏 ……………………………… 500

方　氏 ……………………………… 500

方　京 ……………………………… 500

方　琬 ……………………………… 501

方孟式 ……………………………… 501

方維儀 ……………………………… 501

王　正 ……………………………… 501

王　琛 ……………………………… 501

王　煒 ……………………………… 501

王　微 ……………………………… 501

王　慧 ……………………………… 501

王汝琛 ……………………………… 501

王芳與 ……………………………… 501

王耐因 ……………………………… 501

王素音 ……………………………… 501

王倩娘 ……………………………… 501

王淑卿 ……………………………… 501

王端淑 ……………………………… 501

王瑤湘 ……………………………… 501

王鳳嫺 ……………………………… 501

王鳳嫻 ……………………………… 501

王蘭若 ……………………………… 501

毛秀惠 ……………………………… 501

人名索引（閨媛）

尹 氏	…………………………………… 501	沈憲英	…………………………………… 502
尹妙榮	…………………………………… 501	沈蕙玉	…………………………………… 502
尹瓊華	…………………………………… 501	沈樹榮	…………………………………… 502
孔傳蓮	…………………………………… 501	沈璧娘	…………………………………… 502
		李 因	…………………………………… 502

五 畫

		李 妍	…………………………………… 503
		李 源	…………………………………… 503
平陽女子	…………………………………… 501	李 萍	…………………………………… 503
白 氏	…………………………………… 501	李 瓊	…………………………………… 503
白挽月	…………………………………… 502	李玉照	…………………………………… 503
		李季嫺	…………………………………… 503

六 畫

		李徐氏	…………………………………… 503
		李國梅	…………………………………… 503
朱 氏	…………………………………… 502	杜小英	…………………………………… 503
朱中楣	…………………………………… 502	杜瓊枝	…………………………………… 503
朱柔則	…………………………………… 502	吳 山	…………………………………… 503
朱雪英	…………………………………… 502	吳 氏	…………………………………… 503
朱德蓉	…………………………………… 502	吳 吳	…………………………………… 503
仲 氏	…………………………………… 502	吳 琪	…………………………………… 503
舟中女	…………………………………… 502	吳 異	…………………………………… 503
羽 觴	…………………………………… 502	吳 緒	…………………………………… 503
		吳 憲	…………………………………… 503

七 畫

		吳 馥	…………………………………… 503
		吳氏女	…………………………………… 503
宋凌雲	…………………………………… 502	吳永和	…………………………………… 503
宋蕙湘	…………………………………… 502	吳宗潘	…………………………………… 503
汪 是	…………………………………… 502	吳定香	…………………………………… 503
汪 瑤	…………………………………… 502	吳若耶	…………………………………… 504
汪 璀	…………………………………… 502	吳若華	…………………………………… 504
汪夢燕	…………………………………… 502	吳坤元	…………………………………… 504
沈 雅	…………………………………… 502	吳雯華	…………………………………… 504
沈宜修	…………………………………… 502	吳緑蘭	…………………………………… 504
沈妙蘭	…………………………………… 502	吳霞媄	…………………………………… 504
沈智瑤	…………………………………… 502	呂 氏	…………………………………… 504
沈德順	…………………………………… 502	佟素衡	…………………………………… 504

余子玉 …………………………… 504
余性淳 …………………………… 504

八 畫

祁德茝 …………………………… 504
祁德蒨 …………………………… 504
祁德淵 …………………………… 504
祁德淵 …………………………… 504
祁德瓊 …………………………… 504
邯鄲女史 …………………………… 504
林 氏 …………………………… 504
林文貞 …………………………… 504
林以寧 …………………………… 504
易慕昭 …………………………… 504
季 嫺 …………………………… 504
金 氏 …………………………… 504
金 順 …………………………… 504
金如式 …………………………… 504
金貞瑝 …………………………… 504
周 文 …………………………… 504
周 姓 …………………………… 504
周 異 …………………………… 504
周 禮 …………………………… 504
周 瓊 …………………………… 505
周 瑸 …………………………… 505
周玉昭 …………………………… 505
周志蕙 …………………………… 505
周貞媛 …………………………… 505
周始媛 …………………………… 505
周致柔 …………………………… 505
周淑媛 …………………………… 505
周淑履 …………………………… 505

九 畫

范 妹 …………………………… 505
范 姝 …………………………… 505
范 雲 …………………………… 505
范淑鍾 …………………………… 505
范滿珠 …………………………… 505
茅玉媛 …………………………… 505
胡介妻 …………………………… 505
胡惟寧 …………………………… 505
胡崇娘 …………………………… 505
柳 因 …………………………… 505
柳 是 …………………………… 505
柳 隱 …………………………… 505
柴靜儀 …………………………… 505
冒德娟 …………………………… 505
思 栢 …………………………… 505
侯承恩 …………………………… 505
侯懷風 …………………………… 506
俞 氏 …………………………… 506
姚世鑑 …………………………… 506
姚映淮 …………………………… 506
姚益敬 …………………………… 506
姚瑛玉 …………………………… 506
紀映淮 …………………………… 506

十 畫

馬 氏 …………………………… 506
馬士琪 …………………………… 506
秦 曼 …………………………… 506
秦昭奴 …………………………… 506
袁 機 …………………………… 506
袁 鑒 …………………………… 506

人名索引（閨媛）

袁九嫒	…………………………………… 506	黃之柔	…………………………………… 507
袁蘭婉	…………………………………… 506	黃克異	…………………………………… 507
梁莊女	…………………………………… 506	黃淑貞	…………………………………… 507
夏惠姑	…………………………………… 506	黃淑媛	…………………………………… 507
倪　瑞	…………………………………… 506	黃媛介	…………………………………… 507
倪仁吉	…………………………………… 506	黃德貞	…………………………………… 508
倪瑞璋	…………………………………… 506	曹延齡	…………………………………… 508
徐　氏	…………………………………… 506	曹椿齡	…………………………………… 508
徐　燦	…………………………………… 506	隻　異	…………………………………… 508
徐安吉	…………………………………… 506	畢　著	…………………………………… 508
徐昭華	…………………………………… 506	張　于	…………………………………… 508
徐淑秀	…………………………………… 506	張　氏	…………………………………… 508
徐惠文	…………………………………… 506	張　氏	…………………………………… 508
徐暗香	…………………………………… 507	張　昊	…………………………………… 508
徐德音	…………………………………… 507	張　瑛	…………………………………… 508
徐橫波	…………………………………… 507	張　槎	…………………………………… 508
孫　淑	…………………………………… 507	張　潮	…………………………………… 508
孫旭嫒	…………………………………… 507	張　瑩	…………………………………… 508
孫思姙	…………………………………… 507	張　繁	…………………………………… 508
孫瑤華	…………………………………… 507	張引元	…………………………………… 508
孫蘭媛	…………………………………… 507	張引慶	…………………………………… 508
		張令儀	…………………………………… 508

十一畫

		張妙誼	…………………………………… 508
		張凌仙	…………………………………… 508
章有淑	…………………………………… 507	張嗣謝	…………………………………… 508
章有湘	…………………………………… 507	張德惠	…………………………………… 508
章有渭	…………………………………… 507	張學典	…………………………………… 508
商景蘭	…………………………………… 507	陸　氏	…………………………………… 508
淡　亭	…………………………………… 507	陳　氏	…………………………………… 508
許　權	…………………………………… 507	陳　珮	…………………………………… 508
許心禮	…………………………………… 507	陳　璧	…………………………………… 508
許孟昭	…………………………………… 507	陳　瓊	…………………………………… 509
許飛雲	…………………………………… 507	陳士安	…………………………………… 509
許楚畹	…………………………………… 507	陳士更	…………………………………… 509
郭　砡	…………………………………… 507	陳士興	…………………………………… 509

陳氏女 ……………………………… 509
陳玉瑛 ……………………………… 509
陳奇芳 ……………………………… 509
陳崑璧 ……………………………… 509
陳皖永 ……………………………… 509
陳毓嗣 ……………………………… 509
陳蘭修 ……………………………… 509
陶文柔 ……………………………… 509

十二畫

曾素蓮 ……………………………… 509
湘揚女子 ………………………… 509
湯　萊 ……………………………… 509
湯　朝 ……………………………… 509
湯淑英 ……………………………… 509
彭　氏 ……………………………… 509
彭　淑 ……………………………… 509
彭孫婧 ……………………………… 509
彭孫媛 ……………………………… 509
彭啟芷 ……………………………… 509
項　珮 ……………………………… 509
項蘭貞 ……………………………… 509
盛　氏 ……………………………… 509
盛鏡鸞 ……………………………… 509
程　淑 ……………………………… 509
程　雲 ……………………………… 509
程瑜秀 ……………………………… 509

十三畫

葉　棻 ……………………………… 510
葉小紈 ……………………………… 510
葉小鸞 ……………………………… 510
葉子眉 ……………………………… 510

楊　李 ……………………………… 510
楊　宛 ……………………………… 510
楊克恭 ……………………………… 510
楊珊珊 ……………………………… 510

十四畫

榮　氏 ……………………………… 510
褚　梅 ……………………………… 510
瑯琊女子 ………………………… 510
趙弱文 ……………………………… 510
趙雪華 ……………………………… 510
熊　湄 ……………………………… 510

十五畫

蔣　葵 ……………………………… 510
蔣　蕙 ……………………………… 510
蔣月英 ……………………………… 510
蔡　琬 ……………………………… 510
劉氏女 ……………………………… 510
劉世坤 ……………………………… 510
劉淑秀 ……………………………… 510
鄧　氏 ……………………………… 510

十六畫

龍　循 ……………………………… 510
蕭　氏 ……………………………… 510
霍　雙 ……………………………… 511
錢令暉 ……………………………… 511
錢令嫺 ……………………………… 511
錢令嫻 ……………………………… 511
錢紉惠 ……………………………… 511
錢雅真 ……………………………… 511

人名索引（闺媛）

錢敬淑 ………………………………… 511

錢鳳綸 ………………………………… 511

十七畫

薛 瓊 ………………………………… 511

戴 畹 ………………………………… 511

戴文英 ………………………………… 511

戴文蓮 ………………………………… 511

韓 張 ………………………………… 511

韓韞玉 ………………………………… 511

鍾嵌立 ………………………………… 511

十八畫

顏 氏 ………………………………… 511

顏佩芳 ………………………………… 511

顏曉思 ………………………………… 511

十九畫

龐 琬 ………………………………… 511

龐蕙纕 ………………………………… 511

二十畫

嚴孟淑 ………………………………… 511

二十一畫

顧 英 ………………………………… 511

二十二畫

龔静照 ………………………………… 512

外 國

王明佐（琉球） ………………………… 512

毛知傳（琉球） ………………………… 512

李廷颺（朝鮮） ………………………… 512

李春英（朝鮮） ………………………… 512

金 鑒（朝鮮） ………………………… 512

朝鮮蒗谷 ………………………………… 512

鄭弘良（琉球） ………………………… 512

蔡應瑞（琉球） ………………………… 512

羽 士

李 樸 ………………………………… 512

何規中 ………………………………… 512

周弘教 ………………………………… 512

曹 昉 ………………………………… 512

杂 号

仙山行者 ………………………………… 512

洞庭啡者 ………………………………… 512

壺山古樵 ………………………………… 512

蔣山傭 ………………………………… 512

闕 名 ………………………………… 512

圖書在版編目（CIP）數據

清初詩選五十六種引得/謝正光，陳謙平，姜良芹合編.
—北京：社會科學文獻出版社，2013.6
ISBN 978-7-5097-3044-7

Ⅰ.①清⋯ Ⅱ.①謝⋯②陳⋯③姜⋯ Ⅲ.①古典詩歌-
中國-清代-索引 Ⅳ.①Z89：I222

中國版本圖書館 CIP 數據核字（2011）第 271480 號

清初詩選五十六種引得

合 編 者／謝正光 陳謙平 姜良芹

出 版 人／謝壽光
出 版 者／社會科學文獻出版社
地　　址／北京市西城區北三環中路甲 29 號院 3 號樓華龍大廈
郵政編碼／100029

責任部門／人文分社（010）59367215　　　責任編輯／魏小薇
電子信箱／renwen@ssap.cn　　　　　　　責任校對／何永芳　劉林智
項目統籌／宋月華　范　迎　　　　　　　責任印製／岳　陽
經　　銷／社會科學文獻出版社市場營銷中心（010）59367081　59367089
讀者服務／讀者服務中心（010）59367028

印　　裝／三河市東方印刷有限公司
開　　本／787mm×1092mm　1/16　　　　印　　張／42.25
版　　次／2013 年 6 月第 1 版　　　　　字　　數／872 千字
印　　次／2013 年 6 月第 1 次印刷
書　　號／ISBN 978-7-5097-3044-7
定　　價／198.00 圓

本書如有破損、缺頁、裝訂錯誤，請與本社讀者服務中心聯繫更換
版權所有　翻印必究